5., vollständig überarbeitete Auflage

Reiseziele und Routen

Travelinfos von A bis Z

Land und Leute

San José

Valle Central

Der Norden

Nord-Guanacaste

Süd-Guanacaste und die Nicoya-Halbinsel

Zentrale Pazifikküste

Der Süden

Karibikküste

Anhang

Julia Reichardt
unter Mitarbeit von
Volker Alsen und Oliver Kiesow

COSTA RICA

Inhalt

Routenplaner ... 8
Highlights ... 8
Reiseziele und Routen ... 21
Klima und Reisezeit ... 29
Reisekosten ... 31

Travelinfos von A bis Z ... 32
Anreise ... 33
Botschaften und Konsulate ... 35
Einkaufen ... 36
Essen und Trinken ... 37
Fair reisen ... 40
Feste und Feiertage ... 42
Fotografieren ... 43
Frauen unterwegs ... 44
Geld ... 44
Gepäck und Ausrüstung ... 46
Gesundheit ... 46
Informationen ... 48
Internet ... 50
Kinder ... 50
Maße und Elektrizität ... 51
Medien ... 51
Öffnungszeiten ... 52
Post ... 52
Reisende mit Behinderungen ... 52
Reiseveranstalter ... 53
Schwule und Lesben ... 53
Sicherheit ... 54
Sport und Aktivitäten ... 55
Sprachkurse ... 61
Steuern ... 61
Telefon ... 61
Transport ... 62
Übernachtung ... 66
Verhaltenstipps ... 66
Versicherungen ... 68
Visa ... 70
Voluntario (Freiwilligendienst) ... 70
Weiterreise ... 71
Zeit ... 71
Zoll ... 71

Land und Leute ... 72
Geografie ... 73
Flora und Fauna ... 73
Bevölkerung ... 85
Geschichte ... 87
Politik ... 96
Wirtschaft ... 97
Religion ... 98
Kultur ... 98

San José ... 100
Sehenswürdigkeiten ... 106
Spaziergang durch San José ... 107
Westliche Vororte ... 125
Wanderungen in den Cerros de Escazú ... 131

Valle Central ... 136
Alajuela und Umgebung ... 140
Alajuela ... 140
La Garita ... 144
Parque Nacional Volcán Poás ... 146
Atenas ... 149
Grecia ... 150
Sarchí ... 150
Bajos del Toro ... 151

WASSERFALL IM CLOUDBRIDGE RESERVE, CERRO CHIRRIPÓ

Parque Nacional Juan Castro Blanco	151
San Ramón	152
Heredia und Umgebung	153
Heredia	153
Parque Nacional Braulio Carrillo / Sectór Volcán Barva	157
Cartago und Umgebung	159
Cartago	159
Parque Nacional Volcán Irazú	162
Valle de Orosi	163
Mit dem Rad durch das Orosi-Tal	166
Parque Nacional Tapantí	170
Turrialba und Umgebung	170
Turrialba	170
Monumento Nacional Arqueológico Guayabo	173
Parque Nacional Volcán Turrialba	175

Der Norden 176

La Fortuna und der Lago Arenal	180
La Fortuna	180
Parque Nacional Volcán Arenal	189
Um den Lago Arenal nach Tilarán	191
Tilarán	194
Monteverde und Santa Elena	195
Santa Elena	197
Reserva Monteverde	205
Reserva Santa Elena	206
Bosque Eterno de los Niños	207
Von Ciudad Quesada (San Carlos) nach Norden	209
Ciudad Quesada (San Carlos)	209
Nach Norden am Unterlauf des Río San Carlos	210
La Virgen und San Miguel	212
Puerto Viejo de Sarapiquí	214
Privatreservat Rara Avis	217
Estación Biológica La Selva	218
Nördlich des Lago Arenal Richtung Nicaragua	218
Refugio Nacional de Vida Silvestre Caño Negro	218

Los Chiles	220
Cuevas de Venado	222
Indianerreservat Maleku	222
San Rafael de Guatuso	222
Parque Nacional Volcán Tenorio	222
Upala	225

Nord-Guanacaste 226

Liberia	230
Area de Conservación Guanacaste und Umgebung	235
Parque Nacional Rincón de la Vieja	235
Volcán Miravalles	241
Parque Nacional Guanacaste	242
Parque Nacional Santa Rosa	243
Cuajiniquil	245
Refugio Nacional de Fauna Silvestre Bahía Junquillal	246
Von der Bahía Salinas Richtung Nicaragua	246
Bahía Salinas	246
La Cruz	247
Peñas Blancas / Grenze nach Nicaragua	248

Süd-Guanacaste und die Nicoya-Halbinsel 250

Am Pazifik nach Süden	253
Playa del Coco	253
Playa Hermosa	256
Playa Panamá	257
Playa Conchal	258
Playa Brasilito	258

Playa Flamingo	259
Playa Potrero	260
Playa Tamarindo	261
Parque Nacional Marino Las Baulas de Guanacaste	267
Playa Avellanas, Playa Negra / Los Pargos	268
Playa Junquillal	271
Von Playa Junquillal nach Ostional	273
Refugio Nacional de Fauna Silvestre Ostional	273
Ostional	273
Santa Cruz	274
Nicoya	276
Parque Nacional Barra Honda	280
Playas de Nosara	281
Sámara	286
Playa Buena Vista	291
Playa Carrillo	292
Von Carrillo nach Playa Caletas	292
Der Golf von Nicoya	293
Playa Naranjo	294
Reserva Karen Mogenson	294
Die Inseln des Golfes	296
Die südliche Halbinsel	298
Von Playa Naranjo nach Paquera	298
Paquera	298
Reserva de Vida Silvestre Curú	299
Tambor	300
Cóbano	302
Montezuma	303
Cabuya	308
Reserva Natural Absoluta Cabo Blanco	309
Mal País und Santa Teresa	309
Playa Manzanillo	315
Auf der Interamericana nach Süden	316
Reserva Biológica Lomas de Barbudal	316
Parque Nacional Palo Verde	317
Cañas	318
Die Umgebung von Cañas	320
Puente de la Amistad	321

Zentrale Pazifikküste 322

Von Puntarenas nach Jacó	324
Puntarenas	324
Parque Nacional Carara	330
Von Tárcoles nach Jacó	331
Jacó	332
Playa Hermosa	337
Weiter nach Quepos	338
Playa Esterillos und Playa Bejuco	338
Parrita / Playa Palo Seco	339
Parque Nacional La Cangreja	340
Quepos und Manuel Antonio	341
Parque Nacional Manuel Antonio	345
Von Quepos nach Süden	346
Playa Matapalo	346
Dominical und Umgebung	347
Uvita	351
Parque Nacional Marino Ballena	355
Ojochal	356

Der Süden 358

Von San José zum Cerro Chirripó	362
San Isidro de El General	364
San Gerardo de Rivas	368
Parque Nacional Chirripó	370
Aufstieg zum Chirripó	371
Vom Cerro Chirripó nach Palmar	374
Buenos Aires	374
Fundación Dúrika	375
Indianerreservat Boruca	375
Parque Internacional La Amistad	376
Palmar	378
Sierpe und der Westen der Península de Osa	380
Sierpe	380

Bahía Drake	381
Reserva Biológica Isla del Caño	386
Der Osten der Península de Osa	387
La Palma und Playa Blanca	387
Puerto Jiménez	388
Dos Brazos	391
Cabo Matapalo	392
Carate	392
Parque Nacional Corcovado	393
Von Palmar Richtung Panama	396
Golfito	396
Zancudo	399
Pavones und Punta Banco	400
Ciudad Neily	402
Abstecher nach San Vito	403
Paso Canoas (Grenzübergang Panama)	404

Karibikküste — 406

Von San José nach Puerto Limón	410
Guápiles und Cariari	410
Siquirres	412

Nördliche Karibikküste	413
Puerto Limón	413
Moín	416
Tortuguero	417
Parque Nacional Tortuguero	423
Barra del Colorado	424
Südliche Karibikküste / Talamanca	425
Reserva Biológica Hitoy Cerere	425
Cahuita	426
Parque Nacional Cahuita	431
Puerto Viejo	431
Playa Cocles, Playa Chiquita und Punta Uva	437
Manzanillo	440
Refugio Nacional de Vida Silvestre Gandoca-Manzanillo	441
Von Puerto Viejo nach Sixaola / Grenzübergang Panama	443

Anhang — 444

Sprachführer	444
Glossar	454
Reisemedizin zum Nachschlagen	455
Index	459
Bildnachweis	477
Mitarbeiter dieser Auflage	478
Danksagung	478
Impressum	479
Kartenverzeichnis	480

Themen

Weniger fliegen – länger bleiben! Reisen und Klimawandel	34
Man gönnt sich ja sonst nichts – die Loose Gourmet-Tipps!	38
Vegetarier	39
Schmutzige Dollarscheine	45
Organisierte Touren vom Loose-Mitarbeiter	53
Tipps zum Autofahren in Costa Rica	64
Kulturschock Costa Rica	69
Froschschmuggel	71
Her mit den Kröten – Ein Froschkrimi, der unter die Haut geht	78
Schlangen in Costa Rica	81
Amigos de los Parques Nacionales	82
Anders denken für die Umwelt	84
Günstiger in San Josés Museen	109
Hip mit über hundert!	117
Kulturtipps San José	118
Alles über Kaffee	148
Auf den Spuren der Huetares-Indianer	169
Für das Wohl der Gemeinde	185
La Fortuna ohne organisierte Touren	186
Quäker in Monteverde	197
Was ist Nebelwald?	198
Canopy – Adrenalinkick im Nebelwald	202
Von Ameisen, die Pilze züchten	208
Ein Baum mit Ohren	231
Legende von Curabande und Mixcoac	237
Heiße Quellen und heilender Schlamm	239
Kakao – das braune Gold	241
William Walker	244
Ritt auf Poseidons Rücken	245

Die Lederschildkröte, die Greisin des Ozeans	269
Legale Eier – das Projekt Ostional	274
Vom Frisbee zum Maisfladen	275
Töpferei als Familien-Business – Keramik aus Guaitil	277
Ein Wille stärker als Mauern	295
Paddeln im Golf von Nicoya	296
Die Bandera Azul	300
Tico-Rock	310
Risikoreiche Pistensafari	316
Trockenwald	317
Fiesta de La Virgen del Mar	328
Die Schatzinsel Isla del Coco	330
Der Ausverkauf eines Landes	334
Lebensretter Kokosnuss	336
Wa(h)lheimat Costa Rica	355
Straße zu adoptieren	361
Mut zur Lücke: die Panamericana	364
La Fiesta de los Diablitos	376
Die Granitkugeln vom Valle de Diquís	379
Trekking im Corcovado	395
Der Nussknacker von Osa	396
Der Regenwald der Österreicher	398
Der Weg ist das Ziel	412
If Marcus Garvey dies …	415
Schildkröten, Aras und Jaguare in Tortuguero	421
Gefährliche Strömungen	431
Karibische Küche	434
David gegen Goliath – Ökobananen in Talamanca	438
Auf nach Panama	442

COSTA RICA
Die Highlights

Unberührte Regenwälder mit einer spektakulären Tierwelt, palmengesäumte Postkartenstrände, rauchende Feuerberge, wilde Rafting-Flüsse und vieles mehr – das kleine Costa Rica ist an Vielfalt kaum zu überbieten.

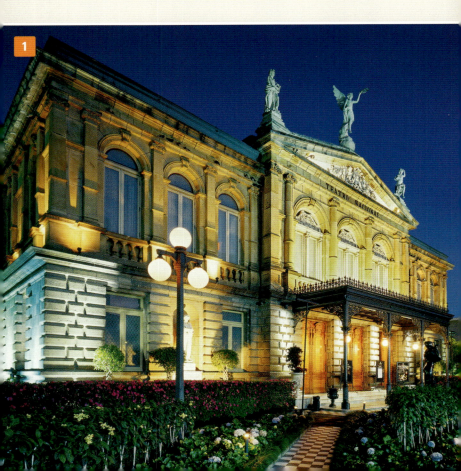

1

1　SAN JOSÉ In der Hauptstadt schlägt das kulturelle Herz des Landes. Hier locken Konzerte und Gastspiele internationaler Künstler, etwa im historischen Teatro Nacional, und Museen von Weltrang. Geschäftiger Mittelpunkt der Stadt ist der Mercado Central mit seinen bunten Ständen und Sodas, wo man dem Alltag der Josefinos ganz nah kommen kann. Der internationale Flughafen und unzählige Busverbindungen machen San José zum Hauptknotenpunkt Costa Ricas, an dem kein Reisender vorbeikommt. S. 100

PARQUE NACIONAL VOLCÁN POÁS
Schon einmal in einen dampfenden Vulkankrater mit Fumarolen hineingeschaut? Am Poás hat man die Möglichkeit dazu. S. 146

WILDWASSERFAHREN
Der reißende Río Pacuare ist das ganze Jahr über befahrbar und lockt Wildwasserfahrer aus aller Welt an. S. 171

LA FORTUNA UND DER LAGO ARENAL
Heiße Quellen und ein Wasserfall am Fuße eines perfekt geformten Vulkankegels. S. 180

5 MONTEVERDE Drei große Privatreservate mit einzigartiger Flora und Fauna locken Wanderer zu Streifzügen durch märchenhaften Nebelwald. S. 205

6 BOCA TAPADA Vogelfans aus aller Welt pilgern in die Privatreservate und Urwald-Lodges im Norden des Landes – immer auf der Suche nach dem perfekten Schnappschuss. S. 211

7 PARQUE NACIONAL VOLCÁN TENORIO Feuerwerk der Farben: Am wolkenverhangenen Vulkan Tenorio stürzt ein leuchtend blauer Fluss in den immergrünen Regenwald. S. 222

8 **PARQUE NACIONAL RINCÓN DE LA VIEJA** Blubbernde Schlammlöcher, tolle Ausblicke und fantastische Wanderungen am Vulkan Rincón de la Vieja. S. 235

9 **SÁMARA UND MONTEZUMA** Beachlife mit Flair: An den malerischen Stränden Playa Sámara und in der Umgebung von Montezuma trifft sich die Strand-Bohème. S. 286 und S. 303

10 **WALBEOBACHTUNG** Im Parque Nacional Marino Ballena an der Pazifikküste bieten sich gute Chancen, die sanften Riesen zu beobachten. S. 355

11 **CERRO CHIRRIPÓ** (Abb. Folgeseite) Moränenlandschaft mit immergrüner Páramo-Vegetation und Gletscherseen auf über 3000 m Höhe. S. 370

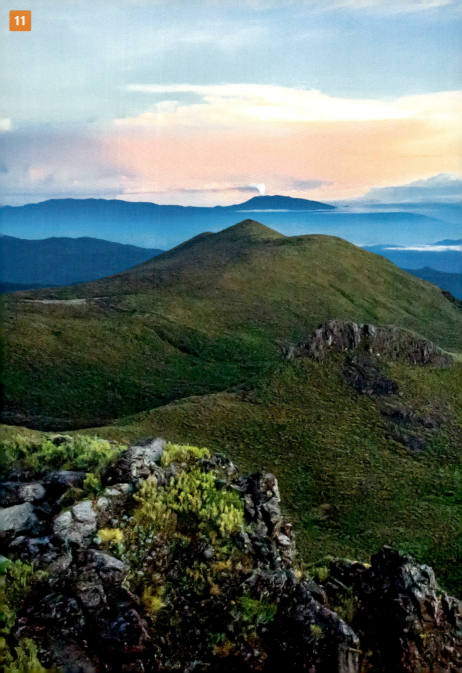

12 PARQUE NACIONAL CORCOVADO Das grüne Juwel unter Costa Ricas Nationalparks: kilometerlange Pfade durch unberührten Tieflandregenwald. S. 393

13 SURFEN Die Küsten Costa Ricas sind mit zahlreichen guten *breaks* gesegnet. In Pavones rollt eine der längsten Linkswellen der Welt an die Küste. S. 400

14 TORTUGUERO Der Nationalpark Tortuguero schützt eine einzigartige Tierwelt vor atemberaubender Naturkulisse. S. 417

15 SCHUTZGEBIET GANDOCA-MANZANILLO (Abb. Folgeseite) Paradiesische Karibikstrände und Schnorchelreviere an der Grenze zu Panama. S. 441

Reiseziele und Routen

Reiseziele

Costa Rica zu entdecken heißt in seine Natur einzutauchen, ins tropfende Dschungel-Dickicht von Regen- und Nebelwäldern oder in die krachenden Wellen der Pazifik- und Atlantikküste. Zum unvergesslichen Genuss wird das Naturparadies jedoch erst dann, wenn man sich abseits der Touristenpfade aufhält. Dieses Kapitel soll Reisenden dabei helfen, die richtige Fährte zur passenden Jahreszeit zu finden.

Nationalparks und Privatreservate

Über 25 % der Landesfläche stehen laut dem costaricanischen Umweltministerium unter Schutz. Insgesamt 28 Nationalparks mit einer beeindruckenden Vielfalt an Flora und Fauna erwarten den Besucher und bieten die Möglichkeit, seltene Tiere in freier Wildbahn zu beobachten. Einige der Naturreservate ähneln mehr Freizeit- als Nationalparks, andere sind abgelegene Naturoasen, in denen man tagelang fern der Zivilisation wandern kann.

Nationalparks
Zu den relativ wenig besuchten Nationalparks mit guten Wandermöglichkeiten zählen:
Parque Internacional de la Amistad (S. 376), **Parque Nacional Braulio Carrillo** (S. 157) **Parque Nacional Tapantí** (S. 170 und S. 362), **Parque Nacional Rincón de la Vieja** (S. 235), **Parque Nacional Volcán Tenorio** (S. 222) und **Parque Nacional Juan Castro Blanco** (S. 151). Auch Naturschutzgebiete wie **El Rodeo** (S. 126) und **Cerros de Escazú** (S. 131) bieten tolle Wandermöglichkeiten und man bezahlt keinen Eintritt.

Eine einmalige Kombination aus Meer und Regenwald bieten:
Parque Nacional Cahuita (S. 426), **Parque Nacional Corcovado** (S. 393), **Parque Nacional Marino Ballena** (S. 355) und das **Refugio Manzanillo** (S. 441).

Landschaftlich reizvoll, aber besonders in der Hochsaison stark besucht sind:
Parque Nacional Manuel Antonio (S. 345), **Reserva Monteverde** (S. 205), **Parque Nacional Tortuguero** (S. 423), **Parque Nacional Chirripó** (S. 370), **Parque Nacional Volcán Poás** (S. 146) und **Parque Nacional Rincón de la Vieja** (S. 235); bei Letzterem ist der neu ausgebaute Rundwanderweg besonders gut besucht, die malerische Kraterwanderung war zur Zeit der Recherche wegen starker Vulkanaktivität für Besucher gesperrt.

Privatreservate
Abgeschiedene Privatreservate sind eine gute Alternative zu den teils stark besuchten Nationalparks. Viele von ihnen bieten auch Unterkunft und Touren an. Empfehlenswert sind:
die **Fundación Dúrika** (S. 375) bei Buenos Aires (Süden), der **Regenwald der Österreicher** (S. 398) bei Palmar (Süden), die **Reserva Cloudbridge** (S. 368) am Cerro Chirripó, die Reservate der Lodges bei **Boca Tapada** (S. 211), das Privatreservat **Rara Avis** (S. 217, Norden) und die **Reserva Santa Elena** (S. 206) in Monteverde.

Strände

Unzählige malerische Strände säumen Costa Ricas Pazifik- und Karibikküste. Darunter sind versteckte Badebuchten, schöne Schnorchelreviere oder Laufstege zum Sehen und Gesehenwerden. Die saubersten von ihnen werden jedes Jahr mit der *Bandera Azul*, der blauen

Flagge, ausgezeichnet (s. Kasten S. 300). Inzwischen sind glücklicherweise viele der Playas, an denen Meeresschildkröten ihre Eier ablegen, zu Schutzgebieten deklariert worden. An einigen können interessierte Besucher in der Nistzeit die beeindruckenden *arribadas* (Massenankünfte) beobachten.

Wenig besuchte Strandparadiese
Playa Manzanillo (S. 315), **Playa Junquillal** (S. 271), **Playas Coyote** (S. 294) und **San Miguel** (S. 293), **Playa Matapalo** (S. 346), **Playa Rincón** (S. 383). **Playa Uvita** (S. 355), **Playa Prieta** (S. 260).

Touristisch, aber mit Flair
Playa Montezuma (S. 303), **Playa Sámara** (S. 286), **Playa Pelada** (S. 281), **Mal País** (S. 309) **Playa Guiones** (S. 281), **Playa Cocles** (S. 437), **Playa Hermosa** (Uvita, S. 351).

Schöner Strand, aber sehr gut besucht
Tamarindo (S. 261), **Jacó** (S. 332), **Manuel Antonio** (S. 345), **Playa Conchal** (S. 258), **Santa Teresa** (S. 309).

Niststrände von Meeresschildkröten
Playa Ostional (S. 273), **Playa Grande** (S. 268), **Tortuguero** (S. 423), **Cahuita** (S. 426), **Playa Llorona** (S. 396), **Gandoca** (S. 443), **Playa Cocalito** (S. 303).

Vulkane

Costa Rica liegt auf dem Pazifischen Feuerring, einem Vulkangürtel, der den Pazifischen Ozean umgibt. Von Costa Ricas fünf als aktiv geltenden Vulkanen spucken zurzeit Turrialba und Poás im Zentraltal und Rincón de la Vieja in Nord-Guanacaste Lava und vor allem Aschewolken. Andere stoßen Schwefeldämpfe aus oder zeigen auf andere Art ihre Aktivität. Einige Vulkane liegen seit Jahrhunderten im Dornröschenschlaf.

Vulkanismus aus nächster Nähe erleben Besucher im Nationalpark **Rincón de la Vieja** (S. 235) mit Schwefellagunen, brodelnden Schlammquellen und dampfenden Fumarolen.

Hier können Besucher unter freiem Himmel ein Bad in den Thermalquellen nehmen oder wohltuende Ganzkörperpackungen aus Vulkanschlamm auftragen.

Poás (S. 146) und **Irazú** (S. 162) zählen mit ihren eindrucksvollen Kraterlagunen – bei gutem Wetter – zu den fotogensten Feuerbergen des Landes. Zum Wandern eignen sich die Vulkane **Arenal** (S. 189), **Rincón de la Vieja** (S. 235), **Tenorio** (S. 222) und **Turrialba** (S. 175): besser. Der Poás und der Turrialba waren zur Zeit der Recherche aufgrund vulkanischer Aktivität für Besucher gesperrt.

Aktivurlaub

Aktivurlauber und Abenteuersportler kommen in Costa Rica voll auf ihre Kosten: Ob zu Wasser, in der Luft oder im Dschungel, das Angebot an Aktivitäten ist enorm (S. 55).

Indianerreservate

Insgesamt gibt es in Costa Rica 22 Indianerreservate. Immer mehr von ihnen öffnen sich heute dem Tourismus. Das weitaus bekannteste Reservat ist das **Boruca-Reservat** (S. 375), in dem jedes Jahr die Fiesta de los Diablitos stattfindet (S. 376). Der Tourveranstalter **ATEC** (S. 436) arbeitet eng mit den Reservaten der Bribrí- oder Cabécar-Indianer zusammen und bietet nachhaltigen Tourismus und Lehrtouren an

Kultur und Geschichte

Präkolumbische Kultur
Jahrtausendealte Petroglyphen – Strichmännchen, Spiralen, Tier- und Sonnensymbole – liegen in Costa Rica an Vulkanhängen, in Nationalparks oder auf privaten Fincas verstreut. Die größte Ansammlung von Petroglyphen findet man im **Nationalpark Santa Rosa** (S. 243) in Nord-Guanacaste, der einstigen Heimat der Chorotega-Indianer. Weitere Relikte präkolumbischer Kultur sind das Nationalmonument **Guayabo** (S. 173) bei Turrialba und die gewalti-

gen Granitkugeln im südlichen **Valle de Diquís** (S. 379). Die spektakulärsten Funde – darunter Schmuckstücke aus Jade und Gold – sind im Museo del Jade, Museo del Oro Precolombino und Museo Nacional in **San José** (S. 100) ausgestellt.

Koloniale Architektur

Das koloniale Erbe Costa Ricas wurde zum großen Teil bei den zahlreichen Erdbeben zerstört oder musste modernen Wellblechbauten weichen. Die ältesten Kolonialkirchen des Landes – die imposanten Ruinas de la Parroquia in **Cartago** (S. 159), das nach wie vor intakte Franziskanerkloster in **Orosi** (S. 163) und die romantischen **Ruinas de Ujarrás** (S. 166) – befinden sich alle im Valle Central. Das historisch wichtigste Gebäude für Costa Ricaner aber stammt aus dem 19. Jahrhundert. In der **Hacienda La Casona** (S. 243) im Nationalpark Santa Rosa (Guanacaste) schlug die costa-ricanische Armee 1856 den Filibuster William Walker in die Flucht.

In **San José** (S. 100) findet man vereinzelt sehr gut erhaltene architektonische Prunkstücke aus der Kolonialzeit. Sie liegen allerdings weit verstreut im Innenstadtbereich – es gibt also kein Viertel, in dem ein Kolonialhaus neben dem anderen steht. Man muss mit offenen Augen durch die Straßen laufen und wird dafür belohnt.

❓ Fragen und Antworten

Volker Alsen, Autor zahlreicher Reisebücher über Süd- und Mittelamerika ist ständig auf Tour und unterwegs. Streng nach dem Motto: Das Leben ist wie ein Buch und wer nicht reist, liest nur wenig davon! Er lebt mit seiner Familie – Frau Minerva, Tochter Nataly, Sohn Sebastian und Hund Toby – in Santa Ana bei San José, wo sie gemeinsam ein Hotel und eine kleine Reiseagentur für Individualreisende betreiben.
Volker ist seit über 25 Jahren in Lateinamerika zu Hause, kennt Sitten und Gebräuche, Land und Leute und gibt seine Erfahrungen und Begeisterung gerne an Besucher weiter.

■ Was ist die beste Jahreszeit, um Costa Rica zu bereisen?

Theoretisch ist von November bis April Trockenzeit und von Juni bis Oktober Regenzeit – theoretisch! In der Realität weiß man es einfach nie ganz genau. Da es in Costa Rica immer warm ist und es auch während der Feuchtperioden meist nur wenige Stunden am Nachmittag regnet, ist das Land ganzjährig gut zu bereisen. Und der Regen in den Tropen ist etwas Wunderschönes: Ein warmer Schauer, der die Natur zum Leben erweckt, ein tobendes Gewitter – das gehört zu einem Urlaub in Costa Rica ganz einfach dazu. Im Oktober und November, wenn die Regenzeit gerade zu Ende geht, ist alles von Leben erfüllt, alles ist grün und frisch. Allerdings muss man auch bedenken, dass gewisse Landesteile in der Regenzeit nicht zu erreichen oder nicht so attraktiv sind. Ende Dezember bis Ostern ist Hochsaison, dann ist alles etwas teurer, und man sollte Unterkünfte und Mietwagen rechtzeitig reservieren. Dann muss man sich auch darauf einstellen, nicht alleine im Land unterwegs zu sein. Mein Fazit: Costa Rica ist das ganze Jahr über gut zu bereisen, jede Zeit hat ihre Vor- und Nachteile.

■ Ist Costa Rica teuer?

Ja, relativ! Costa Rica gehört bestimmt nicht zu den günstigen Reiseländern, bietet dafür aber auch Qualität. Touren und andere touristische Angebote sind nicht günstig, aber ihren Preis wert, da eine sehr gute Qualität geboten wird, die mit Begeisterung vermittelt wird. Costa Ricaner, die im Tourismus tätig sind, wissen viel und kennen sich bestens aus. Damit wird jede Aktivität, Tour oder simple Übernachtung zu einem spannenden und lehrreichen Urlaubserlebnis. Doch dieses Engagement hat seinen Preis! Costa Rica ist also kein Ziel für einen billigen Strandurlaub. Ähnlich teuer wie in Europa, zum Teil auch teurer, sind Supermärkte und Markenartikel. Als angemessen kann man dagegen Restaurant- und Hotelpreise bezeichnen, wo man für „normale" Preise häufig hervorragende Leistungen bekommt. Wer auf den Geldbeutel achten muss, der findet in Costa Rica auch immer noch günstige Cabinas und Hostels zum Übernachten und kann in einheimischen Sodas für unter $5 eine nahrhafte, gesunde Mahlzeit zu sich nehmen. Einige Preisbeispiele findet man auf S. 31.

■ Ist Costa Rica ein Ziel für den Familienurlaub?

Ja, unbedingt! Die Costa Ricaner sind sehr kinderfreundlich, das Land ist sicher, die Gesundheitsversorgung flächendeckend und gut. Die spektakuläre Natur mit vielen Tieren, die man auch zu sehen bekommt, ist für Kinder und Jugendliche absolut sehenswert. Auch die vielen Sport- und Action-Angebote kommen bei den Kids gut an, die vielen Strände mit Wassersportmöglichkeiten ebenso.

■ Wie komme ich am besten von A nach B?

Costa Rica ist einfach zu bereisen, allerdings sollte man nie den Fehler machen, kurze Strecken mit kurzen Fahrtzeiten gleichzusetzen. Je nach Straße, Verkehr und Verkehrsmittel ist man lange oder manchmal auch sehr lange unterwegs.

Die beste Art des Reisens durch Costa Rica bietet eine Kombination aus Selberfahren mit dem Mietwagen und vereinzelten gebuchten Touren. Es gibt Ziele wie die Osa-Halbinsel oder den Tortuguero-Nationalpark, zu denen man kein Auto mitnehmen kann bzw. sollte. Solche Ziele steuert man lieber im Rahmen einer Tour, mit dem Bus oder dem Flugzeug an, anstatt den bezahlten Mietwagen auf einem kostenpflichtigen Parkplatz abzustellen. Anschließend kann man dann einen Mietwagen nehmen, mit dem man abgelegene Ziele erreichen kann, die kein Bus ansteuert. Als Mietwagen empfiehlt sich in jedem Fall ein Fahrzeug mit Vierradantrieb oder zumindest ein höhergelegtes Modell. Die Straßen sind besonders in den Regenmonaten oft ausgewaschen. Kleinwagen versagen dort. Mietwagen werden meist ohne Zusatzkosten an vielen, verschiedenen Plätzen im Land übergeben; man muss zur Übergabe also nicht zurück in die Hauptstadt, sondern kann den Wagen gleich nach einer Tour in Empfang nehmen. Das öffentliche Busnetz ist sehr gut, bringt einen aber nur von Ortschaft zu Ortschaft. Kleinere, oft sehr interessante Ziele sind nur schwer zu erreichen. Alternativ gibt es Gray Line und den Interbus (S. 63), die in den wichtigen Touristenzentren bis zum Hotel fahren, dafür aber auch nicht ganz günstig sind. Auch damit erreicht man aber die ganz abgelegenen Gegenden nicht.

■ Wo erlebt man das authentische Costa Rica?

Fast überall! Ganz Costa Rica ist echt, bis auf die wenigen Ausnahmen, wo sich die ganz großen Hotelburgen breitmachen, die fast ausschließlich von ausländischen Gästen besucht werden. Da die Ticos selber viel verreisen und im eigenen Land Urlaub machen, sind auch die typischen Ausflugsziele von Einheimischen geprägt. San José und Umgebung, wo die Hälfte der Bevölkerung lebt, ist genauso das echte Costa Rica, wie die ländlichen Gegenden, wo 20-mal mehr Rinder leben als Menschen.

■ Wie ist die Verbindung ins Internet?

Sehr gut! Jedes Hotel, jede Posada und jedes Guesthouse, das sich in einer einigermaßen zugänglichen Lage befindet, bietet kostenloses WLAN an – nur die ganz teuren, großen Hotels nehmen Extragebühren dafür. Wer auch unterwegs ins Netz muss, der kann sich einfach eine SIM-Karte besorgen (am besten von Kölbi, der staatlichen Telekommunikationsgesellschaft mit der besten Netzabdeckung, auch in der Provinz). Damit hat man fast überall eine stabile Verbindung für wenig Geld. Zum Navigieren mit dem Handy reicht es aber nicht, dafür ist ein Offline-System die bessere Wahl.

■ Ich bin Vegetarier. Bekomme ich damit Probleme während der Reise?

Nein! In Costa Rica wächst sehr viel Obst und Gemüse – frisch und gesund. Wer auf Fleisch, Huhn oder Fisch verzichten möchte, ist zwar in der Auswahl etwas eingeschränkt, findet aber überall gute Möglichkeiten. In den Städten und an den viel besuchten Zielen gibt es sogar vegetarische und vegane Spezialitätenrestaurants.

Noch Fragen? 🖳 **www.stefan-loose.de/globetrotter-forum**

Kultur

Authentische costa-ricanische Kultur ist nirgends so präsent wie auf den vielen *fiestas* des Landes: Auf Guanacastes staubigen Provinz-Rodeos etwa oder bei den feierlich-religiösen Umzügen zu den jeweiligen **Días Patronales** (Tag des Schutzpatrons). Zum **Festival Internacional de las Artes** (s. Kasten S. 99), dem bedeutendsten Kulturereignis des Landes, vibriert die Hauptstadt vor Kreativität. Die Veranstaltungen finden u. a. im ehrwürdigen Teatro Nacional statt. Bei der **Art City Tour** (S. 119), die alle 3 Monate kostenlos stattfindet, bekommen Josefinos und Besucher die kulturellen Highlights San Josés in lockerer Atmosphäre präsentiert. An der Karibikküste weicht die Latinoeiner afro-karibischen Kultur, die in zahllosen Reggae- und Calypso-Bars gefeiert wird.

Reiserouten

Costa Rica hat einen großen Vorteil: Es ist klein. Im Gegensatz zu anderen Ländern gelangt man binnen weniger Stunden vom Palmenstrand ins Hochgebirge oder vom Regen- in den Trockenwald. Ratsam ist es jedoch, sich nicht zu viel vorzunehmen, denn Dschungeltreks, Schlaglöcher und Stranderholung brauchen ihre Zeit.

Costa Rica hat einen ausgeprägten „Gringo-Pfad", der sich am Pazifik entlangzieht. Touristisch entwickelt sind besonders die nördliche Pazifikküste mit **Playa del Coco** (S. 253) und die zentrale Küste mit **Jacó** (S. 332), **Manuel Antonio** (S. 345) und **Quepos** (S. 341). Wer Touristenmassen und Strandkolonie-Ambiente vermeiden will, sollte diese Orte umfahren.

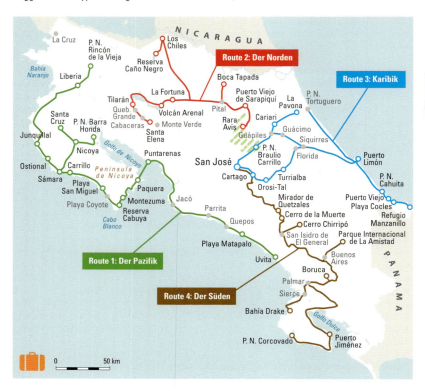

An der Pazifikküste gibt es nach wie vor einsame Strände, die zu langen Spaziergängen einladen.

Die folgenden vier **Routenbausteine** sind Vorschläge, die beliebig kombiniert oder umgekehrt gefahren werden können. Bis auf den Abstecher nach Tortuguero (Route 3) sind alle Strecken problemlos mit dem Auto zu bewältigen. Mit dem Bus dauert es entsprechend länger. Details zu den jeweiligen Orten befinden sich in den Regionalkapiteln.

Route 1: Der Pazifik

■ ca. 10 Tage

Die Strände im Nordwesten von Costa Rica sind die Traumstrände des Landes. Baden, Schnorcheln, Surfen sind die Schwerpunkte auf der **Halbinsel Nicoya,** die zum Entdecken der vielen Buchten und Strände einlädt.

Die Route führt von den vulkanisch aktiven, brodelnden Schlammquellen des Nationalparks **Rincón de la Vieja** (S. 235) zur sonnenverwöhnten Halbinsel Nicoya. Man fährt über die Interamericana bis nach **Liberia** (S. 230), wo es kurz hinter der Stadt nach Osten zum Nationalpark abgeht.

Danach locken die Strände: die wilde Strandschönheit **Junquillal** (S. 271), der Schildkrötennistplatz **Ostional** (S. 273) und die Badebucht **Sámara** (S. 286). Südlich von Sámara befinden sich die schönsten Küstenabschnitte der Halbinsel mit relativ wenigen Touristen. Dazu zählen der Abschnitt von **Carrillo** (S. 292) bis **Playa San Miguel** (S. 293) und von der **Isla Cabuya** (S. 308) nach **Montezuma** (S. 303). Für diese Strecke sollte man eine gute Woche einplanen. Surfstrände s. S. 59.

Abstecher ins heiße Landesinnere – nach **Nicoya** (S. 276), **Santa Cruz** (S. 274) oder zu den Tropfsteinhöhlen im Nationalpark **Barra Honda** (S. 280) – lohnen sich besonders zur Fiesta-Zeit, wenn Rodeostimmung herrscht. Von **Paquera** (S. 298) geht es mit der Fähre über den malerischen Golfo de Nicoya zur Hafenstadt **Puntarenas** (S. 324), am Besuchermagneten Manuel Antonio vorbei, zum ruhigen **Playa Matapalo** (S. 346) und nach **Uvita** (S. 351) mit dem Parque Nacional Marino Ballena.

Die Küstenstrecke auf der **Península de Nicoya** ist in der Regenzeit streckenweise nicht befahrbar, Autofahrer müssen dann auf Alternativrouten ins Landesinnere ausweichen. Auf dem östlichen Abschnitt der Halbinsel, zwischen Cabuya, Montezuma und Paquera sowie auf dem Festland von Puntarenas nach Matapalo besteht eine regelmäßige Busverbindung. Der **westliche Abschnitt** der Península de Nicoya ist dagegen schwer mit dem öffentlichen Bus zu bereisen. Es besteht außerdem keine direkte Busverbindung zwischen den Stränden Junquillal, Ostional und Sámara sowie zwischen Playa Coyote und Montezuma. Busreisende, die verschiedene Strände besuchen wollen, müssen zunächst zurück zu den Transportknotenpunkten Santa Cruz oder Nicoya und dort umsteigen. Eine Alternative bieten Shuttlebusse oder Taxis.

Route 2: Der Norden

■ ca. 1 Woche

Aktivsportler kommen auf dieser Route voll auf ihre Kosten. Ausgangspunkt sind die Nebelwälder Monteverdes bei **Santa Elena** mit den besten Canopyveranstaltern im Land. Von dort geht es zum Wind- und Kitesurfen nach **Tilarán** (S. 194), weiter um den malerischen Arenalsee zum **Volcán Arenal** (S. 189) und nach **La Fortuna** (S. 180), Costa Ricas Zentrum für Abenteuersport. Pferdefans können von La Fortuna nach Monteverde einen Teil im Sattel reisen.

Anschließend führt die Route weg von den Touristenzentren, hinein in die letzten Regenwaldabschnitte Sarapiquís: zu den abgelegenen Lodges bei **Boca Tapada** (2–4 Tage einplanen) (S. 211) oder, weiter östlich, ins Privatreservat **Rara Avis** (S. 217). Der Río Sarapiquí ist dabei ein beliebtes Ziel für Raftingtouren und Kajakwanderungen.

Alternativ kann man von Arenal das Feuchtgebiet **Caño Negro** (S. 218) ansteuern und von dort über **Los Chiles** (S. 220) auf einer Betonbrücke über den Río San Juan nach Nicaragua übersetzen. Diese Strecke erfordert ca. 2–3 Tage.

Route 3: Die Karibik

■ ca. 8 Tage

Von **San José** (S. 100) führt diese Route vorbei an den Ruinen der einstigen Hauptstadt des Landes **Cartago** (S. 159), mit einem Schlenker um das idyllische **Orosi-Tal** (S. 163), nach Tur-

rialba (S. 170), dem costa-ricanischen Paradies für Rafter und Kajaker. Parallel zur alten Eisenbahntrasse geht es dann in die karibische Hafenstadt **Puerto Limón** (S. 413), weiter Richtung Süden, die Atlantikküste entlang, zum Nationalpark **Cahuita** (S. 426), dem Reggae-swingenden **Puerto Viejo** (S. 431), an den Surferstrand **Playa Cocles** (S. 437) und zu den Schnorchelrevieren und Mangrovensümpfen der **Refugio Manzanillo** (S. 441) an der Grenze zu Panama. Dafür sind 5–6 Tage einzuplanen.

Auf dem Rückweg ist ein Abstecher von **Cariari** oder **Puerto Limón** nach Tortuguero möglich. (ca. 2 1/2–3 Tage). Autofahrer können ihren Wagen in **La Pavona** (S. 410) stehen lassen und ins Boot umsteigen.

Von Cariari führt die Carretera 32 durch den **Parque Nacional Braulio Carrillo** (S. 157) zurück nach San José; die Fahrt dauert einen halben Tag.

Route 4: Der Süden

■ ca. 10 Tage

Die Schwerpunkte der Route 4 bilden Wandern und Naturerlebnisse. Von **San José** (S. 100) führt die Interamericana durch Nebelwälder über den **Cerro de la Muerte** (S. 362). Vogelfreunde können am **Mirador de Quetzales** (S. 362) nach dem Quetzal Ausschau halten, Kraxler wird es weiterziehen zum höchsten Berg des Landes, dem **Cerro Chirripó** (S. 371). Regenwaldtouren warten im **Parque Internacional La Amistad** (S. 376). Wer zum Jahreswechsel hier ist, sollte die Fiesta de los Diablitos in **Boruca** (s. Kasten S. 376) besuchen.

Die Interamericana führt dann ins Herz des Südens, nach **Palmar** (S. 378) und von dort über eine malerische Straße zur alten Goldgräberstadt **Puerto Jiménez** (S. 388) und in den Urwald von **Corcovado** (S. 393). Danach lädt die paradiesische **Bahía Drake** (S. 381) zum Tauchen, Schnorcheln und zu weiteren Streifzügen durch den Nationalpark Corcovado ein.

Man sollte hier unbedingt genügend Zeit für Touren und Wanderungen einplanen, d. h. mindestens 12 Tage mit drei mal 2 bis 3 Tagen Wanderzeit inklusive.

Klima und Reisezeit

Klima

Costa Rica befindet sich in den Tropen, d. h. das Klima ist von geringen Temperatur- und starken Niederschlagsschwankungen geprägt. Nach der Niederschlagsmenge werden auch die Jahreszeiten eingeteilt:

Die **Trockenzeit**, der *verano* (Sommer), beginnt im Dezember und hält bis April an. Die **Regenzeit**, der *invierno* (Winter), dauert von Mai bis ungefähr Anfang November.

Daneben gibt es noch viele Mikroklimaten. Sie sind der Grund dafür, dass man das Wetter in Costa Rica schwer voraussagen kann. Grob lässt sich die Region in drei **Klimazonen** einteilen.

Am **Atlantik** müssen Besucher das ganze Jahr über mit Niederschlag rechnen, die Temperaturen liegen hier ganzjährig um 26–30 °C. Regenfälle treten oft sturzartig und kräftig auf und

Golfito

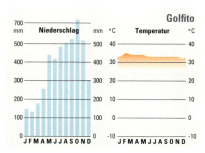

Puntarenas

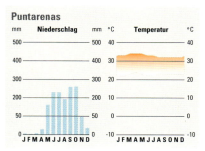

Puerto Limón

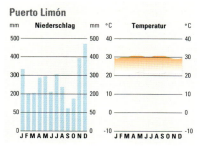

San José

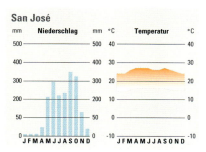

können auch etwas länger anhalten. Trockenere Monate für die Karibikregion sind September, Oktober, Februar, März und oft noch der April.

Am **Pazifik** regiert ein wechselfeuchtes Klima mit einer markanten Trockenzeit zwischen Dezember und April, in der kaum Niederschlag fällt und oft unerträglich hohe Temperaturen herrschen. Deutlich mehr Regen gibt es ganz im Süden, auf der Península de Osa.

Das **Valle Central** in Costa Ricas Hochlandregion ist mit ganzjährigen Temperaturen um die 22–24 °C merklich kühler als die Küstentiefländer. Einheimische nennen das Klima deshalb hier *primavera eternal* – ewiger Frühling.

Reisezeit

Wann ist die beste Zeit für eine Costa-Rica-Reise? Das kommt ganz darauf an: Windsurfer warten die Passatwinde ab, Wellenreiter und Kajaker die Regenzeit. Wanderer ziehen die Trockenzeit vor und Tierbeobachter richten sich nach den Brutzeiten von Vögeln und Meeresschildkröten.

Generell unterscheidet man zwischen zwei *temporadas* (Reisezeiten): In der **Trockenzeit**, der *temporada seca* (Dez–April), herrscht in Costa Rica Sonne pur und – mit Ausnahme der Karibikküste – kaum Regen. Die Wanderwege sind trocken und die Straßen nicht überschwemmt. Ein großer Nachteil der Trockenzeit jedoch ist, dass bestimmte Gegenden von Touristen überlaufen sind (das gilt besonders für die Weihnachts- und Ostertage). Die Preise für Flüge und Unterkünfte sind am höchsten, die Temperaturen oft sehr heiß und die verdörrte Natur lechzt nach Wasser.

Die *temporada verde* (die **grüne Jahreszeit**), wie das Instituto Costarricense de Turismo die Nebensaison geschickt vermarktet – dauert von Mai bis November. Nachteile dieser Reisezeit sind die aufgeweichten Wanderwege (in Corcovado werden einige Pfade in der Regenzeit gesperrt) sowie Überschwemmungen durch über ihre Ufer getretene Flüsse, die einige Küstenstrecken unbefahrbar machen. Dafür ist das Land deutlich grüner, Flüge und Unterkünfte sind merklich günstiger und der Urlaub mit weniger Touristen wesentlich entspannter.

Die **niederschlagsreichsten Monate** sind normalerweise September und Oktober. Doch die zunehmend spürbaren weltweiten Klimaschwankungen hinterlassen auch in Costa Rica ihre Spuren, und es kommt immer häufiger zu Ausnahme-Wetterlagen. So hat es beispielsweise 2017 im September und Oktober kaum geregnet. Am geschicktesten ist es jedoch immer noch, den Urlaub vor die reguläre Regenzeit zu legen (Ende April–Ende Juni), wenn der Ansturm der Semana Santa (Karwoche, Osterferien) bereits vorbei ist – oder ans Ende, in den November, wenn die Schauer meist bereits nachlassen und die Hauptsaison noch bevorsteht. In den Monaten Juli und August herrscht in einigen Regionen eine weitere Hochsaison, die besonders an der Pazifikküste ausgeprägt ist.

Reisekosten

Tagesbudget

Costa Rica ist schon lange kein billiges Reiseland mehr. Budget-Reisende müssen rund $35–40 pro Tag für Unterkunft im Schlafsaal, einfaches Essen und Transport in öffentlichen Verkehrsmitteln einplanen. Wer es etwas komfortabler mag, also einen Mietwagen, ein privates Zimmer oder eine Cabina und gehobenere Küche bevorzugt, sollte $50–100 pro Reisetag und Person einplanen.

Günstige Unterkünfte für $10 p. P. und Nacht sind rar geworden, für ein Bett im Schlafsaal werden in der Hauptsaison häufig ca. $13 verlangt, für eine einfache Cabina $15–40. Viel Geld (mindestens $10 p. P.) verschlingen auch die Eintrittsgebühren für die zahlreichen Nationalparks des Landes. Günstig essen kann man dagegen bereits für $4–5 in einer einfachen Soda. Auch öffentliche Verkehrsmittel sind sehr preiswert.

Die Hotel- und Restaurantpreise der mittleren und höheren Preisklasse liegen nur leicht unter dem durchschnittlichen europäischen Preisniveau. Für eine Übernachtung in einem Mittelklassehotel zahlt man $40–80, ein Hauptgericht in einem guten Restaurant kostet etwa $10–16, im Nobelrestaurant auch gerne mal $25 oder $30. Dafür stimmt dann aber auch häufig die Qualität. Am teuersten sind die Touristenzentren Montezuma, Tamarindo, die Urlaubsorte an der nördlichen Pazifikküste oder Manuel Antonio. In der Nebensaison fallen die Preise mitunter um 20–30 %.

Service-Steuer und Trinkgeld

Achtung, **versteckte Kosten**: Manchmal geben Unterkünfte ihre Zimmerpreise ohne Service-Steuern (13 %) an, schlagen sie aber bei der Abschlussrechnung mit auf. Diese Praxis ist

Was kostet wie viel?	
Mineralwasser	$1–1,50
Cola	$1–1,60
Bier im Restaurant	$2–2,80
Kaffee	$1
1 Liter Milch	$0,90
Hotelzimmer (DZ)	$35–90
Schlafsaalbett	$10–15
Mittagessen (in einer Soda)	$4–5
Abendessen (gehobenes Lokal)	$10–30
Eintritt im Nationalpark	ab $10
1 Liter Benzin (Normal)	$1
Mietwagen mit Vierradantrieb mit Vollkasko-Versicherung	
in der **Hauptsaison** pro Woche	ca. $450
in der **Nebensaison** pro Woche	ca. $380
Flugticket San José–Ziel in der Provinz	$30–100

nicht erlaubt, die ausgewiesenen Hotelpreise müssen alle Steuern beinhalten. Besonders Hotels mit nordamerikanischer Leitung verfahren hin und wieder so und versuchen sich so einen Preisvorteil zu verschaffen. Auch beim Bezahlen in Restaurants sollte man gut aufpassen. Auf den Speisekarten sind manchmal zwei Preise angegeben, mit und ohne Steuern. Fast immer werden 10 % Servicegeld aufgeschlagen, was man aber nicht mit dem Trinkgeld verwechseln sollte. Das Servicegeld stellt einen Teil des Gehalts des Servicepersonals dar. Zusätzliches Trinkgeld wird gerne genommen, ist aber keine Pflicht.

Die in diesem Reiseführer angegebenen Preise beinhalten alle Steuern.

Travelinfos von A bis Z

Costa Rica ist touristisch bestens erschlossen, dennoch sollte man eine Reise in das mittelamerikanische Land gut planen und die ersten Übernachtungen nach der langen Anreise im Voraus buchen. Die moderne Hauptstadt San José eignet sich als Basis für Streifzüge durchs Land, doch auch in den abseits gelegenen Gebieten findet man sich schnell zurecht. Ein paar Brocken Spanisch und ein Auto mit Vierradantrieb können das Reisen aber durchaus erleichtern.

SCHULBUS, WÄSCHE UND FISCH © OLIVER KIESOW

Inhalt

Anreise	33
Botschaften und Konsulate	35
Einkaufen	36
Essen und Trinken	37
Fair reisen	40
Feste und Feiertage	42
Fotografieren	43
Frauen unterwegs	44
Geld	44
Gepäck und Ausrüstung	46
Gesundheit	46
Informationen	48
Internet	50
Kinder	50
Maße und Elektrizität	51
Medien	51
Öffnungszeiten	52
Post	52
Reisende mit Behinderungen	52
Reiseveranstalter	53
Schwule und Lesben	53
Sicherheit	54
Sport und Aktivitäten	55
Sprachkurse	61
Steuern	61
Telefon	61
Transport	62
Übernachtung	66
Verhaltenstipps	66
Versicherungen	68
Visa	70
Voluntario (Freiwilligendienst)	70
Weiterreise	71
Zeit	71
Zoll	71

Kurz und knapp

Flugdauer Frankfurt–San José ca. 12 Std.

Einreise EU-Bürger und Schweizer mit einem mind. 6 Monate gültigen Reisepass

Geld Landeswährung ist der Colón, Zweitwährung ist der US-Dollar; Geldautomaten sind weit verbreitet.

Smartphones Das Telefonieren mit lokal verfügbaren SIM-Karten ist sehr günstig. Die Netzabdeckung ist flächendeckend.

Zeitverschiebung MEZ minus 7 Std. (während der Sommerzeit 8 Std.)

Anreise

Am schnellsten und bequemsten reist man mit dem Flugzeug von Europa nach Costa Rica. Lufthansa und Condor (mit Stopp) bieten von Deutschland, Edelweiss ab Zürich Direktflüge nach San José, der Hauptstadt Costa Ricas, an. Bei der Einreise muss ein Rück- oder Weiterflugticket vorliegen, das innerhalb der 90-tägigen Aufenthaltserlaubnis (s. Visa) datiert ist.

Mit dem Flugzeug

Die schnellsten Verbindungen von Europa nach Costa Rica bieten die Fluggesellschaften Condor, Lufthansa, Edelweiss, Air France, British Airways und Iberia an. KLM wird ab Oktober 2018 die Route zweimal in der Woche mit einem 787-Dreamliner ab Amsterdam bedienen.

Condor, 🖥 www.condor.de, in der Hochsaison mindestens 4x wöchentl. von Frankfurt – mit Zwischenstopp in Santo Domingo – nach San José. Reisezeit rund 15 Std.
Lufthansa, 🖥 www.lufthansa.com, 2x wöchentl. von Frankfurt nonstop nach San José. Reisezeit rund 12 Std.
Iberia, 🖥 www.iberia.de, von verschiedenen deutschen Flughäfen nach Madrid und von dort tgl. nonstop nach San José. Reisezeit ca. 15 1/2 Std.
Edelweiss, 🖥 www.flyedelweiss.com, in der Hauptsaison 3x, in der Nebensaison 2x pro Woche von Zürich nonstop nach San José. Frequenz soll erhöht werden. Reisezeit ca. 12 Std.
Air France, ☎ 2228-4070, 🖥 www.airfrance.de, 3x wöchentl. mit Flügen über Paris, 11 Std. ab Paris.
British Airways, 🖥 www.britishairways.com, mit günstigen Angeboten in der Nebensaison 2x, in der Hochsaison 3x in der Woche von London direkt nach San José.

Für die Einreise als Tourist benötigen deutsche Staatsangehörige, Schweizer und Österreicher kein Visum (s. auch Visa S. 70), jedoch ein gültiges Rückflugticket.

Über Nordamerika

Etwa 3–5 Stunden länger dauern die Flüge von Europa über Nordamerika nach San José. Der Transitaufenthalt in den USA gilt bereits als Einreise ins Land. Transitreisende müssen daher vor Reiseantritt über 🖥 www.estausvisit.com eine Reisegenehmigung beantragen, ausdrucken und per Kreditkarte $14 Visumgebühren zahlen. Man sollte unbedingt diese Originalseite nutzen. Es gibt daneben viele Agenturen, die gegen zusätzliche Gebühren ebenfalls den Esta-Schein besorgen. Für den Rückflug ist keine weitere Genehmigung nötig. Urlauber, die über die USA nach Costa Rica fliegen, sollten sich auf langwierige Sicherheitsmaßnahmen und Checks (Fingerabdrücke, Iris-Scan, Befragungen etc.) am jeweiligen US-Flughäfen einstellen. Auch das Gepäck muss dort neu eingecheckt werden.

Zu den Airlines, die über Nordamerika fliegen, gehören u. a. **Lufthansa/Delta**, **American Airlines**, 🖥 www.aa.com, **United Airlines**, 🖥 www.united.com (über Houston), und **Continental**, 🖥 www.continental.com (über Newark).

Über Südamerika

Die kolumbianische Fluggesellschaft **Avianca**, 🖥 www.avianca.com, bietet Flüge von Frank-

Steuer am Flughafen

Die **Ausreisesteuer** am Aeropuerto Juan Santamaría in San José beträgt $29. Bei fast allen Fluglinien ist diese Gebühr bereits im Flugpreis enthalten. Noch gibt es aber einige Ausnahmen, bei denen man die Gebühr am Schalter bezahlen muss. Wer sich nicht sicher ist, sollte zuerst zum Schalter seiner Fluglinie gehen. Die Mitarbeiter dort sehen sofort, ob im Ticketpreis die Steuer schon enthalten ist oder nicht.
Falls man die Steuern nicht bereits mit dem Tickt bezahlt hat, muss man einen der Schalter der Banco Crédito Agrícola ansteuern, die sich rechts neben dem Eingang im Abflugbereich befinden. Dort erhält man nach der Bezahlung einen Beleg, der gleichzeitig als Ausreisekarte dient, die gewissenhaft ausgefüllt werden muss. Kreditkartenzahlung ist möglich, aber teurer, da Gebühren aufgeschlagen werden.

furt und München via Bogotá (Kolumbien) nach San José an – eine empfehlenswerte Airline, die auch zur Star-Alliance gehört.

Flugtickets

Flüge können über ein Reisebüro, über Internet-Fluganbieter oder direkt bei den Fluggesellschaften gebucht werden. Inzwischen werden nur noch E-Tickets ausgestellt.

Flugpreise

Über Weihnachten, Ostern und während der Sommerferien sind die Flüge nach Costa Rica am teuersten. Am günstigsten fliegt man in der Nebensaison, d. h. zwischen Ostern und Ende Juni oder in den Monaten September und Oktober. Die Preisermäßigungen für Kinder sind von Fluggesellschaft zu Fluggesellschaft unterschiedlich. Auch die Richtlinien und Preise für die Mitnahme von Sportgepäck setzt jede Airline anders.

Flüge online buchen

Um Flüge online zu buchen, muss man kein Reiseexperte sein. Am besten beschränkt man sich bei der Suche auf die etablierten Reiseportale oder geht direkt auf die Seiten der Fluggesellschaften.

Am Flughafen

Im Flughafengebäude gibt es einige Banken mit Geldautomaten, eine Post und ein Touristenbüro. Wer Geld umtauschen will, sollte dies erst in einer Bank in San José tun, die Umtauschgebühren am Flughafen sind unverschämt hoch, bzw. die Kurse sehr schlecht. Am besten nutzt man einen Geldautomaten (ATM) einer Privatbank wie Scotia oder BAC.

Flughafentransfer

Der Aeropuerto Internacional Juan Santamaría liegt – je nach Verkehrsaufkommen – rund 40 Minuten vom Stadtzentrum von San José entfernt. Öffentliche **Busse** nach Alajuela und ins Zentrum von San José fahren von der Hauptstraße vor dem Flughafengebäude ab. Die Busse kommen oft bereits überfüllt an, für Gepäck gibt es nur wenig Platz. Die Fahrt ins Zentrum dauert je nach Verkehrsverhältnissen 30 bis 60 Min. Man muss in Colones bezahlen.

Orangefarbene **Flughafentaxis** warten direkt vor dem Flughafeneingang, 🖥 www.taxiaeropuerto.com, ☎ 2221-6865. Je nach Strecke und Verkehr kostet eine Fahrt ins Zentrum rund $25–30. Jedes Taxi sollte mit laufendem Taxameter fahren. Falls nicht: *Ponga la maría, por favor* – Bitte stellen Sie den Taxameter an! Die Fahrer

---

Weniger fliegen – länger bleiben! Reisen und Klimawandel

Der Klimawandel ist vielleicht das dringlichste Thema, mit dem wir uns in Zukunft befassen müssen. Wer reist, erzeugt auch CO$_2$: Der Flugverkehr trägt mit einem Anteil von bis zu 10 % zur globalen Erwärmung bei. Wir sehen das Reisen dennoch als Bereicherung: Es verbindet Menschen und Kulturen und kann einen wichtigen Beitrag zur wirtschaftlichen Entwicklung eines Landes leisten.

Reisen bringt aber auch eine Verantwortung mit sich. Dazu gehört, darüber nachzudenken, wie oft wir fliegen und was wir tun können, um die Umweltschäden auszugleichen, die wir mit unseren Reisen verursachen. Wir können insgesamt weniger reisen – oder weniger fliegen, länger bleiben und Nachtflüge meiden (da sie mehr Schaden verursachen). Und wir können einen Beitrag an ein Ausgleichsprogramm wie 🖥 www.atmosfair.de leisten.

Dabei ermittelt ein Emissionsrechner, wie viel CO$_2$ der Flug produziert und was es kostet, eine vergleichbare Menge Klimagase einzusparen. Mit dem Betrag werden Projekte in Entwicklungsländern unterstützt, die den Ausstoß von Klimagasen verringern helfen. Weitere Infos zum Thema umweltbewusstes und sozial verträgliches Reisen auf S. 40.

akzeptieren Dollar. Manche Hotels bieten Flughafentransfer, sofern der Gast erwartet wird.

Außerdem bietet das **Shuttlebus**-Unternehmen Interbus, 🖥 www.interbusonline.com, Sammel-Flughafentransfers zu verschiedenen Hotels in San José, Escazú und Santa Ana an (ab $10 p. P., je nach Saison, eine Reservierung mit Vorauszahlung ist notwendig).

Auf dem Landweg

Zwischen Costa Rica und den übrigen mittelamerikanischen Staaten pendeln täglich Überlandbusse (s. Regionalkapitel San José, S. 124). Viele Expats nutzen die Verbindung, um ihre Visa zu verlängern – und Touristen, um einmal nach Panama oder Nicaragua hineinzuschnuppern.

Botschaften und Konsulate

Diplomatische Vertretungen Costa Ricas

... in Deutschland
Botschaft von Costa Rica
Reinhardtstr. 47 A, 10117 Berlin
📞 030-26398990
🖥 www.botschaft-costarica.de
🕐 Mo–Do 9.30–13 und 14–17.30,
Fr 9.30–13 und 14–16.30 Uhr
Konsularische Anfragen nur nach
Vereinbarung

Honorarkonsulate von Costa Rica
Brandvorwerkstr. 52/54, Büro 309, 04275 Leipzig
📞 0341-9096732
✉ leipzig@konsulat-costa-rica.de
🕐 Mo und Do 9–12 Uhr

Meyerhofstr. 8, 22609 Hamburg
📞 040-801395,
✉ rica@congenricahh.de
🕐 Di und Do 10–12 Uhr und nach Vereinbarung

Vorsicht: Falle

San Josés Taxifahrer erhalten eine Kommission für jeden Gast, den sie einem Hotel bringen. Je teurer das Hotel, desto besser der Verdienst. Die Fahrer greifen deshalb gelegentlich zu unlauteren Mitteln und behaupten, das Hotel oder die Herberge hätte kürzlich geschlossen oder wäre umgezogen. Tipp: Nicht glauben, Taxi wechseln.

Marienstr. 8, 30171 Hannover
📞 0511-281127, ✉ consulcrhannover@aol.com
🕐 Di und Fr 12–14 Uhr

Nieder Kirchweg 22, 65934 Frankfurt/Main
📞 069-39043656
✉ confrancfort@googlemail.com
🕐 Mo, Mi 10–13 Uhr und nach Vereinbarung

Industriehof 4, 77933 Lahr
📞 07821-939784
✉ info@costarica-lahr.de
🕐 Di und Do 10–13 Uhr

... in Österreich
Botschaft von Costa Rica
Wagramerstr. 23, 1220 Wien
📞 01-2633824
✉ embajadaaustria_costa.rica@chello.at
🕐 Mo–Fr 9–16 Uhr

Honorargeneralkonsulat der Republik Costa Rica
Hagenauerstr. 5, 5020 Salzburg
📞 0662-441386, ✉ zeilinger@salzburg.co.at
🕐 Mo–Fr 8–13 Uhr

... in der Schweiz
Botschaft von Costa Rica
Marktgasse 51, 3011 Bern
📞 031-3727887, ✉ costa.rica@bluewin.ch
🕐 Mo–Fr 9–15 Uhr

Honorarkonsulat von Costa Rica
Case postale 85, Chemin de Mornex 38, 1001 Lausanne
📞 021-3127764

Diplomatische Vertretungen in Costa Rica

Deutsche Botschaft

Torre Sabana, 8. Etage, 300 m westlich vom
ICE-Gebäude in Sabana Norte, San José
(Postadresse: Apdo. 4017-1000 San José,
10102 Costa Rica)
✆ 2290-9091 🖳 www.san-jose.diplo.de
🕐 Mo, Mi, Do, Fr 9–12, Di 9–11.30 Uhr
Notfalltelefon: ✆ 8381-7968
(mobil; nur in extremen Notfällen)
Botschafter: Dr. Ingo Winkelmann

Österreichisches Honorargeneralkonsulat

Paseo Colón, Edificio Colón, 7. Stock, neben
der BCR, ✆ 2221-4306,
✉ consulado.austria@cr4a.com, nur Notpässe.
🕐 Mo–Fr 9–12 Uhr
Als Botschaft ist die österreichische Botschaft
in Mexiko zuständig: Sierra Tarahumara 420,
Colonia Lomas de Chapultepec, 11000 Mexico,
D.F., ✆ +52/55-5251-0806 🖳 www.bmeia.gv.at/
oeb-mexiko
Notfalltelefon: ✆ +52/1 55-9199-4579

Schweizer Botschaft

Paseo Colón, Edificio Centro Colón, 10. Etage,
San José (Postadresse: Embajada de Suiza,
Apartado 895, Centro Colón, 1007 San José,
Costa Rica)
✆ 2221-4829, 🖳 www.eda.admin.ch/sanjose
🕐 Mo–Fr 9–12 Uhr, Telefonsprechstunde
Mo–Do 8–12 und 13.30–16, Fr 8–12 Uhr

Einkaufen

Proviant

Selbstversorger haben keine Probleme in Costa Rica. Ihnen steht ein dichtes Netz an Supermärkten zur Verfügung. Fast jedes Pueblo (Dorf) hat einen **Pali** (die costa-ricanische Variante von Aldi oder Lidl). Eine größere Auswahl gibt es im **Perimercado** oder **Más X Menos**; die Spitze der Supermarkthierarchie führt der relativ teure **Automercado** an, der auch internationale Produkte führt.

Wer mit dem Auto unterwegs ist und vorhat, den Urlaub an der Pazifikküste zu verbringen, sollte den Proviant zuvor im Landesinneren aufstocken – die Auswahl der **Minimercados** (Minisupermärkten) und **Pulperías** („Tante-Emma-Lädchen") in den Touristenzentren ist oft begrenzt und überteuert.

Günstiges, frisches Obst und Gemüse findet man auf jedem **Mercado** (Markt). Ökoprodukte führen die zahlreichen **Macrobióticas** (Ökoläden) des Landes, aber auch in den meisten Supermärkten gibt es eine „Bioecke". Größter Ökoproduzent in Costa Rica ist Bioland, der auch biologisch abbaubare Seifen und Shampoos herstellt.

Souvenirs

Ein beliebtes Mitbringsel für Freunde und die Familie daheim ist costa-ricanischer Kaffee. Achten sollte man beim Kauf unbedingt auf Exportqualität. Verkauft werden die koffeinhaltigen Bohnen in den meisten Supermärkten oder auf San Josés Mercado Central, dem Schnäppchenort für Souvenirjäger. Dort findet man auch den Chorreador de Café, ein einfaches Holzgestell mit Stoffsäckchen, in dem – glaubt man den Ticos (Costa Ricanern) – der Muckefuck sein bestes Aroma entfaltet. Weniger abwechslungsreich ist ein Besuch Sarchís, des größten Zentrums für Holzschnitzkunst in Costa Rica. Wen der Kommerz nicht stört, findet hier mit Sicherheit den passenden Schaukelstuhl oder bunt dekorierten Ochsenwagen – die Auswahl ist enorm. Ochsenwagen und Schaukelstühle sind zusammenlegbar und werden von den Geschäften gegen einen Aufpreis per Schiff nach Europa versandt.

Costa Ricas **Kunsthandwerk** hat durch den Tourismus einen Aufschwung erlebt und ist besonders für die vom Staat vernachlässigten Indianerreservate eine wichtige Einnahmequelle. Großer Beliebtheit erfreuen sich die kunstvoll geschnitzten Teufelsmasken aus dem Indianerreservat Boruca (s. Kasten S. 376). Wer den weiten Weg nach Boruca zeitlich nicht schafft, kann

An den Ständen auf Costa Ricas Wochenmärkten finden Vegetarier eine reiche Auswahl.

die *máscaras* und weiteres Kunsthandwerk aus den Reservaten zum fairen Preis in der Galería Namú in San José kaufen (S. 119).

Handbemalte **Keramik** nach alter Chorotega-Tradition wird in Guaitil (Guanacaste) hergestellt (s. Kasten S. 277).

Die staubige Heimat des Sabanero – des costa-ricanischen Cowboys – ist auch der beste Ort, um robuste **Leder**hüte, -stiefel und -sättel aufzutreiben.

Ein kritisches Auge sollten Urlauber beim Souvenirkauf haben, denn allzu oft mischen sich Schildkrötenpanzer, aufgespießte Schmetterlinge und Käfer, illegal gerodete Edelhölzer oder Produkte aus Kaimanleder unter das Angebot.

Essen und Trinken

Comida Típica

Die traditionelle costa-ricanische Küche, die *comida típica*, ist eine bäuerliche Küche, in der stärkehaltige, sättigende Zutaten wie Reis, Mais, Maniok, Kochbananen und außerdem viel Fleisch und Fett dominieren. Sie liefert die nötige Energie für harte Feldarbeit – oder lange Urwaldtreks.

Bereits zum *desayuno* (Frühstück) wird in Costa Rica **Gallo Pinto** gegessen – gebratener Reis, mit schwarzen Bohnen vermischt, und Spiegel- oder Rührei obendrauf. Dazu gibt es Maistortillas und Sauerrahm. Noch üppiger fällt das *almuerzo* (Mittagessen) oder die *cena* (Abendessen) aus. Costa Ricas Nationalgericht **El Casado** (wörtlich übersetzt: „der Verheiratete") besteht je nach Wunsch aus einem Stück Huhn, Fisch oder Fleisch. Als Beilage werden Reis mit schwarzen Bohnen, gebratene Kochbananen *(plátanos)* und Salat serviert.

Weitere beliebte Hauptspeisen sind der **Olla de Carne**, ein kräftiger Fleisch- und Gemüseeintopf, die **Sopa Negra** – Bohnen, diesmal als Suppe angerichtet – oder **Peyiballe** – nussige Palmenherzen in Salzwasser gekocht. Ebenfalls aus der Palmenfrucht wird der schmackhafte **Ensalada de Palmitos** zubereitet. Häufig in Bars auf der Speisekarte steht **Chifrijo**, ein geschichtetes herzhaftes Snack-Gericht aus Reis, Bohnen, Fleisch und *chimichurri*, einem Salat aus Tomaten, Zwiebeln, Koriander und Limettensaft.

TRAVELINFOS VON A BIS Z

Man gönnt sich ja sonst nichts – die Loose Gourmet-Tipps!

Keine Lust auf Reis und Bohnen? In Costa Rica kann man mittlerweile nach Herzenslust international schlemmen. Hier unsere Auswahl der besten Restaurants im Land:

Bacchus in Santa Ana. Feinste italienische Boutique-Küche. Die Pizza nennt man hier „Tavola", die Pasta ist hausgemacht, und Fisch und Meeresfrüchte sind fangfrisch und werden mit viel Liebe zum Detail angerichtet. S. 130.

Citrus in Ojochal. Kreative Küche in fantasievollem Ambiente, abends gemütlich beleuchtet. Nicht ganz billig, aber der Service ist exzellent, und die fantastischen Fusion-Kreationen haben es in sich. S. 357.

Doris Metropolitana in Santa Ana. Doris gehört zu einer exklusiven Restaurantkette, die in New York, New Orleans und Santa Ana angesiedelt ist. Wer gerne gut und viel Fleisch isst, sollte dieses elegante Restaurant besuchen. Rindfleisch aus eigener Zucht, das 21 Tage im „Dry Age"-Verfahren reift. S. 130.

La Esquina de Buenos Aires in San José. Die Tür geht auf und man tritt ein in ein Buenos Aires der 1940er-Jahre. Nostalgische Tangomusik, Schwarz-Weiß-Fotos mit alten argentinischen Stars, eine Kasse aus dem Jahr 1918, Originalstühle aus Buenos Aires. Die Kellner flitzen elegant in ihren langen weißen Schürzen von Tisch zu Tisch. Wer hierherkommt, bestellt meist eins: Fleisch. Argentinisches Steak, saftig gegrillt. Doch die Esquina kann mehr: Deliziös ist der hausmarinierte Lachs oder geräucherte Marlin. S. 106.

L'Ile de France in Escazú. Stilecht aufgezogenes französisches Restaurant mit einzigartiger Atmosphäre. In feiner Umgebung werden Schnecken, Austern, Lamm und Kaninchen serviert – auch die Soßen und Beilagen sind ein Gedicht. Eine exzellente und vielfältige Weinkarte rundet das Angebot ab. S. 133.

Naans & Curry in Santa Ana und Curridabat. Hervorragendes, original indisches Restaurant mit garantiert indischen Köchen. Auf der abwechslungsreichen Karte stehen viele himmlische Tandoori- und Curry-Spezialitäten. S. 130.

Playa de los Artistas in Montezuma. Idyllisch am Strand gelegenes Restaurant. Kreative mediterrane Küche bei Kerzenschein mit gutem Service und herzlichen Gastgebern. Wechselnde Karte mit den besten Zutaten aus dem Meer. S. 306.

Taller Gastronómico El Punto in Escazú. Tapas-Restaurant in interessantem rustikalen Design. Auf den Tisch kommt moderne spanische Kost, außergewöhnlich interpretiert; gute Weinkarte. S. 133.

Tin Jo in San José. Das ehemalige China-Restaurant der Eltern haben Yin Yin und ihr amerikanischer Mann Robert in einen panasiatischen Genusstempel ausgebaut. Je nach Stimmung hat der Gast die Wahl zwischen dem Japan-, Indien- oder Indonesien-Saal. Gekocht wird überwiegend mit Produkten aus ökologischem Anbau. Legendär ist der *arroz cantonés* nach elterlichem Rezept. Auch glutenfreie und vegane Kost. S. 115.

Beliebte Desserts sind *tres leches*, ein Kuchen, der in Sahne, Kondens- und Vollmilch schwimmt, oder *churros* – lange Brandteigspiralen, die frittiert, mit Zucker bestreut und in den heißen Kaffee getunkt, gegessen werden. Eine Delikatesse zum Osterfest ist **Miel de Chevirre**. Mit der Konfitüre aus der kürbisartigen Chiverre-Frucht werden zur Semana Santa die Teigtaschen *(empanadas)* gefüllt. Gesünder aber mindestens ebenso süß ist ein Nachtisch aus **Obst**. Aus Bananen, Melonen, Ananas, Mangos, Sternfrucht und Papayas werden unter anderem leckere **Ensaladas de frutas** (Obstsalate) gezaubert.

In Guanacaste, dem Nordwesten Costa Ricas, wurde die Küche stark von den aus Mexiko eingewanderten Chorotega-Indianern beeinflusst. Sie brachten Maispflanzen aus ihrer Heimat mit. Noch heute werden die gelben Körner zu leckeren **Tortillas** (Maisfladen), **Rosquillas** (Maisgebäck) und **Pozole** (Fleischeintopf mit Mais) verarbeitet. **Tamales** – Maistaschen, in Bananenblätter eingewickelt und mit Käse oder Fleisch gefüllt – sind ein fester Bestandteil des costa-ricanischen Weihnachtsessens.

Je näher zur Küste hin, desto reicher wird die Auswahl an **Fisch und Meeresspezialitäten**. *Corvina* (Seebarsch), *dorado* (Goldmakrele), *atún* (Thunfisch) oder *pargo* (Rotbarsch) sind dabei die häufigsten Vertreter. Bestellen kann man sich den Fisch *frito* (gebraten), *a la plancha* (gegrillt) oder einmal ganz anders: roh, klein geschnitten und in Zitronensaft, Zwiebeln und Knoblauch mariniert; das Resultat ist köstlich und nennt sich *ceviche*. Die Eier der inzwischen unter Schutz gestellten Meeresschildkröten gelten unter Costa Ricanern leider nach wie vor als Delikatesse (s. Kasten S. 274).

Der costa-ricanischen Küche fehlt es oft an Würze. „Nachpfeffern" kann man aus dem **Chilero**, einem großen Glasgefäß, das in den meisten Sodas auf den Tischen bereitsteht und in dem Chilis, Gurken, Knoblauch und Zwiebeln in Essig eingelegt sind. Erheblich pikanter ist die Küche an der costa-ricanischen **Karibikküste**: Hier wird mit viel Ingwer, Muskat und Koriander gewürzt. Nach frischer Kokosnuss schmecken u. a. der Fisch, das Brot und die Soßen (s. Kasten S. 434).

Am günstigsten und typischsten isst man in einem Esslokal, das **Soda** genannt wird, einer kleinen, einfachen Imbissstube, in der für einen üppigen Casado nicht mehr als $5 verlangt werden. Beträchtlich teurer sind die **Restaurantes**.

Weitere Informationen im kulinarischen Wörterbuch auf S. 445.

Internationale Küche

Der Zustrom von Besuchern aus aller Welt hat Costa Ricas Gastronomie immens bereichert. In San José und den wichtigeren Städten lockt eine internationale, experimentierfreudige Restaurantszene mit köstlichen Gerichten aus aller Welt. Besonders verwöhnen lassen kann man sich in den westlichen Vororten von San José (Escazú und Santa Ana) sowie in Ojochal an der Pazifikküste.

Getränke

Costa Ricas *bebidas* (Getränke) tragen den Geschmack und die Süße der Tropen in sich, jeder Schluck ist wie ein Kuss aus dem üppigen Garten Eden. Aus Bananen, Ananas, Papayas oder Mangos werden köstliche **Frescos** zubereitet, die je nach Geschmack mit Wasser, Milch, Joghurt oder cremiger Sahne vermischt werden.

Das erfrischende **Agua de Pipa** (s. Kasten S. 336), trinkt man dagegen rein, mit Strohhalm, direkt aus der Kokosnuss. Mutter Natur darf auch im **Chicha** (fermentiertes Maisgetränk) und den **Cocktails** nicht fehlen: Hier wird Früchten Zuckerrohrschnaps *(guaro)* beigemengt. Wer **Bier** bevorzugt: Eine costa-ricanische Brauerei (Florida) braut Imperial, Pilsen und Bavaria-

Vegetarier

Im fleischliebenden Mittelamerika wird auch ein Vegetarier satt. Allerdings ist fleischlose Kost abseits der Touristenzentren vorwiegend auf Bohnen, Reis und Kochbananen (Gallo Pinto) beschränkt. Auf Nachfrage werden auch (recht fade) Gemüse- und Salatteller zubereitet. Eine Alternative zu den täglichen Bohnen sind die Empanadas de Queso (mit Käse gefüllte Teigtaschen) oder vegetarisches Chopsuey, das in den zahlreichen China-Restaurants in Costa Rica angeboten wird.

In den größeren Städten und Touristenzentren wie San José, Tamarindo, Montezuma, Puerto Viejo oder Samara können *Vegetarianos* endlich zuschlagen: Hier stehen eine Vielfalt von Tofugerichten, asiatischen Currys oder vegetarischem Sushi auf der Speisekarte. Sogar Veganer und Rohköstler werden mitbedacht. In San José und Heredia bietet außerdem die vegetarische Schnellrestaurantkette Vishnu fleischlose Hamburger und üppige Gemüseteller zu günstigen Preisen an.

ESSEN UND TRINKEN

Bier. **Wein** ist in jedem Restaurant und Super-markt zu haben. Chilenische Weine sind beliebt und recht günstig.

In Restaurants beinhaltet die Rechnung 10 % *servicio*. Dies ist kein **Trinkgeld**, sondern ein Teil des Gehalts. Wer mit dem Service zufrieden ist, sollte ruhig noch etwas drauflegen.

Fair reisen

Reisen wirkt sich auf die Umwelt und die be-suchten Menschen aus. Das reicht von der An-bzw. Abreise über die Arbeitsbedingungen für Angestellte der Tourismusbranche bis zur Nut-zung lokaler Ressourcen und dem Entstehen von Abfällen. Touristen verbrauchen durchschnittlich mehr Wasser und Strom und produzieren mehr CO_2 und Müll als die Einheimischen. Auch kann es passieren, dass durch den Tourismus Men-schenrechte verletzt werden, z. B., wenn Einhei-mische von ihrem Land vertrieben werden, damit neue Hotelanlagen entstehen können, oder un-ter Wassermangel leiden, während Touristen ne-benan bewässerte Golfplätze genießen.

Natürlich hat der Tourismus auch viele gute Seiten. Er hat vielen Menschen einen Weg aus der Armut gezeigt, ihnen ermöglicht, einen Be-ruf zu ergreifen, sich weiterzubilden. Er stimu-liert lokale Investitionen, verbindet Kulturen und trägt zur Gleichberechtigung der Geschlechter bei. Vielerorts hat er Naturräume geschützt, die ohne Touristen dem Kommerz zum Opfer gefal-len wären. In Costa Rica gibt es viele gemeinnüt-zige Gruppen, die Bauern Unterstützung bei der Gründung von touristischen Initiativen geben. Dazu gehören Bildungs- und Schulungsprogram-me, es wird aber auch konkrete Hilfe bei der Kundenakquise oder beim Marketing angeboten.

Tipps für umweltbewusstes und sozial verträgliches Reisen

Beim Reisen ist jeder Einzelne gefordert, auch in Ländern, in denen die Bevölkerung sich selbst nicht immer umweltbewusst verhält. Das Ar-

Fair und grün – gewusst wo

🌳 Einrichtungen, die sich durch beson-ders umweltfreundliches oder sozial verträgliches Verhalten auszeichnen, sind in diesem Buch mit einem Baumsymbol gekenn-zeichnet. Sie verwenden zum Beispiel Solar-energie, bieten Bioprodukte an, nutzen Tro-ckentoiletten, zahlen faire Löhne, investieren ihre Gewinne in soziale Projekte, propagieren einen nachhaltigen Tourismus oder stellen Besuchern Informationen für umweltverträgli-ches Verhalten bereit.

gument: „Die Einheimischen machen das doch auch", überzeugt nicht. Besser ist es, mit gu-tem Beispiel voranzugehen und die goldene Re-gel anzuwenden: All die schönen Orte so verlas-sen, wie man sie selbst gerne vorfinden würde.

Umweltbewusst reisen

- Den durch die An- bzw. Abreise verursach-ten **CO_2-Ausstoß** (Flug, Bus, Schiff, Zug) mithilfe des Kompensationsprogramms einer nachweislich korrekt agierenden Klimaagen-tur neutralisieren (S. 34).
- Keine **Souvenirs** aus bedrohten Pflanzen oder Tieren kaufen! Das Washingtoner Artenschutzabkommen verbietet deren Import nach Europa.
- **Klimaanlagen** meiden bzw. in jedem Fall Licht und AC ausstellen, wenn man das Zimmer verlässt.
- Mit **Wasser** immer sparsam umgehen, besonders in ariden Regionen (Guanacaste); Duschen statt baden.
- **Pfandflaschen** kaufen, auf Dosen verzichten, wenig Plastik nutzen, auf den Strohhalm verzichten.
- Statt mit **Batterien** mit aufladbaren Akkus reisen. Wenn sich Batterien nicht vermeiden lassen, diese mit nach Hause nehmen.
- Toilettenpapier und andere **Hygieneartikel** nicht in die Toilette, sondern in den daneben stehenden Eimer werfen.
- Von zu Hause biologisch abbaubare **Shampoos und Seifen** mitbringen oder vor Ort kaufen.

- Für Einkäufe einen **Baumwollbeutel** mitbringen; die Ware nicht in Tüten packen lassen.

Sozial verantwortlich reisen

- Auf **respektvollen Umgang** mit der Bevölkerung und den Angestellten der Tourismusbetriebe achten und ggf. auch Mitreisende darauf hinweisen.
- Den persönlichen **Wohlstand nicht zur Schau stellen**. Bettelnden Kindern kein Geld geben. Wirksamer ist es, z. B. ein Essen auszugeben oder einer seriösen, lokalen Kinderhilfsorganisation Geld zu spenden.
- Kleinen lokalen Hotels, Restaurants, Reiseveranstaltern, Guides etc. gegenüber großen nationalen und internationalen Ketten den Vorzug geben – das erhöht die Chance, **zu lokalen Einkommen beizutragen**.
- Kunsthandwerk möglichst direkt beim Produzenten (z. B. bei Handwerksbetrieben oder in den Indianerreservaten) kaufen.
- Landwirtschaftliche **Produkte aus der Umgebung** statt importierte Waren kaufen.
- Auf **fair gehandelte und biologisch erzeugte Waren** zurückgreifen und danach fragen.

Besuch von Naturschutzgebieten, Trekking- und Kajaktouren

- Darauf achten, dass der **ökologische Fußabdruck** minimiert wird: Müll vermeiden oder mit in die nächste Stadt nehmen sowie Flora und Fauna ungestört lassen.
- Immer auf den Wegen der Nationalparks bleiben; **Parkregeln** beachten. Keine Wildtiere füttern, kein Feuer außerhalb der dafür vorgesehenen Orte machen. Keine Taschenlampen oder Blitzlichter bei Schildkrötentouren benutzen. Dunkle Kleidung tragen.
- Ehrgeizige Reisende sammeln den herumliegenden **Müll** auf einer Wanderroute bzw. am Flussufer auf – eine schöne Art, Mitreisende und die lokale Bevölkerung für das Thema zu sensibilisieren.
- Beim **Buchen einer Tour** möglichst darauf achten, dass die Agentur ihren Mitarbeitern (Guides etc.) gute Bezahlung, Ausrüstung, Verpflegung etc. garantiert. In ländlichen Gebieten nachfragen, ob die lokale Bevölkerung von dem Besuch profitiert.

Nützliche Adressen

Wer mehr zum Thema „umweltfreundliches und sozial verantwortliches Reisen" wissen möchte, findet bei folgenden Adressen Anregungen:

Brot für die Welt – Tourism Watch, Caroline-Michaelis-Str. 1, 10115 Berlin, ✆ 030-652111806, 🖥 www.tourism-watch.de. Auf der Website sind Hintergrundberichte zu den Themen Tourismuspolitik, Umwelt, Menschenrechte und Wirtschaft in Englisch und Deutsch verfügbar. Darüber hinaus findet man dort Links, Literaturkritiken und aktuelle Veranstaltungshinweise. **CSR-Tourism-Certified und Forum anders reisen**, 🖥 www.tourcert.org, www.forum andersreisen.de. Seit 2009 können sich Tourismusunternehmen mit dem Siegel „CSR-Tourism-Certified" auszeichnen lassen. Es bewertet die gesamte Dienstleistungskette einer Reise. Die meisten Reiseveranstalter, die das erste faire Tourismussiegel bislang erhalten haben, sind im forum anders reisen zusammengeschlossen. Sie streben eine nachhaltige Tourismusform an, die laut eigenen Angaben „langfristig ökologisch tragbar, wirtschaftlich machbar sowie ethisch und sozial gerecht für ortsansässige Gemeinschaften sein soll".
Fair einkaufen – aber wie? 🖥 www.fair einkaufenaberwie.blogspot.de. Der Ratgeber für fairen Konsum gibt in seinem Tourismus-Kapitel u. a. einen Überblick über die Schattenseiten des Tourismus, die negativen Auswirkungen des Flugverkehrs und die sexuelle Ausbeutung von Kindern. Zahlreiche Tipps und Adressen helfen Verbrauchern, fairer und nachhaltiger zu reisen.
Fair unterwegs, Arbeitskreis Tourismus & Entwicklung, Missionsstr. 21, 4003 Basel, ✆ +41-61-2614742, 🖥 www.fairunterwegs.org. Sehr umfangreicher Webauftritt mit aktuellen Hintergrundinfos, Themen, die von Menschenrechten über Ethik bis zu Tourismuskritik reichen, Länderprofilen und zahlreichen Tipps zum fairen Reisen. An junge Leute richten sich die Infos und Angebote (z. B. zu Freiwilligenarbeit) im Bereich „jung&fair".
Studienkreis für Tourismus und Entwicklung e. V., Bahnhofstr. 8, 82229 Seefeld-Hechendorf,

www.stefan-loose.de/costa-rica   FAIR REISEN

Auch Wanderer sollten sich daran halten: „Der Wald ist keine Müllkippe."

📞 08152-999010, 💻 www.studienkreis.org. Der Verein, der sich mit entwicklungsbezogener Informations- und Bildungsarbeit im Tourismus beschäftigt, ist Herausgeber der Sympathie-Magazine. Die Hefte ermöglichen einen Blick hinter die touristischen Kulissen europäischer und außereuropäischer Reiseziele und schaffen so ein Bewusstsein für die Lebensweisen der Menschen im Gastland.
Weitere Links, Infos und Buchtipps unter
💻 **www.stefan-loose.de/fair-gruen**.

Feste und Feiertage

Januar / Februar

Mitte Januar – Fiesta de Santa Cruz: die Gelegenheit, guanatekische Sabanero-(Cowboy) Kultur live zu erleben. Rodeos, Recorridos de Toro, Musik und Volkstänze. Dazu gibt es frisch gebackene Maisspezialitäten. Yippiyeah!
31. 12–2. 1. – Fiesta de los Diablitos: Für drei Tage erwachen die hölzernen Teufelsmasken im Indianerreservat Boruca zum Leben; junge, maskierte Männer kämpfen dann in Staub und Hitze gegen einen *toro* (Stier) aus Ästen und Jutesäcken. Dabei wird jede Menge Chicha getrunken. Weniger touristisch und weniger geordnet findet das gleiche Spektakel in kleinerem Umfang Anfang Februar im benachbarten Curré statt (s. Kasten S. 376).

März / April

Mitte März – Día del Boyero (Tag des Ochsenwagenfahrers): farbenfrohe Ochsenwagenparade in San Antonio de Escazú.
Mitte März – Festival Internacional de las Artes (s. Kasten S. 120).
Ostern – Osterprozessionen, die im ganzen Land abgehalten wird.
11. April – Día de Juan Santamaría: Costa Rica feiert seinen Nationalhelden Juan Santamaría. Eine Woche voller Paraden, Konzerte und Tänze. Die größten Feierlichkeiten finden in der Heimatstadt des Helden, Alajuela (S. 140), statt.

Juli

Mitte Juli – Fiesta de la Virgen del Mar:
Üppig geschmückte Fischerboote fahren im
Hafen von Puntarenas aus; außerdem Regatten,
Paraden und Feuerwerk (s. auch Kasten S. 328).
25. Juli – Día de Guanacaste: 1824 entschieden
sich die Guanateken dafür, sich von Nicaragua
zu trennen und stattdessen Costa Rica anzu-
schließen. In ganz Guanacaste gibt es Rodeos,
Folkloretänze, guanatekische Maisspezialitäten
und Marimba-Musik.

August

1. und 2. August – Virgen de Los Ángeles: der
größte Wallfahrtszug in Costa Rica: Tausende
von Gläubigen pilgern zur Negrita in Cartago
(S. 159), hinterlassen silberne Miniaturbrüste,
-beine und -augen und beten um Heilung ihrer
Krankheiten.

Gesetzliche Feiertage

An den *días feriadas* (gesetzlichen Feiertagen) haben Banken, Büros und die meisten
Geschäfte geschlossen. Auch der öffentliche
Transport wird eingeschränkt. An den nicht
obligatorischen Feiertagen bleiben Ämter und
öffentliche Stellen geschlossen, alles andere
ist geöffnet.

1. Januar	Neujahr
März/April	Semana Santa (Do und Fr vor Ostersonntag)
11. April	Día de Juan Santamaría
1. Mai	Tag der Arbeit
25. Juli	Anerkennung von Guana-caste durch Costa Rica
15. August	Mariä Himmelfahrt (nicht obligatorisch)
15. September	Unabhängigkeitstag
12. Oktober	Día de la Raza (Kolumbus-Tag; nicht obligatorisch)
25. Dezember	1. Weihnachtstag; Festlich-keiten an den Folgetagen

September

**14. und 15. September – Día de la Indepen-
dencia**: Ganz Mittelamerika feiert seine Unab-
hängigkeit von Spanien. Höhepunkt ist ein
Staffellauf von Guatemala nach Cartago, Costa
Ricas ehemaliger Hauptstadt. Der Läufer mit der
Freiheitsfackel trifft am 14. September abends
in Cartago ein und wird enthusiastisch gefeiert.
Am folgenden Tag finden große, patriotische
Paraden statt.

Oktober

Anfang–Mitte Oktober – Día de la Raza:
Karnevalsstimmung in Puerto Limón. Die
Feierlichkeiten sind in den letzten Jahren
jedoch immer wieder ausgefallen.

Dezember

Mitte Dezember – Fiesta de la Yeguita:
ein Fest zu Ehren der Virgen de Guadalupe;
alte indianische Rituale vermischen sich mit
katholischem Glauben. Feuerwerk, Konzerte
und guanatekische Gaumenfreuden.

Fotografieren

Fotografen müssen sich in Costa Rica auf extreme Lichtverhältnisse einstellen. Durch die sehr
starke Sonneneinstrahlung am Strand und die
Dunkelheit im Regenwald gehören Blitzgerät,
UV-Filter und Streulichtblende zur Ausrüstung.
Für Tierfotografie sollte man Stativ, Teleobjek-
tiv und jede Menge Geduld mitnehmen. Kamerazubehör und Speicherkarten sind in San José
und Umgebung erhältlich.

Wer unterwegs Einheimische fotografieren
oder filmen möchte, muss vorher unbedingt eine
Erlaubnis einholen. Auf keinen Fall sollte man
den Eindruck von Armutsvoyeurismus erwecken. Lieber auf ein Foto verzichten, anstatt be-
leidigendes Verhalten zu riskieren (s. auch Verhalten S. 66).

TRAVELINFOS VON A BIS Z

www.stefan-loose.de/costa-rica

Frauen unterwegs

Costa Rica ist generell ein sicheres Reiseland für Frauen. Dennoch sollte „frau" sich bewusst sein, dass außerhalb der Touristenzentren „Machismo" herrscht, und das Verhältnis zwischen Mann und Frau weniger entspannt ist als in Europa.

Eine alleinreisende Frau in Costa Rica fällt auf und weckt grundsätzlich Neugierde. *Estás sola?* (Bist Du allein?) – *Estas casada?* (Bist Du verheiratet?) – *No tienes miedo?* (Hast Du keine Angst?), werden Globetrotterinnen nicht selten gefragt. Der Alltag in Costa Rica lässt wenig Spielraum zum Flirten. „Mann" kommt ohne Umschweife schnell zur Sache. Frauen, die es nicht auf eine Romanze abgesehen haben und unangenehme Begegnungen vermeiden wollen, sollten daher von Anfang an eindeutige Signale aussenden und Grenzen setzen. Ein zu langer Blick, ein mitmenschliches Lächeln oder eine etwas überschwänglich ausgefallene freundschaftliche Begrüßung können sehr leicht missverstanden werden. Beiläufige Hinweise auf den Freund/Bruder/Ehemann wirken manchmal Wunder.

Typisch für ganz Lateinamerika sind die sogenannten *piropos* (Zischlaute und Zurufe). Das *mamacita, guapa, reina, muñeca* oder *amorcita* geht meistens mit einer Fleischbeschau einher. Besonders betroffen sind blonde, blauäugige „Exotinnen" oder Frauen in sehr körperbetonter Kleidung. Piropos sollte „frau" jedoch gelassen ignorieren. Platzt doch einmal der Kragen, reichen ein deutliches *Déjeme en paz!* (Lassen Sie mich in Frieden!) oder *No me moleste!* (Belästigen Sie mich nicht!) in den allermeisten Fällen aus, um den Störenfried abzuschütteln. Weitere erprobte Abwehrmanöver sind weite Kleidung, unrasierte Beine oder ein auffälliger Ehering.

Zurückzischen verschlägt dem Macho entweder die Sprache oder verletzt seinen Stolz dermaßen, dass er mit Beleidigungen kontert. Vorsicht bei fremden Männern in San José, die Solo-Frauen zu alkoholischen Getränken einladen. Auch Piratentaxis (nicht offizielle Taxis) sollte „frau" meiden.

Geld

Währung

Costa Ricas Landeswährung ist der **Colón** (C$). Im Umlauf sind Noten zu 1000, 2000, 5000 und 10 000, 20 000 und 50 000 Colones. Das Kleingeld besteht aus Münzen zu 5, 10, 25, 50, 100 und 500 Colones. Die heutigen farbenfrohen Banknoten sind seit 2011 im Umlauf.

Geldwechsel

In Costa Rica sind zwei Währungen parallel im Umlauf. Grundsätzlich gilt, dass Immobilien, Hotels, Shuttle-Busse, Touren und ähnliches in US-Dollar berechnet werden. Restaurants, Sodas, Supermärkte, Märkte, Tankstellen, Busse und Taxen etc. weisen ihre Preise in Colones aus und bevorzugen auch immer eine Bezahlung in der heimischen Währung. Besucher sollten deshalb immer beide Währungen bei sich tragen.

Wie in jedem Land der Welt, gibt es für die Wechselkurse einen oberen und einen unteren Kurswert: den Einkaufs- und den Verkaufskurs. Möchte man z. B. die Übernachtung in einem Hotel in Colones bezahlen, obwohl der Preis in US-Dollar ausgewiesen ist, dann wird es ein klein wenig teurer. Das Hotel muss nämlich den Preis zum Einkaufskurs berechnen, also so, als ob es in der Bank US-Dollar mit Colones kaufen würde. Am Geldautomaten gilt stets der Verkaufskurs. Die Differenz beträgt zwar nur etwas mehr als 2 %, aber das macht sich im Lauf einer Reise bemerkbar. Daher unser Tipp: **Immer in der ausgewiesenen Währung bezahlen**. Das gilt auch für Kreditkartenzahlungen. Fast jedes Geschäft in Costa Rica kann mit Kreditkarte in US-Dollar oder in Colones kassieren (das wird bei der Transaktion abgefragt). Wenn ein Preis in US-Dollar ausgewiesen ist, sollte man also darauf achten, dass er auch in US-Dollar berechnet wird.

An vielen Geldautomaten *(telecajero)* gibt es die Möglichkeit, beide Währungen zu beziehen. Am zuverlässigsten sind die Automaten der BAC San José und der Scotiabank. Dort funktionieren alle Karten, und es sind fast immer beide Währungen zu haben. Man sollte sich gleich am Urlaubsbeginn mit einem kleinen Vorrat an US-Dollar und Colones eindecken. Am Flughafen bitte kein Geld wechseln! Günstiger ist es, Bargeld aus dem **Automaten** zu holen. Die Wechselstuben am Flughafen sind bekannt dafür, einen sehr schlechten Kurs anzubieten. Auch lohnt es nicht, schon in Deutschland größere Mengen US-Dollar zu kaufen, denn auch dabei fallen Gebühren an, die am Automaten nicht gezahlt werden müssen. Wer sich dennoch schon vor der Reise ein paar US-Dollar besorgen möchte, sollte darauf achten, möglichst kleine Scheine mitzubringen.

Euros sind in Costa Rica nur sehr schwer zu wechseln, die großen Banken im Zentraltal rund um San José nehmen sie an – und meist zu einem schlechten Kurs. Wer aus Nicaragua einreist muss die Córdobas an der Grenze wechseln oder ausgeben. Später wird man diese nicht oder nur mit Schwierigkeiten wieder los.

Oft gibt es Probleme beim Wechseln großer Scheine. Daher sollte man nicht mit $100-Noten ankommen sowie 20 000- und 50 000-Colones-Scheine rechtzeitig in großen Supermärkten oder z. B. an Tankstellen oder Mautstellen (dort sind die Scheine willkommen) wechseln. Wer eine Rechnung in einer kleinen Soda mit einem 20 000-Colón-Schein bezahlen möchte, darf sich nicht wundern, wenn der Kellner dann erst einmal um den Block ziehen muss, um jemanden aufzutreiben, der den Schein wechseln kann.

Banken haben generell Mo–Fr von ca. 8.30 bis 15.45 Uhr geöffnet, einige auch am Samstagvormittag, die Geldwechselstuben der Hauptbanken und in den Einkaufszentren auch am Sonntag. Um Geld wechseln zu können, muss grundsätzlich der Reisepass vorgezeigt werden! Warteschlangen vor den Bankschaltern gehören in Costa Rica zum Alltag.

Schmutzige Dollarscheine

Keine stark verschmutzten oder eingerissenen Dollarnoten annehmen! Man wird sie auch mit dem charmantesten Lächeln nicht mehr los.

Geldautomaten und Geldkarten

Maestro-Karte/Debitkarte

Das Abheben mit einer Geldkarte mit Maestro-Symbol ist die bequemste Art der Bargeldbeschaffung in Costa Rica und bei den meisten großen Banken akzeptiert. Maestro-Karten werden von den Cajeros der Hauptbanken in San José und in allen größeren Touristenzentren akzeptiert, die Geldautomaten geben meistens sowohl Dollar als auch Colones aus. Pro Abhebung berechnet die Hausbank dem Kunden rund $6, viele Banken bieten aber mittlerweile Sonderkonditionen, mit denen eine bestimmte Anzahl von Abhebungen kostenlos ist. Vor der Abreise sollte man sich bei seiner Hausbank über die Gebühren informieren und auch erfragen, wie viel Geld man maximal pro Tag im Ausland abheben darf. Der Auszahlungsbetrag variiert auch von Geldautomat zu Geldautomat.

Einige deutsche Banken haben die **Abhebelimits** im außereuropäischen Ausland deutlich gesenkt. Costa-Rica-Urlauber sollten sich daher vor ihrer Abreise unbedingt bei ihrer Hausbank erkundigen, wie viel Geld sie maximal pro Tag im Ausland mit ihrer EC-Karte abheben dürfen und gegebenenfalls Kartensperrungen für die Urlaubszeit aufheben bzw. die Verfügungsgrenze für das Abheben heraufsetzen lassen.

Verschiedene Geldinstitute haben das Format der Maestro-Karte leider durch V PAY-Karten ersetzt. Im Gegensatz zur Maestro-Karte ist die Nutzung der V PAY-Karte im außereuropäischen Ausland **nicht** möglich. Nähere Infos dazu unter 🖥 www.vpay.com.

Wechselkurse Costa Rica	
1 €	= 665 Colones
1 sFr	= 565 Colones
1 US$	= 565 Colones
1000 Colones	= 1,50 €
1000 Colones	= 1,75 sFr
1000 Colones	= 1,75 US$

Aktuelle Wechselkurse unter
🖥 www.finanzen.net/waehrungsrechner.

www.stefan-loose.de/costa-rica

GELD **45**

Kreditkarten

In vielen Hotels, Restaurants und Supermärkten der mittleren und höheren Preisklasse kann man problemlos mit Kreditkarte zahlen. Am weitesten verbreitet sind in Costa Rica Visa, MasterCard und American Express. Einige Hotels schlagen bei Kreditkartenzahlung „Steuern" auf, was jedoch illegal ist. Bargeldabheben ist günstiger mit der EC-Karte (S. 45). Wichtig: Wer ein Auto mieten will, muss eine Kreditkarte vorlegen.

Empfehlenswert ist es, neben Bankkarten stets auch andere Geldmittel mit auf die Reise zu nehmen. Die Kreditkartennummer sollte man sich notieren, um im Falle eines Kartenverlustes schnell handeln zu können. Ist die Karte einmal verloren oder gestohlen, gilt: Sofort sperren!

Karten sperren

Visa, Master-/Eurocard, Maestro-Karte
Sperr-Notruf Deutschland
✆ +49-116116, 🖥 www.sperr-notruf.de
ansonsten für **Mastercard** ✆ 0800-011-0184,
für **Visa** ✆ 0800-011-0030

Bankkarten mit Maestro-Logo
Deutschland: ✆ +49-1805-021021 oder
+49-116116
Österreich: +43-1-2048800
Schweiz: +41-800-888601 (UBS),
+41-800-800488 (Credit Suisse)

American Express
Deutschland und Österreich:
✆ +49-69-97972000
Schweiz: +41 44 659 25 30

Gepäck und Ausrüstung

Auch fürs Reisen gilt: Weniger ist mehr! Schwere, sperrige Gepäckstücke sind auf dem aufgeweichten Pfad zur Urwaldlodge oder in der sengenden Tropenhitze nur ein lästiges Hindernis. Das geeignetste Gepäckstück für einen Costa-Rica-Urlaub ist ein leichter **Trekkingrucksack** mit wasserdichter Schutzhülle. Viele Urlauber nutzen die kostenlose Gepäckaufbewahrung, die einige Hotels in San José und Santa Ana an-

bieten. Auf diese Weise reist man leichter, beweglicher und sicherer (kleines Gepäck lässt sich im Bus immer auf den Sitzplatz mitnehmen).

Wertsachen wie Geld, Pass, Führerschein, Kreditkarte und Flugtickets sollten stets dicht am Körper aufbewahrt werden. Ideal hierfür ist ein breiter Hüftgurt (Tipp: noch unauffälliger sind Geldgurte fürs Bein oder Gürtel mit versteckten Fächern) aus Baumwolle, den man kaum sichtbar unter Hosen und Kleidern tragen kann. Sinnvoll ist es außerdem, Wertsachen durch eine Plastikhülle gegen Feuchtigkeit zu schützen und nicht alle „Juwelen" am gleichen Ort zu verstauen. Kopien von Pass, Kreditkarte und anderen Ausweisen sollte man getrennt aufbewahren oder z.B. in der Dropbox für alle Fälle ablegen.

Statt einer auffälligen Kameratasche empfiehlt es sich, eine ganz normale Tasche zu benutzen, ohne „Nikon"- oder „Kodak"-Aufschrift.

Gesundheit

Impfschutz

Impfungen sind bei der Einreise aus Europa nach Costa Rica nicht vorgeschrieben. Sehr zu empfehlen sind jedoch die üblichen Schutzimpfungen gegen Tetanus (Wundstarrkrampf), Diphtherie, Polio und Hepatitis A, bzw. alte Impfungen aufrischen zu lassen. Bei Aufenthalten von über vier Wochen oder bei besonderer Exposition ist auch eine Immunisierung gegen Hepatitis B und Typhus ratsam. Wer aus einem Gelbfiebergebiet (dazu gehört ganz Südamerika) nach Costa Rica einreist, muss einen Impfschutz gegen Gelbfieber nachweisen.

Die Impfungen erfolgen bis zu acht Wochen vor Abflug. Man sollte sich deshalb frühzeitig vom Hausarzt oder einem tropenmedizinischen Institut (S. 47) beraten lassen. Alle Impfungen werden in einen **Internationalen Impfausweis** eingetragen, der zu den Reiseunterlagen gehört und bei der Einreise auf dem Landweg vorzulegen ist. Medizinischen Rat für Reisen in die Tropen bietet auch das Internet, s. Kasten S. 48.

Am besten ist eine aktuelle **Impfberatung** beim Haus- oder Tropenarzt.

Tropenmedizinische Institute
Deutschland
Berlin, Institut für Tropenmedizin, Spandauer Damm 130, Haus 10, 14050, ✆ 030-450565700, 🖥 https://tropeninstitut.charite.de.

Dresden, Institut für Reisemedizin und Gelbfieberimpfung, Friedrichstr. 41, 01067, ✆ 0351-4803805, 🖥 www.klinikum-dresden.de/zrm_khdf.

Düsseldorf, Tropenmedizinische Ambulanz, Heinrich-Heine-Universität, Moorenstr. 5, Gebäude 11.31, ✆ 0211-8117031, 🖥 www.uniklinik-duesseldorf.de.

Freiburg, Tropen- & Reisemedizinische Ambulanz, Universitätsklinikum, Hugstetter Str. 55, 79106, ✆ 0761-27018180, 🖥 www.uniklinik-freiburg.de/infektiologie/tropen-und-reisemedizin.html.

Hamburg, Bernhard-Nocht-Institut, Bernhard-Nocht-Str. 74, 20359, ✆ 040-312851, 🖥 www.bnitm.de.

Heidelberg, Sektion Klinische Tropenmedizin des Universitätsklinikums, Im Neuenheimer Feld 324, 69120, ✆ 06221-56-22999, 🖥 www.klinikum.uni-heidelberg.de.

Leipzig, Uni-Klinik, Abt. für Infektions- und Tropenmedizin, Liebigstraße 20, 04103, ✆ 0341-9724970.

München, Abt. für Infektions- und Tropenmedizin, Leopoldstr. 5, 80802, ✆ 089-218013500, 🖥 www.klinikum.uni-muenchen.de/Abteilung-fuer-Infektions-und-Tropenmedizin.

Rostock, Abt. für Tropenmedizin und Infektionskrankheiten, Ernst-Heydemann-Str. 6, 18057, ✆ 0381-4947583, 🖥 www.tropen.med.uni-rostock.de.

Tübingen, Institut für Tropenmedizin, Wilhelmstr. 27, 72074, ✆ 07071-2982365, 🖥 www.medizin.uni-tuebingen.de/tropenmedizin.

Österreich
Wien, Zentrum für Reisemedizin, Alserstr. 48/2, 1090, ✆ 01-4038343, 🖥 www.reisemed.at.

✖ Reiseapotheke

Von allen regelmäßig benötigten Medikamenten sollte man einen ausreichenden Vorrat mitnehmen. Nicht zu empfehlen sind Zäpfchen oder andere hitzeempfindliche Medikamente.

Basisausstattung
☐ **Pflaster und Verbandzeug**
☐ **Desinfektionsmittel** (Betaisadona-Lösung, Kodan-Tinktur)
☐ **Mückenschutz** (für Kinder: Zanzarin)
☐ **Sonnenschutz** mit UVA- und UVB-Filter

Schmerzen und Fieber
☐ **Fieberthermometer**
☐ **Paracetamol, Dolormin** (keine acetylsalicylsäurehaltigen Medikamente)
☐ **Buscopan** (gegen krampfartige Schmerzen)

Magen- und Darmerkrankungen
☐ **Perenterol**
☐ **Imodium** (bei Durchfall)
☐ **Elotrans** (zur Rückführung von Mineralien)

Hauterkrankungen
☐ **Antibiotische Salbe** für infizierte oder infektionsgefährdete Wunden (Nebacetin RP)
☐ **Mittel gegen Juckreiz** nach Insektenstichen und Allergien (Soventol-Gel, Azaron-Stift, Fenistil, Terfenadin-Tabletten)
☐ **Cortison-Creme** für starken Juckreiz oder stärkere Entzündung (Soventol Hydrocortison Creme, Ebenol-Creme, Systralsalbe)
☐ **Wund- & Heilsalbe** (Bepanthen)
☐ **Fungizid ratio, Canesten** (bei Pilzinfektionen)
☐ **Augentropfen** bei Bindehautentzündungen (Berberil, Yxin)

Reisekrankheit
☐ **Superpep-Kaugummis, Vomex**

Bitte bei den Medikamenten Gegenanzeigen und Wechselwirkungen beachten und sich vom Arzt oder Apotheker beraten lassen.

www.stefan-loose.de/costa-rica   GESUNDHEIT **47**

Schweiz
Basel, Schweizerisches Tropeninstitut (STI), Socinstr. 57, 4051, ☎ 061-2848255, 🖥 www.swisstph.ch/de/reisemedizin.

Medizinische Versorgung

Wer im Urlaub schwer erkrankt, sollte sich – wenn möglich – in einer Privatklinik in San José behandeln lassen. Die medizinische Versorgung ist dort mit europäischem Standard vergleichbar, denn viele der Ärzte und Zahnärzte wurden in den USA ausgebildet. Außerhalb von San José ist die medizinische Versorgung dagegen oft nicht zufriedenstellend. Eine Liste mit deutschen Ärzten ist von der deutschen Botschaft in San José erhältlich. Der Arztbesuch wird in bar oder per Kreditkarte bezahlt. Patienten sollten sich unbedingt einen möglichst detaillierten Krankheitsbericht für ihre Krankenversicherung ausstellen lassen.

Kliniken in San José
Clínica Bíblica (Privatklinik), Av. 14, C. 0–1, ☎ 2522-1000, 🖥 www.clinicabiblica.com.
Clínica Católica, San Antonio de Guadalupe (Privatklinik), an der Südseite der Tribunales de Justicia, ☎ 2246-3000, 🖥 www.hospital lacatolica.com.
Hospital CIMA, Escazú, ☎ 2208-1500, 🖥 www.hospitalcima.com.
In allen genannten Kliniken wird Englisch gesprochen.

Reisemedizin im Internet

🖥 **www.crm.de** Centrum für Reisemedizin
🖥 **www.die-reisemedizin.de** In Verbindung mit dem betriebsärztlichen Dienst der LTU
🖥 **www.dtg.org** Deutsche Gesellschaft für Tropenmedizin
🖥 **www.fit-for-travel.de** Neben Gesundheitstipps auch Länderinformationen, Botschaftsadressen etc.
🖥 **www.gesundes-reisen.de** Reisemedizinisches Zentrum des Tropeninstitutes Hamburg

---

Apotheken und Medikamente

Apotheken gibt es in Costa Rica zuhauf. In der Hauptstadt San José haben einige von ihnen rund um die Uhr geöffnet. Tabletten werden meist lose, ohne Verpackung und Beipackzettel verkauft. **Medikamente** laufen mitunter unter anderen Namen als in Europa. Wichtige Medikamente immer von zu Hause mitbringen.

Besonders in den ländlichen Gegenden werden auch heute noch Naturheilmittel der indianischen Vorfahren angewendet. Sogenannte Macrobióticas – kleine Naturmedizinläden – verkaufen unter anderem pflanzliche Heilmittel und Vitamine.

Gesundheitstipps für die Reise

Die Tropen haben es in sich. So wie das Immunsystem der Indianer nicht auf europäische Krankheiten vorbereitet war, ist das unsere nicht auf Tropenerreger eingestellt. Selbst leichtere Erkrankungen oder kleine Verletzungen klingen – bedingt durch das feucht-heiße Tropenklima – deutlich langsamer ab als daheim. Durch **umsichtiges Verhalten** lassen sich die meisten Krankheiten jedoch vermeiden. Achten sollte man z. B. darauf, möglichst nur geschältes Obst und Gemüse zu essen, auf Eiswürfel/Eiscreme zu verzichten, Fliegen vom Essen fernzuhalten und großen Wert auf Handhygiene zu legen.

In Costa Rica kann man das Leitungswasser meist trinken, in sehr abgelegenen Gebieten und in Küstenregionen sollte man jedoch auf Flaschenwasser zurückgreifen.

Reisemedizin zum Nachschlagen S. 47.

Informationen

Auswärtiges Amt
Werderscher Markt 1, 10117 Berlin
☎ 030-18170 (24 Std.)
🖥 www.auswaertiges-amt.de
Sicherheitshinweise, Gesundheitsvorsorge, knappe Landesinformation.

Botschaft der Republik Costa Rica
Reinhardtstr. 47a, 10117 Berlin
⌨ www.botschaft-costarica.de
Instituto Costarricense de Turismo (ICT)
⌨ www.visitcostarica.com
Die Website des costa-ricanischen Fremden-
verkehrsamts informiert auch auf Deutsch.

Websites

⌨ **www.alautentico.com**
Wissenswertes zu Nationalparks, Natur und
Reiserouten in Costa Rica.
⌨ **www.costarica-nationalparks.com**
Karten und Infos zu Costa Ricas Nationalparks
und Naturreservaten auf Englisch.
⌨ **www.tripadvisor.de**
Bei TripAdvisor gibt es auch ein interessantes
Forum zu allen Themen rund ums Reisen nach
Costa Rica.

Lateinamerika generell

GIGA, Institut für Lateinamerika-Studien
Neuer Jungfernstieg 21, 20354 Hamburg,
✆ 040-428 25-593, ⌨ www.giga-hamburg.de.
Friedrichstr. 206, 10969 Berlin, ✆ 030-
25040985, ⌨ www.giga-hamburg.de/de/
giga-berlin-büro.
Große Fachbibliothek zu Lateinamerika. Zahlreiche Kontakte zu nationalen und internationalen Forschungsorganisationen.

**Ibero-Amerikanisches Institut
Preußischer Kulturbesitz**
Potsdamer Str. 37, 10785 Berlin, ✆ 030-26645-
2000, ⌨ www.iai.spk-berlin.de.
Die europaweit größte Fachbibliothek zu Ibero-
Studien; Vorträge, kulturelle Veranstaltungen.

Informationsstelle Lateinamerika e.V. Ila
Oscar Romero Haus, Heerstr. 205, 53111 Bonn,
✆ 0228-658613, ⌨ www.ila-bonn.de.
Zeitschrift zu Themen aus Lateinamerika;
erscheint 10 Mal pro Jahr. Auf der Webseite
gibt es Leseproben, Buch- und CD-Bespre-
chungen.

Traveller online

⌨ **www.dzg.com** Deutsche Zentrale für
Globetrotter.
⌨ **www.booked.net/igougo** Aktuelle
Berichte, Fotos usw. Traveller tauschen ihre
Erfahrungen aus.
⌨ **www.stefan-loose.de/globetrotter-forum**
Im dem Forum tauschen sich Traveller aus.
Erfahrungsaustausch zum Reiseziel Costa Rica
bieten auch die diversen Online-Foren.

Lateinamerika Reisemagazin
⌨ www.lateinamerika-reisemagazin.com.
U. a. Reiseartikel, Buchtipps, Hotels, Flug-
informationen. Auf Deutsch.

Nachrichtenpool Lateinamerika e.V.
Köpenicker Str. 187/188, 10997 Berlin,
✆ 030- 78913458, ⌨ www.npla.de.
Aktuelle Meldungen, Reportagen, Artikel über
Politik, Kultur und Gesellschaft Lateinamerikas.

Österreichisches Lateinamerikainstitut
Schlickgasse 1, 1090 Wien
✆ 01-3107465, ⌨ www.lai.at

Landkarten und Stadtpläne

Landkarten zu Costa Rica sind u. a. bei National
Geographic (2010) erschienen. Die Karten richten sich speziell an Natururlauber. Gutes Karten-
material gibt es auch vor Ort in der Librería Lehmann in San José (S. 119).

Kostenlose Landkarten und **Stadtpläne von
San José** gibt es beim costa-ricanischen Frem-
denverkehrsamt, dem Instituto Costarricense de
Turismo (ICT) in San José (s. Regionalkapitel).

Im Internet finden sich unter ⌨ **www.guias
costarica.com/mapas-de-costa-rica** (unter
„mapas en escala 1:50 000") sehr genaue, aber
schon etwas ältere, topografische Karten von
ganz Costa Rica. Eine Übersichtskarte dient der
Orientierung, anschließend muss man darunter
zur entsprechenden Karte scrollen und wird um
einer Spende von $10 gebeten, die sich für Kar-
tenliebhaber lohnt.

www.stefan-loose.de/costa-rica

Internet

Am einfachsten und billigsten kommuniziert man aus dem Urlaub über E-Mail, WhatsApp, Skype oder ähnliche internetbasierte Messenger. Mittlerweile haben so gut wie alle Hotels, Cabinas, Restaurants und Cafés WLAN-Empfang oder bieten Gästen kostenlose Internetnutzung an.

In diesem Buch werden bei fast allen Kontakten mehrere Telefonnummern angegeben. Nummern, die mit 5, 6, 7, 8 oder 9 beginnen, sind Celulares und so gut wie immer auch per WhatsApp erreichbar. Darauf weisen wir in diesem Buch nicht gesondert hin. Um bei WhatsApp einen Kontakt herzustellen, speichert man in den Telefonkontakten die Nummer mitsamt der Vorwahl +506 und öffnet dann die App. Falls der Teilnehmer verfügbar ist, wird es sofort angezeigt und man kann per Chat oder Anruf kommunizieren.

Wer in abgelegene Regionen reist, muss gelegentlich mit langsamer und schlechter Verbindung rechnen.

Kinder

Dschungelseilbahnen über den Baumkronen, rauchende Vulkane, Flüsse, reißende Bäche und Seen – bestens geeignet für Kanu- und Kajaktouren –, warme Badebuchten und Wälder mit spielenden Affen, dösenden Faultieren und niedlichen Tapiren – welches Kinderherz schlägt da nicht höher?

Das Reisen mit Kindern ist in Costa Rica relativ sicher und einfach und in jedem Falle empfehlenswert. Das kleine Tropenland verfügt über die beste medizinische Versorgung in ganz Mittelamerika, über gute Hygieneverhältnisse und ein weit ausgebautes Bus- und Flugnetz. Die Costa Ricaner sind sehr kinderlieb. Kinderlärm oder die Bitte, ein zusätzliches Bett ins Hotelzimmer zu stellen, sind selten ein großes Problem.

Anreise im Flugzeug

Der lange Flug und die sieben Stunden Zeitverschiebung (bei Sommerzeit acht Stunden) können zur ersten Belastungsprobe im Familienurlaub werden. Wartezeiten am Flughafen sollten Eltern zum Waschen, Zähneputzen, Umziehen und Wickeln der Kinder nutzen, denn der Platz im Flugzeug ist beschränkt und die Waschräume sind oft besetzt. Bei längeren Aufenthalten an einem Transitflughafen empfiehlt sich der Besuch einer Warte- und Ruhelounge (üblich in allen größeren Flughäfen) mit sanitären Einrichtungen, Duschen und Verpflegung. Viele Fluggesellschaften lassen Reisenden mit Kindern beim Ein- und Ausstieg den Vortritt. Zum Service im Flugzeug gehören auch Babybettchen, Kindermenüs sowie Bastel- und Spielmaterial.

Gepäck

Eine bessere Alternative zum unpraktischen Kinderwagen ist beim Reisen eine Kindertrage, die auf den Rücken oder Bauch geschnallt wird. Spezielle Trekking-Tragen, teilweise sogar mit integriertem Rucksack, ermöglichen auch längere Wanderungen mit Kleinkindern. Für größere Kinder hat sich ein Kinderrucksack bewährt, den es selbst packen und tragen kann. Es ist nicht nötig, Wegwerfwindeln, Milchpulver, Babynahrung etc. einzupacken – in fast allen Orten sind die wichtigsten Babyutensilien erhältlich. Im Falle einer Verspätung oder eines verpassten

---

X Nicht vergessen!

- ☐ **Reisepass** (Deutsche Kinderausweise und Kinderreisepässe werden anerkannt). Die Eintragung des Kindes in den Reisepass eines Elternteils genügt in der Regel nicht.
- ☐ **Impfpass**
- ☐ **SOS**-Anhänger mit allen wichtigen Daten
- ☐ **Kleidung** – möglichst strapazierfähige, leichte Sachen
- ☐ **Feuchttücher**
- ☐ **Fläschchen** für Säuglinge
- ☐ **Spiele**, Bücher, MP3-Player
- ☐ **Sonnencreme** mit hohem Lichtschutzfaktor
- ☐ **Kopfbedeckung**

Anschlussfluges sollte man immer ein Notkit mit Windeln, Babynahrung und Wechselwäsche im Handgepäck haben.

Im Land

Kinder (und Eltern) brauchen genügend Zeit, um sich in Costa Rica an das Klima und die Zeitumstellung zu gewöhnen. Ratsam ist es, nach der Ankunft eine Nacht in Flughafennähe einzuplanen. Die Kleinstadt Santa Ana (s. Kasten S. 126) oder die Aparthotels am großen Sabana-Park im Westen San Josés sind bessere Alternativen zur hektischen und lauten Hauptstadtmitte. Die günstigste Unterkunftsmöglichkeit am Strand sind die Cabinas, in denen auch viele costaricanische Urlauber übernachten, und deren Zimmer oft mehrere Betten haben. Hotels mittlerer und höherer Preisklasse bieten mehr Komfort. Kinderkrippen, spezielle Kinderanimation und -tarife gehören mitunter zum Angebot.

Wer vorhat, in Costa Rica ein Auto zu mieten, sollte sich rechtzeitig einen Kindersitz reservieren oder den eigenen von zu Hause mitbringen, denn nicht alle Autovermietungen bieten sie an. Wer in der Posada Nena (www.posadanena.com) in Santa Ana absteigt, bekommt ohne Kosten Kindersitze geliehen.

Maße und Elektrizität

In Costa Rica gilt das metrische System. Die Stromspannung beträgt 110 Volt. Für europäische Elektrogeräte ist ein Adapter mit flachen Kontakten notwendig. In Costa Rica bekommt man ihn in fast jeder *ferretería* (Eisenwarenladen).

Medien

Zeitungen und Magazine

Im Gegensatz zu vielen anderen lateinamerikanischen Ländern, wurde in Costa Rica das Desacato-Gesetz (Verleumdungsgesetz) bereits im Jahr 2001 abgeschafft. Das Gesetz hatte Politikern und Personen des öffentlichen Lebens, die sich durch die Medienberichterstattung in ihrer Ehre verletzt fühlten, ermöglicht, Journalisten anzuzeigen. Entsprechend mild und vorsichtig fielen costa-ricanische Medienberichte aus. Heute nimmt Costa Rica laut der Menschenrechtsorganisation Reporter ohne Grenzen Platz 16 auf der Weltrangliste der Pressefreiheit (2015) ein und hat somit, was freie Meinungsäußerung in den Medien betrifft, auf dem gesamten lateinamerikanischen Kontinent die Nase vorn. Uruguay folgt auf Platz 23.

La Nacion, 🖥 www.nacion.com;
Costa Ricas führende Tageszeitung. Um die Zeitung im Internet lesen zu können, muss man sich registrieren.
La Prensa Libre, 🖥 www.prensalibre.cr;
liberale Tageszeitung.
La Republica, 🖥 www.larepublica.net;
neoliberale Tageszeitung mit Schwerpunkt auf Wirtschaft und Finanzen.
Semanario Universidad, 🖥 www.semanario universidad.com; Unizeitung der Universidad de Costa Rica; viele Beiträge zu Kultur und Politik.

Englisch
The Tico Times, 🖥 www.ticotimes.net;
Blog mit Veranstaltungskalender und aktuellen Informationen zu Land und Leuten.
Außerdem gibt es verschiedene kostenlose regionale Magazine für Touristen, z. B.
Carribbean Way, 🖥 www.costaricaway.net;
an der Karibikküste.
Quepolandia, 🖥 www.quepolandia.com;
in der Region Quepos und Manuel Antonio.
Guía Península de Nicoya, 🖥 www.nicoya zoom.com; wöchentl. Spanisch-Englisch, Hotels, Fahrplan der Fähren, Karten etc.
Ballena Tales, 🖥 www.ballenatales.com;
an der zentralen und südlichen Pazifikküste.

Deutsch
Focus und *Der Spiegel* sind unter anderem im Casa de la Revista sowie in den Einkaufszentren Multiplaza in Escazú und San José del este erhältlich.

Deutsche Welle

Radio

Die Deutsche Welle hat ihr lineares deutschsprachiges Radioprogramm eingestellt. Nachrichten und Beiträge auf Deutsch können aber weiterhin auf 🖥 www.dw.com abgerufen werden. Alle weiteren deutschen Radiosender sind per Internet zu hören.

DW TV

Die Deutsche Welle strahlt ihr Fernsehprogramm DW TV im Mittelamerika sowie verschiedene Hörfunkprogramme über Cabletica, SKY Costa Rica und Tigo Costa Rica (Deutsch, Englisch) aus. Einige Hotels speisen das Programm in das hoteleigene Netz ein.

Öffnungszeiten

Mittelamerika ist nicht Deutschland, mitunter bleiben private Tourenveranstalter oder kleinere Geschäfte auch während der angekündigten Öffnungszeiten geschlossen, manchmal selbst dann, wenn ein großes „ABIERTO"-Schild an der Eingangstür hängt. In Touristengebieten variieren die Öffnungszeiten zudem zwischen Haupt- und Nebensaison.

Außerhalb der Großstädte schließen Büros und Geschäfte häufig für ein bis zwei Stunden während der Mittagszeit. Die nachstehend genannten Öffnungszeiten gelten daher nur als grobe **Orientierungshilfe**.

Banken

🕐 Mo–Fr 8.30–15.45 Uhr (einige Banken haben auch am Samstagvormittag geöffnet, in den Einkaufszentren haben die Banken auch am Abend und am Wochenende geöffnet, sind aber dafür meist am Vormittag geschlossen).

Büros

🕐 Mo–Fr 8–17, Sa 9–12 Uhr.

Geschäfte

🕐 Mo–Sa 8–18 Uhr. Viele Supermärkte haben meistens bis spät geöffnet, oft rund um die Uhr

oder zumindest bis Mitternacht. In kleineren Städten ist aber oft schon um 21 oder 22 Uhr alles geschlossen.

Post

Postämter haben wochentags von 8–17 Uhr geöffnet. Eine Postkarte von Costa Rica nach Deutschland kostet 685C$, ebenso ein Brief (über 20 g 1155C$). Postsendungen in die Heimat dauern ungefähr 2–4 Wochen. Wer Briefe aus Europa in Costa Rica erhalten möchte, kann sich diese an das Hauptpostamt in San José (Adresse: Lista de Correos; Correo Central; San José; Costa Rica) oder an ein Postamt jedes größeren Ortes senden lassen. **Wichtig** dabei ist der deutliche Vermerk „Lista de Correos", und dass der Nachname des Empfängers in Großbuchstaben angegeben ist. Auf keinen Fall Lebensmittel verschicken, die müssen im Gesundheitsamt geprüft werden, und das ist eine mehrtägige Prozedur. Die Postsendungen werden bis zu 30 Tage nach Ankunft gelagert. Beim Abholen muss der Empfänger seinen Pass vorzeigen.

Von Paketsendungen aus Deutschland ist abzuraten, da sie aufgrund der Zollabfertigung und Bürokratie sehr zeit- und kostspielig sind.

Reisende mit Behinderungen

Costa Rica ist immer besser auf behinderte Reisende eingestellt. Seit 2012 müssen Restaurants, öffentliche Gebäude, Museen und Touristenattraktionen (wenn möglich) behindertengerecht ausgestattet sein. Die Nationalparks Volcán Poás, Irazú, Rincón de la Vieja und Carrara (weitere Parks sollen folgen) sind bereits rollstuhlgerecht, ebenso die Urwaldseilbahn Areal Tram im Braulio Carrillo-Nationalpark. Stadtbusse in San José verfügen über Rollstuhlrampen. Straßen und Bürgersteige befinden sich jedoch oft noch in schlechtem Zustand und,

Organisierte Touren vom Loose-Mitarbeiter

Der Loose-Mitarbeiter Volker Alsen kennt Costa Rica wie seine Westentasche. Seine Touragentur **Alautentico**, 🖥 www.alautentico.com, bietet individuell zugeschnittene Costa-Rica-Rundreisen und Kombireisen durch Costa Rica, Panama und Nicaragua, außerdem Tagestouren ab San José an. Auch unverbindliche Beratung, allgemeine Tipps, Transfers und Hotelbuchungen. Volker betreibt außerdem gemeinsam mit seiner Familie eine kleine Posada (🖥 www.posadanena.com) in Santa Ana, s. Kasten S. 126.

so hilfsbereit die Costa Ricaner auch sind, man darf sich nicht darauf verlassen, dass immer ei-ne helfende Hand zur Stelle ist.

Die **Nationale Koordinationsstelle Tourismus für Alle** (NatKo), Fleher Straße 317a, 40223 Düsseldorf, ✆ 0211-3368001, 🖥 www.natko.de, der acht deutsche Behindertenverbände angehören, berät Anbieter bei der Verwirklichung behindertengerechter Unterkünfte, Programme usw. und nennt Behinderten hilfreiche Adressen für die Reiseplanung, die sich auch in einer von der NatKo herausgegebenen Broschüre finden.

Reiseveranstalter

Viele deutsche Veranstalter bieten Reisen nach Costa Rica an. Das Angebot reicht von Rund- und Aktivreisen (Rafting, Trekking, Radfahren) über Familienreisen bis hin zu ornithologischen Reisen. Die folgende Auswahl beschränkt sich auf Reiseveranstalter, die den Schwerpunkt auf kleine Gruppen, deutschsprachige Reiseleitung und nachhaltigen Tourismus legen. Weitere Informationen zu costa-ricanischen Tourveranstaltern befinden sich in den jeweiligen Regionalkapiteln sowie unter „Sport und Aktivitäten".

Tourveranstalter in Deutschland

Colibri Umweltreisen, 🖥 www.colibri-travel.de. Rund- und Familienreisen; ornithologische Reisen.
Puraventura, 🖥 www.puraventura.de. Spezialist nachhaltige Mittelamerika-Reisen.

Papaya Tours, 🖥 www.papayatours.de. Ein- bis mehrwöchige Rundreisen sowie individuell kombinierbare Reisebausteine durch Costa Rica und Nicaragua. Auch Kombitouren oder „Abstecher" nach Nicaragua.
Travel To Nature, 🖥 www.travel-to-nature.de. Rundreisen oder Spezialreisen u. a. für Vogelfreunde, Wanderer, Rafter. Auch Costa-Nica-Kombireisen oder Stippvisiten nach Nicaragua.

Tourveranstalter in Mittelamerika

ACTUAR, 🖥 www.actuarcostarica.com, ✆ 2234-7002. Öko- und Agrotourismus mit lokalen Guides; Reiseleitung auf Spanisch und Englisch.
Simbiosis, 🖥 www.turismoruralcr.com, ✆ 2290-8646. Öko- und Agrotourismus-Touren, Freiwilligenprogramme; Reiseleitung auf Englisch und Spanisch.

Schwule und Lesben

Costa Ricas Schwulen- und Lesbenszene beschränkt sich auf die Orte San José und Manuel Antonio. Dort gibt es Hotels, Discos, Bars und Tourveranstalter für die *escena gay*. Auf den Internetseiten 🖥 www.mujerymujer.com und 🖥 www.travelcostaricanow.com finden sich Veranstaltungskalender, Artikel und Foren für Lesben und Schwule.

Das **Centro Cultural de la Diversidad Sexual de Costa Rica**, 🖥 www.cipacdh.org, in San José berät Homosexuelle in Gesundheits- und

www.stefan-loose.de/costa-rica

SCHWULE UND LESBEN **53**

Rechtsfragen und organisiert die jährliche Gay Parade durch die Hauptstadt. Touren für Schwule und Lesben veranstalten u. a. **Gaytours**, 💻 www.gaytourscr.com, und das **Colors Oasís Resort**, 💻 www.coloursoasis.com, 💻 www.travelcostaricanow.com.

Weitere Infos S. 66, Verhaltenstipps.

Sicherheit

Kriminalität tritt besonders dort auf, wo Armut und Reichtum aufeinanderprallen. Costa Rica macht da keine Ausnahme. Mit dem ansteigenden Tourismus haben Überfälle und vor allem Diebstahlsdelikte in Costa Rica stark zugenommen. Wer jedoch wachsam reist, sich vor Ort über die aktuelle Lage informiert und untenstehende Sicherheitshinweise beachtet, kann Gefahren weitgehend vermeiden. Spezielle Warnhinweise befinden sich außerdem in den Regionalkapiteln und den Abschnitten „Frauen unterwegs" und „Tipps für Autofahrer".

Diebstahl und Überfälle

Taschendiebe und organisierte Banden nutzen die Unvorsichtigkeit, Müdigkeit und Desorientierung von Touristen aus. Urlauber sollten keine Unsicherheit zeigen, Reisen bei Nacht möglichst vermeiden und Wertsachen niemals zur Schau stellen. Besondere Wachsamkeit ist auf San Josés Busbahnhöfen, in öffentlichen Bussen und jeder Art von Menschenansammlung geboten, denn dies sind Tummelplätze für Taschendiebe. Im seltenen Falle eines bewaffne-

Dokumente online sichern

Reisende sollten wichtige Dokumente (Pass, Versicherungsbelege, Führerschein) zu Hause einscannen und an die eigene Webmail-Adresse schicken oder bei einem Cloud-Dienst sichern, evtl. auch Geheimzahlen, Telefonnummern, Kreditkartennummern etc. So können diese im Notfall unterwegs abgerufen werden.

Hilfe im Notfall

Diebstähle und Überfälle sollte man grundsätzlich immer bei der nächsten Polizeistation melden. Gestohlenes taucht zwar dadurch nicht wieder auf, doch um Schadensersatz von der Versicherung zu beantragen, wird ein Polizeibericht verlangt.

Hilfe bei Diebstahl in San José
Oficina de Atención a la Victima del Delito, 50 m südöstl. von der Fundacion Omar Dengo, Barrio Francisco Peralta, Av. 10–12, C. 25, 🕐 Mo–Fr 7.30–12 und 13–16.30 Uhr.

Wichtige Telefonnummern

Polizei / Notruf	911
Feuerwehr	118
Ambulanz (Rotes Kreuz)	128 und 911

ten Überfalls sollte man keinen Widerstand leisten und ohne Zögern sofort den Forderungen des oder der Täter nachkommen.

Pass / Geld
Ob Costa Ricaner oder Tourist, jeder ist in Costa Rica verpflichtet, einen Ausweis bei sich zu tragen. Es reicht jedoch, sich zunächst mit der Passkopie auszuweisen; der Originalpass sollte sicherheitshalber im Hotelsafe verwahrt und bei der Reise stets am Körper getragen werden. Für Wertsachen gilt generell: Nur das Nötigste mitnehmen und teuren Schmuck zu Hause lassen. Statt großer Bargeldsummen sollten Urlauber auf Kredit- und EC-Karten zurückgreifen, denn diese können im Notfall sofort gesperrt werden. Geld sollte möglichst tagsüber abgehoben und Geldzählen in der Öffentlichkeit vermieden werden. Am sichersten ist Bargeld in versteckten Innentaschen oder unauffälligen Geldgürteln aufgehoben; niemals sollte es in den Seiten- oder Hintertaschen eines Rucksackes verstaut werden.

Gepäck
Ob im Bus, im Auto oder am Strand: Gepäck sollte grundsätzlich nie unbeaufsichtigt gelassen und Geld und persönliche Dokumente stets am

Körper getragen werden. Viele Urlauber machen von der kostenlosen Gepäckaufbewahrung der Hotels und Herbergen in San José und Santa Ana Gebrauch und reisen so leichter und sicherer. Busreisende sollten versuchen, Nachtfahrten zu vermeiden und ihr gesamtes Gepäck mit zu sich in den Bus zu nehmen. Wer Rucksäcke und Taschen im Gepäckraum verstaut, sollte bei Stopps stets ein Auge nach draußen werfen, um sich zu vergewissern, dass kein Fremder sich mit dem Gepäck aus dem Staub macht. Die Busgesellschaft haftet nicht für Gestohlenes.

Auto

Autofahrer sollten versuchen, den Mietwagen auf bewachten Parkplätzen abzustellen und möglichst kein Gepäck im Auto lassen. In der Vergangenheit häuften sich die Fälle von Reifenpannen bei Touristen, die vermutlich vorher arrangiert wurden. Die Autopannen liefen dabei stets nach dem gleichen Schema ab: Einheimische boten den Urlaubern ihre Hilfe an, der Reifen wurde geflickt, die netten „Helfer" verschwanden und zu spät bemerkten die Touristen, dass ihr gesamtes Gepäck aus dem Wagen gestohlen wurde. Bei Reifenpannen sollte daher stets eine Person im Mietwagen zurückbleiben oder die Türen verriegelt werden.

Strafbare Handlungen

Costa Rica ist ein wichtiges Transitland für den Drogenschmuggel von Süd- nach Nordamerika. In Surforten oder an der im Reggae swingenden Karibikküste sind Rauschmittel weitverbreitet. Drogenbesitz ist jedoch illegal, und Gesetzesbrechern drohen langjährige Haftstrafen. Fragt sich, ob ein Tütchen das wert ist.

Umgang mit der Polizei

Costa Rica hat zwar kein Militär, dafür sind einige Polizeieinheiten stark bewaffnet und übernehmen paramilitärische Aufgaben. Wagenpapiere, Fahrzeugschein und Ausweis sollten Autofahrer bei einer Polizeikontrolle stets zur Hand haben. Wer sich länger in Mittelamerika

aufhält, wird schnell lernen, dass es gang und gäbe ist, Schwierigkeiten mit Polizisten (u. a. Staatsdienern) durch eine *coima* (Bestechungsgeld) aus dem Weg zu räumen (s. auch „Tipps zum Autofahren in Costa Rica", S. 64). Trotzdem sollten Reisende diese Praxis nicht unterstützen.

Sport und Aktivitäten

Costa Rica hat traumhafte Strände. Für reinen Strandurlaub aber ist das Land viel zu schade. Denn, ob zu Wasser, in der Luft oder im Regenwald, das Angebot an Sportmöglichkeiten und Aktivitäten ist enorm:

Abseilen

Felswände hinunterzuklettern ist bereits aufregend genug. In Costa Rica wird das Naturerlebnis aber noch gesteigert: Man klettert am Seil mitten in oder unter Wasserfällen hindurch. Eine beliebte Abseil-Region ist Costa Ricas Zentrum für Abenteuersport Fortuna. Für einen Wasserfall-Abstieg zahlt man bis zu $80 p. P.

Baden

Zwei große Ozeane und Wassertemperaturen um die 25 °C laden zum täglichen Baden ein. Sowohl an einigen Pazifikstränden als auch an der Karibikküste herrschen aber gefährliche Unterströmungen, die jedes Jahr leichtsinnigen Touristen das Leben kosten. Rettungsschwimmer und Strandwächter gibt es kaum im Land. Deshalb – bevor es in die Wellen geht – immer auf Warnschilder achten oder Einheimische fragen, ob es *corrientes* (Strömungen) gibt. Auch gute Schwimmer haben in den gefährlichen **Brandungsrückströmungen** keine Chance. Falls man in eine Drift gerät, niemals in Panik geraten und dagegen anschwimmen, sondern versuchen, den Hauptstrom quer zur Strömung zu verlassen.

Oft sind die Strömungen nur wenige Meter breit und man kann auf diese Weise das rettende Ufer erreichen.

Canopy

Das Leben im Regenwald spielt sich zum größten Teil in den Baumkronen ab. Dort sitzen die Vögel, spielen die Affen, hängen die Faultiere. Doch wie vom Erdgeschoss in den ersten Stock gelangen? Sich Stelzen zulegen? Auf Bäume klettern? Zwischen $30 und $60 p. P. verlangen Tourveranstalter mitunter fürs Baumkraxeln. Bequemer machen es dem Neugierigen der **Skywalk** in Monteverde und das **Rainmaker Reservat** bei Quepos. Sie haben hohe Stahlbrücken errichtet, auf denen man leise durch die Baumkronen pirschen und Fotos schießen kann. Mit der **Rainforest Aereal Tram** im Braulio Carrillo Park werden Besucher fast unhörbar per Skilift in die Baumkronen transportiert.

Wem mehr am Adrenalinkick als an der Natur gelegen ist, der kann sich wie weiland Tarzan an der Liane an einem Drahtseil von Plattform zu Plattform schwingen (Kasten S. 202). Bei Canopy-Touren sollten Teilnehmer sich vorher vergewissern, dass die Sicherheitsvorkehrungen stimmen. Zur Ausrüstung gehören ein Sicherheitsseil, ein Helm und Handschuhe. Hauptspielplätze für Urwaldtarzane sind La Fortuna und Monteverde. Canopy-Veranstalter schießen jedoch überall in Costa Rica wie Pilze aus dem Boden.

Fußball

Costa Rica ist ein fußballbegeistertes Land. Die costa-ricanische Primera División besteht aus zwölf Mannschaften. Die Erzrivalen La Liga aus Alajuela und Saprissa aus San José führen die Tabelle an, Pérez Zeledón gewann 2017 erstmals die Meisterschaft. In jedem noch so kleinen Nest befindet sich ein riesiger *campo de fútbol* (Fußballplatz) – der beste Ort, um sich kreatives Tico-Kicken abzugucken. Adelante!

Gleitschirmfliegen

Gleitschirmfliegen wird in Costa Rica immer beliebter, und es gehört zu den ganz besonderen Erlebnissen, das tropische üppig grüne Land aus luftiger Perspektive zu erleben. Derzeit noch ohne große bürokratische Hürden überwinden

Outdoor-Aktivitäten wie Rafting stehen bei Costa-Rica-Reisenden hoch im Kurs.

zu müssen, können erfahrene Piloten mit eigener Ausrüstung an zahllosen Orten im ganzen Land abheben. Die beiden etablierten Flugplätze sind Nemaclys in Caldera und La Pastora de Turrialba. Hier werden auch Tandemflüge in Begleitung eines erfahrenen Piloten angeboten.

Gleitschirmreisen und mehr Informationen auf Deutsch gibt es bei **Skyhigh Costa Rica**, 🖥 www.skyhigh-costarica.com, 📞 8446-0896. Tandemflüge werden angeboten vom **Restaurant Nemaclys** in Caldera 📞 2634-3027, 🖥 www.nemaclys.com, und von Julio Aguilar von **Parapente Turrialba**, 📞 6034-9433.

Kajak fahren / Rafting

Costa Rica ist ein exzellentes Reiseziel für Kajakfahrer und Rafter, die hier Flüsse aller Schwierigkeitsgrade vorfinden. Die Hochsaison für Paddler liegt in der Regenzeit, dann steigen die Ströme gewaltig an. Viele Wildwasser-Touren werden von San José aus angeboten, Verpflegung ist dann im Preis enthalten. Zu den großen Raftingveranstaltern zählen:

Ríos Tropicales,
🖥 www.riostropicales.com;
Costarica Expeditions,
🖥 www.costaricaexpeditions.com;
Exploradores Outdoors,
🖥 www.exploradoresoutdoors.com.

Oft bieten lokale Anbieter auch gute Qualität, s. Regionalkapitel Turrialba (Valle Central, S. 172) und La Virgen (Der Norden, S. 214) – die Gruppen sind kleiner und da der Rückweg in die Hauptstadt entfällt, verbringt die Gruppe letztendlich mehr Zeit auf dem Fluss. Einige Veranstalter bieten außerdem sogenannte „Floatingtouren" mit Schlauchboot an, ideal zum Tierbeobachten und Fotografieren.

Grob gesagt, gibt es drei Kernregionen für Wildwasserfahrer:

Turrialba, südöstlich von San José

Turrialba ist Costa Ricas Paddel- und Raftingzentrum; die Flüsse in dieser Gegend sind meist ganzjährig befahrbar. Die wichtigsten:

Río Pacuare (WW III–IV); für die Befahrung des oberen Abschnitts müssen die Kajaks auf Pferde verladen werden. Die einzelnen befahrbaren Abschnitte sind jeweils über 20 km lang und eher wasserwuchtig, d. h. sie werden in der Regenzeit zunehmend schwieriger.
Río Reventazón (WW II–V), der mittlere Abschnitt ist durch die mittlerweile fertiggestellte 2. Staustufe nicht mehr befahrbar. Der Fluss ist stark abwasserbelastet.
Río Pejibaje (WW III), ein Nebenfluss des Río Reventazón. Ein sehr kleiner Fluss, daher nur in der Regenzeit befahrbar.

Die Gegend um La Virgen de Sarapiquí im Norden Costa Ricas

In und um den kleinen Ort La Virgen bieten rund zehn Tourveranstalter Raftingtrips und geführte Kajaktouren an, z. B. Aguas Bravas, 🖥 www.costaricaraftingvacation.com, und Pozo Azul, 🖥 www.pozoazul.com. Da es sich meist um relativ kleine Flüsse handelt, ist die Befahrbarkeit vom Wasserstand abhängig. Die besten Monate für Paddler sind Juni bis Januar, (Regenzeit). Die wichtigsten Flüsse:

Río Sarapiquí (WW I–IV+);
Río Puerto Viejo (WW IV abnehmend);
Río Toro (WW I–V);
Río Toro Amarillo (WW III–IV);
Río Sucio (WW IV);
Catarata Pozo Azul: ein 10 m hoher Wasserfall, den man mit Kajak befahren kann.

San Isidro de General im Süden des Landes

Die wichtigsten Flüsse: **Río Chirripó** (WW IV–V); ein paddeltechnisch anspruchsvoller Fluss; bis maximal Mitte Januar befahrbar. **Río General** (III–VI), bis max. Mitte Januar befahrbar; befahrbarer Abschnitt 60–80 km; Mehrtagestouren sind möglich. Der Fluss ist zeitweise durch Abfälle aus der Kaffeeproduktion verunreinigt.

Weitere schöne Paddelziele

Río Naranjo (WW II-III), südlich vom Parque Nacional Manuel Antonio sowie Seekajaktouren im **Golfo Dulce** (Península de Osa) und im Golf von Nicoya, S. 296.

www.stefan-loose.de/costa-rica

SPORT UND AKTIVITÄTEN **57**

Mountainbiking

Costa Ricas Gebirgszüge und Schlaglochpisten eignen sich teilweise hervorragend zum Mountainbiken. Nicht umsonst findet hier jedes Jahr die Ruta de los Conquistadores statt, eines der härtesten Mountainbikerennen der Welt. Mountainbikeverleihstellen gibt es in den meisten Touristenzentren. Die Qualität der Fahrräder ist jedoch sehr unterschiedlich. Helm, Wasser und Sonnenschutz sollte man stets auf eine Tour mitnehmen.

Zwei empfehlenswerte Tourveranstalter sind **Bike Arenal**, 🖳 www.bikearenal.com, in La Fortuna (exzellente Ausrüstung!) und **Bike-Store**, ✆ 4030-1119, in Santa Ana.

Reiten

Costa Rica ist die Heimat des Sabanero – des costa-ricanischen Cowboys. Reittouren werden im ganzen Land angeboten. Besonders beliebt sind Ausritte am Strand (z. B. in Matapalo, S. 346, Montezuma, S. 306, oder Cahuita, S. 430) oder der Reittrek von Fortuna nach Monteverde. Reiter sollten darauf achten, dass ihre Pferde nicht unterernährt sind. Leider ist das keine Selbstverständlichkeit in Costa Rica.

Sportfischen

Sportfischen ist vor allem bei nordamerikanischen Urlaubern ein beliebter und teurer Freizeitsport. Geangelt wird von kostspieligen Sportjachten aus nach Marlin, Robalo und Tarpunfischen. Je größer der Fisch, desto besser, denn anschließend lässt man sich mit dem Fang auf einem Foto verewigen. Der Fisch wird danach zurück ins Wasser geworfen. Bei dieser angeblich tierfreundlichen Methode des *catch and release* (Fangen und Freilassen) werden die Mäuler und Flossen der Fische jedoch oft so verletzt, dass die Tiere schließlich doch verenden.

Die amerikanischen Sportfischer machen in Costa Rica allerdings mehr Schlagzeilen durch Besäufnisse und Orgien mit Prostituierten als durch große Fischtrophäen. Zentren für Sportfischen sind Quepos, Playa Carrillo, Playa Flamingo, Jacó und Tamarindo.

Surfen

Costa Ricas Surfszene boomt. Zwar hat das Land nicht die höchsten Wellen, dafür aber eine Vielzahl an *breaks*. Ehemalige kleine Fischerorte wie Tamarindo, Jacó oder Santa Teresa sind heute Treffpunkte der internationalen Surfszene. Neoprenanzüge braucht man bei den warmen Wassertemperaturen nicht. Surfbretter kann man sich in jedem größeren Surfort (Tamarindo, Santa Teresa, Jacó, Puerto Viejo, Pavones) ausleihen. Für Anfänger eignen sich besonders die Strände Playa Tamarindo und Playa Jacó. Fortgeschrittene bevorzugen dagegen die Breaks der Playa Hermosa, Playa Grande, Playa Negra, in Matapalo, Pavones oder Puerto Viejo an der Karibikküste (s. Karte Surfspots, S. 59). Die weltberühmten Surfspots Ollie's Point und Witches Rock an der Nordwestküste sind nur mit dem Boot zu erreichen. Immer mehr Surfer zieht es seit einigen Jahren an die Pazifikküste Nicaraguas. Dort herrscht weniger Betrieb, und die Unterkunftspreise sind günstiger.

Auf die besten **Surfbedingungen** an der Pazifikküste trifft man während der Regenzeit. An der Karibik ist es umgekehrt, sie hat die höchsten Wellen im *verano*, von November bis Mai. Ausführlichere Informationen stehen in den Regionalkapiteln. Wettervorhersagen, Gezeitentabellen und die genaue Beschreibung der einzelnen Breaks gibt es unter 🖳 www.crsurf.com.

Tauchen

Costa Rica hat für Taucher einen großen Vorteil: Die Wassertemperaturen sind angenehm warm. Dafür sind die Sichtverhältnisse, besonders während der Regenzeit, oft nicht optimal. Als beste Zeit zum Tauchen gelten Juni und Juli.

Die beliebtesten **Tauchstationen** liegen an der Pazifikküste in Playa Ocotal, Playa del Coco und Playa Hermosa. Getaucht wird hier in der Umgebung der Isla Murciélago und Isla Santa

Catalina mit unzähligen Muränen, Haifischen, Rochen, Barracudas, Delphinen und Meeresschildkröten. Sehr beliebt zum Tauchen sind auch die Unterwasserschluchten an der Isla del Caño (Península de Osa).

Die Karibikküste ist gut für Anfänger geeignet, eine Tauchschule gibt es in Puerto Viejo. Entdeckungsgeister zieht es über die Grenze nach San Juan del Sur (Nicaragua), um dort Tauchgänge in ein altes, versunkenes japanisches Schiffswrack zu unternehmen. Und wer Zeit und Geld nicht scheut, der wird das Tauchparadies Isla del Coco (S. 330) ansteuern, das der berühmte Meeresforscher Jacques Cousteau einst zu einem der schönsten Tiefseeplätze der Welt kürte.

Trekking

Costa Ricas Trekkingrouten reichen von mehrstündigen Wanderungen durch leicht begehbares Terrain bis zu mehrtägigen, anspruchsvollen Gebirgs- oder Dschungeldurchquerungen. Die Wege führen hinab zu erloschenen Vulkankratern, hinauf in atemberaubende Moränenlandschaft, quer durch dichte Regen- und Nebelwälder oder an kilometerlangen Stränden entlang. Die besten **Wanderreviere** befinden sich in den Nationalparks und Reservaten des Landes (S. 21).

Als Ausrüstung dürfen Sonnenschutz, gegebenenfalls ein leichter Regenschutz, ausreichend Wasser sowie knöchelhohe Schuhe

mit gutem Profil nicht fehlen. Für mehrtägige Dschungeltreks sollten Wanderer außerdem Kompass, GPS und Karte einpacken. Mit einem gut ausgebildeten Fremdenführer sieht das ungeübte Auge mehr. Die meisten Treks sind – mit Ausnahme der Wanderungen im Parque Internacional de la Amistad und im Parque Nacional Corcovado – jedoch auch allein gut zu bewältigen.

Vögel beobachten

Costa Rica ist ein Eldorado für Vogelkundler. In dem kleinen Tropenland leben fast 900 Vogelarten – das sind mehr Arten als in ganz Europa zusammen. Vogelkundler kommen das ganze Jahr über auf ihre Kosten. Der Lieblingsvogel vieler Urlauber ist der **Quetzal**, der in den Nebelwäldern Monteverdes und auf dem Cerro de la Muerte zu Hause ist. Er führt seinen spektakulären Balztanz am Ende der Trockenzeit auf, d. h. im März und April.

Beste Chancen, den **Roten Ara** zu sehen, hat man ganz im Norden am Río San Carlos, an der zentralen Pazifikküste und auf der Península de Osa (s. Kasten S. 396). Der sehr seltene **Grüne Ara** oder Bechsteinara zeigt sich vereinzelt am Río San Carlos bei Boca Tapada und im Parque Nacional Tortuguero.

Wasservögel wie der Jabiru-Storch oder der Rosa Löffler halten sich bevorzugt in den Feuchtgebieten Caño Negro und Palo Verde auf. Hinzugesellen sich Tausende von **Zugvögeln** aus Nordamerika, die in Costa Rica den Winter verbringen. Fernglas nicht vergessen! Weitere Informationen zu den Vogelarten, stehen auch unter „Flora und Fauna", S. 73.

Windsurfing

Starke Passatwinde fegen von Dezember bis März über das Land und verwandeln den Stausee Arenal zu einem der Topreviere für Wind- und Kitesurfer. Die Wassertemperaturen liegen zwischen 18 und 21 °C. Gesurft wird vor allem auf dem westlichen Seeabschnitt. Gute Surfausrüstung hat **Ticowind**, 🖳 www.ticowind.com,

S. 193. Dieser Anbieter ist allerdings nur von November bis Mai präsent. Ein weiteres, bislang noch wenig touristisches Kitesurfgebiet ist die Bahía Salinas im äußersten Nordwesten Costa Ricas, S. 246.

Yoga

Das ganzjährig angenehme Klima, zahlreiche traumhaft ruhig gelegene Orte und nicht zuletzt die Freundlichkeit der Ticos machen Costa Rica zum idealen Ziel für Yoga-Reisen. An vielen Orten im Land haben sich Spezialisten niedergelassen, die Yoga-Hotels, -Schulen und spirituelle Zentren mit viel Begeisterung betreiben. Auch unter der einheimischen Bevölkerung steigt die Nachfrage nach Yoga-Angeboten beständig.

Viele der Yoga-Einrichtungen bieten zusätzliche touristische Angebote, sodass man den Yoga-Urlaub mit Touren, Ausritten oder Surf-Kursen verbinden kann. Häufig wird dort auch eine spezielle gesunde Küche angeboten, meist vegetarisch bis vegan mit vielen tropischen Früchten und frischen Säften.

Die professionellen Zentren sind oft exklusive, abgelegene Yoga-Resorts wie das Hotel Guaría de Osa (S. 384), Montezuma Yoga (S. 307), das traumhafte Strandresort Horizon Yoga Hotel (S. 312) in Santa Teresa oder die Luna Lodge (S. 393) auf der Península de Osa. Die rustikale und paradiesisch gelegene Yoga-Farm in Punta Banco (s. Kasten S. 402) bietet eine Alternative zu den hochpreisigen Yoga-Resorts.

Auch im Zentraltal und in der Hauptstadt sind in den letzten Jahren zahlreiche Yoga-Zentren mit fachkundigen Lehrern entstanden, die von der costa-ricanischen **Vereinigung der Yoga-Professoren (AsoYoga)**, 🖳 www.asoyogacr.org, ✆ 7021-6907, unterstützt und weitergebildet werden.

Yoga-Lehrgänge und Fortbildung für Yogalehrer werden in Curridabat bei San José von Yoga Lamat, 🖳 www.yogalamat.com, angeboten.

In dem internationalen **Yoga-Verzeichnis** 🖳 www.yogafinder.com sind viele der costaricanischen Anbieter aufgeführt, auf den Seiten der Yoga-Lehrerin Patricia Arroyo, 🖳 www.pattyarroyo.com, und der Yoga-Schule Sádhana Shala, 🖳 www.sadhanashala.com, sind Informationen zu Veranstaltungen, Workshops und Yoga-Stunden zu finden.

Sprachkurse

In Costa Rica lässt sich das Spanischlernen wunderbar mit Urlaub kombinieren. Unter den costa-ricanischen Sprachschulen erfreut sich die Montaña Linda Schule im schönen Orosi-Tal (S. 164) großer Beliebtheit. Wer den Strand nicht missen möchte, findet gute Angebote in Costa Ricas Strandorten Samara, Jacó und Tamarindo. Die beliebte Schule Spanish at Locations, 🖳 www.spanishatlocations.com, mit Standorten in Costa Rica und Panama, bietet Pakete mit Kursen an mehreren Standorten an. Außerdem haben diverse Reiseveranstalter Sprachreisen von Deutschland nach Costa Rica im Angebot.

Steuern

Restaurants und Hotels aller Preiskategorien müssen 13 % Steuern auf den Rechnungsbetrag aufschlagen. Die Steuer sollte in der Regel und laut geltendem Gesetz im ausgewiesenen Preis enthalten sein. Es kommt aber immer wieder vor, dass die 13 % gesondert kassiert werden, vor allem bei Hotels und Restaurants, die von Nordamerikanern geführt bzw. besucht werden. Falls die Steuer nicht inklusive ist, muss dies zumindest deutlich erkennbar sein, etwa mit dem Vermerk „Impuestos de Venta de 13 % no incluído". Die 13 % „Verkaufssteuer" sind mit der Mehrwertsteuer vergleichbar, auch wenn es einige technische Unterschiede gibt.

Die 10 % „Service", die in den meisten Restaurants auf die Rechnung kommen, sind kein Trinkgeld, sondern eine Art „Servicesteuer" bzw. fester Bestandteil des Gehalts der Angestellten. Wer mit dem Service zufrieden ist, kann also gerne zusätzlich Trinkgeld geben.

Lohnsteuer zahlen die meisten Ticos nicht. Sie wird nur bei den höheren Gehaltsstufen erhoben, zu denen nur knapp 10 % der Bevölke-

rung gehören. Die normale arbeitende Bevölkerung bezahlt lediglich Sozialabgaben. Infos zu Flughafensteuern s. Kasten S. 33.

Telefon

Telefonieren zählt zu den Lieblingsbeschäftigungen der Costa Ricaner. Selbst im abgelegensten Ort gibt es immer noch Telefonzellen mit Münzoder Kartenapparaten. Telefonkarten sind zu 1000C$, 3000C$ und 5000C$ erhältlich, aber kaum mehr üblich und werden u. a. in Pulperías („Tante-Emma-Lädchen"), Supermärkten und an Lottoständen verkauft. Viele Hotels, Internetcafés und Tour Operator bieten *llamadas internacionales* (Auslandsgespräche) kostenlos oder zu sehr niedrigen Tarifen an. Die meisten Gäste reisen jedoch mit Mobiltelefon und WLAN und können so ihre Auslandsgespräche mit Skype & Co. kostenlos oder fast kostenlos führen.

Bei vielen Adressen, Hotels, Veranstaltern und Kontakten werden mehrere Telefonnummern angegeben. Nummern, die mit den Ziffern 4 bis 9 beginnen, sind Handy-Nummern und in den meisten Fällen auch per **WhatsApp** erreichbar. Um einen Kontakt herzustellen, speichert man in den Telefonkontakten die angegebene Nummer inkl. Vorwahl +506. Falls der Teilnehmer über WhatsApp erreichbar ist, wird das in der App angezeigt und man kann schnell und günstig kommunizieren. In diesem Buch wird nicht zusätzlich auf Erreichbarkeit per WhatsApp hingewiesen.

Mobiltelefone

Roaming in Mittelamerika wird inzwischen von E-Plus, O2, T-Mobile und Vodafone angeboten. Wesentlich günstiger ist es aber, mit einer SIM-Karte einer der costa-ricanischen Telefongesellschaften, **ICE** (Nummern, die mit den Ziffern 8 oder 9 beginnen), 🖳 www.kolbi.cr, **Movistar** (Nummern beginne mit 6), 🖳 https:// movistar.cr, oder **Claro** (Nr. mit 7), 🖳 www.claro. cr, zu telefonieren. Das funktioniert natürlich nur, wenn das eigene Telefon nicht blockiert ist. Das

www.stefan-loose.de/costa-rica

TELEFON **61**

Internationale Vorwahlen

Bei internationalen Gesprächen entfällt die Null der jeweiligen Ortsvorwahl.
Innerhalb von Costa Rica gibt es keine Vorwahlnummern.

Deutschland	0049
Österreich	0043
Schweiz	0041
Costa Rica	00506

Nicht vergessen: Freunde und Familie zu Hause sind zeitlich 7 Std. (während der deutschen Sommerzeit sogar 8 Std.) voraus!

---

sollte man vor Antritt der Reise unbedingt prüfen. Die Karten sind landesweit in jeder Filiale der genannten Anbieter, in Pulperías, Mini- und Supermärkten, in Eisenwarenhandlungen, Reisebüros und in einigen Hotels erhältlich und können dort auch wieder aufgeladen werden, wenn das Guthaben aufgebraucht ist. Für den Kauf einer Karte muss man den Reisepass vorlegen. Die „Kölbi"-Standardkarte (ICE) kostet zwischen 1000 und 4000C$. Das Grundguthaben einer Karte für 3000–4000C$ Karte ist für eine komplette Costa-Rica-Reise meist völlig ausreichend. Die SIM-Karten sind auch in den Formaten Micro und Nano (für iPhone, Galaxy und iPads) erhältlich.

Die beste Netzabdeckung in Costa Rica bietet der staatliche Anbieter Kölbi/ICE. Benötigt wird dafür ein Handy, das die Frequenz GSM 1800 abdeckt. Movistar und Claro senden zusätzlich auf den Frequenzen GSM 850 bzw. 900. Ein ICE-Schalter befindet sich direkt am internationalen Flughafen.

Transport

Per Mietwagen, Bus, Flugzeug, Boot, zu Fuß oder Drahtesel – das Transportmittel bestimmt ganz entscheidend den Charakter einer Reise. Es folgt eine Übersicht costa-ricanischer Transportmittel mit ihren Vor- und Nachteilen.

Busse

Der Bus ist das wichtigste und günstigste Transportmittel in Costa Rica. Verbindungen bestehen bis in die entlegensten Winkel des Landes. Fast alle **Fernrouten** führen über San José, den Hauptverkehrsknotenpunkt des Landes, mit mehreren Dutzend Busgesellschaften, wild in der Stadt verstreut. Einige von ihnen besitzen noch nicht einmal einen Verkaufsschalter, geschweige denn einen Fahrplan im Aushang. Von San José bestehen täglich mehrere Verbindungen in die größeren Städte. Nach Alajuela und Cartago fahren die Busse im Fünf-Minuten-Takt.

Costa Ricaner unterscheiden zwischen **Directos** – Bussen, die (rein theoretisch!) ohne Haltestopp zum Zielort fahren, und **Colectivos**, die an jeder Ecke halten. Directos sind dabei meist die besseren, neueren Busse. Bei einigen Bussen ist über der Fensterreihe an der Decke eine Kordel angebracht. Wer aussteigen will, muss an ihr ziehen. Üblich sind auch Pfiffe, das Klopfen mit einem Geldstück gegen die Fensterscheibe oder ein lauter *Parada!*-Ruf. Fahrkarten sollte man, besonders in der Weihnachts- und Osterzeit, bereits einige Tage vor der Abfahrt kaufen und am Verkaufsschalter Datum, Uhrzeit und Zielort überprüfen. In den Colectivos werden die Fahrkarten meist im Bus verkauft.

Busreisende sollten stets ihr **Handgepäck** mit zu sich auf den Sitzplatz nehmen und bei Stopps

Busfahrpläne

Busabfahrtszeiten, -haltestellen und -routen ändern sich in Costa Rica am laufenden Band. Selbst der vom Instituto Costarricense de Turismo (ICT) veröffentlichte Busfahrplan kann bei dem Tempo nicht mithalten und weist hier und da Fehler auf. Busreisende sollten sich deshalb unbedingt immer vor Ort über die aktuellen Abfahrtszeiten und Abfahrtsorte erkundigen. Dennoch ist der Plan vom ICT der zuverlässigste unter den verfügbaren Busplänen und kann bei der Reiseplanung meist problemlos genutzt werden. Man findet ihn auf der Website des ICT unter 🖳 www.visitcostarica.com/en/costa-rica/bus-itinerary

einen Blick nach draußen auf das Gepäckfach werfen (s. auch S. 54, Sicherheit).

Shuttlebusse

Eine (teure) Alternative zu den öffentlichen Bussen sind Shuttlebusse: kleine, bequeme, klimatisierte Minibusse, die die Haupttouristenzentren im Land miteinander verbinden und Urlauber von Hotel zu Hotel chauffieren. Die zwei Hauptunternehmen sind **Interbus**, 🖥 www.interbus online.com, und **Grayline**, 🖥 www.grayline costarica.com. Reservierungen und Fahrkarten sind über Reisebüros oder das Internet erhältlich. Beide bieten auch Flughafentransfer an.

Colectivos

Colectivos sind Sammeltaxis, in denen sich die Fahrgäste den Fahrpreis untereinander aufteilen. Leider gibt es das Colectivo-System nicht überall: Paso Canoa hat es, Golfito auch. Mitunter werden auch Boote (Lanchas) als Colectivos bezeichnet.

Mietwagen / Motorräder

Mietwagen sind in Costa Rica relativ teuer, die Hauptstraßen oft überfüllt und mit Schwerlastern verstopft. Dennoch ist für Urlauber, die unabhängig reisen, abgelegene Nationalparks besuchen und in einsamen Dschungel-Lodges übernachten wollen, ein Mietauto mit Abstand die beste Wahl. Für manche Ziele, die nicht mit dem Auto zu erreichen sind, ist zwar ein Umstieg in ein Boot oder Flugzeug notwendig, doch bewachte Parkplätze sorgen dafür, dass man nach einem Abstecher in unwegsames Gebiet keine böse Überraschung erlebt. Zu manchen Orten, z. B. zum Bootsanleger von Pavona beim Tortuguero-Nationalpark, kann man sich den Mietwagen auch liefern lassen. Wichtige Infos dazu findet man unter 🖥 www.alautentico.com/de/mietwagen.

Bei der Anmietung müssen vorgezeigt werden: ein gültiger Reisepass, eine Kreditkarte und der normale Führerschein. In fast jedem größeren Touristenort gibt es eine Autovermietung. Die größte Auswahl befindet sich auf dem Pa-

In die Defensive!

Die Höflichkeit und Hilfsbereitschaft der Costa-Ricaner sucht man vergeblich im Straßenverkehr. Hier regiert, wer den lautesten Motor, den dicksten Reifen und die höchste Karosserie hat. Für Motorrad- und Radfahrer sowie Fußgänger gilt deshalb: in die Defensive!

seo Colón in San José, rund um den Flughafen von San José oder in der Nähe vom Aeropuerto Internacional Daniel Oduber in Liberia.

Die **Mietpreise** hängen sehr von der jeweiligen Reisesaison und der Mietzeit ab. Angebote und Leistungen variieren erheblich. Bei einigen Anbietern gehört ein GPS, ein Hotspot oder ein Mobiltelefon zur Ausstattung, andere sind bei der Routenplanung behilflich oder vermieten ältere Wagenmodelle zu vergünstigten Preisen.

Unbedingt empfehlenswert ist ein Wagen mit **Vierradantrieb**. Die Preise beginnen hier bei $260 pro Woche in der Nebensaison und steigen bis zu $340 pro Woche in der Hauptsaison (inkl. Basisversicherung). Für eine Vollkasko-Zusatzversicherung ohne Selbstbeteiligung werden rund $15–20 pro Tag berechnet.

Motorräder vermietet das deutsche Duo Thomas und Thorsten von Wild Rider, 🖥 www. wild-rider.com; auch Motorradtouren sind im Angebot.

Fahrrad

Für kurze Mountainbiketouren ist Costa Rica ideal (S. 58). Vom Fahrrad als Haupttransportmittel ist allerdings abzuraten. Gebirgszüge und Tropenklima erschweren das Radeln. Viel störender aber ist der starke Schwerlastertransport. Radwege gibt es kaum und gefährliche Überhol- und Ausweichmanöver sind an der Tagesordnung (s. Kasten S. 64). Am besten nimmt man das Rad im Bus mit und fährt in die **fahrradfreundlichen** Regionen. Dazu zählen z. B. die staubigen, aber malerischen Küstenstraßen der Península de Nicoya, die südliche Karibik, eine Rundfahrt um den idyllischen Arenalsee oder um das malerische Orosi-Tal (S. 166).

www.stefan-loose.de/costa-rica

TRAVELINFOS VON A BIS Z

Tipps zum Autofahren in Costa Rica

Höchstgeschwindigkeit **80 km/h**, auf den wenigen Autobahnen bis zu 100 km/h – da lacht der deutsche Urlauber. Doch bei kratergroßen Schlaglöchern, abruptem Ende der Fahrspur und waghalsigen Überholmanövern ist man froh, wenn der Fuß rechtzeitig vom Gas ist. Rechthaber haben es schwer auf Costa Ricas Straßen. Gefragt sind Flexibilität, defensives Fahren und gutes Reaktionsvermögen!

Vor der Abfahrt

- Genau informieren, was die Versicherung im Schadensfall abdeckt.
- Das Fahrzeug genau inspizieren und sich Lackschäden oder Mängel schriftlich bestätigen lassen.

Fremde Länder, fremde Sitten

- In Costa Rica gibt es nur selten Ortsschilder. Orientieren kann man sich häufig an Pulperías und anderen Geschäften, die wie die Ortschaften heißen, in denen sie sich befinden.
- Gelegentlich sind Verkehrshinweise direkt auf den Asphalt geschrieben: *Ceda* heißt Vorfahrt gewähren!, *Para* bedeutet Stopp!
- Auf Blinken ist kein Verlass! Oft wird der Blinker vergessen auszuschalten. Ein Fahrbahnwechsel wird dagegen oft gar nicht angezeigt.

Verkehrssünder

Erst seit einigen Jahren geht die costa-ricanische Regierung verschärft gegen Verkehrssünder vor, vor allem Tempoüberschreitungen werden scharf geahndet. Besonders um die Weihnachtszeit häufen sich die Tempokontrollen, beliebter Kontrollort ist die Panamericana 1 und z.B. die Nebenstrecke über die Puente de la Amistad (S. 321). Wer erwischt wird, hat die Wahl: Entweder eine **saftige Geldstrafe** überweisen oder sich durch eine *coima* (Bestechungsgeld) aus der Affäre ziehen. Letztere Praxis sollte man jedoch nicht unterstützen.

Cuidado (Vorsicht)!

- Schlaglöcher zählen zu den Hauptunfallursachen in Costa Rica. Achtung, sie tauchen auch auf frisch asphaltierten, glatten Straßen auf.
- Auf mehrspurigen Straßen kann die äußerste Fahrbahn ohne Warnhinweis plötzlich enden.
- Besonders in ländlichen Regionen muss man mit unbeleuchteten Radfahrern, Fußgängern und Tieren auf der Straße rechnen.
- Das Fahren in der Nacht sollte man in Costa Rica aus oben genannten Gründen besser vermeiden.
- Durch den starken Lastwagenverkehr und das allgemein große Verkehrsaufkommen im Valle Central kommt es oft zu Verkehrsstaus. Besonders die Hauptverkehrsstraßen über den Cerro de la Muerte und durch den Nationalpark Braulio Carrillo sind bekannt für riskante Überholmanöver.
- Viele Flüsse steigen während der Regenzeit stark an. Immer vergewissern, wie tief der Fluss ist und gegebenenfalls umkehren.
- Autofahren am Strand ist verboten.

Sicherheit

- Niemals Gepäck im Auto lassen, auch nicht „nur für fünf Minuten" oder auf bewachten Parkplätzen.
- Beim Restaurantbesuch den Mietwagen in Sichtweite parken.
- Bewachte Parkplätze nutzen!
- Bußgelder niemals an Polizeibeamte zahlen!

Unfall

Im Falle eines Unfalls das Auto nicht vom Fleck bewegen, sondern warten, bis die Polizei und ein Versicherungsbeauftragter an der Unfallstelle sind.

Radfahrer sollten ihr Rad über Nacht immer in die Unterkunft mitnehmen und tagsüber stets sicher anschließen. Fahrradreparaturwerkstätten gibt es in beinahe jedem Ort. Wer mit dem eigenen Fahrrad unterwegs ist, sollte sich das wichtigste Werkzeug und einige Teile von zu Hause mitbringen.

Trampen

Reisen per Anhalter birgt in jedem Land ein großes Risiko. Dies gilt vor allem für alleinreisende Frauen. In Costa Rica ist Autostopp nicht sehr verbreitet. Ticos ziehen es meist vor auf den Bus zu warten. Üblicher ist das Reisen per Anhalter in abgelegenen Regionen, die nur schwer mit dem Bus zu erreichen sind. In den Küstenregionen z. B. bietet sich oft die Gelegenheit von anderen Urlaubern – Surfern – mitgenommen zu werden. Wer bei Einheimischen mitfährt, sollte dem Fahrer vor der Fahrt anbieten, sich am Benzinpreis zu beteiligen, d. h. fragen: *Cuánto le debo?* (Wie viel Geld bin ich Ihnen schuldig?).

Eisenbahn

Seit dem letzten großen Erdbeben von 1991, das Costa Ricas Schienennetz um 1,5 m emporhob, liegen die Eisenbahngleise im Land weitgehend brach – der Gütertransport wurde vollständig auf die Straße verlegt. Einige Strecken wurden jedoch in den letzten Jahren wieder in Betrieb genommen. Sie werden vor allem von Pendlern genutzt. Daher verkehren die meisten Züge nur morgens ca., zwischen 6 und 8.30 und am Nachmittag ab 16 Uhr bis in die frühen Abendstunden. Folgende Routen existieren: San José- Heredia, Pavas nach Curridabat, San José nach Belen, San José- Cartago und zurück.

Aktuelle Fahrpläne im Internet auf 🖥 www. trenurbano.co.cr/Horario_Tren_Urbano.aspx.

Boote und Schiffe

Fähr- oder Bootsfahrten sollte man – wenn möglich – grundsätzlich Straßenrouten vorziehen.

Auf ihnen lernt man die malerischsten Gegenden Costa Ricas kennen. Zu den „Wasserstraßen" zählen:

- Die Fährüberfahrt von Puntarenas über den Golfo de Nicoya auf die Península de Nicoya.
- Die Fährüberfahrt von Puerto Jiménez über den Golfo Dulce nach Golfito.
- Die Bootsfahrt von Cariari oder Pavona über den Río Tortuguero ins Schildkrötenland Tortuguero und weiter über die Kanäle an die Karibikküste nach Moín.

Flüge

Die nationale Fluggesellschaft SANSA fliegen täglich von San José zu den **Haupttouristenzentren** und beliebtesten Nationalparks Costa Ricas. Außerdem bestehen Flugverbindungen mit Air Panama und Copa nach Panama und mit Copa und Volaris nach Nicaragua.

Das zur Avianca-Gruppe gehörende Flugunternehmen **Sansa**, 🖥 www.flysansa.com, ist auf dem Gelände des Aeropuerto Internacional Juan Santamaría angesiedelt, fliegt mit kleinen, neuen Flugzeugen, meist Caravans und hat strikte Gepäckbeschränkungen. Das erlaubte Gepäck hängt von der Ticketklasse ab. Surfbretter können gegen einen Aufpreis von $30 (Sansa) pro Brett ohne Garantie mitgenommen werden. Fahrräder müssen in Schutztaschen verpackt sein. Longboards (über 2,1 m), Windsurfausrüstung und Kajaks werden nicht befördert. Passagiere sollten sich auf Verspätungen oder Flugplanänderungen einstellen. Während der **Hauptsaison** sollte man Flüge so früh wie möglich buchen.

Nahverkehr

Eine **Busfahrt** innerhalb des Stadtzentrums kostet ungefähr 350C$. Costa Ricas offizielle **Taxis**, die *Taxis rojos*, sind rote Autos mit einem gelben Dreieck an der Tür. Eine Taxifahrt innerhalb des Stadtzentrums kostet ab 1000C$, vorausgesetzt man fährt außerhalb der Stoßzeiten. Bei

www.stefan-loose.de/costa-rica

TRANSPORT **65**

Kurzfahrten sollten Fahrgäste stets darauf bestehen, dass der Fahrer das Taxameter anstellt; nur bei größeren Distanzen lohnt es sich, Festpreise auszuhandeln. Trinkgelder erwarten die Fahrer nicht.

Übernachtung

Rustikale Urwald-Lodges – Villen reicher Kaffeebarone – ökologische Yoga-Farmen oder von Hand geschnitzte Baumhäuser. Costa Ricas Vielfalt an Unterkünften ist enorm, viele Träumer haben hier ihr Traumhotel gebaut.

Der Schwerpunkt in der Hotelauswahl wurde in diesem Reiseführer auf kleine bis mittelgroße Unterkünfte gesetzt. Die Preisangaben beziehen sich stets auf die Zimmerpreise während der Hauptsaison (Januar bis April). Dabei sind die Steuern, die von den Hotels der mittleren und oberen Preisklasse berechnet werden, bereits berücksichtigt. Wenn Mahlzeiten im Zimmerpreis enthalten sind, wird dies mit „VP" (Vollpension), „HP" (Halbpension) oder „Frühstück" vermerkt.

Weitere Informationen S. 31, Reisekosten.

Aparthotels findet man vor allem in den größeren Städten, z. B. in Liberia und San José. Aparthotels haben Zimmer mit Küche und eignen sich gut für Langzeitreisende und Familien. Oft werden auch Monatstarife für Langzeitaufenthalte angeboten.

Cabinas gibt es in fast jeder Ortschaft. Die einfachen, oft aus Holz oder Zement gebauten Zimmer haben meist ein eigenes Bad und liegen im unteren bis mittleren Preisbereich. Bei einigen

wird der Übernachtungspreis pro Person berechnet, andere berechnen die Preise pro Zimmer.

Camping ist unter costa-ricanischen Urlaubern sehr beliebt. Wildes Zelten am Strand ist jedoch nur noch an einigen wenigen Orten erlaubt. Mehrere Nationalparks im Land verfügen über ausgewiesene Campingeinrichtungen. Offizielle Zeltplätze sind allerdings häufig sehr laut und die Sanitäranlagen leider nur selten zufriedenstellend. Auf Sicherheitsvorkehrungen sollte man beim Camping auf jeden Fall achten.

Luxuriöse Wohnzelte sind in Costa Rica im Kommen. Die stabilen, geräumigen Zelte sind mit Möbeln, Deckenventilator und Badezimmern ausgestattet. Die meisten befinden sich auf der Península de Osa und an der zentralen Pazifikküste. Die Übernachtungspreise sind ähnlich hoch wie bei Hotels der mittleren oder hohen Preisklasse.

Statt Jugendherbergen gibt es in Costa Rica eine Vielzahl von privaten **Backpackern, Hostales** und **Hospedajes**. Die Konkurrenz ist groß. Geworben wird mit Swimmingpools, kostenlosem Internet oder großen Fernsehlounges. Eine Nacht im Schlafsaal kostet deshalb in der Hauptsaison selten unter $15.

Der Begriff **Hotel** ist in Costa Rica sehr weit gefasst. Das können schäbige, muffige Zimmer ohne Fenster sein, zwielichtige Stundenhotels – oder Luxushotels.

Eine **Lodge** ist eine rustikale Unterkunft, meist in der Natur. Lodges gehören häufig zur mittleren bis höheren Preiskategorie.

Verhaltenstipps

Wie flirten Costa Ricaner, wie wird kritisiert und wie begrüßt man sich? Der folgende, kurze Überblick soll Urlauber vor den schlimmsten Fettnäpfchen bewahren.

Bettler

Ein Aufenthalt in einem mittelamerikanischen Land bedeutet auch, mit Armut konfrontiert zu werden. Costa Rica besitzt einen der höchsten

---

Preiskategorien

Die Unterkünfte werden in diesem Buch nach den unten aufgeführten Kategorien eingeteilt. Die Preise beziehen sich auf ein DZ inkl. Steuern in der Hauptsaison.

❶ bis US$30		❹ bis US$90	
❷ bis US$50		❺ bis US$120	
❸ bis US$70		❻ über US$120	

TRAVELINFOS VON A BIS Z

Cabina mit direktem Zugang zum Meer

Lebensstandards in Mittelamerika und zählt bereits zu den Schwellenländern, trotzdem sieht man Armut.

Einige Dollar für einen Hilfsbedürftigen reißen niemandem ein Loch in die Reisekasse. Doch oft unterstützt man mit dem Geld Drogensucht wie Leimschnüffeln oder Alkoholismus. Der Kauf einer Mahlzeit etwa ist oft die bessere Alternative. Engagieren kann man sich auch nach dem Urlaub durch Spenden oder Mitarbeit, z. B. in einem der vielen deutschen Hilfsprojekte.

Ehe und Familie

Für viele Costa Ricaner bildet die Familie den Lebensmittelpunkt und eine wichtige soziale Absicherung. Großfamilien leben oft unter einem Dach zusammen. Der Mann gilt nach wie vor als Beschützer und Ernährer der Familie. Kinder verlassen das Elternhaus oft erst nach der eigenen Hochzeit. Teenager-Mütter und Gewalt an Frauen gehören zum traurigen Alltag. Durch die Frauenemanzipation beginnen sich in den großen Städten jedoch langsam die traditionellen Rollenmuster aufzulösen.

Fotografieren

Jeder Fotograf kennt das Dilemma: Soll man das Foto einfach machen oder erst fragen und riskieren, dass die natürliche Haltung zur Pose wird? Das hängt ganz von der Situation ab. Feingefühl ist bei Porträtaufnahmen das A und O. Dass es respektlos ist, ungebeten bei religiösen Zeremonien zu fotografieren oder ungefragt Personen das Objektiv vor die Nase zu halten, versteht sich von selbst. In Indianerreservaten sollte man grundsätzlich um Erlaubnis fragen. Die Boruka-Indianer verlangen während ihrer Fiesta de los Diablitos (Kasten S. 376) eine Foto- und Videogebühr. Kinder lassen sich meist gern fotografieren.

Gast im fremden Land

Die Freundlichkeit, Hilfsbereitschaft und menschliche Wärme der Costa Ricaner sind umwerfend. Höflichkeit wird unter Ticos geradezu gefeiert: *Para servirle* (Ich bin hier, um Ihnen zu dienen), *con permiso* (mit Verlaub), *con mucho gusto* (mit größtem Vergnügen) usw.

gehören bei Jungen wie bei Alten zum täglichen Umgangston. Zur Begrüßung gibt man sich einen Wangenkuss, Männer einen Handschlag. Selbstverständlich ist es, Älteren, Frauen und Schwangeren im Bus den Sitzplatz zu überlassen oder beim Tragen von Gepäck behilflich zu sein. Direktheit oder Kritik sind Costa Ricanern fremd und können, wenn von Ausländern geäußert, leicht als Bevormundung missverstanden werden. Costa Rica ist eine konfrontationslose Gesellschaft, ein klares Nein hört man äußerst selten. Wer brüllt oder andere beleidigt, verliert hier sein Gesicht.

Gringo

Die Bezeichnung „Gringo" kann in Costa Rica sowohl eine neutrale als auch eine abwertende Bedeutung haben, es kommt auf die Betonung und den Kontext an. Im Zusammenhang mit dem Landaufkauf (s. Kasten S. 334) und dem Freihandelsabkommens CAFTA (s. Wirtschaft) hat Gringo jedoch meist eine negative Bedeutung. Der Begriff, obwohl ursprünglich eine Bezeichnung für Nordamerikaner, wird häufig auf alle (weißhäutigen) Ausländer angewandt.

Homosexualität

Costa Rica ist ein klassisches Macho-Land. Homosexuelle Handlungen zwischen volljährigen Personen aber sind legal und durchaus auch häufig zu beobachten. Gleichgeschlechtliche Paare reisen weitgehend unbehelligt, wenn sie sich in der Öffentlichkeit diskret verhalten.

Kleidung

Costa Ricaner legen wie alle Lateinamerikaner großen Wert auf Körperhygiene und ein gepflegtes Äußeres. Auch bei der armen Bevölkerung sind saubere und gebügelte Kleidung, geputzte Schuhe und tägliches Duschen eine Selbstverständlichkeit.

Ein Europäer, der sich einen Fernflug leisten kann, aber in lumpigen Klamotten oder barfuß

umherreist, stößt besonders in den ländlichen Gebieten auf Unverständnis und missbilligende Blicke. Eine legerere Kleiderordnung herrscht in Küsten- und Strandorten, wo Badeschlappen, Shorts, Jeans, Turnschuhe und Baseballkappe auch bei Einheimischen auf dem Vormarsch sind. Mit hautenger Kleidung, knappen Miniröcken, tiefen Ausschnitten und hohen Stöckelschuhen bezirzen viele Ticas die Männer. Eine Frau, die unbelästigt reisen will, sollte sich weite, unauffällige Kleidung zulegen (s. auch S. 44, Frauen unterwegs). Oben ohne und Freikörperkultur werden in Costa Rica nicht toleriert.

Religion

In Costa Rica spielt die katholische Religion traditionell eine große Rolle im Leben der Bevölkerung. Wie auch immer man zu Papst und Kirche stehen mag, mit Kritik sollte man sich sehr zurückhalten und sich bei einem Kirchenbesuch angemessen kleiden und respektvoll verhalten.

Sprache

Englisch wird in Costa Rica in fast allen größeren Touristenzentren gesprochen, trotzdem gilt: Wer Spanisch beherrscht, hat es leichter, sich abseits der Touristenroute zu bewegen und Land und Leute kennenzulernen. Aus Respekt sollte sich jeder Urlauber auf jeden Fall die Mühe machen, zumindest die wichtigsten Redewendungen auf Spanisch zu lernen (S. 444, Sprachführer).

Versicherungen

Eine optimale Absicherung bietet der Abschluss einer separaten Kranken-, Unfall- und Gepäckversicherung. Da sich die Versicherungsbeiträge jedoch zu einer stattlichen Summe addieren, sollte das Risiko genau abgewogen werden.

Auf jeden Fall ist eine **Reisekrankenversicherung** notwendig, da die heimischen Kassen

Kulturschock Costa Rica

Lärm

Musik gehört in Costa Rica zum Alltag. Getrommelt und gesungen wird im Geschäft, beim Zahnarzt, im Internetcafé und auf den Oberschenkeln im Bus. Musik ist Ausdruck von Lebensfreude. Ohne den tiefen, dumpfen Bass des Reggaeton oder die herzzerreißenden Liebesschnulzen im Hintergrund fühlt ein Tico sich einsam. Und Musik muss gut zu hören sein. Der rebellierende Teenager dreht sie genauso auf wie die kochende Hausfrau. Dazu wird kräftig mitgesungen, klappern Töpfe und Pfannen und spielt im Hintergrund die brasilianische Telenovela (Seifenoper). Die dünnen Pappkartonwände vibrieren.

Zeit

Der Zeitbegriff – oder wie Ticos sagen die *hora tico* – kann einen pünktlichen Deutschen zur Weißglut bringen. Eine Veranstaltung, die auf 15 Uhr angesetzt ist, beginnt oft erst ein oder zwei Stunden später. Genauso ist es mit Einladungen. Man sagt zu, ganz unverbindlich, kommt oder kommt nicht. Ein costa-ricanischer Freund erklärt: „Wenn ein Tico früher als verabredet auftaucht, dann nur, weil er über beide Ohren verknallt ist." Auch Busse fahren oft nicht nach Plan. Los geht's, wenn der Colectivo voll ist. Und fragt man nach der Abfahrtszeit, erhält man immer dieselbe Antwort: *Ahora* (gleich). – Gleich? Jetzt? Das Jetzt kann eine Stunde sein, ein halber Tag oder gar nicht. Besser gar nicht fragen und Zeit mitbringen. Denn die braucht man fürs Schlangestehen vor Banken, Supermärkten und Fahrkartenschaltern. Warum unnötig hetzen in dieser Tropenhitze? *Tranquilo, tranquilo.* Keine Zeit? Das gibt's hier nicht.

Distanz

Costa Ricaner wohnen oft auf engem Raum zusammen – die ganze Großfamilie unter einem Dach. Berührungsängste gibt es hier nicht. Ein Kuss zur Begrüßung, Anfassen beim Erzählen – Ticos suchen immer den Kontakt. Schweigendes Warten an der Bushaltestelle ist in Costa Rica unvorstellbar. Auf Entfernungsangaben sollte man sich allerdings nicht verlassen: Man erhält stets so viele Antworten, wie man Leute fragt.

---

die Behandlung im Ausland nicht bezahlen. Eine Erkrankung kann jedoch leicht Tausende Euro kosten, wenn z. B. ein schneller Transport nach Europa nötig wird.

Reisekrankenversicherung

Nur wenige private Krankenkassen bieten weltweiten Schutz. Um das Risiko einer Erkrankung abzusichern, muss jeder für eine Reise nach Lateinamerika eine Auslandskrankenversicherung abschließen. Die meisten Versicherer haben entsprechende Angebote. Im Krankheitsfall muss Geld vom Kranken vorgestreckt werden, denn die Kosten werden von den Versicherungen erst später erstattet.

Im Versicherungsfall

Folgende Angaben müssen auf der Rechnung stehen, die nach der Reise bei der Versicherung einzureichen ist:

- Name, Vorname, Geburtsdatum
- Behandlungsort und -datum
- Diagnose
- erbrachte Leistungen in detaillierter Aufstellung (Beratung, Untersuchungen, Behandlungen, Medikamente, Injektionen, Laborkosten, Krankenhausaufenthalt)
- Unterschrift des Arztes, mit Stempel

Zudem sind einige Einschränkungen zu beachten: Bei Zahnbehandlungen werden nur Notfallbehandlungen bezahlt. Auch chronische

---

www.stefan-loose.de/costa-rica

Krankheiten oder solche, die bereits vor Abreise auftraten, sind nicht von der Versicherung abgedeckt. Erkrankte werden dann nach Hause geflogen, wenn am Urlaubsort keine ausreichende Versorgung gewährleistet ist. Dafür kommen Linienmaschinen oder eigens geschickte Ambulanzflugzeuge zum Einsatz.

Reiserücktrittsversicherung

Bei einer pauschal gebuchten Reise ist die Reiserücktrittsversicherung im Preis meist nicht inbegriffen. Es empfiehlt sich nachzufragen. Eine individuelle Reise kann ebenfalls versichert werden. Manche Reisebüros vermitteln derartige Versicherungen. Eine Reiserücktrittsversicherung muss in der Regel spätestens 14 Tage nach Buchung abgeschlossen werden. Bei Krankheit oder Tod eines Familienmitglieds oder Reisepartners ersetzt die Versicherung in der Regel die anfallenden Stornokosten der Reise. Bei einer Reiseunfähigkeit wegen Krankheit ist ein ärztliches Attest vorzuweisen. Die Kosten der Versicherung richten sich nach der Höhe der Stornogebühren und liegen meist zwischen 15 und 50 € p. P., zum Teil mit Selbstbeteiligung.

Reisegepäckversicherung

Viele Versicherungen bieten auch eine Absicherung des Gepäcks. Die Bedingungen für den Ersatz der verlorenen Gegenstände sind immer sehr eng gefasst. Daher sollten die Versicherungsbedingungen genau gelesen werden. Gepäck darf beispielsweise nicht unbewacht in abgestellten Kraftfahrzeugen zurückgelassen werden und Kameras und Fotoapparate müssen, um vor Straßenräubern sicher zu sein, quer über der Brust und nicht nur über der Schulter getragen werden.

Bargeld ist nie versichert und auch bei Schmuck und Foto- und Videogeräten wird meist nur ein Bruchteil des Wertes ersetzt.

Wer sich für eine Reisegepäckversicherung entscheidet, sollte darauf achten, dass diese Weltgeltung besitzt und die Reisedauer in ausreichender Höhe absichert. Bei einem Scha-

densfall muss der Verlust bei der Polizei gemeldet werden.

Hilfreich ist hierbei eine vorher angefertigte Checkliste, auf der alle Wertgegenstände verzeichnet und beschrieben sind. Alle wichtigen Gegenstände im Handgepäck befördern.

Versicherung für Fotoausrüstung und elektronische Geräte

Da Fotoausrüstung und elektronische Geräte wie Reise-Laptop bzw. -Tablet selten ganz abgesichert sind, bietet sich bei der Mitnahme eine zusätzliche Versicherung an. Diese ist relativ teuer, die Gebühr richtet sich nach dem Wert der Ausrüstung oder der angesetzten Versicherungssumme.

Visa

Bürger aus den Mitgliedstaaten der EU und aus der Schweiz können sich bis zu 90 Tage mit einem Reisepass ohne Visum in Costa Rica aufhalten. Der Pass muss sechs Monate über das Einreisedatum hinaus gültig sein. Wer einen längeren Aufenthalt plant, muss noch vor Ablauf der Frist für 72 Stunden in eines der Nachbarländer ausreisen oder einen zeitaufwendigen Verlängerungsantrag bei der Migración (Einreisebehörde) in San José beantragen. Die Einwanderungsbehörde befindet sich in La Uruca, ℆ 2299-8100, 🖥 www.migracion.go.cr, ⏱ 8–16 Uhr. Für Langzeitaufenthalte (Studium, Freiwilligendienst, Arbeit) muss eine Aufenthaltserlaubnis bei der zuständigen costa-ricanischen Botschaft im Heimatland beantragt werden (S. 35, Botschaften und Konsulate).

Voluntario (Freiwilligendienst)

Folgende Organisationen bieten ökologischen Freiwilligendienst an:
ACVOCR (Asociación de Voluntarios para el Servicio en las Areas Protejidas),

Froschschmuggel

Immer wieder versuchen Touristen, in ihren Taschen quietschgrüne oder knallgelbe Frösche aus Costa Rica nach Europa einzuschmuggeln. Liebe Urlauber: Seid bitte „kein Frosch" und lasst die armen Tiere in ihrer Heimat. Prinzen gibt es auch in Europa genug!

⌨ www.asvocr.org; costa-ricanische Non-Profit-Organisation, die Voluntarios an Nationalparks und Reservate vermittelt.
Proyecto Cloudbridge, ⌨ www.cloudbridge. org; privates Nebelwaldreservat an den Hängen von Costa Ricas höchstem Berg, Cerro Chirripó.
Weltwärts, ⌨ www.weltwaerts.de; Freiwilligendienst, der vom deutschen Bundesministerium für wirtschaftliche Zusammenarbeit und Entwicklung (BMZ) gegründet wurde und Freiwillige zwischen 18 und 28 Jahren in alle Welt vermittelt, auch nach Costa Rica. Die Aufenthalte werden finanziell gefördert.
Widecast, ⌨ www.widecast.org; Nichtregierungsorganisation, die sich für den Schutz der Meeresschildkröten in der Karibikregion einsetzt, (s. Kasten S. 430).

Weiterreise

Costa Rica ist gut vernetzt mit Nord- und Südamerika. Die meisten Flugverbindungen vom Aeropuerto Juan Santamaría in San José bietet die kolumbianische Fluggesellschaft **Avianca**, www.avianca.com, die 2013 mit der mittelamerikanischen Fluggesellschaft Taca fusioniert hat. Avianca fliegt alle mittelamerikanischen Hauptstädte direkt an, außerdem die Dominikanische Republik, Kolumbien (Bogotá), Ecuador (Quito), Peru (Lima) und viele Ziele in Europa und den USA. Über die Knotenpunkte Bogotá und El Salvador sind weltweit fast alle Ziele zu erreichen.

Zeit

Costa Rica liegt 7 Stunden (während der Sommerzeit 8 Std.) hinter der MEZ zurück. In der tropischen Hitze ticken die Uhren deutlich langsamer als in Nordeuropa (s. Kasten S. 69). Warteschlangen vor Banken, Fahrkartenschaltern und Lotterieverkauf gehören zum Alltag. Wartezeit sollte man grundsätzlich einplanen!

Zoll

Personen ab 18 Jahren können mit jeweils 500 g Tabak, 5 l Wein oder Likör und bis zu 2 kg Süßigkeiten nach Costa Rica einreisen. Fleisch, Wurst, Obst, Gemüse und Milchprodukte dürfen grundsätzlich nicht aus Europa eingeführt werden. Genaue Informationen zu den Zollbestimmungen erhalten Reisende bei der costaricanischen Botschaft in ihrem Land (s. Botschaften) oder auf der spanischen Internetseite ⌨ www.actualidadaduanera.com. Für die Ausreise gilt: Es ist verboten, exotische Tiere und Pflanzen aus Costa Rica auszuführen, auch Frösche (s. Kasten).

Land und Leute

Costa Rica wird häufig die „Schweiz Mittelamerikas" genannt, da es sich hinsichtlich Wohlstand und politischer Stabilität deutlich von seinen Nachbarstaaten abhebt. Schon früh sorgte der Kaffeeanbau für einen wirtschaftlichen Boom im Land, der die Entwicklung demokratischer Verhältnisse begünstigte. Heute entdecken immer mehr Touristen das kleine Land (nur wenig größer als Niedersachsen), das von jeher von Einwanderern geprägt wurde.

GREIFFROSCH IM REGENWALD; © LOOKPHOTOS / MINDEN PICTURES

Steckbrief Costa Rica

Staatsbezeichnung Republik Costa Rica
Staatsform Präsidialrepublik
Hauptstadt San José
Staatsoberhaupt Präsident Carlos Alvarado Quesada
Fläche 51 100 km²
Einwohnerzahl 5 Mio.
Anteil der Stadtbevölkerung 77 % (2016)
Staatssprache Spanisch
Religion Katholiken (ca. 60 %)
Internetzugang über 2,5 Mio. Pers. mit Breitband-Zugang
Happy Planet Index Platz 1
Pro-Kopf-Einkommen $10 840 pro Jahr (2016)
Straßennetz ca. 35 500 km Straßen, davon sind 8800 km befestigt
Touristen pro Jahr 2,9 Mio. (2016)

Inhalt

Geografie	73
Flora und Fauna	73
Bevölkerung	85
Geschichte	87
Politik	96
Wirtschaft	97
Religion	98
Kultur	98

Geografie

Fläche: 51 100 km²

Nord-Süd-Ausdehnung: 464 km

Ost-West-Ausdehnung: 259 km

Größte Städte: San José (ca. 352 000 Einw., Großraum über 1,61 Mio.), Alajuela (265 472 Einw.), Heredia (123 616 Einw.), Puerto Limón (ca. 94 415 Einw.)

Höchster Berg: Cerro Chirripó (3819 m)

Längster Fluss: Río Grande de Térraba (196 km)

Nachbarländer: Panama, Nicaragua

Costa Rica liegt zwischen dem 8. und 11. Breitengrad nördlich des Äquators, genau am Rande von zwei **Erdplatten** – der Cocos- (oder pazifischen) und der karibischen Kontinentalplatte. Wenn sich die schwerere Cocosplatte unter die karibische Platte schiebt, entstehen Erdbeben und vulkanische Aktivität, beides sind regelmäßige Phänomene in Costa Rica. Costa Ricas sieben aktive **Vulkane** liegen allesamt auf einer Gebirgskette, die das ganze Land wie eine Wirbelsäule von Norden nach Süden durchzieht und den Pazifischen Ozean von der Karibik trennt. Der Gebirgszug besteht aus der **Cordillera de Guanacaste** im Nordwesten, der **Cordillera de Tilarán** und der **Cordillera Central** im Landesinneren sowie der weitgehend unerschlossenen **Cordillera Talamanca** im Südosten Costa Ricas.

Zu beiden Seiten dieses gewaltigen Gebirgsrückens erstrecken sich die Küstentiefebenen: Die **karibische Tiefebene** mit den Flüssen Pacuare, Reventazón und Sarapiquí ist ein Paradies für Wildwasserfahrer. Die schmalere und hügeligere **pazifische Ebene** ist mit ihren unzähligen Stränden, zerklüfteten Buchten und Halbinseln das Reiseziel für Wellenreiter und Sonnenanbeter.

Mitten auf der Gebirgskette, in 1000 bis 1500 m Höhe, liegt das **Valle Central**, der „Brotkorb" Costa Ricas, in dem Gemüse, Kaffee und Zuckerrohr angebaut werden und sich die vier größten Städte – San José, Alajuela, Heredia und Cartago – befinden.

Flora und Fauna

Arche Noah, Garten Eden, Ökoparadies – was wurde Costa Rica nicht bereits alles getauft? Schließlich zählt das kleine Land mit mehr als 10 000 Pflanzen-, 915 Vogel-, 223 Landsäugetierarten (darunter 116 Fledermausarten), 227 Reptilien-, mehr als 160 Amphibien- sowie 35 000 Insektenarten zu den artenreichsten Ländern auf der ganzen Welt. Dieses Kapitel soll eine kleine Einführung in Costa Ricas vielfältige Fauna und Flora geben, einen fachkundigen Tier- und Pflanzenführer kann und soll es jedoch nicht ersetzen.

Mangrovenwälder und Feuchtgebiete

In Costa Rica gibt es insgesamt fünf verschiedene Arten von Mangrovenbäumen. Ihre dichte Wurzelschicht spielt eine wesentliche Rolle beim Erosionsschutz vor Flussmündungen und Küstengebieten. Mangroven können in salziger Umgebung überleben, da sie das Salz bereits während der Wasseraufnahme herausfiltern oder es später über ihre Blätter ausscheiden. Die Sedimentablagerungen auf und zwischen ihren Wurzeln bilden einen wichtigen Lebensraum und Laichplatz für Fische, Krebse und Garnelen. Mangrovenwälder wachsen in Costa Rica fast ausschließlich am Pazifik.

Costa Ricas Marsch- und Feuchtgebiete (z. B. Caño Negro und Palo Verde) sind Heimat von Tausenden Wasservögeln. Diese Gebiete entstehen während der Regenzeit, wenn die Flüsse über ihre Ufer treten, und schrumpfen in der Trockenzeit auf nur wenige Lagunen zusammen. Die Mangrovenwälder und Feuchtgebiete sind durch die zunehmende Bodenentwässerung aufgrund der Entstehung großer Hotelkomplexe gefährdet.

Trockenwälder

Tropischer Trockenwald bedeckte einst den gesamten mittelamerikanischen Isthmus. Noch zu

Kolonialzeiten holzten die Spanier 90 % seines Bestandes in Costa Rica für Weidewirtschaft ab. Überreste tropischen Trockenwaldes findet man heute noch im Parque Nacional Palo Verde und Santa Rosa und der Reserva Biológica Lomas Barbudal. Im Gegensatz zum tropischen Regenwald erreichen die Bäume hier maximal Höhen von rund zwölf Metern und sind in lediglich zwei Stockwerken aufgebaut. Trockenwälder werfen in der Trockenzeit ihr Laub ab, um ihren Wasserverbrauch auf ein Minimum zu beschränken (s. auch Kasten S. 317).

Tropische Regenwälder

Immerfeuchter tropischer Regenwald wächst nur dort, wo gleichbleibende Jahrestemperaturen (zwischen 23 und 27 °C) herrschen und ein Jahresniederschlag von mindestens 5000 mm fällt. Mit anderen Worten: Es muss stets mehr regnen als Wasser verdunsten kann. Reste tropischen Regenwaldes sind in Costa Rica unter anderem noch im Parque Nacional La Amistad und Cahuita an der Karibik sowie im Parque Nacional Corcovado und Parque Nacional Manuel Antonio am Pazifik vorhanden. Charakteristisch ist ihr Stockwerkbau mit bis zu sechs Etagen.

Zur Bodenschicht des tropischen Regenwalds zählt man das Wurzelgeflecht der Bäume, aber auch Algen, Pilze und Bakterien. Darüber folgen eine Krautschicht mit Moosen und Farnen und eine Strauchschicht, in der u. a. nektarhaltige **Helikoniengewächse** wachsen, die von Kolibris bestäubt werden. Einem vierten Stockwerk mit niedrigen Bäumen schließt sich die Kronenschicht an, in der sich zwei Drittel der Waldtiere aufhalten und ganze 80 % der Biomasse produziert werden. Einige Bäume, sogenannte Überständer wie der 70 m (!) hohe Kapokbaum *(Ceiba pentandra)* im Parque Nacional Corcovado ragen noch weit über die Kronenschicht hinaus.

Die üppig grünen Regenwälder erwecken den Anschein, als würden sie auf einem unerschöpflich fruchtbaren Boden wachsen. Das Gegenteil ist der Fall. Im tropischen Regenwald

gibt es keine so dicke Humusschicht wie in den Laubwäldern gemäßigter Breiten. Laub, Äste und Tierkadaver werden in der Hitze und Feuchtigkeit sofort zersetzt und kontinuierlich dem Nährstoffkreislauf zugeführt. Umso gefährlicher ist es, die Wälder zu roden. Die dünne nährstoffhaltige Humusschicht wird schnell abgetragen – der Boden ohne Wald ist wertlos. Die Pflanzen im tropischen Regenwald stehen in einem harten Wettkampf ums Sonnenlicht. Lediglich 10 % des Lichts gelangen vom Kronendach auf den Waldboden. Fällt ein Baum um, wird die Lichtung sofort eingenommen. Bekannte „Pionierbäume" sind die schnell wachsenden **Balsabäume** *(Ochroma pyramidale)*, deren helles, leichtes Holz zum Schnitzen benutzt wird.

Die kleineren Pflanzen haben raffinierte Überlebensmethoden entwickelt: **Lianen** gelangen ans Sonnenlicht, indem sie an anderen Bäumen hinaufklettern; **Epiphyten** (Aufsitzerpflanzen, beispielsweise Farne oder Bromeliengewächse), indem sie auf den Astgabeln und Ästen anderer Bäume wachsen, ohne ihnen dabei zu schaden. Da sie bei dieser Lebensweise auf Bodenwurzeln verzichten müssen, fangen Bromeliengewächse Wasser und Nährstoffe in trichterförmigen Blättern auf. Eine große Bromelie kann in ihren Blütentrichtern bis zu zehn Liter Wasser speichern. In den kleinen Blütenzisternen legen Frösche und Mücken ihre Larven beziehungsweise ihren Laich ab. **Orchideen** bilden dagegen Luftwurzeln aus, die mit ihrem Speichergewebe Feuchtigkeit aufsaugen. In Costa Rica gibt es über 1000 Orchideenarten, die purpurfarbene Orchidee Guaria Morada *(Guarianthe skinneri)* wurde zur Nationalblume gekürt.

Würgefeigen beginnen als Epiphyten im Kronendach eines Baumes. Ihre Luftwurzeln wachsen dann am Wirtsbaum hinunter, verankern sich im Boden und verdicken zu Stämmen. Der Wirtsbaum ist bald wie von einem engen Gitterkäfig umgeben, seine Leitungsgefäße werden durch die Feigenwurzeln abgeschnürt, seine Blätter und Äste verdrängt – er stirbt langsam ab. Die bei der Zersetzung freiwerdenden Nährstoffe verwertet die Würgefeige für sich, im Inneren des Wirtes bleibt später ein Hohlraum zurück.

Prämontaner und montaner Feucht- und Regenwald

Der prämontane und montane Feucht- und Regenwald wächst in den Gebirgslagen Costa Ricas, z. B. in Monteverde, im Cloudbridge Reservat am Cerro Chirippó oder an den Hängen des Volcán Barva. Diese Feucht- oder Nebelwälder sind ganzjährig von einem dichten Wolkennebel umgeben, der entsteht, weil die feuchtwarmen Karibikwinde in den kälteren Höhenlagen kondensieren. Im Nebelwald herrscht deshalb nahezu 100-prozentige Feuchtigkeit.

Zur typischen Nebelwaldvegetation gehören Baumfarne, Moose, Bartflechten, Epiphyten, Eichen und der großblättrige *Sombrilla del Pobre* (Regenschirm der Armen oder Mammutblatt, *Gunnera insignis*). An den windausgesetzten Hängen sind die Bäume oft knorrig und zwergwüchsig (s. auch Kasten S. 198).

Páramo

Oberhalb der Baumgrenze, am Cerro Chirippó oder in Teilen des Parque Internacional de La Amistad wachsen nur noch Gräser, Krautpflanzen und kleinwüchsige knorrige Sträucher.

Säugetiere

Affen

Insgesamt leben vier Affenarten in Costa Rica. Sie sind tagaktiv, leben in großen Gruppenverbänden zusammen und sind deshalb relativ leicht zu entdecken. Allesamt gehören sie zur Familie der Breitnasenaffen, die sehr weit auseinanderstehende Nasenlöcher haben. Am weitesten verbreitet ist der ungefähr einen halben Meter große, schwarz-braune **Mantelbrüllaffe** *(Mono congo, Alouatta palliata),* dessen raubtierähnliche Rufe kilometerweit durch den Regenwald schallen.

Der goldbraune **Klammeraffe** *(Mono arana, Ateles geoffroyi)* kann sein gesamtes Körpergewicht an seinem rund einen Meter langen Schwanz halten. Sein unteres Schwanzende ist nackt und dient ihm wie eine menschliche Handfläche als Greif- und Tastorgan.

Der *Mono Titi (Saimiri oerstedii)* ist mit maximal 35 cm der kleinste, zierlichste und flinkste Affe in Costa Rica. *Mono Titis* sind leicht an ihrem auffällig goldgelben Rückenfell und der maskenartigen Gesichtszeichnung zu erken-

In einigen Gebieten des Landes reicht der Tieflandregenwald bis an die Küsten heran.

nen, die ihnen den deuschen Namen **Totenkopfäffchen** einbrachte. Rotrücken-Totenkopfäff-
chen sind in Costa Rica stark vom Aussterben
bedroht.

Die **Weißschulter-Kapuzineraffen** *(Mono Ca-
puchino, Cebus capucinus)* sind an Kehle, Brust
und im Gesicht weiß gefärbt. Körper, Extremitä-
ten und der Kopf sind schwarz und heben sich
wie die Kutte eines Kapuzinermönches vom
restlichen Körper ab.

Ameisenbären

Drei Arten von Ameisenbären *(Oso hormiguero)*,
die man leicht an ihrer Röhrenschnauze er-
kennt, leben in Costa Rica. Ameisenbären ernähren sich – der Name sagt es bereits – einzig
von Ameisen und Termiten. Mit ihren langen und
scharfen Krallen brechen sie die Insektenbau-
ten auf und lecken die Beute mit ihrer langen,
klebrigen Zunge heraus. Der **Zwergameisenbär**
(Cyclopes didactylus) lebt ausschließlich auf
Bäumen und ist rein nachtaktiv. Am häufigsten
bekommt man den **Tamandua** *(Tamandua me-
xicana)* zu Gesicht, der tag- und nachtaktiv ist
und auf Bäumen wie auch auf dem Boden nach
Nahrung sucht. Ob der **Große Ameisenbär** *(Myr-
mecophaga tridactyla)* noch in Costa Rica lebt,
ist äußerst fraglich.

Faultiere

Faultiere kommen ausschließlich auf dem amerikanischen Kontinent vor. In Costa Rica leben
zwei Arten: Das **Zweifinger-** *(Choloepus hoff-
manni)* und das **Dreifinger-Faultier** *(Bradypus
variegatus)* (die häufig verwendete Bezeichnung
„Dreizehen-Faultier" ist verwirrend, denn beide
Faultierarten haben drei Zehen und sind lediglich an der Anzahl ihrer Finger zu unterscheiden). Faultiere ernähren sich ausschließlich von
Blättern. Viel Energie liefert diese nährstoffarme
Lebensweise nicht. Deshalb hängen Faultiere
die meiste Zeit von Bäumen, schlafen, fressen
oder verdauen.

Dreifinger-Faultiere besitzen zudem neun
Nackenwirbel (die meisten Säugetiere und das
Zweifinger-Faultier haben nur sechs oder sieben), die es ihnen ermöglichen, ihren Kopf um
270 Grad zu drehen und sich so beim Fressen
kaum von der Stelle zu bewegen. Aufgrund ih-

rer sehr langsamen Verdauung können die Tiere
über eine Woche im Baum ohne „Toilettengang"
verbringen. Ihr zottiges Fell ist Lebensraum für
viele Insekten und Algen. Letztere geben dem
Faultier vor allem während der Regenzeit eine
grüne Tarnfarbe.

Fledermäuse

Über die Hälfte aller Säugetiere in Costa Rica
sind Fledermäuse (116 Arten). Sie übernehmen
eine wichtige Rolle bei der Bestäubung der Blüten und bei der Samenverbreitung. Neben den
Nektar trinkenden und Früchte fressenden Ver-
tretern gibt es auch Fledermäuse, die sich auf
die Jagd von Insekten, Fröschen und Fischen
spezialisiert haben. Am gefürchtetsten ist die
Vampirfledermaus *(Desmodus rotundus)* – das
einzige Säugetier, das sich ausschließlich von
Blut ernährt. Mit ihrem auffälligen Nasenaufsatz
spürt sie die passende Bissstelle bei Tieren (und
vereinzelt auch bei Menschen) auf und leckt das
Blut mit der Zunge heraus. Der Blutverlust ist für
das Opfer relativ gering, bedenklicher ist jedoch
die Gefahr einer Tollwutinfektion.

Gürteltiere

Gürteltiere kommen nur auf dem amerikanischen Kontinent vor. Sie sind von einem harten
Panzer aus Horn und Knochenplatten umgeben
und werden deshalb im Spanischen *Armadillos*
(die Gepanzerten) genannt. Beim weitverbrei-
ten **Neunbinden-Gürteltier** *(Dasypus novemcin-
ctus)* ist der starre Panzer durch quer liegende
Hautfalten in sieben bis zehn Gürtel unterteilt,
sodass sich das Tier auch mit seiner schweren
Rüstung erstaunlich flink bewegen kann.

Gürteltiere fressen Ameisen und Käfer und
sind deshalb in menschlichen Wohnsiedlungen
gern gesehene Insektenvertilger. Das **Nördliche
Nacktschwanzgürteltier** *(Cabassous centralis)*
kann nur sehr selten beobachtet werden.

Huftiere

Der **Tapir** *(Tapirus bairdii)* ähnelt mit seinem
Greifrüssel und den kleinen Ohren einer Kreuzung zwischen Schwein und Elefant. Seine
nächsten Verwandten sind jedoch Huftiere
wie das Pferd und das Nashorn. Tapire sind
nachtaktive Einzelgänger, die sich tagsüber ins

Dickicht zurückziehen. Gute Chancen, einem frei lebenden Tapir zu begegnen, haben Wanderer bei geführten Touren im Parque Nacional Corcovado, im Parque Internacional de la Amistad und auf Wanderungen im Parque Nacional Rincón de La Vieja.

Zur Familie der Huftiere zählen auch die dunkelgrau-bräunlichen **Halsbandpekaris** *(Pecari tajacu)* mit ihrem unverkennbaren, hellen Streifen um Hals und Nacken. Die borstigen Wildschweine haben wie alle „Nabelschweine" eine nabelartige Drüse am Rücken, über die sie ein moschusartiges Sekret abgeben, um ihr Revier zu markieren. Pekaris sind Allesfresser: Hauptbestandteile der Nahrung sind Wurzeln, Samen und Früchte, aber auch Kleingetier wie Schnecken, Tausendfüßler und Würmer stehen auf ihrem Speisezettel. Durch Jagd auf die Tiere hat ihre Zahl in Costa Rica in den letzten Jahren bedenklich abgenommen. Das **Weißbartpekari** *(Tayassu pecari)* ist mittlerweile sehr selten geworden und nur in ein paar isolierten Populationen vorhanden.

Kleinbären

Waschbären (*Mapache, Procyon lotor* und *Procyon cancrivoros*) und häufig anzutreffenden **Nasenbären** *(Pizote, Nasua narica)* sind leicht an ihrer schwarzen Gesichtsmaske und der rüsselartigen Schnauze zu erkennen. Die Kleinbären halten sich gern auf Campingplätzen auf, wo sie Urlaubern den Proviant wegfressen. **Katzenfrette** *(Bassaricus sumichrasti)* sowie **Maki**- und **Wickelbären** *(Bassaricyon gabbbii, Potus flavus)* sind hauptsächlich nachtaktiv und baumbewohnend.

Nagetiere

Agutis *(Dyorocta punctata)* sind zierliche, schlanke bodenlebende Tiere mit orange-braunem Fell und dünnen, langen Beinen. Mit ihrem wuchtigen Kopf, den kleinen, runden Ohren und großen Augen ähneln sie Riesen-Eichhörnchen. Agutis sind tagaktive und sehr scheue Tiere, die in hohlen Baumstämmen und Bauen schlafen. Sie legen unterirdische Vorratskammern mit Früchten und Samen an und tragen so entscheidend zur Verbreitung vieler Pflanzenarten bei. Agutis werden wie ihre nachtaktiven Cousins,

die **Pakas** *(Agouti paca)*, wegen ihres Fleisches immer noch gejagt.

Meeressäuger

Costa Ricas warme Gewässer locken **Delphine** und **Buckelwale** *(Megaptera novaeangliae)* an. Letztere wandern jedes Jahr von den Polarmeeren zur Bahía Ballena, um in der costa-ricanischen Sonne zu balzen und zu kalben (s. Kasten S. 355).

An der Karibikküste, in den Lagunen von San Juan del Norte, Barra de Colorado und Gandoca, halten sich Seekühe auf. Im Gegensatz zur Fluke der Wale ist ihre Schwanzflosse rund oder spatenförmig. **Manatis** *(Triechechus manatus)* können bis zu einer Viertelstunde unter Wasser bleiben und ernähren sich ausschließlich von Seegras und Wassersalat. Seekühe sieht man heute nur noch sehr selten, zumal sie nacht- und dämmerungsaktiv sind. Wie Wale wurden sie wegen ihres Fleisches, Fettes und ihrer Haut gejagt und stehen heute auf der Liste der gefährdeten Tiere.

Raubkatzen

Sechs verschiedene Raubkatzen – **Ozelotkatze**, **Ozelot**, **Baumozelot**, **Wieselkatze**, **Puma** und **Jaguar** – leben in Costa Rica. Sie sind überwiegend nachtaktiv und scheu, Touristen bekommen sie daher selten zu Gesicht. Nähere Infos zur Jaguar-Population im Nationalpark Tortuguero s. Kasten S. 421.

Amphibien und Reptilien

Frösche

Unter den mehr als 160 Amphibienarten in Costa Rica sind 20 Giftfrösche. Der bekannteste unter ihnen ist der **Pfeilgiftfrosch** *(Rana venenosa),* auch Baumsteigerfrosch genannt, weil er auf Bäume klettern kann. Pfeilgiftfrösche leben im tropischen Regenwald und fallen durch ihr leuchtendes Gelb, Grün, Orangerot oder Blau sofort ins Auge. Sie legen ihren Laich in den Trichterblättern von Bromelien ab. Ihr Gift nehmen sie über die Nahrung auf, hauptsächlich

Her mit den Kröten – Ein Froschkrimi, der unter die Haut geht

Sie ist das bekannteste Opfer, die **Goldkröte**, *Sapo dorado,* auf Lateinisch *Bufo periglenes,* zu Hause in den Bergnebelwäldern von Monteverdes. 1989 wurde sie zuletzt gesehen, praktisch über Nacht verschwand die goldene Kröte vom Erdboden. Wissenschaftler standen vor einem Rätsel. Was war die Ursache? Frösche sind biologische Indikatoren. Sie leben zu Wasser und zu Land. Mit ihrer dünnen, transparenten Haut reagieren sie auf Umwelteinflüsse aus beiden Lebensbereichen. Laut Fachzeitschrift *Nature* starben weltweit zwei Drittel der Froscharten zwischen den 80er- und 90er-Jahren aus. Experten machen eine Reihe von Ursachen dafür verantwortlich. Lebensraumzerstörung, Überdüngung und Pestizide, erhöhte UV-Strahlung sowie Klimawandel.

Nach Expertenmeinung gelten heute mehr als 40 % der Froscharten weltweit als gefährdet. Hauptursache aber, so zeigen die neuesten Forschungen, ist ein Chydridpilz mit dem schwierigen vollständigen Namen *Batrachochytrium denrobati*. Er gedeiht durch den Klimawandel besser als je zuvor und kann auch über Kleidung und Schuhe von Touristen verbreitet werden. Chydrid verstopft die lebenswichtigen Poren seiner Opfer, die Frösche können sich nicht wehren, ihre Haut, durch die sie auch atmen, trocknet aus, ganze Amphibiengemeinschaften vernichtet der Pilz so in einem Schlag. Allein in Mittelamerika soll Chydrid 40 Froscharten auf dem Gewissen haben. Dabei zeigt der Froschkiller durchaus Geschmack, als Opfer sucht er sich die dünnhäutigsten, biologisch interessantesten Frösche aus, zurück bleiben die anpassungsfähigen, eher langweiligen Generalisten.

durch den Verzehr von Ameisen. Daher verlieren Tiere, die in Gefangenschaft gehalten werden, ihre Giftigkeit. Indianer benutzten das Gift für ihre Pfeile – daher der Name Pfeilgiftfrosch. Bei Menschen kann das Toxin Muskel- und Atemlähmungen hervorrufen und zum Tod führen.

Echsen

An kleine Saurier aus der Urzeit erinnern die vielen verschiedenen Echsenarten in Costa Rica. Die meisten von ihnen können bei Gefahr den Schwanz abwerfen und mit dem abgetrennten, noch wackelnden Körperteil ihren Feind täuschen. Der Schwanz wächst ihnen anschließend wieder nach. Echsenfleisch ist eine Delikatesse in Mittelamerika, außerdem sind die Reptilien begehrte Terrarientiere, die oft illegal ins Ausland geschmuggelt werden.

Der rund zwei Meter große **Grüne Leguan** wirkt mit seinem massigen Kopf, den großen Kehllappen und dem Rückenkamm Furcht einflößend, ist aber für Menschen völlig harmlos. **Helmbasilisken** sieht man häufig im Südwesten Costa Ricas. Dort flitzen sie über die Wasseroberfläche – *Jesus Christ Lizards* werden sie deshalb auf Englisch genannt. Helmbasilis-

ken sind olivbraun, haben einen gelben Bauch und einen Kamm am Hinterkopf, dem sie ihren Namen verdanken.

Krokodile

Die besten Orte, um **Krokodile** oder **Krokodilkaimane** zu beobachten, sind der Río Tárcoles und das Feuchtgebiet Caño Negro. Dort liegen die bis zu 4 m (Kaimane werden lediglich rund 2 m lang) großen Reptilien regungslos am Flussufer und tanken Sonne auf. Augen, Nasenöffnungen und Ohren befinden sich bei Krokodilen erhöht auf der Schädeloberseite, sodass sie im Wasser – vollständig untergetaucht – ihre Umgebung beobachten können. Die Zahl der Krokodile hat in den letzten Jahrzehnten drastisch abgenommen. Lange wurden Krokodile und Kaimane wegen ihres Leders gejagt, heute stehen die Reptilien unter Schutz.

Meeresschildkröten

Fünf verschiedene Arten von Meeresschildkröten (Lederschildkröte, Grüne Meeresschildkröte, Karettschildkröte, Oliv-Bastardschildkröte, Unechte Karettschildkröte) legen in Costa Rica ihre Eier ab (S. 22, Reiseziele). Die Reptilien ver-

78 FLORA UND FAUNA

www.stefan-loose.de/costa-rica

lassen nur zur Nistzeit das Wasser. Besonders eindrucksvoll sind die Landungen der riesigen Baula-Schildkröten (s. Kasten S. 269) und die *Arribadas* der Oliv-Bastardschildkröten, die zu Zigtausenden ihre Eier ablegen.

Meeresschildkröten wurden jahrhundertelang in Mittelamerika wegen ihres Panzers, Fleisches, Öls und ihrer Eier gejagt. Heute stehen die Tiere unter Schutz. Schildkröteneier gelten jedoch nach wie vor als Delikatesse und aphrodisisches Mittel. Um die Nestdieberei zu verhindern, gehen Freiwillige während der Nistzeit an den Stränden auf Patrouille.

Schlangen
S. Kasten S. 80/81.

Insekten

Rund 35 000 Insektenarten summen und stechen in Costa Rica. Blattschneiderameisen kreuzen oft des Wanderers Pfad. Sie tragen Blattstücke in ihre unterirdischen Nester und züchten auf den Blättern Pilze (s. Kasten S. 208). Das größte Insekt auf Erden, der **Herkuleskäfer** *(Dynastes hercules),* erreicht eine beeindruckende Größe von 20 cm. Der Gigant lebt in den Wurzel- und Rindenschichten der Bäume in den Regenwäldern.

Zehn Prozent aller Schmetterlingsarten flattern in Costa Rica. Der **Monarchfalter** hat auffällig rot-braune Flügel mit schwarzen Adern und weißen Punkten. Die Punkte symbolisierten für einige Indianerstämme verstorbene Seelen, die hinauf in die Berge fliegen. Monarchfalter ziehen im Herbst von Nordamerika ins warme Costa Rica und begeben sich im Frühjahr wieder auf die Rückreise. Dabei legen ihre zarten Flügel täglich mehr als 100 km zurück.

Bezaubernd schön, aber sehr schwer zu fotografieren sind die blauen Flügel des **Morpho-Schmetterlings**. Ihr schimmerndes Blau entsteht durch einen optischen Trick: Auf den Flügeln befinden sich unzählige Rillen, die ausschließlich blaues und ultraviolettes Licht reflektieren. Ziel der Männchen ist es, so den Weibchen zu imponieren. Die nehmen die Balz etwas gelassener und kleiden sich in unauffälliges Braun.

Vögel

Über 900 Vogelarten leben in Costa Rica – das sind mehr Arten als in ganz Europa zusammen.

Adler
Die sagenumwobene Königin der Greifvögel, die **Harpyie,** wird nur noch äußerst selten in den abgelegenen Regenwaldregionen Corcovados gesichtet. Mit einer Höchstgeschwindigkeit von bis zu 80 km/h und einer Flügelspannweite von 190 bis 240 cm stürzt sie sich auf Faultiere und Affen und zieht ihre Beute an den Krallen mit sich in die Luft.

Kolibris
Der kleinste Vogel der Welt, der **Kolibri,** ist mit mehr als 50 Arten in Costa Rica vertreten. Atemberaubende rund 80 bis 200 Mal bewegt er seine Flügel pro Sekunde und kann so rückwärts und seitwärts fliegen und in der Luft „stehen". Ohne ein großes Herz, stählerne Flügelmuskulatur und eine leistungsstarke Lunge wäre solche Luftakrobatik nicht möglich. Kolibris füllen ihre Kraftreserven mit Blütennektar und Insekten auf.

Papageien
Unter den insgesamt 16 Papageienarten in Costa Rica ist der **Rote Ara** der schönste und größte (s. Kasten S. 396). Er ist vor allem auf den Mandelbäumen im Corcovado-Nationalpark anzutreffen. Sein **grüner** Namensvetter bevorzugt den Norden, das Schildkrötenland Tortuguero.

Schreivögel
Der **Hämmerling** *(Pájaro campaña)* gehört unverkennbar zur Familie der Schreivögel. Sein metallischer Ruf zählt zu den lautesten im ganzen Vogelreich. Auffällig sind außerdem seine drei bis zu 10 cm langen Kehllappen, die ihm fadenartig vom Schnabel hängen und sich wie elektrisiert aufrichten können.

Schreitvögel
Die nacktköpfigen, aasfressenden **Geier** sind unter Vogelbeobachtern nicht beliebt. Die sagenumwobenen Vögel nehmen jedoch eine wichtige Stellung als Gesundheitspolizei in der Natur ein. Die Geier der „Neuen Welt", also Nord- und

www.stefan-loose.de/costa-rica

FLORA UND FAUNA **79**

Schlangen in Costa Rica

Das kleine Costa Rica beherbergt eine große Vielfalt an Schlangen in allen erdenklichen Farben und Größen. 138 Arten leben hier, darunter die bis zu 3 m lange **Boa** *(Boa constrictor)* oder Abgottschlange – eine der am schönsten gemusterten Schlangen überhaupt. Boas sind dämmerungs- und nachtaktiv. Tagsüber verstecken sie sich in Baumhöhlen oder unter Wurzeln. Mit ihrem muskulösen Körper umschlingen und erwürgen sie ihre Beute und verschlingen sie anschließend in einem Stück. Auch 22 Arten von **Giftschlangen** sind in Costa Rica beheimatet. 16 zählen zu den Vipern oder **Grubenottern** *(Viperidae),* die anderen sechs zur Familie der **Giftnattern** *(Elapidae),* zu denen auch die Korallenschlangen (5 Arten) und die pazifische Seeschlange gehören. Zu den größten Giftschlangen überhaupt zählt der bis zu 3 m lange nachtaktive **Buschmeister**. Angriffslustiger ist die bis zu 1,80 m große **Terciopelo** oder **Gewöhnliche Lanzenotter**, die für die meisten Bissunfälle verantwortlich ist, vor allem in den Bananenplantagen.

Fortpflanzung

Die meisten Schlangen pflanzen sich in den Tropen ganzjährig fort. Sie sind entweder *ovipar,* das heißt, sie legen ihre Eier nach der Befruchtung an einer geschützten Stelle ab (Brutpflege kommt bei Schlangen sehr selten vor), oder wie die Boa und viele Vipernarten *ovovivipar*. Bei ihnen sind die Embryos zum Zeitpunkt der „Geburt" nur durch eine durchsichtige Membran geschützt. Die Jungen schlüpfen während oder nach der Ablage. Dadurch kommt es zu weniger Verlusten der Eier durch Räuber, das Weibchen ist aber während der Tragzeit meist sehr träge und in der Bewegung eingeschränkt. Die Lanzenotter ist ovovivipar und bringt zwischen 15 und 50 Jungtiere zur Welt.

Sinnesorgane

Es lassen sich zwei Jagdstrategien bei Schlangen unterscheiden: Die einen vertrauen auf ihre gute Tarnung und lauern regungslos ihrer Beute auf – zu beobachten etwa bei Vipern (z. B. Buschmeister, Lanzenotter). Andere, wie etwa die meisten Schlanknattern, verfolgen aktiv ihre Beute. Auch das Aufspüren der Beute erfolgt auf unterschiedliche Art und Weise. Der **Geruchssinn** ist für die meisten Schlangen von großer Bedeutung: Ihre Zunge nimmt Geruchspartikel aus der Umgebung auf und leitet diese an das sogenannte Jacobssche Organ im Gaumen weiter. Die Schlange kann damit ein räumliches Bild der Verteilung der Geruchsstoffe wahrnehmen und so die Beute genau orten. Der **Sehsinn** spielt bei den meisten Schlangen eine eher untergeordnete Rolle. Entgegen der landläufigen Meinung können Schlangen durchaus Geräusche wahrnehmen. Sie besitzen zwar keine äußeren Ohren, können aber durch ihr **Innenohr** Vibrationen wahrnehmen und somit Beute präzise orten. Vipern verfügen über ein weiteres hoch entwickeltes Sinnesorgan: In Gruben zwischen Augen und Nasenöffnungen (daher der Name „Grubenottern") befinden sich Infrarotrezeptoren, mit denen sie in der Lage sind, feinste Temperaturunterschiede wahrzunehmen (Schwankung von minimalen 0,003 °C!) und ein dreidimensionales Wärmebild zu erstellen. Boas verfügen an ihren Kiefern ebenfalls über Wärmerezeptoren, diese sind jedoch nicht so hoch entwickelt wie bei den Vipern.

Gift

Vipern töten ihre Beute durch Gift. Sie besitzen lange, röhrenartige Giftzähne, die bei geschlossenem Maul nach hinten geklappt sind, durch das Aufreißen des Mauls aber in eine senkrechte Stellung gedreht werden. Das Gift der Vipern zerstört v. a. Gewebe und Blutzellen der Beute und bewirkt eine Hemmung der Blutgerinnung. Korallenschlangen haben dagegen nur sehr kleine und feststehende Giftzähne, dafür aber ein hochwirksames Nervengift, das zu muskulären Lähmungen führt.

Gefahren für den Menschen

Trotz der relativ großen Zahl an Schlangen in Costa Rica kommt es nur selten zu Bissunfällen. Gefährdet sind vor allem Plantagen- und Feldarbeiter, für Touristen besteht so gut wie gar keine Gefahr. Die meisten bekommen während ihrer Reise nie eine Schlange zu Gesicht, es sei denn sie machen sich mit einem erfahrenen Guide auf die Suche. Bei **Wanderungen** sollte man aber immer festes geschlossenes Schuhwerk tragen und auf den Wegen bleiben. Bevor man sich an einem Baum festhält, abstützt oder gar irgendwo hinsetzt, sollte man überprüfen, ob keine gut getarnte Schlange in der Nähe liegt.

Schlangen greifen Menschen nur an, wenn sie sich bedroht fühlen. In der Gegenwart von Schlangen sollte man sich deshalb nur sehr langsam bewegen bzw. zurückziehen. Der Verteidigungsbiss einer Schlange hat normalerweise weniger Gift als der Betäubungsbiss, Jungtiere können die Giftmenge jedoch weniger gut kontrollieren und beißen auch schneller zu. Bei einer ausgewachsenen Giftschlange kann es sogar zu einem Trockenbiss kommen, d. h. es wird kein Gift übertragen.

Was tun nach einem Schlangenbiss?

Ruhe bewahren und das Körperglied mit dem Biss unter Herzhöhe lagern! Die gebissene Person sollte möglichst getragen werden und so schnell wie möglich zum nächsten Arzt gebracht werden. Nach Vipernbissen darf man die Bissstelle nicht abbinden! Auch ungiftige Schlangen können beißen und bei jedem Tier können durch Bisse Bakterien übertragen werden, die für das menschliche Immunsystem unbekannt und potenziell gefährlich sind. Daher bei Bissen immer einen Arzt aufsuchen!

Barbara Hartung, Biologin, Touren in Tortuguero (S. 418)

Südamerikas, werden Neuweltgeier genannt und sind mit den Störchen verwandt. Daher ordnet man sie der Familie der Schreitvögel und nicht mehr wie früher den Greifvögeln zu.

Trogone

Der auffällig rot-grün gefiederte **Quetzal** zählt zu den Hauptattraktionen vieler Vogelfreunde. Er lebt ausschließlich in den Nebelwäldern Mittelamerikas, z. B. in Monteverde und im Parque Nacional Los Quetzales. In der Brutzeit führt das Quetzal-Männchen spektakuläre Balzflüge auf.

Bei den Azteken wurde der Quetzal als heiliger Vogel verehrt und Priesterschmuck aus seinen prachtvollen langen Schwanzfedern gefertigt. Wer den Quetzal tötete, musste selbst Federn lassen und mit dem eigenen Leben bezahlen.

Tukane

Tukane fallen durch ihre bunten, großen Schnäbel auf, die sich vom übrigen schwarzen Fiederkleid deutlich abheben. Mit diesen Schnäbeln führen sie regelrechte Schwertkämpfe aus, um lästige Artgenossen vom Ast zu vertreiben.

Wasservögel

Die Feuchtgebiete Palo Verde, Caño Negro und Los Guatuzos sind Heimat Tausender Wasservögel: Gelbschnablige, weiß gefiederte **Silberreiher**, exzentrisch pink gefärbte **Rosalöffler** und der weltgrößte Storch **Jabiru** waten hier durch die Marschgebiete auf der Suche nach Fisch. In der Trockenzeit gesellen sich Tausende von Zugvögeln aus Nordamerika hinzu.

An der Meeresküste beeindrucken **Fregattvögel**, **Brauntölpel** und **Pelikane** mit ihren riskanten Sturzflügen ins Wasser. Der Brauntölpel schützt sich dabei vor dem Aufprall mit „Airbags" (Luftsäcken) am Kopf, der Pelikan wiederum streckt beim Eintauchen ins Wasser Beine und Flügel weit zurück, um Knochenbrüche zu vermeiden.

Nationalparks

Laut Ministerio de Ambiente (Umweltministerium) steht rund ein Viertel der Landesfläche von Costa Rica unter Naturschutz. Die insgesamt 166 Schutzgebiete – (darunter 28 Nationalparks, 9 Waldreservate, 71 Tierschutzgebiete und 12 Feuchtgebiete) verteilen sich auf alle zwölf Ökozonen des Landes, vom Trockenwald in Guanacaste über die Mangroven Manzanillos bis hin zur kargen Páramo-Landschaft oben am Cerro Chirripó.

Die Nationalparks werden vom Ministerio de Ambiente y Energia (MINAE) und dem Sistema Nacional de Areas de Conservación (SINAC) verwaltet. Der Parkeintritt kostet fast immer $10 p. P. oder mehr.

Geschichte

Noch bis Ende der 1960er-Jahre zahlte die costa-ricanische Regierung Prämien an Siedler, die abgelegene Regenwaldflächen rodeten und in Ackerland umwandelten. Costa Ricas radikale Wandlung vom Waldraubbau zum Waldschutz ist hauptsächlich nordamerikanischen und europäischen Einwanderern zu verdanken. Bereits Anfang der 1950er-Jahre kaufte Monteverdes nordamerikanische Quäker-Gemeinde Nebelwald auf, um die Waldfläche vor weiterer Rodung zu schützen. Das Quäker-Reservat Reserva Monteverde wurde zum Vorbild für viele weitere Privatinitiativen im In- und Ausland.

1960 warnte der in Costa Rica lebende Skandinavier Olof Wessberg internationale Naturschutzorganisationen: *Only in one spot is there today some of the wildlife that was formerly*

Amigos de los Parques Nacionales

Sie möchten Costa Ricas Nationalparks unterstützen, wissen aber nicht wie? Mit einer Mitgliedschaft beim Verein Amigos de los Parques einem Gemeinschaftsprojekt der costa-ricanischen Nichtregierungsorganisationen **Proparques**, 🖥 www.proparques.org, **Fundecor**, 🖥 www.fundecor.org, und der staatlichen Umweltbehörde **SINAC**, 🖥 www.sinac.go.cr, können Naturfreunde Costa Ricas Naturschutzgebiete finanziell fördern. Zehn Nationalparks gehören dem Verein an. Die Bankverbindungen sind auf der Website von Proparques einsehbar.

Spiel von Licht und Farben im Blätterdach des Regenwalds

everywhere in the northwest ...... Here are the puma and manigordo, deer, peccary, tepiscuintle, pizote, kinkajou, chulumuco, kongo, carablanca, and miriki. The jaguar atapir are already extinct ...... Two years more and the mountain will be dead. Who is going to save it?

Die Antwort auf diese Frage war: Wessberg selbst. Er schaffte es, mit Hilfe von internationalen Naturschutzorganisationen die costa-ricanische Regierung von der Notwendigkeit der Gründung eines Nationalparksystems zu überzeugen. Welche Interessenskonflikte zwischen Umweltschützern und Holzindustrie – damals wie heute – bestehen, macht die Ermordung Wessbergs während der Gründung des Nationalparks Corcovados deutlich.

Weitere wichtige Naturschützer der ersten Stunde waren die amerikanischen Biologen **Archie Carr**, der sich jahrzehntelang für die Gründung eines Nationalparks und den Schutz der Schildkröten in Tortuguero einsetzte, und **Leslie Holdrige**, der Gründer des weltbekannten Tropeninstituts La Selva in Sarapiquí, das nach wie vor nachhaltige Landwirtschaft lehrt.

Das gefährdete Paradies

Costa Rica, das Ökoparadies, das auf den ersten Blick wie eine üppige, robuste grüne Oase erscheint, ist in Wirklichkeit ein fragiles Ökosystem, das zusammen mit seinen Bewohnern ums Überleben kämpft. Das auf den ersten Blick beeindruckende Nationalparksystem – ein Vorbild für viele andere Länder – ist von Korruption, Missmanagement und Geldmangel durchzogen: Nur ein geringer Prozentanteil der Parkeinnahmen wird zurück in die Schutzgebiete investiert; der Löwenanteil wandert in eine zentrale Regierungskasse.

Bestes Beispiel für die Finanzmisere ist der **Parque Nacional Manuel Antonio**, mit jährlich rund 160 000 Besuchern einer der meistbesuchten Nationalparks des Landes. Pro Tourist werden $16 Eintritt verlangt. Dem Park aber fehlt das Geld für viele wichtige Instandsetzungen. Anderen Naturparks im Land fehlen die notwendigen Mittel zur Feuerprävention, und fast alle haben kein Geld für Parkwächter, die die Schutzgebiete gegen Abholzung und Wilddieberei schützen sollen.

Die finanzielle Krise der Nationalparks ist bereits so schlimm, dass viele Naturschützer sich gegen die Gründung weiterer Schutzgebiete aussprechen. Denn was helfen Naturschutzgebiete auf Papier, wenn in der Praxis Abholzung und Wilddieberei unverändert fortschreiten? Der costa-ricanische Biologe **Mario Boza**, einer der Mitbegründer des heutigen Nationalparksystems, fordert deshalb radikale Reformen in der Nationalparkverwaltung. Laut Boza haben die geschützten Wälder nur dann eine Überlebenschance, wenn die Nationalparks als private Unternehmen geführt werden.

Anders denken für die Umwelt

Welches Land ist das glücklichste der Welt? Der englische Öko-Thinktank The New Economics Foundation (nef), 🖥 www.neweconomics.org, untersuchte Daten der Vereinten Nationen zu insgesamt 140 Ländern. Das Ergebnis: Drei lateinamerikanische Länder führen die Glücks-Tabelle an und an der Spitze steht Costa Rica! Deutschland landete auf Platz 49, die USA weit abgeschlagen auf Platz 108, das Schlusslicht bildeten afrikanische Staaten.

Bei ihrer Studie gingen die NEF-Ökonomen revolutionär vor. Statt wie unter Wachstumsökonomen üblich, Lebensqualität am Indikator Bruttosozialprodukt festzumachen, führten sie als neues Maß den Happy Planet Index (HPI) ein. Der HPI soll messbare und vergleichbare Kriterien geben für ein gutes, erfülltes, langes und – hier liegt der ganz entscheidende Punkt – nachhaltiges Leben! So waren laut Happy Planet Index schnell wachsende Wirtschaftsmächte wie Indien, China und die USA vor 20 Jahren glücklicher und grüner als heute. Tabellensieger Costa Rica zeigt wie man's besser macht: Mit nur einem Viertel des ökologischen Fußabdrucks eines US-Amerikaners, erreichen die Ticos nach Kanada die höchste Lebenserwartung in ganz Nord- und Lateinamerika! Lebe hoch, Costa Rica!

Bevölkerung

Einwohner: 5 Mio.

Bevölkerungswachstum: 1,03 %

Lebenserwartung: Männer 75,9 Jahre; Frauen 81,4 Jahre

Säuglingssterblichkeit: 8 pro 1000

Alphabetisierungsrate: Frauen 97,8 %; Männer 97,7 %

Bevölkerung unter der Armutsgrenze: 21,7 %

Auswärtige Besucher sind oftmals erstaunt darüber, wie hellhäutig die meisten Bewohner Costa-Ricas sind. Doch immerhin stammen 95 % der Bevölkerung des Landes von europäischen Einwanderern ab, darunter auch von deutschen. Blonde und blauäugige *Ticos* (die liebevolle Kurzform für „Costa Ricaner") sind daher absolut kein ungewöhnlicher Anblick. Die dunkelhäutigen Ureinwohner machen heute nur noch 1,6 % der Bevölkerung aus (s. S. 87, Geschichte).

Das kleine Land Costa Rica ist seit jeher ein Einwanderungsland: Mitte des 19. Jhs. wanderten in erster Linie Chinesen, Italiener und Jamaikaner ein (s. u.). Deutsche kamen Ende des 19. Jhs. nach Costa Rica und stiegen in die Kaffeearistokratie auf. US-amerikanische Quäker ließen sich Mitte des 20. Jhs. in Monteverde nieder, um dem Militärdienst im eigenen Land zu entkommen. In den 1960er- und 1970er-Jahren strömten vor allem Chilenen, Nicaraguaner, Kolumbianer und El Salvadorianer auf der Flucht vor den Diktaturen und blutigen Bürgerkriegen in ihren Heimatländern nach Costa Rica.

Heute ist das kleine Tropenland das beliebte Ziel von Tausenden Touristen sowie europäischen und nordamerikanischen Expats, die hier Land ersteigern und sich niederlassen (s. auch Kasten S. 334). Die Hälfte der rund 5 Millionen Costa Ricaner lebt heute im fruchtbaren Valle Central (Zentraltal). Dort finden sich die gut bezahlten Arbeitsplätze, die besten Ausbildungschancen und die beste Gesundheitsversorgung im Land.

Afro-Costaricaner und Chinesen

Afro-Costaricaner und Chinesen machen 4 % der Gesamtbevölkerung Costa Ricas aus. Die ersten Einwanderer afrikanischer Herkunft trafen bereits im 16. Jh. aus Nicaragua ein. Sie ließen sich in Tortuguero und Talamanca (Karibikküste) nieder, lebten dort vom Schildkrötenfang und vermischten sich mit den Bribrí-Indianern. Mitte des 19. Jhs. kamen Jamaikaner und Chinesen ins Land, um die Eisenbahntrasse von San José an die Karibikküste zu legen und später auf den Bananenplantagen der United Fruit Company zu arbeiten. Bis Mitte des 20. Jhs. war es Afro-Costaricanern verboten, ins Valle Central zu reisen. Erst mit der neuen Verfassung von 1949 erhielten sie die volle Staatsbürgerschaft und das Wahlrecht. Noch heute lebt die afro-costaricanische Bevölkerung vorwiegend in der Provinz Limón (S. 413), wo sie ihre protestantische Religion und ihren englischen Dialekt Patois bewahrt hat.

Frauen

Wie in ganz Lateinamerika ist der Machismo auch in Costa Rica weitverbreitet. Ironischerweise sind es jedoch oft die Frauen selbst, die sich ihre eigenen Söhne zu kleinen Machos heranziehen. Besonders auf dem Land halten nur wenige Frauen dem gesellschaftlichen Druck stand und brechen aus traditionellen gesellschaftlichen Rollenklischees aus. Erst 1949 wurde Costa Ricanerinnen mit der neuen Verfassung das Wahlrecht und somit politische Mitbestimmung zugesprochen.

Die 1980er- und 1990er-Jahre brachten weitere wichtige Gleichstellungsreformen und ebneten Costa Ricanerinnen den Weg in die Arbeitswelt und Politik. An Costa Ricas wichtigster Universität, der Universidad de Costa Rica, wurde eine Fakultät für Frauenstudien (Investigación en Estudios de la Mujer) eröffnet. Das Proyecto de Ley sobre la Igualdad de la Mujer spricht Frauen u. a. gesetzlichen Schutz bei Gewaltdelikten zu.

1994 kandidierte **Margarita Penon** als erste Costa Ricanerin um das Präsidentenamt. 1989 wurde zudem das Instituto Nacional de las Mujeres eröffnet und damit der Posten einer Frauenministerin (Ministra de la Condición de la Mujer) geschaffen. 2010 bekam Costa Rica mit **Laura Chinchilla** zum ersten Mal in seiner Geschichte eine Frau als Präsidentin. Chinchilla besetzte ihr halbes Kabinett mit Politikerinnen. Ein Schwerpunkt ihrer Regierung lag auf der Verteidigung wirtschaftlicher Rechte von Frauen. Denn trotz aller Erfolge in der Gleichberechtigung verdienen Costa Ricanerinnen für die gleiche Arbeit nur einen Teil des Gehalts eines Mannes.

Laut der Tageszeitung *Nación* vergrößerte sich die Gehaltsschere zwischen den Geschlechtern im letzten Jahrzehnt um 75 %, am schlimmsten betroffen sind selbstständig arbeitende Frauen, sie verdienen im Durchschnitt nur die Hälfte vom Gehalt eines selbständig arbeitenden Mannes.

Indianer

Acht Indianerstämme haben in Costa Rica überlebt. Seit 1977 leben sie auf insgesamt 22 Reservate verteilt. Die Mehrheit der costa-ricanischen Indianer spricht heute Spanisch, ist katholisch und trägt moderne Kleidung. Lediglich die Guaymí-, Bribrí- und Cabécar-Indianer halten an ihren Traditionen und ihrer Sprache fest. Im Boruca-Reservat (S. 375) wird heute in der Schule wieder die alte Stammessprache unterrichtet, die die Elterngeneration niemals lernte.

Die Indianerreservate zählen zu den ärmsten und am meisten vernachlässigten Regionen in Costa Rica. Das oft minderwertige Land gehört weiterhin dem Staat oder ist im Besitz von Privatpersonen. Die Reservate sind daher immer wieder durch Minen-, Abholzungs- oder Staudammprojekte gefährdet. Seit den 1980er-Jahren nehmen Costa Ricas Ureinwohner verstärkt ihr Schicksal in die eigene Hand. Nichtregierungsorganisationen wurden gegründet und Landrechte eingeklagt. Ein wichtiger Schritt in Talamanca war die Eröffnung einer Bank speziell für die indianische Bevölkerung. Denn „normale" Banken genehmigten Indianern nur äußerst selten Kredite.

Erst 1992 erhielten Costa Ricas Ureinwohner die volle Staatsbürgerschaft – und zwei Jahre später das Wahlrecht. 2007 trat zum ersten Mal in der Geschichte Costa Ricas eine Gruppe von Ureinwohnern der costa-ricanischen Polizei bei. Immer mehr Reservate öffnen sich heute dem Tourismus und bieten Touren und Übernachtung an (S. 22, Reiseziele).

Nicaraguaner und Kolumbianer

Nicaraguaner und Kolumbianer haben einen schweren Stand in Costa Rica. Offiziell leben rund 250 000 Nicaraguaner im Land, die Dunkelziffer liegt weitaus höher. Nicaraguaner fallen schnell durch ihre dunklere Hautfarbe auf und werden – wie Kolumbianer auch – oft zum Sündenbock für die ansteigende Kriminalität gemacht.

Ähnlich wie die mexikanischen Wanderarbeiter in den USA, wandern Nicaraguaner häufig illegal ins reichere Costa Rica aus und verdingen sich dort als Tagelöhner und Pflücker auf den großen Obst- und Kaffeeplantagen – eine Arbeit, für die sich Costa Ricaner heute oft zu schade sind.

Nordamerikaner und Europäer

Seit Anfang der 1980er-Jahre wandern verstärkt Nordamerikaner und Europäer nach Costa Rica ein und lassen sich vorwiegend an der Pazifikküste nieder (s. Kasten S. 334). Der US-amerikanische Einfluss im kleinen Costa Rica macht sich mtlerweile stark bemerkbar. Supermarkt- und Fastfood-Restaurantketten sprießen wie Pilze aus dem Boden, protestantische Gemeinden haben Zulauf und besonders in den Touristenzentren wird heute Englisch statt Spanisch gesprochen.

Geschichte

Costa Rica sticht heraus aus den übrigen mittelamerikanischen Nationen. Als einziger Staat in Mittelamerika schaffte es das kleine Tropenland, den Kreislauf von Militärdiktaturen und Bürgerkriegen zu durchbrechen. Mit lediglich zwei Exportprodukten – Bananen und Kaffee – einem florierenden natur- und menschenfreundlichem Tourismus und einer stabilen Demokratie, ohne Militär, entwickelte es sich zur „Schweiz Mittelamerikas"; dem Land mit dem höchsten Lebensstandard und dem besten Bildungs- und Sozialsystem auf dem zentralamerikanischen Isthmus.

Schmelztiegel der Kulturen

Bereits um 40 000 v. Chr. wanderten Jäger und Sammler aus Asien über die Beringstraße (eine Landbrücke, die Asien mit Amerika verband) nach Nordamerika. Das Gebiet des heutigen Costa Rica wurde gegen 12 000–8000 v. Chr. besiedelt. Mittelamerika wurde zum Schmelztiegel von Anden- und mesoamerikanischer Kultur. Die verschiedenen kulturellen Einflüsse sind am Schmuck, in der Landwirtschaft oder am Häuserbau sichtbar. Der Jadeschmuck der Maya aus dem Norden wurde später von den Chibchas aus dem Süden durch Gold und Metall ersetzt.

An der Karibikküste, die unter südamerikanischem Einfluss stand (Panama, Ecuador, Kolumbien) wurden Yucca und Süßkartoffeln angebaut. Die Menschen dort lebten in Stammesverbänden in großen, meist rechteckigen Pfahlbauten, sogenannten Palenques, mit Platz für bis zu mehreren Hundert Personen. Die Nordpazifikregion dagegen stand unter dem Einfluss des Nordens (Mexiko). In der Landwirtschaft dominierten hier Mais und Bohnen, und die Häuser hatten eine elliptische Form.

Mit Beginn der Sesshaftigkeit entstanden sogenannte **Cacicazgos** (Herrschaftsgebiete) und eine strikte Gesellschaftshierarchie. An der Stammesspitze standen ein Cacique (Häuptling) und ein Schamane (Priester) als Repräsentanten des militärischen und geistlichen Adels (ihre Ämter wurden durch Erbfolge übertragen), gefolgt von den Arbeitern und Sklaven. Die verschiedenen Cacicazgos lagen untereinander in fortdauerndem Kriegszustand. Durch Kriege wurde das Territorium vergrößert, Zugang zu neuen Handelswegen geschaffen, Sklaven, Frauen und Nahrung erbeutet. Typische Kriegstaktiken waren Überraschungsüberfälle, Plünderungen und das Abbrennen von Feldern. Als Waffen dienten Speer, Bogen und Steine. Trotz Kriegen war zu Beginn der Conquista keiner der rund 27 verschiedenen Stämme innerhalb der Grenzen des heutigen Costa Rica dem anderen überlegen. Es gab jedoch eine Lingua franca, nämlich die Sprache der Huetares-Indianer, die im Valle Central lebten.

Indigene Religion

Die Indigenen waren Anhänger des animistischen Glaubens, d. h. Menschen, Tiere und die Natur waren für sie beseelt. Die Verbindung zwischen dem Übernatürlichen und dem Irdi-

LAND UND LEUTE

ZEITLEISTE	12 000–8000 v. Chr.	800–1500 v. Chr.
	Jäger und Sammler kommen über die Behringstraße von Asien nach Amerika. Besiedlung von Costa Rica.	Entstehung von Cacicazgos und Stammeshierarchien

www.stefan-loose.de/costa-rica

schen stellte der **Schamane** dar. Er war nicht nur wichtigster Ratgeber des Cacique, sondern gleichzeitig auch Medizinmann und Priester. In Trance konnte er Kontakt mit der Geisterwelt aufnehmen, Krankheiten heilen, Tote ins Jenseits begleiten, böse Geister abwehren und die Zukunft vorhersagen. Der Tod stellte für die Indianer nicht das Ende dar, er war lediglich ein Übergang von einer Existenz in eine andere. Bedeutenden Stammesmitgliedern wurden deshalb Wertgegenstände, Nahrung oder Sklaven mit ins Grab gegeben, die ihnen auf der Reise ins Jenseits und im Leben nach dem Tode von Nutzen sein sollten.

Wenig ist in Costa Rica aus der präkolumbischen Zeit erhalten geblieben. Zum einen wurde viel durch Erdbeben und Kolonisation zerstört. Zum anderen wurden in Costa Rica niemals große Tempel oder Pyramiden wie in Guatemala oder Honduras gebaut. Die beeindruckendsten Relikte präkolumbischer Kultur außerhalb von Museumsmauern findet man heute in Guayabo bei Turrialba (S. 17) oder in der Region von Palmar (s. Kasten S. 379).

Wo steckt das Gold?

1502 landete **Christoph Kolumbus** auf der Isla Uvita in der Nähe des heutigen Puerto Limón (Atlantikküste). Er vermutete dort große Goldvorkommen und nannte das Land deshalb Costa Rica (reiche Küste). In den 1520er-Jahren trafen die ersten Konquistadoren ein, in der Hoffnung hier zu schnellem Reichtum zu gelangen. Im Jahr 1522 wurde an der Pazifikküste die erste Siedlung errichtet, die die Spanier aufgrund heftiger Indianerangriffe jedoch bereits nach kurzer Zeit wieder verließen.

Auch die Siedlungsversuche am Atlantik – im Jahr 1535 entstehen hier Marbella, Villa de Concepción und Badajoz – sind zum Scheitern verurteilt. Die Spanier stoßen am Atlantik auf noch stärkeren Indianerwiderstand als am Pazifik – und auch noch auf Piraten. Das Schema wiederholt sich im Landesinneren, wo **Juan de Cavallón** 1561 im Valle Central die Siedlung Garcimuñoz gründet. Wieder zwangen heftige Indianerattacken die erfolglosen Eroberer zur Flucht. Erst 1563 schaffte es **Juan Vázquez de Coronado**, in Cartago eine permanente Kolonialsiedlung zu errichten. Im Gegensatz zu seinen Vorgängern wusste er die Indianerstämme geschickt gegeneinander auszuspielen. Cartago, umgeben von Bergen, weit weg von den Weltmeeren und bedeutenden Handelsrouten, wurde zur Hauptstadt der spanischen Kolonie.

Mit der Ankunft der Spanier ging die Zahl der indigenen Bevölkerung dramatisch zurück. Waren es 1569 noch 120 000 Eingeborene, lebten im Jahr 1611 lediglich noch 10 000 Ureinwohner in Costa Rica. Den Indianern fehlten die Abwehrkräfte gegen die aus Europa eingeschleppten Epidemien wie Typhus, Masern, Pocken und Grippe. Ein Teil von ihnen wurde versklavt und an Goldminen in Peru, Panama, auf die Antillen und an den Golf von Honduras verschifft. Seit 1569 teilte die spanische Krone den neuen Siedlern als Belohnung Land und die dort lebenden Eingeborenen zu. Als „Dank" für ihre Christianisierung und Zivilisierung mussten die Indianer den **Encomenderos** (S. 454, Glossar) unentgeltlich als Arbeitskraft dienen und obendrein noch Abgaben zahlen.

1502	1510–70	um 1550
„Entdeckung" Costa Ricas: Kolumbus landet auf der Isla Uvita bei Puerto Limón; er vermutet große Goldvorkommen und nennt das Land Costa Rica – reiche Küste.	Unterwerfung und dramatischer Rückgang der indigenen Bevölkerung	Costa Rica wird Teil der Audiencia de Guatemala und politisch von Guatemala aus regiert.

Spuren der reichen präkolumbischen Kultur Costa Ricas sind im Nationalmonument Guayabo zu sehen.

Durch die gewaltsame Kolonisation wurden bedeutende, über Jahrhunderte gewachsene Handelswege zu den Nachbarländern zerstört, Clanstrukturen aufgelöst und einst wirtschaftlich autarke Stämme in ein versklavtes Volk verwandelt. Viele Indianer flohen in das abgeschiedene Talamanca-Gebirge und organisierten von dort immer wieder Rebellionen (s. Kasten S. 169). Hier entbrannte 1709 auch der letzte große Indianeraufstand unter dem Häuptling **Pablo Presbere**. Presbere wurde jedoch ein Jahr später in Cartago enthauptet; sein Kopf wurde zur Abschreckung in der Hauptstadt aufgespießt.

Die Indianer rafften die eingeschleppten Krankheiten dahin, den Spaniern gingen deshalb die Arbeitskräfte aus. Verstärkt begannen sie nun *Indios bravos* („wilde Indianer") aus dem Talamanca-Gebirge heranzuholen und afrikanische Sklaven zu importieren. Der schnelle Reichtum, zu dem ihre Landsleute in anderen Kolonien gekommen waren, blieb bei den Konquistadoren in Costa Rica aus. Das Gold entpuppte sich als ein Mythos, und der Mangel an Arbeitskräften zwang die Spanier, selbst Subsistenzwirtschaft zu betreiben. Der für Lateinamerika typische Dualismus zwischen Großgrundbesitzern und Kleinbauern blieb des-

1564	1709/10	1821
Gründung von Costa Ricas erster Hauptstadt Cartago	Letzter großer Aufstand der Talamanca-Indianer; Enthauptung des Häuptlings Pablo Presbere in Cartago	Unabhängigkeit Mittelamerikas von Spanien

halb in Costa Rica weitgehend aus. Die führende Kaufmannsschicht unterschied sich kaum in Glauben und Herkunft von den Bauern spanischen Ursprungs im Valle Central. Diese Situation ebnete Costa Rica den Weg zu einer relativ frühen Demokratisierung.

Das Valle Central mit den Städten Heredia (1706), San José (1736) und Alajuela (1782) wurde im Laufe des 18. Jhs. zur wirtschaftlich wichtigsten Region im Land und San José zur größten Stadt. In den Städten siedelte sich die führende Kaufmannsschicht an, die die militärische und politische Macht innehatte. Costa Rica, das seit 1570 von Guatemala aus politisch und militärisch gelenkt wurde und noch nicht einmal einen eigenen Bischofssitz hatte, war in seinen Anfängen eine arme, provinzielle Kolonie, die weitestgehend sich selbst überlassen war.

Der Kaffeeboom

Im Gegensatz zu den südamerikanischen Staaten erlangte Costa Rica seine Unabhängigkeit 1821 ohne Kampf und Blutvergießen. Costa Rica stand vor der Wahl: Sollte es sich wie Nicaragua dem mexikanischen Kaiserreich Agustín Iturbides anschließen? Das konservative Lager in Heredia und Cartago war dafür. Oder besser die frisch erworbene Unabhängigkeit bewahren? Dafür plädierten die Liberalen in San José und Alajuela.

Ein Bürgerkrieg brach aus. Die Liberalen siegten, Costa Rica wurde eine Republik und trat 1823 der Confederación de Centroamérica bei, einem losen Staatenbund der mittelamerikanischen Nationen. **Juan Mora Fernández** (1824–1833) wurde der erste Präsident der Republik, der seit 1824 – nach einem Volksentscheid – auch das ehemals nicaraguanische Guanacaste angehörte. Die Rivalität zwischen den Städten San José, Alajuela, Heredia und Cartago jedoch hielt an.

Im Jahr 1835 kam es zwischen diesen Städten zum Guerra de la Liga, den Präsident **Braulio Carrillo Colina** (1838–1842) für San José entschied. San José übernahm daraufhin als Hauptstadt die Führungsrolle im Land. Carrillo stieg 1838 aus der Zentralamerikanischen Föderation aus und ernannte sich drei Jahre später zum lebenslangen Diktator. 1842 vertrieb der ehemalige Präsident der Confederación de Centroamérica, **Francisco Morazán Quesada** (1842), den Despoten Carrillo aus Costa Rica und übernahm selbst das Präsidentenamt. Als der gebürtige Honduraner jedoch Steuern für den Aufbau des costa-ricanischen Heeres einführte und die Zentralamerikanische Föderation wiederaufleben lassen wollte, wurde er im Parque Central von San José exekutiert.

In den 1830er-Jahren stieß Costa Rica endlich auf sein lang ersehntes Gold: **Kaffee**. Esel, Leder, Tabak und Kakaobohnen hatte man bisher mehr oder weniger erfolgreich u. a. in die übrigen Länder Mittelamerikas exportiert. Mit der goldenen Bohne aber, die im fruchtbaren Valle Central so gut gedieh, erstürmte Costa Rica den Weltmarkt.

Der Kaffee verwandelte die arme Kolonie in das reichste Land der Region. Ein Kaffeeboom ergriff das Land: **Muckefuck**, das neue Modegetränk in Europa, wurde zum Katalysator für die soziale und wirtschaftliche Entwicklung Costa Ricas. Die Regierung verteilte kostenlos Setzlinge an Bauern. Kaffeeterrassen entstanden

1823	1824	1838
„Schlacht von Ochomogo"; San José löst Cartago als Hauptstadt ab.	Costa Rica tritt der Zentralamerikanischen Föderation bei. Nach einer Volksabstimmung wird das Gebiet des heutigen Guanacaste von Costa Rica annektiert.	Costa Rica tritt aus der Zentralamerikanischen Föderation aus.

nun auch in Turrialba, San Carlos und am Pazifik. Durch die starken Handelsbeziehungen mit Europa kamen europäische Mode, Literatur und Architektur ins Land. Neue Straßen entstanden, San José verwandelte sich von einem Dorf in eine Stadt. Viele Deutsche wanderten Ende des 19. Jhs. nach Costa Rica aus und stiegen in die Kaffeearistokratie auf.

Costa Ricas von Subsistenzanbau geprägte Landwirtschaft verwandelte sich zunehmend in einen Agrarkapitalismus. Das Rückgrat dafür bildete nach wie vor die Familienfarm. Denn im Gegensatz zu anderen Ländern wurde Kaffee nicht auf großen Haciendas angebaut, sondern auf der kleinen Chacarita. Die kleinen Kaffeeplantagen gehörten überwiegend den Bauern selbst. Das Vertriebs- und Finanzwesen jedoch, und die Beneficios (Verarbeitungsanlagen) waren im Besitz der neuen Kaffeearistokratie, die sich aus der Kaufmannschicht des 18. Jhs. herausgebildet hatte.

Mitte des 19. Jhs. übernahm sie auch die Regierung. Mit **Juan Rafael Mora Porras** (1849–1859) wählte sich die Kaffeeelite einen Kaffeebaron zum Präsidenten.

William Walker

Der Aufschwung im Land wurde im Jahr 1856 empfindlich gebremst. William Walker (s. Kasten S. 244) fiel von Nicaragua her in Costa Rica mit dem Ziel ein, ganz Mittelamerika unter eine weiße, angelsächsische Herrschaft zu bringen und die Sklaverei wieder einzuführen. Mora stellte ein Freiwilligenheer von 9000 Campesinos und Arbeitern auf und besiegte im Bündnis mit den übrigen mittelamerikanischen Staaten den Eindringling in zwei Schlachten: der Schlacht von Santa Rosa (Guanacaste) und der Schlacht bei Rivas (Nicaragua).

Walker wurde zurück in sein Heimatland verschifft, die costa-ricanischen Soldaten aber raffte anschließend eine Cholera-Epidemie dahin, die ein Zehntel der Bevölkerung das Leben kostete. Der Krieg hatte dem Kaffeehandel das Geld und die Arbeitskräfte geraubt. Drei Jahre lang brauchte Costa Rica, um sich von Walker wieder zu erholen.

Die aufgeklärte Diktatur

Mit dem Kaffeehandel gelangten liberale und (den Strömungen der Zeit entsprechend) aufklärerische Gedanken aus Europa nach Costa Rica. Von ihnen beeinflusst, beendete Präsident **Tomás Guardia Gutiérrez** (1876–1882) Ende des 19. Jhs. die Herrschaft der Kaffeebarone und führte gemeinsam mit seinen Nachfolgern **Próspero Fernández Oreamuno** (1882–1885) und **Bernardo Soto y Alfaro** (1885–1889) auf diktatorischem Wege Reformen durch.

Zwischen der liberalen, von modernem europäischem Gedankengut geprägten Bourgeoisie und der Landbevölkerung, die an Katholizismus und altväterlichen Traditionen festhielt, klaffte eine große Lücke. Folglich waren nicht alle Schichten der Bevölkerung mit den Reformen einverstanden, die vorsahen, dass ganz Costa Rica in einen modernen, kapitalistischen und säkularisierten Staat umgewandelt werden sollte. Um dies zu erreichen, wurden die allgemeine Schulpflicht eingeführt und Werte wie

1838–42	1842	1856–57
Diktatur Braulio Carrillos; Beginn des Kaffeebooms	José Francisco Morazán setzt Braulio Carrillo als Präsident ab und übernimmt selbst das Amt.	Sieg über William Walkers Truppen; Cholera-Epidemie in Costa Rica

Wissenschaft, Hygiene und Patriotismus vermittelt. Auch Priester mussten nun Steuern zahlen. Scheidungen und standesamtliche Trauungen wurden zugelassen und der Religionsunterricht aus den Schulen verbannt.

Die katholische Kirche sah sich zunehmend ihrer Macht beraubt, und die Landbevölkerung verlor durch die Einführung der Schulpflicht die wichtige, bis dato selbstverständliche Arbeitskraft der Kinder. Die Unzufriedenheit mit den Liberalen entlud sich, als Präsident Soto durch einen Wahlbetrug 1889 erneut an die Macht kam. Angestachelt von der Kirche, ergriff das Volk schließlich die Waffen und umzingelte die Hauptstadt San José. Costa Rica stand zu diesem Zeitpunkt kurz vor einem Bürgerkrieg. Präsident Soto jedoch trat zurück und überließ das Amt dem konservativen, von der katholischen Kirche gestützten **José Joaquín Rodríguez Zeledón** (1890–1894).

Bananen

Kaffee ebnete den Weg für Costa Ricas zweiten Exportschlager: Bananen. Die alte Exportroute, von Puntarenas um den südamerikanischen Kontinent herum nach Europa, war zu lang. Eine neue Eisenbahnstrecke sollte nun die Anbaugebiete im Valle Central mit dem Karibikhafen in Puerto Limón verbinden. Der New Yorker **Minor Keith** übernahm 1871 die Leitung des Mammutprojekts. Chinesen, Italiener und ehemalige Gefangene aus den USA wurden als Schienenleger unter Vertrag genommen. Nachdem Tausende von ihnen an Malaria und Gelbfieber umgekommen waren, holte Keith jamaikanische Arbeiter ins Land, in der Hoffnung, dass sie immun gegen die tropischen Krankheiten wären. Costa Ricas Regierung ging bald das Geld aus. Statt mit Geld wurde Keith nun mit Land ausgezahlt, außerdem gewährte man ihm die steuerfreie Nutzung des Hafen in Limón und der Eisenbahn. Auf diese Weise begann Costa Ricas wirtschaftliche Abhängigkeit von den USA.

Noch während des Eisenbahnbaus machte Keith ein Experiment und baute entlang der Gleise Bananen an. Die gelben Früchte fanden reißenden Absatz in den USA. 1890 stand die Eisenbahntrasse, Keith gründete daraufhin 1899 die **United Fruit Company**, die zum Monopol der Bananenindustrie und zum größten Arbeitgeber Mittelamerikas aufstieg und Keith zu einem der einflussreichsten Männer in Mittelamerika machte. United Fruit hatte wirtschaftlich, politisch und ökologisch großen Einfluss auf Costa Rica. Der Konzern rodete großflächig Urwald ab, und wenn der Boden durch die Monokultur ausgelaugt und für neue Plantagen ruiniert war, verließ das Unternehmen die Region.

1930 zog sich United Fruit aus der Atlantikregion zurück und 1984 von der Pazifikküste, beide Male blieben sozial und ökologisch desolate Regionen zurück. Menschenunwürdige Arbeitsverhältnisse, blutige Streikniederschlagungen, Landenteignungen und Vertreibung der indigenen Bevölkerung waren von der Regierung hingenommen und unterstützt worden, denn der Zweck heiligte die Mittel: Schließlich übertrafen Bananen zu Beginn des 20. Jhs. die Exportzahlen des Kaffeeexports.

Unter dem Einfluss der russischen Revolution bildete sich Anfang des 20. Jhs. auch in Costa Rica eine **Arbeiterbewegung**. Durch die Einfüh-

ab 1878	1886–89	1934
Bau der Eisenbahnstrecke von San José nach Puerto Limón. Minor Keith baut in Costa Rica die ersten Bananen an.	Liberale Reformen und Wahlbetrug Präsident Bernardo Sotos führen zum Volksaufstand; der konservative Joaquín Rodríguez übernimmt das Präsidentenamt.	Großer Bananenstreik auf den Plantagen der United Fruit Company

rung des direkten (1913) und geheimen Wahlrechts (1925) machte Costa Rica entscheidende Schritte auf dem Weg zur Demokratie; Bauern und Arbeiter hatten nun ein politisches Mitspracherecht.

Waffen zu Pflugscharen

Bis in die 1930er-Jahre wurde Costa Ricas Politik vom liberalen Fortschrittsglauben geleitet. Das heißt, es wurde davon ausgegangen, dass – wenn man dem Handel freie Hand gewährte – sich zwangsläufig bald Wohlstand für alle einstellen müsste. Diese Auffassung änderte sich schlagartig mit dem Börsensturz von 1929, dem Abzug der United Fruit Company aus der Talamanca-Region und dem Beginn des Zweiten Weltkriegs, durch den Costa Rica 50 % seines Marktes in Europa verlor. Von da an griff die Politik verstärkt in die Wirtschaft ein. Zum Ärgernis der Kaffeearistokratie brachte der Republikaner **Rafael Ángel Calderón Guardia** (1940–1944) soziale Reformen in Gang. Gewerkschaftsrechte und Minimallöhne wurden in die Verfassung aufgenommen und eine Sozialversicherung eingeführt.

Calderón hatte mit seiner arbeiter- und armenfreundlichen Politik die Kirche hinter sich, verspielte sich jedoch die Gunst der *Cafetaleros* (Kaffeebarone). Diese waren gegen seinen Reformkurs und gegen die Kriegserklärung an Deutschland, durch die Costa Rica immerhin die Hälfte seines europäischen Marktes verlor. Costa Rica nahm zwar nicht aktiv am Kriegsgeschehen teil, aber der Grundbesitz deutscher Einwanderer wurde konfisziert und viele Deutsche kamen in Internierungslager. Um an der Macht zu bleiben, ging Calderón eine ungewöhnliche Koalition mit der kommunistischen Partei ein. Als 1948 Calderóns Opposition mit Otilio Ulate Blanco als Präsidenten gewählt wurde, erklärte der von Calderón-Anhängern dominierte Kongress die Wahlen für ungültig.

José Figueres Ferrer (1948–1949; 1953–1958), ein starker Gegner Calderóns, der wegen seiner offenen, heftigen Kritik bereits im Exil war, begann daraufhin einen fünf Wochen langen, blutigen Bürgerkrieg, in dem rund 2000 Costa Ricaner ihr Leben verloren und aus dem Figueres als Sieger hervorging. Figueres wollte einen Bruch mit der politischen Vergangenheit. Weg von sozialen Eliten – hin zum modernen Sozialstaat. 18 Monate lang regierte er das Land mit einer Übergangsjunta. Er entließ Calderón-Anhänger, schickte sie ins Exil und verbot die Kommunistische Partei. Banken, die zuvor in der Hand der Kaffeeoligarchie gewesen waren, wurden verstaatlicht, das Wahlrecht für Frauen und Schwarze wurde eingeführt und – zur Überwachung künftiger Wahlen – ein unabhängiger Gerichtshof, der Consejo Supremo Electoral, eingerichtet. Der bedeutendste Schritt aber war die Abschaffung des Militärs, für Figueres ein Hindernis für die Demokratie.

1949 überließ Figueres **Otilio Ulate Blanco** (1949–1953), dem ein Jahr zuvor rechtmäßig vom Volk gewählten Präsidenten, das Präsidentenamt. Mit der neu gegründeten Partido Nacional de Liberación (PLN) an der Spitze, erlebte Costa Rica in den drei Jahrzehnten nach dem Zweiten Weltkrieg einen neuen Aufschwung. Es war die goldene Ära der Mittelklasse. Ausländische Firmen investierten ins Land, drei neue Univer-

1945	1949	1977–79
Wahlfälschungen der Regierung Calderón/Picado lösen Bürgerkrieg aus. Sieg der Nationalen Befreiungsarmee unter José Figueres	Ausrufung der Zweiten Republik und Verkündung einer neuen Verfassung: Abschaffung des Militärs, Einführung des Wahlrechts für die schwarze Bevölkerung und für Frauen	Costa Rica bricht die diplomatischen Beziehungen zur Somoza-Regierung in Nicaragua ab; Unterstützung der sandinistischen Revolution

www.stefan-loose.de/costa-rica

sitäten wurden eröffnet, die Städte wuchsen. In der Landwirtschaft verdrängten Monokulturen die Kleinbauern. 50 000 ha Regenwald wurden allein zwischen 1963 und 1973 abgeholzt, nur im Amazonasbecken wurde noch heftiger gerodet. Starker Chemikalieneinsatz (s. Kasten S. 438/439) steigerte die Kaffee- und Bananenernte. Und damit der Aufschwung anhielt, nahm der Staat immer mehr Kredite auf.

Krieg und Krise

Ende der 1970er-Jahre steckte die Welt in einer Ölkrise. Costa Ricas Kaffeepreise fielen in den Keller und Mitte der 1980er-Jahre verließ die United Fruit Company nun auch die Pazifikregion. Costa Ricas Industrie war überwiegend in den Händen amerikanischer Konzerne, sodass ein Gros des erwirtschafteten Geldes ins Ausland floss. Der Schuldenberg aber wuchs unaufhörlich.

1981 kollabierte Costa Ricas Wirtschaft. Das Land konnte die Schulden nicht mehr bezahlen. Die Arbeitslosenquote stieg um 10 % an, die jährliche Inflation betrug 80–100 % im Jahr. Der Contra-Krieg in Nicaragua zerschmetterte den Handel. 1981 betrugen die Schulden Costa Ricas 3,8 Mrd. Dollar. Präsident **Luis Alberto Monge Álvarez** (1982–1986) sandte eine klare Botschaft an die USA: Wenn Costa Rica weiterhin das Vorzeigebeispiel für Kapitalismus und Demokratie in Lateinamerika sein sollte, dann müssten die USA sich dies etwas kosten lassen. Costa Rica erhielt daraufhin ein finanzielles Hilfspaket der USA, allerdings mit der Auflage, seine Staatsausgaben drastisch zu senken.

Vor der Haustür brodelte die Revolution. Ende der 1970er-Jahre unterstützte Costa Ricas Regierung den Sturz der Somoza-Diktatur. Danach zog der Kalte Krieg ins Land. Costa Ricas Außenpolitik wurde mehr als ein Jahrzehnt lang (1979–1990) vom Nicaragua-Konflikt überschattet. Die USA befürchteten eine Ausbreitung des Kommunismus in Lateinamerika. Um diesen Dominoeffekt abzuwehren, verletzten die USA die Souveränität Costa Ricas und benutzten das Land als Südfront ihrer Contras. Unter der Reagan-Regierung wurden geheime Flugzeuglandebahnen im Dschungel gebaut und die CIA bildete paramilitärische Gruppen aus. Die costa-ricanischen Medien standen völlig unter nordamerikanischem Einfluss. Rufe nach erneuter Militarisierung wurden laut. Der Bürgerkrieg drohte auf Costa Rica überzuschwappen. Tausende von Menschen gingen in San José auf die Straße und marschierten für den Frieden. Der Druck auf Costa Rica wuchs. 1983 verkündete Präsident Monge Costa Ricas Neutralität im Konflikt.

Frieden auf dem Isthmus

Im kriegsgeschüttelten Mittelamerika wurde Costa Rica in den 1980er-Jahren zu einer Oase des Friedens. Tausende von Flüchtlingen aus Nicaragua, El Salvador und Guatemala suchten Schutz in dem kleinen, schuldengebeutelten Land. 1986 wurde **Óscar Arias Sánchez** (1986–1990), der ehemalige Generalsekretär von Präsident Figueres, als jüngstes Staatsoberhaupt Costa Ricas zum Präsidenten gewählt. Arias gelang ein Drahtseilakt. Er schaffte es, Millionen von

1987	1992	2009
Friedensinitiative von Präsident Óscar Arias zur Beilegung der Bürgerkriegskonflikte in Nicaragua. Er erhält für seine Vermittlerrolle den Friedensnobelpreis.	Costa Ricas Indianer erhalten die volle Staatsbürgerschaft und das Wahlrecht.	Das umstrittene Freihandelsabkommen mit den USA wird unterzeichnet. Ein heftiges Erdbeben ereignet sich um den Vulkan Poás, mind. 40 Menschen sterben.

Hilfsgeldern aus den USA zu beziehen und so das für Mittelamerika einzigartige Bildungs-, Gesundheits-, und Sozialsystem aufrechtzuerhalten, gleichzeitig aber auch Costa Ricas Neutralität zu wahren. Außenpolitisch nahm Arias die Rolle des Friedensvermittlers auf dem Isthmus ein. Er setzte sich für Amnestien für Guerillakämpfer ein, die freiwillig ihre Waffen niederlegten, und brachte die Rebellen in Guatemala und El Salvador wieder an den Verhandlungstisch.

Der Zeitpunkt war ideal; Contras und Sandinistas waren nach einem Jahrzehnt Bürgerkrieg kriegsmüde. Außerdem verloren die Sandinisten mit dem bevorstehenden Auseinanderbrechen der Sowjetunion ihren Waffenlieferanten, und die USA hatten gerade die schmutzige Iran-Contra-Affäre hinter sich. Auf dem Gipfeltreffen von Esquipulas unterzeichneten alle fünf Präsidenten Mittelamerikas Arias' Friedensplan. 1987 wurde Costa Ricas Präsident mit dem Friedensnobelpreis ausgezeichnet, im Land selbst aber genoss er damals wenig Ansehen, denn 1989 war der Schuldenberg bereits auf 5 Mrd. Dollar angestiegen.

Costa Rica heute

In den 1990er-Jahren öffnete sich Costa Rica zunehmend dem Tourismus. Dieser und neue Industrie (Mikrochips) brachten Costa Rica nun mehr Devisen ein als die traditionellen Exportgüter Kaffee und Bananen. 2006 trat Friedensnobelpreisträger Óscar Arias seine zweite Amtszeit an. Das Volk verlor jedoch zunehmend das Vertrauen in die Politik, da gegen vier ehemalige Präsidenten (Rafael Ángel Calderón Four-

nier,1990–1994, PUSC; José María Figueres Olsen, 1994–1998, PLN; Miguel Ángel Rodríguez Echeverría, 1998–2002, PUSC; Abel Pacheco de la Espriella, 2002–2006; PUSC) schwere Korruptionsvorwürfe erhoben wurden. Calderón wurde 2009 sogar zu fünf Jahren Haftstrafe verurteilt und zog daraufhin seine Kandidatur für den Präsidentenwahlkampf 2010 zurück.

2009 stimmte Costa Rica dem umstrittenen Freihandelsabkommen zwischen den mittelamerikanischen Ländern, der Dominikanischen Republik und den USA (CAFTA) zu (s. auch Wirtschaft, S. 98), 2010 folgten Abkommen mit China und der EU. Im gleichen Jahr riss ein heftiges Erdbeben in der Region um den Vulkan Poás 30 Menschen in den Tod, mehrere Hundert wurden verletzt. Trotz der Bedrohung durch Naturkatastrophen wurde Costa Rica kurz darauf zum glücklichsten Land der Welt gekürt (s. Kasten S. 84).

2010 übernahm Laura Chinchilla als erste Frau das Präsidentenamt im Land. Anfang 2014 wurde der Geschichts- und Politikwissenschaftler Luis Guillermo Solís zum neuen Präsidenten gewählt. Damit übernahm die Partido Acción Ciudadana (PAC) zum ersten Mal in ihrer 14-jährigen Geschichte die Regierungsmacht.

Der letzte Präsidentschaftswahlkampf Anfang 2018 wurde von der Debatte um gleichgeschlechtliche Ehen dominiert, die laut Interamerikanischem Gerichtshof für Menschenrechte auch in Costa Rica zugelassen werden sollten. Es kam zur Stichwahl zwischen dem Kandidaten der PAC, Carlos Alvarado, und dem Evangelikalen Fabricio Alvarado, der als konservativer Prediger und Gegner der „Homo-Ehe" auftrat. Mit deutlicher Mehrheit konnte Carlos Alvarado die Wahl für sich entscheiden.

2010	2015	2018
Die ehemalige Vizepräsidentin Laura Chinchilla übernimmt als erste Frau in Costa Rica das Präsidentenamt.	Costa Rica gelingt es, ohne fossile Energiequellen 300 Tage lang den eigenen Strombedarf zu decken. Bis 2021 soll die komplette Energieversorgung klimaneutral sein.	Der 38-jährige Carlos Alvarado Quesada von der PAC wird zum Präsidenten gewählt. Am 08.05. tritt der bisher jüngste Präsident der Republik sein Amt an.

Politik

Staatsform: Präsidialrepublik
Provinzen: 7
Hauptstadt: San José
Staatspräsident: Carlos Alvarado Quesada von der Partido de Acción Ciudadana (PAC)
Vizepräsident: Epsy Campbell Barr

Costa Rica ist in sieben *Provincias* (Provinzen), 82 *Cantones* (Bezirke) und 484 *Distritos* (Distrikte) unterteilt. San José bildet die Hauptstadt und das politische Zentrum des Landes.

Seit 1949 ist Costa Rica eine Präsidialrepublik. Die Verfassung sieht eine Gewaltenteilung und ein allgemeines Wahlrecht ab dem 18. Lebensjahr vor. Der Präsident wird alle vier Jahre direkt vom Volk gewählt und steht als Staatsoberhaupt und Regierungschef an der Spitze der **Exekutive**. Er ernennt die 17 Staatsminister und die Gouverneure der Provinzen. 2003 wurde eine Gesetzesänderung vorgenommen, die die Wiederwahl des Präsidenten nach achtjähriger Pause ermöglicht. So konnte 2006 Óscar Arias (PLN) – 20 Jahre nach der ersten Amtszeit – erneut kandidieren.

Die **Legislative** wird vom Parlament *(Asamblea legislativa)* ausgeübt. Die 57 Parlamentsabgeordneten werden alle vier Jahre vom Volk gewählt. Wie der Präsident können auch die Abgeordneten nach einer vierjährigen Pause wiedergewählt werden. Das Parlament verabschiedet den Staatshaushalt und ernennt die obersten Richter. Es kann Regierungsentscheidungen mit einer Zweidrittelmehrheit widerrufen.

Costa Ricas oberster Gerichtshof übt die **Jurisdiktion** aus. Die Rechtsordnung folgt französischem und spanischem Vorbild. Der unabhängige Gerichtshof Tribunal Supremo Electoral (TSE) ist für die Vorbereitung und Überwachung der Wahlen verantwortlich.

Anhänger der PLN am Wahlsonntag

Die Parteien

Costa Ricas Zweiparteiensystem aus PLN (Partido Liberación Nacional; Sozialdemokraten) und PUSC (Partido Unidad Social Cristiana; Christdemokraten) wurde 2002 durch die linkssozialistische PAC (Partido Acción Ciudadana) durchbrochen. Die Christdemokraten sind heute nur noch viertstärkste Partei im Land.

2018 fanden die letzten Präsidentschafts- und Parlamentswahlen in Costa Rica statt. Als deutlicher Sieger ging der bisherige Arbeitsminister und Journalist Carlos Alvarado (PAC) hervor. Alvarado konnte eine Stichwahl gegen Fabricio Alvarado von der relativ jungen evangelikalradikalen Partido Restauración Nacional (PRN) für sich entscheiden (s. auch S. 95).

Innen- und Außenpolitik

Während ihrer Amtszeit führte die neoliberale, konservative Präsidentin Chinchilla den wirtschaftsliberalen Kurs ihres Vorgängers Óscar Arias Sánchez weiter. Weitere Schwerpunkte ihrer Regierung waren innere Sicherheit und der Kampf gegen den Drogenhandel.

Unter Präsident Luis Guillermo Solis passierte in Costa Rica auf der Ebene der Politik kaum Neues – viele Probleme wurden ausgesessen; wenige Entscheidungen wurden getroffen, was zu heftiger Kritik in Teilen der Gesellschaft führte. Seit Carlos Alvarado 2018 das Ruder in die Hand genommen hat, zeichnet sich ab, dass die Politik wieder handlungsfähiger wird. Alvarado kündigte an, vernachlässigte Probleme anzupacken.

Zu den USA unterhält Costa Rica traditionell enge Beziehungen. Während des Contra-Krieges galt Costa Rica als Musterbeispiel für Demokratie und Kapitalismus in Mittelamerika. Zu Beginn des Irak-Krieges trat Costa Rica der Anti-Irak-Koalition bei, verstieß damit gegen das eigene Neutralitätsgebot und löste im eigenen Land starken Protest und Streiks aus. Nach einem Beschluss des costa-ricanischen Verfassungsrates musste Costa Rica 2003 wieder aus der Koalition austreten. Das Freihandelsabkommen mit den USA führte zu heftigen Protestwellen im Land, nach einer Volksabstimmung wurde das CAFTA-Abkommen 2009 unterzeichnet (s. Wirtschaft).

Im Rahmen der Antidrogenpolitik gewährte das costa-ricanische Parlament den USA auf Antrag Chinchillas die Stationierung von bis zu 46 Kriegsschiffen und 7000 Soldaten in Costa Rica für einen Zeitraum von sechs Monaten. Nachdem der Grenzkonflikt mit Nicaragua 2010 erneut aufgeflammt war, beschloss Chinchilla die Aufrüstung von Polizeieinheiten zur Sicherung der Grenze, Außenminister Castro kündigte gar zum Ärgernis der Opposition eine paramilitärische Grenzpolizei an. Costa Rica hatte nach einem kurzen Bürgerkreieg 1948 sein Militär aufgelöst.

Wirtschaft

BIP: 58,1 Mrd. US$
Agrarsektor: 5,5 %
Industrie: 21,5 %
Dienstleistung: 73 %
Wirtschaftswachstum: 4,3 %
Inflationsrate: 2,8 %

Wirtschaftsstruktur

Costa Rica hat sich in den letzten Jahrzehnten von einem Agrarland in ein Dienstleistungs- und Industrieland verwandelt. Der **Tourismus** ist dabei der wichtigste Devisenbringer im Land. Selbst im Krisenjahr 2009 kamen rund 1,9 Mio. Touristen ins Land, und 2016 konnte ein Besucherrekord von 2,9 Mio. verzeichnet werden. Rund 11,7 % der costa-ricanischen Erwerbstätigen sind direkt und indirekt in der Tourismusbranche beschäftigt. Der Tourismussektor produziert ca. 6,8 % des BIP (Bruttoinlandprodukts).

Costa Ricas **Industrie** (21,5 % vom BIP) befindet sich vorwiegend in den Händen ausländischer Konzerne. 1998 lockte Costa Rica den US-amerikanischen Technologiekonzern Intel ins Land, der danach ein Viertel seiner Computerchips in Costa Rica produzierte. 2013 war der Konzern allein für ein Fünftel der costa-ricanischen Exporte verantwortlich. Umso härter war der Schlag für das kleine Land, als Intel später ankündigte, seine Produktionsstätte mit 1500 Beschäftigten nach Asien zu verlegen.

Costa Ricas **Landwirtschaftssektor** nimmt heute lediglich 5,5 % vom BIP ein, ist aber nach wie vor ein wichtiger Arbeitgeber. Neben den traditionellen Ausfuhrgütern Bananen und Kaffee, die dem Land im 19. Jh. einen starken wirtschaftlichen Aufschwung brachten, werden heute außerdem Ananas, Melonen und Palmöl exportiert. Die dazu großflächig angelegten Monokulturen (v. a. Bananen- und Ananasplantagen) richten verheerende Umwelt- und Gesundheitsschäden an und zerstören die Existenz vieler Kleinbauern (s. Kasten S. 438/439).

Rohstoffe

Im Gegensatz zum Mythos des goldreichen Landes muss Costa Rica seine Rohstoffe komplett einführen. Das Öl z. B. wird aus Mexiko und Venezuela importiert. Geplante Ölbohrungen an der Karibikküste konnten durch Protest von Umweltschutzorganisationen verhindert werden. Costa Rica nimmt eine Vorreiterrolle bei erneuerbaren Energien in Lateinamerika ein. Nahezu 100 % des Stroms werden aus regenerativen Energien hergestellt, der Großteil wird durch Wasserkraftwerke gewonnen. Außerdem spielen Windenergie und Geothermie eine immer wichtigere Rolle. 2009 wurde der große Windpark Planta Eólica Guanacaste eingeweiht, am Nationalpark Rincón de la Vieja wurde ein Geothermie-Kraftwerk errichtet. Bis 2021 will sich das Land ausschließlich durch regenerierbare Energien versorgen.

Handelspartner

Costa Ricas wichtigster Handelspartner sind die USA. 2015 gingen 41 % der Exporte in die Vereinigten Staaten. Der Exportanteil in die Europäische Union lag 2015 bei 18,5 %, davon gingen 1,3 % nach Deutschland.

Nach Costa Rica importiert werden vor allem Industrieprodukte. Auch hier sind die USA mit 37,3 % die wichtigsten Partner vor China (13,6 %) und Mexiko (7 %). Aus Deutschland kommen 2,53 % der Importe. Aufgrund der politischen Stabilität, des hohen Bildungsstandards und wirtschaftlicher Anreize ist Costa Rica bei ausländischen Investoren sehr beliebt. Vor allem multinationale Konzerne ließen sich in den vergangenen Jahren hier nieder.

Freihandelsabkommen CAFTA

Nach dem Vorbild des nordamerikanischen Freihandelsabkommens NAFTA (North American Free Trade Agreement) zwischen den USA, Kanada und Mexiko wurde 2004 das zentralamerikanische Freihandelsabkommen DR-CAFTA (Dominican Republic-Central America Free Trade Agreement) zwischen den USA, der Dominikanischen Republik und den mittelamerikanischen Staaten ausgehandelt. Das Abkommen sieht u. a. die Aufhebung der costa-ricanischen staatlichen Monopole im Bereich der Versicherungen und Telekommunikation vor.

Viele Costa Ricaner befürchteten, dass der Vertrag den Abbau wichtiger Sozial- und Umweltrechte in Costa Rica vorantreiben würde und einheimische Betriebe keine Überlebenschance gegen die großen US-Konzerne haben würden. Heftige Proteste und Massendemons-

trationen waren die Folge. Nach einem Volksentscheid, in dem sich 51,6 % der Bevölkerung für das Abkommen entschieden, trat der Vertrag 2009 auch für Costa Rica in Kraft. 2010 wurden außerdem Freihandelsabkommen mit der EU und China unterzeichnet.

Entwicklungshilfe

Aufgrund seines für Mittelamerika relativ hohen Entwicklungsstands ist Costa Rica bei vielen Geberländern kein Schwerpunktland in der Entwicklungszusammenarbeit mehr.

Religion

Rund 57 % der Costa Ricaner sind bekennende Katholiken. Der afro-costaricanische Bevölkerungsanteil an der Karibikküste ist vorwiegend protestantisch. Abgesehen von dem landesweit größten Wallfahrtszug zur „Virgen de Los Angeles" in Cartago, fehlt den religiösen Umzügen in Costa Rica aber die Inbrunst anderer lateinamerikanischer Länder.

Kirche bedeutet für die junge Generation heute nicht mehr als Tradition. Man zeigt Respekt vor dem *Padre* (Priester) und geht an Feiertagen in den Gottesdienst (während der Osterwoche *Semana Santa* sieht man aber mehr Ticos am Strand als in einer Osterprozession). Die Zahl der kirchlichen Trauungen nimmt stetig ab, die der Scheidungen hingegen konstant zu.

Am deutlichsten wird die zunehmende Säkularisierung an den Geschäftsöffnungszeiten: Selbst in kleinen Provinzstädten haben Geschäfte heute sonntags und feiertags geöffnet.

Kultur

Costa Rica haftete lange der Ruf eines kulturellen Niemandslandes an. Die Konfrontationslosigkeit und ausgeprägte Anpassungsbereitschaft der Costa Ricaner trugen u. a. dazu bei, dass Künstler selten aus Konventionen ausbrachen und we-

Festivals

Chunches de Mar, 💻 www.chunchesdemar. com. Einen Monat lang Kunst und Campen am Strand vom Refugio Mixto de Vida Silvestre bei Montezuma. Teilnehmer sammeln den angeschwemmten Müll vom Strand und verwandeln ihn in kreative Kunst. Am letzten Sonntag des Monats große Strandparty. Termine ändern sich von Jahr zu Jahr.

Festival Internacional de las Artes, im März in San José. Das bedeutendste Kulturspektakel in Costa Rica mit Tanz, Theater, Musik und Film.

Festival Internacional de Cine, 💻 www.costa ricacinefest.go.cr, im Dezember in San José. Von Low-Budget-Studentenfilmen bis zu teuren und aufwendigen Produktionen aus aller Welt und aus allen Genres.

nig Herausragendes hervorbrachten. Doch Costa Ricas Image als Kulturbanause ändert sich. 2006 wurde San José zur „Capital Iberoamericana de la Cultura" gekürt. Und während des Festival Internacional de las Artes geben sich jedes Jahr internationale Größen aus Theater, Musik und Tanz ein Stelldichein (s. Kasten).

Folklore

Guanacaste ist Costa Ricas Zentrum für Folklore. Die Folkloretänze werden von traditionellen Instrumenten wie dem **Quijongo** begleitet, einem einsaitigen Bogeninstrument, auf dem bereits die Chorotega-Indianer spielten. Stark beeinflusst von der Folkore ihrer Heimat wurde die bekannte guanatekische Sängerin **Guadalupe Urbina**.

Malerei und Literatur

Charakteristisch für costa-ricanische Kunst ist die Landschaftsmalerei, auch leicht spöttisch *Arte casita* genannt, wegen des immer wiederkehrenden Motivs des weißen Adobe-Hauses. Costa Ricas bekanntester Bildhauer, **Francisco Zuñigo**, wanderte bereits Mitte der 1930er-Jahre nach Mexiko aus. Zuñigo machte sich durch

seine üppigen, nackten Frauenstatuen weltweit einen Namen.

Zu den international bekannten zeitgenössischen Künstlern zählen der gebürtige Nicaraguaner **Rolando Castellón** und die vielseitige **Priscilla Monge**, die mit Fotografien, Skulpturen und Installationen auch gesellschaftskritische Themen aufgreift. Einen Überblick über costaricanische Kunst gibt das Museo del Arte Costa Ricense am Parque La Sabana in San José.

Auch Costa Ricas Literatur erlebte nur wenige Höhenflüge. Zu den nennenswerten Schriftstellern des 19. Jhs. gehören **Roberto Brenes Mesén** und **Joaquín García Monge**. Der Autor **Carlos Fallas** erregte 1940 Aufsehen mit seinem Roman *Mamita Yunai*, der das Leben von Plantagenarbeitern in der United Fruit Company schildert. Ähnlich bewegend ist der autobiografische Roman *La Isla de los Hombres Solos,* den Autor **José León Sánchez** während seines Gefängnisaufenthaltes auf Zementsäcken niederschrieb (s. Kasten S. 295).

Das mangelnde literarische Talent macht Costa Rica durch eine lebendige Theaterszene wett. Dutzende kleiner Theater in der Hauptstadt bieten alles, von Pantomime über Klassiker bis hin zu experimentellem Tanztheater. 2010 eröffnete das Teatro La Aduana in San José, eines der technisch modernsten Theater in Mittelamerika.

Musik

Den Schritt auf die Weltbühne der Klassik wagte Costa Rica 1970 mit der Gründung des **Orquesta Sinfónica Nacional**, das seitdem regelmäßig mit international renommierten Solisten und Dirigenten im ehrwürdigen Teatro Nacional in San José auftritt. Seit 1989 besitzt das Land auch einen professionellen Kammerchor.

Von Reggae- und Calypso-Rhythmen wird die Karibikküste beherrscht. Die Popgruppe **Malpaís**, 💻 www.grupomalpais.com, ist eine der erfolgreichsten Bands aus Costa Rica und wurde bereits mehrfach mit dem *Disco Oro* ausgezeichnet (Kasten S. 310). Mit seiner Mischung aus Folk, Latin, Jazz und Rock hat das Sextett über die Landesgrenzen hinaus Erfolg und tritt häufig im bekannten Jazz Café in Escazú auf.

LAND UND LEUTE

www.stefan-loose.de/costa-rica

KULTUR **99**

HAUPTPOST VON SAN JOSÉ; © JULIA REICHARDT

1 San José

Costa Ricas Hauptstadt ist relativ klein und übersichtlich, doch das kulturelle und kulinarische Angebot kann sich sehen lassen. Der Großraum San José bildet den wichtigsten Verkehrsknotenpunkt des Landes und dient als Basis für viele Touren. Für Reisende führt an diesem Ballungsgebiet, in dem das costa-ricanische Alltagsleben pulsiert, kein Weg vorbei.

Stefan Loose Traveltipps

Auf der Suche nach dem versteckten Charme Der Loose-Spaziergang führt hinter das Wellblech zu den schönsten Gebäuden der Stadt. S. 107

Teatro Nacional Kaffeetrinker aus aller Welt finanzierten den Bau dieses prachtvollen Schauspielhauses mitten im Herzen von San José. S. 106

Mercado Central Ein Labyrinth aus Schuh-, Blumen-, Fleisch- und Quacksalberständen. S. 108

Kalú & Kiosco Moderne Kunst, Kunsthandwerk und gesunde Gastronomie unter einem Dach. S. 115

Nightlife in San José und Umgebung Merengue, Salsa, Latin Jazz: Nachts zittert das Blech unter den heißen Rhythmen der Stadt. S. 117, 134

Cerros de Escazú Auf eigene Faust die stadtnahen und wolkenverhangenen Bergregionen durchstreifen. S. 131

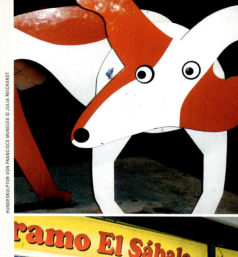

Wann fahren? Ganzjährig herrschen aufgrund der Höhenlage milde Temperaturen.

Wie lange? 2–5 Tage, San José und Umgebung lohnen für mehr als einen Tag – nicht nur Ankommen und Weiterfahren.

Bekannt für Einkaufsbummel, Gastronomie, Tagestouren in die Umgebung, z. B. zu nahen Vulkanen, Rafting- und Kaffeetouren

Beste Feste Art City Tour

Für Entdecker Wandern in den Cerros de Escazú

San José

■ ÜBERNACHTUNG

1. Suites Cristina
2. Mi Casa Hostel
3. Apartotel La Sabana
4. Gaudy's
5. Grano de Oro
6. Hotel Jade
7. Hostel Bekuo
8. Hostel Casa Yoses

■ TRANSPORT

1. OffRoad Costa Rica
2. Alamo Rent A Car
3. Budget Rent A Car
4. Wild Rider

Rostige Blechdächer, hohe Stacheldrahtzäune, Häuser, die Garagen gleichen – eine Schönheit ist Costa Ricas Hauptstadt wahrlich nicht. Mit der jungen Generation an Josefinern beginnt jedoch ein spürbarer Wandel in der Stadt. Verfallende Architekturjuwele werden renoviert, viele Künstlerbars eröffnen in der Innenstadt und in den Vororten, kulturbegeisterte Hauptstädter schwingen sich aufs Rad und zeigen Besuchern den versteckten Charme, der hinter der hässlichen Blechfassade steckt. Wer dann zwischen Zement-Kasinos, Neonreklamen und laut röhrenden Bussen ein originelles Museum, die Villa eines Kaffeebarons, einen lebendigen Markt oder eine verkehrsberuhigte Grünfläche entdeckt, würdigt sie umso mehr. Für Busreisende ist San José der Hauptverkehrsknotenpunkt.

Geschichte

San Josés Anfänge waren keineswegs glorreich. Noch zu Beginn des 18. Jhs. diente das Boca del Monte-Tal, in dem Costa-Ricas Hauptstadt heute liegt, lediglich als Verbindungsstrecke zwischen den Tälern Aserrí und Barva; leben wollte hier niemand. Um eine bessere Kontrolle über die in der Umgebung verstreut lebenden Farmer zu haben, ließen die spanischen Kolonialherren 1738 ein Gotteshaus bauen und ordneten der Bevölkerung an, in Kirchennähe

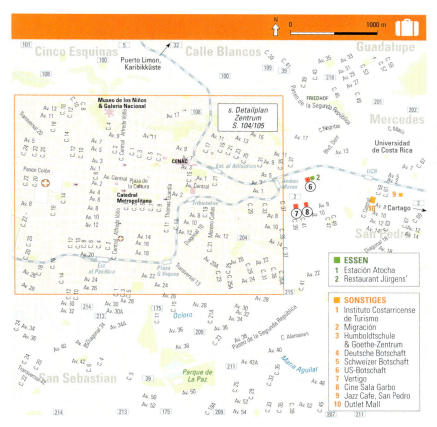

umzusiedeln. Doch erst als Geld- und Körperstrafen angewandt wurden und Häuser in Flammen aufgingen, zogen die Bauern ins Boca del Monte-Tal um.

1801 wurde das Tal nach dem Schutzpatron San José getauft, und der Ort überholte bald die damalige Hauptstadt Cartago in Fläche und Einwohnerzahl. Als San José im Bürgerkrieg gegen Cartago und Heredia siegte und damit den Anschluss Costa Ricas an das damalige Kaiserreich Mexiko verhinderte (S. 90), übernahm es schließlich selbst die Führungsrolle im Land. Den Sprung vom Provinznest zur Stadt schaffte San José jedoch erst Mitte des 19. Jhs., zur Blütezeit des Kaffeehandels. Schotterwege wurden durch Straßen und Tramlinien ersetzt, Telegrafenmasten errichtet und die Kaffeebarone ließen sich prachtvolle Häuser bauen.

Heute lebt jeder vierte Costa Ricaner in der Hauptstadt. Internationale Gourmet-Restaurants, eine aufstrebende, junge Kunst- und Kulturszene sowie das Bestreben einiger betuchter Hoteliers, das historische Erbe San Josés vor der Planierraupe zu bewahren, setzen Lichtpunkte in den grauen Hauptstadtsmog.

Orientierung

San José ist in einem Schachbrettmuster angelegt: Von Ost nach West verlaufen die „Avenidas" und von Nord nach Süd die „Calles".

San José Zentrum

ÜBERNACHTUNG

9 Hotel Aranjuez
10 Kaps Place
11 Hotel Kekoldi
12 Hostel Pangea
13 Tica Bus Hotel
14 Hotel Santo Tomás
15 Hostel Casa del Parque
16 Luz de Luna
17 Gran Hotel Costa Rica by Hilton
18 Aldea Hostel
19 Hotel Colonial
20 Hotel Fleur De Lys
21 Costa Rica Guesthouse
22 Casa Ridgway

Heredia (12 km)

Museo de los Niños & Galería Nacional

Unión

Av. 11

Amón

Av. 5

Paso de la Vaca

Av. 7

Av. 5

Coca Cola

Av. 3

Av. 1

Av. 3

Mercado Borbón

Iglesia el Carmen

Centro

Av. 1

Mercado Central

Banco National

Briefmarken-museum

Banco Central

Librería Lehmann

San Bosco

Av. 2

Av. 4

Av. 6

Av. 8

Ende

Av. Central

Teatro Melico Salazar

Edificio Knöhr e Hijos

Plaza de la Cultura

Parque Merced

Iglesia La Merced

KRANKENHÄUSER

Av. 2

Parque Central

Catedral Metropolitana

Teatro Nacional

Spaziergang S. 107

Sta. Lucia

Av. 4

Castro Madriz

Av. 8 Simón Bolívar

Av. 10 San Martin

Iglesia La Dolorosa

FRIEDHOF

Av. 12 Rep. de Chile

Bolívar

Angeles

Av. 14 Paseo Sarmiento

Dolorosa

Diagonal 14

Av. 16

Clínica Bíblica

ESSEN

3 Tournant
4 Café Nauta
5 Café Mundo
6 Le Café
7 Beer Factory
8 Ana Restaurant
9 Lubnán
10 El Tostador
11 Café Central
12 Árbol de Seda
13 Kalú & Kiosco
14 Agüizotes Gastro Pub
15 Café & Bistro Maza
16 Olio Pub & Restaurante
17 La Casona Típica
18 El Balcón de Europa
19 Café Miel
20 Luna Roja
21 Alma de Café
22 Aya Sofía Mediterráneo
23 Sobremesa
24 Sapore
25 Restaurante Fleur de Lys
26 La Esquina de Buenos Aires
27 Tin Jo
28 Taberna Club Alemán

Av. 18

Av. 20 Republica de Panamá

Estación al Pacífico

Pacífico

Av. 24

Av. 26

104 SAN JOSÉ | Cityplan

www.stefan-loose.de/costa-rica

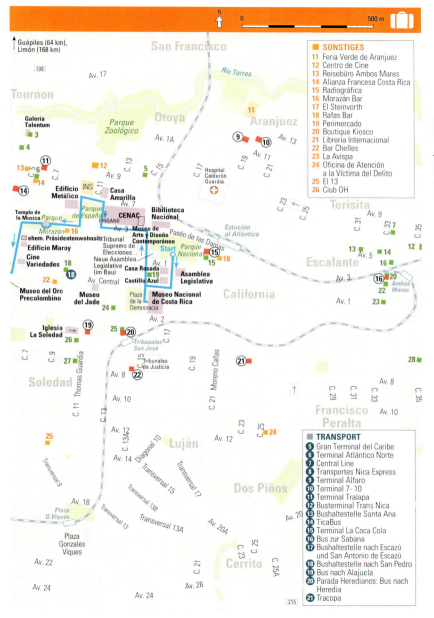

Das Herz der Stadt bildet die Avenida Central oder Avenida 0, eine der Fußgängerzonen der Innenstadt. Straßen sind in Costa Rica durchnummeriert und haben selten einen Namen. Adressen sind in Reiseführern oder Telefonbüchern deshalb wie folgt angegeben: **La Esquina de Buenos Aires**, C. 11, Av. 4, das Restaurant befindet sich also an der Ecke von Calle 11 und Avenida 4. Beim Teatro Nacional wird es etwas komplizierter. Die Adresse ist C. 15–17, Av. Central–Av. 2, d. h. das Museum befindet sich zwischen C. 15 und 17 und zwischen der Av. Central und Avenida 2.

Fragt man einen Costa Ricaner nach dem Weg, wird der einem jedoch meist keine Straßenangabe geben. Auto- und Taxifahrer sowie Fußgänger orientieren sich an den Wahrzeichen, auffälligen Gebäuden (Torre Mercedes), Geschäften, bekannten Hotels und Restaurants (Pizza Hut am Paseo Colón). Die Richtungsangabe für die Tica-Busstation wäre z. B.: *„del Torre Mercedes cien metros (100 m) al sur y doscientos metros (200 m) al oeste"* (von der Torre Mercedes 100 m südlich und 200 m westlich). 100 m sind dabei stets ein Häuserblock. Vorsicht: Häufig existieren die bei Wegbeschreibungen genannten Landmarken gar nicht mehr oder sind für den Außenstehenden nicht zu erkennen. Ein Beispiel ist das Haus von Ex-Präsident Oscar Arias, das für Besucher nur ein unscheinbares Haus ist, für Einheimische aber ein Orientierungspunkt.

Sicherheit in San José

Wie in jeder Großstadt gilt auch für San José: Aufgepasst und gesunden Menschenverstand walten lassen. Wichtige Dokumente wie Geld und Wertgegenstände sollte man sicherheitshalber im Hotelsafe lassen (s. auch S. 54, „Sicherheit"). **Berüchtigte Viertel** sind La Coca Cola, Parque Central/Av. 2, das Barrio México und die Rotlichtviertel im Süden der Stadt. Beliebtes Pflaster von Taschendieben sind auch die Märkte. Vorsicht ist aber überall geboten, denn eine Anzeige bei der Polizei bringt Gestohlenes in den allermeisten Fällen nicht wieder. Notfalltelefon: ☎ 911 und 2295-4492.

Sehenswürdigkeiten

Teatro Nacional

Als die legendäre italienische Operndiva Adelina Patti Ende des 19. Jhs. auf ihrer Lateinamerikatournee einen Bogen um Costa Rica machte, weil das Land kein Theater hatte, waren die Kaffeebarone in ihrem Stolz schwer gekränkt. Schnell erhoben sie eine Sondersteuer auf alle Kaffee-Exporte und finanzierten so den Bau eines Theaters, von dem lediglich das Holz aus Costa Rica stammt: Als Modell diente das Pariser Opernhaus, der Entwurf kam aus Belgien, für die Konstruktion waren Deutsche verantwortlich, die Innendekoration und Malerei lag in den Händen von Italienern. Spiegel, Lampen, Masken, Marmor, sogar Tapeten und Teppiche wurden aus der alten Heimat eingeschifft. Am 21. Oktober 1897 war es dann so weit: Die eigens aus Frankreich angereiste Pariser Oper weihte das Theater mit einer Faust-Aufführung ein.

Auf dem Operndach stehen drei **Statuen**, die Symbole für Musik, Tanz und Ruhm. Der Eingang an der Plaza de la Cultura, wird links von einer Beethovenstatue und rechts von der Statue des spanischen Dichters Pedro Calderón de la Barca flankiert. In der palastartigen Eingangshalle aus Marmor und Kupfer stehen die beiden Statuen Comedia und Tragedia. Marmortreppen führen zum hufeisenförmigen, dreistöckigen **Auditorium**, das mit goldenen Stuckdecken und eleganten Ledersitzreihen Platz für mehr als 1000 Besucher bietet. 2018 wurde das Nationaltheater vom scheidenden Präsidenten Luis Guillermo Solís offiziell zum „Símbolo Nacional del Patrimonio Histórico Arquitectónico y Libertad Cultural" ernannt. Damit ist es das 14. Historische und kulturelle Nationalsymbol Costa Ricas (andere Symbol sind u. a. die Hymne, die Nationalflagge und der traditionelle Ochsenkarren).

Im **Treppenhaus** hängt das berühmte Bananenplantagenbild des italienischen Malers Aleardo Villa aus dem Jahr 1897, das einst die Fünf-Colón-Geldscheine schmückte. Aktuelles Programm unter 🖥 www.teatronacional.go.cr, Theaterkasse: ☎ 2010-1111. ⏱ Mo–Sa 9–16 Uhr; stdl. Führungen, abwechselnd auf Spanisch und Englisch; Eintritt $10, inkl. Führung, Kinder unter 12 J. gratis.

Spaziergang durch San José

- **Länge:** 6 km
- **Dauer:** Halbtagestour
- **Ausgangspunkt:** Parque Nacional im Osten von San José
- **Routenverlauf:** s. Karte S. 104/105

Rund um den Parque Nacional

Der Spaziergang beginnt am **Parque Nacional** (S. 110) im Osten San Josés und führt von hier zu den Hauptsehenswürdigkeiten der Stadt, darunter auch zu den drei wichtigsten Museen, dem Museo del Oro, Museo de Jade und Museo Nacional. Ziel der Tour ist der Mercado Central und der Mercado Borbon im Westen San Josés.

Vom Parque Nacional führt die Route links in die verkehrsberuhigte Calle 17, vorbei an der **Casa Rosada**, dem **Castillo Azul**, einem ehemaligen Präsidentenwohnsitz (beide rechte Straßenseite) sowie der einstigen Mädchenschule **Colegio de Sión** (linke Straßenseite), die eine bedeutende Rolle in der Geschichte der Mädchenbildung in Costa Rica spielte. Heute werden alle drei Gebäude vom Parlament genutzt. Auf der Avenida Central geht es rechts zur neu gestalteten Plaza Democracia und dem imposanten gelben **Bellavista-Schloss**. Ende des 19. Jhs. gehörte das festungsartige Schloss dem deutschen Naturalisten Alexander von Frantzlust, 1917 wurde es zum Hauptquartier der costa-ricanischen Armee. Nach dem Bürgerkrieg von 1949 (S. 93) – die Einschusslöcher sind noch deutlich im Gemäuer zu sehen – machte Costa Rica Schwerter zu Pflugscharen: Die Armee zog aus und das **Museo Nacional** (S. 109) zog ein. Der Eingang zum Museum, das über Geologie, Archäologie und Geschichte Costa Ricas informiert, befindet sich an der Plaza de la Democracia.

Westlich der Plaza de la Democracia befindet sich das **Museo del Jade** (S. 109), in dem präkolumbische Kunst und Jadeschmuck die Welt der costa-ricanischen Ureinwohner wieder lebendig werden lassen. Die Calle 15 führt schräg gegenüber vom Museum zurück zum Parque Nacional. An der Nordwestecke des Parks steht die **Biblioteca Nacional**, 🖥 www.sinabi.go.cr, ein hässlicher Zementkasten, dessen schmale Fenster wie Schießscharten aussehen. Die Bibliothek beherbergt alte Bücher und Zeitungsausgaben, von 1850 bis in die Neuzeit. Besucher sind willkommen und können am Empfang um eine kostenlose Führung bitten. Dabei besichtigt man die Archive, kann den Mitarbeitern der Restaurationsabteilung bei der Arbeit zusehen und erfährt viele interessante Details. ⏱ Mo–Fr, 8.30–16 Uhr.

Daneben befindet sich die ehemalige **staatliche Schnapsfabrik**. Sie wurde 1850 erbaut, um die Staatskasse aufzubessern und die illegale Schnapsbrennerei zu unterbinden. Heute beherbergt das große Gebäude das Ministerium für Kultur, Jugend und Sport (CENAC) und zwei Theater. Besucher können die Schnapsfabrik mit ihren alten Kesseln und Wassertürmen kostenlos besichtigen, sollten aber am Eingang um Erlaubnis bitten. Im Gebäude ist auch das **Museo de Arte y Diseño Contemporáneo** (S. 109) untergebracht.

Vom Parque de España zur Plaza de la Cultura

Die Route führt nun die Avenida 3 hügelabwärts, vorbei am Tribunal Supremo de Elecciones (1995). Nach der langen Museumsmauer steigt rechts eine Treppe hinab zum kleinen idyllischen **Parque de España**. Rechter Hand steht nach wie vor die alte Schnapsfabrik, auf dieser Seite mit dem schmucken Eingang zum Kulturministerium. Geradeaus, auf der gegenüberliegenden Seite der Avenida 7, befindet sich die **Casa Amarilla** (die gelbe Villa), die Andrew Carnegy, der nordamerikanische Eisenmagnat, 1912 dem zentralamerikanischen Gericht stiftete. Nach dessen Auflösung ging das Gebäude 1919 in Staatsbesitz über. Heute sitzt hier das Außenministerium.

Links daneben steht das 14-stöckige INS-Versicherungshochhaus (erbaut 1970), südlich davon glänzt das attraktive **Edificio Metálico**. Die Eisenteile des Gebäudes wurden in Belgien hergestellt, nach Costa Rica verschifft und hier 1892 zusammengeschweißt, ganz nach dem Geschmack der Zeit, als Eisenkonstruktionen wie der Eiffelturm die Großstädte der Welt eroberten. Heute beherbergt das Gebäude zwei Schulen. Der Park davor, schön bewachsen mit alten Korkeichen, heißt **Parque Morazán**, benannt nach dem dreifachen Präsidenten der Zentralamerikanischen Föderation (S. 90). Morazán wurde 1842 in San José exekutiert (die Route führt später noch am Ort seiner Hinrichtung vorbei). Den römisch anmutenden **Templo de la Musíca** (1920) schuf Architekt José Francisco Salazar, inspiriert vom Temple de l'Amour in Versailles. Hier finden u. a. Konzerte, Ausstellungen, Reden und Tanzaufführungen statt.

Am westlichen Parkende (also auf der gegenüberliegenden Seite vom großen Holiday Inn-Hochhaus) führt der Spaziergang links, vorbei an Souvenirgeschäften, in die **Calle 5**. Auf der linken Straßenseite haben einige Gebäude vom Anfang des 20. Jhs. überlebt, darunter ein verlassener ehemaliger Präsidentenwohnsitz, das ehemalige Kaufhaus **Edificio Maroy** mit Kuppeldake Av. 1, Calle C. 5) sowie das ehemalige **Cine Variedades** mit einer neoklassizistischen, grün-weißen Fassade. Das Lichtspielhaus wurde 1891 eingeweiht, 1930 wurde hier der erste costa-ricanische Film *El Retorno* gezeigt; eine Wiedereröffnung ist geplant. Calle 5 führt zur **Plaza de la Cultura** mit dem halb unter der Erde liegenden **Museo del Oro Precolombino** (S. 109). Westlich der Plaza de la Cultura steht das edle, ganz neu renovierte **Gran Hotel Costa Rica by Hilton** von 1930 (S. 112) und gegenüber das **Teatro Nacional** (1897, S. 106), beide Gebäude wurden als nationales Kulturerbe deklariert.

Von der Plaza de la Cultura zum Mercado Central

Von der Plaza de la Cultura geht es beim Eisladen „Pops" links in die Fußgängerzone **Avenida Central**, auf der fliegende Händler ihre Ware ausbreiten. Gleich zu Beginn stehen einige restaurierte Gebäude deutscher Einwanderer vom Anfang des 20. Jhs., z. B. die **Librería Lehmann** (1896), heute eine der bedeutendsten Buchhandlungen im Land.

Schräg gegenüber befindet sich das **Edificio Knöhr e Hijos** aus dem Jahr 1914, eines der wenigen Exemplare neoklassischer Architektur in der Stadt. Nach 200 m biegt die Route links in die Calle Central ab, zum **Teatro Melico Salazar** (1928), dem zweitwichtigsten Theater der Stadt. Hier finden regelmäßig Konzerte, Tanzaufführungen und Filmabende statt. Die Restaurierung der Theaterfassade wurde (wie auch das Bahnhofsgebäude und das Edificio Metálico) aus dem Kulturerhaltprogramm der Bundesrepublik Deutschland finanziert. Das Auditorium ist nur während der Abendvorstellungen geöffnet.

Auf der gegenüberliegenden Seite der Avenida 2 sieht man die **Catédral Metropolitano** im neoklassischen Stil. Die alte Kirche, ein Ziegelbau mit Strohdach, wurde 1821 bei einem Erdbeben zerstört. Der angrenzende **Parque Central** bildete einst das Zentrum San Josés. Am 15. September 1842 wurde hier der Honduraner Francisco Morazán hingerichtet. Morazán selbst schrie noch „Feuer" bei seiner Exekution. Mit seinem Tod starb der Traum einer zentralamerikanischen Republik, der Park Morazán (s. o.) ist nach ihm benannt.

Die Tour nähert sich dem Ende. Vom westlichen Parkrand führt die Route bei KFC rechts in die **Calle 2** und zurück in die Fußgängerzone (Avenida Central). Lohnend ist von hier (Av. 0, Ecke C. 2) ein kurzer Abstecher zum schönen alten Post-, Telegrafenamt und **Briefmarkenmuseum (Museo Filatélico)**. Man muss am Schalter eine Briefmarke für $0,30 kaufen, dann darf man das Museum im 1. Stock betreten. ☉ Mo–Fr 8.30–16 Uhr.

Zurück auf der Avenida Central geht es auf die Zielgerade, vorbei an der 2,10 m hohen, 500 kg schweren Bronzeskulptur *La Chola* des Bildhauers Manuel Vargas und den sechs Hundeskulpturen des costa-ricanischen Künstlers Francisco Munguía zum **Mercado Central**. Das Labyrinth aus Blumen-, Käse-, Schuh- und Souvenirständen ist ein guter Ort, um günstig unter Einheimischen zu essen und Kaffeebohnen zu kaufen. Aber Vorsicht vor Taschendieben! ☉ Mo–Sa 6.30–18 Uhr. Wer es etwas abenteuerlicher mag, kann zwei Blocks nördlich vom Mercado Central den authentischen **Mercado Borbon** besuchen. Dort gibt es ein ähnliches Angebot wie beim Mercado Central, der Markt ist jedoch rauer, schmuddeliger, günstiger, und es gibt eine Cafeteria. ☉ Mo–So 6–18 Uhr.

Museo del Oro Precolombino (Museos del Banco Central)

Bunkerartig auf 3 Ebenen unterhalb der Plaza de la Cultura, dort wo blecherne Abluftrohre wie U-Boote aus der Tiefe ragen, befindet sich der Eingang zu den Museen der Banco Central mit dem Museo del Oro Precolombino und dem Museo Numismática (Münzmuseum). Über 1600 Goldobjekte erwarten den Besucher. Die Ausstellungsstücke wurden im Zeitraum von 500 v. Chr. bis zur Ankunft der Spanier im 16. Jh. hergestellt. Empfehlenswert ist eine selbst geführte Audiotour. Oft lohnt sich im Anschluss ein Besuch der interessanten Wechselausstellungen. 🖥 www.museosdelbancocentral.org. ⊕ Mo–So 9.15–17 Uhr; Eintritt $11, Studenten mit Studentenausweis $8, bei der Art City Tour (S. 119) und am 18. Mai (internationaler Museumstag) ist der Eintritt frei.

Museo del Jade

Das Jademuseum, das vom staatlichen Versicherungskonzern INS geleitet wird, hat kürzlich neue Räumlichkeiten im Zentrum bezogen. In einem modernen, fünfstöckigen Gebäude sieht man nun außer Jadeschmuck auch präkolumbische Artefakte aus Holz, Knochen und Stein. Schautafeln erklären das Schamanenleben sowie die Bedeutung indianischer Symbole, Rituale und Zeremonien. Eine nette Cafeteria, das „Grano verde Café" befindet sich im Erdgeschoss – ideal, um sich nach dem Besuch mit einer Kleinigkeit zu stärken. Av. Central, C. 13–15, ✆ 2521-6610, 🖥 www.museodeljadeins.com. ⊕ tgl. 10–17 Uhr; Eintritt $15, Studenten mit Ausweis $2, Kinder unter 11 J. gratis.

Museo Nacional

Vom Eingang des Museo Nacional an der Plaza de la Democracia, der mit einer präkolumbischen Granitkugel verziert ist (S. 379), geht es durch einen Schmetterlingsgarten hinauf ins Museumsinnere. Hier wird in fünf Sälen die Entwicklung Costa Ricas von der präkolumbischen Ära über die Kolonialzeit bis zur heutigen multikulturellen Gesellschaft erklärt. Besonders eindrucksvoll ist die präkolumbische Sammlung, die mit Ausstellungsobjekten wie Petroglyphen, kunstvoll gravierten Grabplatten, Grabschmuck

Günstiger in San Josés Museen

Das Sammelticket **Paseo de los Museos** kostet $31 und gilt für zwei Monate nach Kauf für den einmaligen Eintritt im Museo Nacional, Museo del Jade und Museo del Oro Precolombino. Das Ticket ist an den jeweiligen Ticketschaltern der Museen erhältlich.

und nachgebauten Palenque-Häusern das Leben der Indianer vermittelt. Seit 2009 sind auch die Casas de los Comandantes aus dem 19. Jh. für die Öffentlichkeit zugänglich. ✆ 2257-1433, 🖥 www.museocostarica.go.cr ein. ⊕ Di–Sa 8.30–16.30, So 9–16.30 Uhr; Eintritt $9, Studenten mit Ausweis $4, Kinder unter 12 J. gratis.

Weitere Museen

Das **Museo de Arte y Diseño Contemporáneo (MADC)**, 🖥 www.madc.cr, mit vier Ausstellungsräumen und einem Auditorium in den Räumlichkeiten einer alten Schnapsfabrik zeigt interessante Exponate zu lateinamerikanischer zeitgenössischer Kunst und Design. Av. 3, C. 15, ✆ 2257-7202, ⊕ Di–Sa 9.30–17 Uhr; Eintritt $3, Studenten mit Ausweis 1000C$, Kinder bis 5 J. gratis.

Ein weiteres wichtiges Museum, das **Museo de Arte Costarricense**, 🖥 www.musarco.go.cr, befindet sich im einstigen Flughafenterminal am Eingang zum Parque La Sabana, Av. 0, C. 42. Zu sehen gibt es einen Querschnitt aus der costaricanischen Kunst. Unter anderem sind Akte, Skulpturen, Textildrucke, Fotos, Collagen und Graffitikunst ausgestellt. Den Schwerpunkt dabei bilden das 19. und 20. Jh. Im Salon Diplomático im Obergeschoss des Museums sind die wichtigsten historischen Ereignisse Costa Ricas in ein 150 m langes, mit Bronze überzogenes Stuckrelief eingraviert. ⊕ Di–So 9–16 Uhr; Eintritt frei.

Auf kleine Weltenbummler warten im **Museo de los Niños**, 🖥 www.museocr.org, Ausstellungsräume zu Themen wie „Recycling", „das Solarsystem" oder „Computer" mit vielen blinkenden Lichtern, Knöpfen und Hebeln. Eltern können zwischenzeitlich im gleichen Gebäude die kostenlose **Galería Nacional** besu-

www.stefan-loose.de/costa-rica

SAN JOSÉ | Sehenswürdigkeiten **109**

chen. Av. 9, C. 4, Antigua Penitenciaria, ⏰ Di–Fr 8–16.30, Wochenende 9.30–17 Uhr; Eintritt 2200C$, Kinder (bis 90 cm) 2000C$.

Kirchen

San Josés Kirchen sind in der Form eines Kreuzes angelegt, in dessen Mitte die **Catédral Metropolitana** steht. Sie wird umgeben von **La Soledad** (Osten), **La Merced** (Westen), **El Carmen** (Norden) und **La Dolorosa** (Süden). Lohnend ist ein Besuch der **Iglesia La Merced** südwestlich vom Mercado Central. Viele von Costa Ricas Kirchen stehen an der Stelle ehemaliger alter Adobe-Kirchen, die bei Erdbeben zerstört wurden.

Parks

Der **Parque La Sabana**, C. 42, am westlichen Ende des Paseo Colón, ist die grüne Lunge im versmogten San José und das Wochenendziel vieler Josefiner Familien. Auf dem ehemaligen Flugplatzgelände, das von Hauptverkehrsadern umkreist wird, stehen den Großstädtern kostenlos Fußball-, Baseball-, Basketball- und Tennisplätze zur Verfügung. Joggingpfade umzirkeln das große Areal mit See. Im Westen liegt das Fußballstadion, in dem Costa Ricas Nationalelf trainiert. Der Sabana-Park zieht das für Großstadtparks typische, bunte Potpourri an Menschen an. In den kühlen Morgenstunden absolvieren hier Profi- und Hobbysportler ihr Trainingsprogramm, hoch zu Ross dreht die Polizei ihre Runden, sonntags mischt sich das metallische Rascheln der Drachenverkäufer mit den Stimmen abgehärteter Großstadtvögel. Während des Festival Internacional de las Artes füllt sich der Park mit Imbiss- und Kunsthandwerksbuden und es finden ungewöhnliche Theateraufführungen statt.

Der **Parque Nacional** ist mit seinen Holzpavillons, Springbrunnen und Picknicktischen bei Weitem der schönste Park der Innenstadt. In der Mitte steht das aus Bronze gegossene, monumentale Nationaldenkmal aus dem Jahr 1885, das an die Schlachten von Santa Rosa und Rivas (Kasten S. 244) erinnert. Das Denkmal wurde in Paris hergestellt. Die fünf mittelamerikanischen Staaten werden durch amazonenhafte, Schwert zückende und Axt schwingende Frauen und weniger furiose Männer dargestellt. Der Feind William Walker liegt bereits am Boden. Eine Replik des Denkmals vom Nationalhelden Juan Santamaría (das Original steht in Alajuela) steht im Südwesten des Parks, vor dem Gebäude der Asamblea Legislativa. Dau das des modernen würfelförmigen Gebäudes, in der die **Asamblea Legislativa** (das Parlament Costa Ricas) unterkommen soll, wurde Mitte 2018 an der ke Av. enida entral/, Calle 19 begonnen.

Außerhalb von San José, im **Parque Nacional de Diversiones**, in Uruca (2 km westlich vom Hospital México), 🖥 www.parquediversiones.com, werden Besucher in ein idealisiertes Costa Rica der Vergangenheit entführt mit Folkloreshows und Bootstouren. Der Eintritt ist kostenlos, man zahlt aber 8400C$ p. P. für die Benutzung der Attraktionen. Die Öffnungszeiten ändern sich von Monat zu Monat und sind auf der Webseite einzusehen.

ÜBERNACHTUNG

Neuankömmlinge in Costa Rica, die sich nach einer langen Anreise mit anstrengendem Flug nach etwas Entspannung und Komfort sehnen, können auch eine Unterkunft in einem der ruhigeren westlichen Vororte San Josés in Betracht ziehen, S. 126.

San Josés Zentrum
Karte S. 104/105

Aranjuez und California

Hostel Casa del Parque, an der Ostseite des Parque Nacional, Av. 1–3, C. 19, Haus Nr. 156, ✆ 2233-3437, 🖥 www.hostelcasadelparque.com. 5 geschmackvoll eingerichtete, geräumige Privatzimmer im Erdgeschoss und 2 Dorms im Obergeschoss eines eleganten Hauses in Familienbesitz. Eleganter Gemeinschaftssaal mit Ledersofas und Kunst- und Lifestyle-Büchern, große romantische Terrasse mit Springbrunnen und schmiedeeisernen Stühlen, gut ausgestattete Gemeinschaftsküche, Café/Tee gratis. Besitzer Federico ist eine gute Informationsquelle. Kein Partyhostel. Exzellente Lage. Günstige Nebensaisonpreise. Dorm $7–12, DZ ohne ❶, mit Bad ❷

Parque Morazán mit Templo de la Musíca

Hotel Aranjuez, Barrio Aranjuez, C. 19, Av. 11–13, ℡ 2256-1825, 🖥 www.hotelaranjuez.com. 5 viktorianische Familienhäuser wurden hier zu einem Hotel mit 35 Zimmern zusammengelegt: herrlich altmodisch, z. T. mit Holzdielen und TV, 6 Zimmer haben Gemeinschaftsbad. Große Gemeinschaftsbereiche. Das Hotel benutzt Solarboiler und recycelt. Frühstücksbuffet im tropischen Hintergarten, Parkplatz. Kinder bis 6 J. kostenfrei im Zimmer der Eltern. Cafeteria-Restaurant, DZ ohne ❷, mit Bad ❸–❹

Kaps Place, C. 19, Av. 11–13, Eingang durch die Garage, ℡ 2221-1169, 🖥 www.kapsplace.com. Mehrstöckiges, verschachteltes Haus mit niedrigen Decken, wo jeder Zentimeter genutzt wird. 32 Zimmer verschiedener Größen, von sehr kleinen Zimmern mit Mini-Waschbecken bis zu geräumigeren Apartments mit Privatküche, teils mit TV und AC. Innenhöfe mit Hängematten, Billard, Tischtennis; 2 moderne Gemeinschaftsküchen, Bibliothek, Frühstücksbuffet inkl. DZ ohne ❷, mit Bad ❸

Otoya und Amón

Die historischen Stadtviertel *(barrios)* Amón und Otoya liegen im nördlichen Zentrum von San José, wo es etwas ruhiger ist. Viele der Hotels sind in viktorianischen Häusern mit Innenhof untergebracht.

€ **Hostel Pangea**, Av. 7, C. 3–3bis, ℡ 2221-1992, 🖥 www.pangea.hostel.com. Ganz klar ein Partyhostel. Dachterrasse mit spektakulärem Blick auf die Stadt und Bar-Restaurant sowie Pool. Düstere, aber saubere Dorms mit Stockbetten und Schließfächern zum Gang raus. Durch die niedrigen Decken und Wandmalereien fühlt man sich wie in einer Höhle. 3 Mahlzeiten werden kostenlos serviert; sehr einfach, aber günstig. $12–15 p. P. ❷

Hotel Kekoldi, Av. 9, C. 5–7, ℡ 2248-0804, 🖥 www.kekoldi.com. 10 helle und farbenfrohe Zimmer unterschiedlicher Größe in Art-decó-Haus von 1920 mit kleinem, gepflegtem Garten. Zimmer im 2. Stock nehmen! Koloniales Frühstück inkl., freundlicher Service, französische Leitung. ❸

Hotel Santo Tomás, Av. 7, C. 3–5, ℡ 2255-0448, 2255-0102, 🖥 www.hotelsantotomas.com. Viktorianisches Haus, vorn Büroatmosphäre, hinten Großstadtoase. 30 teils geräumige Zimmer, Pool, Jacuzzi, kleines Fitnessstudio,

Frühstücksbuffet inkl., kostenpflichtiger Parkplatz. ❸–❹

Zwischen Museo Nacional und Tribunales de Justicia

€ **Casa Ridgway**, C. 15, Av. 6–8, ☏ 2222-1400, 🖥 www.casaridgwayhostel.com. Einladende, saubere Quäker-Herberge in ruhiger Seitenstraße. Schlafsaal im Erdgeschoss direkt neben der Gemeinschaftsküche – schöner sind die EZ oder DZ im Obergeschoss mit Gandhi- und Martin Luther King-Postern. Gemeinschafts-raum, große Küche, Parkplatz, Büchertausch, Bibliothek. Die Einkünfte gehen an das Friends Peace Center nebenan. Empfehlenswert. Dorm $17 p. P. ❸

Costa Rica Guesthouse, Av. 6, C. 21–25, ☏ 2223-7034, 🖥 www.costa-rica-guesthouse.com. Saubere, geräumige, 25 schlichte DZ teils mit Privatbad im 2. Stock. Große Betten und riesige Badezimmer. Frühstücks- und Fernseh-raum, Rezeption im Erdgeschoss. Etwas unper-sönlich. ❸, mit Gemeinschaftsbad ❷

Hotel Colonial, Calle 11, östlich der Kirche Soledad, ☏ 2223-0109, 🖥 www.hotelcolonialcr.com. 16 teils winzige Zimmer in einem schön renovierten Haus. Innenhof, kleiner Pool, Garten, günstiges Restaurant (🕐 tgl. 7—19 Uhr), gute Lage, kein Parkplatz, Frühstücksbuffet inkl. ❹

Hotel Fleur de Lys, C. 13, Av. 2–6, ☏ 2223-1206, 2257-2621, 🖥 www.hotelfleurdelys.com. Pinkfarbenes viktorianisches Haus, drinnen in leuchtend tropischen Farben. 30 holzausge-kleidete, saubere Zimmer mit Rattanmöbeln, leider nahe der Bahn, die früh am Morgen lärmt. Jedes Zimmer ist nach einer costa-ricanischen Blume benannt. Frühstücksbuffet inkl., das Hotel zahlt die Kosten für einen Parkplatz in einem nahen Parkhaus. ❹

Centro

Die Hotels in der Innenstadt von San José haben den Vorteil, dass alle Sehenswürdig-keiten zu Fuß zu erreichen sind. Schatten-seiten sind die oft starke Lärmbelästigung und Abgase.

Gran Hotel Costa Rica by Hilton, C. 3, Av. 0–2, Ostseite des Teatro Nacional, ☏ 2221-4000, 🖥 www.grandhotelcostarica.com. Das impo-sante 5-stöckige Hotel im Herzen San Josés mit 79 Gästezimmern stammt von 1930. Das Haus wurde zum nationalen Kulturerbe erklärt. Zur Zeit der Recherchen wurde das Hotel gerade von der Hilton-Gruppe übernommen und renoviert. ❻

Escalante und Los Yoses
Karte S. 102/103
Zu erreichen mit dem Bus Richtung San Pedro oder Tres Ríos; Abfahrt in der Av. 0, C. 9, schräg gegenüber der Bar Chelles.
In den östlich des Zentrums gelegenen Botschaftsvierteln Los Yoses und Escalante gibt es neben Luxushotels einige empfehlens-werte, ruhig gelegene Low-Budget-Unter-künfte Das lebendige Universitätsviertel San Pedro liegt mit vielen Bars und billigen Restau-rants in unmittelbarer Nachbarschaft. San Josés Zentrum erreicht man in 5 bis 10 Minu-ten per Bus.

Hostel Bekuo, 325 m westl. von Spoon Los Yoses, ☏ 2234-1091, www.hostelbekuo.com. Sehr freundliches Hostel. Schlichte Zimmer mit asiatischem Touch. 4 Schlafsäle, einer nur für Frauen, die anderen gemischt. Rusti-kale Betten, 5 Privatzimmer. Innengarten, großer Billardraum, Lesezimmer, kostenlose internationale Telefongespräche, Küche zur freien Benutzung, kein Partyhostel, um 22 Uhr ist Nachtruhe im Haus. Wer feiern will, geht in die Bars. Dorm ab $10 p. P. inkl. Frühstück, DZ ❷

Hostel Casa Yoses, Av. 8, C. 41, ☏ 2234-5486, 🖥 www.casayoses.com. Altes, renoviertes Haus mit Jugendherbergscharakter mit vielen Gittern. 2 saubere, nach Geschlechtern getrennte Schlafräume mit Schließfächern, einige Bäder haben Badewanne. Küche und großer Ess- und Fernsehraum, Garten mit Liegestühlen, Parkplatz, Restaurant mit Bar, nur am Abend, Frühstück inkl. Dorm $14–16 p. P., DZ ❷

Hotel Jade, 250 m nördl. von der Grupo Q, Barrio Dent, ☏ 2224-2455, 🖥 www.hotel boutiquejade.com. Luxushotel mit kleinem Pool im tropischen Hintergarten. 27 helle, schön geschnittene große Zimmer und 2 Suiten, alle mit 2 Doppelbetten. Gutes Restaurant im Haus

112 SAN JOSÉ I Übernachtung

www.stefan-loose.de/costa-rica

(s. Restaurant Jürgens', S. 115), Frühstück inkl. **5**

Luz de Luna, Blvd. Gastronómico, C. 33, Av. 3–5, Barrio Escalante, ℰ 2225-4919, 2282-8609, 🖥 www.luzdelunahotelboutique.com. Freundliches Hotel in bester Ausgeh-Lage. 11 einfache Zimmer, günstig, gutes typisches Restaurant im Haus, kein Frühstück. **3**

La Sabana / Paseo Colón
Karte S. 104/105
Bus von Av. 2, C. 5–7, Richtung „Cementerio Sabana" oder „Sabana Estadio".
Vom Zentrum führt der breite Paseo Colón zum größten Park San Josés, dem Parque **La Sabana**. Die Unterkünfte in den Seitenstraßen und der Parkgegend sind eine Option für diejenigen, die das Zentrum San Josés meiden wollen. Hier befinden sich einige schöne Aparthotels und günstige Backpacker-Unterkünfte. Die Hotels am stark befahrenen **Paseo Colón** sind aufgrund der hohen Lärmbelästigung nicht aufgelistet. Rund um den Coca Cola-Busterminal befinden sich die billigsten Unterkünfte San Josés; viele davon sind schmuddelige und laute Absteigen. Es ist nicht empfehlenswert in dieser Gegend zu übernachten. Besser man nimmt morgens eine kurze Taxifahrt in Kauf, um zum Busterminal zu fahren.

Aldea Hostel, C. 28, Av. 2, 100 m südl. von Pizza Hut (Paseo Colón), ℰ 2233-6365, 🖥 www.aldeahostelcostarica.com. Hostel in viktorianischem Holzhaus mit gutem Traveller-Ambiente. Ein 8er- und ein 6er-Dorms mit recht guten Matratzen und kleinen Bädern. Die 11 Privatzimmer sind karg eingerichtet. Fernsehraum, Pizzeria, manchmal mit Livemusik, Küche, Dorm $13 p. P., DZ **2**

Apartotel La Sabana, Sabana Norte, 50 m westl., 150 m nördl. von Rosti Pollo, ℰ 2220-2422, 🖥 www.apartotel-lasabana. com. Schöne, ruhig gelegene Anlage mit 32 Apartments verschiedener Größe, AC und TV, kleiner Balkon; teils Küchenzeile im gleichen Zimmer, teils als Extrazimmer. Großer Pool, kreativ mit bunten Mosaiken verziert, Liegestühle, umgeben von Palmen. Parkplatz und Wäscheservice, Touren. Frühstück inkl. **5**

Gaudy's, Av. 5, C. 36–38, ℰ 2248-0086, 🖥 www.backpacker.co.cr. Schönes, wohnliches Backpacker-Hostel mit Küche und Wohnzimmer, 3 Dorms und 10 Zimmer, inkl. Frühstück (nur von 7.30–8.30 Uhr!). Schlafsaal $13–14 p. P., DZ mit Bad **2**

Grano de Oro, C. 30, Av. 2–4, ℰ 2255-3322, 🖥 www.hotelgranodeoro.com. Luxushotel in altem viktorianischen Haus in stiller Seitenstraße mit 40 makellosen, stilvoll eingerichteten Zimmern und einem der besten Restaurants der Stadt. Terrasse mit 2 Jacuzzis, Garten mit Springbrunnen, Frühstück $16 extra, kanadische Leitung. **6**

Mi Casa Hostel, 50 m westl., 150 m nördl. vom ICE-Gebäude, Sabana Norte, ℰ 2231-4700, 🖥 www.micasahostel.com. In einer ruhigen Wohngegend liegt dieses saubere, einladende Haus für Backpacker. Schlafräume (gemischt oder nur Frauen) mit Stockbetten aus Holz; Bäder mit Badewanne. Die Zimmer im Annex sind gut für kleine Familien mit schmalem Budget. Großer Gemeinschaftsbereich mit Esszimmer, Küche, Stereoanlage, Garten, Billard, Büchern und Spielen. Tico-Leitung. Frühstück inkl. Schlafsaal $15 p. P. DZ ohne oder mit Bad. **2**–**3**

Suites Cristina, Sabana Norte, 300 m nördl. vom ICE, ℰ 2220-0453, 🖥 www.cristina.co.cr. 50 moderne, ruhig gelegene Apartments verschiedener Größe mit Einbauküche und TV; großer Pool. Konferenzsaal, italienisches Restaurant, Parkplatz. Beliebt bei Familien. inkl. Frühstücksbuffet. **5**

Tica Bus Hotel, 200 m nördl. und 100 m westl. der Torre Mercedes am Paseo Colón, ℰ 2221-0006. Vor allem Tica Bus-Reisende übernachten hier; Tipptopp saubere, moderne Zimmer mit grauen Wänden und Privatbad. Wenig Ambiente, dafür wartet der Ticabus direkt vor der Tür. Mit Cafeteria, AC und Warmwasser. DZ **2**

ESSEN

Chilenische Empanadas, peruanische Parihuela, Lammgerichte aus dem Libanon oder frittierte Plátanos aus Costa Rica – San Josés Restaurantszene präsentiert sich ebenso

www.stefan-loose.de/costa-rica

SAN JOSÉ | Essen **113**

abwechslungsreich und international wie seine Einwohner. Günstige, landestypische Gerichte erhält man im Mercado Central oder in einer der zahlreichen Sodas der Stadt, die für $4 sättigende Casados anbieten. Fast alle Restaurants in San José und Umgebung bieten günstigen Mittagstisch an. Sogar in den exklusiveren Lokalen bekommt man mittags ein recht günstiges Menü (nach *plato ejecutivo* fragen).

San Josés Zentrum

Karte S. 104/105

Alma de Café, im Teatro Nacional, Av. 2, C. 3–5., ✆ 2010-1100. Kaffee-Spezialitäten und Eisbecher an Marmortischchen unter hand-bemalten Holzdecken. Unwiderstehlich ist der ofenwarme Mango-Pie! Auch Herzhaftes, Crêpes und Quiches. ⏰ Mo–Sa 9–19, So 9–18 Uhr, an Theaterabenden auch länger.

Café Central, im Mercado Central (West). Leckere Kaffeespezialitäten und Verkauf von Kaffee und Souvenirs. Fruchtsäfte und Kleinig-keiten für den Hunger zwischendurch. Die Bohnen werden vor Ort frisch geröstet, so kann man beim Warten den Duft genießen.

Café Miel, Av. 1, C. 11–15, gelbes Haus, an der Südseite des Hauptwahlamts (TSE). Künstlerisch gestaltet, ausgefallene Karte mit guter Hausmannskost, Tagesgerichte, empfehlenswert ist der „Bowl del Dia"; sehr beliebt bei jungen Leuten, gut für ein gesundes Mittagessen bei einer Stadttour. ⏰ Mo–Fr 11.30–20, Sa 10–18, So 12–18 Uhr.

Café Mundo, C. 15, Av. 9, 200 m östl. und 100 m nördl. vom INS-Gebäude. Viktorianisches Haus mit Salons in unterschiedlichem Design und schöner Terrasse. Es gibt Pizza, Pasta- und Fleischgerichte, Salate und eine große Auswahl an Kaffee und Kuchen; gehobene Preisklasse. ⏰ Mo–Fr 11–23, Sa 17–24 Uhr.

El Balcón de Europa, C. 9, Av. Central–Av. 1. Bekannt für seine hausgemachte Pasta. Auch Fleischgerichte und Meeresspezialitäten. Italienische, französische und chilenische Weine. Das holzgetäfelte Lokal von 1909 zählt zu den ältesten Restaurants von San José, seit 3 Generationen in Familienbesitz, mittlere Preisklasse. ⏰ Di–So 11–22.30 Uhr.

El Tostador, Edificio el Tostador, Av. Central, C. 10, ✆ 4056-5665, 🖥 www.eltostador.com/stores. Nationale Caféhaus-Kette für Gourmet-Kaffee, die eine Vielzahl schön eingerichteter Restaurants im Innenstadtbereich betreibt. Dies ist die Zentrale mit Rösterei und gläserner Kaffeeproduktion. Die Restaurants bieten gute und günstige typisch costa-ricanische Kost und frische Säfte. Weitere Filialen im Innenstadt-bereich: u. a. an der Av. Central bei la Merced, 2x im Mercado Central, im Terminal del Caribe. ⏰ tgl. 9–19 Uhr.

La Casona Típica, Av. 2, schräg gegenüber von der Merced-Kirche, ✆ 2248-0701. Rustikales Rancho-Ambiente. Alles, was die einheimische Küche zu bieten hat: Casados, Gallo Pinto, Maisspezialitäten wie Tamales, Tortillas, Chor-reada und den beliebten *Olla de Chicharrones*. Günstig und beliebt bei Einheimischen, sehr preiswertes Mittagsmenü (11–15 Uhr, 1900C$). ⏰ tgl. 7–22 Uhr.

La Esquina de Buenos Aires, Av. 4, C. 11, auf der Rückseite der Soledad-Kirche, ✆ 2223-1909. Eines der renommiertes-ten Restaurants im Zentrum von San José: echte argentinische Küche, bei der Fleisch im Mittelpunkt steht, aber auch hausgemachte Pasta und leckere Vorspeisen. Ambiente wie im Buenos Aires des letzten Jahrhunderts, dazu gehört auch lauter Tango. Reservierung per WhatsApp, ✆ 8457-1002, empfohlen. ⏰ Mo–Do 11.30–15, 18–22.30, Fr, Sa 12.30–23, So 12–22 Uhr.

Le Café, in der Alianza francesa, Barrio Amón, Av. 7, C. 5, ✆ 2257-1438, 🖥 www.afsj.net. Freundliches Café im Kultur-zentrum, günstiger und gesunder Mittagstisch. ⏰ Mo–Fr 8.30–16 Uhr.

Maza, Café & Bistro, im Hostel Casa del Parque am Parque Nacional. Freundliches Bistro mit einer etwas ausgefallenen Karte. ⏰ Di–Sa 7.30–18 Uhr.

Mercado Central, Av. Central–1, C. 6–8. Umgeben von bunten Marktständen gibt es hier günstige und gute *comida típica* (landes-typische Kost) in kleinen Restaurants und Sodas. Empfohlen sei die Soda Tapia, die schon seit über 120 Jahren deftiges Mittagessen für Marktbesucher serviert. ⏰ Mo–Sa 6.30–18 Uhr.

Sapore, Av. 2, C. 13 (Eckhaus), 745 m vor der Plaza de la Democracia, ☏ 2222-8906. Trattoria mit schöner Deko, echt italienischen Kellnern und Tischdecken und natürlich authentisch italienischem Essen. ⏱ Mo–Do 11.30–14.30, 18–22.30, Fr, Sa 11.30–15, 18–23, So 12–19 Uhr.

Tin Jo, C. 11, Av. 6–8, ☏ 2257-3622, 8886-8406, ▢ www.tinjo.com. Großes asiatisches Restaurant mit vielen Räumen, die jeweils den Spezialitäten eines Landes gewidmet sind: Leckereien aus China, Japan Thailand, den Philippinen, Vietnam und Indien. Viele einfallsreiche Kreationen mit Gemüse aus biologischem Anbau. ⏱ Mo–Do 11.30–14.30, 18–22, Fr 11.30–14.30, 18–23, Sa 12–15.30, 18–22, So 12–21 Uhr.

Café Nauta, C. 3a, Av 9–11, Casa 936, Barrio Amón, ☏ 2221-1652. Feinster Kaffee, am Tisch zubereitet, leckere Salate, Sandwiches und Pita, gemütliche Einrichtung mit Kunsthandwerk, Mittagsmenü. ⏱ Mo–Sa 10–19 Uhr.

€ Tournant, in der Galeria Talentum, Barrio Amon (neben dem Hotel Cason Taormina), ▢ www.galeriatalentum.com. Im schön dekorierten Tournant gibt es tgl. (außer Sa) einen wechselnden Tagesteller sowie eine Auswahl an Salaten, Suppen, Currys und Quiches, präsentiert in einer Wohnzimmerumgebung mit viel Kunst. Man kann auf der Terrasse, im Garten oder im Wohnzimmer sitzen, jeden Mi um 18 Uhr Programmkino. ⏱ Mo, Di 12–16, Mi–Fr 12–22, Sa 13–22 Uhr.

Escalante und Los Yoses
Karte S. 104/105

Das Festival Gastronómico La Luz (S. 120) im Barrio Escalante lässt Schlemmerherzen höher schlagen, und der Boulevard Gastronómico hat sich zur Ausgehzone im Osten der Stadt entwickelt.

Agüizotes Gastro Pub, C. 33, Av. 5, ☏ 2253-2624, ▢ http://aguizotes-gastro-pub.negocio.site. Modern und geschmackvoll eingerichtete Sportsbar mit großer Bierauswahl und typischem Kneipenessen: Pizza, Hamburger, Tacos in guter Qualität, aber keine großen Portionen. ⏱ tgl. 12–24, Wochenende bis 1 Uhr.

Árbol de Seda, C. 35, Av. 5–7, ☏ 2281-0513. Einfallsreiche vegetarische und vegane Küche

in nettem Ambiente, asiatisch angehaucht, lecker ist der Champignon-Hamburger. ⏱ Mo, Mi 8–17, Do, Fr 8–22, Sa 9–22, So 9–17 Uhr.

Aya Sofía Mediterráneo, Blvd. Gastronómico, gegenüber der Sprachschule Intensa, C. 33, ☏ 2224-5050, ▢ www.sofiamediterraneo.com. Die Gäste von Mehmet und Hasan, die beide gut Deutsch sprechen, nehmen gerne eine weite Anfahrt in Kauf. Hier kann man mediterrane Küche in allen Variationen genießen, Spezialität ist Lamm, auch leckere vegetarische Angebote. Viele Veranstaltungen und Themenabende. ⏱ Di, Mi 12–15, 18–21, Do, Fr 12–15, 18–23, Sa 12–23, So 12–17, 18.30–21 Uhr.

Beer Factory, Barrio Escalante, Paseo Gastronómico, Av. 7, C. 33, ☏ 2234-2644. Bar und Grillrestaurant mit schönem Ambiente über 150 verschiedenen Biersorten aus aller Welt. ⏱ Mo–Mi 12–24, Do, Sa 12–1, So 12–23 Uhr.

Kalú & Kiosco, Barrio Escalante, 50 m östl. vom Parque Francia, Av. 5, C. 31, ☏ 2253-8367, ▢ www.kalu.co.cr. Literatur, Kunst und ein Kreativlabor samt Boutique und „Caféoteca"-Restaurant mit traumhaftem Innenhof. Neben Kuchen und Gebäck gibt es auch internationale Leckereien sowie Salate, Bocas, Pizza. Urban-künstlerisches Ambiente, viele Kultur-Events. ⏱ Di–Fr 12–22, Sa 9–22, So 9–16 Uhr, Shop: Di–Sa 10–20 und So 10–16 Uhr.

Luna Roja, Blvd. Gastronómico, C. 33, Av. 3–5, gehört zum Hotel Luz de Luna, ☏ 2225-4919. Kreative costa-ricanische Küche in einer netten Umgebung. ⏱ tgl. 12–22 Uhr.

Olio Pub & Restaurante, Blvd. Gastronómico, Av. 3, C. 33, an der Bahnlinie gelegen, ☏ 2281-0541. Fernando ist einer der Gründer des Gastronomieboulevards; abwechslungsreiche Karte mit vielen Spezialitäten aus aller Welt, gute Tapas, günstiger Mittagstisch mit Salatbar, oft mit Livemusik. ⏱ Mo–Mi 11.30—23, Do, Fr 11.30–24, Sa 17.30–24 Uhr.

Restaurant Jürgens', Barrio Dent, im Hotel Jade (S. 112), ☏ 2283-2239. Karte S. 102/103. Delikatessen-Importeur Jürgen gründete das Spezialitätenrestaurant mit einer vielfältigen

Speisenauswahl. Hier gibt's etwas für jeden Geschmack, mit ausgewählter Weinkarte. ⏲ Mo–Fr 12–14.30, 18–22, Sa 18–22 Uhr.
Sobremesa, C. 33, gegenüber der Sprachschule Intensa, ☎ 8392-4664. Mehr Mini-Café als Restaurant, mit sehr leckeren Kleinigkeiten und Bowls, Cocktails, gutem Kaffee, freundlich und persönlich. ⏲ Di–Sa 8–19.30, So 9–16.30 Uhr.
Taberna Club Alemán, Av. 8, C. 35, los Yoses, ☎ 2225-0366, 🖥 www.clubaleman.org. Sehnsucht nach einem kühlen Pils, einem Jägerschnitzel, Brat-, Weiß- oder Blutwurst aus eigener Herstellung? Der Treffpunkt des Club Alemán serviert sehr gute deutsche Hausmannskost. Sa ist Grilltag. Hans und Sabine kümmern sich persönlich um ihre Gäste, bei wichtigen Fußballspielen trifft sich hier die deutsche Fangemeinde. ⏲ Di–Sa 11.30–21.30 Uhr, Kneipe: Fr–Sa 18–2 Uhr.

La Sabana / Paseo Colón
Karte S. 104/105
Ana Restaurant, Paseo Colón, C. 24–26, ☎ 2222-6153. Das seit 1952 bestehende italienische Restaurant bietet in 3 Räumen klassische italienische Küche, sowie tgl. günstigen Mittagstisch. ⏲ tgl. 10–22 Uhr.
Estación Atocha, schräg ggü. der Casa España, etwa 80 m nördl. vom Apartotel la Sabana, Sabana Norte, ☎ 2220-0207, 🖥 www.estacionatocha.com. Ausgezeichnetes, spanisches Restaurant, benannt und dekoriert in Anlehnung an den Madrider Hauptbahnhof. Gute Weinauswahl und Sangria, große Auswahl an Tapas, gute Pressekritiken. ⏲ Mo–Do 12–15, 18–23, Fr, Sa 12–23 Uhr.
Lubnán, Paseo Colón, C. 22–24. ☎ 2257-6071. Große Auswahl an libanesischen Gerichten und Weinen, z. B. Humus-, Lamm- und Couscous-Gerichte oder Shish-Kebab, viele vegetarische Optionen; zum Nachtisch Dattelkekse oder Flan mit heißem Honig. Mittlere bis obere Preisklasse. ⏲ Di–Sa 11–15.30 und 18–23, So 11–17 Uhr.

UNTERHALTUNG

Nachtschwärmer haben die Wahl zwischen vibrierenden **Salsa-Discos**, Undergroundbars oder exaltierten Dragqueen-Shows. Im **Jazz Café** geben sich internationale Jazzgrößen ein

Einkaufsbummel in San José

Stelldichein. Bekannte costa-ricanische Bands wie Malpaís (s. Kasten S. 310) treten hier regelmäßig auf. In den Nachtclubs und Kasinos der Stadt – dem Blue Marlin, Key Largo und Atlantis – halten sich vorwiegend nordamerikanische Sextouristen mit Prostituierten auf.

Bars

Chelles, Av. Central, C. 9. Eine der wenigen alten Bars (1909!), die nicht der Planierraupe zum Opfer fielen. Bocas und billiges Bier inmitten eines bunt gemischten Publikums. ⏲ 24 Std.

Jazz Café, San Pedro, neben der Banco Popular, 🖳 www.jazzcafecostarica.com. Livekonzerte mit internationalen Jazzgrößen, auch Rhythm and Blues, Funk, Soul, Folk, Latin Music. ⏲ Mo–So 18–2 Uhr.

Morazán, am Parque Morazán, beliebte Stadtbar. Gespielt wird 80er- und 90er-Musik, ab 23 Uhr Electronic. Klar wird auch getanzt! ⏲ tgl. 17–24, Fr–So bis 3 Uhr.

Rafas Bar, C. 21, Av. 1–3. *Donde la Amistad no tiene limites* lautet der Leitspruch dieser Stadtkneipe. ⏲ tgl. 11–24, Fr, Sa bis 2 Uhr.

Diskotheken

Vertigo, im Centro Colón, Paseo Colón, 🖳 www.vertigocr.com. Die Nummer 1 für Electronic und Techno. ⏲ Fr, Sa 22–6 Uhr, Live-Events auch in der Woche.

Kino

Die Mehrzahl der Kinos befindet sich in den Shopping-Zentren. Sie zeigen nordamerikanische Blockbuster mit spanischen Untertiteln. Das aktuelle Kinoprogramm steht in der Beilage *Viva* der Tageszeitung *La Nación* oder unter 🖳 www.cinemania.co.cr. Folgende Filmspielhäuser heben sich durch ihr Ambiente oder Programm ein wenig von der breiten Masse ab.

Centro de Cine, C. 11, Av. 9, hinter dem INS-Gebäude, Barrio Otoya, ✆ 2256-5001, 🖳 www.centrodecine.go.cr. Im Anschluss oft Diskussionen über den Film. Hier wird auch das Festival de Cine organisiert.

Cine Sala Garbo, C. 28, Av. 2, ✆ 2222-1034, 🖳 www.salagarbocr.com. Programmkino, Filme aus aller Welt mit spanischen Untertiteln.

Hip mit über hundert!

Wer in San José nach einem guten Ausgehort fragt, dem wird bestimmt das **El Steinvorth** (C. 1, Av. 0–1) empfohlen, ein Bar-Café im Herzen San Josés auf zwei Etagen verteilt. Das Gebäude stammt aus dem Jahr 1907 vom deutschen Einwanderer Otto Steinvorth, der hier u. a. Wein und Möbel verkaufte. Steinvorth wurde wie viele deutsche Einwanderer während des Zweiten Weltkriegs enteignet. 2010 gewann das Gebäude den vom Kulturministerium ausgeschriebenen und mit $200 000 dotierten Wettbewerb „Salvemos Nuestro Patrimonio Arquitectónico". Das Bar-Café im oberen Stock wurde bereits mit privaten Mitteln renoviert und ist beliebter Treffpunkt der Mitte 20- bis Mitte 30-jährigen Großstädter, die sich hier während der Woche bei gedämpftem Jazz und einem Glas Wein unterhalten. Am Wochenende legt ein DJ auf, dann heißt es Schlange stehen! ⏲ Di–Fr 17–1, Sa 21–2.30 Uhr.

Lesben und Schwule

El 13, Av. 14, C. 9. Gute Mischung aus Alt und Jung, Homos und Heteros. Fröhliche Bohemien-Atmosphäre. ⏲ tgl. 12–24, Wochenende bis 2 Uhr.

La Avispa, C. 1, Av. 8–10. Die beliebteste Lesben- und Schwulendisco San Josés. Bester Tag: Do, immer voll, Eintritt frei! Fr–Sa $2, ⏲ Do–Sa 20–2, So 16–2 Uhr.

Theater

San José hat eine lebendige Theaterszene und günstige Eintrittspreise. Unter den mehr als ein Dutzend Theatern sind das Teatro Nacional und das Teatro Mélico Salazar die Aushängeschilder der Stadt. Das aktuelle Bühnenprogramm steht in der Beilage *Viva* der Tageszeitung *La Nación* und in der englischsprachigen Online-Ausgabe der *Tico-Times*.

Teatro Nacional, C. 5, Av. 2, ✆ 2221-5341, 🖳 www.teatronacional.go.cr. Opern-, Tanz-, Theateraufführungen und Konzerte, darunter regelmäßige Auftritte des nationalen Sinfonieorchesters und jeden Dienstag Mittags-Theater.

Teatro Mélico Salazar, C. Central, Av. 2, ✆ 2257-6005, 💻 www.teatromelico.go.cr. Tanz-, Theateraufführungen und Konzerte, Auftritte des nationalen Tanzensembles.
Teatro de La Aduana, Barrio La California, C. 25, Av. 3, ✆ 2257-8305. Neues, modernes Theater mit guter Akustik, Sitz der Compañía Nacional de Teatro. Spielstätte des Festival Internacional de las Artes.

AKTIVITÄTEN UND TOUREN

Joggen
Im **Parque La Sabana**, **Parque de la Paz** und auf dem Campus der **Universidad de Costa Rica**.

Schwimmen
Schwimmhalle im **Parque La Sabana**, mit 50-m-Becken.

Stadttouren
Chepecletas, 💻 www.chepecletas.com. Drei junge Josefiner bieten Touren auf Spanisch und Englisch zu Fuß am Tag und bei Nacht durch die Innenstadt. An der Nocturbano-Tour kann jeder teilnehmen, sie findet alle 2 Wochen statt und kostet 2000C$. Private Touren (ca. 1 1/2 Std.) in Gruppen von mind. 4 Pers. kosten $15 p. P. Reservierungen unter ✆ 2222-7548, ✉ info@chepecletas.com.
The Bird's Word, ✆ 6280-6169, 💻 www.toursanjosecostarica.com. Keine Vogeltouren, sondern Stadt- (ca. 2 Std., $28) und Kneipentouren (ca. 5 Kneipen, $20 p. P. inkl. 1 Glas Guara Rum) auf Englisch.

Kulturtipps San José

Aktuelle Infos zu San Josés Kultur- und Nachtleben liefern die Tageszeitung *La Nación* in ihrer Wochenendbeilage *Viva*, 💻 www.nacion.com, sowie die Internetseiten *Entretenimiento*, 💻 www.entretenimiento.co.cr, und *Gam Cultural*, 💻 www.gamcultural.com. Letztere liegt auch als monatliche Printversion (mit Stadtplan) in Museen, Theater, Bars und Hotels gratis aus.

Tanzstunden
Unterricht in Latin Dance bieten:
Academia de Bailes Latinos, Av. Central, C. 25–27, Barrio Escalante, ✆ 2233-8938, und **Merecumbé**, u. a. in San Pedro, 100 m südl. und 25 m westl. der Banco Popular, sowie in Santa Ana Av. 3, C. 4–6, ✆ 2224-3531. Weitere 10 Filialen sind im ganzen Land zu finden.

Tennis
Costa Rica Tennisclub, Sabana Sur, südl. vom Parque La Sabana.

SONSTIGES

Apotheken
Mehrere Apotheken in der Av. 2, gegenüber vom Teatro Nacional, und in der Av. Central. Apotheke der **Clínica Bíblica**, Av. 14, C. 0–1, 💻 www.clinicabiblica.com, ✆ 2522-1000, 🕐 24 Std.

Autovermietungen
Die meisten Autovermieter befinden sich am Paseo Colón; s. auch Tipps für Autofahrer, S. 64.
Alamo, Paseo Colón, C. 36–38, ✆ 2242-7733, 💻 www.alamocostarica.com. 🕐 tgl. 7.30–18 Uhr.
Budget, Paseo Colón, C. 30 ✆ 2436-2000, 💻 www.budget.co.cr. 🕐 Mo–Sa 7–18, So 7–16 Uhr.
Offroad Costa Rica, Paseo Colón, C. 30–32, ✆ 2221-5147, 💻 www.offroad-costarica.com. Zuverlässige Motorrad- und Autovermietung, auch ältere und günstigere Automodelle. Viele nützliche Infos. Deutsche Leitung.
Wildrider, Diagonal 16, schräg gegenüber von Corporación Yanber, ✆ 2258-4604, 💻 www.wild-rider.com. Verschiedene Automodelle zu günstigen Preisen; deutsche Leitung. 🕐 tgl. 8–17.30 Uhr.

Botschaften und Konsulate
Deutsche Botschaft
Torre La Sabana, 8. Etage, 300 m westl. vom ICE-Gebäude in Sabana Norte, ✆ 2290-9091, 💻 www.san-jose.diplo.de, 🕐 Mo–Fr 9–12, Di bis 11.30 Uhr. Freundlicher Service, Notfalltelefon ✆ 8381-7968 (Handy, nur in Notfällen).

Art City Tour

Der Verein **GAM Cultural**, 🖥 www.gam cultural.com, hat es sich zum Ziel gesetzt, das Kulturleben in der Hauptstadt und in der näheren Umgebung (**G**ran **A**rea **M**etropolitana) zu fördern. Henry Bastos – engagierter Gründer, Direktor und Guide – ist auch der Initiator der **Art City Tour**, einer lohnenden Tour zu den kulturellen Attraktionen der Hauptstadt. An sechs Tagen im Jahr (meist am 2. Mittwoch der ungeraden Monate) sind teilnehmende Museen, Galerien, Kulturzentren etc. kostenlos zugänglich. Wer an einem der Termine zufällig in San José ist, sollte sich diese Gelegenheit nicht entgehen lassen. Ein kostenfreies Busnetz bringt an diesen Tagen Interessierte auf fünf verschiedenen Routen zu den einzelnen Orten. Offiziell geht es erst am Nachmittag los, der freie Eintritt gilt aber für den ganzen Tag. Auch geführte Stadttouren zu Fuß und auf dem Fahrrad gehören zum Programm, ebenfalls umsonst. Aktuelle Infos auf der Webseite. Dort sollte man sich registrieren. In Lokalen, Hotels und Theatern der Hauptstadt liegt der monatlich erscheinende Veranstaltungskalender *GAM Cultural* kostenlos aus.

Österreichisches Honorargeneralkonsulat
Paseo Colón, Edificio Colón, 7. Stock, neben der BCR, ✆ 2221-4306, ✉ consulado.austria@cr4a.com, nur Notpässe. Als Botschaft ist die österreichische Botschaft in Mexiko für Costa Rica zuständig (S. 36). ◷ Mo–Fr 9–12 Uhr.

Botschaft der Schweizerischen Eidgenossenschaft
Paseo Colón, Edificio Centro Colón, 10. Stock, ✆ 2221-4829, 2222-3229, 🖥 www.eda.admin.ch/sanjose; ◷ Mo–Fr 9–12 Uhr; Telefonsprechstunde Mo–Do 8–12, 13.30–16, Fr 8–12 Uhr.

Bücher und Zeitschriften
Librería Lehmann, Av. Central, C. 1–3. Spanische Bücher, englischsprachige Reiseführer, Karten. ◷ Mo–Fr 8–18.30, Sa 9–17, So 11–16 Uhr.
Librería Internacional, Av. Central, C. 1–3. Englische, spanische und eine kleine Auswahl an deutschen Büchern. ◷ Mo–Sa 9–19, So 9–17 Uhr.
Macondo, am Universitätscampus in San Pedro. Große Auswahl an spanischer Literatur und Fachliteratur. ◷ Mo–Fr 8–18, Sa 9–12 Uhr.

Büchereien
Bibliotéca Nacional, Av. 3, C. 5–7. Nur Referenzbücherei. Auch costa-ricanische Tageszeitungen und Internet. ◷ Mo–Fr 8.30–16 Uhr.
Universidad de Costa Rica, in San Pedro.

Deutsche Organisationen
Colegio Humboldt, Pavas, 100 m westl., 50 m nördl. der US-Botschaft, ✆ 2232-1455, 🖥 www.humboldt.ed.cr.
Deutscher Akademischer Austauschdienst (DAAD), rund 1,5 km nördl. der US-Botschaft in Pavas, ✆ 2296-8231, 🖥 www.conare.ac.cr/daad.
Evangelisch-Lutherische Kirche in Costa Rica, Barrio Rohrmoser, ✆ 2291-0986, 🖥 www.kirche.or.cr. Jeden Sonntag Gottesdienst auf Deutsch, Ansprechpartner für soziale Programme.

Einkaufen
Boutique Kiosko SJO, Barrio Amon, Av. Central, C. 5. Originelle Geschenke: Schmuckstücke, Kleidung, Holzschnitzkunst und Möbel. CDs mit Musik aus Zentralamerika und Accessoires aus recyceltem Material.
Galería Namú, Av. 7, C. 5–7. Masken aus Boruka, außerdem Bilder, Vasen, Hüte und Körbe von verschiedenen Indianerstämmen, teilweise Kitsch, aber fairer Handel. In den Reservaten sind die Preise niedriger. ◷ Mo–Sa 9–18.30, So 13–17 Uhr.
Beinahe keinen Wunsch offen lassen die großen Einkaufszentren **Outlet Mall** in San Pedro und im Westen das **Multiplaza Escazú**, eines der größten Einkaufszentren in Lateinamerika, direkt an der Autobahn 27, mit dem Bus Richtung Santa Ana zu erreichen.
Für weiteres Kunsthandwerk s. Märkte S. 120.

Feste

Festival Gastronómico La Luz, 🖵 www.face
book.com/paseogastronomicolaluzcr, das
Schlemmerfest im Barrio Escalante hat mittlerweile Kultstatus. An unregelmäßigen Terminen
im Jahr (Infos auf der Facebook-Seite) füllt sich
die Calle 33 samt Nebenstraßen mit Besuchern
aus aller Welt.

Festival de las Artes Costa Rica (FIA), 🖵 http://
fiacr.com. Internationales Kunstfestival, das
alle alle 2 Jahre im Frühjahr in der ganzen Stadt
stattfindet. 2018 beteiligten sich mehr 1200
Künstler an dem Spektakel.

Fotogeschäfte

Speicherkarten und Kamerazubehör besorgt
man sich am besten in den Fachgeschäften in
den großen Einkaufszentren (s. o.).

Geld

Banco Nacional, Hauptgebäude C. 4, Av. 3–1,
🖵 www.bncr.fi.cr, ⏱ Mo–Sa 8.30–15.45 Uhr,
Kasse: Mo–Sa 13–19 Uhr. In der Fußgängerzone, Av. Central, C. 2 gibt es eine gut zugängliche Filiale mit vielen Geldautomaten (Visa
und Master).

BN-Wechselstube, Av. Central, C. 4.
Fußgängerzone, tauscht Dollar und Euro zu
einem guten Kurs, keine Gebühr. ⏱ Mo–Fr
10.45–18, Sa, So 8.30–15.45 Uhr.

Banco de Costa Rica, C. 4–6. Av. 0–2, 🖵 www.
bancobcr.com. ⏱ Mo–Fr 8.30–18, Sa 8.30–16 Uhr.

BCR Wechselstube, im Gebäude der Banco
de Costa Rica, tauscht Euro und Dollar um.

Banco Popular, C. 1, Av. 2–4, 🖵 www.banco
popularcr.com. Nur Umtausch von Dollar.
Geldautomat akzeptiert nur Visa und Master
Card. ⏱ Mo–Fr 9–16.45, Sa 8.15–11.30 Uhr.

Zentrale der BAC, Av. 2. nördl. der Kathedrale.
Alle Karten werden akzeptiert. An den BAC-
Geldautomaten, die überall in der Stadt (oft
auch innerhalb von Mini-Märkten) zu finden
sind, kann man mit allen Karten Geld abheben,
Ausgabe in Dollar oder Colones. ⏱ Mo–Fr
11–19, Sa und So 13–18 Uhr.

Immigration

Migración, von der Brücke Puente Juan Pablo
II 300 m nördl., hinter dem Restaurant las
3 Hermanas, ☎ 1311, 🖵 www.migracion.go.cr.
⏱ ab 7 Uhr, früh herkommen.

Informationen

Instituto Costarricense de Turismo (ICT),
an der Autopista General Cañas, neben der
Brücke Puente Juan Pablo II, ☎ 2299-5800,
🖵 www.visitecostarica.com. ⏱ Mo–Fr
8–16 Uhr.

Oficina de Información Turistica de San José,
im Ed. Las Academias, Av. Central, C. 1–3,
gegenüber der Librería Lehmann, ☎ 2222-1090.
⏱ Mo–Fr 9–17 Uhr.

Kulturinstitute

Alliance Française, Av. 7, C. 5, 200 m westl.
vom INS-Gebäude, Barrio Amon, ☎ 2222-2283,
🖵 www.afsj.net. Hin und wieder interessante
Ausstellungen von französischen und costa-
ricanischen Künstlern.

Goethe Zentrum, in der Humboldtschule,
100 m westl., 50 m nördl. der US-Botschaft,
☎ 2290-0958, 🖵 www.centrogoethe.com.

Märkte

Mercado Central, Av. 0–1, C. 6–8 (S. 108).
⏱ Mo–Sa 7–17.30 Uhr.

Mercado de Artesanía, auch Paseo de los
Turistas, südl. der Plaza de las Garantías Socia-
les, Av. 6, C. 5–7. Neuer Markt, schön gestaltet:
Handarbeiten, T-Shirts und andere Souvenirs;
auch aus anderen mittelamerikanischen
Ländern, Touristenpreise.

Feria Verde, Sportanlage des Barrio Aranjuez,
vom Colegio México 400 m westl., 🖵 www.
feriaverdearanjuez.blogspot.com. Obst und
Gemüse aus biologischem Anbau, landestypisches Frühstück und Mittagessen wie Gallo
Pinto, Tortillas, Bizcoches, Burritos, Empanadas,
Tamales, Chorreadas; auch Stände mit Handwerk, Schmuck, Kleidung und Instrumenten.
⏱ Sa 8–14 Uhr.

Medizinische Hilfe

Das Niveau der medizinischen Versorgung in
San José ist hoch. Viele Ärzte haben einen Teil
ihres Studiums in den USA absolviert. Zahnarzt-
und Operationspreise sind in Costa Rica relativ
günstig. Der medizinische Tourismus boomt.

Eine Liste mit **deutsch-sprachigen Ärzten** steht auf der Website der deutschen Botschaft.
Clínica Bíblica (Privatklinik), Av. 14, C. 0–1, ✆ 2522-1000, 🖥 www.clinicabiblica.com. Hier wird Englisch gesprochen. Nicht billig.
Clínica Católica (Privatklinik), San Antonio de Guadalupe, an der Südseite der Tribunales de Justicia, ✆ 2246-3000, 🖥 www.hospital lacatolica.com. Hier wird Englisch gesprochen.
San Juan de Dios (öffentliche Klinik), Paseo Colón, C. 14–16, ✆ 2257-6282.

Post
Correo Central, C. 2, Av. 1–2. ⏲ Mo–Fr 7.30–18, Sa 7.30–12 Uhr. Hier können postlagernde Sendungen abgeholt werden (s. auch S. 52).

Reisebüros
OTEC, 275 m nördl. vom Teatro Nacional, C. 3, Av. 1–3, ✆ 2256-0633, und in Escazú im CC Boulevard, 300 m südl. vom CC Multiplaza Escazú, ✆ 2201-7111. 🖥 www.artours costarica.com. Reisebüro mit günstigen Flügen, Studentenrabatte. ⏲ Mo–Fr 9–12 und 13.30–18.30 Uhr.
Ambos Mares, C. 5, Av. 7–9, ✆ 2243-1800, 🖥 www.ambosmares.com. Vertretung von Condor und Lufthansa in Costa Rica, sehr hilfsbereit. ⏲ Mo–Fr 9.30–12 und 13–18 Uhr. Weitere Reisebüros befinden sich an der Westseite des Parque Morazán.

Supermärkte
Eine kleine Auswahl im Stadtzentrum:
Automercado, Av. 3, C. 3. Größere Auswahl und höhere Preise. ⏲ Mo–Sa 7–21, So 8–16 Uhr.
AM/PM, **Vindy**, und **Freshmarket**, die führenden Mini-Supermarktketten sind überall in San José verstreut. ⏲ in der Regel tgl. 6–23 Uhr.
Perimercado, an der Plaza de la Cultura. ⏲ Mo–Fr 7–21, Sa, So 8–17.30 Uhr.

Taxis
Offizielle Taxis sind rot und haben ein gelbes Dreieck mit den Initialen TSJ auf der Tür. Fahrgäste sollten sich vor der Abfahrt vergewissern, dass der Fahrer das Taxameter angeschaltet hat. Der erste Kilometer kostet 735C$. Eine Fahrt vom Zentrum zum Flughafen kostet ca. $25.

Trinkgeld wird nicht erwartet. Taxistände sind sich an beinahe allen wichtigen Sehenswürdigkeiten und Parks der Stadt zu finden oder man winkt eines herbei.
Coopetaxi, ✆ 2235-9966, **Coopetico**, ✆ 2224-7979, **Taxis Unidos Aeropuerto**, ✆ 2441-1319 (teurer als normale Taxis, fangen bei 820C$ an).

Telefon
An der Plaza de la Cultura; hier gibt es auch Telefonkarten. Fast überall, in Hotels, auf der Straße und in Mini-Supermärkten werden SIM-Karten angeboten, eine günstige Option, unterwegs erreichbar zu sein. Die SIM-Karten werden mit der Passnummer aktiviert; auch Internetzugang buchbar. Angeboten werden SIM-Karten von Kölbi, Movistar und Claro (weitere Infos S. 61).

Wäschereien
Die Mehrheit der Hotels und Herbergen bieten Wäscheservice an.

NAHVERKEHR

Lokale **Busse** fahren nach:
SABANA/PASEO COLÓN, an der Ecke schräg gegenüber vom Automercado, alle 10 Min.
SAN PEDRO, an der Ecke schräg gegenüber der Bar Chelles, alle 3–5 Min.
Nach ESCAZÚ und SAN ANTONIO DE ESCAZÚ, C. 16, 50 m nördl. des Paseo Colón, alle 5 Min.
Nach SANTA ANA und PIÉDADES über CC Multiplaza, C. 16, kurz vor der Kreuzung mit Av. 3, alle 5- 10 Min.

TRANSPORT

Busse
San José ist der Hauptverkehrsknotenpunkt in Costa Rica. Selbst kleine, abgelegene Orte haben meist eine direkte Busverbindung mit der Hauptstadt. Busreisende werden San José daher kaum umgehen können. Die Abfahrtszeiten und Abfahrtsorte ändern sich ständig, Busreisende sollten deshalb grundsätzlich vor ihrer Abfahrt aktuelle Informationen einholen. Die Buspreise sind niedrig, die Busse fast immer voll besetzt. Über ein Dutzend verschie-

dene Busgesellschaften gibt es. Fast ebenso viele Busterminals liegen wild in der Stadt verstreut. Einen Online-Fahrplan kann man unter 🖵 www.thebusschedule.com/cr auf Spanisch und Englisch einsehen, dort werden auch die verschiedenen Terminals erwähnt. Wer häufiger mit dem Bus unterwegs ist, findet eine nützliche App unter 🖵 www.bus mapscr.com. Das ICT, die Tourismusbehörde Costa Ricas, stellt einen aktuellen Plan für Fernbusse zur Verfügung: 🖵 www.visitcosta rica.com/ict/paginas/LEYES/pdf/Itinerario Buses_es.pdf.

Zu den großen Busbahnhöfen zählen:
Terminal 7-10, Av. 7, C 10, ☎ 2519-9743, 🖵 www.terminal7-10.com. Ein relativ komfortables Terminal über 3 Stockwerke mit zentralem Ticketverkauf, ⏲ tgl. 5–19 Uhr. Im Erdgeschoss befinden sich die Fahrsteige, sowie einige für den Reisenden sinnvolle Geschäfte wie Handyzubehör und ein recht gut ausgestatteter Mini-Supermarkt, im 1. Stock ist der Fahrkartenverkauf, die Promerica Bank, ein paar Läden und ein Wartesaal mir Spielplatz, im 2. Stock sind Restaurants und Sodas untergebracht. Toiletten kosten 200C$. Freies WLAN im ganzen Terminal.
Von hier starten die Busse an die zentrale Pazifikküste, in den Norden nach Monteverde/Santa Elena, San Carlos und Upala, nach La Fortuna, zur Nicoya-Halbinsel sowie nach Guanacaste und Nicaragua mit Anschluss nach El Salvador. Das Terminal selbst ist sicher und sauber, die Umgebung eher nicht. Am besten mit Taxi an- und abreisen! Der Taxistand ist überdacht und direkt mit dem Terminal verbunden.
Terminal La Coca Cola, Av. 1–3, C. 16–18. Hier starten die langsamen Busse mit Zwischenstopps unter anderem an die zentrale Pazifikküste. Sehenswert ist die Feuerwehrzentrale, direkt neben dem Terminal: Hier kann man gut erhaltene Einsatzfahrzeuge aus den 20er- und 30er-Jahren bewundern.
Terminal Alfaro, C. 10, nördl. der Av. 7, ☎ 2222-2666. Busse zur Nicoya-Halbinsel
Terminal Atlántico-Norte, Av. 9, C. 12. ☎ 2257-8129. Busse in den Norden (La Fortuna, Ciudad

Quesada mit Anschluss nach Pital und Boca Tapada) und an die Karibik, Limon, Cahuita, Puerto Viejo, Sixaola (Panama).
Gran Terminal del Caribe, C. Central, nördl. der Av. 13. Busse an die Karibik und in die Sarapiquí-Gegend, sehr sauberes und gepflegtes Terminal, mit Restaurants, Internetcafé und Supermarkt.
Terminal Musoc, Av. 22, C. Central–C. 1. Busse in den Süden.
Terminal Tralapa, Av. 5, C. 20–22, vom Hospital de Niños 300 m nördl. und 25 m westl., ☎ 2223-5859. Es fahren Busse zu den Stränden in Guanacaste.

Busse innerhalb Costa Ricas
ALAJUELA (die grüne Linie fährt über den Flughafen), 4–22 Uhr alle 5–8 Min., Av. 2, C. 12–14, Stopps entlang der Av. 2, mit Tuasa, 550C$, ☎ 2442-6900.
ATENAS, 5.40–22 Uhr alle 30–60 Min., 1 1/2 Std., Terminal La Coca Cola, mit Coopetransatenas, ☎ 2446-5767, 🖵 www.coope transatenas.com.
BOCA TAPADA (s. Pital).
BRAULIO CARRILLO NP (s. Guápiles).
BRIBRÍ (über CAHUITA und PUERTO VIEJO), 5x tgl. 6, 10, 14, 16, 18 Uhr, ca. 5 Std., Terminal Atlántico Norte mit Mepe, ☎ 2257-8129.
BUENOS AIRES (mit Weiterfahrt in den Süden), 7x tgl. 8.30–14.30 Uhr, 4 Std., C. 5, Av. 20–18, mit Tracopa, ☎ 2221-4214, 🖵 www.tracopacr.com.
CAHUITA, 7x tgl. 6–18 Uhr, 4 Std., Terminal Atlántico Norte, mit Mepe, ☎ 2755-1011.
CAÑAS, stdl. 7.45–20 Uhr, 3 1/2 Std., Terminal La Coca Cola, mit Empresa Cañas, ☎ 2258-5792, und 12x tgl. ab 11 Uhr, Av. 5–7, C. 24, mit Pulmitan, ☎ 2256-9552, 2222-0650.
CAÑO NEGRO (s. Los Chiles).
CARIARI (zur Weiterreise nach TORTUGUERO), 4x tgl. zwischen 6.30 und 20.30 Uhr, 2 Std., Terminal del Caribe, mit Caribeños, weitere Verbindungen mit Umsteigen in Guápiles, ☎ 2222-0610, 🖵 www.grupocaribenos.com.
CARTAGO, Direktbusse Mo–Sa 5.15–20 Uhr alle 5–10 Min., So weniger, Av. 10, C. 5–7, mit Lunaca, ☎ 2537-2320.
CHIRRIPÓ NP (s. San Isidro).

CIUDAD NEILY, 6x tgl. 4–13.45 Uhr, 5 Std., Plaza Viquez, C. 5, Av. 18–20, mit Tracopa, ☎ 2221-4214, 🖥 www.tracopacr.com.

CIUDAD QUESADA, Direktbusse tgl. 4.30–19 Uhr 16 x tgl., 2 1/2 Std., Regulärbusse (mit vielen Stopps) ca. stdl. zwischen 5 und 19.30 Uhr, 2 1/2 Std., Terminal 7-10, mit Expresos Ciudad Quesada, ☎ 2255-4318.

CORCOVADO NP (s. Puerto Jiménez).

FLUGHAFEN (s. Alajuela).

GOLFITO, 3x tgl. 6.30–15.30 Uhr, 7 Std., freitags zusätzlicher Nachtbus um 22.10 Uhr, am Plaza Viquez, C. 5, Av. 18–20, mit Tracopa, ☎ 2221-4214, 🖥 www.tracopacr.com.

GRECIA, 6–22 Uhr alle 30 Min., 1 1/2 Std., C. 18, Av. 7, mit Tuan, ☎ 2258-2004.

GUÁPILES, 5.30–19.30 Uhr, Bus fährt, wenn er voll ist, 1 1/2 Std., Terminal del Caribe, mit Caribeños und Linaco, ☎ 2222-0610.

GUATUSO, 5, 8.40 und 11.50 Uhr, 5 Std., Terminal 7-10, mit Expresos Ciudad Quesada, ☎ 2255-4318.

GUAYABO (s. Turrialba).

HEREDIA, 5–22 Uhr ca. alle 5–10 Min., Av. 2, C. 12–14 (gleiche Haltestelle, wie die nach Alajuela), mit Tuasa, ☎ 2442-6900.

JACÓ, 21x tgl., am Wochenende noch häufiger, 2 1/2 Std., Terminal 7-10, mit Transportes Jacó SA, ☎ 2220-2325. Bustickets möglichst einige Tage im Voraus kaufen, am Fahrkarten-schalter, ⊙ tgl. 6–18 Uhr, oder online 🖥 www.transportesjacoruta655.com/ventaonline/

LA CRUZ (s. Peñas Blancas).

LA FORTUNA, 3x tgl., ab 6.15, letzter Direktbus 11.50 Uhr, später muss man über Ciudad Que-sada reisen, zum Fahrkartenkauf 30 Min. früher da sein, 4 1/2 Std., Terminal 7-10, mit Expresos Ciudad Quesada, ☎ 2255-4318.

LIBERIA, stdl. 6–21 Uhr, Direktbusse 14x tgl. ab 6 Uhr, 4 1/2 Std., C. 24, Av. 5–7, mit Pulmitan, ☎ 2256-9552, 🖥 www.pulmitandeliberia.com.

LIMÓN, 6, 10, 12, 14, 16 Uhr, 2 1/2 Std., Terminal del Caribe, mit Caribeños, ☎ 2222-0610.

LOS CHILES, 4x tgl. um 5.30, 9.15, 15, 17.30 Uhr, 5 Std., Terminal 7-10, mit Expresos Ciudad Quesada, ☎ 2255-4318.

MANZANILLO (KARIBIK), Direktbus 1x tgl. um 12 Uhr mit Mepe ab Terminal Atlántico Norte,

☎ 2257-8129, weitere Verbindungen mit Umsteigen in Puerto Limón.

MAL PAÍS (über Puntarenas und Fähre nach Paquera,) 2x tgl. 6 und 14 Uhr, Terminal 7-10, mit Transportes Cobano, ☎ 2221-7479.

MANUEL ANTONIO (s. Quepos).

MONTEVERDE, 2x tgl. 5.30 und 14.30 Uhr, 4,5 Std., Terminal 7-10, mit Transmonteverde, ☎ 2519-9950.

MONTEZUMA (über PUNTARENAS und Fähre nach Paquera), 2x tgl. 6 und 14 Uhr, Terminal 7-10, mit Transportes Cobano, ca. 7500C$, ☎ 2221-7479, 2642-1112.

NICOYA, 6x tgl. 5.30–17.15, So bis 18 Uhr, Terminal 7-10, mit Alfaro, ☎ 2222-2666.

NOSARA, tgl. 5.30 Uhr, 5 1/2 Std., weitere Ver-bindungen mit Umsteigen in Nicoya, Terminal 7-10, mit Alfaro, ☎ 2222-2666.

PALMAR NORTE, 8x tgl. 5–16.30 Uhr, 5 Std., am Plaza Viquez, C. 5, Av. 18–20, mit Tracopa, ☎ 2221-4214, 🖥 www.tracopacr.com.

PASO CANOAS, 8x tgl. 5–16.30 Uhr, C. 5, Av. 18–20, mit Tracopa, ☎ 2221-4214, 🖥 www.tracopacr.com.

PEÑAS BLANCAS (Grenze zu Nicaragua, via LA CRUZ), 9x tgl. 3–19 Uhr, 51/2 Std., schräg gegenüber dem Terminal Atlántico-Norte, mit Deldú, ☎ 2256-9072, 2677-0091.

PITAL (zur Weiterreise nach BOCA TAPADA), 4x tgl., Terminal 7-10, mit Expresos Ciudad Quesada, ☎ 2255-4318.

PLAYA BRASILITO (s. Playa Portrero).

PLAYA CONCHAL (s. Playa Portrero).

PLAYA COYOTE (JICARAL, SAN MIGUEL), 2x tgl., Terminal 7-10, mit Arsa, ☎ 2257-1835.

PLAYAS DEL COCO, 3x tgl., 5 Std., keine Direkt-busse, C. 24, Av. 5–7, mit Pulmitan, ☎ 2222-1650, 🖥 www.pulmitandeliberia.com.

PLAYA FLAMINGO (s. Playa Portrero).

PLAYA PORTRERO (über PLAYA CONCHAL, PLAYA BRASILITO und PLAYA FLAMINGO), 3x tgl. 8, 10.30, 15 Uhr, Av. 5, C. 20-22, mit Tralapa, ☎ 2258-1261.

PUERTO JIMÉNEZ (über SAN ISIDRO, BUENOS AIRES, PALMAR), 2x tgl. 8, 12 Uhr ($15), 8 Std., C. 12, Av. 9–11, mit Blanco Lobo, ☎ 2257-4121.

PUERTO VIEJO DE LIMÓN (über CAHUITA), 7x tgl. 6–18 Uhr, 5 Std. mit Mepe ab dem Terminal Atlántico Norte, ☎ 2257-8129.

PUERTO VIEJO DE SARAPIQUÍ, 8x tgl., 2 Std., Terminal del Caribe, mit Guapileños, ℘ 2222-0610.

PUNTARENAS, Direktbusse 6–17 Uhr, immer wenn der Bus voll ist, danach fahren Colectivos bis 22.30 Uhr, 2 Std., C. 16, Av. 12, mit Empresarios Unidos, ℘ 2222-0064.

QUEPOS (und MANUEL ANTONIO), 7x tgl. 5.30–17 (am Wochenende nur bis 16) Uhr, 3–4 Std., am Plaza Viquez, C. 5, Av. 18–20, mit Tracopa, ℘ 2221-4214, ⌨ www.tracopacr.com.

SÁMARA (über PUENTE DE LA AMISTAD), 2x tgl. 6.30, 12 Uhr, 5 Std., Terminal 7-10, mit Alfaro, ℘ 2222-2666.

SAN ISIDRO DE EL GENERAL, 14x tgl. Direktbusse 4.30–16.30 Uhr, 3 Std., am Plaza Viquez, C. 5, Av. 18–20, mit Tracopa, ℘ 2221-4214, ⌨ www.tracopacr.com.

SANTA CRUZ, 7x tgl. 7–19 Uhr, 5 Std., Av. 5, Terminal 7-10, mit Alfaro, ℘ 2222-2666.

SANTA CRUZ (zum Teil über PUENTE DE LA AMISTAD, teils über LIBERIA), 8x tgl. ab 7.15 Uhr, 5 Std., Av. 5, C. 20–22, mit Tralapa, ℘ 2223-5859.

SANTA TERESA (über PLAYA TAMBOR, COBANO), 2x tgl. 6, 14 Uhr, Terminal 7-10, mit Transportes Cobano, ℘ 2221-7479 und 2642-1112.

SAN VITO, 4x tgl. 6–16 Uhr, 7 Std., am Plaza Viquez, C. 5, Av. 18–20, mit Tracopa, ℘ 2221-4214, ⌨ www.tracopacr.com.

SARCHÍ, 1x tgl., 1 1/2 Std., C. 18, Av. 5–7, mit Tuan, ℘ 2258-2004.

SIQUIRRES, Mo–So 6.30–18 Uhr jeweils etwa stdl., Terminal del Caribe, mit Caribeños, ℘ 2222-0610.

SIXAOLA (Grenzübergang Panama über CAHUITA, PUERTO VIEJO, BRIBRÍ), 5x tgl. 6, 10, 14, 16 und 18 Uhr, 51/2 Std., Terminal Atlántico Norte, mit Mepe, ℘ 2257-8129.

TAMARINDO, 2x tgl. 11.30, 15.30 Uhr, weitere Verbindungen mit Umsteigen in Liberia, 5 1/2 Std., Terminal 7-10, mit Alfaro, und 2x tgl. (über SANTA CRUZ), C. 20–22, Av. 5, mit Tralapa.

TAMBOR (s. Montezuma).

TILARÁN, 5x tgl. 7.30, 9.30 (nicht So und in den Ferien), 12.45, 15.45, 18 Uhr, 4 Std., C. 24, Av. 5–7, Terminal de Buses Pulmitan, ℘ 2222-1650.

TURRIALBA, Direktbusse Mo–Fr 8–20 Uhr stdl., Sa 7–19, So 9–19 Uhr alle 1–2 Std., mit Umsteigen Mo–So bereits ab 5.15 bis 22 Uhr, 1 3/4 Std. ($3), C. 13, Av. 6, mit Transtusa, ℘ 2222-4464.

UPALA, 1x tgl. um 7.15 Uhr, 5 Std., Terminal 7-10, Expresos Ciudad Quesada, ℘ 2255-4318.

VOLCAN IRAZÚ, tgl. 8 Uhr; Rückfahrt 12.30 Uhr, 2 Std., C. 1–3, Av. 2, gegenüber dem Gran Hotel Costa Rica, mit Metropoli, ℘ 2530-1064.

Direktbusse von San Jose ins Ausland

Central Line, ℘ 2221-9115, ⌨ www.transportescentralline.com, tgl. um 4.30 und 10 Uhr nach NICARAGUA, hält u. a. am Hospital Mexico, Real Cariari und an weiteren Punkten auf der Route, in Nicaragua kann man in Rivas, Granada, Masaya oder Managua aussteigen, Ticket $28,75 (für alle Ziele), neben dem Terminal Atlántico-Norte, C. 12, Av. 7–9, Tickets 1–2 Tage, in Hochsaison 2–3 Wochen im Voraus, am besten Online kaufen, ⊕ Mo–Fr 4–19, Sa, So 4–17 Uhr.

Tica Bus, PANAMA tgl. 12 Uhr ($42), Ejecutivo um 23 Uhr ($58). Außerdem 1x tgl. nach MEXICO ($119) und 3x tgl. nach NICARAGUA ($27), EL SALVADOR ($80), GUATEMALA ($77), von der Torre Mercedes am Paseo Colón 200 m nördl. und 100 m westl., ℘ 2221-0006, ⌨ www.ticabus.com.

Tracopa, 7.30 und 12 Uhr für $22 nach DAVID (PANAMA), Plaza Viquez, C. 5, Av. 18–20, ℘ 2221-4214, ⌨ www.tracopacr.com.

Transnica, 4x tgl. am frühen Morgen nach NICARAGUA ($58), ein Ejecutivo ($76, Bus mit Komfort und Mittagessen) tgl. um 12 Uhr ($34); der erste Bus um 2 Uhr morgens fährt weiter nach HONDURAS ($114), alle Preise gelten für Rückfahrttickets, C. 22, Av. 3–5, ⌨ www.transnica.com, ℘ 2223-4920, 2223-4242.

Transporte del Sol, tgl. um 14 Uhr Managua mit Anschluss nach El Salvador, bequeme Busse, inkl. Frühstück und Mittagessen an Bord, im Terminal 7-10, ℘ 2519-9348, 2519-9349.

Nica Express, 2x tgl. 6 und 12 Uhr über Granada nach MANAGUA, mit Anschluss nach Guatemala, Terminal 7-10, ℘ 2256-3191, ⌨ www.nicaexpreso.online.com.ni.

Bei allen Bussen ins Ausland gilt: Man muss mind. 24 Std. vor der geplanten Abfahrt sein Busticket kaufen!

Shuttle-Busse
Gray Line, ☎ 2220-2126,
🖥 www.graylinecostarica.com.
Interbus, ☎ 2283-5573,
🖥 www.interbusonline.com.

Eisenbahn
Das einstige Hauptverkehrsmittel Costa Ricas bedient nur noch einen Bruchteil des einst weiten Eisenbahnnetzes.
Von der **Estación del Pacífico**, Av. 20, C. 2–4, Instituto Costarricense de Ferrocarriles (InCoFer), ☎ 2221-0777:
PAVAS, Mo–Fr nur am Morgen 2 und dann wieder am Nachmittag 2 Züge, ab 5 Uhr.
SAN PEDRO, Mo–Fr 4x tgl. 2 sehr früh, 2 am Nachmittag.
Von der **Estación al Atlántico** am Parque Nacional:
HEREDIA, Mo–Fr 6–8 und 16–19 Uhr alle halbe Stunde.
Weitere Informationen auf S. 65 und unter 🖥 www.horariodetren.com.

Flüge
Internationale Flüge
Aeropuerto Internacional Juan Santamaría, 17 km nordwestl. von San José und 4 km südöstl. von Alajuela, ☎ 2437-2400, 🖥 www.sjoairport.com. Nähere Informationen zum Flughafen und Transport vom und zum Flughafen, s. Anreise, S. 34.

Fluggesellschaften
Air France / KLM, Plaza Tempo, Escazú, ☎ 2228-4070.
American, Centro Carsbuilding, gegenüber dem Hotel Corobici, östl. vom Parque La Sabana, ☎ 2248-9010.
Avianca, Blvd. Rohrmoser, 100 m westl. vom Nationalstadium, ☎ 2299-8222. Die kolumbianische Fluglinie, Mitglied der Star Alliance, fliegt viele Ziele in Süd-, Mittel-, Nordamerika und Europa über die Drehkreuze San Salvador und Bogotá an.

British Airways, ☎ 0800 0440 141 (kostenfrei), telefonische Beratung Mo–Do 7–16, Fr 7–15 Uhr.
Continental, am Flughafen, ☎ 2440-0580.
Iberia, 900 m östl. vom Flughafen, ☎ 4000-0225.
Lufthansa/Condor, C. 5, Av. 7–9, ☎ 2243-1818.
United Airlines, Santa Ana, im Hotel Quality, ☎ 0800-044-0005.

Inlandsflüge
Sansa Air, eine Tochter der Avianca, ist im Moment die einzige zuverlässige nationale Fluglinie. Sie verkehrt ab dem nationalen Terminal am Juan Santamaría-Flughafen. Oft werden Flugplanänderungen in letzter Minute vorgenommen, es ist daher ratsam, sich den Flug kurz zuvor bestätigen zu lassen. Ticket-Reservierungen sind über das Internet bzw. das Hotel möglich. In der Hochsaison sollte man mindestens 2 Wochen im Voraus buchen. Nachstehende Angaben beziehen sich auf die Hauptsaison.
Sansa-Büro, C. 40, Ecke Av. Las Américas, ☎ 2290-4100, 🖥 www.flysansa.com, und am Flughafen, Edificio Sansa, ☎ 2436-3600.
Flüge nach:
DRAKE BAY (2x tgl.), GOLFITO (3x tgl.), LIBERIA (2x tgl.), PALMAR SUR (1x tgl.), PUERTO JIMENEZ (4x tgl.), PUNTA ISLITA (Di–Sa je 1x tgl.), QUEPOS (8x tgl.), TAMARINDO (3x tgl.), TAMBOR (8x tgl.), TORTUGUERO (1x tgl.).
Außerdem Flüge in alle mittelamerikanischen Hauptstädte, nach Süd- und Nordamerika und Europa (S. 33).

Westliche Vororte

San Josés westliche Vororte **Escazú** und **Santa Ana** haben sich in den letzten Jahren gewandelt und entwickelt. Es entstand eine eigenständige Infrastruktur mit Hotels, Einkaufszentren und modernen Kliniken. Viele gute Restaurants zogen aus der Innenstadt hierher und die grünen Hügel in der Umgebung bieten gute Möglichkeiten für Tagestouren. Die Vororte sind vom Zentrum aus schnell per Bus, Auto oder Taxi erreichbar und liegen in unmittelbarer Reichweite zum internationalen Flughafen.

Auf den **Wochenmärkten** von Escazú (samstags) und Santa Ana (sonntags) geht es noch recht traditionell zu; in den frühen Morgenstunden strömen die Bauern der Umgebung zu Pferde oder mit dem Ochsenkarren herbei und bieten ihre Waren lautstark feil. Der Duft von frisch gebrautem Kaffee sowie Obst und Fruchtsäfte locken ein bunt gemischtes Publikum an.

Die grüne Umgebung bietet Ausflugsmöglichkeiten in unmittelbarer Nähe des pulsierenden Lebens in San José. Südlich von Santa Ana und Escazú erstreckt sich das Naturschutzgebiet **Cerros de Escazú**, eine Verlängerung der Cordillera Talamanca, die sechs 2000er-Gipfel einschließt. Interessierte können das Schutzgebiet von Escazú, Santa Ana und Piédades aus auf eigene Faust oder mit Guide erkunden (S. 131).

Im Ort **Salitral** oberhalb von Santa Ana liegt die **Kaffee-Hacienda** von Don Pupo, ☎ 2282-1843, 8888-4520, ✉ cafedonpupo@hotmail.com, wo die Bohnen noch in der Sonne getrocknet und handverlesen werden. Führungen – auf Spanisch – und Verköstigungen finden Mo–Do statt; um Anmeldung wird gebeten. In Salitral gibt es auch einige Keramik-Kunsthandwerkstätten, in denen man den Künstlern über die Schulter sehen und ihre Werke erwerben kann, etwa in der **Cerámica Artística Salitral**, an der Hauptstraße vor dem Ortskern. ⏰ Mo–Sa 8.30–17.30 Uhr.

An der alten Landstraße zwischen Escazú und Santa Ana werden im **Refugio Herpetológico**, ☎ 2282-4614, 🖥 www.refugioherpetogico.com, illegal gefangene und verletzte Tiere wieder aufgepäppelt und auf die Wiederauswilderung vorbereitet. Durch das Projekt soll die Bevölkerung für den Artenschutz begeistert werden. Das Pizzeria-Restaurant serviert günstiges Essen, ein Teil der Einnahmen wird gespendet, ⏰ Di–So 9–16.30 Uhr; Eintritt/Tour $20 p. P., Kinder bis 12 J. die Hälfte.

Weitere Ausflugsziele in der Umgebung sind das Naturschutzgebiet **El Rodeo**, 2 km westlich von Ciudad Colón, mit Primär- und Sekundärwald, der zu ausgedehnten Wanderungen und Ausritten einlädt; außerdem das **Centro de Conservación Santa Ana**, 300 m westl. und 200 m nördl. vom Cruz Roja, eine 54 ha große, urwaldähnliche Parkanlage mit Tiergehegen und einem kleinen Museum mit einer alten Zuckerrohrpresse *(trapiche)*. ⏰ tgl. 9–17 Uhr; Eintritt $4, Kinder bis 12 J. $3,50.

Gut ankommen in Costa Rica

Neuankömmlinge aus Übersee haben nach der langen strapaziösen Anreise meist nur eines im Sinn, bevor sie zu weiteren Entdeckungstouren im Land aufbrechen: eine ordentliche Mütze Schlaf! In der Umgebung von San José gibt es zahlreiche Unterkünfte die zur Erholung nach oder vor dem anstrengenden Flug einladen. Einige werden von deutschsprachigen Besitzern geleitet, die noch dazu mit wertvollen Tipps aufwarten können. Das Hotel **Posada Nena** in Santa Ana wird vom Lateinamerika-Experten und Loose-Autor Volker und seiner venezolanischen Frau Minerva geleitet. Das Hotel liegt nur knappe 9 km vom internationalen Flughafen entfernt. Volker kennt Costa Rica wie seine Westentasche und hilft gerne bei der weiteren Reiseplanung (auch Touren im Angebot, S. 53). Das familiäre Hotel verfügt über gemütliche Zimmer, einen gepflegten Garten, Bar, Restaurant und eine große Bibliothek mit Büchertausch. Gutes Frühstück inkl., Adresse s. S. 127.
Weitere empfehlenswerte Unterkünfte für die erste Nacht im Land sind z. B. das **El Pacandé B&B** (S. 142) in Alajuela oder **Villa Margarita** (S. 146) in La Garita.

ÜBERNACHTUNG

Santa Ana
Karte S. 128/129
Casa Bella Rita, bei Brasil de Mora zwischen Santa Ana und Ciudad Colón, ☎ 2249-3722. Von Amerikanern geführtes Bed & Breakfast, 5 große Zimmer, abwechslungsreich dekoriert mit Garten und Blick auf den Río Virilla (der später zum Río Tárcoles wird). ❻
Finca Caballo Loco, in Ciudad Colón, ☎ 7010-1771, 🖥 www.fincacaballoloco.com. Liebevoll geführte Mini-Posada der freundlichen Gastgeber Victor und Krysia, mit 2 toll ausgestatteten Zimmern mit Urwaldblick im Naturschutz–

Cruz de Alajuelita, Cerros de Escazú

gebiet „El Rodeo" (S. 126); gutes Essen. Pferdebegeisterte sowie Vogel- und Naturliebhaber kommen voll auf ihre Kosten. Auch individuelle Reittouren für Nicht-Gäste (auch für Anfänger, 2 Std. für $80 p. P., nur mit Reservierung). ❺–❻

Finca De La Tierra, in Pozos de Santa Ana, 150 m nördl. der Kirche, ✆ 2282-8833, 8723-7247, ✉ delatierra.ecohousefarm@gmail.com. Gästehaus, geleitet von Amanda, die Deutsch spricht. Fünf schön dekorierte, helle Zimmer mit Gemeinschaftsbad. Die Farm, auf der sich die Unterkunft befindet, produziert in erster Linie Kürbisse, aus denen die Familie allerlei leckere und gesunde Soßen und Cremes herstellt. ❸–❹

Hotel Posada Nena, zentral in Santa Ana, Av. 7, C. 2–4, ✆ 2282-1173, 🖥 www.posadanena.com. Ruhige Oase in Santa Ana. 10 helle, geschmackvoll eingerichtete Zimmer, gutes Restaurant, Bar, gepflegte tropische Gartenanlage mit Hängematten, viele Infos und Tourangebote, Hilfe bei der gesamten Reiseplanung; gutes Frühstück inkl. (s. auch Kasten S. 126). ❸–❹

Hotel Posada Canal Grande, oberhalb von Santa Ana, Piédades, in Richtung Ciudad Colón, ✆ 2282-4089, 🖥 www.hotelcanalgrande.com. Etwas altmodisches Hotel mit kleinem Pool im tropischen Garten; schöner Blick, italienisches Restaurant, Frühstück inkl. ❹

Hotel Villa los Candiles, in Santa Ana, Quintas Don Lalo, ✆ 2282-8280 🖥 www.hotelvillaloscandiles.com. Im viktorianischen Stil erbautes Boutiquehotel mit 24 komfortablen Zimmern bzw. Suiten und Garten mit Mini-Pool in ruhiger Lage, regionaltypisches Restaurant. ⏲ Mo–Fr 12–21, Sa, So 10–16 Uhr. ❻

Escazú
Karte S. 128/129

Hotel Alta, an der alten Landstraße von Escazú nach Santa Ana, Sector las Palomas, ✆ 2282-8882, 🖥 www.thealtahotel.com. Spektakulär gelegenes Hotel mit Blick über das Zentraltal, 22 komfortable Zimmer, versetzt auf mehreren Ebenen. Pool, Frühstück inkl. auch für alle Frühstarter, gutes Restaurant „La Luz" im Haus (⏲ tgl. 18.30–22 Uhr, Do, Fr und Sa mit entspannter Livemusik). ❻

Die westlichen Vororte von San José

SAN JOSÉ

■ ÜBERNACHTUNG
1. Hotel Villa los Candiles
2. Hotel Posada Nena
3. Finca de La Tierra
4. Casa Bella Rita
5. Hotel Alta
6. Hotel Posada Canal Grande
7. Costa Verde Inn
8. Finca Caballo Loco,
   Horse Tours Costa Rica

■ ESSEN
1. Alquimia
2. Taco Bar
3. Wö Kàpi
4. Lo Spago
5. Al-Tapas
6. Bacchus
7. Doris Metropolitana
8. Container-Imbisse
9. El Coco
10. Restaurante Valle Sol
11. Naans & Curry
12. Taller Gastronómico El Punto
13. Gusto Lindora
14. Donde Totto
15. Taller Gastronómico El Punto
16. Plaza Tempo
17. Avenida Escazú
18. Taj Mahal
19. Chez Christophe
20. Mocapan
21. Maxi's Restaurante
22. Sin Domicilio Fifo
23. Restaurante la Cabañita
24. Mirador Valle Azul

---

128 WESTLICHE VORORTE | Cityplan

www.stefan-loose.de/costa-rica

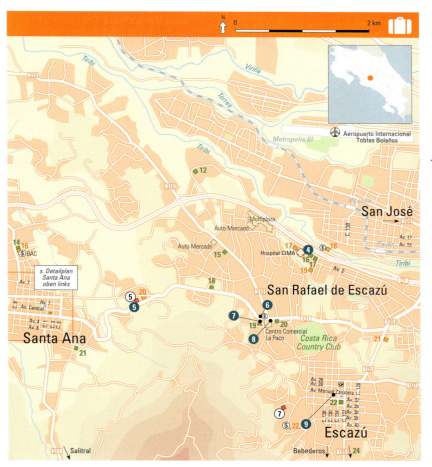

SONSTIGES
1 Supermarkt Mas por Menos
2 Tap House
3 Studio Cinemas
4 Pali Supermarkt
5 Freshmarket
6 Wochenmarkt
7 Mezanine Yoga Studio
8 Plaza Paseo del Angel
9 EMAI
10 La Rumba Disco Club
11 Arte Cine Lindora
12 Minigolf
13 Piscina Municipal de Santa Ana
14 Librería Internacional
15 Vinum Store Lindora
16 Minimercado Vindy
17 Teatro Triciclo
18 Jazz Café
19 Nova Cinemas
20 Refugio Herpetológico
21 Librería Internacional
22 Wochenmarkt

TRANSPORT
1 Bus nach San José
2 Bus nach Piédades, Bus nach Salitral, Bus nach San José
3 Bus nach Salitral
4 Bus nach San José
5 Bus nach Escazú, Bus nach Santa Ana
6 Bus nach Santa Ana
7 Bus nach Escazú Centro
8 Bus nach San José
9 Bus nach San José

www.stefan-loose.de/costa-rica   WESTLICHE VORORTE | Cityplan   **129**

Costa Verde Inn, in Escazú, ☎ 2228-4080, 🖥 www.costaverdeinn.com. Ruhig gelegenes Hotel mit 19 attraktiven, rustikalen Zimmern und Apartments. Pool, Jacuzzi, Grill, Parkplatz, hoch über Escazú, nahe am Waldrand, überwiegend amerikanische Gäste, Frühstück inkl. **❺**

ESSEN

Die costa-ricanische Alltagsküche mit Gallo Pinto & Co. bietet nur wenig Geschmackvariationen. Wer Abwechslung sucht, sollte die Restaurants westlich der Hauptstadt ansteuern. Hier hat sich in den letzten Jahren eine interessante Gastroszene etabliert.

Santa Ana

Al-Tapas, 100 m nördl. vom Cruz Roja, in Richtung Lindora. Spanische Tapas-Bar mit leckeren Kleinigkeiten, guter Service. Do–Sa entspannte Livemusik, originelle Toiletten. ⊕ Di, Mi 17–22, Do–So 12–2 Uhr.

Bacchus, Antigua Casa Quitirrisí, ☎ 2282-5441, 6012-8021, 🖥 www.restaurante bacchus.com. Feine mediterrane Küche im ältesten Haus Costa Ricas. Vielfältige Speisen verwöhnen Gaumen und Augen, die Forelle *al cartoccio* ist exzellent, toller Service. ⊕ Mo–Fr 12–15, 18–22, Sa 12–22, So 12–20 Uhr.

Bar Restaurant El Coco, Santa Ana, Av. 2, C. Central–1. Die älteste Gastwirtschaft im Westen von San José ist seit über 40 Jahren in Familienbesitz. Hier kann man manchmal Gäste beobachten, die ihr Pferd am Parkplatz anbinden und sich auf dem Rückweg auf den Orientierungssinn desselben verlassen, Top-Service und Mini-Preise, stets gut besucht, warme Küche bis in die Morgenstunden, Sa Oldie-Mix, So Karaoke. ⊕ Mi–Mo 11–2 Uhr.

Container Platz, Calle 5, 50 m südl. von Bacchus. Ansammlung verschiedener Imbissbuden und kleiner Restaurants, ein Biergarten; günstig, für jeden Geschmack etwas. ⊕ tgl. ab 11.30 Uhr.

Donde Totto, Santa Ana, A310, gegenüber dem Fußballplatz INVU im Mini-Zentrum Vindi, ☎ 2203-3111. Alejandro, alias Totto, bereitet hervorragende Pizza und Pasta zu kleinen Preisen, er backt auf Wunsch jede Kombination. ⊕ Di–So 11–23 Uhr.

Doris Metropolitana, Santa Ana, C. 1, Av. 1–3, ☎ 2282-2221. So ein zartes Fleisch bekommt man in Costa Rica sonst nicht – ein Muss für Nicht-Vegetarier! Nicht gerade günstig, aber es lohnt sich. Guter Service, israelische Leitung. ⊕ tgl. 12–23 Uhr.

Gusto Lindora, Av. 37, 250 m östl. von der Ferreteria Lagar, Lindora, ☎ 2282-1100. Hervorragendes italienisches Restaurant mit klassischer Karte, die keine Wünsche offenlässt. Gute Fisch- und Pastagerichte sowie leckere Pizza. Der Chefkoch und Besitzer hat in Samara im Gusto Beach (S. 289) schon viel Erfahrung gesammelt. ⊕ Di–Do 17–22, Fr, Sa 17–23, So 12–17 Uhr.

Maxi's Restaurante, Santa Ana, C. San Rafael, 500 m südl. von der Plaza Antigua an der Carretera Vieja, ☎ 2282-8619, 6045-2121. Original karibisches Essen, riesige Portionen. Betreiber und Küchenchef Ricky ist der Sohn des legendären Maxi aus Manzanillo (S. 441), und er bleibt dem Stil seines Vaters treu. ⊕ tgl. 11.30–22 Uhr.

Lo Spago, 120 m nördl. des Cruz Roja, Richtung Lindora, ☎ 2282-2121, 8340-2439. Alteingesessener Italiener mit guten Fisch- und Fleischgerichten, Pizzeria und Pasta. Gutes Essen, aber nicht sehr freundlich. ⊕ Mo–Do 12–15, 18–22, Fr–So 12–22 Uhr.

Vinum Store Lindora, Lindora de Santa Ana, CC Momentum, ☎ 2437-7300. Interessant für Weinliebhaber: Auf 2 Stockwerken kann man sich in diesem noblen Weinladen aus einem riesigen, internationalen Angebot seinen Tropfen auswählen. An den Tischen im Innen- oder Außenbereich kann man sich dann von den zahlreichen umliegenden Restaurants Essen bestellen und den Wein zum Ladenpreis genießen. ⊕ Mo–Mi 11–20, Do–Sa 11–2 Uhr.

Naans & Curry, Lindora de Santa Ana, CC Momentum, gegenüber dem Vinum Store, ☎ 2271-7777. Originelles indisches Restaurant: Tandoori, Tikka Masalas, Paalak und viele Curry-Spezialitäten. ⊕ tgl. 11–22 Uhr.

Taco Bar, 200 m nördl. des Cruz Roja. Filiale der erfolgreichen Taco Bar in Jacó (S. 335). Die Spezialität sind Fisch-Tacos, alternativ gibt es viele andere Fisch-, Fleisch und Hühnergerichte; der Thunfisch ist zart und saftig. Gute

Wanderungen in den Cerros de Escazú

- **Länge:** Santa Ana–Bebederos 9 km, Salitral–Windpark 3,5 km, Piédades–Windpark 6 km
- **Dauer:** Halbtages- bis Zwei-Tage-Tour
- **Ausgangspunkt:** Bebederos, Santa Ana, Salitral oder Piedades
- **Ausrüstung:** Wanderschuhe, Sonnen- und Regenschutz, Wasser, Proviant

Südwestlich von San José erheben sich die Cerros de Escazú, einer Verlängerung der Talamanca-Gebirgskette, die von Cartago bis nach Panama hineinreicht. Das wolkenverhangene und für das Klima der Hauptstadt immens wichtige Schutzgebiet birgt in unmittelbarer Nähe zur Metropole etwa 3000 ha Sekundär-Mischwald mit vielfältiger Flora und Fauna.

SAN JOSÉ

WANDERUNGEN IN DEN CERROS DE ESCAZÚ   131

Die höchste Erhebung ist der **Cerro Rabo de Mico** mit 2428 m, gefolgt vom **Cerro Cedral** mit 2420 m. In der ganzen Umgebung sichtbar ist der **Cerro San Miguel** mit 2035 m, auf dem auch das Metallkreuz **Cruz de Alajuelita** prangt. Seit einigen Jahren entdecken Wanderer, Mountainbiker und andere Aktive das Gebiet für sich. Von den Gipfeln bieten sich fantastische Ausblicke über ganz San José bis über Alajuela und auf den Vulkan Poás. Wanderrouten (mit starken Steigungen, Trinkwasser mitnehmen!) führen durch dichte Wälder und vorbei an Viehweiden und Kaffeeplantagen – kaum zu glauben, dass die dicht besiedelte Hauptstadt nur wenige Kilometer entfernt ist. 2014 errichtete eine deutsche Firma zwei **Windparks** im Schutzgebiet, die sich zu einem beliebten Ausflugsziel der Hauptstädter entwickelt haben. Das gemütliche Lokal **La Cabañita** (S. 133) lädt am Wochenende zur Rast ein.

Wanderung ab Bebederos bzw. Santa Ana (ca. 9 km)

Es gibt zahlreiche Möglichkeiten, dieses touristisch noch relativ unerschlossene Gebiet zu erkunden. Ab Escazú kann man mit dem Linienbus bis zur Endhaltestelle **Bebederos** fahren. Dort wartet der **Mirador Tiquicia**, ☎ 2289-7330, ⏰ Di–Sa 12–23, So 12–21 Uhr, ein lokaltypisches Restaurant, in dem abends Folklore-Shows für Touristen stattfinden, die bei spektakulärer Aussicht leckere *bocas* genießen. Vom Mirador führen unbefestigte und nicht gekennzeichnete Wege in das Schutzgebiet hinein, auch ein Wasserfall lässt sich von hier aus erkunden.

Eine wunderschöne Tageswanderung führt ab Bebederos über **Matinilla** (wer schwere Beine bekommt, kann von hier mit dem Bus nach Santa Ana fahren) zum Windpark am Cerro Cedral. Auch der zweite Windpark, von dem aus sich bei gutem Wetter weite Blicke eröffnen, ist von Bebederos gut zu erreichen; müde Wanderer können vor dem Abstieg Snacks und Erfrischungen kaufen. Selbstverständlich kann man die Route auch umgekehrt ab **Santa Ana** erwandern. Von dort führt die Schotterstraße in zahlreichen Windungen direkt zu den Windparks – schon der Aufstieg wird mit einigen tollen Ausblicken belohnt.

Alternativstrecken ab Salitral (3,5 km) und Piédades (6 km)

Bequemer, da man schon bei der Anfahrt einige Höhenmeter hinter sich lässt, ist der Zugang zum Schutzgebiet über das Örtchen **Salitral**, das mit dem Bus ab Santa Ana zu erreichen ist (Abfahrt alle 10 Minuten ab Bäckerei Musmanni). Von Salitral gibt es mehrere Zugänge zu den Cerros de Escazú und zu den zwei Windparks oberhalb von Santa Ana. Als Startpunkt in Salitral bietet sich der **Super Salitral** an, ein kleiner Supermarkt, der von der Nordamerikanerin Vanessa geführt wird – ein idealer Ort, um sich mit dem notwendigen Proviant einzudecken. Vanessa hat Infos zu Routen und kann einen Guide vermitteln, ✉ vgotthainer@gmail.com, ☎ 8424-7601. In Salitral gibt es zudem einige Keramik- und Kunsthandwerkstäden, etwa **Cerámica Artistica Salitral**, an der Hauptstraße. ⏰ Mo–Sa 8.30–17.30, So 9–17 Uhr.

Auch von **Piedades** aus kann man in die Berge aufbrechen, allerdings ist die Strecke dort abenteuerlicher. Der Bus (von Santa Ana, S. 135) hält in Piédades direkt an der Bar El Tigre. Eine ca. 2,5 km lange Straße führt den Berg steil hinauf, die nur noch mit 4WD befahrbar ist – dann geht es nur zu Fuß weiter. Alte Pfade führen durch dichtes Gebüsch, bis der erste Windpark erreicht wird.

Mehrtägige Touren

Auch mehrtägige Touren von der Südseite des Bergmassivs sind möglich, z. B. von Tarbaca oder Palmichal aus. Für eine solche Wanderung ist ein Guide aber unbedingt empfehlenswert: Die lokale Gruppe **CODECE**, ☎ 2228-0183, 🖥 www.codececr.com, die sich dem Schutz der Umwelt verschrieben hat, organisiert Wanderungen.

Der Tourveranstalter **Picotours**, ☎ 2289-6135, 🖥 www.picotours.com, bietet Wandertouren in der Umgebung für Anfänger und Fortgeschrittene an. Dabei werden Strecken von 7 bis 25 km an einem Tag zurückgelegt. Die Touren richten sich vorwiegend an Einheimische (Besucher willkommen), daher finden sie fast ausschließlich an Wochenenden statt. Termine auf der Website, private Touren sind nach Absprache auch unter der Woche möglich. Warner, der Gründer des Unternehmens, begleitet die Touren häufig persönlich und ist der erste Costa Ricaner, der den Mount Everest bestiegen hat.

und günstige Frühstücke, vegetarische Angebote, SB-Salatbar inkl. Empfehlenswert, an der Kasse bestellen. ⏱ Mo 11–22, Di–So 7–22 Uhr.
Tap House, Santa Ana, im City Place an der Hauptstraße Richtung Lindora. Amerikanische Sportsbar, gute Hamburger, über 50 Sorten Bier vom Fass. ⏱ Mo–Do 17–23, Fr–So 12–23 Uhr.

🏠 **Wö Kàpi**, Santa Ana, 150 m nördl. des Cruz Roja, oberhalb der Taco Bar, ✆ 2282-8745. Geschmackvolle Cafeteria, in der alles gesund und frisch auf den Teller kommt: selbst gebackenes Brot, gute Sandwiches, Bowls und Kuchen in einem tropischen Garten, der gleichzeitig eine Baumschule ist; auch toll zum Frühstücken. ⏱ Mo–Sa 7–18, So 8–18 Uhr.

🏠 **La Cabañita**, in Salitral de Santa Ana zwischen den beiden Windparks (S. 132), ✆ 6052-2076. Das gemütlich eingerichtete Restaurant, weit oben gelegen, bietet einen spektakulären Blick auf die westlichen Vororte und das gesamte Bergmassiv in der Umgebung bis zum Pazifik. Leckeres, typisches Essen und frische Säfte werden (leider nur am Wochenende) zu günstigen Preisen serviert. ⏱ Sa 12–19, So und feiertags 9–19 Uhr.

Escazú

Chez Christophe, San Rafael de Escazú, 75 m südl. vom Multi Centro Paco, ✆ 2228-2512. Französische Bäckerei für kulinarische Hochgenüsse. Duftende Backwaren, frisches Baguette, leckere Sandwiches. Ab mittags ausgewählte Speisen. ⏱ Di–Sa 7–19, So 8–19 Uhr.
Taller Gastronómico El Punto, Escazú. 800 m nördl. vom CC La Paco in Richtung Guachipelin, ✆ 2215-0387, 🖥 www.tgelpunto.com. Kreatives Tapas-Restaurant; ständig wechselndes Angebot, tolle Weinkarte, ideal für den kleinen Hunger, freundliche Bedienung. ⏱ Mo 19–22, Di–Fr 12–22, Sa 13–22 Uhr.
Mocapan, San Rafael de Escazú, CC 7 Bancas, 100 m östl. vom Multi Centro Paco, ✆ 2289-7777, 🖥 www.mocapan.com. Hervorragende, deutsche Bäckerei mit gutem Brot, Brötchen und Brezeln. Frühstück, Mittagstisch, Salate. ⏱ Mo–Sa 7–19, So 8–18 Uhr.

🏠 **Sin Domicilio Fijo**, an der Süd-West-Ecke der Iglesia San Miguel, im Zentrum, ✆ 2289-9461. Dieses Café mit Restaurant und

Avenida Escazú und Plaza Tempo

Die beiden modern gestalteten Feinschmecker-Zeilen Avenida Escazú und Plaza Tempo in Escazú, an der A 27, beiderseits vom CIMA-Hospital sind was für Genießer! Die Ansammlung von guten, teils hochpreisigen Restaurants, viele ehemals in San José angesiedelt, bietet an zwei Orten die größtmögliche Vielfalt. Eine Auswahl in der Avenida, 🖥 www.avenida escazu.com: **Saga**, das erste Restaurant an der Avenida. Internationale Küche auf höchstem Niveau: Sushi, Fusion, exquisite Desserts. ⏱ Mo–Sa 11.30–22.30, So 11–17 Uhr. **L'Ile de France**, ✆ 4001-5418, französisches Restaurant der Spitzenklasse, superlecker und geschmackvolle Einrichtung. ⏱ Mo–Sa 12–23, So 12–17 Uhr. **Product C**, ein in ganz Costa Rica geschätztes Fischrestaurant. Frischer Fisch, Meeresfrüchte, Langusten zu fairen Preisen. Sehr beliebt! ⏱ Mo–Sa 12–23, So 12–21.30 Uhr. **Terraza Toscana**, italienische Spezialitäten auf der Terrasse. ⏱ Di–Sa 12–23, So, Mo 12–22 Uhr. **Búlali**, leichte und vegane Kost, Bio-Kaffee und frische Säfte. ⏱ tgl. 8–20 Uhr. Daneben gibt es jede Menge Cafés, eine **Beer-Factory** mit über 150 verschiedenen Biersorten, ⏱ Mo–Mi 12–24, Do–Sa 12–1, So 12–23 Uhr, **PF-Changs**, ein asiatisches Restaurant einer internationalen Kette, ⏱ So–Do 12–22, Fr, Sa 12–23 Uhr, die **Hamburgesía** mit Gourmet-Hamburgern, ⏱ Mo–Do 12–22, Fr, Sa 12–23, So 12–20 Uhr, sowie einen Abenteuerspielplatz und eines der modernsten Kinos im Land.
Im Plaza Tempo ist besonders **El Mestizo**, Mercado Gastronómico, ✆ 2505-5353, 🖥 www.elmestizocr.com, zu erwähnen. Daneben gibt es eine Restaurant-Zeile mit Speisen aus aller Welt, v. a. Lateinamerikanisches, aber auch eine deutsche Wurstbraterei und der **Biergarten Illig**. Die Tische werden von den Lokalen gemeinsam genutzt und das Servicepersonal ist für alle zuständig. Manchmal Livemusik und andere Events. ⏱ Mo–Sa 11–22, So 11–20 Uhr.

Kunsthandwerksladen, das sich über einen halben Straßenblock erstreckt, ist in einem mehr als 150 Jahrm alten Haus untergebracht.

Eine leichte Bambusstruktur spendet Schatten; leckere und gesunde Speisen. ⏱ Di–Sa 8–19, So 8–16 Uhr.

UNTERHALTUNG

Musik
El Coco, Santa Ana, Av. 2, C. Central–1. Treffpunkt der Einheimischen, oft Party und Tanz, Sa Oldie-Mix, So Karaoke. ⏱ Mi–Mo 11–2 Uhr.

Jazz Café, Escazú, an der Autobahn, direkt nach der Zahlstelle rechts halten, kurz nach der Tankstelle Uno, 🖥 www.jazzcafecostarica. com. Livekonzerte mit internationalen Jazzgrößen, auch Rhythm and Blues, Funk, Soul, Folk und Latin Music. Die beste Gelegenheit, Costa Ricas erfolgreichste Band *Malpaís* (S. 310) live zu erleben. ⏱ Mo–So 18–2 Uhr.

La Rumba, Radial de Santa Ana – Belén, 🖥 www.larumba.cr. Die größte Diskothek in der Umgebung von San José mit Platz für rund 1500 Gäste, internationale Musik am frühen Abend, in den Nachtstunden dann nur noch Salsa und Merengue, oft mit Livemusik. ⏱ Fr, Sa 19–2 Uhr.

Kino
Nova Cinema, an der Avenida Escazú (S. 133), 🖥 www.novacinemas.cr. Im modernsten Kino Costa Ricas findet man 4 normale Kinos, 2 VIP-Säle und einen 3-D-IMAX-Saal. Besonders die VIP-Kinos sind einen Besuch wert, mit elektrisch verstellbaren Liegen, viel Platz und Restaurantservice.

Studio Cinemas, im City Place in Santa Ana gegenüber vom Mas x Menos, 🖥 www.citi cinemascr.com/cartelera. Modernes Kino mit dem üblichen Programm, umgeben von Bars und Restaurants.

Arte Cine Lindora, an der Hauptstraße von Santa Ana nach Belén, auf der rechten Seite, 100 m nördl. der Banco Nacional, ✆ 2205-4130. Programmkino, rare Filme nationaler und internationaler Filmschaffender.

Theater
Teatro Triciclo, im Plaza Tempo in Escazú, neben dem Hospital Cima, ✆ 2222-2624,

🖥 www.teatroeltriciclo.com. Modernes Theater, meist Komödien; gute Akustik, auch Schauspielunterricht.

SONSTIGES

Bücher und Zeitschriften
Librería Internacional, in Lindora und im Multiplaza Escazú. Englische, spanische und eine kleine Auswahl an deutschen Büchern. ⏱ Mo–Sa 9–19, So 9–17 Uhr.

Feste
Meist Ende April: **Festival de la Luz** in Santa Ana, mit Kulturprogramm in der Kirche und im EMAI (Escuela Municipal de Artes integradas – städtische Schule für Kunst): Tanz, Livemusik, Theater und Ausstellungen; alles kostenlos.

Ende Juli: **El Tope** in Santa Ana. Ein Fest, das nur Costa Ricaner vollends begreifen können: Tanzende Pferde ziehen mit trunkenen Reitern durch die Straßen. Der ganze Ort füllt sich während der Feierlichkeiten mit begeisterten Zuschauern, Pferden und Kutschen. Live-Country-Musik und Feste bis spät in die Nacht. Ende Oktober/Anfang November findet für 2 Wochen das **Festival international de Música Barroca (internationales Barock-Musikfestival)** statt. Klassische Konzerte mit vielen bekannten Künstlern.

Geld
BAC, Autopista, an der Autobahn 27, Ausfahrt nach der *peaje* (Mautstelle), und **BAC Lindora**, in Lindora neben dem Automercado. An den BAC-Geldautomaten, die überall in der Stadt (oft auch in Mini-Märkten) zu finden sind, kann man mit allen Karten Geld abheben, Ausgabe in Dollar oder Colones. ⏱ Mo–Fr 9–18, Sa 8–13 Uhr.

Banco Nacional, Santa Ana, Av. 2, einen Block vor dem Restaurant Coco, ✆ 2212-2000. Geld wechseln und mit Karte abheben, 2 Geldautomaten, die allerdings oft keine Dollar haben. ⏱ Mo–Fr 8.30–15.45 Uhr.

Im Einkaufszentrum **Multiplaza Escazú** haben alle nationalen Banken eine Zweigstelle, mit Öffnungszeiten ab mittags.

Medizinische Hilfe

Das Niveau der medizinischen Versorgung in Umgebung der Hauptstadt ist gut, die meisten Ärzte sprechen sehr gut Englisch.

Hospital CIMA, in Escazú, ✆ 2208-1000, 🖥 www.hospitalsanjose.net. Eine der am besten ausgestatteten Privatkliniken mit direkten Verträgen mit (fast) allen Versicherern aus dem Ausland. Es wird Englisch gesprochen.

Clínica Integral Santa Ana, in Santa Ana, Av. 1 c/ c. 2, Edificio Plaza Tivoli, ✆ 2282-5495. Rund um die Uhr besetzt, auch Hausbesuche. Hier kann man mit jedem „kleinen" Notfall vorbeikommen.

Post

Correo de Santa Ana, Av. 1, C. Central–2, ✆ 2203-8364. ⊕ Mo–Fr 8–17 Uhr.

Correo de Escazú, 100 m nördl. von der Municipalidad, ✆ 2288-0239. ⊕ Mo–Fr 8–17, Sa. 8–12 Uhr.

Supermärkte

Automercado, in Lindora, gegenüber vom CC Momentum. ⊕ Mo–Sa 7–22, So 8–22 Uhr.

Automercado, Escazú, im CC Multiplaza. ⊕ Mo–Sa 8–22, So 8–21 Uhr.

Mas x Menos, an der Radial Cruz Roja, Lindora. Gut sortiert, aber teuer, mit Apotheke und Geldautomaten. ⊕ Mo–Sa 7–24, So 7–22 Uhr.

Pali, Santa Ana, Av. 5, C. Central. Der günstige Supermarkt, aber nicht gerade ein Einkaufserlebnis. ⊕ Mo–Sa 7–20.30, So 7–18 Uhr.

Taxis

Die offiziellen Taxis sind rot und haben ein gelbes Dreieck an der Tür. Eine Fahrt von Santa Ana nach San José kostet etwa $25, von Escazú ca. $18. Trinkgeld wird nicht erwartet.

Yoga

Die Yogalehrerin **Patricia Arroyo**, ✆ 8384-3595, 🖥 www.sadhanashala.com, gibt 5x in der Woche Yogakurse im Mezanine Studio, im Plaza Paseo del Angel in Santa Ana. 8000C$ für 1 1/2 Std.

NAHVERKEHR

Busse von Santa Ana fahren nach:
SAN JOSÉ, alle 10 Min, an der Musmanií-Bäckerei. Jeder vierte Bus fährt über die alte Landstraße über ESCAZÚ und SAN ANTONIO DE ESCAZÚ *(carrtera vieja)*.
SALITRAL, alle 10 Min, an der Musmanií-Bäckerei.
CIUDAD COLON und PIÈDADES, alle 15 Min, an der Musmanií-Bäckerei.
BELÈN über LINDORA, alle 15–20 Min. 5–19 Uhr, vor dem Supermarkt Mas por Menos.

Busse von Escazú fahren nach:
SAN JOSÈ, alle 4–10 Min, 5–22 Uhr, an der Plaza Central.
SANTA ANA, alle 20 Min, 5–21 Uhr, an der Plaza Central und am Paco (kleines Einkaufszentrum am Ortsausgang in Richtung Santa Ana).
BEBEDEROS (Cerros de Escazú), alle 30–60 Min, 5–19 Uhr, am Plaza Central.
CIUDAD COLÒN und PIÈDADES, alle 30–60 Min, 6–20 Uhr, am Paco.

VULKAN TURRIALBA; © OLIVER KIESOW

Valle Central

Die Hälfte der Bewohner Costa Ricas leben im Zentraltal und im Ballungsraum San José, wo ganzjährig angenehme Temperaturen herrschen. Doch auch hier gibt es noch viel unberührte Natur zu entdecken. Vulkane und Nationalparks laden zu lohnenden Tagesausflügen ein, und in den Städten und ländlich geprägten Ortschaften des Valle Central kommt man dem costa-ricanischen Alltag ganz nah.

Stefan Loose Traveltipps

2 Vulkan Poás Der meistbesuchte Nationalpark Costa Ricas: dampfende Fumarolen und ein türkisblauer Kratersee. S. 146

Día de la Virgen de los Ángeles Zigtausende pilgern zur Basílica de los Ángeles, die sich wie ein Tempel aus Tausendundeiner Nacht aus Cartagos Wellblechmeer erhebt. S. 159

Vulkan Irazú Eine gewaltige grüne Lagune inmitten einer kargen Mondlandschaft. S. 162

Radtour Mit dem Fahrrad durch das idyllische Orosi-Tal, umgeben von Kaffeeplantagen. S. 166

3 Wildwasserfahren Das Schlauchboot schaukelt, die Gischt im Gesicht – Rafting auf dem Río Pacuare, dem „König der Flüsse". S. 171

KLOSTERKIRCHE IN OROSI; © OLIVER KIESOW

KAKAOBOHNEN: LA GARITA © PABLO CESPEDES TREJOS

Wann fahren? Ganzjährig

Wie lange? 3–4 Tage

Bekannt für Vulkane, Städte und Natur in unmittelbarer Umgebung, gutes Klima, Kaffeeanbau

Beste Feste Día de la Virgen de los Ángeles in Cartago

Unbedingt machen Rafting-Tour auf dem Río Pacuare

Für Entdecker Radtour vor malerischer Kulisse im Orosi-Tal

Valle Central

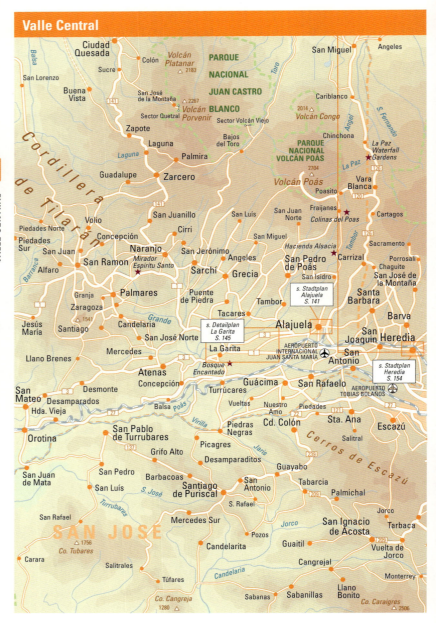

138 VALLE CENTRAL
www.stefan-loose.de/costa-rica

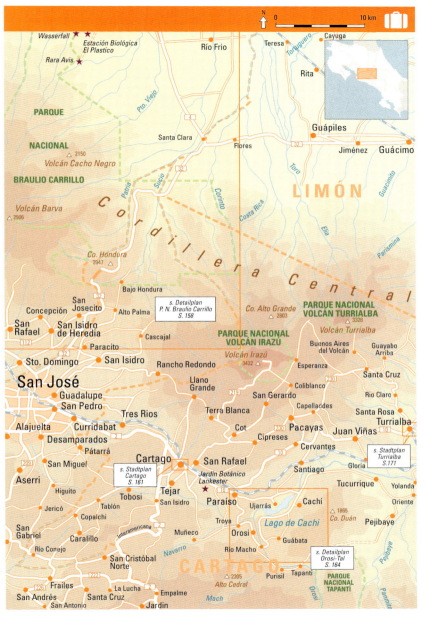

VALLE CENTRAL 139

Die Sonne jagt den Schatten über die schroffen Bergketten des Valle Central. Dutzende kleine Täler liegen eingekesselt zwischen den Gebirgsmassiven der Cordillera Talamanca im Südosten, der Cordillera Central im Norden und der Montes de Aguacate im Westen. Selbst an den Hängen der aktiven **Vulkane Irazú, Poás und Turrialba** haben sich Fincas angesiedelt. Seit Jahrhunderten schneiden hier Männer mit Macheten das Zuckerrohr, fallen rot gereifte Kaffeebohnen in die schwieligen Hände der Pflückerkolonnen.

Das Valle Central ist die am dichtesten besiedelte und landwirtschaftlich produktivste Region Costa Ricas. Zwei Drittel der Bevölkerung leben auf lediglich sechs Prozent der Landesfläche. Auf dem vulkanisch fruchtbaren Land bauten bereits die Indianer Mais, Maniok, Bohnen und Chayote an. Mit der Ankunft der Spanier Mitte des 16. Jhs. verschwanden die Waldflächen zunehmend, das Land wurde in Encomiendas (S. 88 und Kasten S. 169) aufgeteilt.

Im Kontrast zur ländlichen Idylle stehen die vier größten und wichtigsten Städte des Landes: **San José, Alajuela, Cartago** und **Heredia**. Sie alle wurden mehrmals von Erdbeben heimgesucht, von der Architektur vergangener Jahrhunderte ist daher nicht viel erhalten. Dafür wird der Besucher mit neuen, fantasievollen Kirchenbauten überrascht: gewagt-modern, verschnörkelt-kitschig oder als romantische Ruine vom letzten Beben belassen.

Ein kurzer Abstecher in Costa Ricas Urbanität genügt, denn zu verlockend ist die Umgebung mit **Nebelwald** und dampfenden **Kraterlagunen** an den Vulkanen, Rafting-Touren auf den Flüssen **Reventazón** und **Pacuare,** Wanderungen in den **Cerros de Escazú** oder ein Sprachkurs im malerischen **Orosi-Tal**.

Alajuela und Umgebung

Alajuela

Die *Ciudad de los Mangos* (Stadt der Mangos), in der die köstlichen, ovalen Früchte in schönen Parque Central von den Bäumen hängen (und nichts ahnenden Passanten kräftige Beulen be-

scheren), bietet sich – dank einer Auswahl an preiswerten Unterkünften – als ruhigere und klimatisch mildere Alternative zur 18 km entfernten Hauptstadt San José an. Schnell ist von hier der Flughafen erreicht, ungestört der Jetlag ausgeschlafen, sodass man sich ohne kostbare Urlaubszeit zu verschwenden ins Abenteuer Costa Rica stürzen kann.

Sehenswertes

Alajuela ist die Geburtsstadt von Juan Santamaría, Costa Ricas 19-jährigem Nationalhelden, der 1856 in der Schlacht gegen William Walker (Kasten S. 244) sein Leben opferte und dafür im ganzen Land gebührend verehrt wird: Eine Fackel werfend steht der junge Soldat als Bronzestatue in C. 2, Av. 2, und der nur 3 km entfernte Flughafen verbreitet den Namen des jungen Heroen in aller Welt.

Im **Museo Juan Santamaría**, Av. 1, C. Central–2, 🖳 www.museojuansantamaria.go.cr, wird die bedeutende Batalla de Rivas noch einmal aufgerollt. Die zwei Museumssäle im ehemaligen Stadtgefängnis widmen sich der Schlacht gegen William Walker, der Ende des 19. Jhs. nach der Devise „alle fünf oder keines" ganz Mittelamerika erobern wollte. Ein Saal mit wechselnden Kunstausstellungen befindet sich am Museumseingang. In einem kleinen Café können sich Besucher stärken. ☉ Di–So 10–17 Uhr, Eintritt frei.

Als zweitgrößte Stadt des Landes hat Alajuela sonst wenig zu bieten. Die Gebäude aus der Kolonialzeit – die Stadt wurde 1667 gegründet – überstanden die Erdbeben der Jahrhunderte nicht. 1863 entstand die **Catedral**, deren großer, dunkelroter Wellblechdom einer Planetariumskuppel gleicht, und in der Ex-Präsident Tomás Guardia Gutiérrez (1831–1882) bestattet liegt. Sechs Blöcke östlich vom Park steht die attraktive Kirche **La Agonía** aus den 1930er-Jahren. Über ihrem Altar leuchtet blau ein fluoreszierendes Neonkreuz, daneben schwebt Gott im Glitzergewand und mit langem, weißem Bart.

ÜBERNACHTUNG

Alajuela Backpackers, Av. 4, Ecke C. 4, 📞 2441-7149, 🖳 www.alajuelabackpackers.com. Große, etwas unpersönliche Back-

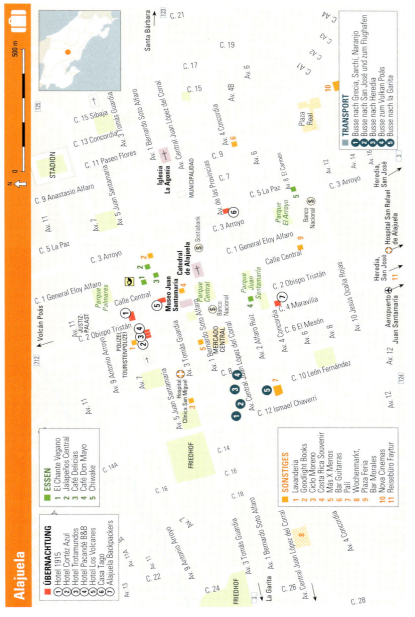

Die rote Wellblechkuppel der Catedral de Alajuela überragt das Häusermeer der Stadt.

packer-Unterkunft mit 40 einfachen Zimmern. Dorms für 4, 6 und 10 Pers. (ab $15 p. P.), Frühstück $3, Bar-Restaurant auf dem Dach, Gratis-Shuttle zum Flughafen. ❸

Casa Tago, Av. 2, C. 35, ✆ 2443-5323, 🖥 www.hotelcasatago.com. Freundliches kleines Hotel gleich gegenüber dem Hotel Mi Tierra mit hilfsbereiter Leitung. 8 etwas hellhörige und dunkle Zimmer mit Bad (DZ $45), teils mit AC ($55). Parkmöglichkeit und einfaches Frühstück inkl. ❷

Hotel Cortéz Azul, Av. 5, C. 2–4, ✆ 2443-6145, 🖥 www.hotelcortezazul.com. Einfaches Hostel mit schönem Hintergarten; helle Zimmer teils mit Bad, teils mit Fenster zum Gang. Im 2. Stock geräumiger Schlafsaal für 4 Pers.; Gemeinschaftsküche. Die neuen jungen Besitzer haben das Hotel gründlich renoviert und einfach, aber kreativ gestaltet. Flughafentransfer inkl. Dorm $12. Frühstück inkl. ❷–❸

Hotel Los Volcanes, Av. 3, C. Central–C. 2, ✆ 2441-0525, 🖥 www.hotellosvolcanes.com. 12 helle, geschmackvolle Standardzimmer in einem der ältesten Hauser der Stadt mit einladendem Garten, einige mit Gemeinschaftsbad und Fenstern zum Gang. Außerdem 4 ruhig gelegene „Superior Rooms" mit AC. Frühstück und 24-Std.-Flughafentransfer inkl. ❸

Hotel 1915, C. 2, Av. 5–7, ✆ 2440-7163, 🖥 www.1915hotel.com. Dieses Hotel ist etwas teurer als der Durchschnitt in Alajuela, dafür sind die Zimmer komfortabel. DZ mit unterschiedlicher Ausstattung, teilweise mit AC, alle mit Privatbad. Auch Familienzimmer mit eigener Veranda ab $110. Gratis-Flughafenshuttle. ❷–❹

Hotel Pacandé B&B, Av. 5, C. 2–4, ✆ 2443-8481, 🖥 www.hotelpacande.com. 10 sehr saubere und gemütliche Zimmer, teils mit Bad und hübscher Ethno-Deko. Einige Zimmer mit Fenster zum Gang. Ideal für Familien ist das hübsche, holzverkleidete 5-Pers.-Zimmer im 2. Stock mit 2 Etagen. Kleiner Hintergarten, alles sehr sauber. Vom freundlichen Kolumbianer José Manuel und seinem deutschsprachigen Sohn Felipe betrieben. Frühstück inkl. ❸

Hotel Trotamundos, Av. 5, C. 2–4, ✆ 2430-5832, 🖥 www./hosteltrotamundos.com. Freundlicher, sauberer Backpacker mit Gemeinschaftsküche; die Wände des Schlafsaals reichen nicht bis zur Decke! Auch DZ, teilweise mit Bad. Dorm $12 p. P. Flughafentransfer von 4–11 Uhr inkl. ❷

ESSEN UND UNTERHALTUNG

Chiwake, C. 3, Av. 6–8. Ein peruanisches Retaurant, beliebt bei Ticos, mit einer großen Auswahl an Fisch- und Seafood-Gerichten. ⊕ tgl. 12–21 Uhr.

Café Delicias, Av. 3, Ecke C. 1, 🖥 www.cafe delicias.com, ✆ 2431-4722. Schön dekoriertes Café/Restaurant. Frühstück, Casados, Tex-Mex. Sandwiches, Kuchen und andere Snacks. ⊕ Mo–So 7–20 Uhr.

Café Don Mayo, Av. 2, C. 4. Kleines Café am Parque Juan Santamaria mit überschaubarer, aber exzellenter Kuchenauswahl und gutem Kaffee aus der lokalen Produktion der Beneficio Don Mayo. ⊕ tgl. 9–18 Uhr.

Café Dreams, gegenüber vom Café Delicias, ✆ 2430-3970. Viele Kaffeespezialitäten, Sandwiches, aber auch komplette typische Hauptgerichte. ⊕ tgl. 7–19 Uhr.

El Chante Vegano, 25 m westl. vom Postamt, 🖥 www.elchantevegano.com. Sehr schön eingerichtetes vegetarisches und veganes Restaurant mit ansprechender Karte. Allerdings sehr langsame Bedienung, keine Kreditkarten. ⊕ tgl. 11–20 Uhr.

Jalapeños Central, Av. 3–5, C.1, ✆ 2430-4027. Tex-Mex-Gerichte in gemütlicher Atmosphäre. Beliebt bei Gästen der umliegenden Hotels. ⊕ tgl. 11.30–21 Uhr.

Weitere günstige und landestypische Restaurants findet man im **Mercado Central**. Im Einkaufszentrum **Plaza Real Alajuela**, Av. 10, Ecke C. 9. gibt es u. a. die gute Pizzeria **La Fabrica** und das argentinische Restaurant **Como en Casa**, ✆ 2441-7607, mit guten, aber nicht billigen Steaks, sowie jede Menge Restaurants internationaler Ketten.

Die **Bar Guitarras** in der Calle Ancha lädt zu einem lebhaften Feierabend-Drink ein. Beliebt bei Einheimischen wie Touristen ist die Bar **Morales**, Av. 8. Ecke C. Central. Selbst der Präsident des Landes und die Spieler des lokalen Fußballclubs haben sich schon blicken lassen.

SONSTIGES

Apotheken
Verschiedene Apotheken befinden sich direkt am Park.

Bücher
Goodlight Books, Av. 3, zw. C. 1 und 3, ✆ 2430-4083. Gebrauchte Romane auf Englisch, Spanisch und Deutsch, auch Reisebücher und Karten. ⊕ tgl. 10–18 Uhr.

Einkaufen
Souvenirs y Muebles Chanto, 3 Min. vom Flughafen an der A1, 300 m westl. vom „Elevado Villa Bonita", ✆ 2443-3979. Große Auswahl an Kunsthandwerk, Souvenirs, Geschenken, Hängematten und Kitsch, zum Teil aus eigener Herstellung, zum Teil importierte Produkte, einiges zu günstigen Preisen. ⊕ Mo–Fr 7–17.30 Uhr.

Costa Rica Souvenir, C. 3, zw. Av. 1 und 3, ✆ 2431-5215. Hochwertige Souvenirs made in Costa Rica. ⊕ Mo–Sa. 9–18 Uhr.

Fahrradreparatur
Ciclo Moreno, Av. 5, C. 10, ✆ 2441-2546. Sehr gut ausgestattetes Fahrradgeschäft mit effizienter Werkstatt. ⊕ Mo–Fr 8.30–18 und Sa 8.30–17.30 Uhr.

Feste und Veranstaltungen
An einem Wochenende Mitte März bis Anfang April: **Tope de Alajuela**, eine große Pferdeparade, zu der Tausende von Reitern aus der Umgebung in die Stadt kommen. Volkstänze werden aufgeführt und bis spät in die Nacht wird gefeiert.

November: **Fiesta Internacional de Cuenteros (FICU)** – Alajuela wird nicht ohne Grund auch „Ciudad Palabra", Stadt der Worte, genannt. Bei diesem großartigen Fest kommen Geschichtenerzähler aus aller Welt nach Alajuela und unterhalten an verschiedenen Plätzen und Theatern der Stadt mit ihren Geschichten die begeisterten Zuhörer.

11. April: **Día de Juan Santamaria** mit Festumzug, Tänzen und Veranstaltungen im Zentrum von Alajuela.

VALLE CENTRAL

Geld
Banco Nacional, am Park. ⊕ Mo–Fr
8.30–15.45 Uhr.
Scotiabank, Av. Central, Ecke C. 1.
⊕ Mo–Fr 8–17, Sa 9–12 Uhr.

Kino
In dem Einkaufszentrum Plaza Real Alajuela
befindet sich das moderne Kino **Nova Cinemas**,
Av. 10, C. 9, ✆ 2299-7484, ▭ www.novacine
mas.cr, in dem meist aktuelle Filme (auch auf
Englisch mit spanischen Untertiteln) gezeigt
werden; zwei „VIP"-Säle mit Liegesitzen sowie
Getränke- und Essensservice.

Markt
Auf dem relativ großen überdachten **Wochenmarkt** an der Plaza Feria bekommt man unter
anderem frische Früchte, Säfte, Gemüse, Fisch
und Kleidung. ⊕ Fr 13–ca. 20 und Sa 6–13 Uhr.

Medizinische Hilfe
Hospital San Rafael de Alajuela, an der Radial
Francisco J. Orlich, 300 m nördl. vom Walmart
in Richtung Alajuela, ✆ 2436-1001. Modernes
Krankenhaus, in dem auch Touristen behandelt
werden.
Clínica San Miguel, 250 m westl. vom
Museum Juan Santamaria, ✆ 2442-5958,
▭ www.sm.cr. ⊕ 24 Std.

Polizei
Die hilfsbereite Touristenpolizei befindet
sich gegenüber dem Hotel 1915 (s. „Übernachtung), ✆ 2430-1085, 2440-8889.

Post
C. 1, Av. 5., ⊕ Mo–Fr 8–17.30, Sa 8–12 Uhr.

Supermärkte
Más X Menos, 150 m westl. vom Park.
⊕ Mo–Sa 7–24, So 7–21 Uhr.
Pali, Av. 2, Ecke C. 10. ⊕ Mo–Fr 8.30–20,
Sa 7.30–20, So 8.30–18 Uhr.

Reisebüro
Faytur, Plaza Aeropuerto (am Flughafen),
✆ 2443-4171, ▭ https://viajes.faytur.com.
Internationale Flüge.

Taxi
Am Park. Preise: Flughafen 1800C$,
Volcán Poás 20 000C$, San José 10 000C$.

Wäscherei
Kleine, versteckte **Lavandría**. Av. 5–7, C. 4.
⊕ Mo–Fr 7–17, Sa 7–14 Uhr.

TRANSPORT

Busse
ATENAS, C. 10, Av. 0–2, neben der Polizeistation, stdl. 5.50–21–45 Uhr, 1 Std.;
SARCHÍ (über GRECIA), C. 10, Av. Central–1,
alle 45 Min. 4.55–22.15 Uhr, 1–1 1/2 Std.;
LA GARITA, ZOO AVE (Dulce Nombre),
Terminal Palí Pacifico, C 10, Av. 2, ca. alle
15 Min. 5.50–21.45 Uhr;
HEREDIA, C. 8, Av. Central–1, alle 20 Min.
5.30–22 Uhr, 45 Min.;
SAN JOSÉ (via Flughafen), C. 8, Av. Central–1,
alle 5 Min., 30–50 Min. oder C. 2–4, Av. 4,
alle 5 Min.;
VOLCÁN POÁS, Av. 2, Ecke C. 6, um 9.15 Uhr,
45 Min.

Außerdem halten Überlandbusse aus San
José auf dem Weg zum Grenzübergang nach
Nicaragua (MANAGUA mit Transnica, tgl.
um 4.30, 5 und 9 Uhr) sowie die Busse nach
Guanacaste, Fortuna und Monteverde an der
Parada Radial Toyota:
SAN RAMON und PUNTARENAS,
8.45, 9.45, 10.45 Uhr;
LOS CHILES, 6 Uhr;
FORTUNA, 6.45, 9.10, 12 Uhr;
PITAL, 8, 10 Uhr;
LIBERIA, 6.30, 8.30, 9.30, 10.30, 11.30 Uhr;
TILARÁN, 8, 10 Uhr;
PEÑAS BLANCAS (Grenzübergang),
3.20, 6.20, 7, 8, 9 Uhr;
MONTEVERDE, 7, 14.45 Uhr.

La Garita

Das verwaltungstechnisch zu Alajuela gehörende La Garita ist kein eigenständiger Ort, sondern
eher ein Naherholungs- und Wohngebiet, in dem

viele Attraktionen zu finden sind, die sowohl für Einheimische als auch für Touristen interessant sind. An Wochenenden zieht es Tagesausflügler aus der nahen Hauptstadt in die grüne Umgebung, die hier picknicken, wandern oder eines der zahlreichen landestypischen Restaurants besuchen wollen. Costa Ricaner schätzen auch die vielen Gärtnereien und **Orchideengärten**, in denen teilweise auch Kunsthandwerk zu haben ist. La Garita liegt ca. 7 km westlich vom Ortsausgang von Alajuela.

Sehenswertes

Im privat geleiteten **Zoo Ave**, ✆ 2433-8989, 🖥 www.rescateanimalzooave.org, finden verletzte und illegal als Haustiere gehaltene Wildtiere ein neues Zuhause. Außerdem werden im Zoo vom Aussterben bedrohte Grüne und Rote Aras gezüchtet und auf die spätere Auswilderung vorbereitet. Es gibt eine kleine Canopy-Anlage mit drei Kabeln, einen botanischen Garten, viele Grünflächen und ein kleines Restaurant mit Cafeteria, das man auch ohne Eintritt zu bezahlen besuchen kann. Der recht hohe Eintrittspreis von $20 und $15 für Studenten/Kinder kommt den geretteten Tieren zugute. ⊕ tgl. 9–17 Uhr.

Der deutschsprachige Alex Corral aus Mexiko hat in La Garita ein sehr interessantes Kakao-Informationszentrum eröffnet. Bei seiner **Chocolate Tour**, 500 m östlich vom Zoo Ave, in Richtung Alajuela, ✆ 2433-2730, 🖥 www.choco-tour.com, erfährt man alles über Geschichte, Anbau, Verarbeitung und Genuss des beliebten Göttertrunks. Natürlich gehört eine ausführliche Verkostung dazu, u. a. mit aztekischen Geheimrezepturen und Chili-Schokolade. Die 1 1/2- bis 2-stündigen Führungen finden tgl. um 9, 11 und 13.30 Uhr statt, oder nach Absprache, wenn gerade ein Guide verfügbar ist. $25 p. P. (Kinder $10) inkl. Verkostung.

Ebenfalls in La Garita, an der Landstraße nach Atenas, 1,5 km westl. vom Restaurant La Fiesta del Maíz, ist eine der wenigen Weinkellereien in Costa Rica beheimatet: **Vicosa**, ✆ 2487-5587, 🖥 www.vicosacr.com. Besucher können die kleine Fabrik kostenlos besichtigen und bekommen den Herstellungsprozess anschaulich erklärt. Man kann auch eine Kostprobe nehmen und den einen oder anderen Tropfen erwerben. ⊕ Mo–Fr 8.30–16, Sa 8.30–12 Uhr.

Der **Botanical Orchid Garden**, 800 m vor dem Restaurant Fiesta del Maíz, ✆ 2487-8095, 🖥 www.orchidgardencr.com, bietet einen großen Garten mit Lehrpfad, eine Baumschule, Laboratorien und Wassergärten. Eintritt $12, Kinder $6. ⊕ Di–So 8.30–16.30 Uhr.

Fährt man von La Garita weiter in Richtung Süden, gelangt man über die Hauptstraße 27 zum Ort Turucares. Nur wenige Kilometer weiter südlich, im Ortsteil San Miguel (von dort an der Kirche noch 1 km westl.) befindet sich die engagierte Wildtierauffangstation **Costa Rica Animal Rescue Center**, 🖥 www.costaricaanimalrescuecenter.org. Touren finden auf Anfrage statt (kostenlos, Spende erbeten). Der Gründer und Leiter Bernal Lizano ist unter ✆ 8892-6771 zu erreichen und bittet um Voranmeldung.

ÜBERNACHTUNG

Bed & Breakfast Hotel Berna Tica, im Nachbarort Cacao, ✆ 2434-2060 🖥 www.bernatica.com. Nur 700 m von der Hauptstraße in La Garita entfernt, aber durch das Tal des Río Itiquis getrennt, befindet sich der kleine Ort Cacao. Hier betreibt die Schweizerin Dora ein Bed & Breakfast. 8 einfache und gemütliche Zimmer mit schönen Wandmalereien in verschiedenen Größen und Ausstattungen. Pool, Garten, Frühstück inkl. Um Reservierung wird gebeten! ❸
Hotel La Rosa de America, im Barrio San Jose de Alajuela, von La Garita in Richtung Alajuela, ✆ 2433-2741, 🖥 www.larosadeamerica.com. Auf Gruppen spezialisiertes Hotel. Schöner, grüner Garten, 19 gemütliche Zimmer verschiedener Klassen, darunter zwei Familiensuiten, Pool, Parkplatz, Restaurant. ❹
Villa Margarita, gegenüber der Chocolate Tour führt eine Straße zur „Incae Business-School", den Schildern folgen, ✆ 2433-1280, 🖥 www.villamargaritacr.com. Eine Überraschung mitten im Grünen ist das von der Holländerin Margaret geführte Haus mit 10 großen, hellen und komplett eingerichteten Zimmern auf einem 12 000 m² großen Grundstück, mit kleinem Pool, Hängematten und Tennisplatz. Nur für Hundeliebhaber! Margaret nimmt verwilderte Hunde auf; zur Zeit der Recherche lebten 9 Hunde und 5 Katzen auf dem Gelände. Frühstück inkl. ❹–❺

ESSEN

La Garita ist im gesamten Zentraltal für seine **traditionelle Küche** bekannt, bei der vorwiegend Mais im Mittelpunkt steht. Rechts

und links der Hauptstraße reihen sich zahlreiche Restaurants, alle mit mehr oder weniger vergleichbaren Speisekarten: La Fiesta del Maís, Las Delicias de mi Tierra, La Garita Restaurante, La Choza del Maís, Todo en Maíz und weitere Lokale, in denen sich alles um den Maiskolben dreht. Die meisten sind günstig und ziehen am Wochenende große Mengen an Besuchern an. Es gibt aber auch Ausnahmen vom üblichen Mais-Angebot:
Cakery, 400 m westl. des Zoo Ave, ✆ 2433-4313. Hier gibt es nicht nur leckeren Kaffee und Torten, sondern auch sehr empfehlenswerte kreative Hauptgerichte, v. a. Fleisch, sowie vielfältige Salate, Wraps und frisches Brot aus der eigenen Backstube. Netter, aber langsamer Service. ⏰ Mo–Do 10–20, Fr 10–21, Sa 9–21, So 9–20 Uhr.

TRANSPORT

La Garita liegt an der Busstrecke zwischen ALAJUELA und TURUCARES; die Linie „dulce nombre" verkehrt ca. alle 30 Min. Die Busse starten in Alajuela am Terminal Palí Pacifico ab und halten in La Garita entlang der Nationalstraße.

2 HIGHLIGHT

Parque Nacional Volcán Poás

- **SINAC-Büro:** ✆ 2482-2165
- **Öffnungszeiten:** tgl. 8–15.30 Uhr
- **Eintritt:** $15 (1500C$ Parkgebühr)
- **Gründungsjahr:** 1971
- **Größe:** 640 ha
- **Transport:** Busse von San José: 8.30 Uhr (9.15 Uhr in Alajuela); zurück 14.30 Uhr
- **Ausrüstung:** Jacke und Regenschutz mitbringen

12. April 2017: Nach einer Zeit relativer Ruhe bricht der Volcán Poás erneut aus. Eine erhöhte Konzentration giftiger Gase wird am Gipfelkrater gemessen und einige in der Nähe des

Kraters ansässige Familien müssen evakuiert werden. Es folgen schwere Explosionen mit umherfliegenden Gesteinsbrocken, die Gebäude und Straßen beschädigen. Die Parkverwaltung sieht sich gezwungen, den Poás für Besucher komplett sperren. Verglichen mit seiner bislang heftigsten Eruption von 1910, als der Vulkan eine Fontäne von 8 km in den Himmel stieß, ist dieser Ausbruch jedoch nur ein zaghaftes Spucken.

Der Vulkan Poás, 37 km nördlich von Alajuela, gehört zu den aktivsten Vulkanen Costa Ricas und war bis zu seiner vorübergehenden Schließung 2017 der am meisten besuchte Nationalpark im Land. Seit September 2018 kann eine limitierte Anzahl von Besuchern den Nationalpark wieder besuchen. Schutzhütten und moderne Gasmesssensoren wurden installiert. In Gruppen von 50 Personen werden die Besucher nun an den Kraterrand geleitet und können sich dort für ca. 20 Minuten aufhalten. Tickets bekommt man nach Anmeldung auf der SINAC-Webseite (https://serviciosenlinea.sinac.go.cr). Am besten informiert man sich vor dem Besuch bei der Nationalparkverwaltung über die aktuelle Situation.

Bei guten Wetterbedingungen bietet sich ein spektakulärer Blick auf den Hauptkrater Poás (2708 m). Bei klarer Sicht blickt man von hier oben sogar auf den Atlantik und den Volcán Arenal. Im Besucherzentrum wird in Videos die Entstehungsgeschichte des Vulkans erklärt.

Der Sendero Escalona (1,5 km) führt vom Aussichtspunkt zum ruhenden, 7500 Jahre alten Schwesterkrater mit der erkalteten **Laguna Bota** mit einem lohnenswerten Fernblick. Der steile Wanderweg führt durch einsame Krüppelwälder rund um die Lagune. Früh aufbrechen, denn oft umgibt sich der Poás bereits am Vormittag mit einem dichten Wolkenkleid.

ÜBERNACHTUNG

La Lagunillas Lodge, 2 km vor dem Eingang zum Nationalpark, schon innerhalb der Parkgrenzen und damit die am nächsten gelegene Unterkunft zum Vulkan Poás, ☎ 8835-2899. Einfach-rustikale, gemütliche Häuschen mit Kamin, einige haben Küche. Ein Team von 5 reizenden Geschwistern leitet die idyllisch gelegene Lodge. Für die Anfahrt ist ein Allradfahrzeug notwendig! 4 Zimmer und 4 Cabinas, 10-Pers.-Cabina $120. Frühstück $5. ❷

Poás Lodge, 4 km vor dem Nationalpark, ☎ 2482-1091, 💻 www.poaslodge.com. 4 gemütliche Zimmer mit grandiosem Ausblick auf San José und Alajuela; freundliche, nordamerikanische Leitung. Familiäre Atmosphäre. Gutes Restaurant mit Kamin, Kolibrigarten. Frühstück und Transfer zum Nationalpark inkl. ❸−❹

Poás Volcano Lodge, 14,4 km östl. des Vulkaneingangs, kurz vor der Ortschaft Vara Blanca, ☎ 2482-2194, 💻 www.poasvolcanolodge.com. 6 luxuriöse Suiten (teils mit Jacuzzi, ab $195 für 2 Pers.) und ein imposanter Gemeinschaftsbereich mit Bibliothek, außerdem 5 DZ (ab $115) im Annex. Frühstück inkl. ❺−❻

Villas Calas, 13 km östlich des Vulkans, Richtung Vara Blanca, ☎ 2482-2222, 💻 www.villacalas.com. Geräumige Häuschen mit weit heruntergezogenen Dächern und Kamin, teilweise 2-stöckig. Die größeren (bis zu 4 Pers.) haben Küche. Im Restaurant werden u. a. Forellen aus eigener Zucht sowie Gemüse und Erdbeeren aus eigenem Anbau angeboten, Frühstück inkl. ❹−❺

ESSEN

Entlang der Route durch die Orte Fraijanes und Poasito bis zum Eingang des Nationalparks und auch an der Strecke nach Vara Blanca befinden sich rechts und links der Straße zahlreiche Restaurants, Sodas und kleine Läden, in denen man Erdbeeren kaufen kann. Neben den allgegenwärtigen Erdbeeren liegt der gastronomische Schwerpunkt in dieser Bergregion auf Forellen aus eigener Zucht. An vielen Restaurants kann man sich selber seine Forelle angeln und dann in verschiedenen leckeren Varianten zubereiten lassen.

Direkt am Eingang des Nationalparks gibt es ein Souvenirgeschäft und eine **Cafeteria**, in der auch ein paar Kleinigkeiten zum Essen serviert werden.

Hacienda Alsacia

2018 eröffnete der Kaffee-Einzelhandelsriese Starbucks ein schickes Besucherzentrum am Fuß des Poás, auf dem Weg von Alajuela zum

Vulkan bei der Ortschaft San Isidro. Auf der angeschlossenen 600 ha großen Forschungs-Kaffeefarm, 🖥 www.starbuckscoffeefarm.com, werden neue Anbaumethoden getestet, die (laut Eigenwerbung) Kleinbetrieben zugutekommen sollen. Bei aller berechtigter Kritik an dem Unternehmen, dieses Zentrum ist gelungen und lohnt einen Besuch! Eine Führung (ca. stdl.) durch die moderne Anlage mit Verkostung kostet $30. ⏰ tgl. 8–16 Uhr.

La Paz Waterfall Gardens

Lohnend für diejenigen, die nach dem Vulkanbesuch in Richtung Heredia oder Sarapiquí weiterfahren, ist ein Abstecher zu den La Paz Waterfall Gardens, 🖥 www.waterfallgardens.com (für Busreisende nur von San José aus zu erreichen).

Über Treppen und insgesamt 300 Höhenmeter nähert sich der Besucher den eindrucksvollen, bis zu 35 m steilen Wasserfällen **El Templo, Magia Blanca, Encantada** und **Escondida**. Am fünften Wasserfall, **La Paz** (der auch gratis von der Straße zu bewundern ist) chauffieren Shuttlebusse die Schaulustigen zurück zum Eingang. Insgesamt 3,5 km zementierte Wanderwege führen durch das 70 ha große Gelände, das Regen- und Nebelwald, einen **Orchideen-** und **Schmetterlingsgarten** sowie Tiergehege mit Vögeln, Wildkatzen, Affen, Reptilien und Fröschen um-

---

Paradies zum Entspannen

Der Abenteuerpark **Colinas del Poás**, 📞 2482-1212, 🖥 www.colinasdelpoas.com, bietet eine wunderschöne Gartenanlage mit gepflegten Liegewiesen und einem See. Er ist perfekt geeignet, um einen Tag auszuspannen und die Natur in vollen Zügen zu genießen. Ein bei den Ticos sehr beliebtes Ausflugsziel mit vielseitigen Beschäftigungsmöglichkeiten: Canopy mit 12 Kabeln für $50 p. P., Tarzanswing, Kletterpark (nur für Gruppen), Kanufahren auf dem See, Forellenangeln, Trampolin, Tischtennis, Restaurant und Bar. 1 km von Fraijanes in Richtung Nationalpark geht rechts eine Schotterpiste ab, der Park ist gut ausgeschildert. ⏰ tgl. 8–16 Uhr.

Alles über Kaffee

An den fruchtbaren Hängen des Vulkans Poás erstreckt sich die sehenswerte Kaffee-Hacienda **Doka Estate**, 📞 7300-7158, 🖥 www.dokaestate.com, wo einer der feinsten Kaffees in Costa Rica produziert wird. Besucher können an einer sehr interessanten, etwa 2-stündigen Tour mit Verkostung teilnehmen. Es lohnt sich, und neben echten Gaumenfreuden erfährt man eine Menge über das Bohnengebräu. Die Touren finden je nach Saison zu festen Zeiten statt. Wer einen engen Zeitplan hat, sollte sich vorher auf der Website erkundigen. ⏰ Mo–Fr 8–17, Sa und So 8–16 Uhr.

---

fasst. Obwohl sehr touristisch und überteuert – der Anblick der geballten Wasserkraft füllt den eigenen Energietank auf! ⏰ tgl. 8–17 Uhr; Eintritt $44, Kinder bis 12 J. $28. Für Personen mit Gehproblemen aufgrund der vielen Treppen nicht geeignet.

Eingebettet in die Landschaft ist die luxuriöse **Peace Lodge**. Eine Nacht für zwei Personen in dieser weitläufigen Anlage mit Pool und Jacuzzis ist jedoch in der Hauptsaison nicht unter $450 zu haben. Die opulent ausgestatteten Zimmer verfügen über Kamine und sind aufwendig mit Stein- und Holz-Interieurs versehen.

TOUREN

Ein günstiges Angebot für eine geführte Tagestour ab jedem Hotel in San José und Umgebung findet man unter 🖥 www.costa-rica-reise.com. Bei dieser Tour werden an einem Tag der Vulkan Poás, die Kaffee-Hacienda Doka (s. Kasten) und die La-Paz-Wasserfälle angefahren. Der Preis der Tour ist günstiger als die Summe der Eintrittskosten.

Im Ort Poasito, zw. dem Vulkan Poás und Vara Blanca, findet man den kleinen, privaten Touranbieter **Freddo Leche Tours**, 📞 2482-1024. Nur nach Voranmeldung wird hier auf Englisch eine landwirtschaftliche Tour mit Traktorfahren, Wanderung, Melken und Besuch in der Käserei für 7000C$ angeboten.

TRANSPORT

Auto

Die Wasserfälle liegen 15 km östl. vom Volcán Poás. Vom Vulkan kommend im Ort Vara Blanca an der Tankstelle links abbiegen. Von der Abzweigung sind es 6 km bis zu den Wasserfällen. Die landschaftlich sehr reizvolle Route führt weiter bis nach San Miguel, in die Sarapiquí-Region von Costa Ricas grünem Norden (S. 212).

Busse

Von San José in Richtung VARA BLANCA um 6.30 und 13 Uhr; zurück 13 und 18.00 Uhr, mit **Guapileños**, ✆ 2221-7990.

Atenas

„Nichts haben wir zu bieten und trotzdem kommen die Touristen", stellt ein Atener Wirt lachend fest. Recht hat er, doch was nach wie vor wirkt, ist der Mythos, hier herrsche „das beste Klima der Welt", das Motto einer Tourismuskampagne, die bereits vor Zeiten des Klimawandels durchgeführt wurde und zahlreiche kanadische und deutsche Expats in den Ort lockte. Die zentrale Lage macht Atenas zu einem guten Ausgangspunkt für Tagesausflüge mit dem Auto.

ÜBERNACHTUNG

Apartamentos Atenas, von Atenas 3 km in Richtung Orotina, ✆ 2446-5792, 8828-5500, 🖥 www.apartamentosatenas.com. 5 praktische, hübsch eingerichtete, weit auseinanderstehende Bungalows mit Küche. Großer Garten mit Pool, Rancho mit Küche und Hängematten; eine Waschmaschine steht bereit. Familiäre Atmosphäre, hervorragendes Preis-Leistungs-Verhältnis, freundliche deutsche Leitung von Jutta und Thomas. Gute Basis für Touren mit dem Auto. Frühstück $7. ❸

Hotel Colinas del Sol, Calle Boqueron, 600 m östl. vom Gimnasio de Atenas Central, ✆ 2446-4244, 🖥 www.hotelcolinas delsol.com. 15 praktische, helle Bungalows, teils mit Küche, umgeben von Grün, alle mit Balkon und Hängematte. Großer Pool. Beliebt bei europäischen Urlaubern. Für die Monate Jan, Feb und März lange im Voraus buchen. Regelmäßiger Yogaunterricht, Spa, geführt von der netten Birgitta. Frühstück inkl., das Restaurant Oropendula ist Mo geschlossen. Kinder bis 6 J. frei. ❹ – ❺

ESSEN

La Carreta, Av. Central, C. 1–3, einen halben Block östl. vom Park, ✆ 2446-3156. Landestypische und günstige Küche, gutes *chifrijo* (S. 37), freundliche Bedienung. Große Auswahl an Büchern zum Lesen und Ausleihen. ⏰ tgl. 11–20 Uhr.

La Finca, C. 2, Av. 1–3, ✆ 2446-6666. Hauchdünne, echt italienische Pizza und leckere Pasta-Gerichte, Salate und Antipasti. ⏰ Di–So 11.45–21.45 Uhr.

Jalapeños, 3 km hinter Atenas in Richtung Orotina, auf der rechten Seite, 100 m nach den Apartamentos Atenas, ✆ 2446-6314. Costaricanische Küche im halb offenen Restaurant, eisgekühltes Bier. ⏰ tgl. 11–22.30 Uhr.

SONSTIGES

Fahrradreparatur

Ciclo Fortuna, am Park, ✆ 2446-6642. ⏰ 9–18.30, So 8–12 Uhr.

Geld

Banco de Costa Rica, neben der Kirche. ⏰ Mo–Fr 9–16 Uhr.

Markt

Der Markt findet täglich in der Markthalle von Atenas statt, wo man auch allerlei lokale Speisen ausprobieren kann.

Supermarkt

Coopeatenas, ✆ 2446-5141. Der Supermarkt einer Genossenschaft, die auch eine Tankstelle und Werkstatt im Ort betreibt. Er ist gut sortiert, bietet zahlreiche Produkte aus der Umgebung und aus biologischem Anbau, mit Cafeteria und Imbiss. ⏰ Mo–Sa 7–21, So 8–20 Uhr.

VALLE CENTRAL

Touren

Walter's Taxi & Tours, GPS N09°59.817' W084° 25.773', ☎ 8873-4266, 🖥 www.walterstaxiand tours.com. Fahrten in die Umgebung, zum Flughafen und Touren zum Strand. Walter spricht Englisch und ist zuverlässig. Er besitzt auch ein kleines Flugzeug, mit dem er Touren anbietet.

El Toledo Coffee Tour & Adventures, in den Bergen oberhalb von Atenas hinter Morazán bei San Isidro, GPS: N09°59.817' W084°25.773', ☎ 8711-1221, 🖥 www.coffeetour1.blogspot. com. Interessante Kaffeetouren in sehr rustikaler Umgebung für $15 p. P., Mo–Do 8, 10, 14 und 16 Uhr.

TRANSPORT

Busse nach:
ALAJUELA, alle 30–60 Min. 5–21 Uhr, am Wochenende seltener.
SAN JOSÉ, alle 10–30 Min. 4.30–20 Uhr, von 12–14 Uhr zur vollen Stunde, am Wochenende seltener.
JACÓ, 7–20 Uhr, an der Bushaltestelle an der Radial 3 (Ruta 3, die hier als Umgehungsstraße verläuft), 50 m westl. vom Coopeatenas, auch am Restaurant Jalapeños.

Grecia

Malerisch, von den Bergen der Cordillera Central umgeben, liegt Grecia, das stolz den Titel „Ciudad más Límpia de Costa Rica" (sauberste Stadt Costa Ricas) trägt. Die Bevölkerung lebt vorwiegend vom Zuckerrohr- und Kaffeeanbau. Einzige Sehenswürdigkeit ist die stählerne, neogotische **Parroquia de Grecia** von 1897. Der Stahl wurde aus Südbelgien an die Karibik verschifft, von dort per Eisenbahn nach Alajuela verfrachtet und dann in Ochsenkarren die Hügel hinauf nach Grecia transportiert. Der Marmoraltar im Kircheninneren stammt aus Spanien, die Kirchenfenster und Türen wurden aus Italien importiert.

Jeden Sonntag wird in der **Hacienda los Trapiches**, ☎ 2458-1174, 🖥 www.springerscr.com/ hacienda-los-trapiches, der Herstellungsprozess von Zuckerprodukten mit traditionellen Zuckermühlen gezeigt. In Santa Gertrudis Sur, an der Straße nach Sta. Gertrudis Norte Richtung Vulkan Poás (den Wegweisern folgen). ⏱ Beginn 8 Uhr, Dauer mehrere Stunden. Eintritt $6, Kinder $4.

TRANSPORT

Busse nach SAN JOSÉ, SARCHÍ und ALAJUELA, 4.25–20.30 Uhr, ca. alle 30 Min.

Sarchí

Costa Ricas „Wiege des Kunsthandwerks" nennt sich der kleine Ort Sarchí, wo die Carretas, die Ochsenwagen, eines der insgesamt zwölf Nationalsymbole Costa Ricas, hergestellt werden. Die Landschaft passt in das Bild, das sich ein Europäer von kleinen Handwerkszünften macht: Kurvige, schmale Straßen mit folkloristisch bemalten Brücken führen vorbei an Kaffeeplantagen in eine Höhe von 950 m. Einst karrten hier Campesinos ihre Kaffeebohnen in hölzernen Wagen zu den Märkten. Heute werden die Carretas nur noch selten und in sehr ländlichen Gegenden eingesetzt.

Dennoch fertigen in Sarchí einige Handwerksbetriebe die Carretas in allen denkbaren Größen und Farben. Sie werden Touristen u. a. als Minibar, Blumen- oder Nähwagen angeboten. Das älteste Geschäft im Ort ist die **Fábrica de Carretas Chaverri**, die damit begann, die Wagen zu bemalen. Auf Bürgersteigen im ganzen Ort locken Möbelgeschäfte mit Schaukelstühlen, Schränken, Holzschnitzereien – teils Kitsch, teils kunstvoll verarbeitete Ware.

Im eigentlichen Ortskern, **Sarchí Norte**, setzt sich die folkloristische Bemalung der Wagenräder auf Laternenpfählen und Brückengeländern fort. Die kitschige **Parroquia de Sarchí** ist ein Hingucker. Auf dem zentralen Platz davor steht in einem Pavillon ein überdimensionaler bemalter Ochsenkarren.

TRANSPORT

Busse nach GRECIA alle 25–30 Min., dort Anschluss nach SAN JOSÉ und ALAJUELA. Direktbusse nach Alajuela jede Stunde.

Bajos del Toro

Nördlich von Sarchí führt eine reizvolle Autostrecke vorbei an dicht bewaldeten Hügeln über den Pass Alto Palomo ins 20 km entfernte **Tal des Río Toro**, das mit zahlreichen spektakulären Wasserfällen gesegnet ist. Ausgangspunkt für die Erkundung der touristisch noch relativ wenig erschlossenen Gegend ist das Örtchen Bajos del Toro. Der Ort bietet auch einen Zugang zum **Parque Nacional Juan Castro Blanco**. Eine bessere Infrastruktur für Wanderer findet sich jedoch auf der anderen Seite des Parks, im Dörfchen San José de la Montana (S. 152), 15 km von Ciudad Quesada (S. 209).

Die Hauptatraktion von Bajos del Toro liegt 6 km nördlich des Orts. Dort stürzt die beeindruckende **Catarata del Toro**, 🖳 www.catarata-del-toro.com, knapp 100 m in die Tiefe. Steile Treppen führen hinab zum Wasserfall. Die israelischen Besitzer des Areals betreiben ein kleines Restaurant (leckere Empanadas) und vermieten zwei einfache, etwas dunkle Zimmer (DZ ab $65, inkl. Wasserfall-Besuch). Auch Abseiling-Touren. ⏱ Mo–Sa 7–17 Uhr. Eintritt $14.

Vom Eingang des Catarata del Toro startet eine Wandertour über Finca-Gebiet zu den sogenannten **Blue Falls**, einer Reihe von sprudelnden Wasserfällen, zwei davon sind tiefblau gefärbt. Badesachen und Wanderschuhe mitbringen! Man bekommt am Eingang der Catarata del Toro den Weg gewiesen, bis zum Ziel sind es etwa 45 Min. Fußmarsch. $15 p. P. ⏱ Mo–Sa.

Auch das Privatreservat der exklusiven **Bosque de Paz Lodge**, 🖳 www.bosquedepaz.com, ist für die Öffentlichkeit zugänglich. Gegen eine Gebühr kann man die gepflegten Wege mit zahlreichen Orchideen und Nebelwald erkunden. Übernachtung in der Lodge ab 125 p. P. ❻

Parque Nacional Juan Castro Blanco

- **MINAE-Büro** (San José de la Montaña): ☏ 2460-5462
- **Öffnungszeiten**: tgl. 8–16 Uhr
- **Eintritt**: Zur Zeit der Recherche wurde noch kein Eintritt verlangt.

Kunstvoll bemalte Ochsenwagen in allen Größen gibt es in Sarchí, Costa Ricas Wiege der Handwerkskunst.

- **Gründungsjahr**: 1992
- **Größe**: 14 000 ha
- **Transport:** Der Park ist zurzeit nur mit dem eigenen Pkw zu erreichen.

Dieser wenig erschlossene und selten besuchte „Parque de Aguas" dient der Stromerzeugung durch Wasserkraft und ist für die Trinkwassergewinnung der Region von großer Bedeutung. Er erstreckt sich in einer Höhe zwischen 1000 und 2500 m und umfasst Primärwälder sowie die drei inaktiven Vulkane Platanar (2183 m), Porvenir (2267 m) und El Viejo (2122 m).

Bei Bajos del Toro (S. 151) erstreckt sich der **Sector Volcán Viejo**. Abenteuerlustige erreichen nach etwa 3 km über einen unbefestigten Schotterweg, der von der Hauptstraße im Ort abzweigt (an der Kreuzung befindet sich ein kleines Camping- und Picknick-Areal), einen Parkeingang mit spärlich besetztem Parkbüro am Río Segundo. Bessere Wandermöglichkeiten bieten sich im **Sector Quetzal** bei San **José de la Montaña**. Hier beginnt an einem Info- und Bildungszentrum am Ende der Straße hinter der Albergue Pozo Verde (s. u.) ein kurzer Rundwanderweg durch dichte Vegetation. Außerdem startet hier ein 4 km langer Weg zur Laguna Pozo Verde, einer türkisfarbene Lagune am Fuß des Vulkans Porvenir im Herzen des Nationalparks. Die genaue Wegbeschreibung ist in der Albergue Pozo Verde zu erfragen. Im Park sollte man stets mit Wetterumschwüngen rechnen. Es kann empfindlich kühl werden, und Niederschläge sind jederzeit möglich.

ÜBERNACHTUNG UND ESSEN

Albergue Pozo Verde, San José de la Montaña, 16 km von Ciudad Quesada, ☎ 2460-8452, 8872-9808, 🖳 www.albergue monterreal.com. 6 Rustikale Stein-Cabinas in unmittelbarer Nähe des Nationalparks, teilweise mit eigenem Kamin (Brennholz liegt bereit) und/oder Balkon. Zur Herberge gehört auch ein gemütliches Restaurant mit offenem Kamin und Forellenzucht (Die Forelle aus dem Ofen mit Kräuterfüllung ist ein Gedicht!) und ein 2 km langer Rundwanderweg durch die idyllische Umgebung. Der freundliche Besitzer

Douglas ist eine gute Informationsquelle und engagiert sich für eine nachhaltige Erschließung des Nationalparks. Frühstück inkl. ❸

San Ramón

San Ramón gilt als Costa Ricas Stadt der Dichter und Denker. Drei Präsidenten und zwei bedeutende Poeten wurden hier geboren. Im Zentrum steht die **Parroquia de San Ramón** aus dem Jahr 1950, ein Ersatz für die alte Adobe-Kirche, die – wie vielerorts im Land – einem Erdbeben zum Opfer fiel. Mit ihrem Altar aus Italien, Lampen aus der ehemaligen Tschechoslowakei, den Glocken aus Spanien und dem Stahlgerüst von Krupp Stahl Deutschland, spiegelt sie das kosmopolitische Gesicht Costa Ricas trefflich wider. Im Museo de San Ramón organisieren Anthropologie-Studenten der örtlichen Universität Ausstellungen zur Geschichte und Kultur der Umgebung.

Ende August, zur Fiesta de San Ramón, lebt die Stadt für drei Tage auf. Dann tragen die Bewohner der Nachbargemeinden in typischer Tracht und von Musik und Feuerwerk begleitet ihre Heiligenfiguren durch die Straßen und statten dem Schutzpatron San Ramón einen Besuch ab.

Sehenswertes

Im Museo de San Ramón, an der Nordseite des Parks, befand sich bis 1893 die Municipalidad. 1969 ging das Gebäude in den Besitz der Universität über. Es werden Wanderausstellungen zur Geschichte und Kultur der Region gezeigt. Ein Saal widmet sich zeitgenössischer costaricanischer Kunst. ☉ Di–Sa 10–18 Uhr.

Im **Los Angeles Cloud Forest Reserve**, ☎ 2461-0300, 🖳 www.villablanca-costarica. com, 20 km nördlich von San Ramón, führen Wanderwege durch tropfenden Nebelwald, der nur von wenigen Touristen besucht wird. In dem 800 ha großen Privatreservat des Expräsidenten Rodrigo Carazo, das sich bis in eine Höhe von 1800 m erstreckt, sind auch Reittouren und Canopy möglich. Besuch nur mit zweistündiger Führung möglich.

In **Zarcero**, nordöstlich von San Ramón, begann der Gärtner Evangelista Blanco Breves bereits in den 60er-Jahren aus langweiligen Hecken einen fantasievollen **Skulpturengarten** zu schaffen. Heute schmücken außergewöhnliche Torbögen, Vögel und andere Tiere den hübschen Kirchplatz.

ÜBERNACHTUNG UND ESSEN

Casa Amanecer, 5 km von San Ramón, ℡ 2445-2100, 8306-3159, 🖥 www.casa-amanecer-cr.com. 4 moderne Cabinas und eine Suite mit herrlicher Aussicht. Freundliche amerikanische Leitung. Slow-Food-Frühstück inkl. ❹

La Posada Inn, 400 m nördl., 50 m westl. der Nordostecke des Parks, ℡ 2445-7359, 🖥 www.posadahotel.net. Durchschnittshotel, auf edel gemacht. 33 saubere, kleine Zimmer mit guten Matratzen, teils mit Jacuzzi, auf zwei Straßenseiten verteilt. Parkplatz. Frühstück nicht inkl. ❸–❹

Im **Mercado Central** nördlich des Museums, bieten Sodas günstig landestypische Gerichte an. Es gibt außergewöhnlich viele Pizzerien im Ort.

SONSTIGES

Apotheke
Farmacia Mario Barboza, am lokalen Busbahnhof. ⊕ Mo–Sa 6–20 Uhr.

Fahrradreparatur
Ciclo Visal, 200 m westl. vom Park, ℡ 2445-9358.

Geld
Verschiedene **Banken** befinden sich östlich vom Perimercados, auch Geldautomaten der BAC, in denen alle gängigen Karten funktionieren.

Markt
Auf dem Platz vor der Kirche Tremedal, mit vielen biologisch angebauten Produkten aus der Region. ⊕ Fr 11–18, Sa 6–12 Uhr.

Post
Av. 2, C. 4, ⊕ Mo–Fr 8–12 und 13–17.30 Uhr.

Supermarkt
Perimercados, 100 m östl. des Parks. ⊕ Mo–Sa 6.30–22, So 6.30–21 Uhr.
Maxi Pali, 100 m nördl. vom Hospital Carlos Luis Valverde V. ⊕ tgl. 8–21 Uhr.

TRANSPORT

Es gibt **zwei Busbahnhöfe** in San Ramón. Der regionale Busbahnhof mit lokalen Bussen befindet sich gegenüber vom Mercado Central. Busse nach San José, Alajuela und Puntarenas fahren vom überregionalen Terminal (C. 16, Av. 1–3), 1 Block westl. vom regionalen Busbahnhof ab.
PUNTARENAS, Mo–Fr mind. stdl. 5.15–23.30 Uhr, 1 1/2 Std., am Wochenende seltener.
SAN JOSÉ (über ALAJUELA), ca. stdl. 5.20–20 Uhr.

Heredia und Umgebung

Heredia

„Ciudad de las Flores" – Stadt der Blumen – wird das im Jahr 1703 von den Spaniern gegründete Heredia wegen seiner bezaubernden Frauen genannt, die bereits seit Jahrhunderten scharenweise die Männer aus der nahe gelegenen Hauptstadt San José anlocken. Heredia besitzt einen der schönsten historischen Stadtkerne in Costa Rica. In seinem Zentrum steht die festungsartige **Basílica de la Inmaculada Concepción** (1797), ein Bollwerk des Katholizismus, das den zahlreichen Erdstößen vergangener Jahrhunderte standhielt. Ihre Kirchenglocken stammen aus Cusco (Peru), die französischen Kirchenfenster zählen zu den ältesten im Land.

Der umgebende **Parque Central** mit seinen hohen, Schatten spendenden Palmen und dem eisernen Brunnen (1879) aus England war im 19. Jh. ein geschäftiger Marktplatz. Um die Kirche herum reihten sich zu Kolonialzeiten im Schachbrettmuster die wichtigsten Gebäude der Stadt. Die *Indios* und *Negros* lebten am Stadtrand. Aus der Kolonialzeit überlebt hat im Zentrum lediglich der ehemalige Präsidenten-

VALLE CENTRAL

www.stefan-loose.de/costa-rica

HEREDIA UND UMGEBUNG | Heredia **153**

wohnsitz, in dem sich heute die **Casa de la Cultura** befindet.

Die übrigen Gebäude am Park – die **Antigua Gobernación**, die **Oficina de Correo**, die **Escuela República Argentina** und Heredias Wahrzeichen, **El Fortín** – entstanden Ende des 19. und zu Beginn des 20. Jhs. Dieser Turm wurde 1880 vom costa-ricanischen Philosophen, Politiker und Bildhauer Fadrique Gutiérrez entworfen und diente zeitweise als Gefängnis für politische Gefangene.

Fehlendes Geschichtsbewusstsein und Geldmangel lassen die übrigen historischen Gebäude der Stadt zunehmend verfallen. Das Augenmerk richtet sich stattdessen auf das moderne Heredia, das mit Hightech-Industrie, der Universidad de Heredia, Schnellrestaurantketten, guten Einkaufsmöglichkeiten und einem Meer von Wellblechdächern das koloniale Erbe umgibt.

Sehenswertes

Die **Casa de la Cultura** aus dem Jahr 1797, an der Nordseite des Parque Central gelegen, war einst der Wohnsitz von Präsident Alfredo González Flores (1877–1962). Typisch für die Kolonialarchitektur sind die Innenhöfe (Patios). Hier wird mit minimalem Budget das Kulturprogramm für die gesamte Provinz Heredia organisiert. Mitunter finden Ausstellungen und Kulturveranstaltungen statt.

Auf einer Tour durch das Gelände des größten Gourmet-Kaffeeherstellers Costa Ricas, dem **Café Britt**, vom Automercado 500 m nördl. und 400 m westl., ✆ 2277-1600, 🖥 www.coffeetour.com, erhält der Besucher einen Einblick in den Prozess der Kaffeeproduktion. Die recht touristischen und auf ein amerikanisches Publikum zugeschnittenen Führungen finden um 9, 11, 13.15 und – in der Hauptsaison – auch um 15.15 Uhr statt. Eintritt $25, Kinder $20.

Schützen, studieren und nachhaltig nutzen, das ist der Leitsatz, dem das Institut INBio – Associación Instituto Nacional de Biodiversidad – folgt. Eine Farm mit Heilpflanzengarten und Zuckermühle sowie verschiedene Tiergehege gehören zum Gelände des **INBioparque** in Santo Domingo Heredia, 🖥 www.inbioparque.com. INBio ist ein privates Forschungsinstitut, das 1989 von verschiedenen Organisationen aus dem staatlichen, privaten und Non-Profit-Sektor gegründet wurde. Zur Zeit der Recherche war der Park leider geschlossen, eine Wiedereröffnung war jedoch in Planung.

Im **Museo de Cultura Popular** im Stadtteil Santa Lucía de Barva, zwischen Heredia und Barva Santa Lucía de Barva, 400 m östl. der Farmacia Santa Lucia, ✆ 2260-1619, 🖥 www.museo.una.ac.cr, werden alte costa-ricanische Bräuche aus dem 18. und 19. Jh. und die traditionelle Bahareque-Architektur anschaulich erklärt. Die ehemalige Finca war einst der Sommersitz von Präsident Alfredo González Flores. ⏲ Mo–Fr 10–17 Uhr, Eintritt 2000C$.

ÜBERNACHTUNG

Hotel América de Heredia, C. Central, Av. 2–4, ✆ 2260-9292, 🖥 www.hotelamericacr.com. Älteres Hotel mit Stil. 45 mittelgroße Zimmer mit Ventilator, gute Innenstadtlage, Frühstück inkl. ❸
Hotel Heredia, C. 6, Av. 3–5, ✆ 2238-0880. 12 kleine Zimmer mit TV und Bad in einem renovierten Holzhaus von 1912. ❷
Hotel Hojarascas, Av. 8, C. 4–6, ✆ 2261-3649, 🖥 www.hotelhojarascas.com. Familiär geführtes, sehr sauberes Hotel in guter Lage, 12 mittelgroße Zimmer mit Ventilator und 1 Apartment, schön dekoriert. ❹

In Santo Tomás de Santo Domingo de Heredia

Hotel Bougainvillea, 6 km östl. von Heredia, neben der Schule, ✆ 2244-1414, 🖥 www.hb.co.cr. Großer 2-stöckiger Flachbau in holländischer Sachlichkeit mit 82 geräumigen Zimmern. Pool, Tennisplatz, gutes Restaurant, Fitnessraum und 5 ha großer tropischer Blumengarten. ❻

ESSEN

Bulevar Relax, Av. Central, C. 7. Lautes Bar-Restaurant, beliebt bei Jugendlichen und Studenten. Casados direkt vom Holzkohlegrill. ⏲ tgl. 11–23 Uhr.
Cafetería El Tostador, am Park. Kettencafé mit Frühstück und verschiedenen Kaffeespezialitäten. ⏲ Mo–Sa 9–20, So 10–19 Uhr.

VALLE CENTRAL

Café Delicias, Av. 1, C. Central, ✆ 4031-5867, neben der Casa de la Cultura. Freundliches und sauberes Café in zentraler Lage, gut zum Frühstücken. ⊕ Mo–Sa 8–20, So 9–19 Uhr.

Ferroviario 1857, im Centro Comercial Paseo de las Flores, ✆ 2237-3281. Schmackhafte internationale Küche vom Holzkohlegrill, die Einrichtung im Stil eines Eisenbahnwaggons. ⊕ tgl. 12–23 Uhr.

Sushi Home, im Plaza Heredia, ✆ 2262-7154. Kein schönes Ambiente, dafür ist der Koch ein echter Japaner. Auch zum Mitnehmen. ⊕ Mo–Do 12–15 und 18–22, Fr und Sa 12–22.30, So 12–20 Uhr.

Taqueria Fátima, Av. 5–7, C. 6, ✆ 2261-9998. Wer es mag: Hier gibt es hausgemachte Tacos satt in US-amerikanischer Diner-Atmosphäre mit Fußballdevotionalien an den Wänden. Kombi-Menü ab 3500 C. ⊕ tgl. 12–22.30 Uhr. Gegenüber, im **Restaurant Fátima**, bereiten die Köche lautstark (!) reichhaltige Reisgerichte und andere Sattmacher zu.

Vintage, Cafeteria, schräg gegenüber der Süd-Ost-Ecke der Basílica in der Av. 2, ✆ 2260 6052. Französisch angehauchte Cafeteria mit gemütlicher Deko und leckerem Gebäck. ⊕ Mo–Fr 9–19, Sa 12.30–19 Uhr.

Vishnu, C. 7, Av. Central–1. Vegetarische Gerichte und Salate sowie abwechslungsreiche Tagesgerichte. Beliebt zum Bestellen. ⊕ Mo–Fr 8–18, Fr und Sa 8–19 Uhr. Weitere günstige Sodas befinden sich im **Mercado Central**.

SONSTIGES

Apotheke

Farmacia Sucre, C. 2, Av. 2–4, neben der Banco Nacional, ✆ 2263-6536. ⊕ Mo–Sa 8–19, So 9–18 Uhr.

Fahrradreparatur

Ciclo Oman Ramirez, Av. 8, C. 1–3, ✆ 2560-5530. ⊕ Mo–Sa 9–18 Uhr.

Geld

Banco Popular, Av. Central, C. 3. ⊕ Mo–Fr 8.45–16.30 Uhr.

Banco Nacional, Av. 2–4, C. 2 und am Parque Los Angeles. ⊕ Mo–Sa 13–19 Uhr.

Post

Am Park, Av. Central, C. 2. ⊕ Mo–Fr 8–17.30, Sa 7.30–12 Uhr.

Reisebüro

Agencia de Viajes Colón, am Centro Comercial Paseo de las Flores, ✆ 2260-8989, 🖥 www.viajescolon.com.

Souvenirs

Souvenir La Chócola, direkt gegenüber dem Hotel América. Kleiner, freundlicher Laden mit schönen Hängematten sowie handgearbeiteten Souvenirs. ⊕ Mo–Sa 9–12 und 14–18 Uhr.

Sprachschulen

Intercultura Language School and Cultural Center, ✆ 2260-8480, 🖥 www.intercultura costarica.com. Spanischunterricht mit Aktivitäten wie Tanzen, Kino, Kochkurse und Ausflüge. Übernachtung bei costa-ricanischen Familien möglich. Ab $275 pro Woche (Mo–Fr, tgl. 4 Std.), mit Übernachtung $460.

Instituto Profesional de Educación Daza (Iped), 275 m westl. der Post, ✆ 2238-3608, 🖥 www.learnspanishcostarica.com. Übernachtung bei costa-ricanischen Familien und Exkursionen, spezielle Spanisch-Survival-Kurse. $300 pro Kurswoche (Mo–Fr, tgl. 4 Std.), plus $165 pro Woche für Übernachtung, die 2. Woche ist günstiger.

Supermärkte

Más X Menos, Av. 6, C. 4–6. ⊕ Mo–Sa 6–24, So 6–22 Uhr.

Pali, südl. vom Mercado Central, Av. 8, C. 2–4. ⊕ tgl. 9–21 Uhr.

Taxis

Westl. vom Mercado Central: San José 6500C$, Flughafen 6000C$, Pueblo Barva 3000C$.

Wäscherei

Lavandería Sol y Luna, Av. 1, C. 8. ⊕ Mo–Fr 8–18, Sa 8–16 Uhr.

TRANSPORT

Busse

ALAJUELA, Av. 8, C. 5–7; alle 8 Min. 6–22.30 Uhr, 45 Min. (Bus kommt aus San José);
SAN JOSÉ DE LA MONTAÑA (Vulkan Barva-Sacramento), C. 1, Av. 4–6; Mo–Sa 6.25, 11.45, 15.55, So 6.15, 11, 16 Uhr, 20 Min.;
SAN JOSÉ (via Flughafen), Av. 8, C. 4–Central, verschiedene Haltestellen; ca. alle 10 Min. 4.30–23 Uhr, 25 Min.;
SANTO DOMINGO (INBIO), C. Central, Av. 10; ca. alle 10 Min., alle 30 Min. fährt ein Bus direkt vor das INBIO-Gelände, 15 Min.;
PUERTO VIEJO DE SARAPIQUÍ, Av. Central, C. 9; um ca. 11, 15 Uhr, 1 1/2 Std. (Bus kommt aus San José, verkehrt unzuverlässig);
SANTA BARBARA, C. 6, Av. 2–4; alle 30 Min. 5.30–23.30 Uhr, 20 Min.

Eisenbahn

Vom Bahnhof südl. des Mercado Florense nach SAN JOSÉ alle 30 Min. Mo–Fr 6–8.30 und 16–20 Uhr, 30 Min.

Parque Nacional Braulio Carrillo / Sectór Volcán Barva

Der Braulio Carrillo zählt zu den größten Nationalparks des Landes. Während des Autobahnbaus von San José nach Guápiles setzten sich Umweltgruppen für den Schutz des umliegenden Regenwaldes ein, dem Abholzung und Zersiedlung bevorstanden. Ihr Einsatz machte sich bezahlt – ein Jahr später entstand der Nationalpark, der in zwei Sektoren unterteilt wurde: den **Sectór Quebrada González** (S. 410) mit Regenwald-Vegetation, und den wenig besuchten **Sectór Volcán Barva** mit dem ruhenden Volcán Barva und märchenhaftem Nebelwald.

Sectór Volcán Barva

- **MINAE-Büro:** ✆ 2266-1892
- **Öffnungszeiten:** tgl. 8–15.30 Uhr
- **Eintritt:** $12, Kinder $5
- **Gründungsjahr:** April 1978
- **Größe:** 47 586 ha

■ **Transport**
Auto: Die letzte Ortschaft vor dem Nationalpark ist Sacramento. Hier hört die Asphaltierung auf. Eine Schotterpiste (3 km, in der Regenzeit Vierradantrieb empfohlen) führt hinauf zum Parkeingang. Fincas in Sacramento bieten bewachte Parkmöglichkeit für $2 an.
Busse: Es besteht keine direkte Busverbindung zum Nationalpark. Busse von Heredia fahren um 6.15, 11.45 und 15.55 Uhr bis nach Sacramento, von dort sind es 10 km Fußmarsch zum Parkeingang.
■ **Ausrüstung:** Windjacke, abwaschbare Schuhe und Regenschutz mitnehmen.

Der abgelegene und nur relativ wenig besuchte Parkabschnitt Volcán Barva stellt eine gute Alternative zu den touristisch überlaufenen Nebelwaldreservaten Monteverdes dar. 6000 Pflanzenarten, darunter die für Nebelwald typischen Moose, Pilze, zwergwüchsigen Bäume und Epiphyten umwachsen den seit Jahrhunderten ruhenden Vulkan. Ein schöner Wanderweg führt zu seinen zwei Lagunen **Barva** (3 km), dem Hauptkrater mit 2906 m, und **Copey** (5 km, pro Strecke), die eine Temperatur von 10–18 °C haben. Der Weg zur Lagune am Nebenkrater Copey ist selbst in der Trockenzeit sehr matschig; er führt an der Wasserscheide zwischen Karibik und Pazifik vorbei. Ein Schild macht darauf aufmerksam, anschließend geht es wieder bergab. Am **Sendero Cacho Venado**, einer ausgeschilderten Abkürzung zum Krater trifft man auf die Matapalo-Pflanze, die im Gegensatz zu den Epiphyten nicht harmlos auf anderen Bäumen aufsitzt, sondern den Wirtsbaum umschlingt und ihm so lange Nährstoffe entzieht, bis ihre eigenen Wurzeln auf den Waldboden reichen. Der Wirtsbaum ist dann meist bereits abgestorben.

Um sich im lockeren, feuchten Humusboden halten zu können, haben die größeren Bäume sogenannte Gambas-Wurzeln entwickelt, mit denen sie die Bodenoberfläche großflächig umspannen. Die Jaguare, Tapire und Kojoten im Park bekommt der Besucher äußerst selten zu Gesicht. Kapuziner- und Klammeraffen, Berghasen, Kolibris und Quetzale lassen sich dagegen häufiger blicken.

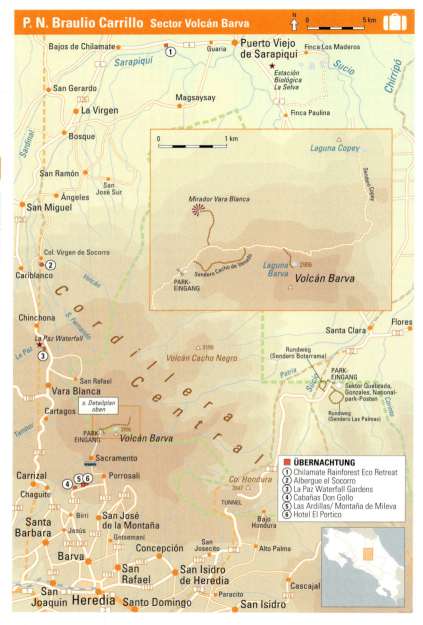

158 HEREDIA UND UMGEBUNG | Parque Nacional Braulio Carrillo / Sectór Volcán Barva

ÜBERNACHTUNG UND ESSEN

Am Eingang des Nationalparks war zur Zeit der Recherche kein Camping erlaubt. Die nächsten Unterkünfte befinden sich in San José de la Montaña, knapp 10 km vom Nationalpark entfernt. Der Naherholungsort für natursuchende Hauptstädter füllt sich vor allem an Wochenenden. Ansonsten herrscht hier idyllische Ruhe.

Cabañas Don Gollo, an der Straße aus Heredia auf der linken Seite, ℡ 2266-1820. 6 einfache, aber gemütliche und sehr saubere Cabinas am Hang für max. 4 Pers., teils mit fantastischem Ausblick ins Tal sowie Küche (Kochplatte) und Kühlschrank. Kein Frühstück, einheimische Leitung. ❸

Hotel El Portico, an der Straße aus Heredia auf der linken Seite, ℡ 2266-1732, 🖥 www. elporticohotel.net. 26 rustikale Holzunterkünfte. Italienische Leitung. Pool, italienisches Restaurant. Cabinas für bis zu 4 Pers. $120. Frühstück inkl. Zur Zeit der Recherche stand das Hotel zum Verkauf und wirkte etwas vernachlässigt. ❹

Las Ardillas, an der Straße aus Heredia auf der linken Seite, ℡ 2266-0046, 🖥 www.las ardillascostarica.com. 20 rustikale Holzhäuser verschiedener Größe mit Kamin, TV und Küche, zum Teil Badewanne. 4 Pers. $130. ❺ Die 12 Häuser im dazugehörigen Ferienhaus-Park **Montaña de Milena**, ein Stück weiter die Straße hinauf auf der rechten Seite, bieten Platz für bis zu 8 Pers. Restaurant, Frühstück inkl. ❺

Nur 3,7 km unterhalb des Parkeingangs liegt das **Restaurant Sacramento**. Von der Terrasse bietet sich ein genialer Blick auf das Zentraltal. Das Restaurant im Holzhaus ist authentisch costa-ricanisch und bietet für wenig Geld sehr leckeres Frühstück und Essen. Fleischliebhaber sollten das Kalbfleisch *(ternera)* probieren. ⏱ Mo–Fr 7.30–19, Sa 7.30–2, So 7.30–18 Uhr.

TRANSPORT

Eine **Busverbindung** besteht zw. Heredia und SAN JOSÉ DE LA MONTAÑA. Abfahrt in San José de la Montaña um 7 und 15.15 Uhr.

Cartago und Umgebung

Cartago

Cartago, 1560 vom spanischen Gouverneur Juan Vásquez de Coronado gegründet, fungierte bis 1823 als Hauptstadt der Provinz Costa Rica. Anschließend übernahm das 22 km entfernte San José die Führungsrolle. Drei heftige Erdbeben legten die Stadt 1841, 1871 und 1910 fast völlig in Trümmer.

Im Stadtzentrum stehen die imposanten Ruinen der Parroquia de Santiago Apóstol aus dem Jahr 1575, kurz **Las Ruinas** genannt. Beim Erdbeben von 1841 wurde das Gotteshaus zerstört. Noch bevor der Wiederaufbau abgeschlossen war, fiel die Kirche 1910 bei erneuten Erdstößen noch einmal zusammen und wurde danach als Ruine belassen. Im einstigen Kirchenschiff befindet sich heute ein Blumengarten. Der Legende nach wandelt nachts in den alten Kirchengemäuern ein *Padre sin cabeza* – der Priester ohne Kopf – umher. Der Fromme soll in der Kirche in flagranti mit seiner Schwägerin ertappt worden sein, woraufhin der eigene Bruder ihm den Kopf abschlug. ⏱ Mo–Do 8–16 Uhr.

Wie ein Tempel aus 1001 Nacht erhebt sich aus Cartagos Wellblechmeer im Osten die weiße **Basílica de la Virgen de los Ángeles** in byzantinischem Baustil. Zu ihr pilgern jedes Jahr am 2. August Tausende von Costa Ricanern. Mehrtägige Fußmärsche legen die Gläubigen zurück, um die Negrita, die Schutzpatronin Cartagos, der Heilkräfte nachgesagt werden, um Heilung von Krankheiten zu bitten. Hinter Dutzenden von Säulen, hölzernen Bögen und Holzaltären empfängt die kleine Heiligenfigur ihre auf Knien zum Altar rutschenden Verehrer. Die Gläubigen hinterlassen silberne Miniaturbeine, -finger und -herzen als Symbol für die kranken Körperteile; die Gaben sind in der Gruft an der Rückseite der Kathedrale ausgestellt. Heiliges Wasser aus der Quelle neben der Kirche nehmen sie mit.

Mehrmals soll die Heilige einem Indianermädchen in der Gestalt einer Puppe auf einem Fels erschienen sein. Das Mädchen nahm die Puppe mit nach Hause, nachts aber kehr-

VALLE CENTRAL

te die Negrita stets zum Stein zurück – ein Fingerzeig Gottes, so glaubte die Bevölkerung, und errichtete 1625 auf dem Fels die Basilika. Seitdem wurde die Kirche mehrfach von Erdbeben zerstört, die heutige Fassade stammt aus dem Jahr 1926.

Mehr Unglück als Heilung brachte die Schutzpatronin dem 19-jährigen José Léon Sanchez, der 1953 des Raubes der Negrita angeklagt wurde und 40 Jahre seines Lebens unschuldig in Gefangenschaft verbrachte (s. Kasten S. 295).

Sehenswertes

Aus dem ehemaligen privaten Orchideengarten des englischen Hobbybotanikers Charles Lankester entstand nach dessen Tod 1973 der 11 ha große Botanische Garten **Jardín Botánico Lankester**, 2511-7949, www.jbl.ucr.ac.cr. Das Gelände ist heute ein Forschungszentrum der Universidad de Costa Rica und dient als Labor für Biologie-Studenten und Wissenschaftler. Bekannt ist der Garten für seine reiche Epiphytensammlung. Insgesamt erwarten den Naturfreund 3000 Pflanzen und ein lohnender Rundweg durch die gepflegte Anlage. Zu sehen gibt es unter anderem Orchideen, Kakteen, Helikonien, Bambus- und Palmenhaine sowie einen japanischen Garten. Die Beiträge des Zentrums zur Orchideenforschung sind in der Fachwelt international anerkannt. Die hier tätigen Forscher betreuen auch ein weltweites Informationsnetz zum Thema: www.epidendra.org. Der Garten liegt an der Busstrecke von Cartago nach Paraíso auf der rechten Seite (s. Transport S. 162). tgl. 8.30–16.30 Uhr (man darf bis 17.30 Uhr bleiben). Eintritt $10, Schüler/Studenten $5, Kinder unter 5 J. frei. Geführte Touren $50 (ab 2 Pers.).

ÜBERNACHTUNG UND ESSEN

Cartago ist keine Stadt zum Bleiben. Eine größere Auswahl an wesentlich besseren Unterkünften befindet sich im nahe gelegenen Orosi-Tal oder in der quirligen Hauptstadt San José. Die Busverbindungen dorthin sind sehr gut.

B&B Los Ángeles Lodge, gegenüber der Basilika, Av. 1, C. 13–15, im Restaurant nachfragen, die Tür der Unterkunft ist immer

Beliebtes Pilgerziel: die Basilica de la Virgen de los Ángeles in Cartago

Cartago

■ ÜBERNACHTUNG
① Casa Aura
② Los Ángeles Lodge

■ ESSEN
1 Kafe Kuentos
2 Rosti Pollo
3 Cafetería el Nido
4 Restaurante la Puerta del Sol

■ SONSTIGES
1 Farmacia Sucre
2 Palí
3 Ciclo los Ángeles
4 Moe's Pub Rock

■ TRANSPORT
① Terminal Lumaca
② Busse nach Orosi & P. N. Tapantí
③ Busse nach Cachí (via Paraíso, Ujarrás)
④ Busse zum botanischen Garten von Lankester
⑤ Busse nach Turrialba

geschlossen, ☏ 2551-0957. 8 saubere Zimmer mit Holzfußböden in unmittelbarer Nähe der Basilika. Großes **Restaurant La Puerta del Sol** (tgl. 8.30–22 Uhr) im Erdgeschoss. Beliebt bei einheimischen Wochenendausflüglern. Mehrere Zimmer ansehen, sie sind sehr unterschiedlich, die teureren sind nicht unbedingt besser. Frühstück inkl. ❸

Casa Aura, Av. 6–8, C. 2, 150 m nördl. vom Zentralmarkt gelegen, ☏ 2591-8161, 🖥 www.casaauracr.com. Gepflegte Unterkunft nahe Busbahnhof und Mercado Central. 5 saubere Zimmer mit dünnen Holzwänden, davon 2 mit eigenem Bad im Hinterhof eines Privathauses mit kleinem Garten und Kaninchen! AC, TV. Etwas zu teuer. ❸

€ **Cafetería el Nido**, Av. 1, C. 11–13, 170 m westl. der Basilika. Frische Backwaren, sehr gute Kuchenauswahl, Säfte und Kaffee, Frühstück und Mittagstisch, günstig und freundlich. ⏱ Mo–Sa 7–18 Uhr.

Casa Vieja, an der Ruta 10, kurz hinter der Einfahrt zum Botanischen Garten Lankester rechts Richtung Zentrum. Günstige landestypische Speisen in rustikalem Ambiente. ⏱ Di–So 16–21 Uhr.

Moe's Pub Rock, Av. 1–Central, C. 11. Kühles Bier vom Fass und Snacks in lockerer Rock-Atmosphäre mit einem bunt gemischten Publikum; kleine Terrasse/Veranda. ⏱ Mo–Do 16–1, Fr–So 14–1 Uhr.

Kafe Kuentos, Av. Central, C. 12–14. Typische costaricanische Küche. Beliebt bei Einheimischen zum Frühstücken. ⏱ tgl. 7–22 Uhr.

Für reichhaltige Mahlzeiten bieten sich außerdem die preiswerten Sodas im **Mercado Central** an oder die Filiale von **Rosti Pollos**, Av. Central-C. 1–3, ☏ 2217-8787, eines der besseren Kettenrestaurants in Costa Rica mit Casados und Hähnchen in Restaurant-Atmosphäre.

SONSTIGES

Apotheke
Farmacia Sucre, C. 2, Av. Central.
⏱ Mo–Sa 7–19, So 8–18 Uhr.

Geld
BAC San José, Av. 4, C. Central.
Geldautomat, alle Karten.
Banco Nacional, Av. Central, C. 11.
⏱ Mo–Fr 8.30–15.45 Uhr.

Fahrrad und Reparatur
Ciclo los Ángeles, Av. 1, C. 11–13,
150 m westl. der Basilika, ✆ 2592-2668.
⏱ Mo–Sa 8.30–18.30, So 8.30–12.15 Uhr.

Informationen
Oficina de Turismo, im Rathaus am Parque
Central, ✆ 2552-5449, ⏱ Di–Fr 8–17 Uhr.

Supermarkt
Pali, Av. Central, C. 1–3. ⏱ Mo–Do 8.30–19,
Fr und Sa 8.30–19.30, So 8.30–18 Uhr.
Mega-Super, an der Westseite vom
Mercado Central. ⏱ Mo–Sa 8–20, Fr und
So 8–19 Uhr.

Taxis
Zum Beispiel an der Av. 4, C 1–3,
Taxiruf ✆ 8851-5021. Preise: Jardín Botánico
Lankester 3000C$, Orosi 10 000C$, Tapanti-
Nationalpark 15 000C$.

TRANSPORT

Busse
CACHÍ (via PARAÍSO, UJARRÁS), C. 3, Av. 2–4;
alle 40 Min. 8.45–18.30 Uhr, am Wochenende
seltener;
NATIONALPARK TAPANTÍ (via PARAÍSO,
OROSI; der Bus hält in PURISIL), C. 3, Av. 2–4;
um 6.40, 11, 13, 16 Uhr, 55 Min.;
OROSI (via PARAÍSO), C. 3, Av. 2–4;
alle 30 Min. 6–22.25 Uhr, 30 Min.;
PARAÍSO/JARDIN BOTANICO LANCESTER,
Av. 4, C. 3; alle 10 Min.;
SAN JOSÉ, am Terminal Lumaca, nördl. vom
Bahnhof, Av. 5, C. 4–6; alle 10 Min. 4.30–23 Uhr,

45 Min., von hier auch nach ZAPOTE und
SAN PEDRO, regelmäßig 5–20 Uhr;
TURRIALBA (via PARAÍSO), Av. 4, C. 5–7, südl.
vom Gerichtsgebäude; alle 30 Min. 6.15–23 Uhr,
am Wochenende seltener.

Eisenbahn
Der Zug nach SAN JOSÉ hält am Markt,
Av. 3, C. 4, und verkehrt tgl. von 5.30–9 und
16.25–18.25 Uhr, ca. alle 30 Min.

Parque Nacional
Volcán Irazú

- ◼ **MINAE-Büro:** ✆ 2200-5025
- ◼ **Öffnungszeiten:** tgl. 8.30–16 Uhr
  (letzter Einlass 15.30 Uhr)
- ◼ **Eintritt:** $15 (Parkgebühr 1500C$)
- ◼ **Gründungsjahr:** 1955
- ◼ **Größe:** 2390 ha
- ◼ **Transport:** Ein Direktbus fährt täglich um
  8 Uhr von der Av. 2, C. 1–3, in San José zum
  Vulkan (Fahrzeit 2 Std.). Der Bus hält außer-
  dem rund 45 Minuten später an den Ruinas
  de Cartago. Zurück um 12.30 Uhr.
- ◼ **Ausrüstung:** Es kann mitunter sehr kalt
  und windig am Vulkan sein. Vorsichtshalber
  Jacke mitnehmen.

Von Cartago aus empfiehlt sich ein Ausflug zum
Vulkan Irazú. Inmitten karger Mondlandschaft
leuchtet die giftgrüne Schwefellagune aus dem
1050 m breiten und 300 m tiefen Hauptkrater des
Vulkan Irazú, Costa Ricas höchstem Feuerberg
und eines der beliebtesten Fotomotive im Land.
Der Vulkan brach 1963 zum letzten Mal aus und
bedeckte die Städte Cartago und San José mit
Vulkanstaub und Vulkanasche.

Bei gutem Wetter hat man vom höchsten
Aussichtspunkt eine tolle Sicht auf beide Ozeane, gelegentlich sogar bis zum Lago Cocibolca
im benachbarten Nicaragua. Beste Chancen auf
wolkenfreie Sicht sind die Morgenstunden in
der Trockenzeit (Jan–März). An Wochenenden
ist mit großem Besucherandrang zu rechnen.

Der Parkplatz befindet sich ungefähr 500 m
vom Hauptkrater. Besucher können am Rand

162   CARTAGO UND UMGEBUNG | Cartago

des Hauptkraters (Cráter Principal) entlanggehen, über die ausgedehnte „Playa Hermosa", eine Terrasse aus Vulkanasche, spazieren oder auf die Spitze des Vulkans wandern. Im zweiten Parksektor **Prusia** (etwa 15 km vor dem Kratersektor links abbiegen) gibt es umfangreichere Wandermöglichkeiten mit gut ausgeschilderten Routen. Nachdem man dort die Parkplatzgebühr (noch einmal $5, dafür bekommt man eine Wanderkarte) bezahlt hat, folgt nach etwa 500 m bergauf ein Picknickplatz mit sanitären Einrichtungen, wo das Auto abgestellt werden kann. Mehrere Wege führen durch natürlichen Sekundärwald und jüngere Waldabschnitte, die nach den Eruptionen des Vulkans wiederaufgeforstet wurden. Besonders Vogelfans kommen in diesem Parkabschnitt auf ihre Kosten: 46 Arten sind regelmäßig anzutreffen, darunter Kolibris und der Quetzal. Im Sektor Prusia kann man wunderbar einen halben Tag oder länger verbringen und die frische Bergluft genießen. Teilweise sind die Wege sehr steil, aber insgesamt gut zu bewältigen.

Valle de Orosi

Weit schweift der Blick vom Mirador de Orosi über das grüne Orosi-Tal und den langen, gleichnamigen Fluss, der sich wie eine große Schlange durch die Senke zieht. Fincas schmiegen sich an die steilen Hänge, selbst in luftiger Höhe werden noch Kaffee, Obst und Gemüse angebaut. Ruhe herrscht hier und Frieden – *Paz*. Nichts deutet mehr auf die blutige Vergangenheit des Tals hin, auf Piratenüberfälle, Pestausbrüche und Indianeraufstände (s. Kasten S. 169).

Das Valle de Orosi ist ein **Wander-** und **Radfahrparadies**. Wanderwege führen durch den **Nationalpark Tapantí**, der gemeinsam mit dem benachbarten Parque Nacional Chirripó (S. 370) und Parque Internacional de la Amistad (S. 376) eines der größten zusammenhängenden Naturschutzgebiete des Landes bildet. Der **Circuito de Orosi** (S.166), ein 30 km langer Rundweg mit wenig Verkehr, umrundet das gesamte Tal. Das Valle de Orosi ist schnell als Tagesausflug von San José (60 km) erreicht. Die Ruhe, angeneh-

me Frische und relativ wenigen Touristen machen es zu einem attraktiven und günstigen Ziel für mehrtägige **Sprachkurse**.

Orosi

Der kleine Ort Orosi bildet das touristische Herz des Orosi-Tals. Im Zentrum erhebt sich die Parroquia de Orosi, Costa Ricas älteste intakte Kolonialkirche. Ihre unschuldig weiße Fassade aus dem Jahr 1743 steht im scharfen Kontrast zur kolonialen Vergangenheit. Insgesamt 14 Kolonialkirchen gab es in der Region, sie fielen Erdbeben und Überschwemmungen zum Opfer oder wurden bei Indianeraufständen niedergebrannt.

Ende des 17. Jhs. rafften drei Pestschübe die indigene Bevölkerung Orosis dahin. Die wenigen Überlebenden wurden in den Osten des Tales, nach Ujarrás umgesiedelt. Orosi blieb daraufhin jahrzehntelang eine Geisterstadt. Im Jahr 1755 wagten die Franziskanermönche einen Neuanfang, sie errichteten die Parroquia de Orosi und besiedelten den verlassenen Ort mit Indianern aus der Talamanca-Region. Im Franziskanerkonvent wurden sie im Web-, Tischler- und Schmiedehandwerk unterwiesen. Chorjungen und Messdiener erhielten zudem Lateinunterricht.

1846 folgten die Mönche dem Ruf des Erzbischofs nach Guatemala; die Ermita (Wallfahrtskirche) verfiel. Im Gegensatz zur Kirche in Ujarrás überstand sie jedoch die schweren Erdstöße von 1910. Im Jahr 1940 kehrten die Mönche kurzzeitig zurück, 40 Jahre später wurde aus dem Kloster ein Museum. Im Ort befinden sich einige Unterkünfte, zwei von Thermalquellen gespeiste Freibäder und eine Sprachschule.

Die **Parroquia de Orosi** aus dem Jahr 1727 wurde im Bahareque-Stil gebaut. Das schlichte Kircheninnere spiegelt die Weltanschauung des Franziskanerordens wider, der zu den Bettelorden zählt und Besitz ablehnt. Im Gotteshaus befinden sich handgeschnitzte Heiligenfiguren und -bilder aus dem 16.–18. Jh.

Das benachbarte **Museo de Arte Religioso de Orosi** – das ehemalige Franziskanerkloster – zeigt eine Sammlung mit sakraler Kunst, darunter braune Franziskanerkutten, Zepter, alte Bibeln und Kronen. Auf Wandtafeln wird die Geschichte der Kirche erläutert. ⏰ Di–So 9–16 Uhr, Eintritt 500C$, Kinder 250C$.

VALLE CENTRAL

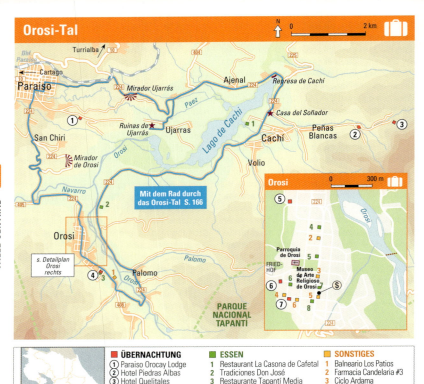

ÜBERNACHTUNG
1. Paraiso Orocay Lodge
2. Hotel Piedras Albas
3. Hotel Quelitales
4. Hotel Tapantí Media
5. Cabinas Orosi
6. Montaña Linda Guesthouse
7. Orosi Lodge

ESSEN
1. Restaurant La Casona de Cafetal
2. Tradiciones Don José
3. Restaurante Tapantí Media
4. Restaurante el Nido
5. Restaurante Coto
6. Pizzeria Luz de Luna
7. Il Giadino
8. Café y Panaderia Suiza

SONSTIGES
1. Balneario Los Patios
2. Farmacia Candelaria #3
3. Ciclo Ardama
4. Los Balnearios
5. Supermercado La Canasta
6. Otiac, Montaña linda

ÜBERNACHTUNG

Cabinas Orosi, am Rande von Orosi, 300 m nördl. und 200 m westl. der Kolonialkirche (oder im Café y Panaderia Suiza nachfragen), ✆ 8706-6777, 8332-7777, 🖥 www.costarica-moto.com/cabinas-in-orosi-costa-rica. Mini-Posada mit nur 2 Cabinas mit jeweils voll ausgestatteter Küche, Bad und privater Terrasse. Die Cabinas (eine für 4 Pers. $70) liegen in einem tropischen Garten am Rande einer Kaffee-Hacienda. ❷

Hotel Tapantí Media, an der Straße zum Nationalpark, rechte Seite, vor den Thermen, ✆ 2533-9090, 📧 tapantimedia@gmail.com. Tolle Lage mit Blick auf Vulkan und Tal. Rustikale, gemütliche Zimmer, gutes italienisches Restaurant, Bar mit offenem Kamin, sehr freundlich. ❸

Montaña Linda, 150 m westl. vom Friedhof, ✆ 2533-3640, 🖥 www.montanalinda.com. Saubere, relativ dunkle Schlafräume mit niedrigen Decken, aber beliebt bei Gästen der Sprachschule. Gemeinschaftsküche (Benutzung $1), schöner Gemeinschaftsbereich. EZ ab $15, Dorm $9. ❷

Montaña Linda Guesthouse, 75 m südl. der Sprachschule, ✆ 2533-3640, 🖥 www.montanalinda.com. Saubere, helle Zimmer von den

Gründern der Montaña-Linda-Sprachschule. Gemütlicher Gemeinschaftsraum mit Küche, Veranda. Ruhig gelegen und schön. ❷
Orosi Lodge, direkt vor den Orosi-Thermen, ☎ 2533-3578, 🖥 www.orosilodge.com. 6 geschmackvoll eingerichtete Zimmer mit Kitchenette sowie 2 Ferienhäuser für max. 4 bzw. 5 Pers. Deutsche Leitung. Dem Hotel angeschlossen ist ein Café, ⏰ Mo–Sa 7–19 Uhr, mit großer Veranda, Frühstück ($8), Gebäck, Snacks, Kaffee und – einer original Wurlitzer-Jukebox mit 60er-Jahre Latinoschnulzen. Verkauf von Kaffee aus ökologischem Anbau. ❸–❹

ESSEN

Café y Panaderia Suiza, 100 m südl. der Banco Nacional, ☎ 8706-6777. Bio-Angebot an frischgebackenem Brot und Leckereien, gute Sandwiches, man wird von der freundlichen Franzisca bewirtet, Infos zu Touren und Aktivitäten in Orosi. ⏰ Di–Sa 6–17, So 6–12 Uhr.
Pizzeria Luz de Luna, neben der Banco Nacional. ⏰ Di–So 14–21 Uhr.
Restaurante Coto, nördl. vom Fußballplatz. Landestypische Küche. Casado für 4000C$. ⏰ Mo–Fr 7–22, Sa und So 7–24 Uhr.
Restaurante Tapantí Media, an der Straße zum Nationalpark im Hotel Tapantí Media. Original italienische Küche, toller Blick von der Terrasse. ⏰ tgl. 7–21 Uhr.
Il Giadino, 200 m südl. der Kolonialkirche, ☎ 2533-2022. Charmantes italienisches Restaurant mit kleinem Garten, Pizza (ab 5000C) aus dem Holzofen. ⏰ Di–Do und So 12–22, Fr und Sa 12–23 Uhr.
Tradiciones Don José, an der Straße zum See, bei Alegria. Schöne Terrasse mit Blick auf den Rio Grande de Orosi, gute Fleisch- und Fischgerichte. ⏰ Do–So ab mittags.

AKTIVITÄTEN

Reittouren
Über Sprachschule Montaña Linda; $13 pro Std.

Sprachschule
Montaña Linda (Otiac), ☎ 2533-3640, 🖥 www.montanalinda.com. Beliebte Sprach-

Blick vom Mirador de Ujarrás über das fruchtbare Orosi-Tal mit dem Lago de Cachí

CARTAGO UND UMGEBUNG | Valle de Orosi

Mit dem Rad durch das Orosi-Tal

- **Route:** Rundtour um den Stausee von Cachí durch das Orosi-Tal, Karte S. 164
- **Länge:** 30–35 km
- **Dauer:** Halbtagestour
- **Ausgangspunkt:** der Ort Orosi
- **Ausrüstung:** Fahrrad, Helm, ausreichend Trinkwasser, Proviant

Der Rundweg um das Valle de Orosi beginnt im kleinen Ort **Orosi**. Hier sollte man vor der Tour mindestens einmal übernachten und schon am Vortag möglichst gut gewartete Fahrräder mieten, z. B. im Café y Panaderia Suiza (S. 167) oder bei einem der anderen Vermieter im Dorf. In Costa Rica herrscht Helmpflicht für Fahrradfahrer und die sollte befolgt werden. Das Orosi-Tal ist zwar ein beliebtes Naherholungsgebiet, und man könnte meinen, dass sich Autofahrer hier rücksichtsvoll verhalten und viel Verständnis für Radler an den Tag legen. Trotzdem muss man auch hier mit aggressiven Autofahrern rechnen, die es eilig haben. Radfahrer sollten deshalb stets defensiv und rechts fahren, nicht nebeneinander radeln und unbedingt die Dämmerung und Dunkelheit meiden. Die Strecke zeichnet sich größtenteils durch mäßige Steigungen aus und ist daher auch – bis auf einige Ausnahmen – gut für Familien geeignet.

Die Route

Am Morgen geht es zunächst von Orosi nördlich in Richtung Nationalpark Tapantí. Doch schon kurz hinter den **Thermalquellen Los Patio** geht es links ab in Richtung Osten, über den an dieser Stelle schon recht eindrucksvollen Río Grande de Orosi.
Eine schöne sanft verlaufende Strecke führt nun bis an das Ostufer des **Stausees von Cachí**. Die Umgebung ist üppig und viele kleine Dörfer und landwirtschaftliche Betriebe säumen die Strecke. Knapp 12 km nach Überquerung des Rio Grande de Orosi erreicht man die **Staumauer**. Hier liegt praktisch der Ursprung des Río Reventazón, des zweitlängsten Flusses in Costa Rica, der nach 145 km in die Karibik mündet. Großartige Aussichtspunkte säumen nun die Strecke, und mehrere Restaurants laden zu frischer Forelle und köstlichen Mokkaspezialitäten ein.
Nach der Staumauer führt die Straße gen Westen, bis man 4 km weiter den kleinen Ort Ujarrás mit den romantischen, sagenumwobenen **Ruinas de Ujarrás** erreicht. Zu sehen sind die Reste der ersten Kirche Costa Ricas aus dem 17. Jh., heute ein wichtiges Wallfahrtszentrum und nationales Kulturmonument.
Nach den Ruinen geht es steil bergauf zum **Mirador de Ujarrás**. Diese 3 km haben es in sich, doch es lohnt sich: Der Aussichtspunkt bietet einen fantastischen Blick über das gesamte Tal; rechter Hand ist ein Wasserfall zu sehen und direkt unten die Ruinen. Vom Mirador geht es anschließend auf der Landstraße bergab in Richtung **Paraíso**. 300 m nach dem Restaurant El Rinconcito Azul nimmt man den Schotterweg nach links und folgt den kleinen Nebenstraßen über Paraíso wieder zurück zum Startpunkt in Orosi. Insgesamt umfasst die Route eine Stecke von 35 km, die ohne größere Probleme an einem Tag zu bewältigen ist.
Eine weitere Tour von Orosi aus bietet die Strecke zum **Nationalpark Tapantí** (ca. 25 km hin und zurück), die größtenteils über Feldwege verläuft. Diese Radtour lässt sich mit einer schönen Wanderung im Park (S. 170) kombinieren. Man fährt von Orosi in südwestliche Richtung und durchquert die kleinen Ortschaften Rio Mach und Palomas. Der Nationalpark ist ausgeschildert. Wer es ganz genau wissen möchte, kann natürlich auch beide Touren in Angriff nehmen, insgesamt knapp 60 km, die man an einem Tag schaffen oder mit Zwischenübernachtung auf zwei Tage verteilen kann.

schule mit kleinen Gruppen (max. 3 Pers.) und günstigen Preisen. Spezielle Angebote für längere Aufenthalte. Auch Kombiangebote: Unterricht plus Unterkunft in den Herbergen der Schule oder bei costa-ricanischen Familien. Damit man zur richtigen Zeit im richtigen Kurs sitzt, mindestens eine Woche im Voraus anmelden!

Thermalbäder
Bei Orosis „Balnearios" handelt es sich eher um Freibäder, die mit Thermalwasser gespeist werden, als um Thermalbäder. Das Wasser ist bestenfalls lauwarm, da es über lange Wasserrohre herantransportiert wird.
Los Balnearios, 300 m südl., 200 m westl. der Kirche. ⊕ tgl. 7.30–16 Uhr, Eintritt $6, in der Nebensaison Di geschl.
Balneario Los Patios, 1 km von Orosi Richtung Nationalpark. ⊕ Di–So 8–16 Uhr, Eintritt $5, auch für Kinder.

Wandern
Eine reiche Auswahl an Wandervorschlägen in Orosis Umgebung inklusive selbst gezeichneter Karten und Routenbeschreibung bekommt man kostenlos in der Sprachschule Montaña Linda.
Parque Nacional Tapantí, 12 km östl. von Orosi (s. S. 170)
Reserva Montesky, 11 km von Orosi, Richtung Nationalpark, ✆ 2228-0010. Mehrere Wanderwege führen durch das 530 ha große Gelände mit Primärwald. Der schönste geht von der Parkwächterhütte zu einem Wasserfall (etwa 40 Min.). Die Wege dieses Privatreservats sind nicht so gepflegt wie im Tapantí-Nationalpark. ⊕ Di–So 8–16 Uhr, Eintritt $10.

SONSTIGES

Apotheke
Farmacia Candelaria, 50 m nördl. vom Fußballplatz, ✆ 2533-1919.

Fahrradreparatur
Ciclo Aradama, 200 nördl. der Banco Nacional, ✆ 8535-3080. Fahrradzubehör und Werkstatt. ⊕ Mo–Sa 7–20 Uhr.

Fahrradverleih
Café y Panadería Suiza, 100 m südl. der Banco Nacional, ✆ 2533-1442, ⌨ www.costarica-moto.com. Neben Motorrädern werden auch Fahrräder vermietet. Fahrrad $15 pro Tag, $8 für einen halben Tag. Großes Angebot von geführten Touren mit Jeep oder Motorrad. ⊕ Di–Sa 6–17, So 6–15 Uhr.

Geld
Banco Nacional, 225 m südl. vom Park. ⊕ Mo–Fr 8.30–15.45 Uhr.

Informationen
Otiac, 250 m westl. der Bar La Primavera, ✆ 2533-3640, ⌨ www.montanalinda.com. Viele Informationen und Tourangebote. ⊕ tgl. 7–18.30 Uhr.

Orchideen
Vivero Anita, 300 m südl. und 75 östl. der Kirche, ✆ 2533-3307. Großer Orchideengarten und Verkauf von tropischen Blumen, gut gepflegt von Carlos und Analive. ⊕ tgl. 8–17 Uhr.

Supermarkt
Supermercado La Canasta, 225 m südl. vom Park, neben der Bank. ⊕ Mo–Do 7–20, Fr und Sa 8–21, So 8–18 Uhr.

Taxis
Am Fußballplatz. Preise: NP Tapantí $15, Ruinas de Ujarrás $18, Cachí $20.

TRANSPORT

Busse nach:
CARTAGO (via PARAÍSO), mind. alle 30 Min. 4–22.30 Uhr, am Wochenende seltener, 40 Min.; PARQUE NACIONAL TAPANTÍ, es gibt keine direkte Busverbindung zum Nationalpark. Busse halten in **Purisil**, der letzten Ortschaft vor dem Park. Von hier sind es 4 km Fußmarsch (s. Transport Cartago, S. 162); UJARRÁS / CACHÍ, es besteht keine direkte Busverbindung zw. Orosi und Cachí. Der Bus Richtung Cartago hält in der Ortschaft **Paraíso**. Von hier fahren Busse über Ujarrás nach Cachí.

VALLE CENTRAL

Cachí

Cachí bietet sich als Pause auf dem Rundweg um das Orosi-Tal an. Die **Represa Hidroeléctrica de Cachí**, 2 km von Cachí in Richtung Ujarrás, gehört zu den ersten und größten Staudammprojekten in Costa Rica. 75 m hoch und 148 m lang ist der Betondamm, der seit Mitte der 1960er-Jahre das Wasser des 154 km langen Río Reventazón aufstaut. Achtung: Autos dürfen auf dem Damm nicht anhalten. Eine gute Sicht auf den Damm hat man von dem Café 100 m vor der Represa auf der linken Straßenseite).

Zwei Kilometer südlich vom Staudamm steht die **Casa del Soñador**, die einfache Holzhütte des 1995 verstorbenen Macedonio Quesada. Macedonio brachte sich das Schnitzen selber bei und wurde vom Dorf als Träumer verlacht. Der Spott aber schlug in Bewunderung um, als Touristenbusse aus aller Welt vor der bescheidenen Hütte hielten, um Macedonios Schnitzkunst zu sehen. Das *Ultima Cena* ist sein Meisterwerk, es stellt das letzte Abendmahl mit Indio-Kindern dar. Macedonios Söhne führen das Schnitzhandwerk fort und stellen kleine Kaffeepflückerfiguren her. ⏰ tgl. 8–18 Uhr, Eintritt frei.

ÜBERNACHTUNG UND ESSEN

Hotel Piedras Albas, in Cachí, hinter der zweiten Brücke 2,5 km rechts hinauf, ✆ 8883-6449. 4 schlichte, gemütliche Cabinas (max. 4 Pers.) mit Ofen, Küche, Veranda in idyllischer, abgeschiedener, Hanglage mit Wanderwegen. Am Wochenende teurer. Die untere Cabina mit Küche macht das Rennen. Frühstück möglich. ❸–❹

Hotel Quelitales, in Cachí, hinter der zweiten Brücke 3,5 km rechts hinauf (Vierradantrieb empfohlen), ✆ 2577-2222, 🖥 www.hotelquelitales.com. 6 Cabinas und 3 Bungalows auf schönem Areal; sehr ruhig. Eigene Fischteiche und Wasserfall. Der weitgereiste peruanische Besitzer und Koch bereitet interessante Fusion-Gerichte zu. Restaurant bei frühzeitiger Reservierung auch für Nicht-Gäste (⏰ tgl. bis 20 Uhr). Frühstück inkl. ❻

Das Restaurant **La Casona de Cafetal**, ✆ 2577-1414, liegt idyllisch am Lago de Cachí und serviert hausgemachtes Mokka-Eis und andere Spezialitäten aus der Region (u. a. Rindfleisch und Forellen). ⏰ tgl. 11–18 Uhr.

TRANSPORT

Busse fahren nach CARTAGO (via UJARRÁS und PARAÍSO) Mo–Fr 6x tgl., Sa und So 3x.

Ujarrás / Paraíso

Auf den romantischen, moosbedeckten **Ruinas de Ujarrás** (⏰ tgl. 8–16 Uhr) erhob sich einst die Iglesia de Nuestra Señora de la Limpia Concepción, die erste Kirche Costa Ricas, die 1570 von den Spaniern errichtet wurde. Beim schweren Erdbeben von 1910 fiel sie in Trümmer; die Erdstöße bildeten das Ende einer Serie von Katastrophen, die den kleinen Ort heimsuchten: 1666 näherte sich dem Städtchen von der Karibik über den Río Reventazón her ein Piratenschiff. An Bord waren britische Freibeuter, darunter die gefürchteten Piraten Edward Mansfield und Henry Morgan. Ujarrás' Einwohner flehten ihre Jungfrau um Hilfe an. Mit einem Heer von 600 Mann erschien diese darauf den Piraten, die furchterfüllt die Flucht ergriffen.

Dem Wunder von Ujarrás und der amazonenhaften Jungfrau wird jedes Jahr Mitte April mit einer Prozession zu den Kirchenruinen gedacht. 1833 überflutete der Río Reventazón den Ort. Die Einwohner gründeten daraufhin 7 km weiter nördlich den Ort Paraíso. Paraíso ist eine wichtige Umsteigestation, um von Orosi nach Cachí zu gelangen, denn zwischen den beiden Orten besteht keine direkte Busverbindung. Colectivos (sehr langsame Busse) fahren außerdem von Paraíso ins 34 km entfernte Turrialba.

Der Circuito de Orosi (S. 166) endet an einem herrlichen Aussichtspunkt über das Orosi-Tal, dem **Mirador Ujarrás**, kurz hinter Ujarrás, mit Picknicktischen und sanitären Einrichtungen.

Autofahrer können direkt von Ujarrás über eine Nebenstrecke nach Turrialba fahren. Die landschaftlich sehr reizvolle Straße mündet nach ca. 40 Minuten in die Hauptroute von Paraíso nach Turrialba.

Auf den Spuren der Huetares-Indianer

Aquädukte, Grabplatten, Schmuck und Petroglyphen sind Spuren, die die Huetares-Indianer – die **Ureinwohner** des Valle Central – der Nachwelt hinterließen. Im Gegensatz zu den Indianerstämmen der Atlantikküste, die mitunter ihre Sprache und Kultur bis heute bewahren konnten, existierten im Valle Central bereits im 19. Jh. keine indianischen Siedlungen mehr. Das Encomienda-System (S. 88) hatte die Gesellschaftsstruktur der Huetares zerstört. Über Jahrhunderte gewachsene Handelsbeziehungen zu Indianerstämmen in Mexiko, Kolumbien, Nicaragua und Panama zerbrachen, die Huetares produzierten nur noch für die spanischen Kolonialherren. Aus einem ehemals wirtschaftlich autarken Stamm war ein versklavtes Volk geworden.

Wenig wird über den **Widerstand** der Huetares berichtet. Doch es gab ihn, in verschiedener Form: So zogen sich die Spanier bereits zu Beginn der Conquista aus Garcimuñoz, der ersten bedeutenden spanischen Siedlung im Valle Central zurück, denn die Indianerangriffe waren zu heftig. Später wird von Indios berichtet, die die Teilnahme am Gottesdienst verweigerten oder den Leichnam ihres Häuptlings aus Kirchen befreiten, um ihn nach indianischem Brauch zu bestatten. Man liest über Franziskanermönche, die, weil sie Stammesgesetze missachteten und Häuptlinge zur monogamen Ehe zwangen, mit ihrem Leben bezahlten. Felder, Brücken und „ein Dutzend Kirchen", heißt es im kleinen Museum von Orosi, wurden im Valle Central bei Indianeraufständen abgebrannt. Viele Indianer folgten ihren Caciques und flohen aus dem Valle Central in die Tierra Interna, die abgelegene Bergregion der Cordillera Talamanca.

In Talamanca hatten die Spanier aufgrund des schwierigen Terrains nie Fuß fassen können. Die gebirgige Region blieb verschont vom Encomienda-System und die gesamte Kolonialzeit hindurch unabhängig. Jahrhunderte lang wurde die ursprüngliche Heimat der Bribrí-Indianer zum Zufluchtsort für die Huetares und entwickelte sich zum Hort des Widerstandes. Von hier organisierten die Caciques verschiedener Stämme Aufstände sowohl gegen die Spanier als auch gegen Indianer, die sich freiwillig den Kolonialherren als Arbeitskraft anboten. Als Ende des 17. Jhs. die Pest Tausende von Indianern auf den Encomiendas im Valle Central dahinraffte, war auch Talamanca nicht mehr sicher. Die Spanier drangen verstärkt in die Gebirgsregion ein, um neue Arbeitskräfte zu fangen. Der letzte große Indianeraufstand, der 1709 in Talamanca aufkeimte, fand ein Jahr später sein tragisches Ende mit der Enthauptung des Anführers Pablo Presbere in Cartago. Dieser Tag, der 4. Juli, wurde für die Ureinwohner Costa Ricas zum Gedenktag an den erbitterten Kampf gegen die Jahrhunderte lange spanische Unterdrückung.

ÜBERNACHTUNG

Paraiso Orocay Lodge, südöstl. von Paraíso, ✆ 2574-2031, ⌨ www.orocaylodge.com. Schön gelegen mit Rundumblick auf das Orosi-Tal und die Berge, aber nicht ganz einfach zu finden: Man fährt vom Hauptplatz in Paraíso *(plaza)* 400 m nach Süden in Richtung Orosi und biegt dann bei der Feuerwehr links ab – nach 800 m geht es halb-rechts ab zur Lodge. Nach weiteren 500 m erreicht man die Lodge mit 24 in Hufeisenform angeordneten Zimmern zu verschiedenen Preisen. Gutes, nicht ganz günstiges Restaurant, sehr freundlicher und hilfsbereiter Service. ❹

SPRACHSCHULE

Finca la Flor de Paraíso, 7 km nordöstl. von Paraíso an der Straße Richtung El Yas, ⌨ www.fincalaflor.org. Sprachunterricht auf einer Öko-Farm. 20 Std. pro Woche (Mo–Fr 4 Std. tgl.) kosten $400 p. P. (bei 2 Teilnehmern, inkl. VP und Übernachtung bei costaricanischen Familien). Rabatte für größere Gruppen. Busverbindung besteht aus Cartago.

Parque Nacional Tapantí

- **MINAE-Büro:** ☎ Orosi Station: 2206-5615, Villa Mills Station: 2200-4325
- **Öffnungszeiten:** tgl. 8–16 Uhr
- **Eintritt:** $10
- **Gründungsjahr:** 1999
- **Größe:** 58 500 ha
- **Transport:** Der Hauptzugang zum Park befindet sich 12 km südlich von Orosi. Es fahren keine Busse direkt zum National-park. Busse fahren aus Catargo via Paraíso und Orosi nach Purisil, der letzten Ortschaft vor dem Nationalpark. Von hier sind es 5 km Fußmarsch zum Park. Alternative: Fahrrad in Orosi leihen (S. 167).
- **Ausrüstung:** Regen- und Schwimmsachen mitnehmen.

Mit der Gründung des Parque Nacional Tapantí–Macizo de la Muerte ist das Ziel der Schaffung eines biologischen Korridors, in dem Tiere ungestört von Panama nach Mexiko wandern können, bedeutend näher gerückt: 1999 wurde der Park mit den benachbarten Schutzgebieten Reserva Forestal Los Santos und Reserva Forestal Río Macho zusammengelegt. Damit stehen insgesamt 58 500 ha Regenwald an der nördlichen Cordillera Talamanca unter Schutz. An diese Fläche schließen sich im Südosten der Parque Nacional Chirripó und der Parque Internacional La Amistad an. Letzterer erstreckt sich über die Landesgrenze hinweg bis nach Panama!

Der Nationalpark ist mit einem jährlichen Niederschlag von 5600 mm einer der **niederschlagsreichsten** Parks Costa Ricas überhaupt. Zum Wandern sind die relativ trockenen Monate Februar, März und April am besten geeignet. Mehrere kurze Wanderwege (1,2–2 km) führen durch montanen und prämontanen Wald zum **Mirador** und den **Wasserfällen** Salto und Palmitas. Der **Sendero Oropendula** (1,2 km) führt als Rundweg zum Río Orosi, der **Sendero-Pava-Catarata** mit der gleichen Distanz, aber mehr Steigung führt zum gleichnamigen Wasserfall, den man von verschiedenen Positionen aus bewundern kann. Der **Sendero Àrboles Caídos** (2 km), ebenfalls ein Rundweg, ist der steilste und längste Weg, der besonders gut geeignet ist für die Vogelbeobachtung. Er beginnt kurz hinter dem Abzweig zum Sendero Oropendula.

TRANSPORT

Busse fahren 6x tgl. von Purisil nach CARTAGO (via OROSI), der letzte fährt um 16 Uhr.

Turrialba und Umgebung

Turrialba

Im tiefen, fruchtbaren Turrialba-Tal, zu Füßen des zweitgrößten Vulkans des Landes, liegt die freundliche Provinzstadt Turrialba, die ihren Tico-Charme und ihr gemächliches Tempo bewahrt hat. Einst machte in Turrialba die atlantische Eisenbahn Halt, auf dem Weg von San José nach Limón. Heute rosten die Gleise unter hohen Grasbüscheln vor sich hin und dienen nur noch dem entdeckungsfreudigen Reisenden als originelle Wanderroute ins 100 km entfernte Limón. Der Einfluss der Karibik ist bereits spürbar in Turrialba, das Klima hier ist heißer und feuchter als im übrigen, relativ kühlen Valle Central.

Im **Jardín Botánico CATIE** (Centro Agronómico Tropical de Investigación y Enseñanza), rund 3 km südöstlich von Turrialba, ☎ 2556-2700, 🖥 www.catie.ac.cr, wachsen Kaffee, Kakao, Litschis, Durian und Mangostan. In diesem tropischen Garten Eden, wo Schnuppern, Anfassen und sogar Kosten erlaubt ist, forschen und lehren Wissenschaftler aus aller Welt seit über 40 Jahren im Bereich tropischer Landwirtschaft. Das Institut arbeitet u. a. mit den Kaffee- und Kakaobauern der Region zusammen und bildet künftige Forscher aus. CATIE bietet auch Unterkünfte an, die normalerweise von Wissenschaftlern genutzt werden, die Zimmer sind aber auch für interessierte Besucher verfügbar ($40 p. P.). Die Busse in Richtung La Suiza fahren am Garten vorbei. Unkomplizierter ist es jedoch, die Strecke zu Fuß zurückzulegen oder ein Taxi zu

Turrialba

nehmen ($6). ⏰ tgl. 7–16 Uhr, Eintritt $10, Kinder/Studenten $6, Führung $26.

Lohnenswerte Tagesausflüge führen zum 19 km entfernten **Monumento Nacional Guayabo** (S. 173) – Costa Ricas bedeutendster archäologischer Ausgrabungsstätte – und zum allgegenwärtigen, aktiven **Volcán Turrialba** (S. 175).

3 HIGHLIGHT

Wildwasserfahrten

Hauptattraktion der Gegend sind die Flüsse **Río Pacuare** und **Río Reventazón**, die scharenweise Rafter und Kajaker anlocken. Letzterer ist seit den Bauprojekten Represa Angostura 2002 und Reventazón 2016 jedoch streckenweise nicht mehr zum Rafting geeignet: Durch den Bau von Staudämmen wurde der Wasserpegel des Flusses gesenkt. Raftingtouren werden jedoch nach wie vor von vielen Anbietern (S. 172) veranstaltet. Auf dem Río Pacuare mit Stromschnellen der Klassen III geht es richtig zur Sache, und eine Tour ist nichts für schwache Nerven. Die Landschaft rund um den Fluss ist einmalig, Rafter bewegen sich mitten in der Natur. Der Río Pacuare verläuft in der Nähe von Turrialba und verschwindet dann in dichtem Urwald, bis er auf der Karibikseite wieder zum Vorschein kommt. Kinder unter 12 Jahren sind beim Rafting aus Sicherheitsgründen nicht erlaubt. Familienfreundliche Touren werden auf einem Nebenarm des Río Reventazón, dem Río Pejibaye, angeboten.

ÜBERNACHTUNG

Turrialba bietet einige sehr günstige Unterkünfte. Die Sauberkeit lässt jedoch mitunter zu wünschen übrig. Ausnahmen bilden die nachstehend genannten Häuser.

Im Zentrum

Hotel Casa de Lis, gegenüber der Banco Nacional, Av. Central, C. 2, ✆ 2556-4933, 🖥 www.hostelcasadelis.com. Freundliches kleines Stadthotel, mit 10 Zimmern (auch Dorm für max. 4 Pers., $15 p. P.), Gemeinschaftsküche, einladender Terrasse und Mini-Garten. Ab ❷

 Hotel Interamericano, Av. 1, C. 0–3, an den Bahngleisen, ✆ 2556-0142, 🖥 www.hotelinteramericano.com. 15 saubere, schlichte und hellhörige Zimmer, auch EZ, teils mit Gemeinschaftsbad, beliebt bei Raftern und Kajakern. Zur Zeit der Recherche, dachte die Besitzerin über Schließung nach. ❷

Hotel Kardey, 200 m östl. und 50 m südl. vom Busbahnhof Transtuca, Av. 2–4, C. 4, ✆ 2556-0050, ✉ hotelkardey@hotmail.com. 22 saubere Zimmer verschiedener Größe und Qualität in verwinkeltem Hotel, meist mit Fenster zum Gang. Am schönsten sind die Zimmer ganz oben mit Balkon. AC, Parkplatz. ❷–❸

Hotel Wagelia, Av. 4, C. 2–4, ✆ 2556-1566, 🖥 www.hotelwagelia.com. 18 saubere Standardzimmer um einen schlichten Innengarten, Restaurant, netter Service. Zentral gelegen, nahe dem Busbahnhof. Sehr einfaches Frühstück inkl. ❸

Die Sprachschule **Spanish by the River** (s. „Sonstiges") bietet günstige Dorm- und Privatunterkünfte, auch ohne Sprachkurs.

In der Umgebung

Hotel Casa Turire, 14 km südöstl. von Turrialba, ✆ 2531-1111, 🖥 www.hotelcasaturire.com. Luxushotel im Stil eines Plantagenhauses. Lockere, freundliche schweizerische Leitung. Die 12 farbenfrohen Zimmer und 4 Suiten sind umgeben von einem kunstvoll angelegten Garten mit See. Pool, sehr gutes Restaurant mit internationaler Karte, Spa, Jede weitere Pers. über 5 J. $28. ❻

Espino Blanco Lodge, 8 km von Turrialba in Richtung Cartago, im Naturschutzgebiet Espino Blanco, bei la Verbena, ✆ 2556-0616, 🖥 www.wageliaespinoblancolodge.com. Ableger des Hotels Wagelia (s. oben). 10 freistehende, große Holz-Bungalows mit Balkon und Hängematte, eigene Wanderwege im Naturschutzgebiet, hier ist man in direktem Kontakt mit der Natur. Die Zimmer sind ohne Strom, daher Internet nur im Restaurant und Barbereich. ❸–❹

Turrialtico Lodge, in Pavones, etwa 8 km von Turrialba Richtung Siquirres, ✆ 2538-1111, 🖥 www.turrialtico.com. 17 einfache Zimmer. Die große Veranda bietet einen spektakulären Blick auf das Turrialba-Tal. Gutes Restaurant. Beliebt bei Raftern. Frühstück inkl. ❹

ESSEN UND UNTERHALTUNG

Casa Turire, im Hotel Casa Turire (s. oben), ✆ 2531-1111. Sehr gutes internationales Restaurant mit einigen Überraschungen und tollem Blick auf den See. ⏰ tgl. 11.30–16 und 18–21.30 Uhr.

Pinkay, gegenüber der Feuerwehr. Einladende Tico-Bar, gutes Essen. ⏰ Di–So 12–24 Uhr.

Restaurante Don Porfi, 4,5 km in Richtung Vulkan. Bietet in gehobenem Ambiente guten Fisch und Meeresspezialitäten; Weinkarte. ⏰ Mo–Sa 12–22, So 11–21 Uhr.

Günstige, landestypische Gerichte hat die gut besuchte und etwas versteckt liegende **Soda El Sol**, Av. 2–4, C. 1, wo die Einheimischen ihre Mittagspause verbringen, ⏰ Mo–Sa 9–19, So 12–17 Uhr.

TOUREN

Kajaking / Rafting

Adrenalina Rafting, C. 2, am Ortsausgang Richtung Limón, 🖥 www.adrenalinarafting.com, ✆ 2556-4579. Touranbieter mit Büro in Turrialba. Wer keine Tour im Voraus gebucht hat, kann sich hier vor Ort informieren. Angeboten werden kurze und mehrtägige Kajak-, Rafting- und Mountainbiketouren.

Costa Rica Ríos, ✆ 2556-8664, 🖥 www.costaricarios.com. Erfahrener Anbieter von mehrtägigen Raftingtrips inkl. Abholung vom Flughafen, Transfer, eigenen Camps und Verpflegung.

Rios Tropicales, ✆ 2233-6455 🖥 www.riostropicales.com. Der Pionier am Río Pacuare! Seit über 30 Jahren bieten die erfahrenen Anbieter der Rios Tropicales Lodge spektakuläre Raftingtrips auf dem Pacuare an, auch in Verbindung mit anderen Zielen in Costa Rica. Empfehlenswert ist eine zwei- oder dreitägige Tour.

Tico's River Adventures, ☎ 2556-1231, 🖥 www.ticoriver.com. Einheimische Agentur mit Touren auf den Flüssen Pacuare und Pejibaye.

SONSTIGES

Apotheke

Farmacia El Valle, gegenüber der Panadería Castellana. ⊕ Mo–Sa 7–23, So 7–15 Uhr.

Fahrradreparatur

Ciclo Monge, Av. 3–5, C. 2. an der Straße Richtung Limón, ☎ 2556-8247. Großer Laden, gut sortiert, auch Werkstatt. ⊕ Mo–Sa 8.30–12 und 13.30–18 Uhr.

Geld

Banco Nacional, Av. 0, C. 1–3. ⊕ Mo–Fr 8.30–15.45 Uhr. **Banco Costa Rica**, C. 3, Av. 0. ⊕ Mo–Fr 9–16 Uhr.

Sprachschule

Spanish by the River, 3 km außerhalb von Turrialba in Richtung Cartago, ☎ 2556-7380, 🖥 www.spanishatlocations.com, ✉ turrialba @spanishatlocations.com. 5 Sprachschulen in Panama und Costa Rica haben sich zur sehr empfehlenswerten Sprachakademie „Spanish at locations" zusammengeschlossen und bieten ein gemeinsames Programm in folgenden Orten an: Turrialba und Puerto Viejo in Costa Rica, Panama City, Boquete und Bocas del Toro in Panama. Die Kurse sind aufeinander abgestimmt, sodass man an einer Location startet und dann zu anderen weiterreisen kann, um dort weiterzulernen. Unterkunft in Gastfamilie oder im Hostel. Ab $225 pro Woche; auch Privatstunden und Spezialkurse. Das Hostel steht auch Gästen offen, die keinen Kurs belegen. Ein privates DZ ist schon für $25 zu haben, ein Dorm-Bett (max. 3 Pers.) für $14. Es verfügt über einen einladenden Gemeinschaftsbereich mit großer Terrasse und weitem Blick ins Turrialba-Tal sowie gut ausgestatteter Gemeinschaftsküche. Frühstück $8.

Supermarkt

Bogaro Supermercado, am Ortsausgang Richtung Cartago. ⊕ Mo–Sa 7–20, So 8–13 Uhr. **Megasuper**, C. 3, Ecke Av. 2. ⊕ Mo–Sa 8–21, So 8–19 Uhr.

Taxis

Taxis stehen am Busbahnhof und entlang der C. 1. Preise: Monumento Nacional $24 (nur Hinfahrt), Vulkan Turrialba $40. **Taxi Ascut**, Zentrale am Busbahnhof, ☎ 2556-7070. **Taxi Undidos**, ☎ 2556-2424.

TRANSPORT

Busse nach:
MONUMENTO NACIONAL GUAYABO, s. unten; SAN JOSÉ, mind. stdl. 5–17.20 Uhr, 1 3/4 Std., danach keine Direktbusse mehr; SIQUIRRES, 5.30–18.15 Uhr (2 Std.) mind. alle 2 Std.

Monumento Nacional Arqueológico Guayabo

- **MINAE-Büro:** ☎ 2559-1220
- **Öffnungszeiten:** tgl. 8–15.30 Uhr
- **Eintritt:** $5 p. P.; für Führungen auf Englisch ist eine Anmeldung nötig. Die Führungen finden auf Trinkgeldbasis statt.
- **Gründungsjahr:** 1973
- **Größe:** 233 ha
- **Transport**
  Auto: Das Monument liegt 19 km nordöstlich von Turrialba, die gesamte Strecke verläuft über eine mehr oder weniger gut asphaltierte Straße, die vor dem Eingang endet. Es gibt keinen Parkplatz am Eingang. Man stellt das Auto am Straßenrand ab und gibt einem Aufpasser etwas Trinkgeld.
  Busse: Von Turrialba fahren Busse zum Monument um 6, 11.15, 15 und 18 Uhr (Sa und So um 9, 15 und 18 Uhr), rund 1 Std., mit Transportes Rivera, ☎ 2556-0362. Vom Monument nach Turrialba um 5, 7, 12.30 und 16.30 (Sa und So 7, 12.30 und 16.30) Uhr.

VALLE CENTRAL

TURRIALBA UND UMGEBUNG **|** Monumento Nacional Arqueológico Guayabo **173**

Dichte Vegetation umgibt die Ausgrabungen von Guayabo.

Ein Monolith am Eingang zur Ausgrabungsstätte verrät, wer hier vor rund einem Jahrtausend lebte: Der Stein zeigt einen Jaguar, das Symbol des Cabécar-Stammes, der heute im Talamanca-Gebirge, an der Atlantikküste Costa Ricas, lebt. In Guayabo, so nehmen Archäologen an, befand sich eine Schule für Caciques. Rund 1000 Menschen lebten hier von Fischerei, Keramikherstellung und Landwirtschaft. Warum die Cabécares diesen Ort wählten und ihn 400 Jahre später – zu Friedenszeiten – wieder verließen, ist nach wie vor ungeklärt.

Vom **Cerro Cacique**, auf den einst der Häuptling und der Schamane (Arzt) zum Meditieren stiegen, blickt der Besucher auf zwölf Montículos (Steinhügel) hinab. Es sind die Fundamente ehemaliger Häuser. Mindestens weitere 24 befinden sich nach wie vor unter der Erde. In jedem Haus lebten 20 bis 40 Personen. Je höher die Stellung in der Stammeshierarchie war, desto größer und zentraler lag das Haus. Der größte Montículo, im Zentrum des Geländes, war folglich das Haus des Stammeshäuptlings. Sein Fundament misst stolze 30 m im Durchmesser, ebenfalls 30 m soll es einst hoch gewesen sein.

Im Cacique-Haus entdeckten Archäologen die Gräber von drei verschiedenen Häuptlingen. Die Grabbeilagen sind heute im Museo Nacional in San José ausgestellt. Zum Bestattungsritual der Cabécares gehörte, die Verstorbenen in Blätter eingewickelt unter freien Himmel zu legen. Erst wenn der Zopilote – das Symbol für Sipos, den Gott der Indígenas – begann, den Leichnam zu fressen, wurde der Körper begraben. Mehrere über- und unterirdische, nach wie vor intakte Aquädukte versorgten den Ort mit Wasser aus den umliegenden Bergen. Vier Straßen führen in die vier Himmelsrichtungen, nach Siquirres, Turrialba, zum Vulkan und zur Cordillera Talamanca. Vom Wegenetz wurden erst 200 m freigelegt.

Guayabo ist die bei Weitem größte archäologische Stätte in Costa Rica. 2002 fanden hier die bislang letzten Ausgrabungen statt. Allerdings wurde 2013 die Ausgrabungsstätte renoviert und die Wege neu angelegt. Große Teile der Siedlung sind noch immer von Wald überwachsen. Eine Führung durch das Gelände lässt die Steinfundamente zu einer präkolumbischen Siedlung erwachen und gibt dem Besucher einen guten Einblick in das Leben von Costa Ricas Ureinwohnern.

Ein Besuch in Guayabo lohnt nicht nur wegen der historischen Artefakte, auch die Natur auf dem Areal ist sehenswert. Wer unter der Woche und früh am Morgen die von dichtem Wald umgebenen Wege entlangwandert, hat gute Chancen auf Tiersichtungen. Hier leben neben vielen Vogelarten u. a. Faultiere, Tayras und Affen.

Parque Nacional Volcán Turrialba

- **MINAE-Büro:** Das Büro ist zurzeit aufgrund der Vulkanaktivität geschlossen. Kontaktaufnahme über MINAE am Vulkan Irazú, ✆ 2200-5025.
- **Öffnungszeiten:** Der Park war zur Zeit der Recherche für Besucher geschlossen.
- **Gründungsjahr:** 1955
- **Größe:** 1456 ha
- **Transport**
  Auto: Folgende Wegbeschreibung gilt im Falle einer Wiedereröffnung des Nationalparks: Der Parkeingang ist 16 km von La Pastora und 20 km von Santa Cruz entfernt. Wer anschließend San José ansteuert, kann, statt nach Turrialba zurückzukehren, von Santa Cruz die landschaftlich reizvolle Route via Pacayas nach Tejar (4 km südl. von Cartago) nehmen. Nur mit Vierradantrieb.
  Busse: Es gibt keine direkte Busverbindung zum Nationalpark. Der Bus von Turrialba (4x tgl.) und Cartago (2x tgl.) fährt bis Pastora, von dort sind es weitere 16 km bis zum Nationalpark.
  Pferd: In der Turrialba Lodge (s. Übernachtung) werden Pferde vermietet.

24 km nordöstlich der Stadt Turrialba liegt der Vulkan Turrialba, Costa Ricas zweithöchster Vulkan (3340 m). Geomorphologisch bildet er eine Einheit mit dem nur 10 km Luftlinie entfernten Volcán Irazú (3432 m). 1864 kam es vorläufig zum letzten großen Ausbruch des Turrialba, damals spuckte er seine Asche bis nach Corinto, an die Pazifikküste Nicaraguas. In jener Explosion entstand der **Cráter Principal San Francisco**. Dieser und der **Cráter Central** sind vulkanisch aktiv. Schwefeldämpfe steigen von ihren Kraterwänden; die Fumarole haben Temperaturen zwischen 45 und 90 °C. Weihnachten 2015 spuckte der Turrialba erneut Aschewolken, dabei bildete sich ein neuer, etwa 100 m breiter Krater. Zur Zeit der Recherche (2018) war der Park für die Öffentlichkeit gesperrt. Ein Abstecher in die Umgebung des Parks ist aber möglich und lohnend. Der Anblick der vom heißen, weißen Wasserdampf bedeckten Wälder und des von Rauch und Wolken umgebenen Vulkangipfels ist eindrucksvoll.

ÜBERNACHTUNG

Volcán Turrialba Lodge, Anfahrt am besten mit Vierradantrieb, ✆ 2273-4335, 8383-6084. Die rustikale Lodge mit Reitställen, eigener Milchwirtschaft und Lammzucht liegt idyllisch am Fuße des Turrialba-Vulkans. 12 gemütliche Zimmer (für max. 5 Pers.) mit TV, Ofen, Gemeinschaftsküche, Blick auf den nur 5 km entfernten Vulkan. Ideal für Reitausflüge, auch zum Volcán Irazú; die Lodge hat es schwer seit der Schließung des Nationalparks; ausgezeichnet mit dem CST-Zertifikat für umweltbewusste Landwirtschaft. **5**

VALLE CENTRAL

DRAHTSEILBAHN IN DEN BAUMWIPFELN; © JOHANNES RÖMER

Der Norden

Outdoor-Fans kommen im zentralen Norden von Costa Rica voll auf ihre Kosten: Zahlreiche Nationalparks und Reservate ermöglichen ausgiebige Entdeckungstouren durch Regen- und Nebelwald, reißende Flüsse laden zu wilden Raftingtouren ein, Thermalbäder sorgen für Entspannung – und über allem thronen die dampfenden Feuerberge der Region.

Stefan Loose Traveltipps

4 **La Fortuna und der Lago Arenal** Dampfende Thermalbäder, Naturbeobachtung und Windsurfen am Fuße eines Vulkankegels. S. 180

5 **Monteverde** Auf Hängebrücken und am Drahtseil durch den Nebelwald, wo Faultiere und Affen hausen. S. 205

6 **Boca Tapada** Hobby-Ornithologen aus aller Welt pilgern zur Mündung des Río San Carlos an der Grenze zu Nicaragua. S. 211

Río Sarapiquí Wanderpaddeln bis an die Karibikküste und spannende Rafting-Touren S. 216

Caño Negro Auf Entdeckungstour im Vogelparadies: Paddeltouren durch die ausgedehnten Feuchtgebiete am Río Frío. S. 218

7 **Nationalpark Tenorio** Wanderungen im Regenwald, umgeben von Feuerbergen und einem himmelblauen Fluss. S. 222

Wann fahren? Ganzjährig; in der Hochsaison, von November bis Ostern, kann es in der Arenal-Region und rund um Monteverde sehr voll werden. Beste Zeit für die Vogelbeobachtung sind die Monate Januar bis März.

Wie lange? 8–12 Tage

Bekannt für Nebelwald, Vulkane, Vogelbeobachtung, viele Tiere, Thermalbäder

Unbedingt ausprobieren In Monteverde an einer Zipline über die Baumkronen gleiten

Der Norden

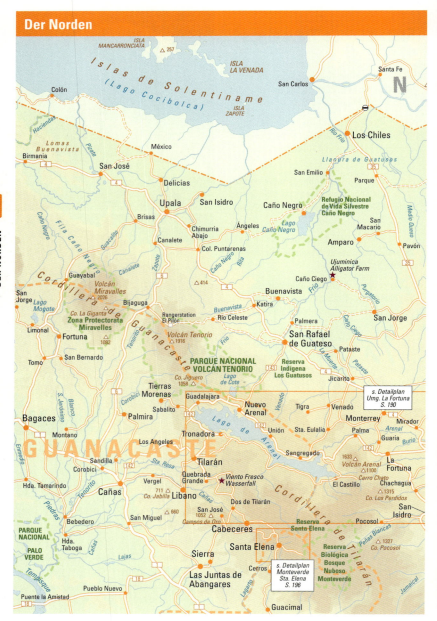

178 DER NORDEN www.stefan-loose.de/costa-rica

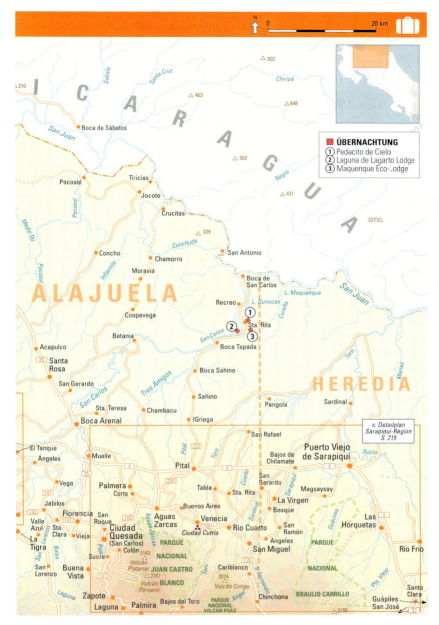

DER NORDEN 179

Im Galopp durch die Vulkanlandschaft von **La Fortuna**, windsurfend auf dem **Lago Arenal**, im Drahtseilakt über tropfenden Nebelwald oder im Schlauchboot auf dem **Río Sarapiquí** – Costa Ricas Norden ist ein Eldorado für Abenteuersportler. Haupttouristenattraktionen sind dabei zweifellos der **Volcán Arenal** und die Märchenwelt von **Monteverdes Nebelwaldreservaten**. In den umliegenden, zum Teil abgeholzten Tiefebenen **Llanuras de San Carlos** und **Llanuras de Guatuso** versuchen Privatreservate, große Flächen tropischen Regenwalds zu retten und bieten Ökotourismus und vogelkundliche Touren im Dschungel an. Je weiter nördlich, desto ländlicher wird Costa Rica. Besuche im **Refugio Caño Negro**, der Heimat zahlloser Krokodile, Kaimane und seltener Wasservögel, und in den Privatreservaten in **Boca Tapada** lassen sich gut mit einem Abstecher ins Nachbarland **Nicaragua** verbinden.

4 HIGHLIGHT

La Fortuna und der Lago Arenal

La Fortuna

La Fortuna liegt zu Recht auf der Reiseroute fast aller Costa-Rica-Besucher. Der kleine, touristische Ort liegt zu Füßen des mächtigen Vulkans Arenal. Blicke, Aussichtsterrassen und Hotelbalkons richten sich im Ort auf den Kegel im Westen, der sich leider allzu oft mit einem dichten Wolkenkleid umhüllt.

La Fortuna ist eines der größten Zentren für **Abenteuersport** in Costa Rica. Etliche Tourveranstalter bieten neben Exkursionen zum Arenal-Vulkan eine Vielzahl von Touren an, darunter Mountainbiking, Abseilen, Rafting, Tubing, Kajakfahren und Reitausflüge.

Für Reisende, die mit dem Bus unterwegs sind, ist La Fortuna die beste Ausgangsbasis, um die Arenal-Gegend zu erkunden. Im Ort gibt es eine breite Auswahl an günstigen Unterkünften und Transportmöglichkeiten.

Aktivitäten

Wanderungen zum Vulkan Arenal auf S. 191 sowie im Kasten S. 186; Tourveranstalter stehen auf S. 187.

Zum Wasserfall der **Reserva Ecológica Catarata Río Fortuna**, 🖳 www.arenaladifort.com, geht es über die Brücke Richtung Stierarena, nach 2 km rechts abbiegen, von hier sind es noch 4 km bergauf über eine Schotterpiste. Besucher müssen sich am Eingang registrieren und unterschreiben. Eine kurze, sehr steile Wanderung (ca. 10 Min., 499 Stufen) führt zu diesem 70 m hohen Bilderbuchwasserfall (Badesachen mitnehmen!) herunter. Früh aufbrechen, dann hat man das Paradies noch für sich allein. Eine Panoramaplattform erlaubt herrliche Ausblicke auf den Wasserfall, Restaurant, Duschen sowie ein Bademeister gehören zum Angebot. Achtung: Man sollte nicht unter den Wasserfall tauchen, da dort ein gefährlicher Sog herrscht, und nicht zu nah an die Felswand schwimmen wegen evtl. herunterfallender Gesteinsbrocken! Bei braunem Wasser ist generell Vorsicht angesagt, da dann aufgrund von Regenfällen in höheren Lagen, der Wasserstand rapide ansteigen kann. Die Steine am Becken sind glitschig und scharfkantig. ⊕ tgl. 8–16 Uhr (Restaurant tgl. 9–17 Uhr), ✆ 2479-1777, Eintritt $15, Kinder bis 8 J. frei. Das eingenommene Geld kommt einem guten Zweck zugute (Kasten S. 185).

🌳 Das private **Ecocentro Danaus**, ✆ 2479-7019 und 8588-9314, 🖳 www.ecocentro danaus.com, 2,5 km von La Fortuna Richtung Ciudad Quesada, betreibt Aufforstungsprogramme in der Umgebung. Gepflegte Wanderwege führen durch den Sekundärwald des kleinen Naturreservats, in dem u. a. Faultiere, Frösche und rund 150 Vogelarten leben. Es gibt einen Schmetterlings- und Heilpflanzengarten. Das Projekt wird vom Verein Kinderregenwald Deutschland e. V., 🖳 www.kinderregenwald.de, mit Spenden unterstützt. Farmer in der Umgebung werden mit Pflanzensetzlingen aus der eigenen Zucht versorgt. Zweistündige Touren bei Dunkelheit beginnen um 17.45 Uhr. Eine 3 1/2-stündige Vogelbeobachtungstour beginnt mor-

La Fortuna

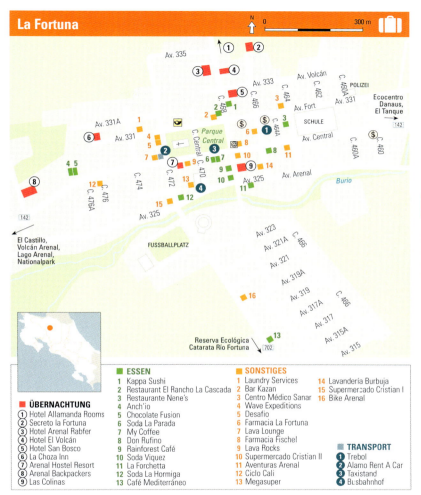

ÜBERNACHTUNG
1. Hotel Allamanda Rooms
2. Secreto la Fortuna
3. Hotel Arenal Rabfer
4. Hotel El Volcán
5. Hotel San Bosco
6. La Choza Inn
7. Arenal Hostel Resort
8. Arenal Backpackers
9. Las Colinas

ESSEN
1. Kappa Sushi
2. Restaurant El Rancho La Cascada
3. Restaurante Nene's
4. Anch'io
5. Chocolate Fusion
6. Soda La Parada
7. My Coffee
8. Don Rufino
9. Rainforest Café
10. Soda Viquez
11. La Forchetta
12. Soda La Hormiga
13. Café Mediterráneo

SONSTIGES
1. Laundry Services
2. Bar Kazan
3. Centro Médico Sanar
4. Wave Expeditions
5. Desafio
6. Farmacia La Fortuna
7. Lava Lounge
8. Farmacia Fischel
9. Lava Rocks
10. Supermercado Cristian II
11. Aventuras Arenal
12. Ciclo Cali
13. Megasuper
14. Lavandería Burbuja
15. Supermercado Cristian I
16. Bike Arenal

TRANSPORT
1. Trebol
2. Alamo Rent A Car
3. Taxistand
4. Busbahnhof

gens um 6 Uhr (inkl. Frühstück). ⏰ Mo–Fr 7.30–20 Uhr; Preis tagsüber mit Führer $20, ohne Führer $15, Nachttouren $38. Kinder zahlen die Hälfte. Voranmeldung erwünscht! Auch Hotel ❸, Hochzimmer mit Balkon, Parkplätze.

Der liebevoll von José und Familie gepflegte **Ecogarden Arenal**, 5 km südl. von Arenal an der Straße in Richtung San Ramón, ☎ 8313-1757, 🖥 www.ecogardenarenal.com, beherbergt medizinische Pflanzen, Faultiere und zahlreiche Vögel auf einem privaten Gelände. Verschiedene Touren (auch nachts), 2 1/2–3 Std., $40–45 p. P., inkl. Abholung in la Fortuna.

Thermalbäder

Verschiedene Thermalbäder laden auf dem Weg zum Vulkan zum entspannenden, heißen Bad in der Natur ein. Anschließend werden die Besu-

Vom Zentraltal nach La Fortuna

Viele Touristen fahren aus dem Zentraltal mit dem Mietwagen nach la Fortuna. Eine der **zwei Hauptrouten** führt über die Interamericana 1, dann bei Naranjo über die Carretera 141 nach Ciudad Quesada (San Carlos). Allerdings ist viel Schwerlastverkehr von Nord nach Süd auf dieser kurvigen, zweispurigen Landstraße unterwegs, sodass man nur sehr mühsam vorankommt.

Für eine alternative Strecke bleibt man noch etwas länger auf der Interamericana, bis man weiter westlich bei San Ramón (S. 152) auf die Carretera 702 trifft. In vielen Karten und bei den meisten Navigationssystemen ist diese Route nur als Nebenstrecke verzeichnet. Es handelt sich dabei aber landschaftlich um die wesentlich reizvollere Straße mit weniger Verkehr. Direkt nördlich von San Ramón geht es recht steil bis auf 1350 m hinauf. Oben am Pass „Tramo de la Balsa" findet sich das Restaurant Amsterdan, wo man günstige lokaltypische Spezialitäten wie *chorreadas* (Maispfannkuchen) bekommt. ⏰ tgl. bis 22 Uhr.

Weiter auf dieser Route, 17 km hinter San Ramón, erstreckt sich auf 1000 m Höhe auf der linken Seite der wunderschöne **Bosque Nuboso el Cocora**, 🖥 www.elcocora.com, mit Schmetterlings- und Kolibrigarten, sowie einem kurzen Wanderweg durch den Nebelwald. Das Restaurant Las Guranias serviert typische Gerichte der Region. ⏰ tgl., Eintritt 5000C$.

Nur 3,5 km nördlich erreicht man den **Parque de Aventura San Luis**, 📞 8399-6766, 🖥 www.parquesanluis.com, mit Canopy, Tarzan Swing, Bungee und Wanderwegen. Beliebt für Tagestouren aus dem Zentraltal (inkl. Transfer ab $80). ⏰ tgl. ⏰ 8–16 Uhr.

Weitere 13 km Richtung la Fortuna liegt das große Resort **Lands in Love**, 📞 2447-9331, mit Hotel, Pool, mehreren Restaurants (auch vegetarisch und vegan), Touren, Canopy, Rafting (Klasse II-III), Tubing, Canyoning, Pferdetouren und Wanderungen. ⏰ tgl. ab 8 Uhr bis nachts (Nachttour).

---

cher in den Spas mit Lavaerde-Packungen und Massagen verwöhnt. Viele Hotels und Agenturen in La Fortuna verkaufen vergünstigte Eintrittskarten zu den Baldi- und Tabacón-Thermen.

Balneario Tabacón, 12 km westl. von La Fortuna, 🖥 www.tabacon.com, mit heißen Wasserfällen, Poolbars, Restaurant und Spa, ist das luxuriöseste und teuerste Thermalbad. An dieser Stelle befand sich einst die Ortschaft Tabacón, der Vulkanausbruch von 1968 machte sie dem Erdboden gleich. ⏰ tgl. 10–22 Uhr, nur Eintritt ab $60, Kinder bis 12 J. $10. Eintritt mit Mittag- oder Abendessen Erwachsene $85, Kinder $40.

Baldi Hot Springs, 4 km westl. von Fortuna, 🖥 www.baldihotsprings.cr, ist eine günstigere Alternative zum Tabacón und wirbt damit, die größte Therme der Welt zu sein. 21 heiße und 4 kalte Pools. Poolbars, Wasserrutschen, Restaurants und Spa. Abends statt Entspannung laute Musik im unteren Bereich des Areals. ⏰ tgl. 9–22 Uhr, Eintritt $35, Kinder bis 11 J. die Hälfte. Im Angebot auch Tagespässe mit Mittag- und Abendessen für $80.

Empfehlenswert sind die **Eco Termales**, gegenüber den Baldi-Thermen, 📞 2479-8787, 🖥 www.ecotermalesfortuna.cr. ⏰ tgl. 10–16 und 17–22 Uhr, Eintritt $40, Kinder bis 12 J. $26, dafür bekommt man große Handtücher und ein Schließfach; Restaurant, am Wochenende Reservierung (über Website) ratsam.

Termales Los Laureles, 5 km westl. von La Fortuna an der Straße zum Vulkan, 🖥 www.termalesloslaureles.com, mit 7 warmen und 2 kalten Bädern, Wasserrutsche, Grillhütten, Spielplatz und Sportfeldern; vor allem bei Tico-Familien beliebt. Auch Camping ist möglich, und es gibt eine Cabina. ⏰ tgl. 9–21 Uhr; Eintritt $12, Kinder bis 10 J. und Senioren $8.

The Springs, direkt hinter dem Hotel Arenal Paraíso von der Straße nach Norden abbiegen, 📞 2401-3313, 🖥 www.thespringscostarica.com. Riesiges Resort mit Hotel, Restaurants, Bars, Spa und vielen Becken, Tagespass mit Mittag- oder Abendessen $96.

Termalitas del Arenal, rund 250 m vor den Eco Termales auf der gleichen Seite, bietet 6 Schwimmbäder mit verschiedenen Temperaturen in nett angelegtem Garten mit Picknick-hütten. ⏱ tgl. 9–10 Uhr, Eintritt $8, Kinder $6, Babys umsonst.

Paradise Hot Springs, 200 m hinter den Baldi-Bädern, ✆ 2479-1380 ⌨ www.paradisehotspringscr.com, 7 Becken, teils mit Wasserfällen und Massagedüsen, Tagespass $28, mit einer guten Mahlzeit $45, Kinder $16 bzw. $27 mit Essen. Schöne Hotel- Zimmer und Suiten. ❻

€ Wer die heißen Quellen umsonst und ohne Komfort erleben möchte, kann die Badestelle **El Chollín** besuchen. Sie liegt unterhalb des Balneario Tabacón, Besucher müssen rechts (in Richtung Vulkan) an der Straße parken. Von hier führt ein gepflasterter Weg zum warmen Fluss und zu einer Betonbrücke, hinter der ein paar schöne Badepools in Dschungelumgebung warten. Badeschuhe mitbringen, die Felsen können rutschig sein! Nur bei Tageslicht besuchen! Die Badestelle ist an der Straße nicht ausgeschildert.

Canopy und hängende Brücken

15 Seilbahnen mit jeweils zwei Kabeln (eins zum Gleiten, ein Sicherheitskabel) und ein „Tarzan-Swing" bietet **Arenal Ecoglide**, 2 km vor den Tabacón-Thermen, ✆ 2479-7120, ⌨ www.arenalecoglide.com, $50, mit Tarzan Swing $75, Kinder unter 12 J. $45 (kein Tarzan).

Die 16 Brücken im **Mistico Park**, 4 km östl. von dem Thermalbad Tabacón, ✆ 2290-0469, ⌨ www.misticopark.com, überspannen mehr als 3 km Regenwald. Davon sind sechs Hängebrücken, teilweise mit Vulkanblick; spezielle Morgenführungen und Nachtwanderungen sowie Rapelling und Reittouren werden angeboten. ⏱ tgl. 7.30–16.30 Uhr; Eintritt $26, Studenten $14, Kinder bis 10 Jahre frei.

Zu **Sky Adventure**, ✆ 2479-4100, ⌨ www.skyadventures.travel, gelangt, wer vor dem Arenalsee links nach El Castillo abbiegt. Der Touristenmagnet umfasst 1 km Seilbahn (Skytram) über die Baumkronen und anschließend eine 2,8 km lange Canopy-Tour (Skytrek).

ÜBERNACHTUNG

Die Auswahl an Unterkünften aller Preisklassen ist groß, und die Qualität hat sich in den letzten Jahren aufgrund der großen Konkurrenz enorm gesteigert. Die Mehrzahl der Hotels der oberen Preisklasse liegt an der Straße Richtung Vulkan. Empfehlenswerte ruhige Unterkünfte abseits der Touristenströme sind z. B. die Arenal Oasis Eco Lodge oder die Unterkünfte auf dem Weg zum Catarata Río Fortuna.

La Fortuna Zentrum

Arenal Backpackers, im Zentrum in Richtung Vulkan, Av. Central, ✆ 2479-7000, ⌨ www.arenalbackpackers.com. Das Bruder-Team des Pangea Hostels aus San José leitet auch diesen weitläufigen, eingezäunten Backpacker. Dorms ($16–20 p. P.) mit AC; große, kahle DZ mit TV, teils mit Privatbad, manche mit Balkon. Schöner Pool mit Liegewiese und Hängematten, Kein Frühstück inkl. Am günstigsten sind die auf Holzplattformen aufgestellten Zelte mit Matratze ❷, DZ ❹

Arenal Hostel Resort, sehr zentral, an der Südseite der Kirche, ✆ 2479 9222, ⌨ www.arenalhostelresort.com. Hostelkette, die sich langsam in ganz Costa Rica ausbreitet. Riesige Anlage für junge Leute mit 50 Zimmern und Pool inmitten eines bunten Gartens. Es kann etwas lauter werden, Dorms ($17), Zimmer mit Bad ❸, Frühstücksbuffet extra für $7.

🏠 **Hotel Las Colinas**, C. 468, Av. Central–Av. 325, ✆ 2479-9305, 8343-5054, ⌨ www.lascolinasarenal.com. Seit 22 Jahren empfängt dieses um Umweltschutz bemühte Familienhotel mitten im Zentrum seine Gäste. 2008 wurde die Unterkunft komplett modernisiert und auf Solarenergie umgestellt. 30 moderne Standardzimmer, 2 Junior Suites, Frühstück inkl. Sehr motiviertes Personal mit vielen Informationen über die Gegend. 2 schöne Terrassen mit Liegestühlen und Vulkanblick, Parkplatz, Tourangebot und die beliebte Restaurant Luna Mestiza. ❸–❺

Hotel Arenal Rabfer, 150 m nördl. vom Parque Central, C. 468, Av. 333–335, ✆ 2479-9187, ⌨ www.arenalrabfer.com. Kleine grüne Oase abseits vom Autolärm, geleitet vom freundlichen Ehepaar Sánchez und seinen 4 Söhnen. Schöne holzgetäfelte Zimmer mit AC rund um einen gepflegten Innenhof mit Pool, Frühstück inkl. ❹

Hotel Allamanda Rooms, 300 m nördl. der Banco Nacional, ☎ 8411-2903. Saubere Mini-Posada mit 3 Zimmern, eines davon mit AC, geleitet von der freundlichen Doña Grettel aus La Fortuna, gelegen in einer ruhigen Wohngegend. Küchen- und Kühlschrankmitbenutzung, Frühstück $5. **❶**

Hotel San Bosco, 100 m nordöstl. vom Parque Central, Ecke Av. 333, C. 468, ☎ 2479-9050, 🖳 www.hotelsanbosco.com. 33 kleine, ruhig gelegene Zimmer mit Gemeinschaftsbalkon und Vulkanblick; nach einem Zimmer im oberen Stockwerk fragen! Pool, Kinderbecken, Jacuzzi und sehr gepflegter Garten, Frühstück inkl. **❹**

La Choza Inn, 250 m westl. vom Postgebäude, am Ende der Av. 331, ☎ 2479-9091, 🖳 www.lachozainnhostel.com. Rustikale Dorms für 2–14 Pers. mit Holzwänden, Stockbetten und Gemeinschaftsbad, die DZ mit TV liegen im Annex. Gemeinschaftsküche, auch Touren. La Choza ist gleichzeitig der Sitz von Eagle Tours, daher wuselt hier viel Personal herum; manchmal etwas hektische Atmosphäre. Dorm ($12), DZ, Frühstück inkl. Gutes Preis-Leistungs-Verhältnis. **❷**

Secreto La Fortuna, 200 m nördl. vom Parque Central, am Ende der C. 446, ☎ 2479-7047. Moderne Anlage mit 12 klar designten, gefliesten Wohneinheiten mit großen Fensterfronten und jeweils eigener Terrasse rund um einen kleinen Pool in gepflegtem Garten. Alle Zimmer haben TV, AC. Kleines Frühstück inkl. **❹**–**❺**

Am Weg zum Wasserfall

Arenal Green Hotel, 1 km südl. und 1 km westl. von La Fortuna auf der Straße zum Wasserfall, ☎ 2479-8383, 🖳 www.arenalgreen.com. 12 edle, gut ausgestattete Holzhäuser verschiedener Größe mit AC, modernem Bad, Kühlschrank und kleiner Terrasse, Spa. Sehr schön gestaltete Anlage. Frühstück inkl. **❺**

Cabinas la Catarata, 2 km vor dem Fortuna-Wasserfall, ☎ 2479-9753, ✉ cabinaslacatarata@hotmail.com. 8 einfache, rustikale, schön geschnittene Holzhäuser in verschiedenen Größen (bis 6 Pers.) mit Küche, einige mit Balkon am Fluss. Große Rasenfläche, Parkplatz, ideal für Familien, gutes Preis-Leistungs-Verhältnis. Frühstück extra ($5). **❸**

Hotel Cerro Rancho Azul Arenal, 1,6 km von der Kirche in Richtung Wasserfall, ☎ 2479-7360, 🖳 www.ranchocerroazul.com. 9 geräumige Holzzimmer mit AC in 3 Klassen, teils mit Kühlschrank und großer Terrasse mit Hängematte. Frühstück extra ($7). **❺**

Am Weg zum Vulkan

Brisas Arenal, 1,5 km westl. von La Fortuna, hinter dem Friedhof, direkt vor dem Supermarkt Christian links abbiegen, nach ca. 1,5 km rechts 400 m den Berg hoch (schlecht ausgeschildert), auf der linken Seite, ☎ 2479-9225, 🖳 www.brisasarenal.com. 14 geräumige, moderne, klimatisierte Holz-Cabinas, 6 davon sind Suites auf einem riesigen Gelände mit Avocado-, Zitronen- und Orangenbäumen. Kleiner Pool und Vulkanansicht; sehr ruhig. Oft hat man den Garten ganz für sich allein. Terrasse mit Hängematte. Mehrere, schöne Rundwege durch den Wald. Inkl. Frühstück. **❺**–**❻**

Arenal Oasis Eco Lodge, 1,5 km westl. von La Fortuna, hinter dem Friedhof, direkt vor dem Supermarkt Christian links abbiegen, nach 1 km auf der rechten Seite, ☎ 2479-9526, 🖳 www.arenaloasis.com. Ruhige Privatfinca abseits des Touristenpfades mit 14 rustikalen, weit auseinanderstehenden und geräumigen Blockhäusern und einer neuen Villa bei Doña Rosa und Don Fernando auf einem Areal mit üppiger Vegetation. Früher wurde hier Kakao angebaut, heute genießen die Gäste die morgendliche Dschungelatmosphäre, ein Wanderweg steht zur Verfügung. Nacht- und Vogelbeobachtungstouren. Restaurant, Frühstück inkl. **❹**

Hotel Lomas del Volcán, ☎ 2479-9000, 2 km westl. von La Fortuna, Einfahrt auf der linken Straßenseite, 🖳 www.lomasdelvolcan.com. 49 edle, geräumige Cabañas in Hanglage mit AC, TV und Kühlschrank auf einem 150 ha großen Areal mit Vulkansicht, AC und 2 Veranden pro Haus. Hübsche Pool-Anlage. Gutes Restaurant, Bar und Spa. Gepflegter Garten, Frühstücksbuffet inkl. **❻**

Hotel Manoa, 7 km westl. von La Fortuna, ☎ 2479-1111, 🖳 www.arenalmanoa.com. Herrliches 4-Sterne-Hotel auf einer riesigen Hacienda mit 83 weit verteilten, luxuriösen

Für das Wohl der Gemeinde

Die **Asociación de Desarrollo Integral de la Fortuna (ADIFORT)**, 🖥 www. arenal adifort.com, www.cataratalafortuna. com, ☎ 2479-8338, ist eine gemeinnützige Organisation mit dem Ziel, die Lebensumstände in der Gemeinde La Fortuna zu verbessern. Die Asociación gibt die Instandhaltung und den Bau von Straßen, Brücken, Sportanlagen und Schulen in Auftrag. Sie setzt sich für die Unterstützung älterer Bürger, den Umweltschutz und Erwachsenenbildung ein. Finanziert werden die Projekte hauptsächlich durch die Eintrittsgelder der Reserva Ecológica Catarata Río Fortuna (S. 180).

Bungalows, alle mit direktem Blick auf den Vulkan Arenal. Heiße Bäder, Pool, Bars, gutes Restaurant (auch für Nicht-Gäste), Frühstücksbuffet inkl. ❻

Miradas Arenal, 7,5 km westl. von La Fortuna, ☎ 2479-1944, 🖥 www.miradasarenal.com. 10 niedliche und farbenfrohe Häuser mit Badewanne, AC, Kühlschrank, TV und Veranda, umgeben von Rasen. Pool, Vulkanblick. Frühstück inkl. ❻

El Castillo

Arenal Observatory Lodge, 7 km vor dem Nationalpark, 2,7 km vom Vulkan entfernt, ☎ Reservierung 2290-7011, Lodge 2479-1070, 🖥 www.arenalobservatorylodge.com. 48 in die Tage gekommene Zimmer unterschiedlicher Ausstattung, teils mit großen Fensterwänden und Blick auf den Arenalsee oder Vulkan. Dazu gehört ein 350 ha großes tropisches Privatreservat mit Wanderwegen, eine gute Alternative zum Nationalpark (S. 191)! Die Nasenbären kommen bis an die Zimmer, die Kolibris schwirren im Garten herum. Freie Kost und Logis für Kinder bis 6 J., Kinder bis 11 J. zahlen nur für Essen. Frühstücksbuffet und geführte Tour inkl. ❻

Essence Arenal, in El Castillo links die Straße 1200 m hoch, auf der rechten Seite, ☎ 2479-1131, 🖥 www.essencearenal.com. Auf einem Areal mit fast 22 ha Regenwald befindet sich

dieses freundliche Hostel; tgl. geführte Tag- und Nachtwanderungen, toller Blick auf den See, sehr abgelegen, Kochkurse und Yoga, Frühstück $6 extra, einfache, rustikale Zimmer oder Zelte; ohne Bad ❶–❷, mit Bad ❷

Hotel Castillo de Arenal, im Zentrum von El Castillo, ☎ 2479-1146, 🖥 www.hotelcastillodel arenal.com. 16 sehr schlichte, rustikale Zimmer (mit oder ohne AC, Kühlschrank) mit super Blick auf See und Vulkan bei einheimischer Familie. Frühstück inkl. Im Panorama-Restaurant wird frischer Fisch serviert, häufig vom Chef selbst gefangen. ❷, Suite ❸

Hummingbird Nest, im Zentrum von El Castillo, auf einem Hügel über der Kirche, ☎ 2479-1174, 8835-8711, 🖥 www.hummingbirdnestbb.com. Kleines Bed & Breakfast mit lediglich 2 gemütlichen Zimmern für maximal 4 Pers. mit großen Fensterfronten in schön gestaltetem Privathaus (die nette Besitzerin wohnt oben). Sehr familiär. Frühstück inkl. ❺

Rancho Margot, 400 m westl. der Kreuzung am Río Caño Negro, 4WD empfohlen, ☎ 8302-7318, 🖥 www.ranchomargot.org. Moderne Finca mit ökologischer Land- und Viehwirtschaft, idyllisch auf Hügeln am Arenalsee gelegen. Unterkunft zu zweit in winzigen Zimmern mit Stockbetten und Gemeinschaftsbad oder in schönen, geräumigen, rustikalen Bungalows; Pool, Yogadeck und Wanderwege gehören zur Finca. Die stolzen Preise beinhalten alle Mahlzeiten, eine geführte Tour, Wanderungen, Transport von und nach Fortuna, außerdem 2 Yogastunden (für Besucher $15) pro Tag. Weitere Touren auf Anfrage. Bungalows ❻

ESSEN

Anch'io, rund 400 m westl. von der Autovermietung Alamo, Av. Central, ☎ 2479-7024. Nur Pizza aus dem Steinofen und Pasta in schönem Ambiente, günstig und gut. ◷ Mi–Mo 12–22 Uhr.

Café Mediterráneo, 200 m südl. der Brücke über den Río Burio, ☎ 2479-7497. Guter Italiener mit hervorragenden Pizzen und Pasta-Gerichten, viele vegetarische Optionen. Beliebt bei Einheimischen. ◷ tgl. 11.30–22, Mi nur bis 21 Uhr.

Chocolate Fusion, am Ortsausgang Richtung Vulkan rechts, gegenüber der Kirche, ✆ 2479-7330. Hübsch dekoriertes Café mit leckeren Kuchen und Sandwiches; frische Fruchtsäfte, freundlich und ruhig. Gutes Frühstück. ⏲ Mi–Mo 9–20 Uhr.

Don Rufino, Av. Central, C. 466, ✆ 2479-9997, 🖳 www.donrufino.com. Edles kleines Restaurant mit moderner, internationaler, kreativer Küche. Neben Ceviche und Casado gibt es raffiniert zubereiteten Tilapia, Pasta, Sandwiches und Meeresfrüchteteller in Kokossauce! Guter Service. ⏲ tgl. 11.30–22.30, Sa bis 23.30 Uhr.

Kappa Sushi, am Hotel San Bosco, C. 468, Av. 331–333, ✆ 2479-1639. Frisch zubereitete, schmackhafte Tempura und Fischröllchen, Sashimi, Nigiri und mehr. ⏲ tgl.12–22 Uhr.

La Forchetta, Av. 325, vom Hotel el Rio 50 m östl. Kleines italienisches Restaurant mit leckeren hauchdünnen Pizzen, auch ausgefallene Fisch- und Geflügelgerichte, aber nicht ganz billig. ⏲ Mo–Do 16–23, Fr 15–23, Sa, So 12–23 Uhr.

Luna Mestiza, im Hotel las Colinas (S. 183), ✆ 8303-9810. Alteingesessenes und beliebtes Restaurant. Asiatische Küche, Sushi und Wok, relativ günstig, schönes Ambiente und freundlicher Service. ⏲ tgl. 12–22 Uhr, zum Teil auch länger.

My Coffee, an der Südseite vom Park, Av. Central, ✆ 2479-8749, 8830-8722. Das In-Café in La Fortuna mit gutem Blick auf das bunte Treiben am zentralen Park; nicht ganz billig, aber viele Kaffeespezialitäten und Süßes, gutes Frühstück und herzhafte Snacks. ⏲ tgl. 7.30–19 Uhr.

Rainforest Café, 50 m südl. vom Parque Central, gegenüber dem Hotel Las Colinas, C. 468, Av. Central, ✆ 2479-7239. Hier sitzt man unter einem Dach aus Kaffeesäcken und an Tischen mit Kaffeebohnen hinter Glas. Kuchen und große Auswahl an heißen und kalten Kaffees, darunter kreative Kreationen wie der „Kaffee Reina" mit Marshmallow und Schokosirup oder der „Mono Loco" mit Milch, Banane und Zimt. Gute Casados. ⏲ tgl. 7.30–22 Uhr.

Restaurante Nene's, C. 464A, zwischen Av. Central und Av. 331, ✆ 2479 9192. Stilvolles Restaurant mit gemischter Küche. Die Einheimischen kommen vor allem hierher, um das leckere Ceviche zu genießen. ⏲ tgl. 10–23 Uhr. Günstigen und sehr üppigen Mittagstisch sowie Frühstück gibt es in der kleinen **Soda La Hormiga**, gegenüber dem Busbahnhof, Av. 325, C. 470–472, ⏲ tgl. 6–16 Uhr. Die immer volle **Soda Viquez**, schräg gegenüber dem Hotel Las Colinas, Av. 325, C. 468–470, schmackhafte einheimische Kost, ⏲ tgl. 8–22 Uhr. Die beliebte Soda **La Típica** befindet sich 2 km westl. von La Fortuna an der Straße Richtung Vulkan an der linken Straßenseite. Große, leckere Portionen! ⏲ tgl. 6–20 Uhr.

UNTERHALTUNG

Tanzen kann man in der Diskothek **Volcán Look**, 4 km westl. von La Fortuna, ⏲ Fr–So ab 21–4 Uhr. Beliebte Bars in La Fortuna sind die **Lava Lounge**, Av. Central, C. 472–474, mit Livemusik, ⏲ tgl. 7–22 Uhr, **Lava Rocks**, rund um einen Mangobaum an der Südseite des Parks, Av. Central, C. 470–472, ⏲ tgl. 11–24 Uhr, und die **Bar Kazan** an der Nordseite des Parks, Av. 331, C. 468–470, ⏲ tgl. 11.30–24 Uhr. In allen Bars gibt es neben Cocktails auch Essen.

TOUREN

In La Fortuna läuft beinahe alles über Tourveranstalter. Individualreisende (s. auch Kasten unten) treffen an den Eingängen mitunter auf erstaunte Kassierer, die nicht wissen, was sie Einzelreisenden als Eintritt berechnen sollen.

La Fortuna ohne organisierte Touren

Man kann auch ganz allein, ohne Gruppen und Abholservice, Fortuna und seine Umgebung entdecken. Ein öffentlicher Bus fährt zum Nationalpark und zurück (S. 189). Zum Catarata Río Fortuna kann man auch zu Fuß von La Fortuna wandern (ca. 6 km bis zum Eingang); die Strecke ist größtenteils asphaltiert. Um den Eintritt kommt man jedoch auch als Individualtourist nicht herum. Für den Wasserfall werden $15 Eintritt verlangt.

Entspannung pur bieten die Thermalquellen von Tabacon.

Beliebte Tourziele sind der Vulkan Arenal im Nationalpark Arenal, der Fortuna-Wasserfall, das Refugio Caño Negro und die hängenden Brücken. Außerdem werden Aktivitäten wie Rafting, Kajaken, Canopy-Touren, Reiten und Mountainbiking angeboten.
Die Auswahl an Tourveranstaltern im kleinen La Fortuna ist überwältigend. Folgendes sollten Urlauber bei einer Buchung beachten:

- Den Tourveranstalter fragen, ob die Tour von den eigenen Guides geleitet wird – viele „leihen" sich die Führer eines anderen Veranstalters aus, der Kunde zahlt dafür drauf.
- Vorsicht vor Scharlatanen im Tourgeschäft. Mitunter wurden an ahnungslose Touristen günstige Touren verkauft, die niemals stattfanden, dazu wurden sogar falsche Informationsstände aufgestellt! Folgende Tourveranstalter sind seriös:

Agua Trails, 100, südl. der Banco Nacional, ☏ 2479-8667 und 8838-4597, 🖥 www.aguatrails.com. Transfers von und nach Nicaragua, Mehr-Tagetouren nach Nicaragua, u. a. Solentiname, El Castillo, Indio Maíz, Granada.

Bike Arenal / Hike Arenal, 400 m südl. von La Fortuna in Richtung Wasserfall, ☏ 2479-9020, 🖥 www.bikearenal.com, www.hikearenal.com. Mehrstündige bis mehrtägige Mountainbike-Touren in der Arenal-Gegend und durch ganz Costa Rica sowie ein- bis mehrtägige Wandertouren mit max. 8 Pers.
Günstigere Mountainbike-Touren bietet das junge Team von **Tuki-Tuki Bike**, ☏ 8997-8121, 🖥 www.tukitukibiker.blogspot.com.

Canoa Aventura, 2 km westl. von La Fortuna, ☏ 2479-8200, 🖥 www.canoa-aventura.com. Drei als Naturführer ausgebildete Tico-Brüder (Oscar, Juan Carlos und Jorge) leiten Kanu- und Floating-Touren auf dem Arenalsee und den umgebenden Flüssen; außerdem Wanderungen zum Wasserfall und spezielle Vogeltouren, Touren zum Refugio Caño Negro und Reittouren in kleinen Gruppen. Empfehlenswert!

Desafio, hinter der Kirche, ☏ 2479-0020, 8498-3594, 🖥 www.desafiocostarica.com. Spezialist für Rafting. Touren auf dem Río Arenal (II–III) und Río Balsa (III), auch Kajaktouren und Reittouren nach Monteverde. Stand up Paddling auf dem Arenalsee.

JAZON – Jóvenes Agro-Ecologistas de la Zona Norte, Valle Azul de San Ramón, zwischen San Ramón und La Fortuna, ☎ 2475-1679, 🖥 www.costaricaruraltours.com. Touranbieter für ländlichen, gemeindebasierten Tourismus. Vermittlung von einfachen Touren und Posadas und Unterstützung von Familienbetrieben.

Arenal Vida Campesina, in El Jauri, 3 km südl. von la Fortuna, ☎ 8802-3572, 🖥 www.arenalvida.com. Zusammenschluss von Bauern aus der Umgebung mit verschiedenen Tourangeboten: Kakao- und Kaffeetour, Kochkurse usw.

Wave Expeditions, westl. der Kirche, ☎ 2479-7262, 🖥 www.waveexpeditions.com. Rafting-Spezialist, aber auch Canyoning- und Tubingtouren. Motiviertes costa-ricanisch-amerikanisches Team.

Pferdetouren

Diverse Veranstalter bieten reizvolle Reittouren in der Umgebung vom Vulkan an. Auch gibt es eine Tour von La Fortuna entlang dem Arenalsee nach Monteverde. Sie dauert ca. 5 Std., 3 davon sitzt man im Sattel, der Rest wird mit Auto und Boot zurückgelegt. Das Gepäck wird im Auto transportiert. Gewarnt sei vor schlammigen Wegen und unterernährten Pferden. Verantwortungsbewusste Tourveranstalter s. S. 187.

SONSTIGES

Apotheke

Farmacia La Fortuna, 100 m östl. des Parks, C. 466, Av. 331–Central, ☎ 2479-7471. ⏱ Mo–Sa 8–20 Uhr.

Autovermietung

Alamo, hinter der Kirche, Av. Central, C. 472, ☎ 2479-9090, ⏱ tgl. 7.30–18 Uhr.
Trebol, 40 m südl. der BAC, ☎ 2479-0010. 🖥 www.trebolrentacar.com. Lokale Vermietung, gut geeignet, wenn man ein Auto für nur 1 Tag mieten möchte. ⏱ tgl. 7–18 Uhr.

Fahrradvermietung und -reparatur

Bike Arenal, s. Touren S. 187. Vermietung mit Hotelanlieferung. ⏱ Mo–Sa 8–17 Uhr.

Ciclo Cali, auf dem Weg Richtung Vulkan, nach dem Laden El Colono links abbiegen, C. 476, Av. Central, ☎ 2479-9245 und 8876-2712. ⏱ Mo–Sa 8–17 Uhr.

Geld

Banco Nacional, am Park, Av. 331, C. 468, ATM, ⏱ Mo–Fr 8.30–15.45 Uhr.
Banco de Costa Rica, Av. Central, C. 460, ATM ⏱ Mo–Fr 9–16 Uhr.
BAC, 200 m östl. und 25 m südl. der Kirche, Av. 331, C. 466. ☎ 2295-9797. Geldautomat für alle Karten. ⏱ Mo–Fr 9–18, Sa 9–13 Uhr.

Medizinische Hilfe

Centro Médico Sanar, von der Nordost-Ecke des Parque Central 150 m nach Osten, ☎ 2479-7510. Auch mit Krankentransport und Apotheke. ⏱ tgl. 24 Std.
Dr. Randall Borquero, ☎ 2479-8063. Englischsprachiger Arzt, auch Hotelbesuche.

Polizei

Fuerza Pública, östl. des Parks, Av. 331, C. 460A.

Post

Nördl. der Kirche, Av. 331, C. 470–472, ☎ 2479-8070. ⏱ Mo–Fr 8–17, Sa 8–12 Uhr.

Supermärkte

Supermercado Christian I bis IV, an der Südostecke Parque Central, neben der Brücke Richtung Wasserfall, sowie 1 km und 2,5 westl. von La Fortuna. ⏱ Mo–Sa 7–22, So 8–20 Uhr.
Megasuper, direkt neben der Busstation, mit Touristeninformation. ⏱ tgl. 7–22 Uhr.
Frutería los Sarchiseños, neben der Banco Nacional. Große Auswahl an frischen Früchten und Gemüse aus der Region. ⏱ tgl. 6–21 Uhr.

Taxis

Taxistände am Park und an der Bushaltestelle.
Taxi Fortuna, ☎ 2478-9605, 8377-0156. ⏱ tgl. 6–23 Uhr.

Wäscherei

Lavandería Burbuja, 50 m südl. vom Restaurant Don Rufino, ☎ 2479-7115. ⏱ tgl. 8–20 Uhr.

Tuanis Laundry, 3 km westl. von la Fortuna, ℡ 6165-0981, 6082-5763. ⏰ Mo–Sa 8–19, So 8–18 Uhr (Dringendes auch außerhalb der Öffnungszeiten).
Die meisten Hotels bieten Wäscheservice.

TRANSPORT

Anreise nach La Fortuna per Linienbus von San José s. S. 123. Der Bus fährt im Terminal 7-10 ab, der letzte kurz vor Mittag; wer später reist, muss den Umweg über San Carlos nehmen.
Eine weitere gute Option ist ein Shuttlebus von Hotel zu Hotel. Die Route San José–La Fortuna ist eine der günstigsten Routen. Informationen s. S. 63.

Busse

Der Busbahnhof befindet sich rund 150 m südl. der Kirche, Ecke Calle Central, Av. Arenal. Wichtige Verkehrsknotenpunkte in der Umgebung sind Tilarán und San Carlos (Ciudad Quesada). Von dort fahren Busse weiter nach Monteverde, Guanacaste, an die Pazifikküste, in die Sarapiquí-Gegend und zur Grenze nach Nicaragua (Los Chiles). Canoas Aventuras (s. Touren) bietet tgl. Transfer nach Los Chiles für $20 inkl. Hotelabholung.
CIUDAD QUESADA, ca. alle 45–60 Min., 5–19.30 Uhr, 1 Std.;
SAN RAMÒN (zum Umsteigen Richtung Nordpazifik) 5.30, 9, 13, 16 Uhr, ca. 3 Std.;
TILARÁN (zum Umsteigen nach Monteverde), 7.30, 12.15, 17.30 Uhr, 2 1/2 Std.;
UPALA, 12, 12.30, 17.45, 19.30 Uhr, 2 1/2 Std. Bus kommt aus Ciudad Quesada;
SAN JOSÉ, 12.45 und 14.45 Uhr, 4 1/2 Std. Wer den letzten Bus verpasst, kann einen Bus nach Ciudad Quesada nehmen und dort in den Bus nach San José umsteigen. Nicht später als 17 Uhr von Fortuna abfahren.

Shuttle-Busse

Interbus, 🖥 www.interbusonline.com, **Gray Line**, 🖥 www.graylinecostarica.com, oder die günstigere Option von **Expeditiones Tropicales**, 🖥 www.expedicionestropicales. com, zu buchen.

Flüge

Sansa, ℡ 2290-4100, 🖥 www.flysansa.com. Die Flugpiste befindet sich in der Ortschaft El Tanque. Sansa fliegt von Arenal 1x tgl. nach LIBERIA, 2x nach SAN JOSÉ.

Jeep / Boot / Jeep

Statt den Arenalsee ganz zu umfahren, bieten viele Tourveranstalter landschaftlich reizvolle Jeep/Boot/Jeep-Touren nach MONTEVERDE an. Die Reisenden werden dabei per Bus zum Boot gebracht, am gegenüberliegenden Seeufer wieder abgeholt und mit dem Jeep nach Monteverde transportiert. $32 p. P., z. B. mit Desafio, 🖥 www.desafiocostarica.com.

Parque Nacional Volcán Arenal

DER NORDEN

- **MINAE-Büro:** ℡ 2200-5714
- **Öffnungszeiten:** tgl. 8–16 Uhr, letzter Einlass 15 Uhr
- **Eintritt:** $15, Kinder von 6–12 J. $5
- **Gründungsjahr:** 1991
- **Größe:** 12 000 ha
- **Transport**
  Auto: 14 km westl. von La Fortuna links zum Parkeingang abbiegen (1,5 km).
  Busse: Busse von La Fortuna in Richtung Tilarán halten an der Abzweigung zum Park. Von hier sind es 2 km Fußmarsch. Abfahrt in La Fortuna 8 Uhr, Rückfahrt von der Abzweigung gegen 14 Uhr (Bus kommt aus Tilarán).

Der Parque Nacional Volcán Arenal umschließt den ruhenden **Volcán Chato** (1100 m) und seinen jüngeren, aktiven Bruder **Volcán Arenal** (1643 m), den man ebenfalls lange für erloschen hielt. Noch in den 1930er-Jahren führten Exkursionen zum Arenal-Krater. „Cerro Arenal" (Berg) – nicht einmal „Volcán Arenal" nannten die Einheimischen mehr den schlafenden Feuerberg. Bis zum 29. Juli 1968, als ein Erdbeben den Berg aus seinem fast 400-jährigen Schlaf riss. Mit einer gewaltigen Explosion meldete sich der Vulkan eindrucksvoll zurück und begrub die Orte

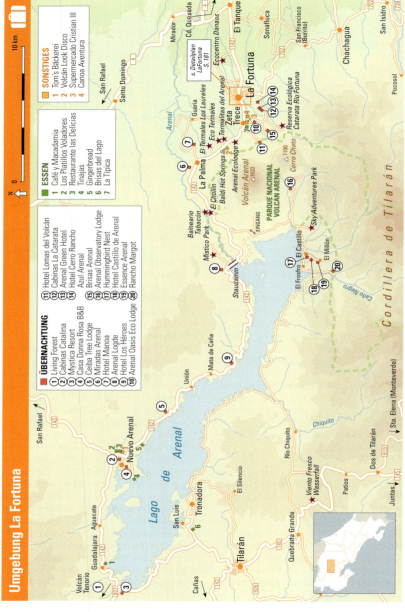

Tabacón und Pueblo Nuevo sowie 78 Menschen unter Lava, Geröll und Asche.

Wanderwege im Park führen zu den **erkalteten Lavaströmen** der verschiedenen Eruptionen. Besucher werden gebeten, die Absperrungen und Gefahrenhinweise zu respektieren.

Wanderwege

Der leichte **Sendero Las Heliconias** (1 km) führt durch Vegetation, die erst nach der Explosion von 1968 herangewachsen ist. Wanderer können in der Gegend viele Helekoniengewächse sehen, außerdem Farne, Schmetterlinge und Kolibris. Auf dem **Sendero Las Coladas** (4 km hin und zurück) gelangt man zu einem Lavastrom aus dem Jahr 1992. Vom Sendero Las Coladas zweigt der **Sendero El Ceibo** (1,3 km) zu einem 40 m hohen, rund 100 Jahre alten Ceiba-Baum ab. Am Aussichtspunkt **Mirador Principal** befinden sich die erkalteten Lavaströme aus den Jahren 1968, 1992 und 1995. Wegekarten und -beschreibungen sind am Parkeingang erhältlich.

Arenal Observatory Lodge

Das nur 2,7 km vom Vulkan Arenal entfernte Observatorium, 🖳 www.arenalobservatorylodge.com, diente nordamerikanischen Vulkanologen in den 1970er-Jahren als Forschungsstation und wurde 1987 zum Hotel umgebaut. Die gut ausgeschilderten privaten Wanderwege, u. a. zu einem hübschen Wasserfall, an dem man baden kann, sind auch Nicht-Gästen zugänglich und bieten eine Alternative zum Nationalpark; Naturführer kann man vor Ort anheuern ($35 für 2 Pers.), ein gutes Restaurant steht zur Verfügung. Eintritt $10.

Um den Lago Arenal nach Tilarán

16 km westlich von La Fortuna steht der **Presa Sangregado**, 88 m langer und 56 m hoher **Staudamm**, mit dem die staatliche Energiebehörde ICE das Flusswasser des Río Arenal staut und die Tiefebene zwischen der Cordillera Guanacaste und Cordillera Tilarán in eine Seenlandschaft verwandelte. Aus der einstigen kleinen, natürlichen Laguna Arenal entstand so der **Lago Arenal**, der größte See Costa Ricas. Das Wasser wird vom See durch Tunnel in zwei Wasserkraftwerke bei Tilarán geleitet, die fast die Hälfte der Elektrizität in Costa Rica produzieren. In fast 30 m Tiefe liegen die versunkenen Orte Arenal und Tronadora sowie einige präkolumbische Siedlungen. 3500 Menschen mussten 1973 für das Staudammprojekt umsiedeln, 10 Fisch- und 420 Vogelarten sind seitdem hinzugezogen.

Der **Arenalsee** mit seinen kleinen Inseln fügt sich in die grüne Hügellandschaft ein, als wäre er natürlichen Ursprungs. Zum **südlichen Ufer** gelangt man nur mit 4WD inklusive einer gefährlichen Flussdurchquerung durch den Río Caño Negro, die mit Mietwagen verboten ist. Wer es trotzdem wagen möchte, sollte unbedingt warten, bis ein Ortkundiger die Furt zuerst durchquert. Sie führt in Schlangenlinien durch den Fluss und ändert sich mehrfach im Jahr. Zur Furt geht es, wenn man auf der Strecke zum Nationalpark einige Kilometer nach der Rangerstation, hinter der Brücke rechts nach El Castillo abbiegt; die Schotterpiste führt dann bis nach Monteverde hinauf.

Bleibt man auf der Hauptstraße von La Fortuna, kommt man an das **nördliche** und **westliche Seeufer**, das malerisch von dichten Schilfgürteln umsäumt wird und an eine Voralpenlandschaft erinnert. Diese Route ist asphaltiert und führt durch die Ortschaft **Nuevo Arenal** bis nach Tilarán. Viele bayerische, österreichische und schweizerische Expats haben sich, vom milden Klima angezogen, am Seeufer niedergelassen. Von November bis April wehen am Arenalsee starke Winde mit einer Geschwindigkeit von bis zu 100 km/h. Sie machen den westlichen Seeabschnitt zu einem guten Wind- und Kitesurf-Revier.

ÜBERNACHTUNG

Arenal Lodge, hinter dem Staudamm rechts, 2 km in Richtung hängende Brücken, ✆ 2479-1881, 🖳 www.arenallodge.com. Steil oben auf einem Hang liegt diese ältere Lodge mit 50 gemütlichen, attraktiven Zimmern unterschiedlicher Größe und Ausstattung, umgeben von 2000 ha privatem Dschungel mit Wanderwegen. Von den Chalets auf der Hangkuppe

DER NORDEN

hat man sogar zwei Aussichten: auf Vulkan und See! Bar, Pool, Spa, Whirlpool, Sauna. Gutes Restaurant. Frühstück inkl. ❻

Hotel Los Héroes, 14 km westl. vom Staudamm, ✆ 2692-8012, 🖥 www.pequenahelvecia.com. Eine Miniatur-Schweiz mit Hotel, Kapelle und einer 3 km langen Eisenbahn, die durch Tunnel und über Brücken zum Restaurant mit Panoramablick (s. Essen) fährt! 18 etwas renovierungsbedürftige Zimmer mit urigen Möbeln und Fensterläden mit Herzen, auch Apartments mit Küche und Badewanne. Frühstück inkl. ❹

Ceiba Tree Lodge, 9,5 km hinter dem Hotel los Heroes, Einfahrt rechts am großen Ceiba Baum, ✆ 8313-1475, 8591-0170, 🖥 www.laceibalodge.com. Hier leistet der deutsche Pächter Dirk mit seiner costa-ricanischen Frau tolle Arbeit. Besonders das 3-Gänge-Dinner für $23 wird hochgelobt, 7 Zimmer in 2 Kategorien mit Seeblick, gutes Frühstück inkl. ❹–❺

ESSEN

🏨 **Gingerbread**, 2 km östl. von Nuevo Arenal, ✆ 2694-0039, 🖥 www.gingerbreadarenal.com. „Himmlisch", „der beste Koch in Costa Rica", sind die begeisterten Antworten, wenn man Leute nach dem Restaurant Gingerbread fragt. Koch Eyal Ben-Menachem wechselt sein Menü alle 2 Tage. Auch Meeresfrüchte und Fisch. Auch 5 schöne Gästezimmer werden vermietet ❺. Keine Kreditkarten. ☉ Di–Sa 17–21 Uhr.

Restaurant Los Héroes, im Hotel Los Heroes. Internationale Gerichte und schweizerische Spezialitäten wie Rösti und Käsefondue. Sogar die costa-ricanische Bedienung trägt Schweizer Tracht. Das 360°-Panorama-Dreh-Restaurant auf dem Hang bietet Ausblicke auf den See und den Vulkan. ☉ Hauptrestaurant Mi–Mo 7.30–21 Uhr, Panoramarestaurant und Bahnabfahrt um 11.30 und 13 Uhr, $10 für die Bahnfahrkarte, ab mind. 4 Pers.

Nuevo Arenal

1973 errichtete Costa Ricas Energiebehörde ICE die kleine Ortschaft Nuevo Arenal als Ersatz für das alte Arenal, das beim Staudammprojekt überflutet wurde. Im Ort gibt es eine Bank, fri-

sches Brot, Weißwurst, Hefeweizen, gute Restaurants und Übernachtungsmöglichkeiten. Nuevo Arenal wird vorwiegend von Tagesausflüglern besucht. Viele Auswanderer haben sich im Ort und in den Hügeln der Umgebung niedergelassen.

ÜBERNACHTUNG

Cabinas Catalina, gegenüber der Tankstelle, hinter dem Restaurant Moya's Place, ✆ 8819-6793. 7 einfache Zimmer mit TV, Privatbad und guten Matratzen, aber trauriger Sicht auf eine Mauer; die Zimmer im oberen Stock sind besser. Parkplatz und Restaurant. Frühstück extra. ❶

🏨 **Casa Donna Rosa B&B**, am westl. Ortsrand, 400 m westl. und 200 südl. von der Banco Nacional, ✆ 2694-4118, 8610-6279, 🖥 www.casadonnarosa.com. 2017 gegründete Mini-Posada mit 3 geräumigen und komfortablen Suiten in ruhiger Lage mit Ausblick; tolle Atmosphäre, freundliche und informative Leitung. Frisches Gourmetfrühstück mit Eiern von glücklichen Hühnern inkl., Tourangebote. ❹–❺

ESSEN

Las Delicias, von der deutschen Bäckerei hügelaufwärts auf der rechten Straßenseite, ✆ 8320-7102. Zum Frühstück serviert die freundliche Berta günstiges Frühstück: Pfannkuchen, Obstteller, leckeres selbstgebackenes Brot oder gebratene Plátanos mit Sahne. Mittags und abends Comida Típica und internationale Gerichte. ☉ tgl. 7–19 Uhr.

🏨 **Los Platillos Voladores**, an der Hauptstr., 2 Häuser über Tom's Pan, ✆ 2694-5005, 6129-1040. Emy und David in der „fliegenden Untertasse" machen einfach gute Laune. Gute italienische Küche, auch wenn behauptet wird, die Zutaten kämen aus einer anderen Galaxie … Unbedingt besuchen! ☉ Di–So 12–20 Uhr, z. T. auch länger.

Tom's Pan (deutsche Bäckerei), am Ortseingang, an der Hauptstr., ✆ 2694-4547. Sehr gute deutsche Bäckerei mit Café und Restaurant; Kuchen, Brot, leckerer Kaffee, Bratwurst, gemischte Wurstplatten und Hefeweizen. Stolze Preise, aber Tom unterstützt die Menschen in der Umgebung, keine Kreditkarten! ⏰ Mo–Sa 7.30–17 Uhr.

Tinajas, auf der Halbinsel, ungefähr 1 km südl. vom Ort, gut ausgeschildert, ✆ 8326-3365, 8832-3170. Serviert wird ein abwechslungsreiches Angebot an frischem Fisch, gute Casados, angeblich biologisch angebaut, direkt am See gelegen mit schönem Garten und spektakulärem Sonnenuntergang, leider mit viel Wellblech. Es gibt auch 4 neue Apartments mit Seeblick ❹. ⏰ tgl. 11.30–20 Uhr, zum Teil auch länger.

SONSTIGES

Apotheke
Farmacia Arenal, im Zentrum. ⏰ Mo–Sa 8–19 Uhr.

Geld
Banco de Costa Rica, im Zentrum, gegenüber der Tankstelle, ATM. ⏰ Mo–Fr 9–16 Uhr.

Supermarkt
Supercompro, im Zentrum, gut bestückt. ⏰ tgl. 7–21 Uhr.

Tankstelle
Im Ortszentrum an der Hauptstraße.

TRANSPORT

Busse fahren am Ortsausgang ab. Nach TILARÁN fast stündl., nach FORTUNA und SAN CARLOS um 6.30, 11.30 und 15.30 Uhr, nach GUATUSO 1x tgl. 13 Uhr. Von der Straße nach Tilarán zweigt ca. 2 km hinter Arenal eine Schotterpiste nach Guatuso ab.

Weiter nach Tilarán

An den Hängen des windigen Westufers drehen sich kräftig Armeen von Windrädern. Von November bis April gleiten hier Wind- und Kitesurfer über den See. Gute Ausrüstung gibt's bei Christl und Peter von **Tico Wind**, am Seeufer, ca. 15 km westl. von Nuevo Arenal, Richtung Tilarán

kurz vor der Equus Bar, ✆ 2692-2002, 8383-2694, 🖥 www.ticowind.com. Windsurf-Equipment für ca. $90 am Tag (auch stundenweise, Trapez und Anzug extra). Unterricht: „Get on Board Package" (3 Std. Windsurf-Praxis sowie Theorie-Einführung) ab ca. $120, IKO-Kitekurse. Am Ufer gibt es auch eine Soda mit Getränken, Mittagstisch, Café etc.

ÜBERNACHTUNG

Living Forest, bei Sabalitos an der Straße nach Tierras Morenas, rechts eine Schotterpiste hineinfahren, ✆ 7031-3239, 🖥 www.lakearenalretreats.com. Zwei rustikale Gebäude mit Unterkünften auf einem großen Gelände am Fluss. Privatzimmer und Dorms ($35 p. P.) mit max. 4 Betten. Große Yogaplattform, Küchenbenutzung, Hängematten. ❸

ESSEN

Brisas del Lago, an der Straße nach Tilarán, ca. 8 km vor Tilarán an der Kreuzung bei Cinco Esquinas Richtung Tronadora/San Luis abzweigen, ✆ 2695-3363. Günstige landestypische und internationale Küche mit tollem Seeblick. Der Koch hat früher in Sternerestaurants gearbeitet, es gibt einen hervorragenden Maracuja-Käsekuchen. ⏰ Di–Do 11.30–14.30, 17.30–2.30, Fr, Sa 11.30–22, So 13–21 Uhr.

Café y Macadamia, Km 18 an der Straße nach Tilarán, ✆ 2692-2000. Salate, Sandwiches, Suppen, große, leckere Salate und für Süßmäuler diverse Obst- und Schokokuchen. Nicht billig, deshalb vor allem ein Ort für Touristen und Expats. Schöner Blick auf den See. Terrasse. ⏰ tgl. 8–17 Uhr.

Equus Bar, rund 14,5 km westl. von Nuevo Arenal, zwischen Río Piedras und Tilarán, ✆ 8389-2669. Tico-Bar, die von außen wie ein Pferdestall aussieht, drinnen gemütlich, immer offenes Feuer, oben Disco. Sehr gute, günstige landestypische Küche, Fleisch vom Feuer. Die gegrillten Hühnerfilets sind ein Gedicht. ⏰ Bar, Restaurant tgl. 11–21 Uhr, Disco am Wochenende open End.

Mystica, 300 m nördl. von Tierras Morenas, ✆ 2692-1001. Leckere italienische Holzofen-

Der zentrale Park in Tilarán wird von der weiß getünchten katholischen Kirche dominiert.

pizza, hausgemachte Ravioli und Pasta mit Macadamiasauce. Bunt-peppige Atmosphäre. Die Qualität hängt davon ob, ob die italienischen Besitzer gerade vor Ort sind. Mittlere Preisklasse. ⏲ tgl. 7.30–9 und 19–21 Uhr.

Tilarán

Den meisten Touristen dient das freundliche Tilarán mit seinem weitläufigen windgepeitschten zentralen Park nur als Umsteigeort auf der Busstrecke von Monteverde nach La Fortuna. Weitere Busverbindungen bestehen von Tilarán nach San José, zur Pazifikküste und nach Guanacaste.

An der Straße nach Monteverde, 12 km südöstl. von Tilarán, führt eine 1,3 km lange Schotterpiste nach rechts zu den fünf traumhaft schönen **Viento-Fresco-Wasserfällen**, ✆ 2695-3434, 🖥 www.vientofresco.net, die über einen Wanderweg erreichbar sind und auf einer privaten Farm liegen. Es gibt Toiletten und Umkleidekabinen sowie ein Restaurant; Campingmöglichkeit, Reittouren $45. Eintritt $16, Kinder bis 12 J. $10. ⏲ tgl. 8–17.30 Uhr.

ÜBERNACHTUNG

Hotel El Sueño, 75 m nördl. vom Taxistand, ✆ 2695-5347. Im 2. Stock. 17 kleine, saubere, dunkle Zimmer mit Teppich und Plüschbetten. Parkplatz, Frühstück 3000C$. ❶

Hotel Guadalupe, 100 m südl., 75 m östl. der Kathedrale, ✆ 2695-5943, www.hotelguadalupe.co.cr. 37 makellose Zimmer mit Parkplatz und Restaurant (⏲ Mo–Sa 6–21.30, So 6–16.30 Uhr). Pool, Whirlpool, schöner Garten. Beliebt bei Geschäftsreisenden. Frühstück inkl. ❸

Hotel Mary, an der Südseite des Parks, ✆ 2695-5479. 18 saubere Zimmer mit TV, teils mit Privatbad und AC. EZ z. T. ohne Fenster und mit alten Matratzen. Verschiedene Zimmer zeigen lassen. Küchenbenutzung, Frühstück extra. Das dazugehörige Restaurant ⏲ tgl. 11–23 Uhr ist erstaunlich gut. ❷

ESSEN

Günstige landestypische Gerichte gibt es seit 1956 in der **Soda El Nilo** von Carlos Solórzano, schräg gegenüber der Banco de Costa Rica. Er bietet leckere Casados an, dazu tgl. wech-

selnde Gerichte, wie Lasagne, Meeresfrüchte-suppe u. Ä. ⏲ tgl. 7–18 Uhr
Pizzeria Tsunami, 50 südl. vom ICE, ✆ 2695-4886. Großes Pizza-Angebot, recht günstig. ⏲ tgl. 11–22 Uhr.

SONSTIGES

Apotheke
Farmacia Sarita, ✆ 2695-7194, neben dem Pali. ⏲ Mo–Sa 7–20 Uhr.

Geld
Banco Nacional, an der Südseite des Parks, Automat. ⏲ Mo–Fr 8.30–15.45 Uhr.
BCR, 100 m östl., 100 m nördl. der Nordostecke des Parks, Automat. ⏲ Mo–Fr 9–16 Uhr.

Polizei
Neben dem Busbahnhof. ✆ 2695-5001.

Supermärkte
Pali, an der Hauptstraße. ⏲ Mo–Fr 9–19, Sa 8.30–19.30, So 9–15 Uhr.
Mega Super, 200 m östl. vom Park. ⏲ tgl. 7–21 Uhr.
Super Compro, gegenüber der Kirche, 2 tgl. 8–20 Uhr.

Tankstelle
200 m nördl. der Nordostecke des Parks.

Taxis
Taxis Unidos Tilarán, am Park. Tarife: Nuevo Arenal 20 000C$, La Fortuna 55 000C$, Monteverde 65 000C$.

TRANSPORT

Der Busbahnhof liegt 30 m nordwestl. des Parks.
CIUDAD QUESADA (Umsteigen in LA FORTUNA), 4.30, 7, 12.30, 3 1/2 Std.;
SANTA ELENA / MONTEVERDE, 12.30 Uhr, 3 Std.;
SAN JOSÉ, 5, 7, 9.30,14, 17 Uhr, 4 1/2 Std.;
PUNTARENAS, 6, 13 Uhr, 2 Std.;
GUATUSO, 12 Uhr, 2 Std.;
CAÑAS, ca. stündl. 5–19.45 Uhr, 40 Min.

Monteverde und Santa Elena

Aus drei verschiedenen Richtungen kann man Monteverde bzw. Santa Elena über holprige, ausgewaschene Lehmpisten erreichen (s. Kasten). Die Wege sind für Ochsen- und Pferde-karren gemacht, nicht für die Dutzende von sperrigen Blechvehikel, die hier täglich entlang-kommen. Sie sind ein Relikt aus ruhigeren Zeiten, als Monteverde noch eine kleine Quäker-siedlung war (s. Kasten S. 197), heute sollen die von Schlaglöchern zerfressenen nervenaufrei-benden Pisten den stetig ansteigenden Touris-musstrom dämpfen.

Santa Elena ist das Zentrum Monteverdes. Es ist eine hügelige Elfen- und Feenlandschaft, über den Wäldern schweben lange, dichte Ne-belschwaden. Unaufhörlich tropft es sanft auf Blechdach und Windschutzscheibe. Drei große Privatreservate umgeben den kleinen Ort. Die **Reserva Monteverde**, **Reserva Santa Elena** und der **Bosque Eterno de los Niños** sind sowohl einzigartig in ihrer Vegetation als auch in ih-rer Entstehungsgeschichte und ihrem Manage-ment. Monteverdes Quäkergemeinde machte 1962 den Anfang und stellte 554 ha Nebelwald unter Schutz. Mitte der 1980er-Jahre entstand,

Mit dem Auto nach Santa Elena

Drei Routen führen ins beschauliche Santa Elena: Aus San José kommend, biegt man von der Interamericana 1 kurz hinter dem Restau-rant Caballo Blanco auf die Carretera 606 ab. Im Frühjahr 2018 wurde auf dieser Strecke häufig gebaut, und es kam immer wieder zu Sperrungen. Die zweite Strecke über Las Jun-tas verläuft weiter nördlich von der Interame-ricana über die Carretera 145. Diese Route ist teilweise steil und mit vielen Schlaglöchern versehen, streckenweise aber asphaltiert. Wer aus dem Norden vom Lago Arenal und Tila-rán anreist, hat knapp 40 km Schotterpiste zu bewältigen, kommt aber an den eindrucksvol-len Viento-Fresco-Wasserfällen (S. 194) vorbei.

Monteverde und Santa Elena

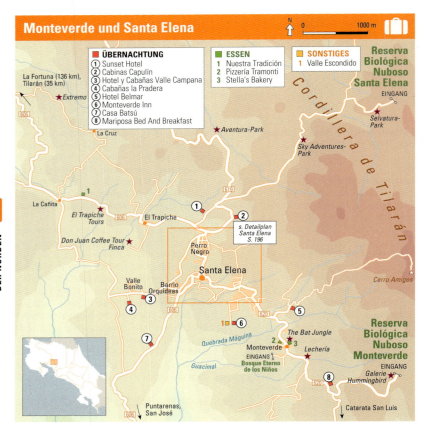

dank des Engagements von Schulkindern, der Bosque de los Niños, das größte Privatreservat Costa Ricas. Eine schwedische Grundschulklasse startete dieses Projekt und sammelte u. a. durch Theateraufführungen am schwedischen Königshof Geld für Monteverdes Wälder. Ihrem Beispiel folgten danach Kinder aus über 40 Ländern, die sich an sehr unterschiedlichen Spendenaktionen beteiligten. Im Fall der Reserva Santa Elena übergab die costa-ricanische Regierung der Gemeinde Monteverde das Land unentgeltlich auf unbestimmte Zeit.

Verwaltet werden die Reservate durch Nicht-Regierungsorganisationen oder, wie die Reserva Santa Elena, von der Elterngemeinschaft des örtlichen *Colegios*. So unterschiedlich die Interessengemeinschaften sind, ihr Ziel ist dasselbe: der Schutz der Wälder. Mit den Einnahmen erwerben sie weiteres Land, forsten auf und finanzieren Forschungs- und Umweltprojekte.

Längst aber kommen die Touristen nicht mehr allein der Reservas wegen: Canopy-Einrichtungen (s. Kasten, S. 202), wo Besucher an Stahlseilen über Baumkronen jagen, Serpentarien, Ranarien und Mariposarien schießen in Monteverde wie Pilze aus dem Boden. Während Costa Ricas Bergnebelwälder vom Klimawandel bedroht sind (S. 198), boomt das Geschäft mit dem „Öko"-Tourismus und erinnert manchmal an eine Art Disneyland, das auf der Öko-Welle schwimmt.

Santa Elena

Das kleine Santa Elena hat sich trotz ansteigender Touristenzahlen seinen einfachen, ländlichen Charakter bewahrt. Auf drei asphaltierten Straßen (S. Kasten S. 195), die zu einem Dreieck zusammenlaufen, befindet sich alles, was das Herz eines Reisenden begehrt: günstige Hotels und Backpacker, Restaurants, Supermärkte, Banken, Internetcafés und Tourveranstalter. Wer direkt von Costa Ricas sonnenverwöhnten Stränden anreist, muss sich in der Bergwelt auf rasche Wetterwechsel einstellen, zeitweise kann es kühl, windig und regnerisch sein!

Busse verbinden Santa Elena mehrmals täglich mit den benachbarten **Nebelwaldreservaten** und dem Rest des Landes.

ÜBERNACHTUNG

Santa Elena hat eine Fülle guter, günstiger Unterkünfte, oft mit Berghüttencharme.
Die Hotels der oberen Preisklasse liegen hauptsächlich an der Straße zur Reserva Monteverde und werden überwiegend von Pauschaltouristen besucht. Viele Hotels nehmen auch in den Monaten Juli und August Hochsaisonpreise.

Im Zentrum

Arco Iris Lodge, im Zentrum, ca. 50 m südl. der Banco Nacional am Restaurant Morpho's links einbiegen, ✆ 2645-5067, 🖥 www.arcoirislodge.com. Geschmackvolle rustikale Holzchalets verschiedener Größe und Ausstattung, umgeben von tropischem Garten und einer Wiese mit Liegestühlen. Etwas abgelegen, in Hanglage steht „das Haus" mit kolumbischen Möbeln und kunstvoll mit Naturstein gemauerten Wänden. Vor der Honeymoon-Suite wächst symbolisch ein Feigenbaum. Üppiges Frühstücksbuffet: Für hausgebackene Brotsorten, Eier aus eigener Freilandhaltung, selbst gemachte Marmeladen, Käse aus Monteverde uvm. zahlt der Gast $7,50. Wäscheservice ($8). Hilfsbereite Rezeption. Nur wenige Minuten zu Fuß ins Zentrum. Pro extra Pers. $10. ❸–❻
Coati Place B&B, gegenüber dem Restaurant Morpho's, ✆ 8800-7475, 2645-7475, ✉ coati place@gmail.com. Nach Komplettrenovierung

Quäker in Monteverde

Anfang der 1950er-Jahre verließen elf Quäkerfamilien ihre Heimat Alabama, um im wenig besiedelten Monteverde ein ländliches Leben in Einfachheit, Abgeschiedenheit und Frieden zu führen. Die kleine Glaubensgemeinschaft, die zu den traditionellen Friedenskirchen zählt, wählte nicht ohne Grund **Costa Rica als neue Heimat**, ein Land, das nur wenige Jahre zuvor seine Schwerter zu Pflugscharen umgewandelt hatte. Kriegsdienstverweigerung und Protestmärsche hatten die *Friends,* wie sich die Quäker untereinander nennen, in den USA oft in Konflikt mit der Staatsgewalt gebracht.

In Monteverde gründeten sie eine Milchwirtschaftskooperative, die sogenannte Lechería, und holzten die umgebenden Nebelwälder für Kuhweiden ab. Die alte Quäker-Molkerei liegt rund 3 km hinter Santa Elena Richtung Reserva Monteverde und ist nach wie vor in Betrieb. Heute wird sie von der mexikanischen Firma Sigma als Privatunternehmen geleitet.

Mitte der 1960er-Jahre erkannten die Quäker, wie wichtig der Baumbestand für den Schutz der kontinentalen Wasserscheide war, die sich mitten durch Monteverdes Nebelwald zieht. Sie legten daraufhin die Reserva Bosque Enterno an, die sie mit der Hilfe von amerikanischen Wissenschaftlern 1972 zur Reserva Bosque Nuboso Monteverde erweiterten. Das Reservat wurde zum Vorreiter für die Entstehung weiterer Privatreservate im Land.

Quäker leben heute nur noch wenige in Monteverde. Doch so sehr sich die Region auch verändert, an der Holperpiste halten die Einwohner fest. Sie soll den Strom der Touristen eindämmen und Besucher mindestens zwei Nächte im Ort halten.

des alten Holzgebäudes ist 2018 ein freundliches Hostel mit 15 Zimmern entstanden, verteilt auf Dorms, Doppel-, und Mehrbettzimmern. Frühstück inkl. in „La Soda Coati", auch günstige Mahlzeiten den Tag, Touren, Shuttles, Infos, Wäscheservice ($5/kg). ❶–❷
Hotel Don Taco, 400 m nördl. der Banco Nacional, ✆ 2645-5263, 🖥 www.cabinasdontaco.

com. 23 saubere Zimmer, 7 Minuten zu Fuß vom Zentrum; Standardzimmer mit älteren Möbeln oder gemütliche Cabinas mit großer Fensterfront und Blick auf den Golf von Nicoya – nach Cabinas mit Vista fragen. Hübsch angelegter Garten, Frühstück inkl. ❸

Los Cipreses, 100 m nordöstl. der Escuela Santa Elena, ✆ 2645-5455, ⌨ www.monte verdehotelcipreses.com. Das Familienhotel zählt 28 sehr saubere, geschmackvolle ruhig

---

Was ist Nebelwald?

Nebelwald wächst überall dort, wo – der Name sagt es – immerzu Nebel herrscht. Monteverdes Nebel entsteht durch die von der Karibik herüberziehenden feuchtwarmen Winde. Sie kühlen in den Hügeln ab, kondensieren und umgeben ganzjährig als dichte Nebelschwaden das Blätterdach der Wälder. Dort löst sich der Nebel zu Niederschlag auf und tropft konstant auf die unteren „Stockwerke". Im Wald herrscht somit 100 % Feuchtigkeit, direktes Sonnenlicht jedoch dringt kaum ein. Um zu überleben und zumindest an etwas Licht zu gelangen, wachsen die kleineren Pflanzen daher auf den Stämmen der umgebenden Baumriesen (Epiphyten).

Wegen seiner knorrigen, dem Wind ausgesetzten, zwergwüchsigen Bäume und der üppigen, von Nebelschleiern umrahmten Pflanzenwelt im Waldesinneren vergleichen viele Besucher den Nebelwald mit einem Märchenwald. Quetzalrufe, Froschlaute und Affengebrüll aus der Ferne, der intensive Geruch nach feuchtem Humus und Laub, kühle Nebeltropfen auf der Haut machen eine Wanderung durch Monteverdes Nebelwälder zu einem Erlebnis für alle Sinne.

Wissenschaftler warnen jedoch, dass dieses einzigartige Ökosystem von Austrocknung bedroht ist. Laut Experten bilden sich durch die zunehmende Entwaldung der Nachbargebiete und die Klimaerwärmung immer weniger Wolken und immer weniger Nebel steigt empor. Der Wasserkreislauf wird somit gestört und die lebensnotwendige Versorgung mit Feuchtigkeit nicht mehr gewährleistet; s. auch Kasten S. 78.

---

gelegene Zimmer unterschiedlicher Größe mit Veranda in Tico-Wohngegend. Hübscher Garten, familiäre Atmosphäre, Parkplatz. Frühstück inkl. ❹

Pensión Santa Elena, 25 m südöstl. der Banco Nacional, ✆ 2645-5051, 2645-6240, ⌨ www. pensionsantaelena.com. Beliebter, alternativer Backpacker mit 36 Zimmern im Herzen Santa Elenas in einem alten, verwohnten Holzhaus. Im Haupthaus sind die einfachen Zimmer teils ohne Fenster, teils mit Privatbad. Im mosaikverzierten Annex nebenan sind die wesentlich schöneren, ruhigeren Zimmer mit großen, kreativen Blumenlampen, Hochbetten, Privatbad, Daunendecken und großen Fenstern. Guter Treffpunkt, etwas laut. Gemeinschaftsküche. Auch Touren; Frühstück inkl. ❷–❸

Santa Elena Hostel, 50 m südl. der Banco Nacional am Restaurant Morpho's links einbiegen, 70 m. ✆ 2645-7498, ⌨ www.santaelena hostelresort.com. Nettes Hostel im Zentrum: 18 einfache Zimmer mit Privatbad und z. T. mit Balkon; ruhig gelegen, mit großem Gemeinschaftsbereich und etwas kitschig gestaltetem Garten. Dorm $17–23. Frühstück $6, DZ ❸–❹

Barrio Orquídeas

Südwestl. des Zentrums, 5 Min. zu Fuß, haben sich viele einfache, aber ruhige Backpackerunterkünfte angesiedelt. Das Barrio hat Sodas, Pulperías und ein Internetcafé.

Cabinas Vista al Golfo, 250 m südl. der Bar Los Amigos, ✆ 2645-6682, ⌨ www.cabinasvistaal golfo.com. Das Gegenstück zum Party-Hostel im Zentrum beherrscht in diesem Barrio die Backpacker-Szene. Schöne Aussichtsterrasse und Gemeinschaftsküche. Verschiedene Zimmertypen vom Schlafraum über DZ mit/ ohne Privatbad bis zu geräumigen Apartments ❷ mit Küche im Annex nebenan. Frühstück inkl. Dorm $15, DZ ❷

Camino Verde Bed & Breakfast, 300 m südl. der Kirche, ✆ 2645-5641, ⌨ www.hotel caminoverde.com. 2009 eröffnete Unterkunft mit 19 schön mit viel Holz gestalteten, aber teils recht engen Zimmern, teils mit Gemeinschaftsbad (ab $36). Reichhaltiges Frühstück inkl. einladender Restaurantbereich, Gemeinschaftsküche. Freundliche Leitung. ❷–❸

Santa Elena

ÜBERNACHTUNG
1. Cloudforest Lodge
2. Los Cipreses
3. Hotel Don Taco
4. Arco Iris Lodge
5. Pension Santa Elena
6. Santa Elena Hostel
7. Coati Place B&B
8. Cabinas Vista al Golfo
9. Camino Verde Bed & Breakfast

SONSTIGES
1. Aventura-Büro
2. Sky Adventures-Büro
3. Selvatura-Büro
4. Bar Amigos
5. Supermercado Vargas
6. Supercompro, Don Juan Coffee Tour
7. Desafío

TRANSPORT
1. Taxi
2. Bushaltestelle und Ticketbüro

ESSEN
1. Sabor Tico
2. Mar y Tierra, Panadería Jiménez I
3. Taco Taco
4. Musashi
5. Hähnchenimbiss
6. Tree House
7. Heladería
8. Restaurante Amy's
9. Morpho's
10. Orchid Coffee Shop
11. Choco Café
12. Sofia

Casa Batsú, 100 m östl. der Tubu-Tankstelle, ☏ 2645-7004, 🖥 www.casabatsu.org. Gastgeber Paola und Carlos geben ihrem 5-Zimmer-B&B eine ganz besondere Note; schön dekoriert, mit großem tropischen Garten. Auch das Essen ist lecker (unbedingt anmelden!), abwechslungsreiches Frühstück inkl. ❺, $25 je Extraperson.

Hotel y Cabañas Valle Campana, 350 m westl. vom Friedhof, ☏ 2645-5631, 🖥 www.vallecampanas.com. Kleine freistehende, zweistöckige Bungalows mit Küche in einem üppigem Garten. Auch für größere Familien geeignet. Gut ausgestattet. ❹

Richtung Reserva Monteverde

Hotel Belmar, 2 km von Santa Elena, am Ende der asphaltierten Straße 300 m links den Berg hinauf, ☏ 2645-5201, 🖥 www.hotelbelmar.net. Eindrucksvolles, mehrstöckiges Chalet, umgeben von Grün. Große, freundliche Zimmer mit Balkon und fantastischem Blick; beheizter und überdachter Whirlpool, Spa, gutes Restaurant Celajes, Frühstück inkl. ❻

Cloudforest Lodge, 1 km von Santa Elena, ☏ 2645-5058, 🖥 www.cloudforestlodge.com. 20 rustikale und geschmackvoll eingerichtete Holzhäuser in Hanglage mit Terrasse. Zum Hotel gehören 30 ha Wald mit 4 privaten Wanderwegen von insgesamt 4 km Länge. ❻

Monteverde Inn, Valle Escondido (S. 202), 100 m südl. vom Butterfly Garten, ☏ 2645-5156, 🖥 www.escondidopreserve.com. Lodge mit 18 Zimmern in verschiedener Größe und Ausstattung, teils mit Blick auf Golf und Sonnenuntergang. Das private Naturreservat anbei mit über 5 km Wanderwegen bietet vielen einheimischen Arten Schutz. Restaurant, eigene Touren; besonders beliebt ist die Nachtwanderung. Hier wird alles wiederverwertet, der Schutz der Natur und Umwelt steht im Vordergrund. ❸–❹

Richtung Reserva Santa Elena

Cabinas Capulín, an der Straße zur Reserva, ☏ 2645-6719, 🖳 www.cabinascapulin.com. Auf dem Gelände der von Familie Torres betriebenen Öko-Farm befinden sich 8 wunderschöne Holz-Cabinas. Gut für Familien geeignet. Frühstück extra. ❸

Sunset Hotel, 2 km von Santa Elena, ☏ 2645-5048, 🖳 www.sunsethotelmonteverde.com. 7 einfache, ruhig gelegene Zimmer, umgeben von einer großen, gepflegten Rasenfläche. Von der Gemeinschaftsveranda blickt man bei klarem Wetter bis zum Golfo de Nicoya. Geleitet von einem netten Deutschen, der bereits als Kind nach Costa Rica kam. Frühstück inkl. ❸

ESSEN

Im Zentrum

Choco Café, ggü. dem Einkaufszentrum (Mall) in Richtung Reservas, ☏ 2645-7444, 8896-7491. Leckere Kleinigkeiten, Kaffee aus familieneigener Kaffeeplantage. ⏰ tgl. 8–20 Uhr.

Mar y Tierra, kleines Restaurant im 2. Stock der Panadería Jiménez I, ☏ 2645-5450, 8309-6623. Fisch, Meeresfrüchte und Fleisch, nette Leitung. Wer sich nicht entscheiden kann, sollte das Lomito Mar y Tierra bestellen, Rinderfilet und Jumboshrimps! ⏰ tgl. 11–22 Uhr.

Morpho's, 50 m südl. der Banco Nacional, ☏ 2645-7373. Ganz im Zeichen des Morpho-Schmetterlings, innen hängen Holzschmetterlinge als Lampen von der Decke. Die leckeren Casados werden mit drei verschiedenen Saucen gereicht. Beliebt sind das Pollo mit Curry und Ananas oder die Hamburger mit Avocado und Monteverde-Käse. ⏰ tgl. 11–21.15 Uhr.

Nuestra Tradición, an der Straße nach Tilarán, kurz vor Cañitas, ☏ 2645-5387. Gutes, typisches Essen mit Produkten der Region, viel Käse, auch große Pizza, super freundlich, empfehlenswert! ⏰ tgl. 11–22 Uhr.

Panadería Jimenez I und II, im Zentrum und am Cerro Plano. Wenn andere noch schlafen, werden hier schon die ersten Bananenbrote verkauft. Plundergebäck, leckeres Baguette, herzhafte Empanadas, Tee und Kaffee. Beliebt zum Frühstücken. ⏰ tgl. 5–20, So 5–12 Uhr.

Restaurante Amy's, gegenüber vom Supercompro, ☏ 2645-7272. Internationale Küche, Innen- und Außenbereich, leckere Fischgerichte, nicht ganz billig. ⏰ tgl. 7–21 Uhr.

Taco Taco, unterhalb vom Supercompro, über dem Fluss. Würzige Tacos und Burritos. Beliebt bei Backpackern. ⏰ tgl. 11–22 Uhr.

Tree House, nördl. vom Supercompro, ☏ 2645-5751. Beliebtes Restaurant mit innovativer Karte. Im 1. Stock sitzt man in einem Baum und kann von dort gemütlich das Geschehen im Ort beobachten. Ein günstiges Hotel gehört dazu. ⏰ tgl. 11–22 Uhr.

Orchid Coffee Shop, hinter dem Orchideengarten, an der Straße nachh Monteverde, ☏ 2645-6850. Mit Orchideen dekoriertes Café mit gesundem Angebot: vegatarisch, vegan und glutenfrei; gutes Brot. ⏰ tgl. 7–20 Uhr.

Der hübsche Sushiladen **Neko Sushi**, ☏ 2645-6645, neben dem Sky-Adventures-Büro bietet gute Qualität und ein günstiges Mittagsmenü. ⏰ tgl. Mi–Mo 12–15, 18–21, am Wochenende bis 22 Uhr. Der **Hähnchen-Imbiss** neben der Kirche ist eine beliebte Adresse für eine günstige schnelle Mahlzeit.

Richtung Reserva Monteverde (von Nord nach Süd)

Pizzeria Tramonti, 100 m vor der Gabelung zum Bosque Eterno de los Niños, ☏ 2645-6120. Leckere, original italienische Holzofenpizza, auch Pasta und Gegrilltes von Gianni & Adriana, in elegant-rustikaler Atmosphäre mit kleiner Terrasse. ⏰ tgl. 11.30–21.30 Uhr.

Stella's Bakery, gegenüber der Handwerkskooperative CASEMCOOP (S. 204), ☏ 2645-5560. Die ehemalige Inhaberin Stella ist 2017 verstorben und gehörte zu den ersten Quäkern, die nach Monteverde zogen. Zum Frühstück gibt's hausgemachte Waffeln oder Pfannkuchen mit Sirup oder Omelette, mittags Sandwiches, ganz nach Wunsch belegt. Auch Salate und Suppen (Karotten, Linsen, Tomaten, Kürbis,

Spinat). Als Nachtisch oder Snack hausgemachte Kuchen, herzhafte Croissants mit Gemüse- und Käsefüllung oder Quiche. ⏱ tgl. 6.30–18 Uhr.

UNTERHALTUNG

Hauptsächlich Einheimische treffen sich in der **Bar Amigos,** ✆ 2645-5071, wo auch hin und wieder Livemusik zu hören ist. ⏱ tgl. 11.30–2 Uhr.

AKTIVITÄTEN

In Monteverde bzw. Santa Elena gibt es jede Menge Tourveranstalter, die zum Teil sehr spezielle Angebote haben. Hinzu kommen große Unternehmen mit Abenteuereinrichtungen, die auf Action und schnelle Erlebnisse abzielen und weniger auf Naturerkundung.

Naturführungen

Pasión Costa Rica, Barrio Orquideas, ✆ 8301-7161, 🖥 www.pasioncostarica. com. Marcos ist seit Jahren ein bekannter Guide im Urwald und bietet hochinteressante, individuelle Touren an. Man bekommt ein persönlich zugeschnittenes Programm erstellt: Nebelwald, Nachttouren, Vogelbeobachtung etc. ab $57 p. P. Ermäßigung für Kinder und kleine Gruppen.

Frosch- und Schmetterlingstouren

Ranario, Mariposario y Insectario, von Puntarenas kommend kurz vor dem Zentrum Santa Elenas, am Schild rechts, ✆ 2645-6320. Viele Frösche haben eine so gute Tarnung, dass sie ein Laie gar nicht entdecken kann. Am besten ist daher eine Führung (Englisch oder Spanisch), sie ist im Preis inbegriffen. Beste Besuchszeit ist nachmittags gegen 17 Uhr, dann kann man sowohl nachtaktive als auch tagaktive Arten erleben. Ticket ist den ganzen Tag über gültig. Ranario $13,50, Kinder $10, Ranario und Mariposario $23, Kinder $16. ⏱ tgl. 9–20 Uhr.

Jardin de Mariposas, Cerro Plano, an der Strecke zum Santuario, 300 m nach Süden, gut ausgeschildert, ✆ 2645-5512, 🖥 www.monte

verdebutterflygarden.com. Der Schmetterlingsgarten ist zum großen Teil überdacht und daher eine gute Option bei schlechtem Wetter. Eintritt mit einer etwa einstündigen Tour, bei der man die Entwicklung vieler Insektenarten kennenlernt, 9000C$, Kinder bis 6 J. 4000C$, 7–18 J. 6000C$. ⏱ tgl. 8.30–16 Uhr.

Kaffee- und Zuckerrohrtouren

Die Höhenlage, vulkanische Böden und das einzigartige Mikroklima machen Monteverde und Umgebung zu einem der besten Kaffeeanbaugebiete des Landes. Verschiedene Tourveranstalter bieten Kaffeetouren an.

Don Juan Tours, ✆ 2645-7100, 🖥 www.don juancr.com. Die Finca ist nur 2 km von Santa Elena entfernt. 2-stündige Tour rund um Kaffee, Zucker und Kakao, inkl. Transport vom Hotel $35, Kinder unter 12 J. $15, Touren um 8, 10, 13 und 15 Uhr, Abholung im Hotel jeweils etwas früher.

El Trapiche, an der Straße nach Tilarán, noch vor der Abzweigung nach Las Juntas, ✆ 2645-7650, 🖥 www.eltrapichetour.com. Auf der Tour um 10 und 15 Uhr (So nur 15 Uhr) wird dem Besucher der Anbau typischer Produkte erklärt: Bananen, Orangen, Kaffee und Schokolade. Schwerpunkt liegt auf Zuckerrohr. Die Mühle wird auch heute noch vom Ochsen bewegt! Tour ca. 2 Std. $33, Kinder bis 12 J. $12.

El Cafetal, 6 km von Santa Elena in Richtung Norden (San Luis), ✆ 8359-2946, 2645-7329, 🖥 www.elcafetaltour.com. Alteingesessene Kaffeefarm von Familie Brenes. Die authentische Tour, die von der Familie selbst durchgeführt wird und bei der man traditionellen Kaffeeanbau und -verarbeitung erlebt, dauert gute 2 Std. Die Familie bietet auch eine spannende Canyoning-Tour an, 🖥 www.canyoningmonte verde.com. $79 p. P., ⏱ 8, 11 und 14 Uhr.

Nachtwanderungen

Für Nachtwanderungen eignen sich die kleinen Fincas mit Sekundärwald oft besser als die großen Nebelwaldreservate. Der Wald der Fincas ist meist lichter, und somit sind die Chancen größer, nachtaktive Tiere zu sehen. Nachttouren dauern ca. 2 Std.; meistens Abholung am Hotel.

Bosque de los Niños, ℘ 2645-5305. Nachttour startet um 17.30 Uhr, $23, für Studenten $20, Kinder $18,50.

Kinkajou, an der Straße nach Tilarán, ℘ 2645-6470, 8824-3285, 🖥 www.kinkajounightwalk. com. Empfehlenswerte Nachtwanderungen zu festen Zeiten: 18, 19 und 20.20 Uhr, $25, Studenten $22, Kinder $15.

Valle Escondido, ℘ 2645-6601, 🖥 www.valle escondidopreserve.com. Um 17.30 und 19.30 Uhr. $25, Studenten $23, Kinder $15 inkl.

Orchideengarten

Jardín de Orchídeas, neben dem Morpho's Restaurant, ℘ 2645-5308, 🖥 www.monteverde orchidgarden.net. Kleiner Orchideengarten mit insgesamt 425 Orchideenarten, 10 davon endemisch, rund 150 egal zu welcher Jahreszeit stets in Blüte. Stolze $12 p. P. (Kinder bis 12 J. $6) für 30–40-minütige Touren. Wer zuvor im Morpho-Restaurant isst, erhält 20 % Rabatt. ⏰ tgl. 8–17 Uhr.

Pferdetouren

Diverse Veranstalter bieten reizvolle Reittouren von Santa Elena entlang dem Arenalsee nach La Fortuna an. Die Touren dauern 5 Std., 3 Std. sitzt man im Sattel, der Rest wird mit Auto und Boot zurückgelegt. Das Gepäck wird im Auto transportiert. Gewarnt sei vor schlammigen Wegen und unterernährten Pferden, man sollte diese Tour nur im Sommer machen. Verantwortungsbewusste Anbieter sind:

Monteverde Adventure Company, ℘ 2645-5874, 🖥 www.monteverdetours.com, www.horse trekmonteverde.com. Reittouren (2 1/2 Std. ab

$45) auf gesunden Pferden u. a. nach Fortuna, auch mehrtägige Touren.

Sabine's Smiling Horses, Barrio Orquídeas, 700 m westl. vom Friedhof, ℘ 2645-6894, 8385-2424, 🖥 www.smilinghorses.com. Vollmond- und Sonnenuntergangstouren, Touren zu Wasserfällen und nach La Fortuna, für Anfänger und Sattelfeste auf gesunden Pferden. Sabine kennt die Gegend wie ihre Satteltasche. Auf Deutsch. 2 Std. $45, 3 Std. $65.

Canopy

Die Veranstalter empfehlen lange Hosen, gutes Schuhwerk, eine Jacke und Sonnenschutz. Alle Angebote lassen sich auch in den Hotels der Umgebung buchen, oft zu günstigeren Tarifen als direkt an der Kasse; man wird im Hotel abgeholt.

Aventura, ℘ 2645-6959, 🖥 www.aventura canopytour.com. 14 Seilbahnen, unter anderem die längste in ganz Lateinamerika mit über 1,5 km Länge, ($50, Kinder $40), auf einer fliegt man bäuchlings wie Supermann in 45 m Höhe! 8 Hängebrücken ($35, Kinder $30), Canopy-Touren um 8, 11, 13 und 15 Uhr.

Extremo Park, ℘ 2645-6058, 🖥 www.monte verdeextremopark.com. Für Abenteurer: 16 teils extrem lange Seile (bis zu 1 km) und 24 Plattformen. Auch hier gibt es das Supermann-Kabel, Bungee und eine Buggy Tour für $80 für p. P., $110 für 2 Pers. Canopy ab $55, Kinder bis 12 J. $40.

Selvatura, 800 m vor der Reserva Santa Elena, ℘ 2645-5929, 🖥 www.selvatura.com. 15 Seilbahnen ($50, Studenten $45, Kinder $35), 8 hängende Brücken zwischen 12 und 60 m ($35, Studenten $30, Kinder $25)

Canopy – Adrenalinkick im Nebelwald

Einmal wie Tarzan oder Jane durch den Urwald schwingen? Das ist die Idee der Canopy-Touren, die ihren Anfang in Monteverdes Nebelwäldern nahmen und nun wie Pilze in ganz Costa Rica aus dem Boden schießen. Ganz so elegant sieht es dann doch nicht aus, wenn selbst ernannte Urwaldkönige von Plattform zu Plattform stürzen. Die lauten Schreie aber, die durch den Urwald hallen, wenn sie ihr Gewicht dem Stahlseil anvertrauen, können es mit dem Schrei des Dschungelhelden aufnehmen. Sanften Ökotourismus und einen Einblick in die oberen Stockwerke der Regenwälder versprechen die Canopy-Veranstalter. Von Wald und Tieren jedoch bekommt man herzlich wenig mit, denn an ihnen rauscht man wie in einem Schnellzug vorbei.

Neugierige Nasenbären am Besucherzentrum der Reserva Monteverde

und ein Schmetterlings- und Kolibrigarten ($15 für alle).
Sky Trek Adventures, 2 km vor der Reserva Santa Elena, ✆ 2479-4100, 🖥 www.skyadventures.travel. 8 Canopy-Seile, das längste 750 m lang, überspannen 2 km Wald (Sky Trek), Hängebrücken führen durch die Baumkronen (Sky Walk) und Gondeln transportieren die Besucher auf eine Höhe von 1400–1600 m (Sky Tram). Ticket für alle drei $99, Studenten $82, Kinder $68, nur Skywalk $39/32/27 als geführte Tour, Schlangenausstellung $15.
The Original Canopy, am Hotel Cloudforest Lodge, ✆ 2291-4465, 🖥 www.canopytour.com. Insgesamt 13 Kabel. Die Anlage gehört zu den Pionieren des Canopy in Costa Rica. Auch nächtliche Canopy-Touren und Klettertouren durch hohe Baumriesen. Gut für Kinder geeignet wegen der kürzeren Kabel. $45, Studenten $35, Kinder unter 12 J. $25.

SONSTIGES

Apotheke
Farmacia Vitosi, 50 m südl. der Kirche, ✆ 2645-5004, ⏰ tgl. 8–20 Uhr.

Bücher
Librería Chunches, 25 m südl. der Banco Nacional, ✆ 2645-5147. Große Auswahl an Natur-, Tier- und Bestimmungsbüchern in spanischer und englischer Sprache, Büchertausch. Postkarten. Kleines Café. ⏰ Mo–Sa 8–18 Uhr.

Geld
Banco Nacional, im Zentrum, ⏰ Mo–Fr 8.30–15.45 Uhr, ATM.
Banco Popular, in der Mall am Ortsausgang Richtung Reserva Monteverde, ⏰ Mo–Fr 8.45–16.30 Uhr.
Neben dem Supercompro befindet sich ein Geldautomat der **Banco de Costa Rica**. Deren Filiale (ebenfalls mit Automat) befindet sich in Cerro Plano, neben dem Hotel el Sapo. ⏰ Mo–Fr 9–16 Uhr.

Informationen
Cámara de Empresas Turísticas Monteverde, im Zentrum, ✆ 2645-6565. Ortspläne von Monteverde. Außerdem hängen hier alle Tourangebote und Hotels der Mitglieder und die aktuellen Busfahrpläne aus. Tipps und

Empfehlungen werden nicht gegeben.
⏲ tgl. 9–19 Uhr.

Kunsthandwerk

CASEMCOOP (Comité de Artesanas de Santa Elena y Monteverde), auf dem Weg zur Reserva Monteverde, 300 m vor der Käserei, ✆ 2645-5190. 🖥 www.casemcoop.blogspot.com. Kunsthandwerk-Kooperative, im Jahr 1982 von acht Frauen gegründet. Heute stellen hier 120 Mitglieder – die meisten sind Frauen – Schmuck, Stickarbeiten, Postkarten und schöne Schnitzarbeiten her. Nebenan ist eine kleine Soda, die mit heimischen Produkten kocht und von der Kooperative betrieben wird. ⏲ Mo–Sa 7.30–17, So 8–17 Uhr.

Monteverde Arts House, 100 m nördl. der Grundschule in Cerro Plano, 🖥 www.monteverdearthouse.com. Verkaufsausstellung einheimischer und ausländischer Künstler. Farbenfrohe, teilweise kitschige Bilder mit tropischen Motiven. Auch Schmuck und Handwerk aus den Indianerreservaten. ⏲ tgl. 8.30–18.30 Uhr.

Markt

Frische Produkte aus der Region gibt's am Einkaufszentrum Plaza Monteverde. ⏲ Fr 14–18 Uhr.

Medizinische Hilfe

Klinik, 300 m südöstl. der Plaza de Deporte, ✆ 2645-5076.
Emergencias Monteverde, am Cerro Plano, ✆ 2645-7778, 8304-2121.

Post

Am Ortsausgang, Richtung Reserva Monteverde, ⏲ Mo–Fr 8–16, Sa 8–12 Uhr.

Supermärkte

Supercompro, im Zentrum. Sehr große Auswahl. ⏲ tgl. 7–21 Uhr.
Supermercado Vargas, im Zentrum. Gute Auswahl an Spirituosen. ⏲ tgl. 7–21 Uhr.

Tankstellen

In Cerro Plano in Richtung Reserva Monteverde sowie an der Straße nach Guacimal.

Taxi

Es gibt 3 Taxizentralen in Santa Elena: ✆ 2645-7171, 2645-6969 und 2645-6868; Tarife: Reserva Monteverde $12 (nur Hinfahrt), Reserva Santa Elena $12 (nur Hinfahrt).

NAHVERKEHR

Aktuelle Busfahrpläne für die Reservas hängen in der **Cámara de Empresas Turísticas Monteverde** (s. Informationen) aus.
Reserva Santa Elena, hin 6.30, 8.30, 10.30, 12.30 Uhr, zurück 9, 11, 13, 16 Uhr, $2. Reservierung über Unterkunft empfohlen, ✆ 2645-6332.
Reserva Monteverde, hin 6.15, 7.30, 9.30, 13.20, 15 Uhr, zurück 6.40, 8.30, 11, 14, 16 Uhr. Einfache Strecke 600C$.

TRANSPORT

Busse

Fahrkartenschalter und Busstation am Einkaufszentrum Plaza Monteverde am Ortsausgang Richtung Reserva Monteverde, ✆ 8811-8902. ⏲ Mo–Sa 5–11.30, 13–16, So 5–11.30, 13–15 Uhr.
Wer von Monteverde direkt weiter nach Guanacaste (Liberia, Playas del Coco, Nicoya) reist, muss einen Bus Richtung Las Juntas oder Puntarenas nehmen und an der Kreuzung La Irma bzw. Chomes an der Interamericana umsteigen.
PUNTARENAS, Mo–Fr über Sardinal 5.30 Uhr, über Lagartos um 6 Uhr, 4 Std.;
PUNTARENAS über LAS JUNTAS, 4.30, 15 Uhr, 5 Std., 1 1/2 Std bis Las Juntas;
SAN JOSÉ, tgl. 6.30,14.30 Uhr, 4–5 Std.;
TILARÁN, tgl. 5, 7, 11.30, 16 Uhr, 2 1/2 Std.

Shuttle-Busse

Interbus, Quality Transfers und **Grayline** fahren verschiedene Ortschaften in ganz Costa Rica an. Reservierungen über die Hotels.

Internationale Busse

NICARAGUA: Wer von Monteverde aus direkt weiter nach Nicaragua reisen möchte, nimmt am besten den öffentlichen Bus um 4.20 Uhr bis La Irma und steigt dort um 7 Uhr in den Transnica-Bus. Bei diesem frühen Morgenbus wartet man ca. 1 Std. in La Irma auf den Anschlussbus nach Nicaragua, bei allen späteren Bussen, ist die Wartezeit erheblich länger.

Jeep / Boot / Jeep

Die schnellste und beliebteste Verbindung von Monteverde nach La Fortuna – zudem auf sehr reizvoller Strecke – ist die Kombination aus Jeep (über Land) und Bootsfahrt über den Arenalsee; z. B. 2x tgl. mit dem Tourveranstalter **Aventuras El Lago**, 🖥 www.aventurasellago cr.com, bei **Desafio**, in la Fortuna, 🖥 www. desafiocostarica.com, oder buchbar über die Hotels, $25–32 p. P.
Spannende Kombinationen mit Pferd und Boot s. Pferdetouren S. 202.

5 HIGHLIGHT

Reserva Monteverde

- **Reservierung und Informationen:** ✆ 2645-5122, 🖥 www.reservamonteverde.com
- **Öffnungszeiten:** tgl. 7–16 Uhr
- **Eintritt:** $20, Studenten (Ausweis mitbringen!) und Kinder 6 bis 12 J. $10
- **Führungen:** um 7.30, 11 und 13.30 Uhr, 2 1/2 Std., $17 (zusätzlich zum Eintrittspreis), Nachtführungen um 17.45 Uhr, 2 Std. $20, mit Transport vom und zum Hotel $25 p. P., spezielle Vogeltouren $64 p. P. Die Touren finden in Englisch oder Spanisch statt, die Anzahl der Touren soll in Zukunft erhöht werden. Reservierungen empfehlenswert.
- **Gründungsjahr:** 1972
- **Größe:** 10 500 ha
- **Unterkunft:** Die Schutzhütten Refugio Eladios und Refugio Alemán im abgelegenen Bereich der Reserva standen zur Zeit der Recherche nur für Wissenschaftler zur Verfügung. Die **Albergue La Casona**, direkt am Parkeingang bietet 6 einfache, aber sehr saubere Zimmer verschiedener Größe mit Privatbad sowie Gruppenunterkünfte

mit Stockbetten. $81 (Kinder $44) p. P., inkl. VP und Eintritt zur Reserva. Reservierung erforderlich (s. o.).
- **Transport:** Die 4,8 km lange Piste von Santa Elena zum Eingang der Reserva ist **zu Fuß** zu bewältigen, in der Hauptsaison ist die Straße jedoch stark befahren und staubig. Eine bessere Alternative sind Busse. **Busse:** Von Santa Elena 6.15, 7.30, 9.30 (nur Hochsaison), 13.30, 15 Uhr, zurück um 6.45, 8.30 (nur Hochsaison), 11, 14 und 16 Uhr, $1,50 (s. auch Santa Elena, Nahverkehr, S. 204). Man kann den Bus auch entlang der Strecke von Santa Elena zur Reserva durch Winken anhalten.
- **Ausrüstung:** Gute Wanderschuhe, Regenschutz, Jacke, Mückenschutz. Ferngläser können am Eingang für $10 pro Tag gemietet werden. Wanderkarten sind manchmal gratis am Eingang erhältlich.

8 km östlich von Santa Elena liegt das älteste und bekannteste Naturreservat Monteverdes. Es wurde 1972 vom Quäker Wilford Guindon und dem nordamerikanischen Biologenehepaar George und Harriet Powell gegründet. 554 ha der Fläche hatte die Quäkergemeinschaft bereits Mitte der 1960er-Jahre unter Schutz gestellt. Verwaltet wird der Naturpark heute durch die Nicht-Regierungsorganisation **Centro Cientifico Tropical**, 🖥 www.cct.or.cr, eine Gruppe vorwiegend ausländischer Wissenschaftler, die Anfang der 1960er-Jahre entscheidend am Umdenken im Land (weg von der Abholzung, hin zum Nationalparksystem) beteiligt war.

Das Reservat liegt auf der kontinentalen Wasserscheide, d. h. es wird sowohl vom pazifischen Klima als auch vom atlantischen Klima (starke Passatwinde) beeinflusst. Im Park herrschen vier verschiedene Mikroklimate. Bambus- und Zwergwälder, gigantische Baumfarne und gewaltige Würgebäume wachsen in den insgesamt sechs verschiedenen Ökosystemen. Sogenannte Aufsitzerpflanzen, d. h. Kletterpflanzen, Bromeliengewächse und 500 Orchideenarten haben sich auf den Baumriesen eingenistet. Ein Drittel dieser Orchideen sind endemisch, 28 der hier lebenden Arten kommen sogar nur in Monteverde vor.

MONTEVERDE UND SANTA ELENA **|** Reserva Monteverde

130 verschiedene Säugetierarten, darunter die sechs Wildkatzen Puma, Jaguarundi, Margay, Ozelot, Tigrillo und Jaguar, schleichen über die weichen Torf- und Humusböden. Dazu gesellen sich 500 Vogelspezies wie beispielsweise der Quetzal und der Tukan sowie 120 Amphibien- und Reptilienarten.

Wanderwege

Lediglich 2 % des Naturreservats, das sogenannte Triángulo, sind der Öffentlichkeit zugänglich. In der Trockenzeit halten sich mitunter 170 Personen gleichzeitig im Park auf, auf den Hauptrouten ist man daher selten allein. Die insgesamt neun Wanderwege führen alle durch Nebelwald und sind größtenteils mit Holz und Steinen befestigt. Die einzelnen Wege lassen sich als Rundwege kombinieren. Tiere sieht man selbst mit aufmerksamen Führern nur sehr selten. Sie halten sich meist in dem nicht zugänglichen Parkabschnitt auf. Bei der Parkverwaltung sind Wanderkarten erhältlich. Zu den beliebtesten Wegen zählen der **Sendero Tosi** und der sich anschließende, zum Wasserfall weiterführende **Sendero Quebrada Cuecha** (insgesamt 0,8 km).

Auf der Touristenroute liegen außerdem der **Sendero Camino** (2 km), ein exzellenter Weg zum Schmetterlinge- und Vögelbeobachten, der breiter ist als die übrigen Wege und dadurch mehr Sonnenlicht erhält, sowie der **Sendero Bosque Nuboso** (1,9 km), einer der schönsten Pfade des Reservats. Beide wurden am Parkeingang und enden an der kontinentalen Wasserscheide nahe dem **Mirador La Ventana**, von dem man bei gutem Wetter bis auf den Golfo de Nicoya blickt. Am Mirador wachsen die für den Nebelwald typischen zwergwüchsigen Bäume.

Schwieriger, matschiger, aber dafür weniger touristisch sind die weiter ins Innere des Naturreservats führenden **Sendero Pantanoso** und **Sendero Chomego**.

Ungestört im Nebelwald

Wer die Touristenhorden meiden möchte, sollte die Reserva Monteverde am Anfang oder Ende der Regenzeit oder erst nach 13 Uhr besuchen, wenn die Führungen bereits vorüber sind.

Reserva Santa Elena

- **Informationen:** ☎ 2645-5390, 2200-4688, 🖥 www.reservasantaelena.org
- **Öffnungszeiten:** tgl. 7–16 Uhr
- **Eintritt:** $16, Studenten (mit Ausweis!) $9, Kinder $7, unter 8 J. gratis
- **Führungen:** um 7.30, 9.15, 11.30 und 13 Uhr, 3 Std., $33 p. P. (inkl. Eintritt, Studenten $25, Kinder 8–12 J. $20); private botanische Touren für Fachleute kosten $125 (3 1/2 Std. für 1–3 Pers.). Führungen in Englisch oder Spanisch. Reservierungen sind empfehlenswert.
- **Gründungsjahr:** 1992
- **Größe:** 580 ha
- **Transport:** Ein anstrengender steiler, 7,3 km langer **Fußmarsch** führt von Santa Elena zur Reserva.
  Busse: Von Santa Elena um 6.30, 8.30, 10.30 und 12.30 Uhr, zurück um 9, 11, 13 und 16 Uhr, $2 (s. auch Santa Elena, Nahverkehr, S. 204).
- **Ausrüstung:** Regenkleidung, festes Schuhwerk. Gummistiefel verleiht die Parkverwaltung für rund $2. Wegekarten sind am Eingang erhältlich.

Die Reserva Santa Elena ist höher gelegen, nebliger und weniger touristisch als die Reserva Monteverde. Auf Wanderwegen, zwischen 1,4 bis 4,8 km, erlebt der Besucher die gleiche Fauna und Flora wie in der Quäker-Reserva, die Wege hier sind allerdings nicht befestigt. Dafür liegen in diesem Reservat die Chancen, Tiere anzutreffen um einiges höher (Klammeraffen halten sich z. B. nur in diesem Reservat auf). Die Tiere sind zudem leichter zu erkennen, da der Naturpark z. T. aus lichterem Sekundärwald besteht.

Im Gegensatz zur Reserva Monteverde, die ihre Einnahmen in die Forschung und den Aufkauf von weiteren Waldflächen investiert, kommen die Einnahmen der Reserva Santa Elena ausschließlich der Gemeinde zugute. Der Naturpark wird von einer Elterngemeinschaft der örtlichen Schule verwaltet.

Wanderwege

Alle Wanderwege führen durch Nebelwald. Wanderkarten sind bei der Parkverwaltung erhältlich. Tourgruppen nehmen meist den 1,4 km kurzen Rundwanderweg **Youth Challenge** zu einem Aussichtsturm, von dem man bei klarem Wetter eine schöne Sicht auf den Vulkan Arenal hat (früh aufbrechen), den 2,6 km langen **Sendero del Bajo** oder den 3,4 km langen **Sendero Encantado**. Nur wenige Touristen wandern hingegen auf dem 4,8 km langen **Sendero Caño Negro**, der ebenfalls einige Aussichtspunkte auf den Arenal bietet.

Bosque Eterno de los Niños

- **Informationen:** Asociación Conservacionista de Monteverde (ACMCR, Giselle Rodríguez), ☏ 2645-5200, 2645-5104, 2645-5003, 🖥 www.acmcr.org (Infobroschüren und Karten als Download). Informationsbüro gegenüber der Tankstelle in Cerro Plano, Santa Elena.
- **Öffnungszeiten:** tgl. 8–16 und 17.30–19.30 Uhr
- **Eintritt:** $13, Studenten $11, Kinder von 6–12 J. $8, bis 5 J. gratis
- **Führungen:** um 17.30 Uhr beginnen Führungen bei Dunkelheit, 2 Std., $23, Kinder (5–12 J.) $18,50, unter 5 J. gratis. Die Touren tagsüber kosten $31 p. P., Kinder (5–12 J.) $24,50, unter 5 J. gratis. Alle Führungen ab 2 Pers. Transport ab Monteverde/Santa Elena kostet $5 p. P. Private Führungen nach Absprache.
- **Gründungsjahr:** 1986
- **Größe:** 22 600 ha
- **Unterkunft:** In der Reserva befinden sich zwei rustikale, biologische Forschungsstationen mit Küche, die für Wissenschaftler und Touristen geöffnet sind.
  Die **Station San Gerardo** liegt auf 1220 m Höhe im westlichen Parkabschnitt und blickt auf den Vulkan Arenal. Die Herberge, von Giovanni und seiner Familie geleitet, ist zu Fuß von der Reserva Santa Elena in ca. 1 1/2–2 Std. (4 km) zu erreichen. Die Übernachtung inkl. VP im Dorm kostet $67 p. P., im Einzel-/Doppelzimmer $100 p. P., Kinder 4–12 J. (mit Eltern) $39. Gepäcktransport (eine Tour) $40.
  Die **Station Pocosol**, 2018 wiedereröffnet, auf 720 m Höhe gelegen, liegt im östlichen Parkabschnitt, 12 km nordwestlich der Ort-

schaft San José de la Tigra (auf der Strecke San Ramón nach Fortuna); es gelten die gleichen Preise wie in der Station San Gerardo. Poco Sol ist mit einem geländegängigen Fahrzeug zu erreichen. Eine Reservierung für beide Stationen ist bei Fabiola Peralta unter 🖂 info@acmcr.org, am besten einige Wochen im Voraus zu machen.
Die **Finca Steller** auf 600 m Höhe am östl. Rand des Parks wird zur Aufforstung und für Naturerziehung, z. B. für Schulklassen genutzt. Dort befinden sich über 4 km Waldpfade.

- **Transport:** s. Reserva Monteverde, S. 205.

Der Bosque Eterno de los Niños ist das größte Privatreservat von Costa Rica. „Ewiger Wald der Kinder" wurde das Naturschutzgebiet zu Ehren der Hunderten von Kindern benannt, die durch weltweite Spendenaktionen den Kauf, Schutz und die Wiederaufforstung des Waldes ermöglichten.

Das Naturschutzgebiet ist tiefer gelegen als die übrigen Reservate, hier wächst bereits kein Nebelwald mehr, sondern Prämontanwald. Nasenbären, Agutis, Kapuzineraffen, Flussotter, Füchse und Gürteltiere zählen zu den Parkbewohnern.

Kinder haben tagsüber freien Eintritt, für sie steht außerdem die Casita Bosque de los Niños bereit, mit Spielen und Aufgaben rund um den Wald, in spanischer und englischer Sprache.

Verwaltet wird das Reservat durch die Asociación Conservacionista de Monteverde, die eng mit der Gemeinde zusammen an Umweltprogrammen arbeitet und Wiederaufforstungsprojekte durchführt. 2010 konnte die Reserva noch einmal 100 ha Regenwald aufkaufen.

Wanderwege

Vom Parkeingang in Monteverde aus ist lediglich der Abschnitt **Bajo del Tigre** mit insgesamt 3,3 km langen Wanderwegen zugänglich. Die übrigen, insgesamt 17 km langen Wanderwege beginnen an den biologischen Stationen San Gerardo und Poco Sol. An der Station San Gerardo, an der sich herrliche Blicke auf den Arenal eröffnen, lädt ein Wegenetz von insgesamt 7 km zu Wanderungen durch den Prämontan-

Von Ameisen, die Pilze züchten

Zu Millionen kreuzen sie des Wanderers Pfad: Armeen von **Blattschneiderameisen**, die in straffer Linie, lange Straßen bildend, Blattstücke, doppelt so groß wie sie selbst, in ihren Kiefern tragen. Die Pflanzenstücke sammeln sie nicht als Nahrung – Ameisen können Zellulose nicht verdauen – sondern sie zerkauen die gesammelten Blätter, Blüten und Gräser zu einem Brei. Mit diesem „Humus" bedecken sie den Boden ihrer unterirdischen Nester und züchten Pilze auf ihm.
Dabei gehen sie in strikter Arbeitsteilung vor: Eine Kaste schneidet die Blätter und transportiert sie zum Nest. Eine andere säubert die Pflanzenstücke und zerkaut sie. Wieder andere setzen die Pilzkulturen oder jäten sorgfältig eingedrungene Fremdpilze, die hier und da wie Unkraut aus dem Boden schießen. Auch für Ernte und Abtransport der Ausbeute sorgt eine Spezialeinheit. Der Pilz bedankt sich für die Pflege mit dicken, zuckerhaltigen Pilzfäden (Hyphen), von denen sich die kleinen Gärtner ernähren: eine Nahrungssymbiose im Urwald.

wald und zu einem Wasserfall ein. In Poco Sol können Besucher zu einem See, einem Wasserfall und zu heißen Schlammlöchern wandern.

Eine 2-tägige Wanderung führt vom Parkeingang zur Station Poco Sol. Übernachtet wird dabei in einer Schutzhütte der Reserva Monteverde. Die Wanderung ist nur mit Führer und vorheriger Anmeldung für spezielle Gruppen möglich.

Sehenswertes / Aktivitäten

Ein insgesamt 3-stündiger, steiler Wanderweg führt hinter der Tankstelle am Hotel Belmar zum Fernsehturm auf dem **Cerro Amigos** (1840 m), den höchsten Berg der Umgebung. Von hier hat man einen fantastischen Blick auf den Vulkan Arenal und den Pazifik bis ins benachbarte Nicaragua.

Die Straße Richtung San Luis führt zur **Ecolodge San Luis Cabinas**, ℡ 2645-7363 (nach Daniel fragen), 🖳 www.ugacostarica.org, ein Projekt der University of Georgia, die auf ihrem 62 ha großem Gelände Unterkunft für Touristen anbieten: 7 rustikale Zimmer als Dorms, im Preis sind alle Mahlzeiten und Aktivitäten inkl. ❺ Von der Lodge erreicht man in einem 45- minütigen Fußmarsch die **Catarata San Luis**, einen 100 m hohen Wasserfall, an dem Baden möglich ist. Viele Tourveranstalter bieten Reittouren dorthin an.

208 MONTEVERDE UND SANTA ELENA | Bosque Eterno de los Niños

Von Ciudad Quesada (San Carlos) nach Norden

Die Route führt – in einem weiten Bogen – quer durch die zwei nördlichsten Provinzen Costa Ricas: Alajuela und Heredia. Von der auf 650 m Höhe gelegene **Ciudad Quesada** geht es vorbei an den vor Hitze dampfenden Ananas- und Palmenplantagen des Nordostens zu den letzten Flecken tropischen Regenwalds dieser Region. In **Boca Tapada**, kurz bevor der Río San Carlos in den Grenzfluss San Juan mündet, bieten Ökolodges einmalige Einblicke in die hiesige Vogelwelt sowie Kajak- und Wandertouren. Rafter kommen im kleinen Ort **La Virgen** auf ihre Kosten, denn dort bieten diverse Veranstalter Touren auf dem wild schäumenden **Río Sarapiquí** an. Ein Abstecher zu den fünf eindrucksvollen **La Paz-Wasserfällen** ist von der Ortschaft San Miguel aus möglich. Naturfreunde können im **Privatreservat Rara Avis** für einige Tage der Zivilisation entfliehen; leichter zugänglich ist der Regenwald an der Forschungsstation **Estación Biológica La Selva**. Vogelfreunde begeben sich in dieser Region auf die **Vogelroute**, 🖥 www.costaricanbirdroute.com. Die Website informiert über die besten Orte zum Beobachten von Vögeln und listet Unterkünfte auf, die speziell auf *birdwatching* ausgerichtet sind. Wer Glück hat, entdeckt auf seiner Reise den großen Soladatenara *(Ara ambigua)*, der im Nordosten Costa Ricas einen seiner letzten Lebensräume hat.

Ciudad Quesada (San Carlos)

Von einem Plateau auf einer Höhe von 650 m blickt Ciudad Quesada, die Hauptstadt des Distrikts Quesada, hinab auf die umliegende saftig grüne Weidelandschaft und die schlappohrigen, buckligen Zebu-Rinder. San Carlos, wie die Stadt unter Einheimischen genannt wird, ist Verwaltungszentrum und Umschlagplatz für Milch- und Fleischprodukte aus der Zona Norte. Die Kathedrale aus den 1960er-Jahren ist weithin bekannt.

Busreisenden bietet San Carlos wichtige Anschlüsse in die Arenal- und Sarapiquí-Gegend sowie in den Norden nach Boca Tapada.

Für Besucher ist die Arbeiterstadt ansonsten wenig attraktiv, die Umgebung bietet aber einige noch relativ unerschlossene Naturattraktionen. Eine kurze Tour führt in das knapp 4 km vom Zentralplatz nach Osten gelegene Tal des Río Platanar – ideal, um die nahe Bergwelt zu erkunden. Im dichten Wald versteckt sich hier ein einmalig schöner Wasserfall, die **Catarata Las Nubes**. Man kann baden und eine kleine Naturrutsche genießen. Ein empfehlenswerter Guide zur Erkundung der Umgebung ist Don Gabriel, 📞 6082-3772.

Auch der **Parque Nacional Juan Castro Blanco** (S. 151) ist von Ciudad Quesada gut zu erreichen. Der Parkeingang in San José de la Montaña liegt 16 km südöstlich des Stadtzentrums.

ÜBERNACHTUNG

Ciudad Quesada hat zahlreiche günstige Absteigen, die unter der Woche von Arbeitern belegt sind. Es folgt eine Auswahl von sauberen Hotels:

Hotel Isabella, an der Hauptstraße, südl. vom Gericht (ehem. Hotel Don Goyo), 📞 6219-2363, m moura197381@gmail.com. 22 freundliche Zimmer auf mehrere Stockwerke verteilt, trotz zentraler Lage ruhig, weil die meisten Zimmer aufs Tal hinausblicken. Fleischrestaurant im Haus. ❷

Hotel La Central, am Park, 📞 2460-0301, 🖥 www.hotellacentral.net. Schon in die Tage gekommenes Gebäude mit kleinem Casino und 48 einfachen Zimmern. EZ $30. ❸

Hotel Conquistador, 700 m südl. vom Hauptplatz, am Ortsausgang Richtung San José, 📞 2460-0546, 🖥 www.hconquistador.com. Freundliches Hotel mit 50, teils klimatisierten Zimmern. Parkplatz. ❸

Termales del Bosque, 8 km östl. von Cd. Quesada, $2 mit dem Taxi vom Zentrum, 📞 2460-4740, 🖥 www.termalesdelbosque.com. Großzügige Anlage mit einfachen, sauberen Zimmern und Spa, umgeben von Natur, aber ohne viel Komfort: eine Reihe von kleinen Pools, gespeist von einer heißen Vulkanquelle.

Spa-Tagespass $12 (Kinder unter 12 J. $6). Viele einheimische Gäste. Übernachtung inkl. Frühstück und Spa. **❺**–**❻**

Eco Granja Don Lolo, 3,3 km südl. von Cd. Quesada in Richtung San Vicente, ✆ 2460-7837, 8646-2399, ✉ ecogranjadonlolo@gmail.com. Gelungene Mischung aus landwirtschaftlichem und touristischem Betrieb in der Nähe des NP Juan Castro Blanco (S. 151). Es wird auf menschen- und umweltfreundliche Art gewirtschaftet; das Restaurant Las Hortensias bietet Speisen meist aus eigenem Anbau – unbedingt den frischen Käse probieren! 3 rustikale, aber gut ausgestattete Bungalows für bis zu 3 Pers., Frühstück inkl. **❸**

ESSEN UND UNTERHALTUNG

Mercado Central, an der Nordseite des Parks, ⏱ Mo–Sa 6–18 Uhr. Hier bieten mehrere sehr saubere und günstige Sodas Comida Tipica an. Zu empfehlen ist die **Soda Plaza** am Eingang mit großen, leckeren Portionen. Zur Überbrückung der Wartezeit liegen Zeitungen aus.
Santo Pecado, an der Hauptstraße, gegenüber Claro, ✆ 2462-8002. Die In-Bar im Ort mit leckerem Essen und frisch zubereiteten Cocktails, netter und schneller Service, faire Preise. ⏱ Mo–Do 10–24, Fr, Sa 11–1, So 11–22 Uhr.
Coca Loca Steak House am Parque Central. Treffpunkt für Karnivoren. Neben Fleischspeisen stehen auch Pasta- und Fischgerichte auf der Karte. ⏱ tgl. 11–22 Uhr.
Bar el Estadio, in der Nähe vom Stadium, an der Straße nach Aguas Zarcas. Mehr Bar als Restaurant, laute Musik, gute Stimmung. ⏱ tgl. 10–24 Uhr.
Taboga Sports Bar, gegenüber vom Hotel Conquistador. Zur Straße hin offene Bar, es werden Kleinigkeiten zum Essen angeboten, häufig Livemusik. ⏱ tgl. bis 2.30 Uhr.

SONSTIGES

Geld
Banco de Costa Rica, an der Südseite des Parks, Geldautomat. ⏱ Mo–Fr 9–16 Uhr.
Banco Nacional, am Park, Geldautomat. ⏱ Mo–Fr 8.30–15.45 Uhr.

Supermärkte
Supermercado Granada, an der Nordseite des Parks, Ecke C. 0/ Av. 1. ⏱ tgl. 7–24 Uhr. Weitere große Supermärkte, unter anderem ein **Pali**, befinden sich am Busbahnhof.

TRANSPORT

Der Busbahnhof liegt ungefähr 2 km nördl. vom Park. Taxis nehmen für die Strecke 1000C$. Fahrkartenschalter gibt es nur für die Busse nach San José (im Büro von Autotransporte San José-Venecia) und Puerto Viejo de Sarapiquí (in der Dulcería Bettel), bei den übrigen Verbindungen kauft man die Tickets direkt im Bus.
Die Hauptverbindungen per Bus von Ciudad Quesada sind:
SAN JOSÉ, 5.30–19.30 Uhr stdl., 2 1/2 Std.;
LA FORTUNA, 5.40–21.30 Uhr etwa stdl., 1 Std.;
PUERTO VIEJO DE SARAPIQUÍ (über LA VIRGEN), 9x tgl. 4.40–19 Uhr, 2 Std.;
LOS CHILES, 4.15–22.15 Uhr etwa stdl., 2 Std. (Bus fährt bis zum Grenzübergang weiter), fährt am Plaza San Carlos ab;

Nach Norden am Unterlauf des Río San Carlos

Gut 15 km östlich von Ciudad Quesada, im Ort Aguas Zarcas, führt ein Abzweig ins nördlich gelegene **Pital** ab. Diese Region ist vornehmlich vom Ananasanbau geprägt. Träge fließt der Unterlauf des knapp 150 km langen **Río San Carlos** dahin, vorbei an Feldern und ausgedehnten forstwirtschaftlichen Flächen. Doch auch unberührte Regenwaldabschnitte säumen die Ufer des Flusses, darunter sogar einige Gebiete mit primärem Tieflandregenwald wie die Umgebung von **Boca Tapada**.

Selbst in der Trockenzeit lässt sich der Fluss gut mit Flößen und Kanus befahren und ermöglicht so unverfälschte Natur- und Tierbeobachtungen.

Die Gegend rund um den Unterlauf des Flusses, der an der Grenze zu Nicaragua schließlich in den Río San Juan mündet, ist bekannt als

6 HIGHLIGHT | Öko-Lodges in Boca Tapada

In Boca Tapada gibt es nur drei Hotels, und allen drei gemeinsam ist ihr Engagement für den Erhalt der Umwelt und das Wohlergehen der lokalen Bevölkerung. Die Hotels beschäftigen etwa die Hälfte der Bewohner der Region, sie fördern Bildung und Naturbewusstsein der Einheimischen. Die Lodges besitzen Regenwaldreservate von insgesamt ca. 500 ha, die seltenen Tier- und Pflanzenarten Lebensraum bieten. Besonders unter Ornithologen sind die Reservate, in denen ca. 400 verschiedene Vogelarten leben, beliebt. Boca Tapada und die drei Lodges sind ab Pital gut ausgeschildert.

La Laguna de Lagarto Lodge, 7 km nördlich von Boca Tapada, ausgeschildert, 🖥 www.lagarto-lodge-costa-rica.com, ✆ 2200-4629 (direkt). Eine der ersten Öko-Lodges in Costa Rica! 22 rustikale Zimmer mit Terrasse und Lagunenblick. Auf dem 10 km langen Wegenetz im privaten Reservat können Besucher mit ein wenig Glück den seltenen Großen Soldatenara entdecken. Besuch und Führung im Reservat inkl., ebenso die Nutzung der Kanus auf der Lagune sowie die abendliche Kaiman-Fütterung. Reit- und Bootstouren auf dem Río San Carlos, Restaurantservice, deutsche Leitung. ❹

Pedacito de Cielo, 7,5 km nördlich von Boca Tapada, am Ufer des Río San Carlos, 🖥 www.pedacitodecielo.com, ✆ 7177-0708. Seit 2006 von Marco Tulio und seiner Familie geführte Lodge direkt am Fluss mit 11 Bungalows und 3 rustikalen Zimmern; schöne Gemeinschaftsterrasse mit Bar und Restaurant. Das Privatreservat liegt ein kleines Stück entfernt von der Lodge, besitzt aber wunderschönen Primärwald, den man über einen ausgedehnten Rundweg erkunden kann; bis zu 4 Std. Führung $10 p. P., Kajak-Flusstour ($30), Reittour ($30). Sehr gute Küche. Frühstück inkl. ❹

Maquenque Eco Lodge, am gegenüberliegenden Ufer des Río San Carlos, 🖥 www. maquenqueecolodge.com, ✆ 2479-8200. Die Lage dieser Lodge ist nicht zu toppen, umgeben von Lagunen mitten im Regenwald. Der bewachte Parkplatz befindet sich 3,5 km nördl. von Boca Tapada, von dort werden Gäste mit dem Boot abgeholt. 14 freistehende, schön eingerichtete Bungalows, alle mit großem Balkon und Blick auf den Regenwald, außerdem 4 spektakuläre Baumhäuser, von denen die Gäste in Höhe der Baumkronen die Tierwelt beobachten können. Kanus für alle Gäste zur freien Verfügung, 8 km Urwaldwege im eigenen Reservat, Naturführer inkl., Touren, kleiner Pool, botanischer Garten und Restaurant, Frühstück inkl. ❻

DER NORDEN

---

eines der letzten Rückzugsgebiete des Großen Soldatenaras (*Ara Ambigua,* span. *lapa verde*), eine vom Aussterben bedrohte Spezies, die hier noch relativ häufig zu beobachten ist.

Pital

Der kleine Ort **Pital** mit etwas über 14.000 Einwohnern ist das Tor zu den nördlich gelegenen einsamen Gebieten um Boca Tapada. Der Ort ist das wichtigste Handelszentrum der Gegend und gilt als Mittelpunkt der costa-ricanischen Ananasindustrie.

Wer den Ort zu spät für eine direkte Weiterreise erreicht, kann in einem der drei akzeptablen Zimmer bei **Cabinas Gaby**, ✆ 2473-3423, übernachten, ❷. Im Ort gibt es eine Tankstelle,

3 gut sortierte Supermärkte, Apotheken und die **Clínica CCSS Pital**, ✆ 2473-3089.

Pital ist über befestigte Straßen erreichbar – von Westen über Ciudad Quesada und Aguas und von Osten über Puerto Viejo de Sarapiquí und San Miguel.

Nach CIUDAD QUESADA fahren von hier regelmäßig Busse (alle 30 Min., bis 18 Uhr), ebenso nach BOCA TAPADA (9.30, 16 Uhr) und nach SAN JOSÉ 3x tgl. ein Direktbus (9.20, 14.20, 18.20 Uhr).

Nördlich von Pital

Touristisch interessanter ist das nur wenig erschlossene Grenzgebiet nördlich von Pital, in der Nähe der Mündung des Río San Carlos. Bis Palmar führen noch 10 km befestigte Straße, da-

VON CIUDAD QUESADA NACH NORDEN | Nach Norden am Unterlauf des Río San Carlos **211**

nach wird es abenteuerlicher. Die Schotterpiste führt über kleine Flüsse und Bäche, bis sie sich bei **Sahino** dem Río San Carlos nähert. Die Nähe zum Wasser ist für Autofahrer jedoch zunächst nur an der veränderten Vegetation wahrnehmbar, erst später kann man den Fluss auch sehen.

Der Ort **Boca Tapada**, weitere 15 km hinter Sahino, bildet mit einer Schule, einer Polizeiwache, zwei Bar-Restaurants und zwei Mini-Supermärkten das Zentrum vom Ende der Welt. Hier finden Besucher einige Übernachtungsmöglichkeiten (s. Kasten S. 211) und Anbieter für Wander- und Bootstouren.

Von Boca Tapada aus sind es nur noch 12 km Schotterpiste bis nach **Boca San Carlos**, dem letzten Ort vor Nicaragua an der Mündung des Río San Carlos in den Grenzfluss San Juan. Vielmehr als zwei kleine Bars, eine Pulpería und einen Bootsanleger gibt es hier nicht. Nach der Mündung führt die Schotterpiste östlich entlang des Río San Juan Richtung Karibikküste und verliert sich in endlosen Weidegebieten.

ÜBERNACHTUNG UND ESSEN

Übernachtungsmöglichkeiten s. Kasten S. 211.
El Cuyito, 4 km südl. von Boca Tapada, ✆ 8301-5238. Am Fluss gelegenes „Community Center" mit Bar, Restaurant und landestypischem Essen. Empfehlung: der ganze Fisch als Casado. Tilapia-Teich, Kiesstrand (ideal, um ein Boot ins Wasser zu lassen), sehr günstig, guter Zwischenstopp, Camping auf Nachfrage. ⏲ tgl. 6–21 Uhr.
In Boca San Carlos serviert die kleine **Soda am Fluss** frischen gebratenen Fisch (Tilapia) und andere üppige Mahlzeiten. Die Preise sind jedoch gesalzen, vorher verhandeln!

SONSTIGES

Apotheke
Kleine Apotheke in Boca Tapada an der Hauptstraße. Bei Notfällen muss man nach Pital fahren.

Touren
Alle 3 **Hotels** in Boca Tapada (s. Kasten S. 211) bieten verschiedene Touren in die nähere Umgebung an, auch für Nicht-Gäste: mit dem Boot zur Boca de San Carlos, Reittouren, Kajak- und Kanutouren, Tagestouren nach Nicaragua, Vogelbeobachtung und Floß-Safaris. Empfehlenswert ist außerdem die **Tour zur Schule von Boca Tapada** (tgl., ab 2 Pers., Start an jedem der Hotels). Guide ist ein Schüler der Grundschule, die Tour kostet nichts, aber man sollte den Schülern ein kleines Geschenk mitbringen.
José Luis, ✆ 8367-2458. Ein junger Guide aus Boca Tapada bietet einfache, individuelle Touren in die Umgebung an.

TRANSPORT

Bus nach PITAL mit Anschluss an CIUDAD QUESADA und SAN JOSÉ um 5.30 und 12.30 Uhr ab Boca Tapada, ca. 3 Std., 1900C$. Um 18.30 Uhr kommt der Bus, der weiter nach BOCA DE SAN CARLOS fährt. Am nächsten Morgen kommt er zurück.
Die Hotels bieten tgl. Bus-Shuttle nach LA FORTUNA, ab 2 Pers. für $62,50 p. P., auf Nachfrage auch nach SARAPIQUÍ und SAN JOSÉ.
In San José fährt vom Terminal 7-10 tgl. um 9.30 Uhr ein Bus nach BOCA TAPADA.

La Virgen und San Miguel

Auf der Route von Ciudad Quesada Richtung Osten nach Puerto Viejo de Sarapiquí passieren Autofahrer das Örtchen **La Virgen**, die Ausgangsbasis für Rafting- und Kajaktouren auf dem Río Sarapiquí. Der Ort zieht sich über mehrere Kilometer links und rechts entlang der viel befahrenen Hauptstraße. In La Virgen gibt es Supermärkte, Banken und eine Tankstelle.

Vom benachbarten **San Miguel** führt eine landschaftlich sehr reizvolle Straße vorbei an den La Paz Waterfall Gardens (S. 148) ins Valle Central. La Virgen liegt auf der Busroute Puerto Viejo–Ciudad Quesada.

7 km südlich von San Miguel passiert man die Ortschaft Nueva Cinchona. Das kleine Dorf mit seinen 93 weißen und einem rosafarbenen Häuschen wurde errichtet, nach dem Cinchona

212   VON CIUDAD QUESADA NACH NORDEN | Nach Norden am Unterlauf des Río San Carlos

Die Laguna de Hule bei San Miguel lädt zu ausgedehnten Wanderungen ein.

beim Erdbeben von 2009 komplett zerstört worden war. Westlich davon findet sich die **Laguna de Hule**, ein wunderschön gelegener Kratersee, mit dem Mirador Bosque Alegre. Von hier hat man einen fantastischen Blick auf den umgebenden dunkelgrünen Wald und den See. Ein recht steiler Weg führt in ca. 30 Minuten in einem Halbkreis zur Lagune hinunter, 2 weitere Lagunen folgen in ca. 30 Minutenabständen. Am Wochenende kommen viele Ausflügler und es geht recht lebhaft zu. Badesachen mitbringen! Parkplätze für 2000C$.

ÜBERNACHTUNG

An der Lagune
Mirador Parque Alegre, 6 km westl. von Nueva Cinchona, ✆ 2476-0382. Mini-Posada mit 1 Zimmer mit fantastischem Ausblick und 2 Cabinas; großer Parkplatz, Campingplatz, Touren, Kajaks und Pferde. Restaurant. ❷
Cabañas Tinamú, 700 m nach dem Mirador Bosque Alegre, direkt am Start des Wanderweges gelegen, kann auch Tagesbesucher können hier parken, ✆ 2476-0343, 8723-9566. Ein sehr einfacher Bungalow mit Außentoiletten für bis zu 6 Pers. und Campingplatz. Grill, Parkplatz. ❶

San Miguel
Albergue El Socorro, in Richtung Puerto Viejo vor dem Friedhof rechts abbiegen, nach der Brücke erneut rechts, an der nächsten Kreuzung wieder rechts, ✆ 8820-2160, 🖥 www.albergueelsocorrosarapiqui.com. Reservierungen auf Deutsch: 🖥 www.alautentico.com. 6 abgeschieden gelegene, geräumige Cabinas von Isabel und José auf dem Areal eines kleinen Bauernhofs mit Viehwirtschaft. Sehr ruhig, kein Internet, kein TV! 8 km Wanderwege führen in die dicht bewaldete Umgebung, meist auf hauseigenem Besitz. Der Preis von $75 p. P. beinhaltet 3 reichhaltige Mahlzeiten, geführte Wanderungen, Kühemelken etc. Ideal für Familien! ❻

La Virgen
Cabinas El Río, am Ortsausgang Richtung Ciudad Quesada auf der linken Straßenseite, ✆ 2761-0138. 14 ältere kleine,

dünnwandige Holzhütten mit weit heruntergezogenen Blechdächern und TV, Bar-Restaurant am Fluss. Die Besitzer sind freundlich, Frühstück extra. ❶

Pozo Azul, 100 m südl. von la Virgen geht links ein Feldweg zum Fluss, ✆ 2438-2616, 🖳 www. pozoazul.com. Das rustikale Hotel mit großen Gärten, Hängebrücken und Trails betreibt auch eigenen Anbau von biologischen Produkten. Touren (s. unten). ❹

Sarapiquis Rainforest Lodge, 2 km östl. von La Virgen, ✆ 2761-1004, 🖳 www.sarapiquis.com. Die Lodge bietet 38 relativ kleine Zimmer im präkolumbischen Palenque-Stil. 350 ha Urwald und Park umgeben die weitläufige Anlage. Leider stark auf Gruppen und Profit ausgerichtet. ❺, mit AC ❻

Tirimbina Lodge, 1,6 km nördl. von La Virgen, ✆ 4020-2900, 🖳 www.tirimbina.org. 18 einfache Zimmer mit AC (teilw. mit Gemeinschaftsbad) und direktem Zugang zum Privatreservat (s. unten). Auch günstigere Studentenzimmer mit Stockbetten für größere Gruppen. Einfaches Frühstück inkl. Mit Gemeinschaftsbad ❹, sonst ❺.

ESSEN

Bar El Río, am Ortsausgang Richtung Ciudad Quesada, bei Cabinas El Río, ✆ 2761-0138. Abseits der Hauptstraße liegt dieses große Rancho direkt über dem idyllischen Río Sarapiquí. Unter Muschelmobiles und bei Flussrauschen sind Touristen besonders scharf auf die Fleischpfanne „Comalito" mit Yuka. ⊕ tgl. 11.30–22 Uhr.

Mar y Tierra, im Ortszentrum von La Virgen, gegenüber vom Sportplatz, ✆ 2761-1603. Die kleine Soda liegt zwar direkt an der lauten Hauptstraße, für den Lärm entschädigen aber gutes Casado und niedrige Preise. ⊕ tgl. 7–22 Uhr, jeden 2. Di geschl.

AKTIVITÄTEN

Rafting (III, IV), Kajaken, Floating, Reit- und Mountainbike-Touren veranstaltet **Aguas Bravas**, ✆ 2292-2072, 🖳 www.costaricagreat andsmall.com.

Ein weiterer Anbieter, **Hacienda Pozo Azul**, ✆ 2438-2616, 🖳 www.pozoazul.com, ist auf Rafting (I–IV), Canopy mit 12 Kabeln, Rappelling (Abseilen), Mountainbike- und Wandertouren spezialisiert.

Wandern kann man im **Tirimbina Rainforest Center** (TRC), 1,6 km nördl. von La Virgen, 🖳 www.tirimbina.org. Besucher betreten das 345 ha große Privatreservat über eine 262 m lange Hängebrücke. Ein 9 km langes, befestigtes Wegenetz führt durch das Schutzgebiet. Mit dem Erlös aus dem Tourismus finanziert die Nicht-Regierungsorganisation Umwelterziehung an 82 Schulen in der Sarapiquí-Gegend. Eintritt $17, Kinder $10. Führungen ca. $30, Kinder ca. $20.

Puerto Viejo de Sarapiquí

Der kleine Ort Puerto Viejo de Sarapiquí schmiegt sich eng an das Ufer des Río Sarapiquí. Der 83 km lange Fluss, der am Volcán Barva entspringt und über den Grenzfluss Río San Juan in den Atlantik mündet, blickt auf eine bewegte Geschichte zurück: William Walker (S. 244, Kasten) drang einst über den Sarapiquí nach Costa Rica ein. Vor dem Bau der Eisenbahn wurden auf dem Fluss Kaffeesäcke nach Puerto Limón verschifft. Während des nicaraguanischen Bürgerkrieges nutzten Contra-Milizen den Sarapiquí als Zufahrt zur 30 km nördlich gelegenen, stark umkämpften Grenze.

Seit Einkehr des Friedens trägt der Río Sarapiquí hauptsächlich Touristen auf Boots- und Kajaktouren stromauf- und stromabwärts. Für die beliebten Raftingtouren ist der Fluss an diesem Abschnitt leider zu zahm (s. hierfür La Virgen, S. 212).

ÜBERNACHTUNG

Puerto Viejo

Cabinas Laura, Richtung Bootsanleger, ✆ 2766-6316. 22 einfache, saubere Cabinas mit AC im Hinterhof eines Bekleidungsgeschäfts. Sympathische Tica-Besitzerin; eine kleine Hängebrücke führt in den verwilderten Garten des Hauses. ❷

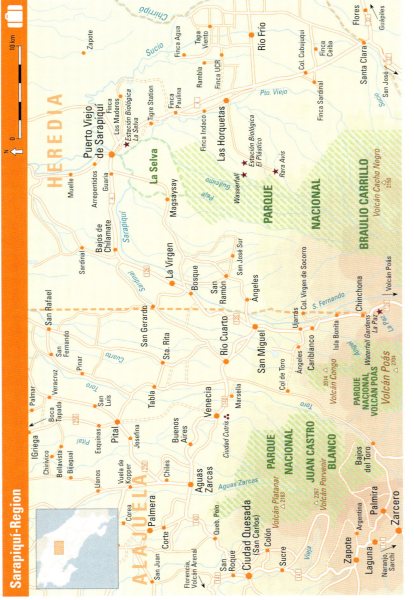

VON CIUDAD QUESADA NACH NORDEN | Puerto Viejo de Sarapiquí

Hotel Ara Ambigua, 400 m nördl. der Iglesia La Guaria, 📞 2766-7101, 2766-6401, 🖥 www.hotelaraambigua.com. 45 saubere, ruhige Zimmer mit AC in attraktiver Hanglage; Pool und Kinderschwimmbecken. Frühstück inkl. Rabatte bei Online-Buchung. ❺–❻

🏕 **Hotel Bambú**, an der Hauptstraße im Zentrum in unmittelbarer Busbahnhofnähe, 📞 2766-6005, 🖥 www.elbambu.com. 19 Standard- und 21 Deluxe-Zimmer. Letztere im Anbau haben Balkon und Blick auf ein Bambuswäldchen. Restaurant, großes Tourenangebot in die Sarapiquí-Gegend. Weitläufiges Areal mit Bambusbrücken. Biogas und Solarenergie. Der Gärtner Angel bietet gegen ein kleines Trinkgeld eine interessante Nachttour im Schwemmland hinter dem Hotel, seine Lieblinge sind Amphibien. ❸

Umgebung von Puerto Viejo

🏕 **Chilamate Rainforest Eco Retreat**, 5 km westl. von Puerto Viejo, 📞 2766-6949, 🖥 www.chilamaterainforest.com. Die Besitzer der Lodge mit einem 22 ha großen Privatreservat wollen die biologische Vielfalt und Arbeitsplätze in der Region sichern. Sie unterstützen zahlreiche lokale Gemeindeprojekte. Die Lodge bietet 6 private Hütten mit Bad, private Zimmer, aber auch Gemeinschaftszimmer mit Stockbetten im Haupthaus, zum Teil mit Gemeinschaftsbad. Auf Nachhaltigkeit wird in allen Bereichen des Hotelbetriebs sehr großer Wert gelegt. Lohnende Aktivitäten und Tourangebote! Frühstück inkl. ❸–❻

Selva Verde, 7 km westl. von Puerto Viejo, 📞 2766-6800, 🖥 www.selvaverde.com. 40 geräumige Zimmer in Stelzenhäusern mit großer Veranda. Pool, 500 ha Dschungel mit Wanderwegen. Hauptsächlich ältere, nordamerikanische Gäste. VP inkl.; das Reservat ist auch für Nicht-Gäste geöffnet, s. Touren. ❻

La Quinta Lodge, 1,2 km nördl. von Bajos de Chilamate, 📞 2761-1052, Büro in San José: 📞 2222-3344, 🖥 www.laquintasarapiqui.com. Gepflegtes Hotel mit schönen Zimmern, tollem Garten, einem 30 minütigen Waldlehrpfad und ordentlichem Essen. Gut für Ausflüge in die Umgebung. Frühstück inkl. ❺

ESSEN

Restaurante El Bambú, Hotelrestaurant (s. oben), 📞 2766-6005. Fleischspezialitäten und günstigere landestypische Gerichte. Die Fruchtsäfte sind super, die Bedienung hat es aber nicht eilig. ⏱ tgl. 6–22 Uhr.

TOUREN

Asociación de Turismo Rural Ruta de los Héroes, am Anlegesteg in Puerto Viejo de Sarapiquí, 📞 2766-5858, 8346-1220, 🖥 www.aturuh.com. 2 ältere Herren bieten verschiedene Bootstouren an. Touren mit Kanufahrt und Wanderung (6 Std., $60 p. P.), 1 1/2–2-stündige Bootstouren auf dem Río Sarapiquí und Río Puerto Viejo kosten $30 p. P. Geschichtlich-kulturelle Halbtagstour auf Englisch und Spanisch mit überdachter Lancha auf den Spuren William Walkers zur Boca de Sarapiqui $30 p. P.

Aventuras del Sarapiquí, in Chilamate, auf der Straße von Puerto Viejo de Sarapiquí Richtung La Virgen, 📞 2766-6768, 🖥 www.sarapiqui.com. Kanufahren, Floating, Rafting (II–IV) und Canopy. Mountainbike-Touren und Treks durch den Regenwald.

Selva Verde, an der Straße nach la Virgen, 🖥 www.selvaverde.com. 2x tgl. um 9 und 14 Uhr naturkundliche Führungen ($25 p. P.) durch das 500 ha große Privatreservat. Nachttouren starten um 19 Uhr ($23). Kinder unter 12 J. zahlen die Hälfte. Kinder unter 6 J. dürfen gratis mit.

SONSTIGES

Geld

Banco de Costa Rica, Richtung Ortsausgang, ATM, ⏱ Mo–Fr 9–16 Uhr.
Banco Nacional, auf dem Weg zum Anlegesteg, ATM, ⏱ Mo–Fr 8.30–15.45 Uhr.

Taxis

Asociación de Taxis Puerto Viejo de Sarapiquí, am Sportplatz. Die Taxis fahren die Lodges der Umgebung an, z. B. Selva Verde 5000C$. Estación Biológica La Selva 4000C$, La Virgen 10 000C$.

Informationen / Autovermietung
Souvenir Río Sarapiquí, an der Hauptstraße.
Tourinformation, Autovermietung. ⊕ Mo–Sa
8.30–18, So 12–18 Uhr.

TRANSPORT

Busse fahren nach:
CIUDAD QUESADA (SAN CARLOS) über
La Virgen, 9x tgl. 5–18 Uhr, 2 Std.;
SAN JOSÉ, 9x tgl. 5.30–17.30 Uhr, 2 Std.;
GUÁPILES, 10x tgl. 5.30–17.30 Uhr, 1 Std.;
LA VIRGEN, 4.40–18.30 Uhr, mehrmals pro Std.,
30 Min.

Privatreservat Rara Avis

Ein Naturerlebnis im Dschungel bietet das Privatreservat Rara Avis, ℘ 2764-1111, 🖥 www.
rara-avis.com. Die Wanderwege sind unbefestigt, Vögel werden nicht mit Zuckerwasser angelockt, die nächste Ortschaft (Las Horquetas) liegt 15 km entfernt. Eine Landepiste sucht man hier vergeblich. Um die anstrengende 3 1/2-stündige Traktorfahrt (Abfahrt um 9 Uhr, $200 für bis zu 14 Pers., die letzten 3 km kann man zu Fuß gehen) oder Anreise per Pferd ($35 p. P., hier muss man am Ende zu Fuß gehen) kommt man nicht herum und ist Teil des Abenteuers. Treffpunkt ist das Rara-Avis-Büro in Horquetas, welches gut ausgeschildert ist. Am Büro befindet sich ein bewachter Parkplatz und die Möglichkeit, überflüssiges Gepäck zu deponieren.

Rara Avis liegt in 700 m Höhe, es herrschen angenehme 22 °C Durchschnittstemperatur. Kein Tag vergeht hier ohne Regen (7 m pro Jahr) – schließlich befindet sich die Anlage inmitten des Regenwaldes. Vier Tukan-, neun Papageien- und 24 Kolibriarten sowie Falken und Habichte leben im Schutzgebiet, das an den Parque Nacional Braulio Carrillo angrenzt. Affen und Nasenbären sind relativ leicht zu entdecken. Von Tapiren, Jaguaren, Pumas und Ozeloten hingegen sieht der Wanderer meist nichts als die Spuren. 500 verschiedene Baumarten, darunter wertvolle Edelhölzer, ragen majestätisch bis zu 40 m in die Höhe.

Rara Avis zählt zu Costa Ricas Pionieren im **Ökotourismus**. Bereits 1983 kaufte der nordamerikanische Biologe Amos Bien 409 ha Regenwald auf. Bien wollte mit dem Reservat Alternativen aufzeigen, wie aus Regenwald wirtschaftlicher Nutzen gezogen werden kann, ohne dem Wald dabei zu schaden. Nach wie vor ist Ökotourismus die Haupteinnahmequelle des Reservats. Außerdem werden Schmetterlinge für Zoos, Baumkeimlinge für Aufforstungsprojekte sowie Orchideen und Bromelien als Zierpflanzen gezüchtet.

Ausrüstung: Es kommt zwar selten vor, aber der Traktor kann stecken bleiben. Deshalb nur das Nötigste mitnehmen; im Rara Avis-Büro gibt es Schließfächer. Wichtig sind Socken, Regenschutz, Taschenlampe und Badesachen; Gummistiefel sind ebenfalls im Büro erhältlich.

Übernachtung im Reservat: Reservierung unter 🖥 www.rara-avis.com, mind. 48 Std. vor der Anreise. Die relativ hohen Zimmerpreise enthalten VP. Die **Waterfall Lodge** ist ein großes Chalet, idyllisch auf einem Hügel gelegen; 8 rustikale Zimmer für insgesamt 49 Personen mit Stockbetten und Privatbad; Warmwasser; Veranda mit fantastischem Ausblick. $100 p. P. im DZ, Kinder bis 12 J. zahlen die Hälfte.

ÜBERNACHTUNG

Cabinas Buenos Aires, vor der Klinik in **Horquetas**, ℘ 2764-1238, 🖥 www.cabinas buenosairescr.com. Saubere, große Zimmer, AC und Parkplatz. ❸
Sueño Azul Resort, 1 km nördl. des Ortszentrums von **Horquetas**, fast direkt am Fluss, ℘ 2764-1290, 2764-1000, 🖥 www.suenoazul

Ein Leben für die Frösche

An der Tankstelle Horquetas führt eine kleine Straße in den Ort. Am Ortseingang links findet man den liebevoll gestalteten **Frog's Heaven**, ℘ 8891-8589, 🖥 www.frogs heaven.org. Besitzer José macht seine Führungen meist selbst und bringt eine Begeisterung mit, die ansteckend wirkt. Er bietet auch spezielle Touren für Naturfotografen an.

DER NORDEN

resort.com. Schöne, große Anlage mit Naturteich im Ranch-Stil mit 65 schlichten Zimmern, Yoga, Pool, Restaurant und Spa. ❻

TRANSPORT

Busse
Von SAN JOSÉ (6.30, 11.30 Uhr) nimmt man den Direktbus in Richtung Puerto Viejo de Sarapiquí und steigt an der Kreuzung nach las Horquetas aus. Busse außerdem von Las Horquetas nach PUERTO VIEJO DE SARAPIQUÍ und GUÁPILES.

Estación Biológica La Selva

Einen unvergesslichen Aufenthalt im Urwald verspricht das **Privatreservat La Selva**, ✆ 2766-6565, 🖥 www.ots.ac.cr. Das 1613 ha große Reservat wird von der Organisation for Tropical Studies (OTS) geleitet, einer internationalen Nicht-Regierungsorganisation, die weltweit führend in der Erforschung des tropischen Regenwalds ist.

Wanderungen ohne Führer sind im Reservat nur für Übernachtungsgäste möglich. Für Touristen werden jedoch täglich lehrreiche **Waldführungen** angeboten, darunter Nacht- und Vogeltouren. Die befestigten Wege sind auch für Rollstuhlfahrer geeignet. Mehr als 70 % des Forschungsterrains bestehen aus Primärwald. Rund 1900 Pflanzen-, über 400 Vogel-, 70 Fledermaus- und Schlangenarten, fünf der insgesamt sechs einheimischen Wildkatzenarten sowie Faultiere, Affen, Pekaris (Nabelschweine), Agutis und Nasenbären leben im Reservat. Die Forschungsstation bietet **Übernachtungsmöglichkeiten** (DZ $180 mit VP) in acht rustikalen Cabinas im Jugendherbergsstil mit Balkon, Privatbad, inkl. VP und dreistündiger Führung durchs Reservat oder in Familienhäusern mit Küche an.

Eintritt mit lohnender 3-stündiger Führung (Beginn um 8 und 13.30 Uhr) $35, Kinder $22, eine Anmeldung ist erforderlich. Die Forschungsstation liegt bei KM 29,5 der Ruta 4, 4 km von Puerto Viejo de Sarapiquí, und auf der Busroute San José–Puerto Viejo de Sarapiquí.

Nördlich des Lago Arenal Richtung Nicaragua

Große Teile des stark landwirtschaftlich geprägten hohen Nordens von Costa Rica, besonders die Grenzregion zwischen Costa Rica und Nicaragua, waren während des Contra-Kriegs Niemandsland für Touristen. Seit Friedenseinkehr strömen jedoch wieder Vogelkundler und Naturliebhaber in das **Refugio Nacional de Vida Silvestre Caño Negro**, eines der bedeutendsten Feuchtgebiete Mittelamerikas. Der kleine Grenzort **Los Chiles** – zu Kriegszeiten eine wichtige Versorgungsbasis der Contra-Milizen – dient heute als Sprungbrett für einen Abstecher nach Nicaragua. 2014 wurde eine 360 m lange Brücke, der Puente Santa Fe, über den Grenzfluss Río San Juan fertiggestellt. Damit wurde die romantische Bootsverbindung von Los Chiles ersetzt. Richtung Upala musste der einst dichte Regenwald Zitrusplantagen, Reisfeldern und Kuhweiden weichen. In bescheidenen, aus Brettern zusammengezimmerten Sodas leisten sonnengegerbte Campesinos mit kniehohen Gummistiefeln dem Durchreisenden Gesellschaft beim Almuerzo. Auf der Strecke bietet sich ein Besuch des Tropfsteinlabyrinths **Cuevas de Venado** und ein Abstecher zum **Parque Nacional Volcán Tenorio** (S. 222) über den Ort San Rafael de Guatuso (S. 222) oder Bijagua (S. 223) an. Der brütend heiße Ort **Upala** hat außer Reis- und Getreidesäcken wenig zu bieten. Die Carretera 4 führt weiter bis nach Nord-Guanacaste.

Refugio Nacional de Vida Silvestre Caño Negro

- **SINAC-Büro:** ✆ 2471-1309
- **Öffnungszeiten:** tgl. 8–16 Uhr
- **Eintritt:** $10, Kinder unter 12 J. $5; gezahlt wird am Bootssteg oder im neuen Besucherzentrum. Bei der Recherche 2018 war dieses zwar bereits eingeweiht, aber außer Betrieb.

- **Gründungsjahr:** 1984
- **Größe:** 9969 ha
- **Transport:** s. S. 220, Abschnitt Transport
- **Ausrüstung:** unbedingt Antimückenspray und Sonnencreme mitnehmen.

Tierfreunde werden in Caño Negro nicht enttäuscht: Die Artenvielfalt ist überwältigend. Kaimane säumen das Flussufer, Sackflügelfledermäuse krallen sich an Baumstämmen fest und Jesus Christ Lizards flitzen über die Wasseroberfläche. In erster Linie aber ist Caño Negro ein Eldorado für Vogelfreunde. Insgesamt 307 Vogelarten, darunter Rosalöffler, schwarze Anhingas, Silberreiher, Pfeifgänse, Eisvögel und riesige Kolonien von Kormoranen wurden im Reservat registriert. Ein Drittel davon sind Zugvögel. Besuchszeit für Vogelfreunde sind die regenarmen Monate von Januar bis März, wenn der Wasserpegel des Río Frío sinkt und die Feuchtgebiete bis auf wenige Lagunen eintrocknen.

Caño Negro ist ein Reservat, kein Nationalpark, d. h. nur 48 % des Schutzgebietes sind im Besitz des Staates, der Rest ist Privatland. Land- und Viehwirtschaft, selbst Fischen ist begrenzt erlaubt. Dass diese Regelung unvereinbar mit Naturschutz ist, liegt auf der Hand. Durch die Bewässerung der benachbarten Monokulturen ist der Pegel des Flusses in den letzten Jahren merklich gesunken. Satellitenbilder zeigen, dass die Gewässerflächen zusehends schrumpfen.

Die Parkverwaltung tut viel, um das Reservat für Besucher attraktiver zu machen: Eine Plattform mit Blick auf die Feuchtgebiete wurde errichtet. Ein höher gelegter Wanderweg von knapp 1 km Länge ermöglicht die Beobachtung der Natur aus einer neuen Perspektive.

ÜBERNACHTUNG

Cabinas Martin Pescador (Kingfisher Lodge), 50 m östl. vom Minisuper, ✆ 2471-1369. Ruhig und schön gelegen sind diese 4 rustikalen Holzhäuser mit Veranda und Hängematten, teils mit AC. Auch morgendliche Motorbootstouren durch das Schutzgebiet im Angebot. ❸

Posada Rural Oasis, an der Route 138 von Caño Negro in Richtung Upala, 800 m westl. der Ortseinfahrt, Tel. 8911-8291, 2471-1447, 🖥 www.posadaoasiscanonegro. com. 5 sehr saubere Holz-Cabinas, liebevoll von Alba gepflegt; schöner Garten, Wanderweg durch das eigene Naturschutzgebiet, das Frühstück (inkl.) wird in der Küche der Familie, einem wahren Mini-Museum, serviert. ❶

Hotel de Campo, am Ortseingang, ✆ 2471-1012, 8877-1212, 🖥 www.hoteldecampo.com. 16 etwas ältere, weiße Steinbungalows mit AC, umgeben von großem Garten mit Pool; Blick auf Lagune und eigener Bootsanleger. Der Italoschweizerische Wirt Mauro ist Mitbegründer der örtlichen Umweltschutzgruppe. Großes Angebot an Fruchtsäften, Frühstück inkl. ❺

Natural Lodge Caño Negro, ✆ 2471-1426, 8352-6555, 🖥 www.canonegrolodge.com. Große Anlage, Pool und 42 geschmackvoll eingerichtete rote Bungalows (für max. 4 Pers.) mit AC, Renovierungen sind geplant. Beliebt bei Gruppen, italienische Leitung. Frühstück inkl. ❻

ESSEN

Soda la Palmera, am Bootsanleger. Serviert gute, günstige, landestypische Kost. Gut für ein Frühstück nach einer morgendlichen Bootstour. ⏱ tgl. 6–8.30 Uhr.

Restaurante Luna Mágica, im Ortszentrum, ✆ 5011-8613. Frühstück, vielseitige Snack, Burritos, Hamburger, aber auch Fischgerichte, Ceviches und frische Säfte. ⏱ tgl. 7.30–21 Uhr.

Restaurante Rancho Santiago Romero, an der Laguna, etwa 300 m vom Besucherzentrum, ✆ 8764-2969. Einfache, ortstypische Küche vom Holzfeuer, Brotofen, Fisch, auf Wunsch wird auch der eigene Fang zubereitet. Am Wochenende gut besucht. Auch einfache Cabinas und Campingmöglichkeit. ⏱ Mittag- und Abendessen, keine festen Zeiten

Mitten im Ort befindet sich ein kleiner Minisuper, einen größeren Supermarkt gibt es an der Hauptstraße am Ortseingang.

TOUREN

Kanutouren im Naturschutzgebiet sind nur halb so teuer wie Touren mit lärmenden Motorbooten und man verschreckt nicht die Vögel!

Zahlreiche Kaimane lauern in den Sümpfen von Caño Negro auf Beute.

Paraíso Tropical Caño Negro, Büro neben der Bar am Bootsanleger, ✆ 2471-1621, 8823-4026 (Joel und Rosi), ✉ paraisotropicalcn@hotmail.com. Geführte Motorboot- oder Kanutour für 2–4 Pers. 2 Std. $50, Kanuvermietung (2-Pers.-Kanu $10 pro Std.), Vogeltour im Motorboot 3 Std. $75, Nachtwanderung zur Krötenbeobachtung. Leider auch Sportfishing-Touren, bei denen die Fische angeblich „schonend" geangelt und anschließend wieder in die Freiheit entlassen werden.

Pantanal Tours, kein Büro, in der Soda la Palmera nachfragen, ✆ 8825-0193, 8816-3382. Privater Touranbieter. Ähnliches Angebot wie Paraíso Tropical.

Touren können auch über das Informationsbüro des Naturschutzgebiets gebucht werden, ✆ 2471-1309.

TRANSPORT

Auto

Von San Carlos (Ciudad Quesada) der Carretera 35 Richtung Los Chiles folgen. Rund 6 km südl. von Los Chiles zweigt an der Kreuzung „El Jobo" links eine Schotterpiste nach Caño Negro ab (19 km). Caño Negro ist auch über eine unbefestigte Piste von Upala aus zu erreichen.

Busse

LOS CHILES, 7.30, 12, 17.30 Uhr, ca. 1 Std.; Bus kommt aus Upala;
UPALA, 6.30, 14.30 Uhr, ca. 1 Std. 20 Min., Bus kommt aus Los Chiles.

Shuttle-Busse

Direkten Transport von La Fortuna nach Caño Negro (und Kanutouren mit Führer) bietet **Canoa Aventura** in La Fortuna, 🖥 www.canoa-aventura.com.

Los Chiles

In der Grenzstadt Los Chiles herrscht eine entspanntere Atmosphäre zwischen „Ticos" und „Nicas" als im übrigen Costa Rica. Viele der costa-ricanischen Einwohner beteiligten sich einst an den Kämpfen gegen die Somoza-Diktatur.

Später diente Los Chiles den US-gestützten Contras als Versorgungsbasis. Viele Tourgruppen unternehmen vom Hafen aus Ausflüge ins Naturreservat Caño Negro. Wer Tiere sehen will, sollte das Naturschutzgebiet allerdings lieber frühmorgens auf eigene Faust besuchen.

Von Los Chiles ging es früher nur zu Wasser, per Lancha, über den Río Frío Richtung **Nicaragua**. Mittlerweile verbindet eine wuchtige Betonbrücke, der **Puente Santa Fe**, die beiden Nachbarländer. Der von der japanischen Regierung mitfinanzierte Bau wurde im Sommer 2014 offiziell eröffnet. Die Bootsroute wurde eingestellt. Beim Grenzübertritt in Las Tablillas (🕐 7–17 Uhr) werden $7 für die Ausreise aus Costa Rica und $12 für die Einreise nach Nicaragua fällig. Von der Grenze sind es ca. 30 Minuten Fahrtzeit bis nach San Carlos am Lago Nicaragua, ein Colectivo kostet $2.

ÜBERNACHTUNG

Hotel Jabirú, 100 m westl., 100 m nördl. der Bushaltestelle, ✆ 2471-1496, 8898-6357. 16 saubere Cabinas unterschiedlicher Größe (bis 4 Pers.), teils mit AC, Mikrowelle, Kühlschrank und Balkon. Kein Warmwasser. Familienbetrieb mit hübschem Innenhof und Pool. In praktischer Nähe zum Busbahnhof, Frühstück $5 extra. ❷
Hotel Wilson Tulipán, 100 m südl. des Bootsanlegers, gegenüber der Migración, ✆ 2471-1414. 32 saubere Zimmer mit AC, Minikühlschrank und einige mit Jacuzzi, einige ohne Fenster. Restaurant, Bar, künstliche Palmen und künstlicher Rasen auf den Treppen, viel Beton. Disco, kann abends lauter werden. Frühstück inkl. ❷
Cabinas Felicia, 200 m nördl. des Pali-Supermarkts, ✆ 8884-6690, 2471-2130, 🖥 www. cabinasfelicia.wordpress.com, Sauber und günstig, von der herzlichen Doña Felicia geleitet, 23 Zimmer verschiedener Größe. Kein Frühstück. ❶
Hotel y Cabinas Carolinas, Av. 2ª, zwischen Calle 3ª und 5, ✆ 2471-1151. Kleines, funktionales Hotel mit 22 Zimmern, teils mit AC, Frühstück extra, gutes Restaurant im Haus. ❶

ESSEN

Restaurante Heliconia, neben dem Hotel Tulipán, 100 m südl. des Anlegers. Leckeres und günstiges Essen sowie attraktive Touren am Río Frío von Oscar. 🕐 tgl. 7–21.30 Uhr.
Cruz Pizza, 100 m nördl., 25 m westl. des Pali-Supermarkts, gegenüber vom Hotel Jaribú. Leckere Pizza. 🕐 14–22 Uhr.

SONSTIGES

Apotheke
Farmacia Los Chiles, an der Bushaltestelle, 🕐 Mo–Sa 8–20 Uhr.

Geld
Banco Nacional, am Sportplatz, mit Geldautomat, 🕐 Mo–Fr 8.30–15.45 Uhr.

Post
Gegenüber dem Gerichtsgebäude, 🕐 Mo–Fr 8–12, 13–17 Uhr.

Supermarkt
Pali, am Sportplatz, 🕐 Mo–Do 8.30–19, Fr, Sa 8.30–19, So 9–16 Uhr.

Touren
Bootstouren auf dem Río Frío und nach Nicaragua bieten das Hotel Jibarú, das Hotel Rancho Tulipán sowie die Bootskapitäne am Anlegesteg an.

TRANSPORT

Busse
Die Busse halten an der Soda Pamela.
CIUDAD QUESADA (San Carlos), etwa stdl. 4–18.15 Uhr, 2 Std.;
SAN JOSÉ, 7.10, 11.40, 15.30, 19.10 Uhr, 5 Std. Wer den Direktbus nach San José verpasst hat, kann alternativ jede Std. nach Ciudad Quesada fahren (Achtung, der Bus hält wirklich an fast jeder Ecke!), von Ciudad Quesada fahren stdl. Expresos weiter nach San José;
UPALA (über CAÑAS), 4, 14 Uhr, 2 Std.

Cuevas de Venado

Rund 3 km südlich der Ortschaft Venado liegen die Cuevas de Venado, ein Labyrinth aus zehn unterirdischen **Tropfsteinhöhlen**, das 1945 zufällig von einem einheimischen Jäger entdeckt wurde. Nur etwa 2700 m der Höhlen wurden bisher erforscht. Höhlenforscher schätzen, dass die Grotten vor rund 60 Mio. Jahren entstanden.

Durch vier der insgesamt zehn Gewölbe finden Führungen statt. Drei Schwierigkeitsstufen stehen dabei zur Auswahl und auch die Richtung: auf- oder abwärts. Mit Maske, Helm, Gummistiefeln und Lampe steigen interessierte Besucher hinab in die Unterwelt, mitunter geht es dabei auf allen Vieren durch sehr enge und nasse Passagen. Unbedingt Wechselkleidung mitnehmen. Duschen sind am Eingang vorhanden. ⏲ tgl. 8–15 Uhr, Tour mit Ausrüstung $28.

Um lange Wartezeiten zu vermeiden, ist eine Voranmeldung ratsam unter ☎ 2478-8008, 8653-2086, 🖥 www.cavernasdelvenadocr.com. Tourveranstalter bieten von La Fortuna aus Tagestouren zu den Höhlen an.

Indianerreservat Maleku

Rund 600 Maleku-Indianer leben in den drei Siedlungen **Margarita**, **Tonjibe** und **El Sol**, die an der Busroute Upala–La Fortuna liegen. Bis auf einige Palenque-Hütten, in denen Holzschmuck und Trinkflaschen aus Kokosnussschalen verkauft werden, unterscheidet sich das Reservat jedoch kaum von einem gewöhnlichen costaricanischen Ort.

Die Maleku bilden den kleinsten der insgesamt acht Indianerstämme in Costa Rica. Im Krieg gegen die US-amerikanische Reifenindustrie zu Anfang des 20. Jhs.. wurde der Stamm fast völlig ausgerottet. Der Krieg entbrannte, als sich die Maleku gegen die Abholzung der Gummibäume auf ihrem Land wehrten. Heute lebt der Indianerstamm von Fischerei, Kakao- und Palmenanbau und dem Erlös aus dem Verkauf von Kunsthandwerk an Touristen.

Man kann im Reservat an einer sehr interessanten **Heilpflanzentour** teilnehmen und sogar bei einer der Familien für wenig Geld

übernachten, inkl. Verpflegung. Dabei erlebt man Gastfreundschaft auf indianische Art hautnah und kann traditionelle Maleku-Gerichte probieren.

San Rafael de Guatuso

Das kleine, brütend heiße, staubige Nest San Rafael de Guatuso liegt an den Ufern des Río Frío, 6 km westlich des Indianerreservats Maleku. Im Ort gibt es ein paar Supermärkte, Internet, eine Bank und eine Tankstelle. Es besteht eine überraschend gute Busanbindung an die größeren Orte des Nordens sowie nach San José und Guanacaste.

Empfehlenswert sind die fünf einfachen, aber sauberen Doppel- und Dreibett-Cabinas bei **Cabinas Los Almendros**, ☎ 8887-0495, ✉ cabinaslosalmmendros@gmail.com, mit AC, Frühstück inkl. ❷

TRANSPORT

Busse fahren nach:
LA FORTUNA (über CIUDAD QUESADA), 4x tgl. 5–13.15 Uhr;
PALENQUE (Maleku-Reservat), 3x tgl.;
PEÑAS BLANCAS, 2x tgl.;
RÍO CELESTE, 6.30, 9.30, 11 Uhr;
SAN JOSÉ, 8, 11.30, 15 Uhr;
TILARÁN, 7.15 Uhr;
UPALA, 3x tgl., Bus kommt aus Ciudad Quesada.

7 HIGHLIGHT

Parque Nacional Volcán Tenorio

- **MINAE-Büro:** ☎ 2206-5369/8
- **Öffnungszeiten:** tgl. 8–14 Uhr
- **Eintritt:** $12, Kinder bis 12 Jahre $5
- **Gründungsjahr:** 1995
- **Größe:** 12 717 ha

- **Transport:** Der Nationalpark ist über zwei Zufahrten erreichbar.
  Auto: An der Carretera 6, die von der Interamericana nach Norden Richtung Upala führt, liegt der Ort **Bijagua**, am Ortsende, an einer Bushaltestelle zweigt rechts eine ausgeschilderte, gute Schotterpiste zum Parkeingang **Pilón** ab. Die zweite Zufahrt führt über den Ort **Río Celeste**. Diesen erreicht man von El Tanque über die Carretera 4 Richtung Norden: Ab San Rafael de Guatuso geht es zuerst über den Rio Frío; 100 m nach dem Fluss geht es links auf eine gute Schotterpiste für die 20 km bis Río Celeste.
  Busse: Es fährt kein öffentlicher Bus zum Nationalpark. Busse von Cañas, Upala und San José fahren nach Bijagua. Die 17 km von dort zum Parkeingang **Pilón** muss man mit dem Taxi zurücklegen. Oder man nimmt den Bus in La Fortuna um 6 Uhr nach Guatuso, um 9 Uhr fährt dann ein Bus bis Río Celeste. Von dort zum Parkeingang sind es noch 4,2 km zu Fuß. Unterwegs kann man einen imposanten, über 100 Jahre alten Baum bewundern, der von Óscar Arias zum „Friedensbaum" erklärt wurde.
- **Ausrüstung:** Badezeug und festes Schuhzeug mitbringen! Es regnet hier oben häufig, die Wege sind oft matschig und es gibt Schlangen im Park. Am Parkeingang werden Gummistiefel vermietet ($4).

Vier Vulkankrater ragen aus dem Regen- und Feuchtwald des Nationalparks heraus: Carmela, Montezuma, Tenorio I und II. Unterhalb von ihnen, im Dickicht zwischen Flüssen, Orchideen, wilden Avocadobäumen und Helikonienstauden leben Otter, Boas, Pumas, Kapuzineraffen und Agutis. Tapire ernähren sich von den Früchten des endemischen Jicara-Danto-Baumes, der nur in der Cordillera Guanacaste wächst und Früchte und Blüten am Baumstamm trägt.

Ein rund 3-stündiger und gut ausgeschilderter Wanderweg führt zum Wasserfall **Catarata Celeste** (30 m), zu einem **Aussichtspunkt (Mirador)**, zur **Laguna Azul**, zu den **Borbollones** (eine sprudelnde Quelle) und dem **Río Celeste**. Mineralien färben dessen Flusswasser himmelblau *(celeste)*, am intensivsten in der Trocken-

zeit (März/April). Besonders gut kann man dieses Phänomen in **El Teñidero** (*teñir*, span. „einfärben") beobachten. 2 klare Bäche fließen hier zusammen und sorgen für die außergewöhnliche Färbung des Wassers. Während der Hauptsaison sollte man den Park früh am Morgen besuchen, da mittlerweile auch viele Reisegruppen den Weg hierher finden.

Ortskundige Führer warten am Parkeingang mit Fernglas. Eine 3 1/2-stündige Tour kostet $30 für 2 Pers. Ein Aufstieg zum Krater Tenorio ist aus Sicherheitsgründen verboten.

ÜBERNACHTUNG

Am Parkeingang
La Carolina Lodge, 6 km nördl. von Bijagua rechts abbiegen, der früheren Zufahrt zum Nationalpark folgen und vor der Ortschaft San Miguel links abbiegen, Anreise nur mit 4WD und bei Tageslicht, ☎ 2466-6393, 🖥 www.lacarolinalodge.com. Die Lodge ist eine Gemüse- und Rinderfarm, idyllisch am Fluss gelegen, mit 8 einfachen, rustikalen Blockhütten – ideal für Naturfreunde. Restaurant und Wege sind abends nur mit Kerzen beleuchtet, in den Zimmern gibt es Elektrizität, Heißwasser, Moskitonetze, teils auch Kamine. Traditionelle Mahlzeiten werden im Holzofen zubereitet. Gallo Pinto mit Bohnen und Reis aus eigenem Anbau. Inkl. VP ab $90 p. P., Kinder bis 11 J. $45, bis 15 J. $65. ❻
Posada Río Celeste La Amistad, 1,6 km östl. vom Parkeingang, nahe dem Mirador, ☎ 8356-0285, 8978-2676, 🖥 www.posadarioceleste.com. Geleitet von einer costa-ricanischen Familie. 8 hübsche, saubere Holz-Cabinas mit Privat- oder Gemeinschaftsbad. Schöner Garten mit zahmen Papageien. Touren in den Park. Bodenständige Küche. Spa, Frühstück inkl. ❸
Catarata Rio Celeste Hotel, 2,2 km südöstl. des Parkeingangs, ☎ 8938-9927, 2200-0176. Hier befand sich vor einigen Jahren der Parkeingang. In einem gepflegten Garten mit neuem Pool und viel Schatten liegen 5 schöne Bungalows (mit Whirlpool und Außendusche) und 6 Standard-Zimmer. Restaurant, Touren, komplettes Frühstück inkl. ❹–❺

Bei Río Celeste

Posada Rural Río Celeste, 300 m östl. vom Ort Río Celeste, 🖥 www.posada ruralrioceleste.com, ☎ 8847-0790, 6043-3711. Einfache, familiengeführte Posada und Campingplatz von Marvin und Eunice, rustikale Verpflegung und gute Touren. Sehr einladend, man fühlt sich wie zu Hause. ❷

Bei Bijagua

Celeste Mountain Lodge, 3,5 km von der Hauptstraße Richtung Vulkan, ☎ 2278-6628, 🖥 www.celestemountainlodge. com. Diese ruhige Unterkunft des freundlichen Franzosen Joel befindet sich direkt am Fuß des Vulkans und ist bei Vogelkundlern beliebt. 18 relativ nüchtern eingerichtete Zimmer mit Panoramablick. Beim Bau wurden ökologische Kriterien berücksichtigt, Plantagenholz und alte Lastwagenreifen wurden für die Stützmauern verwendet, Biogasproduktion aus Küchenabfällen, Solaranlagen für Warmwasser. Keine Coca-Cola oder andere Dosengetränke, stattdessen hausgemachte Frescos. Keine Fernseher und keine Haartrockner. Nur 4,5 km vom Nationalpark entfernt. Ein Wanderweg führt durch das hoteleigene Reservat. Das Hotel arbeitet viel mit deutschen Reiseanbietern zusammen. Inkl. 3 Mahlzeiten. ❻

Sueño Celeste, am Ortseingang von Bijagua von Cañas kommend, ☎ 8370-5469, 8588-8703, 🖥 www.sueno-celeste.com. 6 geräumige und geschmackvoll eingerichtete Privatbungalows mit großen Bädern und Kühlschrank, zum Teil mit Terrasse und Vulkanblick. Kleiner Pool. Hilfsbereite belgische Leitung. Frühstück inkl. ❻

Tenorio Lodge, am Ortseingang von Bijagua von Cañas kommend, ☎ 2466-8282, 🖥 www. tenoriolodge.com. 12 Bungalows mit großer Fensterfront, die vorderen mit Vulkanblick. Moderne, geräumige Bäder mit Pflanzen. Jacuzzi in großen Holzbottichen. Solarenergie. Große Gemeinschaftsterrasse mit Blick auf die Sonnenuntergänge am Vulkan. Das Personal ist sehr zuvorkommendes Personal. Frühstück inkl. ❻

ESSEN

Landestypische Gerichte bieten die **Soda Río Celeste**, 1 km vor dem Nationalparkeingang, und **Los Pilones**, gegenüber dem Nationalparkeingang. ⏰ tgl. 7–18 Uhr.
Soda El Barrigón, in Bijagua. Breite Auswahl an Gerichten, saftige Pizza. Schnelles Gratis-Internet.
Selbstversorger können sich im **Super El Pueblo** an der Hauptstraße in Bijagua mit Lebensmitteln eindecken.

TOUREN UND AKTIVITÄTEN

Alle Unterkünfte der Umgebung bieten Touren an, u. a. Reiten, Kajakfahrten, Besuche in Indianerreservaten und Tubing. Wer mag, kann im Hotel für ca. $30 einen Guide für den Nationalpark buchen (ist aber nicht notwendig).
Árbol de la Paz, bei La Katira de Guatuso, 3,2 km südöstl. des Parkeingangs. Geschätzt 450 Jahre alt ist dieser *Ceiba Peitandra* (Kapokbaum), der für die Malekus aus der Region eine wichtige Zeremoniestätte darstellt. Der Baum hat einen Umfang von bis zu 22,50 m und eine Höhe von 48 m. Eindrucksvoll!
Wilson Tubing, ☎ 8490-9322, 8762-3527, ✉ senderoeltrapiche@gmail.com. Ein recht neues und populäres Angebot in der Umgebung ist das Wildwasser-Tubing, bei dem man sich auf einen Spezialreifen setzt und in wahnwitzigen Drehungen den Rio Frío oder Rio Celeste hinuntersaust. $35 p. P., buchbar in jedem Hotel.

SONSTIGES

In Bijagua gibt es, neben der Polizei einen **Geldautomaten** der Banco Nacional.

TRANSPORT

Es gibt keine direkte Busverbindung zum Nationalpark. **Busse** halten in Bijagua, rund 17 km vom Nationalpark entfernt. Von Bijagua fahren Taxis zum Nationalparkeingang.
SAN JOSÉ, 5x tgl., Bus kommt aus Upala, 4 1/2 Std.;

UPALA, 8x tgl., Bus kommt aus San José, 40 Min.;
CAÑAS, 14x tgl., Bus kommt aus Cañas, 1 Std.;
LIBERIA, 10x tgl. (über Cañas), Bus kommt
aus Upala, 2 1/2 Std.;
Von GUATUSO nach Río Celeste, 1x tgl.
um 8.30 Uhr, um 15 Uhr zurück.

Upala

Nur 9 km südlich der nicaraguanischen Grenze
liegt Upala. Der Ort wurde von Nicaraguanern
mitgegründet und lebt hauptsächlich von der
Landwirtschaft. Busse fahren von hier zur **Reserva Caño Negro** und nach **Los Chiles**, dem
Grenzübergang nach Nicaragua. Südlich führt
die Carretera 6 zum **Nationalpark Volcán Tenorio** (S. 222) und weiter bis ins Herz des trocken-heißen Guanacaste.

ÜBERNACHTUNG UND ESSEN

Cabinas Maleku, am Park, ☎ 2470-0142.
Sehr saubere, geräumige, farbenfrohe Zimmer
mit Privatparkplatz bei der freundlichen Doña
Soreida Fernandez. DZ mit/ohne AC. ❸
Hotel Wilson, am Flugplatz, 1,3 km südöstl. von
Upala, an der Ruta 4 nach Guatuso, ☎ 2470-
3636, 2470-2337. Geräumiges Hotel im Hufeisen-
stil, schöner Pool, beliebtes Steak-Restaurant
mit großem Angebot, Parkplatz, Disco, Frühstück
inkl., auf Wunsch auch zum Mitnehmen. ❸
Pizzeria Tsunami, 50 m östl. vom Parque Central,
☎ 2470-3500. Populäres Restaurant mit dünner
Pizza, Pasta und Säften. ⏲ tgl. 10–22 Uhr.

SONSTIGES

Apotheke
Farmacia El Hospital, 50 m nördl. vom Park.
⏲ Mo–Sa 7.30–21, So 9–16 Uhr.

Geld
Banco Popular, 100 m östl. der Brücke nach
Chimurria, Geldautomat, ⏲ Mo–Fr 9–15.30,
Sa 8.30–11.30 Uhr.
Banco Nacional, gegenüber von Radio
Cultura Upala, Geldautomat, ⏲ Mo–Fr
8.30–15.45 Uhr.

Medizinische Hilfe
Cruz Roja, an der Südseite des Parks,
☎ 2470-0080.

Supermarkt/Lebensmittel
Pali, an der Hauptstraße, ⏲ Mo–Fr 8.30–19,
Sa 8–19.30, So 8.30–18 Uhr.
Italacteos, an der Ruta 4 von Upala nach
San Fernando, 4 km westl. von Upala auf der
linken Seite, ☎ 2470-3000, 🖥 www.italacteos.
com. Für Käseliebhaber. In der Fabrik kann
man tollen, frischen Büffel-Mozzarella und
andere leckere Sorten kaufen – eine willkom-
mene Abwechslung im Reisespeiseplan.
⏲ Mo–Fr 8–16, Sa 8–12 Uhr.

Post
200 m südl. vom Park, ⏲ Mo–Fr 9–12
und 13–17.30 Uhr.

Polizei
Neben der Post.

TRANSPORT

Der Busbahnhof befindet sich an der
Hauptstraße.

Busse fahren nach:
LOS CHILES (via CAÑO NEGRO), Mo–Sa
5, 11 und 16 Uhr, 2–3 Std.;
SAN JOSÉ, via CAÑAS 4x tgl., via SAN CARLOS
1x tgl., via CIUDAD QUESADA 5x tgl.

DER NORDEN

NATIONALPARK RINCÓN DE LA VIEJA © ISTOCK.COM/WTOLENAARS

Nord-Guanacaste

Vulkane, Nationalparks, die unterschiedlichste Naturräume schützen, und eine Cowboy-Kultur, die sich bis heute erhalten hat, prägen das nordwestliche Grenzgebiet zu Nicaragua. Guanacastes Hauptstadt Liberia bildet mit dem internationalen Flughafen Daniel Oduber das zweite wichtige Tor nach Costa Rica.

Stefan Loose Traveltipps

8 **Parque Nacional Rincón de la Vieja** Dampfender Boden und Schlamm spuckende Erdlöcher – eine Landschaft wie aus einem Fantasyfilm. S. 235

Kakao Zwischen den Vulkanen Miravalles und Rincón de la Vieja gedeiht das süße Gold aus dem Regenwald. S. 240

Ritt auf Poseidons Rücken Wellenreiten am Hexenfelsen (Roca Bruja) an der Playa Naranjo, einem der Topsurfreviere der Welt. S. 245

Refugio Nacional de Fauna Silvestre Bahía Junquillal Zelten in der Bucht und aus dem Schlafsack ins Meer. S. 246

Kitesurfing Mit Drachen im Rücken wie ein Pelikan fliegen und über die friedliche Bahía Salinas gleiten. S. 247

PARQUE NACIONAL RINCÓN DE LA VIEJA; © JULIA REICHARDT

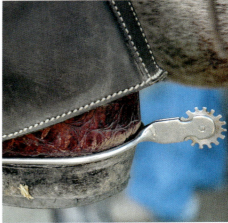

COWBOY, LIBERIA © JULIA REICHARDT

Bahía Salinas
Refugio Nacional de Fauna Silvestre Bahía Junquillal
Colonia Libertad
Playa Naranjo
Parque Nacional Rincón de la Vieja

Wann fahren? Ganzjährig; von Ende November bis April fällt westlich der Vulkangipfel manchmal kein Tropfen Regen mehr. Die Strandziele sollte man an den Osterfeiertagen und zwischen den Jahren meiden – dann schnellen die Preise in extreme Höhen.

Wie lange? 3–5 Tage

Bekannt für Vulkan Rincón de la Vieja, Santa Rosa, heiße Quellen

Unbedingt machen eine Kakaotour, in den heißen Quellen baden

Nord-Guanacaste

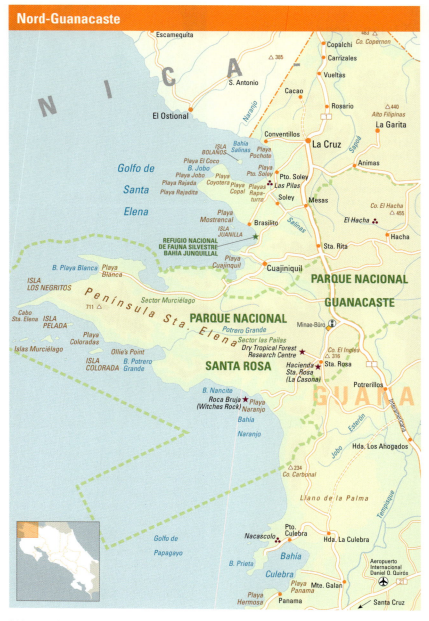

228 NORD-GUANACASTE

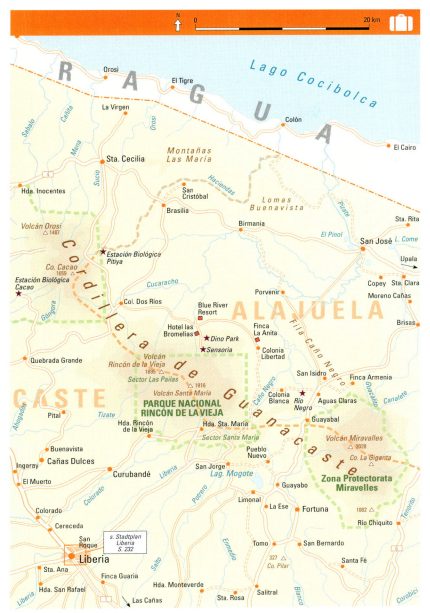

NORD-GUANACASTE

Guanacaste, der Nordwesten Costa Ricas, ist die sonnigste und flächenmäßig zweitgrößte Provinz des Landes. Es ist die Heimat des Sabanero, des costa-ricanischen Cowboys. Trocken und verdorrt erstrecken sich die unendlich weiten Ebenen der Vieh-Haziendas unter der erbarmungslosen Sonne. Im Hintergrund ragt dramatisch das schroffe Relief der **Cordillera de Guanacaste** hervor, die aus einer Kette von neun verschiedenen Vulkankratern gebildet wird. In der Regenzeit erlebt Guanacaste eine einzigartige Metamorphose. Binnen weniger Wochen verwandelt sich die wüstenähnliche Landschaft in eine Myriade von Grüntönen und bunten Blüten.

Bis 1824 gehörte Guanacaste – das damalige Partido de Nicoya – zum benachbarten Nicaragua. In einem Referendum entschied sich die Bevölkerung dafür, sich Costa Rica anzugliedern. 1836 wurde die Annexion legal besiegelt, bereits 20 Jahre später konnten die Guanateken ihren Patriotismus für das selbst gewählte Vaterland unter Beweis stellen. In der Schlacht von Santa Rosa im heutigen Nationalpark Santa Rosa besiegten sie William Walker (Kasten S. 244) und dessen Gefährten und sicherten damit die Souveränität ihres Landes.

Exzellente Wassersportbedingungen und Dutzende von weißen **Sandstränden** an der Pazifikküste, aktive **Vulkane**, **Thermalquellen**, **Flüsse**, **Cañons** und **Höhlen** im Landesinneren sowie Sonne pur locken Gäste aus aller Welt an. Liberias Flughafen wurde 2012 erweitert und bietet mit seinem modernen Terminal alle Serviceleistungen, die man von einem internationalen Flughafen erwartet. Und es landen hier nicht nur Flugzeuge aus Costa Rica und dem Norden, verschiedene europäische Fluglinien fliegen mittlerweile Liberia (mit Zwischenstopp) an.

Trotz der vielen Badeurlauber, die es an die Küstenregionen zieht, kann man auch abgelegene Strände entdecken und echten costa-ricanischen Lebensstil und Folklore erleben.

Liberia

Ciudad Blanca, weiße Stadt, nannte man einst die Hauptstadt und Eingangspforte Guanacastes aufgrund ihrer weiß gepflasterten Straßen und

weiß gekalkten Häuser. Und wer heute in praller Mittagssonne auf den inzwischen schwarz geteerten, vor Hitze dampfenden Straßen geht, wünscht sich sehnlichst die alten Zeiten zurück.

Liberia heute ist eine Stadt der Kontraste, in der sich Vergangenheit und Moderne dicht aneinanderschmiegen und sich kleinstädtische Provinzidylle mit einem Hauch von internationalem Flair paart. Hier stehen alte **Kolonialhäuser** mit Wänden aus Viehmist und Sand neben modernen Einkaufszentren und Schnellrestaurantketten aus Zement, wird jahrhundertealte Sabanero-Kultur gepflegt und gleichzeitig in modernen Labors Weltraumforschung betrieben.

Mit einer reichen Auswahl an günstigen Unterkünften bietet sich Liberia als ideale Ausgangsbasis für Ausflüge zum nahe gelegenen **Volcán Rincón de La Vieja**, zum **Nationalpark Santa Rosa** und an die Nordpazifikküste an. Mehrmals täglich verbinden Busse die Stadt mit dem Süden Guanacastes, allen Stränden der Provinz und mit Nicaragua.

Sehenswertes

Im Stadtzentrum, vorwiegend in der Calle Real (Calle Central), stehen die für Guanacaste typischen Bahareque-Häuser, deren Wände aus Viehmist und Sand gebaut und mit einer Kalkschicht überzogen sind. Charakteristisch sind auch die Puertas del Sol, große Holzpforten, die ganze Häuserwände ersetzen und das Haus durchlüften und mit Sonnenlicht versorgen.

Die kleine **Ermita de la Agonía** aus dem Jahr 1790 öffnet nur selten ihre Tore und gewährt dem Neugierigen einen Einblick in das alte Liberia. Im kühlen, weiß gekalkten Gotteshaus versammeln sich die Alten der Stadt zum Tratsch und gemeinsamen Rosenkranzbeten. Die holzgeschnitzten Heiligenbilder stammen aus dem 18. Jh., als die religiöse Holzschnitzkunst noch der Aufsicht der katholischen Kirche unterlag und die Künstler sich an strenge Vorgaben zu halten hatten.

Im Abenteuerpark **La Ponderosa**, 2 km südl. von Liberia, ☎ 2288-1000, 🖥 www.ponderosa adventurepark.com, kann man auf einer Fläche von über 70 Hektar fast 300 heimische und aus Afrika stammende Wildtiere erleben. der ehemals als „Africa mía" bekannte Park bietet au-

Ein Baum mit Ohren

Die Provinz Guanacaste verdankt ihren Namen einem Baum, einem Baum mit Ohren oder einem Baum, der hören kann („Guautil" bedeutet in der Nahua-Sprache Baum und „Nacaztli" Ohr). Der sonnen- und wasserliebende Baumriese trägt nämlich gegen Ende der Trockenzeit braune Hülsenfrüchte, die der Form eines Menschenohrs ähneln. Der Guanacaste, leicht erkennbar an seiner ausladenden, Schatten spendenden Baumkrone, erreicht im Durchschnitt einen Durchmesser von vier und eine Höhe von 15 Metern. In der Trockenzeit wirft er seine großen, harten Blätter für ein bis zwei Monate ab.

Von der Rinde bis zur Frucht, aus beinahe jedem Stück, ziehen Tier und Mensch Nutzen. Die braunen, harten Hülsenfrüchte sind in der Trockenzeit eine wichtige Nahrungsquelle für Rinder, Pferde, Tapire und Papageien. Aus der Rinde wird Hustensirup hergestellt; zerstampft und fermentiert ergibt sie ein gutes Waschmittel. Das termiten- und feuerresistente Holz eignet sich hervorragend zum Haus-, Möbel- und Bootsbau und ist der Grund, warum der „Ohrenbaum" nur noch in geschützten Gegenden sein Höchstalter von 60 bis 70 Jahren erreicht. Seit 1959 zählt der Guanacaste-Baum offiziell zu den Nationalsymbolen Costa Ricas.

ßerdem Canopy, Wasserfälle, Reit- und Kajaktouren. Eintritt ab $35, inkl. 2 Aktivitäten mit Mittagessen $60, ⏱ tgl. 8–17 Uhr.

ÜBERNACHTUNG

In Liberia kommt es trotz relativ großer Auswahl an Unterkünften oft zu Engpässen, vor allem an Wochenenden oder zu den Fiestas Cívicas (s. Feste, S. 234). Früh eintreffen oder reservieren!

Zentrum

Casa Vieja, Av. 4, C. Real–C. 2, 200 m südl., 50 m westl. der Municipalidad, ✆ 2665-5826, 8385-8531, 🖳 www.hospedajecasavieja.com. Zentral gelegen, etwas unpersönlich, 14 Zimmer verschiedener Größe und Ausstattung mit Fenstern auf den Gang und großen Duschen und Betten. Kleine Kochmöglichkeit. Die Fernsehberieselung im Gang kann stören. ❶

Hotel Wilson, C. 5, Av. Central–2, ✆ 2665-4242, 🖳 www.hoteleswilson.com/liberia. Ruhig, etwas abseits des Zentrums. Klimatisierte Zimmer auf beiden Straßenseiten, Parkplatz, Pool, anständiges Restaurant. Inkl. Frühstück. ❸

Hotel Guanacaste, C. 12, Av. 1–3, ✆ 2666-0085, 🖳 www.higuanacaste.com. Keine besonders malerische Umgebung, dafür in unmittelbarer Nähe aller wichtigen Busbahnhöfe und nur 10 Min. zu Fuß ins Zentrum. 27 Saubere, ein-

fache Mini-Zimmer mit Stockbetten, teils AC. Transport zum Rincón de la Vieja ($16 p. P.). Camping $7 p. P., EZ mit Privatbad $18. ❷

🛏 **Hotel Javi**, im Ortsteil Moracia, 200 m nördl. vom IPEC, ✆ 2666-9253, 🖳 www. hoteljavy.com. Freundliches Hotel, etwas abseits gelegen. 16 komfortable, klimatisierte Zimmer mit guten Matratzen, Restaurant, Parkplatz. Besser geeignet, wenn man mit dem Auto unterwegs ist, die Gegend hat nicht viel zu bieten. ❸

Hotel La Riviera, 450 m östl. vom Supermarkt Pali, ✆ 2666-1450, 🖳 www.hotellarivieracr. com. Gepflegtes Hotel mit einfachen Zimmern, teilweise mit Privatbad, teils mit AC. Ruhige Gegend. Frühstück inkl. ❸

Hotel La Siesta, C. 4, Av. 4–6, ✆ 2666-0606. Einfache Zimmer mit AC für bis zu 4 Pers. In einem Kolonialhaus mit Patio, Garten und kleinem Pool. ❸

Hotel Liberia, C. Real, 75 m südl. vom Park, ✆ 2666-0161, 🖳 www.hotelliberiacr.com. Einfacher, aber freundlicher Backpacker, günstig. Großes Restaurant im Hof, Transport zum Rincón de la Vieja, zu den Stränden und anderen Zielen, Tourangebote (s. Transport, S. 234). Schlafsaal $11, DZ ❶ – ❷

An der Interamericana

Hotel Boyeros, ✆ 2666-0722, 🖳 www.hotel boyeros.com. Große Anlage älteren Baujahrs,

Liberia

232 LIBERIA | Cityplan

www.stefan-loose.de/costa-rica

Zimmer mit AC und Balkon, 2 Pools, 1 großer Whirlpool, mit Liegestühlen im Garten; Klettergerüste und Kinderrutsche. 24-Std.-Restaurant. **❸–❹**

Hotel del Aserradero, 200 m nördl. der Abzweigung zum Flughafen, ✆ 2666-1939, 🖥 www.hotelaserradero.blogspot.com. Hotel im Ranch-Stil, großzügig geschnittene Zimmer, teils mit AC. Großer Garten mit Schaukelstühlen. **❸**

An der Ruta 21 in Richtung Strände und Flughafen

Hotel Santa Ana, direkt an der 21 beim Ort Santa Ana, zwischen Liberia und dem Flughafen (2 km), ✆ 2665-7573, 🖥 www.hotelsantaanacr.com. Funktionelles Flughafenhotel mit günstigen Preisen, Frühstück extra, Restaurant. **❸**

ESSEN

📖 **Café Liberia**, C. Real, Av. 2–4, ✆ 2665-1660. In dem wunderschönen Kolonialhaus mit toller Deko kann man lecker frühstücken, zu Mittag essen oder am Abend etwas trinken und eine Kleinigkeit dazu genießen, gute Cocktails, französische Leitung, ⏰ Mo 15–21, Di–Sa 9–21 Uhr.

El Meson Liberiano, im Zentrum, 300 m östl. und 25 südl. von der Municipalidad. Restaurant, Pizza- und Bocas-Bar, Angebot an schmackhaften lokaltypischen Gerichten, große Portionen und guter Service. ⏰ tgl. 12–21.30 Uhr.

El Pilón, ca. 250 m nördl. der Banco de Costa Rica. Landestypische Gerichte. Das saubere, hübsche, etwas dunkle Restaurant ist beliebt bei Ticos und Touristen. ⏰ Mo–Sa 7–14.30 Uhr.

La Jauja, Hauptstraße, C. 8–10, ✆ 2665 2061. Großes überdachtes Rancho um einen Guanacaste-Baum. Spezialität des Hauses sind Fischgerichte und Tenderloin-Steaks. Dazu gibt's Knoblauchbrot oder Bruschetta. Auch große Auswahl an Pasta und Holzofenpizza, allerdings wird es unter dem niedrigen Blechdach tagsüber sehr heiß. ⏰ Mo–Sa 11–22 Uhr.

Los Comales, C. Central, Av. 7. Das landestypische Lokal öffnet früh zum sättigenden Gallo Pinto-Frühstück. Die Köchinnen und Kellnerinnen sind alleinstehende Frauen, die sich zu einer Kooperative zusammengeschlossen

haben, langsamer Service. ⏰ tgl. 6.30–21, So bis 14.30 Uhr.

Mercado Central, am Busbahnhof. Essensstände mit landestypischen Gerichten. ⏰ Mo–Sa 6–19, So 6–12 Uhr.

📖 **Marisquería Sabor Porteño**, Av. 8, C. 2, ✆ 2665-6851, 2665-7337. Alles, was aus dem Meer kommt, lecker und frisch zubereitet, aber auch gute Fleischgerichte. ⏰ Mi–So 12–15, 18–22 Uhr.

Panadería Alemana, 2 km westl. vom Flughafen von Liberia, ✆ 2668-1081, 🖥 www.panaleman.com. Brote und Gebäck vom Schwabinger Bäcker Hans. In der Bäckerei selbst befindet sich das Café Europa, auch mit vegetarischen oder deutschen Spezialitäten und einem Spielplatz. Einige Brotsorten sind auch in den Supermärkten an den Stränden erhältlich. ⏰ tgl. 5–21 Uhr.

Pizza Pronto, C. 1, Av. 4. Schönes, rustikales Ambiente in einem uralten Haus, Lehmofenpizza mit großer Auswahl an Belägen – wie wär's z. B. mit einer Pfirsich-Ananas-Tomate-Käse-Pizza? Große Pizzen für 2–3 Pers., auch Sandwiches und Pasta, mittlere Preisklasse. ⏰ tgl. 12–15 und 18–23 Uhr.

Green House, an der Straße Richtung Flughafen, gegenüber der Universität, 2,3 km westl. von Liberia, ✆ 2665-5037. Fusion-Küche in einem klimatisierten Gewächshaus: von vietnamesischen Wraps und thailändisch zubereitetem Fisch bis zu mexikanischen Tapas und mediterranen Hummus-Gerichten. Neuseeländisch-israelische Leitung, gehobene Preisklasse. ⏰ Mo–Mi 11–22, Do–Sa 11–23 Uhr.

UNTERHALTUNG

Bars und Nightclubs sind im Zentrum von Liberia nicht erlaubt, man findet sie deshalb nur an der Interamericana.
Das **Morales Ranchero** am Hotel Guanacaste lockt mit Rancho-Atmosphäre Sabaneros an.

SONSTIGES

Autovermietung
An der Straße zum Flughafen reiht sich eine Autovermietung an die andere.

www.stefan-loose.de/costa-rica
LIBERIA **❘** Sonstiges **233**

NORD-GUANACASTE

Feste

Anfang März: **Fiestas Cívicas**, 10 Tage
Feuerwerk, Musik, Stierrodeos.
25. Juli: **Día de Guanacaste**, patriotische
Stimmung mit Pferdeparaden, Volkstänzen,
Musik und Rodeos.
Letzte Septemberwoche: **La Semana Cultural**,
Fest zum Gedenken an die Gründung Liberias
mit Musik, Tanz, Kunst und typischen Speisen
aus Guanacaste.

Geld

BAC, Centro Comercial Santa Rosa, Local #54,
Automat für alle Karten. ⏰ Mo–Fr 9–18, Sa
9–13 Uhr; ein weiterer Automat am Flughafen.
Banco de Costa Rica, am Park.
⏰ Mo–Fr 9–16 Uhr.
Banco Nacional, Av. 25 de Julio, C. 6–8.
⏰ Mo–Fr 8.30–15.45 Uhr.
Alle Banken haben Geldautomaten.

Informationen

Tourinformationen gibt es in den meisten
Hotels.

Supermärkte

Supercompro, im Zentrum. ⏰ Mo–Sa
8–21, So 8–18 Uhr.
Maxi Pali, 150 m östl. vom Busterminal.
⏰ Mo–Sa 8–19, So 8–16 Uhr.
Jumbo Perimercado, in dem neuen Einkaufs-
zentrum an der Interamericana, große Auswahl.
⏰ Mo–Sa 8–22, So 8–19 Uhr.

Taxis

Am Park.

Touren

Ecolife Tours Costa Rica, kein Büro, ✆ 8303-
4359, 🖥 www.ecolifetours.com. Spannende
Touren und Transfers zu allen Zielen in der
Umgebung von Liberia.
Das Hotel Guanacaste und das Hotel Liberia
bieten neben Transport zu den **Nationalparks**
Rincón de La Vieja und Santa Rosa auch
Touren zum Nationalpark Palo Verde ($75 p. P.
inkl. Mittagessen, Führer, Eintritt und Boot)
sowie **Raftingtouren** auf dem Río Colorado
(Schwierigkeitsstufe III, $50 p. P.) an.

TRANSPORT

Zum Nationalpark Rincón de la Vieja

Das Hotel Guanacaste, das Hotel Javi und das
Hotel Liberia bieten tgl. Transport zum Nationalpark Rincón de La Vieja an: $16–20 p. P. (hin
und zurück, je nach Gruppengröße). Abfahrt
ist um 7 Uhr.

Busse

Am **Pulmitan-Busbahnhof**, Av. 5, C. 10–12,
fahren die Busse nach San José ab.
SAN JOSÉ, stdl. 4–20 Uhr, davon 5 Direktbusse,
3 Std., sonst 4 Std.
Am **Busbahnhof Liberia**, Av. 7, C.12–14, fahren
die Busse zu den Stränden Nord-Guanacastes
und in die Städte Cañas, Puntarenas, Nicoya
und Santa Cruz ab.
CAÑAS, 24x tgl., 4–21.30 Uhr; 1–2 Std.;
LA CRUZ, alle 30–45 Min., 5–23.30 Uhr, ca. 1 Std.;
NICOYA (über SANTA CRUZ), ca. alle 45 Min.,
3.50–22 Uhr, ca. 1 3/4 Std., am Wochenende
weniger Verbindungen;
SANTA CRUZ (s. Nicoya);
PLAYA TAMARINDO, 2x direkt 5.15 und 8.10 Uhr,
8x tgl. mit Umstieg am Flughafen 3.50–18 Uhr;
PLAYA HERMOSA und PLAYA PANAMA, 6x tgl.,
ca. 1 1/4 Std.;
PEÑAS BLANCAS (Grenze zu Nicaragua /
Nationalpark Santa Rosa), alle 45 Min.,
4.30–18.30 Uhr, 1 1/2 Std.;
PLAYA DEL COCO, stdl. 6–11 Uhr, sowie 13.30,
16, 18.30 Uhr, 1 Std., mit Pulmitan:
PLAYA FLAMINGO, 7x tgl., 6.10–18 Uhr, mit
La Pampa, ✆ 2665-5891.
PUNTARENAS, 11x tgl., 5.10–15.30 Uhr,
ca. 3 Std.;

Busse nach Nicaragua

Abfahrt der Busse an der Interamericana,
neben McDonald's.
Ticabus, 🖥 www.ticabus.com, 4x tgl., kommt
aus San José; der erste Bus am Tag ist der
Luxusbus, ✆ 2666-3876.
Nica Expreso, tgl. außer Mo um 10 Uhr,
$21, hält an der Migración, weitere Infos und
Tickets im Hotel Guanacaste.
Central Line, ✆ 2221-9115, 🖥 www.trans
portescentralline.com. Tgl. um 8.30 und

14 Uhr, $21. Haltepunkt, Informationen und Tickets im Hotel Guanacaste.

Flüge
Der **Aeropuerto International Daniel Odiber Quirós (LIR)**, 13 km östl. von Liberia, ✆ 2668-1032, 🖥 www.liberiacrairport.com, wird von der nationalen Fluglinien Sansa sowie von Fluglinien aus den USA und Lateinamerika angeflogen. Günstige Linienflüge aus Europa, z. B. mit KLM über die USA landen auch in Liberia.
Sansa, 🖥 www.flysansa.com, verkehrt in der Hochsaison nach Drake Bay (Península de Osa), Punta Islita, San José, Tambor, Tamarindo und Quepos.

Flughafentransport
Zwischen 7 und 18 Uhr fährt stündlich vor dem Terminal der Stadtbus nach Liberia.
Flughafentaxi, ca. $15 nach Liberia.
Flughafenshuttle von Ecolife Tours, ✆ 8303-4359, 🖥 www.ecolifetours.com. Der freundliche Felix und sein Team fahren u. a. zum NP Rincón de la Vieja sowie nach Tamarindo, Samara und Playa de Coco, auch Organisation von Touren.

Area de Conservación Guanacaste und Umgebung

Nördlich von Liberia erstreckt sich zu beiden Seiten der Interamericana die Area de Conservación Guanacaste, ein Zusammenschluss aus den vier landschaftlich sehr unterschiedlichen Naturparks **Parque Nacional Rincón de la Vieja**, **Parque Nacional Guanacaste** und **Parque Nacional Santa Rosa** sowie dem **Refugio de Vida Silvestre Bahía Junquillal**. Ziel dieser Allianz ist es, statt einzelner, isolierter Naturschutzgebiete einen zusammenhängenden „biologischen Korridor" für Wildtiere zu schaffen. Denn in der Trockenzeit wechseln viele Tiere ihr Habitat und wandern aus den flachen, ariden Trockenwaldebenen der Santa Elena-Halbinsel in die gebirgigen Feucht- und Regenwaldregionen der Cordillera de Guanacaste.

Die Nationalparkverwaltung bemüht sich, weiteres Weideland aufzukaufen und arbeitet mit den Farmern der Umgebung in Wiederaufforstungsprojekten zusammen. Mit 120 000 ha Fläche gehört der Parkverbund bereits heute zu den größten Schutzgebieten Costa Ricas. Unmittelbar östlich des Rincón-Nationalparks erstreckt sich das Schutzgebiet rund um den **Volcán Miravalles**, den höchsten Gipfel der Cordillera Guanacaste.

 HIGHLIGHT

Parque Nacional Rincón de la Vieja

Der Nationalpark Rincón de la Vieja bietet Besuchern die einmalige Gelegenheit, Vulkanismus aus nächster Nähe zu erleben. Umgeben von schmatzenden, Schlamm spuckenden Erdlöchern, knorrigen, hartblättrigen Bäumen, zu Lehmskulpturen erstarrten Pflanzen und Schwaden von Schwefelgeruch fühlt man sich wie in eine Landschaft aus einem Fantasyfilm versetzt. Kaum zu glauben, dass in dem kochenden Vulkanschlamm sogar Lebewesen existieren! Wissenschaftler entdeckten in dem brodelnden Schlick den unverwüstlichen Einzeller *Euglena pailasensis*. Ein Mensch würde die hohen Temperaturen zwischen 75 und 105 °C nicht überleben.

Rund um den Nationalpark ist das Proyecto Geotérmico angesiedelt. Wie am Vulkan Miravalles wird auch hier die in der Erde gespeicherte Wärme in Elektrizität umgewandelt. Für das Landschaftsbild sind die schlangenartigen großen Aluminiumrohre kein Gewinn, in Costa Ricas Bemühen um saubere Energiegewinnung aber unvermeidlich.

Geologie, Flora und Fauna
Der Nationalpark Rincón de la Vieja ist Teil der **Cordillera de Guanacaste**, die eine natürliche

Grenzlinie zwischen dem Pazifischen und dem Atlantischen Ozean zieht. Aus ihr entspringen 32 Flüsse und 16 Bäche, die weite Gebiete der Provinz Guanacaste mit wertvollem Trinkwasser versorgen.

Der Park umfasst aufgrund seiner Höhenunterschiede und vulkanischen Aktivität verschiedene Vegetationszonen. *Bosque tropical humedo* und *Bosque tropical seco* dominieren mit Bäumen wie dem Guanacaste-Baum, der Balsamfeige und dem Weißgummibaum. Je weiter man sich dem Krater nähert, desto kleinwüchsiger und buschartiger wird die Vegetation. Die Kratergegend selbst ist vegetationslos. Im Februar/März blüht am Wasserfall Catarata Escondida Costa Ricas Nationalblume, die Orchidee Guaria Morada.

Tapiren begegnet man hauptsächlich in der Kratergegend, Waschbären halten sich gerne am Parkeingang auf und Morphofalter sieht man auf dem Wanderpfad zu den Wasserfällen. Außerdem leben im Park über 300 Vögel sowie Brüll-, Kapuziner- und Klammeraffen. Um einen Jaguar oder Puma zu sehen, bedarf es viel Zeit und Geduld, ihre Spuren kann man aber häufiger sehen. Vorsicht vor den heimtückischen, Fruchtfliegen ähnlichen Bojones am Parkeingang. Ihre Stiche jucken fürchterlich und halten lange an (lange Hosen anziehen und Insektenspray mitnehmen).

Ein gut ausgebauter, leichter Weg führt zu einem Miniaturvulkan, einer Schwefellagune und brodelnden Schlammquellen. Die Wanderung zum Krater des aktiven Vulkans **Rincón de la Vieja**, der zuletzt 1995 Asche spuckte und auch 2016 wieder aktiv war, ist mit mehr Anstrengung verbunden und dauert 7–8 Stunden. Der Aufstieg war jedoch zur Zeit der Recherche im Mai 2018 wegen starker Aktivität gesperrt. Ist der Krater zugänglich, bietet sich von seinem Rand bei klarer Sicht (selten!) ein überwältigender Blick auf die Península de Nicoya und den großen Lago Cocibolca in Nicaragua. Der ruhende, höher gelegene Schwesterkrater **Santa María** (1916 m), liegt im Parksektor **Santa Rosa**, dem weniger touristischen Parkabschnitt. Er ist mit Vegetation überwachsen und nicht zu erklimmen. Im Santa María-Sektor ist Zelten erlaubt.

Sektor Las Pailas

- **MINAE-Büro:** kein Telefon im Park, www.acguanacaste.ac.cr
- **Öffnungszeiten:** Di–So 8–15 Uhr, bis 16 Uhr muss man den Park verlassen haben, sonst wird eine Suchaktion gestartet.
- **Eintritt:** $15 (gilt auch für den Sektor Santa María, Besucher müssen den Pass oder eine Kopie des Passes vorzeigen)
- **Gründungsjahr:** 1973
- **Größe:** 16 001 ha (zusammen mit Sektor Santa María, wurde im Juni 2018 um 1840 ha vergrößert)
- **Transport**
  Auto: Von Liberia 5 km auf der Interamericana Richtung Peñas Blancas (Grenze) fahren, dann nach rechts Richtung Curubande abzweigen, von hier sind es weitere 20 km bis zum Parkeingang. Es werden $1,40 Mautgebühr pro Person von der Hacienda Guachipelin verlangt. Auch aus östlicher Richtung ist der Vulkan Rincón de la Vieja sehr gut erreichbar. Von Upala aus kann man den Park über San Isidro und Colonia Blanca ansteuern, von Bagaces nimmt man die Strecke über Guayabo und San Jorge. Diese Straßen führen zunächst in den Sektor Santa Maria und sind mittlerweile sehr gut zu befahren. Ausgeschildert sind die Strecken nicht, aber mit Karte oder GPS gut zu finden.
  Busse: Es gibt keinen öffentlichen Bus zum Vulkan. Diverse Hotels in Liberia bieten morgens für rund $20 (Hin- und Rückfahrt) Transport mit Minibus an.
- **Sonstiges:** Badesachen mitnehmen!
- **Verpflegung:** Die Soda Guachipelin am Parkeingang bietet Comida Típica an. Ein großes Besucherzentrum mit Restaurant und Geschäften erwartet den Besucher.

Wanderungen

Ortskundige Führer warten am MINAE-Büro, alle Wanderungen sind jedoch gut ohne Führer zu bewältigen.

Sendero Las Pailas (4,3 km)

- Rundwanderweg; die Parkleitung empfiehlt, nicht nach 13 Uhr aufzubrechen.

Der 4,3 km lange Rundweg führt zu den kleineren, vulkanischen Aktivitäten im Park, darunter eine **Schwefellagune**, **Fumarole** und ein Miniaturvulkan. Der gut ausgeschilderte, verhältnismäßig ebene Weg ist der beliebteste von allen Wanderwegen und regelmäßiges Ziel von Tourgruppen, man ist selten allein. Vom Rundweg zweigt ein Pfad zum Sektor Santa Maria des Parks ab (insgesamt 8 km). Mitte 2016 wurden die Parkeinrichtungen grundlegend umgestaltet, seitdem ist der Rundweg auf den ersten 1,2 km behindertengerecht. Der gesamte Weg wurde breit ausgebaut und ist damit auch in der Regenzeit gut zugänglich.

Poza Río Blanco (600 m), Cataratas Escondidas (4,3 km), Catarata La Cangreja (5 km)

- Jeweils einfache Strecke; die Parkleitung empfiehlt, nicht nach 12 Uhr aufzubrechen.

Der Weg führt am Río Blanco entlang durch den Wald, ein Abstecher zur sehr schönen, natürlichen Badestelle Poza Río Blanca bietet sich an (links gehen Treppen steil hinab). Man überquert die **Quebrada Escondida**, einen kristallklaren Bach, der sich streckenweise seinen Weg unterirdisch bahnt. Später gabelt sich der Weg, rechts geht es zu den **Cataratas Escondida**, links zum 500 m weiter entfernten **Catarata La Cangreja**. Der Weg bietet einige schöne Panoramaaussichten bis zum Pazifik.

Legende von Curabande und Mixcoac

Um die tiefen Falten des wuchtigen Vulkanmassivs Rincón de la Vieja rankt sich die Legende von Curabande und Mixcoac, zwei Häuptlingskindern aus zwei verfeindeten Stämmen, die sich unsterblich ineinander verliebten. Als Curubandes Vater von der verbotenen Liebe erfuhr, entführte er Mixcoac und warf ihn hinab in die Tiefen des Kraters. Die untröstliche Curubande zog sich daraufhin in die Einsamkeit der Vulkanhöhen zurück, wo sie ein Kind gebar, das sie dem Geliebten als Geschenk in den Krater gab. Curubande lebte bis in ihr hohes Alter als angesehene Heilerin am Vulkan. Von ihr bezieht der Asche spuckende Berg seinen Namen: *Rincón de la Vieja*, Ort (wörtl. Ecke) der alten Frau.

Der letzte Abschnitt ist eine Kletterpartie, es geht über Wurzeln und Felsen steil hinab zum Wasserfall. Picknick- und Badesachen rausholen! Im Sommer kann der Weg auch per Pferd zurückgelegt werden – der letzte Abschnitt lässt sich aber nur zu Fuß bewältigen.

Krater (8 km)

- Einfache Strecke; die Parkleitung empfiehlt, nicht nach 9 Uhr aufzubrechen. Zur Zeit der Recherche war der Krater aufgrund starker Aktivität gesperrt; unbedingt vorher informieren!

Falls wieder eröffnet, ist der Aufstieg zum Krater die landschaftlich eindrucksvollste und gleichzeitig anstrengendste Wanderung im Park. Es ist ratsam, früh und in Begleitung von mindestens einer weiteren Person aufzubrechen, da der Aufstieg Kletterpartien umfasst und Wetterumschwünge und Wind am Krater nicht zu unterschätzen sind. Ausreichend Wasser, Sonnenschutz, Schuhe mit Profil und Windjacke mitnehmen!

Der Pfad führt durch Wald hoch zum 1400 m über dem Meeresspiegel gelegenen **Sitio Copelares**. Hier ändert sich die Vegetation schlagartig, statt Baumriesen dominieren nun knorrige, heckenartig miteinander verwachsene Bäume. Rund 2 km vor dem Krater verlässt man das Dickicht, vor einem erstreckt sich eine beeindruckende, vegetationslose Vulkanlandschaft. Es folgen die steilsten und anstrengendsten 2 km zum Kraterrand. Vorbei geht es an den tiefen Vulkanfurchen, Steinhäufchen weisen den Weg. Eine Gratwanderung führt entlang des Kraterrandes zum Aussichtspunkt, von wo man bei gutem Wetter Blick auf die **Península de Nicoya** und den großen **Lago Cocibolca** in Nicaragua hat. Südlich des Kraters liegt der **Lago los Jilgueros**.

ÜBERNACHTUNG

5 km hinter Liberia zweigt von der Interamericana die Zufahrtsstraße zum Nationalpark ab. Die meisten der folgenden Unterkünfte liegen entlang der Straße:
Cañon de la Vieja Lodge, 3,1 km nach der Abzweigung in Richtung NP auf der rechten Seite, ✆ 2665-5912, 2665-3161,

NORD-GUANACASTE

AREA DE CONSERVACIÓN GUANACASTE UND UMGEBUNG I PN Rincón de la Vieja

⌨ www.thecanyonlodge.com. Gut besuchte Abenteuer-Lodge am spektakulären Rio Colorado. Canyoning, Rafting, Tubing, Canopy, Reiten, Klettern, Spa mit Massagen, 2 Restaurants. Die 25 recht einfachen Doppelbungalows liegen auf einem weiten Grundstück rund um den Pool mit Poolbar. ❺

Aroma de Campo, 2 km nach der Ortschaft Curubande, links hügelaufwärts, ✆ 7010-5776, 2665-0008, ⌨ www.aromadecampo.com. An einem Hang gelegenes, kleines familiäres Hotel mit 12 hübschen, geräumigen, unterschiedlich möblierten Zimmern, Mosaikwaschbecken, Frühstück inkl., gemeinsames Abendessen auf der Aussichtsterrasse. Naturschwimmbad; steile, etwas schwierige Auffahrt. ❹

El Sol Verde Lodge & Campground, in der Ortschaft Curubande rechts abbiegen, dem Schild mit der grünen Sonne folgen, rund 200 m weiter liegt die Lodge, ✆ 2665-5357, ⌨ www.elsolverde.com. Gleich vorweg: Dies ist ein Ort für Naturliebhaber. Gerard und Ingrid, ein Paar aus Rotterdam, vermieten 3 liebevoll eingerichtete, einfache Zimmer mit Terrasse und herrlicher Aussicht. Außerdem 2 Wohnzelte im Pagodenstil aus Holz und wasserfestem Außenmaterial, innen mit Matratzen ❷. Eine Box mit Küchenutensilien steht Besuchern für $1 pro Tag zur Verfügung. Zelten mit eigenem Zelt kostet $10 p. P., Zelturlauber erfreuen sich an der heißen Dusche! Das Frühstück für $7,50 gibt's mit *happy eggs*, also Eiern von den eigenen Hühnern und selbst gemachter Marmelade. Infos über Ausflugsmöglichkeiten in die Umgebung. Keine Kreditkarten. ❸

Hotel Borinquen, von Liberia auf der Interamericana Richtung La Cruz/nicaraguanische Grenze, nach ca. 12 km an der Kreuzung rechts nach Cañas Dulce abbiegen, ab der Ortschaft Cañas Dulce ausgeschildert, ✆ 2690-1900, ⌨ www.borinquenresort.com. 23 luxuriöse, helle Bungalows, hinter Hecken versteckt, mit stilvollen Landhausmöbeln und großer Veranda; englischer Rasen umgibt die Anlage. Der Renner ist der mit der Natur harmonierende Spa- und Poolbereich mit Thermalquellen und vulkanisch beheizter Sauna. Yogaplattform, Pferderanch; Touren, nicht nur für Hotelgäste. ❻

Rancho Curabande Lodge, rund 600 m nach der Abzweigung an der Interamericana, ✆ 2665-0375, ⌨ www.rancho-curubande.com. 20 saubere Zimmer mit Gemeinschaftsveranda und AC. Komplettes Frühstück inkl. und Abendbrot auf Bestellung. Leider recht nah an der Hauptstraße zum Vulkan, daher Straßenlärm. ❹

TOUREN

Bei der **Hacienda Guachipelin**, ✆ 8708-0238, 2200-0238, in der meist Pauschalurlauber logieren, und im **Hotel Borinquen** (s. oben) werden Canyoning, Abseilen, Reittouren und Tubing angeboten.

Sektor Santa María

- **MINAE-Büro:** kein Telefon, ⌨ www.acguanacaste.ac.cr
- **Öffnungszeiten:** tgl. 7–16, bis 16.30 Uhr muss man wieder auschecken; Ankunft für Camper auch später möglich, die Parkwächter leben im Park. Im Gegensatz zum Sektor Las Pailas ist dieser Parkeingang auch montags geöffnet!
- **Eintritt:** $15 (gilt auch für den Sektor Las Pailas)
- **Gründungsjahr:** 1973
- **Größe:** 16 001 ha (zusammen mit Sektor las Pailas)
- **Unterkunft:** Schöner Campingplatz für max. 50 Leute auf der Wiese gegenüber dem alten Haziendagebäude, $4 p. P., Gaskocher mitbringen, Feuermachen ist im Park nicht erlaubt, ein Restaurant gibt es nicht.
- **Transport**
  Auto: Von Liberia kommend: 150 m vor der alten Agonia-Kirche geht es rechts nach San Jorge (19 km) und zum Nationalpark (rund 25 km). Von Bagaces kommend: In Guayabo zweigt vor der Tankstelle links ein Schotterweg nach San Jorge ab, von dort sind es weitere 7 km zum Parkbüro. Die Route zum Sektor Santa María ist ausschließlich mit einem Allradfahrzeug mit erfahrenem Fahrer zu befahren. Wer nicht entsprechend gerüstet ist, lässt den Wagen besser in der Rinconcito Lodge (S. 240) stehen und geht

Heiße Quellen und heilender Schlamm

In der Gegend rund um den Nationalpark Rincón de la Vieja werden heiße **Naturbäder** unter freiem Himmel immer beliebter. Sie laden zu Schlammbädern, Schönheitsmasken, heilenden Massagen oder einfach nur zum Relaxen ein. Die beiden hier genannten werden von der Hacienda Guachipelin betrieben.

Spa Simbiosis, etwa 400 m vor dem Nationalparkeingang. Heiße Thermalquellen im Wald, 2 kalte, 2 heiße Whirlpools bei Flussrauschen. Aus Lehmgruben pinseln sich Gäste unter freiem Himmel vulkanischen Schlamm auf die Haut. Schwimmzeug mitnehmen! Eintritt $10 p. P. ⌚ tgl. 10–18 Uhr.

Río Negro, ca. 1 km vor dem Eingang zum Nationalpark rechts Richtung Vulkan Miravalles abbiegen, die Thermalquellen befinden sich 3 km hinter dem Abzweig auf der linken Seite; mitten im Wald. Umkleidekabinen, Picknicktische, eine Hängebrücke führt zum anderen Flussufer, abends wildromantisch mit Fackeln beleuchtet. Eintritt $10 p. P. ⌚ tgl. 10–18 Uhr.

von dort zu Fuß. In der Lodge sollte man natürlich um Erlaubnis bitten und evtl. eine kleine Erfrischung zu sich nehmen.

Busse: Kein öffentlicher Busverkehr von Liberia, Hotel-Minibusse fahren lediglich den Sektor Las Pailas an. Die Rinconcito Lodge organisiert gegen Bezahlung Transport für ihre Gäste, oder man startet von dort Fuß.

Der höchste Vulkan des Parks, der **Volcán Santa María**, liegt erloschen und von Vegetation überwachsen im gleichnamigen Sektor. Bis 1973 befand sich hier eine der größten Haciendas der Region mit Kaffee-, Zuckerrohrplantagen und Viehzucht. Das alte Haciendagebäude beherbergt heute das etwas vernachlässigte Parkbüro sowie ein kleines, spärlich ausgestattetes Museum mit alten landwirtschaftlichen Geräten und Fotos vom (unbedeckten) Rincón de la Vieja-Krater.

Es gibt keinen Wanderweg bis zum Krater. Die Wege, die nur für den abenteuerfreudigen Besucher geeignet und zum Teil in schlechtem Zustand sind, führen zu heißen und kalten Thermalquellen (Baden ist möglich), einem Wasserfall und einem **Aussichtspunkt**, von dem man einen Blick auf Liberia, den Golf von Nicoya und den Golf von Papagayo hat. Ein 8 km langer Wanderweg, der jedoch nicht immer begehbar ist, verbindet die Hacienda mit dem Sektor Las Pailas. Der Sektor Santa Maria wird seltener besucht; die Chance, in Ruhe Tiere zu beobachten, liegt daher höher.

ÜBERNACHTUNG

Einige Unterkünfte und spannende Ziele liegen idyllisch zwischen den Vulkanen Rincón de la Vieja und Miravalles. Alle Hotels sind ideal für Naturliebhaber. Die Anfahrt führt am Eingang zum Sektor Santa Maria vorbei. Vorsicht: Bei Google Maps fehlt die Straße zwischen San Jorge und Colonia Libertad komplett. Dafür ist eine Route nördlich vom Vulkan Rincón de la Vieja eingezeichnet, die nicht existiert. Alle Ziele unten sind über San Jorge und Colonia Libertad zu erreichen, Autofahrer müssen unbedingt südlich des Vulkans bleiben.

Camping Im Nationalpark.

Blue River Resort, 3,8 km hinter Buenos Aires auf der Route nach Norden (Upala), gut ausgeschildert, ✆ 2206-5506, 2206-5000, 🖳 www.blueriverresort.com. Die große Lodge bietet Unterkunft in schönen, freistehenden Bungalows an, 5 Pools, z. T. mit warmen Heilwasser, auch kindergerecht mit Rutsche. Auch wenn der spektakuläre blaue Río Azul nicht direkt an der Lodge vorbeifließt, gibt es verschiedene private Zugänge. Tourenangebot, Schlammbäder, Spa, Yoga, Schmetterlings- und botanischer Garten. Frühstück inkl. ❻

Cabañas Ecológicas Las Bromelias, bei Buenos Aires, 14 km westl. der Colonia Libertad, in Richtung Dino Park (s. u.), ✆ 8416-4548, 8641-7245. Sehr rustikale Lodge mit extrem einfachen Zimmern auf einem großen Gelände mit heißen Quellen, sehr speziell. Oscar,

Kakao – das braune Gold

Die Geschichte Costa Ricas ist eng mit der Kakaopflanze verknüpft. Über Jahrhunderte haben die Ureinwohner in Mittelamerika den Baum aus der Familie der Malvengewächse kultiviert, und noch heute findet man in Costa Rica aktive Indianergemeinschaften wie die BriBri, Cabecar, Huetar und Chorotega, die sich dem Anbau widmen und die Früchte nach Rezepten ihrer Ahnen verarbeiten. Immer mehr kleine Plantagen im ganzen Land greifen das uralte Wissen auf und widmen sich dem biologischen Anbau des braunen Goldes.

Siegeszug und Niedergang einer Kulturpflanze

Der Handel in Mesoamerika (einem frühen Kulturraum in Mittelamerika, der Gebiete der heutigen Länder Mexiko, Belize, Guatemala, El Salvador, Honduras, Nicaragua und Costa Rica umfasste) hatte in Nicoya, Costa Rica, seinen Ursprung. Nicoya markierte das südliche Ende der späteren „Kakaoroute", die sich vom heutigen Costa Rica bis zum Königreich Anahuac in Mexiko erstreckte. Als gegen Ende des 15. Jhs. die Spanier Mittelamerika erreichten, erkannten sie schnell den Wert der Kakaopflanze. Während der Kolonialzeit entstanden viele Plantagen, in Costa Rica anfangs hauptsächlich bei Matina, in der Nähe des heutigen Limón. Limón selbst eignete sich weniger für den Anbau, da die Stadt häufiges Ziel von Piratenüberfällen war.

Über die Jahrhunderte hinweg war Kakao eines der wichtigsten und wertvollsten Handelsgüter in der Region, bis in den 1950er-Jahren eine Pilzkrankheit quasi von einem Tag auf den nächsten den Kakaoanbau lahmlegte. Die Anbauflächen wurden fast komplett durch lukrative und schnell wachsende Bananenplantagen ersetzt, die bis heute die Landschaft der costa-ricanische Karibik-Region dominieren.

Medizin zum Naschen

Neuerdings wird jedoch wiederentdeckt, was alte Völker schon lange wussten: Kakao ist ein vielseitiges und gesundes Genussmittel! Besonders dunkle Schokolade hat sich in den letzten Jahren zu

genannt „El Mapache", bietet auch spannende Touren an, alle Mahlzeiten sind im Preis von $50 p.P. enthalten. **❺**

La Anita Rainforest Ranch (Finca la Anita), zwischen dem Vulkan Rincón de la Vieja und Miravalles, 24 km nördl. von San Jorge und 14 km nördl. von Agua Claras in Colonia Libertad, ✆ 2466-0228, 🖥 www.laanitarainforestranch.com. Hier wird Öko-Tourismus groß geschrieben: Die Gäste lernen viel Wissenswertes über Natur und Menschen, und jeder, der die Lodge besucht, praktiziert aktiven Naturschutz. Die Bewohner der Umgebung werden in die Arbeit der Finca mit eingebunden. Gäste können z. B. einen Kochkurs im Haus der einheimischen Joana belegen und bekommen dabei ganz nebenbei einen Eindruck vom Alltag einer Bauernfamilie. Pablo und Ana, die freundlichen Gastgeber, verwöhnen ihre Gäste und informieren über medizinische und tropische Pflanzen, insbesondere über den Anbau von Kakao. Sehr gute Küche, tolle Touren. Gut gelegen für Ausflüge zum Sektor Santa Maria und zum Vulkan Miravalles. **❹**

Rinconcito Lodge, in San Jorge de Mogote, an der Straße 918 zwischen dem Sektor Santa Marta und dem Vulkan Miravalles, ✆ 2206-4832/33, 🖥 www.rinconcitolodge.com. 25 geräumige Häuser mit Holzdecken, Warmwasser und Veranda. Ein wildromantisches Ambiente mit Kühen und Pferden, große Lavabrocken umgeben die Lodge. Gute Tipps für Treks und Touren, Pferdetouren zum Nationalpark (zu empfehlen ist die Kombi-Tour mit Ritt in den Sektor Santa Maria und Fußmarsch bis nach Las Pailas) und zum Vulkan Miravalles. Bar und À-la-carte-Restaurant, Frühstück inkl., Pool, Canopy. Ideal für Familien, gutes Preis-Leistungs-Verhältnis. **❸**–**❹**

einer Delikatesse entwickelt, und im Gegensatz zur landläufigen Meinung hat der Genuss von „guter" Schokolade (mit einem Kakao-Anteil von mindestens von 70 %) viele positive Effekte auf Gesundheit und Wohlbefinden. Einer schwedischen Studie zufolge senkt der Genuss von etwa 50 g dunkler Schokolade am Tag, die Gefahr eines Schlaganfalls um 20 %. Regelmäßiger Genuss reduziert den Anteil von Cholesterin im Blut, senkt den Blutdruck und hilft somit Herzproblemen vorzubeugen. Schokolade wirkt gerinnungshemmend, enthält Ballaststoffe und viele Flavonoide, die dem Körper dabei helfen, die Haut gegen UV-Strahlung zu schützen, außerdem Theobromin, einen effektiven Wirkstoff gegen Hustenreiz. Und natürlich ist Schokolade erwiesenermaßen ein wirksames Antidepressivum und fördert die körpereigene Produktion des Glückshormons Serotonin.

Besuch beim Erzeuger

Weltweit steigt daher die Nachfrage nach guten Kakao-Produkten, und in Costa Rica erobern immer mehr kleine spezialisierte Kakaoplantagen mit nachhaltigen Anbaumethoden den Markt. Mittlerweile ist costa-ricanischer Kakao aufgrund seiner Top-Qualität zu einem beliebten Exportprodukt geworden, und für Schleckermäuler hat sich Costa Rica zum Traumland entwickelt. In den Betrieben erfahren Interessierte aus erster Hand mehr über Geschichte, Anbau und Verarbeitung, und man kann die verführerischen Produkte dort natürlich auch probieren! Hier einige Empfehlungen für Schoko-Fans:

Finca Köbö, auf der Península de Osa bei La Palma. Schokoladentorten mit anschließendem Schoko-Fondue auf einer Bio-Farm in Nationalparknähe. S. 387

La Anita Rainforest Ranch (Finca la Anita), zwischen den Vulkanen Rincón de la Vieja und Miravalles. Sympathischer Bauernfamilienbetrieb mit angeschlossener Plantage. Lohnende Touren mit vielen Infos zu tropischen Pflanzen, insbesondere Kakao. S. 240

La Iguana Chocolate, beim Nationalpark La Cangreja in Mastatal. Kakaoanbau und -verarbeitung nach dem Prinzip der Permakultur! Im Angebot sind Kurse zur Schokoladenherstellung, auch freiwillige Helfer sind willkommen. S. 341

Santa Maria Volcano Lodge, im Ort Colonia Blanca an der Santa Maria-Flanke des Vulkans, ☎ 2246-0505, ✉ santamariavolcano lodge@gmail.com. Sehr einfache, rustikale Lodge mit lokaltypischem Restaurant, Touren (auch Pferdetouren in den nahen NP), Familienbetrieb. ❷

AKTIVITÄTEN

Dino Park, nahe „Las Bromelias" (S. 239). In dem zum Blue River Resort gehörenden Park können Familien auf einer etwa 1 1/2-stündigen Tour 22 verschiedene Plastikdinosaurier im Urwald bewundern. Eintritt $25 p. P., Kinder $15, die Tickets müssen im Blue River Resort gekauft werden, Transport (ca. 4 km) von dort inkl.

Sensoría, nur mit 4WD, auf demselben Feldweg wie Las Bromelias (s. o.) geht es noch 2,5 km ruckelig weiter bis zum „Sensoría Land of Senses", 🖥 www.sensoria.cr. Hier wartet eine spannende Tour zu mehreren blauen Wasserfällen, einsamen Quellen, Schwimmbecken mit Massagefällen, einem Cañon mit Hängebrücke und zauberhaftem Wald. Ausgezeichnete Guides bieten 1x tgl. um 9 Uhr eine tolle Tour mit Erfrischungen für satte $120 p. P., $90 pro Kind ab 6 J. an, jüngere Kinder nicht erlaubt. Nur mit Reservierung über die Webseite, auf der man auch viele eindrucksvolle Bilder und Videos ansehen kann. Lohnend!

Volcán Miravalles

Der Volcán Miravalles (2028 m) ist der höchste unter den neun Vulkankratern der Cordillera Guanacaste. 1946 stieß er das letzte Mal Rauch aus. Das Gebiet um den Vulkan ist als Schutzgebiet, nicht aber als Nationalpark ausgewiesen, es gibt daher kein MINAE-Büro und keine offiziellen Wanderwege. Private Tourveranstalter bieten jedoch Tagestouren zum Krater an.

Am Fuß des Vulkans verschandeln hässliche Strommasten die idyllische Landschaft. Sie wurden von der **Planta Geotérmica Miravalles** aufgestellt, einem Geothermie-Kraftwerk, das aus Erdwärme Elektrizität erzeugt.

Das **Centro de Actividad Volcánica Las Hornillas** an den Vulkanhängen, 400 m südl., 2 km östlich der Planta Geotérmica Miravalles, ✆ 2673-0918, 8839-9769, 🖥 www.hornillas.com, ist der einzige Ort, an dem Touristen den Miravalles-Vulkan aktiv (als Fumarole) erleben können. Besucher können sich hier unter freiem Himmel in vulkanischem Schlamm suhlen. Auch gibt es eine 250 m lange Wasserrutsche, Saunen und Wanderwege, die zu den Wasserfällen der Umgebung führen. Pferde- und Traktortouren werden angeboten. ⊘ tgl. 9–17 Uhr, Eintritt $35 p. P. inkl. Mittagessen, $40 Tour zum Wasserfall.

Thermalquellen findet man in vielen Hotels (s. u.), sie werden überwiegend von costa-ricanischen Tagesausflüglern besucht.

Thermomania, ✆ 2673-0233, 8303-1212, 🖥 www.thermomania.net, ist ein kleiner Freizeitpark mit viel Beton, Wasserrutsche, Canopy, Sauna und Spa, der auch Unterkunft in einfachen Zimmern anbietet; ⊘ tgl. 8–17 Uhr, Eintritt 6000C$ p. P., Kinder bis 10 J. 5000C$. ❹

Die Thermalbäder und Spas am benachbarten Vulkan Rincón de la Vieja haben weniger Beton und mehr Ambiente.

ÜBERNACHTUNG

Colinas de Miravalles, etwa 1,5 km nordöstl. von Guayabo, in Richtung Vulkan, ✆ 2673-0244, 🖥 www.colinasdelmiravalles.com. Schöne Anlage mit 6 warmen Quellen und direktem Blick auf den Miravalles bei einer netten Tico-Familie. Typisches Restaurant, 6 Bungalows und Fischteich; auch gut geeignet, nur um den Tag zu verbringen, Frühstück inkl. ❹

Complejo Aguas Termales Yökö, 500 m hinter dem Hotel El Guayacán, ✆ 2673-0410, 🖥 www. yokotermales.com. 12 Zimmer unterschiedlicher Größe und Qualität, umgeben von golfplatzartiger Rasenfläche, mit herrlicher Sicht auf den Vulkan. 5 verschieden temperierte Pools, Thermalbad, Jacuzzi, Wasserrutsche, Wassermassage. Restaurant, auch für Tagesausflügler (Day-Pass für 5000C$). Inkl. Frühstück und Eintritt zu den Bädern. ❸

El Guayacán, 4 km von Guayabo Richtung Agua Claras, dann 1 km rechts Richtung Proyecto Geotérmico, ✆ 2673-0349, 🖥 www.termales elguayacan.com. 10 einfache, saubere Zimmer im typischen Tico-Türkis und 4 komplett eingerichtete Bungalows für Familien, 7 kleine Thermalbäder im Vorgarten, viel Beton. Hängebrücke und Aussichtsplattform auf den Vulkan im Hintergarten. Beliebt bei Schulklassen und Gruppen. 20 000C$ p. P.

TRANSPORT

Auto
Von Liberia kommend zweigt in Bagaces links vor der Tankstelle die Straße zum Vulkan Miravalles ab (27 km). Von Guayabo führt eine malerische Schotter-/Lehm-Piste über die Ortschaft San Jorge zum Sektor Santa Maria des Nationalparks Rincón de la Vieja.

Busse
Von Guayabo nach SAN JOSÉ 2x tgl., außerdem mehrmals tgl. Busse nach BAGACES.

Parque Nacional Guanacaste

- **MINAE-Büro:** ✆ 2666-5051, 🖥 www.acguanacaste.ac.cr
- **Öffnungszeiten:** nur für Wissenschaftler und Studenten, keine touristische Infrastruktur
- **Eintritt:** $15
- **Gründungsjahr:** 1991
- **Größe:** rund 38 000 ha
- **Unterkunft:** In jedem Parksektor befindet sich eine Forschungsstation mit einfachen Unterkünften. Anmeldung erforderlich.
  Station Cacao, 4 Schlafräume mit Duschen und Küche.
  Station Maritza, 4 Schlafräume mit Duschen, Forschungslabor und Klassenzimmern.
  Station Pitilla, 2 große Schlafräume mit Duschen. Forschungslabors. Keine Elektrizität.

242 AREA DE CONSERVACIÓN GUANACASTE UND UMGEBUNG ⏐ Volcán Miravalles

- **Transport:** Anfahrt nur mit eigenem Auto und Vierradantrieb; in der Regenzeit sind die Wege mitunter unpassierbar.
Sektor Cacao, von Liberia kommend, auf der Interamericana bei Potrerillos rechts Richtung Quebrada Grande abzweigen. Von dort sind es 18 km Richtung Norden bis zur Station.
Sektor Maritza, auf der Interamericana geht gegenüber der Abzweigung nach Cuajinicil eine Schotterpiste zur Station ab (18 km).
Sektor Pitilla, erreichbar über die Ortschaft Santa Cecilia. Die Station liegt 9 km entfernt.

Bereits aus weiter Ferne weisen die im Sonnenlicht leuchtenden Vulkankegel **Orosi** (1487 m) und **Cacao** (1659 m) dem Reisenden den Weg zum Nationalpark Guanacaste. Der Park ist jedoch nur wenig auf Tourismus eingestellt und wird hauptsächlich für Forschungszwecke genutzt. Über 300 Vogel- und 1000 Schmetterlings- und Mottenarten leben im Feucht- und Regenwald, der die Vulkane umgibt. Außerdem haben Faultier, Puma, Jaguar und Tapir hier ihr Zuhause.

Wichtige Flüsse, darunter der 144 km lange **Río Tempisque**, entspringen in der Kratergegend und versorgen das trockene Guanacaste mit vulkanischem Wasser. Im Sektor Maritza befindet sich das präkolumbische Erbe verschiedener Indianerstämme, eine beeindruckende Kollektion von Hunderten von **Petroglyphen**. Von hier führt ein Wanderweg zum Sektor Cacao, dem Ausgangspunkt für Exkursionen zum Cacao-Krater.

ÜBERNACHTUNG

Von der Interamericana führt vom Polizeiposten in Portrerillos eine erstaunlich asphaltierte Straße in Richtung Quebrada Grande.
Blue River Resort Hotel, von der Abzweigung an der Interamericana Richtung Dos Ríos, von dort ausgeschildert, ☎ 2206-5000, 🖥 www. blueriverresorthotel.com. Eine große Anlage mit 25 Zimmern. Die edel-rustikalen, geräumigen Holzferienhäuser mit Terrasse sind umgeben von Thermalbädern, die das warme Wasser aus dem Río Celeste beziehen. Außerdem Schmetterlingsgarten, botanischer Garten, Trockensauna, Fitnessraum, Spa und Touren.

Frühstück inkl., Thermalquellen und Spa sind auch für Tagesgäste geöffnet ($25, Kinder $20). **6**

Parque Nacional Santa Rosa

Der Nationalpark Santa Rosa hat mit drastischen Wasserproblemen zu kämpfen und musste deshalb bereits mehrmals schließen. Nach dem Durchzug des Sturmes „Nate" Im Oktober 2017 wurde der Zugang zum Playa Naranjo und zum Sektor „Murciélago" gesperrt. Ob und wann der Zugang wieder eröffnet wird, erfragt man am besten beim Parkwächter.

Sektor Santa Rosa
- **MINAE-Büro:** ☎ 2666-5051, 🖥 www.acguanacaste.ac.cr
- **Öffnungszeiten:** tgl. 8–16 Uhr
- **Eintritt:** $15 (Eintrittskarte gilt auch für den Sektor Murciélago, wenn er wieder geöffnet wird)
- **Gründungsjahr:** 1971
- **Größe:** 38 800 ha
- **Unterkunft und Verpflegung**
Cabinas: 7 km vom Parkeingang. Einfache Zimmer für 8 Pers. in Stockbetten mit Gemeinschaftsbädern, Verpflegung möglich, Voranmeldung erforderlich, $15 p. P.
- **Transport**
Auto: An der Interamericana, 10 km hinter Potrerillos, liegt auf der linken Seite der Nationalparkeingang. Von hier sind es 7 km zum Museum, 20 km zur Playa Naranjo.
Busse: Der Bus aus Liberia (Richtung Peñas Blancas) hält an der Interamericana am Nationalparkeingang. Die Entfernungen zu den Parkattraktionen sind sehr groß. In der Hauptsaison ergattert man morgens u. U. eine Mitfahrgelegenheit.
- **Sicherheitshinweise:** Keine Zigaretten und Feuer im Park. Mit Schrittgeschwindigkeit fahren. Vorsicht vor gefährlichen Strömungen und Krokodilen in Flussmündungen.

Der Park war einst Schauplatz der bedeutendsten Schlacht in der Geschichte Costa Ricas. Hier versteckte sich 1856 in der Hazienda **La Casona**

William Walker mit Soldaten und wurde vom costa-ricanischen Heer blitzartig in die Flucht geschlagen (s. Kasten). Heute beherbergt die Hazienda ein Museum mit einigen antiken Möbeln, alten landwirtschaftlichen Geräten sowie Informationstafeln zur Schlacht. 2001 fiel das geschichtsträchtige Gebäude dem Racheakt zweier Holzfäller zum Opfer und brannte bis auf die Fundamente ab. Die Brandstifter wurden zu 20 Jahren Gefängnis verurteilt, das Gebäude konnte mittels landesweiter Spendenaktionen wiederaufgebaut werden.

Wanderwege führen durch die sehr unterschiedlichen Terrains des Parks, u. a. an der Küste entlang, durch Mangrovenwald oder durch tropischen Trockenwald (Kasten S. 317).

Die Mehrzahl der Tiere, die Klammer-, Brüll- und Kapuzineraffen, Ameisen- und Nasenbären, halten sich in der Trockenzeit an den Wasserlöchern um den Los Patos-Weg auf. Am Parkeingang gibt es Wanderkarten.

Sektor Murciélago

- **MINAE-Büro:** Kein Telefon; Information zur Straßenbeschaffenheit und Anmeldung für das Zelten auf der Isla Murciélago sowie über den Sektor Santa Rosa

- **Öffnungszeiten:** 7–18 Uhr; die Parkwächter wohnen im Park, bei Drucklegung war der Eingang gesperrt.
- **Eintritt:** $15 (Eintrittskarte gilt auch für den Sektor Santa Rosa)
- **Gründungsjahr:** 1971
- **Transport**
  Auto: Von der Interamericana 20 km nördlich vom Eingang zum Sektor Santa Rosa links auf die Straße nach Cuajiniquil abbiegen. In Cuajiniquil führt von der Bar La Casona links ein Schotterweg in den Wald. Bei der nächsten Gabelung geht es rechts zur Playa Cuajiniquil, links führt der Weg an Schule und Polizeistation vorbei zum Nationalpark (9 km). Von nun an immer rechts halten. Die Parkzufahrt überquert drei Flüsse, ein Parkbesuch ist daher nur in der Trockenzeit und mit Vierradantrieb ratsam.
  Busse: Busse fahren von Liberia nach Cuajiniquil. Es fährt kein Bus zum Park. Von Cuajiniquil sind es 9 km Fußmarsch zum Nationalparkeingang und weitere 17 km zur Playa Naranjo.

Die Hauptattraktion des Murciélago-Sektors ist die **Playa Blanca**, am äußersten Zipfel der Halb-

---

William Walker

William Walker. Patriotismus und Stolz erweckt dieser Name in Mittelamerikanern. Denn was für Südamerikaner die Befreiungskriege gegen die Kolonialmächte waren, stellt für diese Staaten, die nie einen Unabhängigkeitskrieg gegen Spanien führten, die gemeinsame Schlacht gegen William Walker dar. Der Anwalt und Arzt aus Nashville, Tennessee, machte sich 1855 den Bürgerkrieg zwischen liberalem und konservativem Lager in Nicaragua zunutze. An der Seite der Liberalen schlug er das nicaraguanische Nationalheer, nahm darauf die Hauptstadt Granada ein und setzte eine Marionettenregierung ein.

1856 marschierten Walkers Truppen in Costa Rica ein, ihr Aufenthalt war jedoch von kurzer Dauer. In lediglich einer Viertelstunde wurden sie bei Santa Rosa (S. 243) vom costa-ricanischen Heer mit Sicheln und Harken in die Flucht geschlagen. Die Ticos folgten Walker nach Nicaragua, wo sie bei Rivas noch einmal auftrumpften. Hier warf am 11. April 1856 der 19-jährige **Juan Santamaría** aus Alajuela eine Fackel in die Hütte, in der sich Walkers Heer verschanzte. Juan kam dabei in den Flammen um. Er zählt heute zu den wichtigsten Nationalhelden Costa Ricas. Ihm zu Ehren errichtete man ein Denkmal in San Josés Parque Nacional. Auch Walkers Heer erlitt schwere Verluste, der Anführer selbst aber entkam. Er schaffte es noch, sich zum Präsidenten von Nicaragua zu ernennen, bevor er am 1. Mai 1857 kapitulierte und zurück in sein Heimatland verschifft wurde. Drei Jahre später wurde Walkers Filibusterei ein Ende gesetzt, als er, 33-jährig, während eines Aufenthalts in Honduras von der honduranischen Armee erschossen wurde.

244 AREA DE CONSERVACIÓN GUANACASTE UND UMGEBUNG | PN Santa Rosa

insel Santa Elena gelegen und einer der schönsten und abgeschiedensten Strände Costa Ricas. Die Mehrheit der Besucher legt die vom Parkeingang 17 km lange und schwierige Piste per Geländewagen oder Mountainbike zurück. Der **Mirador Los Pargos** (9,6 km vom Parkeingang) bietet herrliche Sicht auf die Bucht Santa Elena.

In der **Poza El General** (400 m vom Parkeingang) soll einst der nicaraguanische General Somoza mit seinem Harem gebadet haben. Sein Heimatland liegt nur 30 km nördlich von hier.

Zu Zeiten des nicaraguanischen Bürgerkrieges (1981–1990) befand sich im Murciélago-Sektor ein Trainingslager für die Contras, die von den USA gestützten Konterrevolutionäre. Kurz vor dem Nationalparkeingang sieht man noch die Reste der inzwischen von Gras überwachsenen, **geheimen Landebahn**, die unter der Reagan-Regierung gebaut wurde und mit der die USA Costa Ricas Neutralität im Konflikt verletzten. Dem Nationalpark vorgelagert liegt die große **Isla Murciélago**, ein beliebtes Ziel von Tauchgesellschaften. Die Insel selbst ist vom Tourismus nur wenig berührt, Camping jedoch ist nach Voranmeldung möglich. Fischerboote fahren von Cuajiniquil zur Insel.

Cuajiniquil

Cuanjiniquil ist ein kleines, idyllisch gelegenes, armes Fischerdorf, das – davon bekommt der Durchreisende, wenn überhaupt, nur wenig mit – von Prostitution und Drogen nicht verschont geblieben ist. Tourismus ist hier, trotz der benachbarten Nationalparks, nur wenig entwickelt. Die zwei einzigen Unterkünfte befinden sich 1,5 km außerhalb des Zentrums, in Richtung Fischerhafen.

ÜBERNACHTUNG UND ESSEN

Cabinas el Manglar, ℘ 2679-1092, 🖥 www. ecoarca-hardfishing.it. Einfache, saubere, rustikale Zimmer, teils mit Privatbad, teils mit Stockbetten; von Italienern geleitet, Küchenbenutzung erlaubt, im 2. Stock mit Sicht auf Mangroven. Mit Gemeinschaftsbad ❶, mit Bad ❷

Ritt auf Poseidons Rücken

Am Ende der 20 km langen, knochenbrecherischen Piste zum Strand **Playa Naranjo** (die zur Zeit der Recherche zwar nicht befahrbar war, aber zeitnah wiedereröffnet werden soll) liegt einer der besten und am schwersten zugänglichen Surf-Spots des Landes, der **Roca Bruja**, der „Hexenfelsen". In der Regenzeit, wenn die Strecke für Autos generell nicht passierbar ist, die Wellen aber große Tunnel schlagen, legen passionierte Surfer den Weg zu Fuß zurück und schleppen Surfbrett, Campingausrüstung, Grillkohle und Proviant huckepack (s. a. Boote nach Roca Bruja, S. 256). 4 km weiter in Richtung Nordosten erreicht man den weißen Sandstrand **Playa Nancite**, an dem in der Regenzeit Tausende von Bastardschildkröten ihre Eier ablegen. Zugang zum Strand haben ausschließlich Wissenschaftler; Besucher benötigen eine Sondergenehmigung von der Parkverwaltung.

Santa Elena Lodge, an der Straße Richtung Muelle, ℘ 2679-1038, 🖥 www.santaelena lodgecr.com. 8 rustikale Zimmer für 2–6 Pers. mit großen Bädern in einer attraktiven Holzlodge vom freundlichen Manuel. Inkl. Frühstück. ❹

Bar und Restaurant Arrecife, an der Straße Richtung Muelle, direkt neben der Santa Elena Lodge, ℘ 2679-1313. Wem die schnulzige Latinomusik nichts ausmacht, auf den warten hier günstiger und lecker zubereiteter frischer Fisch, Meeresfrüchte und großzügige Salatportionen. ⏰ Tgl. 11–21 Uhr.

Marisquería Boulevard, gegenüber der Polizei, ℘ 2679-1095, 8745-2210. Super Ceviche, frische Meeresfrüchte und andere Fischgerichte; einfach und gut. Ein wenig Geduld muss man haben. ⏰ Di–So 12–21 Uhr.

SONSTIGES

Supermarkt
Supercompro, an der Straße Richtung Muelle, neben der Santa Elena Lodge, gut sortiert. ⏰ tgl. 7–22 Uhr.

Einkaufen

Neben dem Restaurante Arrecife befindet sich ein **Handwerksbetrieb**, der allerlei Mitbringsel und originelle Souvenirs verkauft, u. a. schöne Hängematten. ☉ unregelmäßig, falls geschl. im Restaurant fragen.

Touren

Diving Center Cuajiniquil, 400 m westl. vom Supercompro, grünes Tor, ☏ 2679-1217, 8984-8836. Auch Kajakverleih für Mangroventouren. **Snorkeling Cuajiniquil**, ☏ 8343-1690, 2679-1007, ✉ anilarvic@gmail.com. Schnorcheltouren mit Anibal Lara Victor.

TRANSPORT

Busse nach LIBERIA fahren 2x tgl. um 7 und 15.30 Uhr vom Supermarkt Supercompro, nach LA CRUZ 2x tgl. morgens und mittags.

Refugio Nacional de Fauna Silvestre Bahía Junquillal

- **MINAE-Büro:** ☏ 2666-5051, 🖥 www.ac guanacaste.ac.cr (mit vielen Informationen, z. B. über gesperrte Straßen)
- **Öffnungszeiten:** tgl. 8–18 Uhr, Camper können auch außerhalb der Öffnungszeiten eintreffen, die Parkwächter wohnen vor Ort.
- **Eintritt:** $15
- **Gründungsjahr:** 1988
- **Größe:** 505 ha
- **Unterkunft**
  Camping für $19 inkl. Nationalparkgebühr; Kochen nur mit Kohle und Gas erlaubt.
- **Transport**
  Auto: Von der Interamericana biegt 20 km nördlich vom Eingang zum Nationalpark Santa Rosa links die Straße nach Cuajiniquil ab. Am Ort vorbeifahren und der Hauptstraße Richtung „Muelle" (Hafen) folgen; nach rund 1,5 km führt rechts, gegenüber vom Supercompro die Straße zur Bahía Junquillal (4 km) und zur Bahía Salina (21 km).
  Busse: Von Liberia nach Cuajiniquil, den Rest zu Fuß.

Das Refugio Nacional de Fauna Silvestre Bahía Junquillal ist ein beliebtes Ausflugsziel costaricanischer Familien. Sie schlagen ihre Zelte an der rund 2 km langen, ruhigen und sicheren **Schwimmbucht** auf, von der man einen herrlichen Blick auf die Sonnenuntergänge über dem Muñecos-Inselarchipel hat. Die Hauptbesuchszeit um Weihnachten und Ostern sollte man möglichst meiden, dann tummeln sich mitunter um die hundert Personen in der Reserva.

Von der Bahía Salinas Richtung Nicaragua

Bahía Salinas

Die kleinen Inseln, schroffen Felsen und der schier endlose Flickenteppich von Grün, der die friedliche Bahía Salinas in der Regenzeit umgibt, erinnern an die Ursprünglichkeit und raue Schönheit des schottischen Hochlands. Wind, Weite und Ruhe findet man hier an der äußersten Nordpazifikküste, nur 28 km von Nicaragua entfernt – und noch relativ wenige Touristen. Die wehen erst ab November mit den Passatwinden ein, zu Beginn der Kitesurf-Saison.

Die von der Karibik herbeiziehenden Winde sind auch Ursache des sogenannten Papagayo Upwellings, das man in Mittelamerika nur am Isthmus von Tehuántepec (Südmexiko) und in der Panamabucht beobachtet. Die oberste Wasserschicht wird dabei landeinwärts geweht, kälteres Wasser steigt aus der Tiefe nach und bringt Meeresorganismen mit an die Oberfläche. Die Bucht ist daher sehr fischreich und lockt viele Meeresvögel an. Auf der größten Insel, **Isla Bolaños**, nisten braune Pelikane, amerikanische Austernfischer und Fregattvögel. Vom Fischerhafen Puerto Soley kann man sich dem Vogelschutzgebiet mit Booten nähern, der Zutritt zum Eiland ist jedoch nur mit Parkgenehmigung gestattet.

Strände

Die weißen Sandstrände **Playa Rajada** und **Rajadita** eignen sich gut zum Schwimmen. Von hier erlebt man berauschende Sonnenuntergänge, an der **Playa Pochote** und **Puerto Soley** bieten sich paradiesische Lichtspiele am Abend. **Playa Manzanillo** mit der vorgelagerten Isla Dispensa ist ein beliebtes Schnorchelrevier, die steinigeren **Playa Copal** und **Papaturra** locken viele Kitesurfer an.

Die **Playa el Jobo** wurde fast komplett vom Luxushotel „Dreams las Mareas" zugebaut. Laut Gesetz darf der Zugang zum Strand aber nicht verwehrt werden, deshalb können ihn auch Nicht-Hotelgäste genießen. Dazu folgt man einfach der Beschilderung für den Lieferanteneingang *(Entrada de Servicio)*, die zu einem Parkplatz führt. Nach weiteren 300 m zu Fuß erreicht man den ruhigen Sandstrand, wo Strandbuden, kleine Restaurants und eine Tauchschule warten.

ÜBERNACHTUNG

Blue Dream Hotel, Playa Papaturro, ✆ 2676-1042, 8826-5221, 🖥 www.bluedreamhotel.com. Überwiegend Kitesurfer übernachten bei Gastgeber Nicolas, der sich selbst diesem Sport verschrieben hat und auch Kurse anbietet. 13 einfache Zimmer, 2 Dorms ($14–18 p. P.) und eine schöne Suite in Schiffsform. Hübsche Sicht auf die Bucht. Das Restaurant Mediterraneo bietet während der Hochsaison Pizza und Mittelmeerküche, auch für Nicht-Gäste. ❷, Suite ❸
Hotel Ecoplaya, Playa Coyotera, direkt am Strand. Absolut einsam gelegenes Hotel, dass sich zurzeit der Recherche zwar in einem sehr guten Zustand befand, durch einen Besitzerwechsel aber noch wegen Renovierung geschlossen war. Eröffnet evtl. unter einem neuen Namen.
Kitehouse, Playa Copal, ✆ 2676-1045, 🖥 www.kiteboardingcostarica.com. Dorm $15 p. P., mit Kochmöglichkeit, vermitteln auch Ferienhäuser am Strand.

SONSTIGES

Canopy
Spider Monkey Canopy Tour, 2 km westl. von La Cruz. Spannende Canopy-Strecke mit 11 Kabeln. $45 p. P. ✆ 8357-4983, 🕐 tgl. 9–16 Uhr.

Kitesurfing
Blue Dream Kitesurfing 2000 School, Playa Papaturro, 🖥 www.bluedreamhotel.com. Kitesurfingkurse für Anfänger und Fortgeschrittene und Kiteboardverleih.
Costa Kite, 🖥 www.costakite.com, ✆ 8907-9889, 8500-3222. Kite-Kurse, Verleih von Brettern, vermietet auch Unterkunft (spanische Besitzer, sind nur in der Hauptsaison hier)
Kitehouse, Playa Copal, 🖥 www.kiteboarding costarica.com. Kurse und Kiteboardverleih.

Supermarkt
Minisuper in El Jobo.

TRANSPORT

Von der kleinen Ortschaft El Jobo sind es 17 km bis La Cruz.
Busse von El Jobo nach LA CRUZ verkehren 5x tgl., 1 Std.

La Cruz

La Cruz ist die letzte nennenswerte Ortschaft vor der 22 km entfernten Grenze nach Nicaragua. Aufgrund der Grenznähe genießen die Einwohner von La Cruz das Privileg, ohne Pass nach Nicaragua kommen und sich zwei Tage im Nachbarland aufhalten zu dürfen.

Der kleine unspektakuläre Ort hat einige günstige Unterkünfte und bietet sich als Ausgangsbasis für Ausflüge an die nahe **Bahía Salinas** an. Wer auf der Durchfahrt ist, sollte den Panoramablick auf die Bucht an der Ortsausfahrt nicht versäumen.

ÜBERNACHTUNG UND ESSEN

Cabinas Santa Rita, vor dem Gericht, ✆ 2679-9062. Bei der freundlichen Doña Rosa Amelia. Ältere, saubere, sehr einfache Cabinas verschiedener Größe, teils mit Privatbad und AC. Die Cabinas mit Gemeinschaftsbad sind sehr spartanisch, kein Internet. ❷–❸
Hotel Casa del Viento (ehemals Hotel Bella Vista), an der Straße zu den Stränden, neben dem Aussichtspunkt, ✆ 2679-8060, 8433-0990,

www.casa-del-viento-cr.book.direct.
Kleine Zimmer und 1 Dorm ($14 p. P.) für bis zu
10 Pers. Frühstück extra. **3**

Hotel La Mirada, 300 m östl. vom Park, Richtung Interamericana, ✆ 2679-9702, 2679-9084. Angenehme Unterkunft mit 12 modernen, sauberen Zimmern, teils mit AC. Privatparkplatz, kein Frühstück. **2**, mit AC **3**

Cabañas Cañas Castilla, 5 km nördl. von La Cruz im Ort Sonzapote abbiegen, dann 2 km auf einer guten Schotterpiste, ausgeschildert, ✆ 8381-4030, www.canascastilla.com. 6 geräumige Bungalows für bis zu 4 Pers., einer mit Küche, Terrasse mit Blick zum Fluss Sapoa, auf einer 68 ha großen Finca gelegen mit 5 km Naturlehrpfaden und über 120 Baumarten. Frühstück $7–8, gutes Abendessen $16, Tourangebote, u. a. nach Nicaragua und Reittouren. Agi und Guido aus der Schweiz sind herzliche Gastgeber. **3**

Charlies Bar (ehemals Restaurante Luna & Sol), 100 m nördl. und 50 m östl. der Banco Popular, ✆ 2679-8323. Typische Dorfkneipe mit einer großen, ansprechenden Speisekarte und günstigen Preisen. ⏱ tgl. 11.30–22.30 Uhr (mit warmer Küche bis zum Schluss)

Restaurante La Negra, Ortsausgang, Richtung Nicaragua. Sehr guter Fisch und Meeresfrüchte, mit großem Parkplatz vor der Tür. ⏱ tgl. ab 12 Uhr.

Restaurant Punta Descartes, 50 m östl. vom Park, auch wenn das Essen gut ist, der Ausblick gewinnt immer noch mehr Herzen. ⏱ 8–22 Uhr.

SONSTIGES

Apotheke
Farmacia La Cruz, ✆ 2679-8048, 10 m südl. vom Park, ⏱ Mo–Sa 7–20, So 9–16 Uhr.

Geld
Banco Popular, 100 m östl. vom Park, Geldautomat für Colones, ⏱ Mo–Fr 8.45–15, Sa 8.15–12 Uhr.
Banco Nacional, an der Zufahrt zur Interamericana, Geldautomat für Colones, ⏱ Mo–Fr 8.30–15.45 Uhr.
Banco de Costa Rica, gegenüber vom Park, Geldautomat mit US$. ⏱ Mo–Fr 9–16 Uhr.

Medizinische Hilfe
Clínica de Santa Cruz, an der Interamericana gegenüber der Banco Nacional, ✆ 2679-9116. ⏱ Mo–Do 7–16, Fr 7–15 Uhr.
Rotes Kreuz, 200 m östl. vom Park. 24 Std. Notfalldienst hat man auch in der Apotheke La Cruz (s. o).

Post
Gegenüber dem Taxistand am Park. ⏱ Mo–Fr 8–12, 13–17.30 Uhr.

Supermarkt
Supercompro, am Park, ⏱ tgl. 8–21 Uhr.

Tankstelle
An der Ausfahrt zur Interamericana, gegenüber der Banco Nacional.

Taxis
Am Park (Tarife: Playa Copal 10 000C$, Ecoplaya 12 000C$, Peñas Blancas 15 000C$)

TRANSPORT

Busse fahren nach:
EL JOBO / BAHÍA SALINA, 4x tgl. 7–16 Uhr, 1 Std.;
SAN JOSÉ (über CAÑAS), 9x tgl. 3.30–18 Uhr, 5 Std. mit Transportes Deldu, ✆ 2222-0210.
LIBERIA, alle 30–45 Min. 3.50–19 Uhr;
PEÑAS BLANCAS (Grenze nach Nicaragua), ca. alle 45 Min.

Peñas Blancas / Grenze nach Nicaragua

Peñas Blancas ist der wichtigste und meistgenutzte **Grenzübergang** nach Nicaragua. Bereits etliche Kilometer vor der Grenze führt die costa-

Nach Nicaragua

Grenzübergang Nicaragua, ⏱ tgl. 6–22 Uhr, $8 Grenzgebühren, die Bezahlung ist an mehreren Stellen vorher schon möglich: Tankstellen, Hotels (z. B. Cabañas Cañas Castilla, s. oben).

Der schnellste Weg

Der schnellste Weg **von San José nach Nicaragua** ist, den Direktbus nach Peñas Blancas zu nehmen, von dort zu Fuß die Grenze zu überqueren und auf nicaraguanischem Boden in den Bus nach Rivas zu steigen. Auf diese Weise erspart man sich die lange Wartezeit, die eine Fahrt im Tica-/ Nicabus kostet. Denn der fährt erst dann weiter, wenn jeder Passagier die Pass- und Gepäckkontrolle durchlaufen hat (und der Busfahrer sein mehrgängiges Menü verspeist hat).

Gleiches gilt aber **nicht** für die Route **Nicaragua–San José**. In diese Richtung fahren weniger Busse. Lange Warteschlangen sind nicht ungewöhnlich, oft muss man ein bis zwei Busse abwarten, um einen Sitzplatz zu ergattern. Häufig sind dies keine Direktbusse, das heißt es werden sämtliche guanakatekischen Kuhdörfer abgeklappert, bevor der Bus in der Hauptstadt eintrifft. Die Tica-/ Nicabusse sind daher auf dieser Strecke trotz langwieriger Pass- und Gepäckkontrollen schneller. Wer sich dennoch für die erste Variante entscheidet, sollte früh aufbrechen, nach der allgemein in den Tropen gültigen Faustregel: Je jünger der Tag, desto besser die Busverbindung!

ricanische Polizei Passkontrollen durch, um den starken Zustrom an illegal eingereisten Nicaraguanern einzudämmen. Busse werden regelmäßig angehalten, den Pass sollte man stets griffbereit haben. Zur Weihnachts- und Osterzeit herrscht in Peñas Blancas Hochbetrieb, dann kehren die Nicaraguaner, die im Besitz von Pass und Visum sind, hier für die Zeit der Feiertage in ihre Heimat zurück; der Rest umgeht die Grenze und überquert heimlich in einer Lancha den Grenzfluss Río San Juan.

Peñas Blancas gibt dem Reisenden einen Vorgeschmack auf das wesentlich ärmere und chaotischere, dafür oft lebendigere Nicaragua, das hinter dem Zaun liegt. Der lang gezogene Grenzbereich ist lukrativer Arbeitsplatz für filzige Schuhputzerjungen, die mit vom Leimschnüffeln gezeichneten Gesichtern täglich in klapprigen Bussen anrollen und ihr Bänkchen zwischen ausgelutschten Orangenschalen aufstellen.

„Freeesco, Freeesco", rufen beleibte, weiß beschürzte Frauen und jonglieren dabei geschickt das in Plastiktüten abgefüllte Getränk zwischen ihren Fingern. Mumienhaft, in farbenfrohe Hängematten eingewickelt, torkeln Händ-

ler durch die Duftschwaden frittierter Plátanos, die aus den improvisierten Küchen am Straßenrand herüberziehen.

TRANSPORT

Busse nach SAN JOSÉ 9x tgl. 3–17.30 Uhr, 5 1/2 Std. mit Transportes Deldu, ☎ 2677-0091). **Busse** nach RIVAS alle 30 Min. Rivas ist ein wichtiger Verkehrsknotenpunkt im Süden von Nicaragua. Von hier fahren Busse nach Granada, Managua und San Juan del Sur. Colectivos und Taxis fahren zum Fähranleger zur Isla de Ometepe.

Geld

Die Bank an der Grenze tauscht ausschließlich Dollars und Euro.
Bei den Geldwechslern können Colones und Córdoba zu einem schlechten Kurs umgewechselt werden. Der Geldautomat an der Grenze in Nicaragua akzeptiert nur Visa und Master Card und gibt nur Córdoba aus. In Rivas kann man am Automaten der BAC auch US$ abheben.

SURFER; SÜD-GUANACASTE; © SHUTTERSTOCK.COM / JORGE A. RUSSELL

Süd-Guanacaste und die Nicoya-Halbinsel

Strände, Sonne, Urlaubsfeeling – die Nicoya-Halbinsel mit ihren Traumbuchten und Surf-Spots ist das costa-ricanische Ferienparadies schlechthin. Doch auch für Naturliebhaber gibt es viel zu entdecken, etwa den fischreichen Golf von Nicoya mit vielen Inseln und das Höhlensystem im Barra Honda-Nationalpark.

Stefan Loose Traveltipps

Refugio de Fauna Silvestre Ostional
Tausende Schildkröten steigen zur Eiablage bei Mondschein aus den Fluten. S. 273

Santa Cruz Unblutige Stierkämpfe und staubige Dorf-Rodeos mit Sabaneros. S. 274

Parque Nacional Barra Honda Unterirdische Grotten und bizarre Skulpturen aus Kalkstein. S. 280

9 Sámara und Montezuma Strandpartys, Badebuchten und Küstenstraßen mit Panoramablick. S. 286 und 303

Playa Pelada / Reserva Biológica Nosara
Die schnellste Bewegung in der Pflanzenwelt, dickbäuchige Bäume als Wasserspeicher und eine Termite als Kostprobe. S. 281

Golfo de Nicoya Robinson Crusoe-Feeling bei einer Kajaktour von Insel zu Insel. S. 293

Isla Cabuya Wanderung bei Ebbe zu den Grabhügeln aus Muscheln und Palmwedeln. S. 308

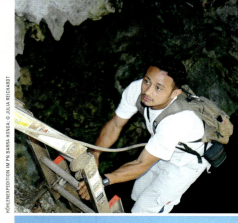

HÖHLENEXPEDITION IM PN BARRA HONDA, © JULIA REICHARDT

PADDELTOUR IM GOLF VON NICOYA, © VOLKER ALSEN

Wann fahren? Ganzjährig; von Ende Dezember bis April fällt auf der Nicoya-Halbinsel manchmal kein Regen mehr, es wird dann staubig und extrem trocken. Die populären Strandziele sollte man an Feiertagen unbedingt meiden – es wird dann voll und sehr teuer.

Wie lange? 5–14 Tage

Bekannt für Surfen, Baden, Schnorcheln, Tauchen, Angeln und Sonne satt

Für Entdecker Höhlentour im Nationalpark Barra Honda, einsame Wasserfälle, Kajaktour im Golf von Nicoya

Süd-Guanacaste und die Nicoya-Halbinsel

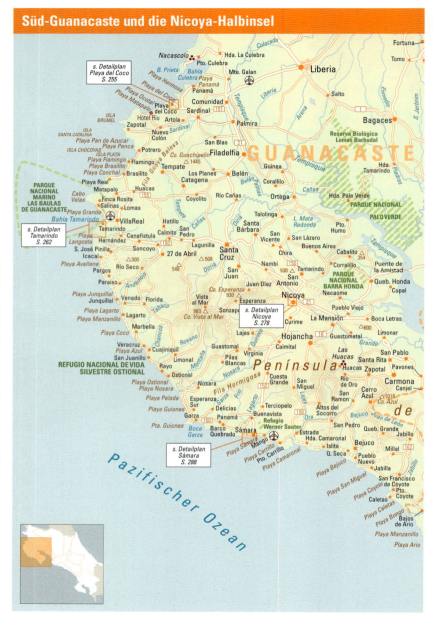

252 SÜD-GUANACASTE UND DIE NICOYA-HALBINSEL

Am Pazifik nach Süden

Playa del Coco

In Playa del Coco tobt Costa Ricas Ballermann. Das rege Nachtleben des einst kleinen Fischerorts zieht vor allem amerikanische Sportfischer und Einheimische an. Playa del Coco ist ein Beispiel für die unkontrollierte Tourismusentwicklung an Costa Ricas Pazifikküste. Aus Profitgier wurden auf den umliegenden Hügeln, mitunter illegal, große Eigentumswohnungskomplexe, Hotelanlagen und Golfplätze gebaut, der tropische Trockenwald musste weichen. Einige Bauherren sitzen nun buchstäblich auf dem Trockenen. Denn sechs Monate lang fällt in dieser ariden Zone oft kein einziger Tropfen Regen. Ein Aquädukt sollte das kostbare Nass aus der kleinen Tico-Ortschaft Sardenal nach Playa del Coco leiten. Sardenals Einwohner aber weigerten sich. Viele von ihnen mussten bereits wegen der rapide ansteigenden Mietpreise vom Strand ins Landesinnere ziehen, das Wasser lassen sie sich nicht auch noch nehmen. Manch einem Bauherrn bleibt daher nichts anderes übrig, als das Wasser kostenaufwendig per Lastwagen heranzutransportieren. Trotzdem allem hat Playa del Coco seinen Besuchern immer noch etwas zu bieten: Die vorgelagerten Inseln bieten hervorragende Tauchreviere, und die Strandpromenade lädt dazu ein, traumhafte Sonnenuntergänge zu beobachten.

ÜBERNACHTUNG

Bed and Breakfast Laura's House, C. La Chorrera, ✆ 2670-0751, 8819-3552, 🖥 www.casa lauracr.com. 6 kleine Zimmer, teils mit AC und TV, Pool, Café, freundliche Tica-Leitung, einfaches Frühstück inkl. ❸

Cabinas Sol y Mar, 200 m südl. der Banco Nacional, ✆ 8451-2415. 6 saubere, nüchterne Cabinas für 2–8 Pers mit Küche. Kein Frühstück, mit Pool, AC, TV. ❸

Hotel Coco Beach, an der Straße zum Strand, 200 m vor dem Strand auf der rechten Seite, ✆ 4000-0600, 🖥 www.cocobeachcr.com. Großer Komplex mit Hotel, gutem Restaurant,

Sportsbar, Casino und Parkplätzen: Das Hotel hat 32 klimatisierte Zimmer auf 2 Ebenen, die meisten mit Blick auf den Pool, alles schon etwas älter, freundlicher Service. **❺**

Hotel Coco Palms, am Fußballplatz, 100 m vom Strand, ✆ 2670-0367, 🖵 www.hotelcocopalms. com. 35 saubere, unterschiedlich eingerichtete Zimmer, die neueren, kleineren Zimmer und Apartments befinden sich im Annex. Wenig Ambiente. Teils winzige Bäder. Dafür schöner Pool, Bar. Preis-Leistungs-Verhältnis stimmt nicht, Frühstück extra. **❺**

Hotel M & M Beach House, 75 m westl. vom Park, Strandnähe, ✆ 2670-1212. 17 einfache, schöne, helle und geräumige Zimmer mit Ventilator in 2-stöckigem Holzhaus. Hübscher Innengarten, Kochmöglichkeit, Parkplatz. Eine der wenigen Unterkünfte im Ort mit Meeresblick, der Pool vom M&M Garden Haus (s. u.) kann genutzt werden. Frühstück inkl. **❸**

Hotel M & M Garden House, Calle La Chorrera, direkt nach Laura's House (s. o.), ✆ 2670- 0273. 11 klimatisierte Zimmer in schönem tropischen Garten; Pool und Parkplatz, Frühstück inkl. **❸**

La Puerta del Sol, 120 m südl. vom Deep Blue Diving, ✆ 2670-0195, 🖵 www.lapuertadelsol hotel.com. Ruhige, farbenfrohe Anlage im italienischen Design mit 10 großen Suiten, kreativ aus Zement gebaut, schöner Pool mit Poolbar. Frühstücksbuffet inkl., riesiger Parkplatz. **❻**

Rancho Armadillo, 🖵 www.ranchoarmadillo. com, ✆ 2670-0108. Fernab des Trubels liegen diese 7 geräumigen, rustikalen Zimmer mit großen Bädern. Lounge mit Hängematten und Blick auf die Isla de Tortuga, große Gemeinschaftsküche, Pool. Der hilfsbereite amerikanische Besitzer Rick ist professioneller Koch und begeisterter Hobbyastrologe. Er zeigt seinen Gästen die Himmelskonstellationen mit einem Laserstrahl. Frühstück inkl. **❻**

Nachtruhe

Wer ruhig schlafen will, sollte sich seine Unterkunft in Playa del Coco sorgfältig aussuchen, denn verschiedene Bar-Diskotheken sorgen für schlaflose Nächte! Faustregel: je weiter weg vom Zentrum, desto ruhiger die Bleibe.

Toro Blanco, 50 m westl. der Kirche, ✆ 8950-6126, 🖵 www.toroblancoresort.com. Das knallgelbe, 2-stöckige Hotel mit 18 sehr verschiedenen Zimmern steht farblich im Kontrast zum tiefblauen Pool mit Bar und Hockern im Wasser. Mit den Repliken römischer Statuen hat der italienische Besitzer ein Stück Heimat nach Costa Rica gebracht. Die Cabinas haben Kitchenette, getönte Schiebefenster und eine kleine Terrasse mit Laternen. **❹**–**❺**

Villas del Sol, am Nordende des Strands, 1 km vom Zentrum, ✆ 2670-0085, 🖵 www.villadelsol. com. Freundliche Posada mit hellen, klimatisierten Zimmern und großem, schön angelegtem Garten mit Hängematten, AC, Pool, Touren, Frühstück inkl. **❸**–**❺**

ESSEN

Claudio y Gloria, am Strand, ✆ 2670-0256. Fine Dining-Restaurant, hauptsächlich Fisch und Meeresfrüchte, auch Pizza. Frühstück, meist guter Service. ⏱ tgl. 8–21.30 Uhr.

Hard Rock Café Guanacaste, im Einkaufszentrum an der Hauptstraße, gegenüber der Banco Nacional, ✆ 2670-1317, 🖵 www.hardrock.com/ cafes/guanacaste. In einem Ort wie El Coco darf ein Hard Rock Café natürlich nicht fehlen. Dieselbe Karte wie überall, Souvenirshop. ⏱ tgl. 12–1 Uhr.

Heladería Italiana 0039, an der Hauptstraße zum Strand, oberhalb vom Coco Beach (S. 253). Original italienisches Gelato. 24 verschiedene Eissorten, darunter Tiramisu, Guanabana, Mango oder Chocochip. ⏱ tgl. 10–21 Uhr.

Jardín Tropical, östl. des Fußballplatzes. Günstige Casados und Fischgerichte, auch Frühstück. ⏱ tgl. 7–21 Uhr.

Milanes, an der Hauptstraße Richtung Strand, nach der Banco de Costa Rica links abbiegen. Meeresfrüchte und Fisch, auch frische Langusten. Der Ceviche Arrecife ist hier der Renner. ⏱ Mo–Sa 8–21 Uhr.

Soda Teresita, am Fußballplatz, an der Strandseite. Landestypische Gerichte, größere Auswahl als im Jardín Tropical. ⏱ tgl. 10–22 Uhr.

🧳 **Villa Italia**, von der Hauptstraße Richtung Strand vor dem Supermarkt Luperón links einbiegen und den Schildern

Playa del Coco

folgen, ✆ 2670-0284, 8337-8105, 🖥 www.villaitaliacostarica.com. Original italienische Küche von Susanna und Andrea in familiär-elegantem Ambiente. Hausgemachte Pasta, auch Apartments werden vermietet. ⏰ tgl. 18–22 Uhr.

UNTERHALTUNG

Coconutz Sport Bar, an der Hauptstraße, ✆ 2670-1982, 🖥 www.coconutzbar.com. Beliebter Treffpunkt, Grill, immer geöffnet, häufig Livemusik.

Zi Lounge, **an der Hauptstraße**, ✆ 2670-1978. Musik, Steaks und Meeresfrüchte, gute Cocktails, amerikanischer Stil mit Tico-Touch, DJ. ⏲ Di–So 11–2.30 Uhr.

AKTIVITÄTEN

Schnorcheln
Gute Schnorchelbedingungen bieten sich an der Playa Ocotal, 2 km von Playa del Coco. Ausrüstung gibt es z. B. bei **Deep Blue Diving** (s. u.).

Segeln
Kunavela, ✆ 8301-3030, 🖥 www.kunavela. com. Schnorcheltouren und Segeltörns, auch bei Vollmond und Sonnenuntergang.

Surfen
Playa del Coco ist kein Surfstrand, von hier fahren aber die Boote zu den legendären Surfspots **Roca Bruja** und **Ollie's Point** ab.

Tauchen
Eines vorweg: Kristallklares Wasser und Korallen gibt es hier nicht, dafür eine Vielzahl an Bullenhaien, Mantarochen und tropischen Fischen. Die zwei Haupttauchreviere sind **Isla Catalina** und **Isla Murciélago**. Die besten Sichtverhältnisse herrschen im Juli und Aug. **Deep Blue Diving**, C. la Chorrera, Cangrejo, ✆ 2670-1004, 🖥 www.deepblue-diving.com. Auch Schnorchelausrüstung und Surftouren nach Ollie's Point und Witch's Rock. Deutsche Leitung. ⏲ tgl. 7–17.30 Uhr.
Rich Coast Diving, an der Hauptstraße, ✆ 2670-0176, 4030-7561, 🖥 www.richcoastdiving.com. Holländische Leitung. ⏲ tgl. 7.30–18 Uhr (tel. erreichbar rund um die Uhr).
Summer Salt Dive Center, C. La Chorrera, nahe Hauptstraße, ✆ 2670-0308, 🖥 www. summer-salt.com. ⏲ tgl. 7–18 Uhr.

SONSTIGES

Apotheke
Farmacia Sucre, an der Hauptstraße, 500 m südl. vom Strand, ✆ 2670-1990. ⏲ Mo–Sa 8–19 Uhr.

Feste
Ende Jan: **Fiestas Cívicas** mit Rodeos, Tanz und lauter Musik.
Mitte Juli: **Fiesta de la Virgen del Mar**, geschmückte Fischerboote zu Ehren der Virgen del Mar, der Schutzpatronin der Fischer.

Geld
Banco Nacional, an der Hauptstraße, 500 m südl. vom Strand. ⏲ Mo–Fr 8.30–15.45 Uhr.
BAC, im CC Pacífico, wo auch der Automercado ist, 700 m vor dem Strand. Geldautomat, für alle Karten, Schalter. ⏲ Mo–Fr 9–18, Sa 9–13 Uhr.

Post
Gegenüber der Bushaltestelle. ⏲ Mo–Fr 8–12, 13.15–17.30 Uhr.

Supermarkt
Megasuper, im CC Plaza Colonial, ⏲ 8–21 Uhr, und **Automercado**, ⏲ Mo–Sa 8–21, So 8–20 Uhr, beide an der Hauptstraße.

TRANSPORT

Zwischen Playa del Coco und den benachbarten Stränden Playa Hermosa, Playa Panamá und Playa Ocotal gibt es keine direkte Busverbindung. Von Playa del Coco nach LIBERIA, 4–19 Uhr, stdl., 1 Std.; nach SAN JOSÉ (direkt) um 4, 8, 14 Uhr. Die Haltestelle befindet sich an der ersten großen Kreuzung im Ort, unterhalb der BCR. Beide mit Pulmitan de Liberia, ✆ 2222-1650, ⏲ tgl. 6–17.30 Uhr.
PLAYA CONCHAL / BRASILITO / FLAMINGO, Bus in Richtung LIBERIA nehmen, am **Cruz de la Comunidad** aussteigen; an dieser staubigen Straßenkreuzung halten die Busse zu den nördl. Stränden sowie nach BELÉN, SANTA CRUZ und NICOYA. Geduld mitbringen.

Playa Hermosa

Ohne lärmende Diskotheken ist Playa Hermosa das ruhige Gegenstück zur partysüchtigen Playa del Coco. Das Meer vor dem 2 km langen, schönen Sandstrand hat keine Unterströmungen und eignet sich gut zum Schwimmen.

ÜBERNACHTUNG

Die aufgeführten Unterkünfte sind über die zweite Strandzufahrt zu erreichen.

Beach Resort Villa Acacia, ☎ 2672-1000, 🖥 www.villacacia.com. Sehr gepflegte Anlage mit 8 achteckigen Häusern mit Holzdecke und Küche und 8 hellen, geschmackvoll schlicht eingerichteten Zimmern mit Kühlschrank und Balkon. Pool, Restaurant, Frühstück inkl., 100 m zum Strand. ❻

Hotel El Velero, direkt am Strand, ☎ 2672-0036, 🖥 www.costaricahotel.net. 22 klimatisierte, saubere Zimmer (davon leider nur 2 mit Strandblick) in schöner Strandlage, Pool, Strandrestaurant und Bar. ❺–❻

Playa Hermosa Inn, am Strand, ☎ 2672-0063, 🖥 www.bandbonbeach.com. 8 Zimmer verschiedener Größe und Qualität mit Kühlschrank, teils mit Meeresblick und AC. Auch ein Apartment für 7 Pers. Die gleichen Besitzer wie Restaurant Aguasports. Frühstück inkl. ❹

Camping & Hostal Congos, ☎ 2672-1168, 8844-4116, direkt am Strand. Campingplatz in guter Lage. Sehr einfaches Hostel mit Etagenbetten, Hängematten, sehr freundlich, Frühstück extra. Schlafsaal $18 p. P., Zimmer mit Bad ❸

ESSEN

Die genannten Restaurants sind über die zweite Strandzufahrt zu erreichen.

Bar und Restaurant Pescado Loco, eine kleine Spelunke mit leckeren Fisch- und Seafood-Gerichten sowie landestypischer Küche. Große Portionen zu fairen Preisen. Beliebter Ausgeh-Ort in Playa Hermosa. ⏲ tgl. 8–22 Uhr.

Restaurant Aguasports, am Strand, ☎ 2672-0151. Meeresspezialitäten und Fisch sowie eine große Auswahl an Frühstücksgerichten. Üppige Portionen; Bar mit guten Mojitos. ⏲ tgl. 10–21 Uhr.

SONSTIGES

Tauchen und Wassersport
Sirenas Diving Costa Rica, ☎ 8721-8055, 🖥 www.costaricadiving.net. Veranstaltet Tauch- und Schnorcheltouren und verleiht Boogie-

boards und Schnorchelausrüstung; kein Büro, nur Kontakt per Telefon oder E-Mail.

Unterhaltung
Bar Pescado Loco, s. Essen.

TRANSPORT

Busse fahren nach:
LIBERIA, 9x tgl. 5–19.10 Uhr;
SAN JOSÉ, 1x tgl. um 5 Uhr; beide Busse mit Transportes la Pampa, ☎ 2680-0392, 2686-7245.

Playa Panamá

Playa Panamá, nördlich von Playa del Coco, bietet eine große, ruhige Bucht mit mehreren großen Hotels, darunter das Casa Conde und das sehr empfehlenswerte El Mangroove, ☎ 2291-7750, 🖥 www.elmangroove.net, mit gutem Restaurant. Die meisten Besucher kommen aus den Vereinigten Staaten, entsprechend hochpreisig sind Zimmer und Touren.

Noch weiter nördlich schließt sich die **Bahía Culebra** an, wo dann auch die Straße endet. Anfang der 1990er-Jahre sollte diese Region zum Cancún Costa Ricas werden, mit rund 20 000 Hotel- und Ferienzimmern. Die mexikanische Firmengruppe Situr investierte rund $2,5 Mrd. in das Projekt; den **Umweltschutz** stellte die costaricanische Regierung bei dieser Devisensumme hinten an. Unter anderem sollten die letzten Flecken tropischen Trockenwaldes gerodet werden und in der trockensten Region Costa Ricas mehrere Golfplätze entstehen.

Umweltgruppen liefen Sturm. Nach heftigen Korruptionsskandalen, in die auch das costaricanische Tourismusministerium verwickelt war, und nach dem Konkurs der Situr-Gruppe übernahmen Mitte der 1990er-Jahre US-amerikanische Investoren das Projekt. Der Wolf im Schafspelz ging geschickt mit der Mode und legte sich einen Öko-Namen zu: Ecodesarrollo Papagayo nannte er sich. 2004 konnte so an der Bahía Culebra der Hotelriese Four Seasons seine Pforten öffnen, mit 145 Zimmern und hoteleigenem Golfplatz.

Playa Conchal

Viele Besucher Costa Ricas meinen, dass der Playa Conchal der schönste Strand im ganzen Land ist – und so unrecht haben sie nicht. Ein langer, blendend weißer Strand mit Schatten spendenden Bäumen ziert die sanft gebogene Bucht mit türkisblauem Wasser. Doch es ist kein Sand, was hier so in der Sonne glitzert. Winzige Muscheln rufen diese einmalige Wirkung hervor. Daher auch der Name (*la concha* = die Muschelschale). Playa Conchal ist ein Paradies für Schnorchler. Direkt vor dem Strand beginnt eine exotische Unterwasserwelt, in der es viel zu entdecken gibt. Am Strand warten wenige Strandbuden, Touranbieter (Schnorcheln, Jet Ski, Reiten, Tauchen) und fliegende Händler. Auch Strandstühle und Sonnenschirme kann man mieten.

Leider ist der direkte Weg zur Playa Conchal nur für Hotelgäste der luxuriösen Fünf-Sterne-all-Inclusive-Anlage **Reserva Conchal Westin**, ☎ 2654-3500, 🖥 www.westinplayaconchal.com, zugänglich. Besucher erreichen den Strand über eine auch in der Regenzeit befahrbare Piste vom Playa Brasilito aus. Ende April 2018 wurde die Piste jedoch zweitweise für den Verkehr gesperrt, angeblich zum Schutz der Umwelt und der Hotelgäste. Der anschließende Rechtsstreit zwischen Hotel und Bürgermeister hielt bei Drucklegung noch an. Die 1,2 km lange Strecke ist aber auch gut zu Fuß zu bewältigen, und man kann den großartigen Strand dann in Ruhe und ohne störende Fahrzeuge genießen. Neben dem oben genannten Hotel gibt es am Playa Conchal keine weiteren Unterkünfte. Der nahe und auch sehr schöne Playa Brasilito bietet eine größere Auswahl an Übernachtungsmöglichkeiten.

Playa Brasilito

Mit günstigen Unterkünften, einer guten Busanbindung und paradiesischen Schnorchel- und Badesträuden in unmittelbarer Umgebung, eignet sich Playa Brasilito gut als Ausgangsbasis, um die Pazifikküste zu erkunden. Der lange, dunkle Sandstrand geht fließend in den benachbarten, strahlend weißen Muschelstrand Playa Conchal über.

ÜBERNACHTUNG

Cabinas Diversión Tropical, 300 m südl. der Plaza, ☎ 2654-5519, 🖥 www.diversiontropical.com. Praktische, saubere Cabinas auf zwei Ebenen, mit Kitchenette, sauberer Pool. ❸

Brasilito Lodge & Camping, am Nordstrand, mit direktem Zugang zum Strand, ☎ 2654-4452, 8427-5527, 🖥 http://brasilito-lodge-hostel.negocio.site. Einfache Lodge mit Campingplatz, Rezeption schließt früh am Abend. ❶–❷

Hotel Brasilito, Richtung Playa Conchal, nur durch die Sandpiste vom Strand getrennt, ☎ 2654-4237, 2654-4247, 🖥 www.brasilito.com. Ältere, aber saubere Zimmer, teils mit AC und Meeresblick, Frühstück extra, beliebtes Restaurant. ❸–❹

Hotel Conchal, 200 m südl. der Brücke, ☎ 2654-9125, 🖥 www.conchalcr.com. Freundliches Hotel auf 2 Stockwerken mit Pool und schönem Garten, gutes Restaurant. ❺

Las Cabinas Gloria, hinter Pizzeria Il Forno, ☎ 2654-4878, 🖥 www.cabinaslagloria.com. 10 etwas abseits der Hauptstraße gelegene, geräumige Zimmer um einen hübsch angelegten Innengarten. AC und TV. ❷–❸

🧳 **Quinta Esencia**, am Ortsrand Richtung Flamingo, ☎ 2654-5455, 🖥 www.hotel-quintaesencia.net. Vier hübsche und schön dekorierte Zimmer, aus Holz statt aus Zement. Mit AC, leckeres Frühstück inkl., Jacuzzi; freundliche französische Besitzer Stephanie und Jerome. ❺

ESSEN UND SONSTIGES

Selbstversorger werden im Supermarkt **Super Cindy** am Fußballplatz fündig.

Agua y Sal, an der Straße Richtung Flamingo, ☎ 8702-3019. Bäckerei und Cafeteria, gutes Vollkornbrot, leckere Sandwiches, Kaffee und Säfte. 🕓 Mo–Fr 7–16, Sa 7–14 Uhr.

Camarón Dorado, zwischen Nord- und Südstrand, wo die Straße dem Strand am nächsten ist. Schönes Ambiente direkt am Meer, ideal für einen Cocktail zum Sonnenuntergang. 🕓 tgl. 12–21 Uhr.

Café del Manglar, am Nordstrand, ☎ 8485-3953. Sehr günstiges tico-brasilianisches

Restaurant mit gutem Blick beim netten André. ☉ Mo–Sa 11–22 Uhr.

La Casita del Pescador, am Weg zur Playa Conchal, neben dem Hotel Brasilito auf beiden Seiten des Weges mit Strandzugang. Frischer Fisch, Ceviche und Meeresfrüchte direkt am weiten Sandstrand, gut für ein Getränk. ☉ Mi–Mo 10–22 Uhr.

Papaya, im Hotel Conchal, 200 m südl. der Brücke, ✆ 2654-9125, 8685-9801. Gute Casados, leckere Currys und eine große Auswahl an Sandwiches, Frühstück bis nachmittags. Sehr lecker! ☉ Do–Di 7.30–21 Uhr.

Pizzeria Il Forno, am Ortseingang, 50 m nördl. vom Hotel Conchal, ✆ 2654-4125. Schönes Ambiente in Rundhäusern mit großer Auswahl an Pizzen, außerdem Fisch und Meeresfrüchte, Pasta, große Portionen. ☉ Di–So 12–21.30 Uhr.

TRANSPORT

Busse fahren nach:
SAN JOSÉ über LIBERIA und ALAJUELA
LIBERIA, 3x tgl. um 2.45, 9, 14 Uhr mit La Pampa, ✆ 2680-0392;
TAMARINDO mit Umsteigen und Wartezeit in HUACAS, 11x tgl., 5–17.50 Uhr;
SANTA CRUZ, kommt vom Playa Potrero, fast stdl., 5–22 Uhr, mit Folkórica, ✆ 2680-3161;
FLAMINGO UND POTRERO, 18x tgl., 2.45–21 Uhr, kommt von Santa Cruz.

Playa Flamingo

Die weiße Playa Flamingo ist eine weitere nordamerikanische Strandkolonie an der Pazifikküste, in der sich überwiegend betuchte Sportfischer niedergelassen haben. Costa-ricanische Urlauber lassen sich von den blitzenden Sportjachten im kleinen Hafen jedoch nicht einschüchtern. Nach dem Motto *las playas para todos* rücken sie mit aufgeblasenen Schwimmtieren auf dem rostenden Autodach an und machen Picknick am Strand, direkt vor dem Luxushotel. Tauch- und Segeltouren in die Umgebung starten von hier.

ÜBERNACHTUNG UND ESSEN

Flamingo Beach Resort, Playa Flamingo, ✆ 2654-4444, 🖥 www.resortflamingobeach. com. Große Anlage mit Kasino auf mehreren Ebenen mit großzügig geschnittenen, hellen Räumen mit AC, Meerblick und überdachtem Balkon. Viel Zement, dafür gibt's einen Pool mit Bar und Liegestühlen im Wasser! ❻

Guanacaste Lodge, an der Straße von Brasilito nach Potrero, kurz vor der Abzweigung nach Flamingo, ✆ 2654-4494/95, 🖥 www.guana castelodge.com. Große und gepflegte Anlage, 10 riesige Zimmer mit Blick auf den Pool, Tourangebote. ❸–❹

Hotel Paradise Flamingo Beach, auf dem Hügel über dem Strand, ✆ 2654-4322, 🖥 www. paradiseflamingobeach.com. 42 saubere Zimmer und 5 komplett eingerichtete Apartments, der Pool fängt direkt am Zimmer an (Vorsicht mit Kleinkindern!), riesige Sonnenterrasse mit Grill und Blick auf die Bucht, kleiner Privatstrand mit vielen Krebsen über 100 steile Stufen zu erreichen, Restaurant, Bar, Kasino. ❺–❻

🏠 **A'lo Nico**, 400 m südl. der BCR, ✆ 2654-4008. Andrea und Nico kümmern sich persönlich um ihre Gäste und bieten neben leckeren Casados auch Ausgefallenes an, sehr gut sind die Krabben in Thai-Ananas-Sauce. ☉ Mo–Fr 8–17, Sa 8–15 Uhr.

La Hoja verde, neben dem Super Automarket Flamingo, ✆ 2573-0096. Gesunde Kost, gut geeignet zum Frühstücken, frisch zubereitet, anständige Portionen, vegetarisch und vegan. ☉ Mo–Sa 8–15.30 Uhr.

SONSTIGES

Autovermietung
Alamo, im Flamingo Beach Resort, ✆ 22427878, ☉ Tgl. 8–17 Uhr.

Geld
Banco de Costa Rica, im großen gelben Condominium-Komplex mit Geldautomat. ☉ Mo–Fr 9–16 Uhr.

Geldautomaten gibt's auch an der Playa Potrero an der Gelateria Italiana und, von Tamarindo kommend, 1 km vor Brasilito.

SÜD-GUANACASTE UND DIE NICOYA-HALBINSEL

www.stefan-loose.de/costa-rica   AM PAZIFIK NACH SÜDEN I Playa Flamingo   **259**

Kajaks
Im **Aquacenter Diving**, s. u.

Sprachschule
CPI Spanish School, kurz vor dem Ort in der Bucht von Flamingo, ℡ 2265-6306, ⌨ www.cpi-edu.com/flamingo.htm. Schwesterschule der CPI-Schule in Heredia; bekannte Sprachschule mit vielseitigem Programm, auch Tauchschule.

Supermarkt
Automart, im Centro Commercial Milenium am Playa Flamingo. Auch leckere Sandwiches und Pizzas. ⏲ tgl. 8–21 Uhr.

Tauchen und Schnorcheln
Aquacenter Diving, im Resort Flamingo Beach, ℡ 2654-4141, 8877-7420, 8399-7068, ⌨ www.aquacenterdiving.com. PADI, Tauchexkursionen und Schnorchelausrüstung.
Pacific Coast Dive, im Centro Commercial Arenas, ℡ 2654-6175, 8827-4515, ⌨ www.pacificcoastdivecenter.com. PADI.

TRANSPORT

Busse
SANTA CRUZ, 8x tgl. 6–22 Uhr, So seltener; mit Empresa Folklórica, ℡ 2680-0545;
SAN JOSÉ, 2.45, 8.45, 14 Uhr mit Tralapa, ℡ 2221-7202;
LIBERIA. 6x tgl. 6–17.30 Uhr, mit La Pampa, ℡ 2665-5891.

Playa Potrero

In Playa Potrero, einer kleinen, noch recht ursprünglichen Ortschaft, in der hauptsächlich italienische Expats leben, endet die Busstrecke. Weiter geht es von hier nur mit Geländewagen über den 16 km langen „Affenpfad" oder zu Fuß: Bei Ebbe kann man von Playa Potrero kilometerweite Strandspaziergänge zu den schönen weißen Badestränden **Playa Prieta**, **Playa Penca** (kein Schatten, nichts unbeaufsichtigt im Auto oder am Strand liegen lassen) und **Pan de Azúcar** unternehmen.

Die **Islas Catalinas** sind in der Ferne zu sehen. Noch ziehen hier nur Pelikanschwärme ihre Runden auf der Suche nach Sardinen. Touristen kommen nach wie vor nur wenige auf die Inseln.

ÜBERNACHTUNG UND ESSEN

Playa Potrero
Cabinas Cristina, ℡ 2654-4006, ⌨ www.cabinascristina.com. Zum Teil mit Küche beim freundlichen Italiener. Mit AC; Zimmer und Miniapartments. ❸, Apartments ❹
Hotel Bahía Esmeralda, 100 m östl. vom Fußballplatz, ℡ 2654-4479/80, 8330-0496, ⌨ www.hotelbahiaesmeralda.com. 4 Zimmer und 4 Ferienhäuser stehen im Kreis um einen Pool mit Palmen. Saubere Zimmer mit einfacher Einrichtung, auch 8 schlichte Apartments mit Küche. Kein Frühstück. ❹
Bar und Restaurant Las Brisas. Landestypische Küche direkt am Strand. Günstig und etwas schmuddelig, aber abends ein Treffpunkt der lokalen Jugend. ⏲ tgl. 9–21.30 Uhr.
El Castillo, an der Hauptstraße, ℡ 2573-4233. Empfehlenswertes Restaurant mit internationaler Küche. Besitzer Harlan steht selbst in der Küche, oft Livemusik. ⏲ Mo–Sa 14.30–22 Uhr.
Sol y Mar, neben dem Supermarkt Catalina, 50 m nördl. des Fußballplatzes. Kleines Lokal, gute landestypische Küche, große Frühstücksauswahl; *mariscos* (Meeresfrüchte). ⏲ Mo–Sa 9–20.30 Uhr.
The Shack, 50 m östl. vom Castillo, ℡ 8528-9781. Großes Angebot internationaler Küche, So Brunch. ⏲ Di–So 8–14.30 Uhr.

Playa Penca
Bar-Restaurant la Penca, 250 m des Strands. Düstere Kneipe mit landestypischen Tapas und eisgekühltem Bier.

Playa Prieta
Villas Estival, am Strand, ℡ 2670-1878, ⌨ www.villasestivalcostarica.com. 12 schöne Ferienhäuser unterschiedlicher Größe mit voll ausgestatteter Küche. Ruhige Lage, nahe am Strand. Ideal für Familien. Pool, Kinderbecken, Volleyball und Grill. Eine der wenigen Hotelanlagen gehobener Klasse, die Costa Ricanern

gehört. Empfehlenswert. $220–265 kostet die Übernachtung in einer 4-Pers.-Villa, $300–360 in einer 6-Pers.-Villa. Beliebt für Hochzeiten. ❻

Playa Pan de Azúcar
Hotel Sugar Beach, 3 km von Playa Potrero, ✆ 2654-4242, 🖳 www.sugar-beach.com. Luxushotel in ruhiger, abgeschiedener Lage mit fantastischem Blick auf die Pan Azúcar-Bucht. 28 schlichte, stilvolle Zimmer und Suiten mit Rattan-Einrichtung, Kühlschrank, AC und Balkon mit Meeresblick, Touren. ❻

TRANSPORT
Busse fahren nach:
SANTA CRUZ (über FLAMINGO, PLAYA BRASILITO, PLAYA CONCHAL, BELÉN), 5x tgl.;
SAN JOSÉ (über FLAMINGO), 2x tgl.

Playa Tamarindo

Lange galt Tamarindo als das Mekka für partyhungrige Sonnen- und Wellenanbeter aus aller Welt. Ein traumhaft weißer Sandstrand, Unterkünfte für jeden Geldbeutel, Sushi oder Mahi-Mahi statt Bohnen und Reis zum Essen und jede Nacht ein anderer Tanzrhythmus. Ausgelassene Partystimmung und coole Surfer gibt es in Tamarindo nach wie vor. Doch die Verwandlung des einst kleinen Fischerdorfs in eines der beliebtesten Strandziele Costa Ricas forderte ihren Tribut. Grundstücks- und Immobilienpreise schnellten in die Höhe – und das bringt auch höhere Zimmer- und Restaurantpreise mit sich. Doch wer genauer hinsieht, findet im Strandparadies Tamarindo nach wie vor günstige Unterkünfte und Touren.

Am nordöstlichen Strandufer mündet der Río Matapalo in den Pazifik und bildet die Grenze zwischen Tamarindo und dem Naturschutzgebiet und Schildkrötennistplatz **Playa Grande** (Kasten S. 269). Fischerboote bringen von hier Besucher ans gegenüberliegende Ufer ($1). Man sollte den Fluss nie zu Fuß durchkreuzen, es gibt Krokodile und leider recht häufig Unfälle.

ÜBERNACHTUNG

Tamarindo überrascht mit ausgesprochen guten und sauberen Hostals sowie kleinen Hotels. Das Gros der Hotels höherer Preiskate-

An der Playa Tamarindo herrschen ideale Bedingungen für Surfanfänger und Sonnenhungrige.

Playa Tamarindo und Playa Langosta

■ ÜBERNACHTUNG
1. Hotel Pasatiempo
2. La Laguna del Cocodrilo
3. Witch's Rock Surf Camp
4. Marielos
5. La Palapa
6. Villas Macondo
7. La Kahuna
8. Hostel La Oveja Negra
9. Hotel Mamiri
10. Hostal La Botella de Leche
11. Cabinas Arco Iris
12. Luna Llena
13. The Beach Bungalows
14. Tamarindo Eco-Camping
15. Tamarindo Backpackers
16. Capitan Suizo
17. Villa Alegre

■ ESSEN
1. Vulcano
2. Panadería de Paris
3. Sprout
4. The Ocean
5. La Palapa
6. La Patagonia
7. Bamboo Sushi Club
8. Food Court
9. El sabor de la vida
10. NOI Bistro
11. Nogui's Restaurant
12. Wok N Roll
13. Oveja Negra
14. La Baula
15. Café Tico
16. La Bodega
17. Seasons
18. Langosta Beach Club

■ SONSTIGES
1. Iguana Tours
2. Dental Solutions
3. Aqua Discothek
4. El Be – Tamarindo Beach Club
5. El Mercadito
6. Farmacia Conchal
7. Supercompro
8. Skybar
9. Emergencia de la Costa
10. Paddle Surf
11. Club Maluko
12. Backwash
13. Garrito
14. Minigolfplatz
15. Supermarket 2001
16. Agua Rica Diving Center
17. Jaime Peligro
18. Instituto de Wayra

■ TRANSPORT
1. Bike Shop
2. Economy Rent a Car
3. Alamo Rent a Car
4. Thrifty Car Rental

---

gorie liegt außerhalb von Tamarindo, Richtung Playa Langosta.

Am Strandboulevard

La Palapa, am Strandboulevard, 30 m vor dem Wendeplatz, ☏ 2244-9847, 8721-0947, ⌨ www.lapalapatamarindo.com. Näher am Strand kann man nicht wohnen: 7 schön eingerichtete, klimatisierte Zimmer mit Terrasse und Meerblick, 2 Zimmer haben auch Küche, in der

Nebensaison günstiger (nach Rolando fragen), einfaches Frühstück inkl. ❹–❻
La Laguna del Cocodrilo, am nördl. Ortseingang, ☏ 2653-0255, ⌨ www.lalagunadel cocodrilo.com. Beliebtes Hotel. Helle, schlichte Zimmer mit AC, TV und Terrasse, teils mit Meeresblick, teils mit Küche, umgeben von schöner Gartenanlage, Strandzugang, Touren, Frühstück extra. In der Hauptsaison oft ausgebucht, Reservierung ratsam. ❹–❻

Marielos, ☎ 2653-0141, 🖥 www.cabinas marieloscr.com. Eine der wenigen Tico-Unterkünfte im Ort. Blumenumrankte, lange Auffahrt, saubere, schlichte Cabinas unterschiedlicher Ausstattung mit/ohne AC und Warmwasser. Das Bad ist durch eine Schiebewand vom Zimmer abgetrennt, kein Frühstück. ❸

Witch's Rock Surf Camp, ☎ 2653-1238, 🖥 www.witchsrocksurfcamp.com. Für Surfer mit dem nötigen Kleingeld. Zimmer teils mit Meerblick. Unten gibt es Restaurant mit Surfvideos. Einwöchiges Surfpaket – inkl. Unterbringung, Shuttleservice, Frühstück, tgl. Surfunterricht und Board-Verleih – im Dorm ab $868 pro Woche.

Straße von der Playa Tamarindo landeinwärts

Cabinas Arco Iris, ☎ 2653-0330, 8377-5394, 🖥 www.hotelarcoiris.com. Nach einem Besitzerwechsel trifft der europäische Charme der ehemaligen italienischen Besitzer nun auf amerikanische Modernität und einen gewaltigen Preissprung. 13 geschmackvolle, geräumige, minimalistisch eingerichtete De-Luxe-Zimmer mit modernen, großen Bädern. Kleinere Zimmer mit Privatterrasse im Bali-Stil. Alle Zimmer haben Kühlschrank und AC. Sehr gutes Restaurant „Seasons" (S. 264) am Pool. Amerikanischer Besitzer. Inkl. Frühstück. ❻

Hostal La Botella de Leche, 300 m bergauf von der Plaza Conchal, ☎ 2653-0189, 🖥 www.labotelladeleche.com. Das originelle Hostel steht ganz im Zeichen der Kuh: Von der Eingangsmauer bis zum Telefon – alles ist schwarz-weiß gefleckt. Dorms ($15 p. P.) verschiedener Größe für 3–5 Pers. mit AC und Schaumstoffmatratzen. Auch DZ mit AC. Jedes Zimmer hat einen kleinen Patio plus Hängematte. Schließfächer. Gemeinschaftsküche und großer Gemeinschaftsraum mit Sandsäcken, Schlingpflanzen und TV. Argentinische Leitung. Um 23 Uhr offiziell Bettruhe. ❸

Hostel La Oveja Negra, ☎ 2653-0005, 🖥 www. laovejanegrahostel.com. Dorms für 4–5 Pers., alle mit AC, modern und großzügig geschnitten, sauber und farbenfroh. Billard, großer TV im Gemeinschaftsbereich mit Küche; Shuttle-, Surf- und Schnorcheltrips. Nachtruhe um

24 Uhr. Supermodels dürfen gratis übernachten; kein Parkplatz. Argentinische Leitung. Dorm $15 p. P., DZ ❸

Hotel Mamiri, ☎ 2653-0079, 6058-6262, 🖥 www.hotelmamiricr.com. Große und helle Zimmer mit indisch-balinesischem Dekor und kleinem Bad, Apartments mit Küche und AC, kleiner Innengarten, auch Apartments bis 4 Pers. Pool, Frühstück inkl. ❹–❺

Luna Llena, ☎ 2653-0082, 🖥 www.hotelluna llena.com. Schöne Anlage mit gelben, runden tipi-ähnlichen Ferienhäusern. Die Standardzimmer enttäuschen, die Apartments aber sind kreativ-fröhlich-originell und auf 2 Ebenen verteilt. Eine Holzleiter führt in den holzausgekleideten 2. Stock mit weiteren Betten. Kleine Kochgelegenheit. In der Hochsaison mind. 5 Nächte, Frühstück inkl. ❺

Tamarindo Backpackers, ☎ 2653-1720, 🖥 www.tamabackpackers.com. Ruhiger, kleiner, versteckter Backpacker, besonders der geräumige Dorm mit AC ($15 p. P.) ist zu empfehlen. Sehr kleiner Pool. Eine Küche wie daheim. Britische Leitung, 4–6er-Zimmer $20 p. P. ❸

The Beach Bungalows, ☎ 8800-0011, 🖥 www.tamarindobeachbungalows.com. 4 auf Stelzen gebaute Teakholz-Bungalows für jeweils 2 Pers. rund um einen tropischen Garten und einen kleinen Pool angeordnet, ruhig und freundlich vom Franzosen Nicolas betrieben, Mindestaufenthalt sind 2 Nächte, Frühstück inkl. ❺

🧡 **Villas Macondo**, neben dem Supercompro, ☎ 2653-0812, 🖥 www.villas macondo.com. Hübsche Anlage, geleitet von dem freundlichen Deutschen Thomas Rösch. Farbenfrohe Zimmer mit Liebe zum Detail, Terrasse und hier und da einem Kaktus auf dem Dach. Zimmer sind zum Teil mit AC, Kühlschrank, TV ausgestattet. Außerdem gibt es 2-stöckige Apartments (bis 4 Pers.) mit Küche, AC und 2 Schlafzimmern oben. Pool mit Liegewiese und Liegestühlen. Hängematten und Gemeinschaftsküche. Der Supermarkt ist gleich nebenan. Sicherer Privatparkplatz. Freundlich-bunter Gäste-Mix aus aller Welt und jeden Alters. Viele Informationen. Kein Frühstück. DZ ❹, Apartment ❻

Tamarindo Eco-Camping, ✆ 2653-2122. Gepflegter Campingplatz, Hängematten zum Mieten. Nette Dorms, Bar, 2 Küchen, nur wochenweise für $42 p. P. (Zelt), $60 (Dorm).

Richtung Playa Langosta

Capitán Suizo, ✆ 2653-0075, 🖥 www.hotel capitansuizo.com. Stilvoller Luxus direkt am Traumstrand für Gäste, die Ruhe suchen. Die Anlage fügt sich wunderbar in die Natur ein. 22 große, geschmackvoll eingerichtete Zimmer mit großem Balkon. 8 voll ausgestattete und luxuriöse Bungalows, teils mit Meerblick, umgeben von großen Bäumen, Pool und Kinderbecken, Volleyballplatz, sehr freundliches Personal, schweizerische Leitung. ❻

ESSEN

Bamboo Sushi Club, gegenüber dem Restaurant The Ocean an der Strandpromenade. Schönes, neu renoviertes Restaurant und Bar; gute Musik, sehr gutes Sushi und frische Cocktails. ⏱ tgl. 17.30–23 Uhr.

El Sabor de la Vida, am Wendeplatz, neben Bar El Pacifico. Landestypisches Essen, große Portionen, günstig, auch Frühstück. ⏱ tgl. 6–19 Uhr.

Café Tico, an der Straße nach Langosta, neben der Buchhandlung Jaime Peligro, ✆ 8861-7732. Ideal zum Frühstücken, leckere Kaffee-Variationen, frische Croissants, gut besucht. ⏱ tgl. 7–15 Uhr.

La Baula, den Berg hinauf nach links, in Richtung Minigolf-Platz. Italienische Pizzeria. Ausschließlich Pizza und Salate in schönem rustikalen Ambiente. Als Nachtisch Gelato oder Tiramisu. ⏱ tgl. ab 18 Uhr.

La Bodega, schräg gegenüber der Banco Nacional, ✆ 8395-6184. Gesundes, biologisches Frühstück und Mittagessen, faire Preise, Yoga-Center. ⏱ tgl. 7–15 Uhr.

Langosta Beach Club, 200 m nördl. vom Hotel Capitan Suizo, ✆ 2653-1127, 🖥 www.langosta beachclub.com. Nicht billig, aber ein guter Tipp für ein Dinner bei Sonnenuntergang. ⏱ 11.30–24 Uhr.

La Palapa, direkt am Strand, kurz vor dem Wendeplatz, ✆ 2653-0362. Sehr leckeres Essen aus dem Meer in tollem Ambiente,

unbedingt den Thunfisch in scharfer Sesamkruste probieren! Mi und So brasilianische Livemusik. ⏱ tgl. 8–22.30 Uhr.

NOI Bistro, schräg gegenüber der BAC, ✆ 2653-1376. Gutes Frühstück, frische Sandwiches, Suppen, Überbackenes und Quiches, auch frischer Fisch, Traveller-Treffpunkt. ⏱ Do–Di 8–15 Uhr, in der Saison auch am Abend mit Livemusik.

Nogui's, direkt am Strand, an der Rotonda (Wendekreis), ✆ 2653-0029. Eines der ältesten Restaurants in Tamarindo, besonders beliebt zum Frühstücken: Die Auswahl reicht von *granola* (mit Honig und Nüssen gebackene Haferflocken), herzhaft gefüllten Croissants, Waffeln bis hin zu Omeletts und Toast. Mittags und abends große Auswahl an Gegrilltem. ⏱ tgl. 6–22 Uhr.

Oveja Negra, oberhalb vom Tamarindo Plaza in Richtung Banco Nacional, linke Seite, ✆ 2653-0005. Sehr beliebt bei jungen Leuten, gutes mexikanisches Essen in kreativen Kombinationen, nicht teuer, große Portionen, argentinische Besitzer, Pool-Tisch, Surfshop. ⏱ tgl. ab Mittag.

Patagonia, gegenüber dem Restaurant The Ocean. Wer gerne viel Fleisch isst, der ist hier richtig. Argentinisches Steakhaus, besser reservieren. ⏱ tgl. 11–23 Uhr.

Seasons, im Hotel Arco Iris, ✆ 8368-6983, 🖥 www.seasonstamarindo.net. Das beliebte Restaurant mit mediterraner Fusionsküche serviert unter anderem sautierten Thunfisch, Pasta mit Meeresfrüchten, Mahi-Mahi und sautierte Garnelen in Curry-Koriander. Man isst auf einem Holzdeck am Pool. ⏱ Mo–Sa 17.30–22 Uhr.

Sprout, gegenüber vom Witchs Rock Surf Camp an der Ortseinfahrt, ✆ 2653-2374. Gesunde, frische Salate, Tacos, Fisch und Leckeres vom Grill, biologisch, vegan und vegetarisch. ⏱ Mo–Sa 11–20 Uhr.

The Ocean, direkt am Strand, gegenüber dem Restaurant Patagonia, ✆ 2653-0872. Gutes italienisches Strandrestaurant und Beach Bar, wo hauchdünne Pizzen und frische Meeresfrüchte serviert werden, ideal um den spektakulären Sonnenuntergang zu beobachten, sehr nett. ⏱ 8.30 Uhr bis spät.

Vulcano, 30 m vor dem Wendeplatz der C. Central in 2. Reihe vom Strand, ☎ 2653-0056. Gute Pizza, Bar und dezente Livemusik. Nette Atmosphäre in einer zu groß geratenen Garage, gute Preise. Französische Leitung, daher steht auch Fondue auf der Karte. ⏰ tgl. 8 Uhr bis der letzte Gast geht.

Wok'n Roll, im Zentrum, ☎ 2653-0156. Leckere Sushi- und Wokgerichte mit verschiedenen Reissorten zur Auswahl; vegetarisches und veganes Angebot. Man sitzt draußen auf Stühlen oder drinnen auf Sofas. Spiele zum Zeitvertreib, denn der Service ist langsam. ⏰ tgl. 11.50–22 Uhr.

Der erste **Foodcourt** von Tamarindo ist ein offener Platz gegenüber dem Plaza Conchal. Hier haben sich rund um einen Innenhof Schnellrestaurants und eine Bar angesiedelt. Zur Auswahl stehen frische Säfte, Bier und Wein, Pizza, Burger, Sushi und Tacos und sogar „deutsches" Schnitzel. Schnelle Bedienung und relativ günstig – ideal, um sich für eine längere Nacht vorzubereiten. ⏰ tgl.

Im stilvolleren **Mercadito** – eröffnet 2018 in der Stichstraße 50 m oberhalb vom Restaurant Patagonia – liegt der Schwerpunkt auf asiatischem Essen, außerdem *arepas* (gefüllte Maisfladen), Burger, argentinische Leckereien und Livemusik. Im Mittelpunkt steht eine Jacht, umgebaut zu einer originellen Cocktailbar. ⏰ tgl.

UNTERHALTUNG

Im schnelllebigen Tamarindo wechseln die trendigen Clubs ständig, am besten hört man sich vor Ort um.

Bars und Clubs

Best Western, Crazy Monkey, am Ortseingang. Klassiker sind die legendären Ladies' Nights am Fr und die Poolparty am So. Livemusik.

Club Maluko (ehemals „Fisch"), vom Plaza Conchal 50 m den Berg hoch. Bar-Restaurant, im Hintergarten mit Bühne. Di Latinomusik live; auch Rock-Karaoke-Nächte und Ladies' Night. ⏰ tgl. 12–24, Bar bis 3 Uhr.

El Be!, direkt am Strand, neben dem Restaurante The Ocean, ☎ 2653 0178. Bar-Restaurant,

schön zum Sonnenuntergang. Immer voll. Auch Veranstaltungen, Sa Livemusik. ⏰ tgl. 7–22.30 Uhr

Garrito, im Erdgeschoss der Plaza Tamarindo. Kleine Tapas-Bar, je nach Tag Punk, Rock oder House-Musik. Di ist Ladies' Night, Do Jäger-(meister)-Night.

Skybar, Plaza Tamarindo, 2. Stock. Beliebte, moderne Bar mit Billardtischen. Im Hintergrund Surfvideos.

AKTIVITÄTEN UND TOUREN

Touren

Iguana Tours, am Ortseingang, neben den Cabinas Marielos, ☎ 2653-0091 🖥 www.iguanasurf.net. Surf-, Kajak-, Schnorchel- und Bootstouren. Außerdem Surfschule und Surfbrettverleih.

Tamarindo Transfers & Tours, im CC Galerias del Mar, neben dem Club El Be!, ☎ 2653-4444, 🖥 www.tamarindoshuttle.com. Freundliche Agentur, die neben Canopy, ATV, Reit- und Segeltouren auf Transfers spezialisiert sind. ⏰ tgl. 8–16 Uhr.

Iván Sequeira von **Tamarindo Dreamers Adventure**, ☎ 8771-2373, 8304-0148, 🖥 www.tamarindodreamersadventure.com, unternimmt persönlich mit eigenen Pferden individuelle Reittouren für jedes Niveau.

Interessierte können auch mit den Fischern am Nordende des Strands **Bootstouren** aushandeln. Dann wird es zwar nicht günstiger, aber man kann sich Zeiten und Kapitän selbst aussuchen.

Minigolf

Der **Minigolf-Platz**, 🖥 www.bolaslocas.com, ☎ 2653-1178, befindet sich im Zentrum, an der Straße unterhalb des Restaurants Las Baulas, 4000C$, 3000C$ für Kinder. ⏰ tgl. 9–23 Uhr.

Schwimmen

Die Bahía Tamarindo hat ihre Tücken: Schwimmen ist zwar möglich, gute Schwimmer legen sogar die Strecke von Punta San Francisco zur Isla Capitán zurück, doch muss man an den felsigen Abschnitten im Wasser mit Unterströmungen rechnen.

Schnorcheln und Tauchen

Der beste Schnorchelstrand der Umgebung ist die **Playa Conchal** (S. 258), Schnorchelausrüstung ist auch dort erhältlich.

Agua Rica Diving Center, neben dem Supermarkt 2001, ℰ 2653-0094, ⌨ www.aguarica.net. PADI und SSI. Bietet u. a. Schnorcheltouren für $55 p. P. an, Tauchgänge an den Islas Catalinas $105 p. P. ⏱ Mo–Sa 9.30–18.30, So 15–18.30 Uhr.

Surfen und Stand up Paddling

Tamarindo lockt v. a. Surfanfänger an, die die Wellen um die Flussmündung reiten. Fortgeschrittene Surfer lieben Tamarindos Nachtleben, tagsüber aber zieht es sie zu den Wellen an der benachbarten **Playa Avellena** und **Playa Negra**. Surfschulen bieten Transport dorthin an. Die meisten Surfshops und -schulen befinden sich im Sunrise Plaza, C. Principal. Folgende Surfschulen bieten Surfklassen und Touren zu den benachbarten Stränden an:

Oveja Negra, im gleichnamigen Hostel (S. 264), ⌨ www.laovejanegrahostel.com.

Iguana Surf, 100 m nördl. vom Hotel Diria, ℰ 2653-0091, 2653-0613, ⌨ www.iguanasurf.net. Surfschule, Surfbrett- und Boogieboard-Verleih, Surfutensilien. ⏱ tgl. 8–18 Uhr.

Paddle Surf, an der Rotonda. Stand up Paddling. Auch Sonnenuntergangs- und Vollmondtouren mit Kopflampe. Unterricht ab $40. Auch Verleih.

Witch's Rock Surf Camp, ℰ 2653-1238, ⌨ www.witchsrocksurfcamp.com. Surf-Touren.

Yoga und Pilates

Im Plaza Tamarindo, 1. Stock bei Mariel.

SONSTIGES

Apotheke

Farmacia Conchal, im Plaza Conchal (Arzt im Haus). ⏱ Mo–Sa 9–20 Uhr.

Autovermietung

Alamo, gegenüber vom Hotel Diria, ℰ 2653-0727, ⌨ www.alamocostarica.com.

Economy, gegenüber von Witch's Rock Surf Camp am Strandboulevard, ⌨ www.economyrentacar.com.

Thrifty, gegenüber vom Hotel Diria im Plaza Esmeralda, ℰ 2653 0829, ⌨ www.thrifty.com.

Bücher und CDs

Jaime Peligro, neben dem Supermarkt Super 2001. Neue und gebrauchte Bücher, relativ große Auswahl an deutschen Büchern. Auch DVDs und Musik-CDs mit Musik aus Mittelamerika. Man kann reinhören, bevor man kauft. ⏱ So geschl.

Fahrradverleih/-reparatur

Bike Shop, C. Principal, gegenüber von Witch's Rock. ℰ 2653-2136, $10 pro Tag. ⏱ 9–17.30 Uhr.

Geld

Banco BAC San José, im CC Plaza Conchal, mit Geldautomat. ⏱ Mo–Fr 9–18, Sa 9–13 Uhr.

Banco Nacional, neben Hotel Pasatiempos, mit Geldautomat. ⏱ Mo–Fr 8.30–15.45 Uhr.

Medizinische Hilfe

Emergencia de la Costa, Seatower Building (gleiches Gebäude wie Supercompro), 2. Stock, ℰ 2653-0611, 2653-1974. Der Allgemeinmediziner Roberto Piloto ist hier für seine Patienten da. In Tamarindo nur tagsüber, im benachbarten Villa Real 24-Std.-Dienst. Verschiedene Fachärzte.

Dental Solutions, im 2. Stock, über der „Agua Diskothek" an der Hauptstraße, ℰ Praxis 2653-1111, Notfälle 8397-7160, ✉ dentista@tamarindo.info. Dr. Alicia Serrano Hidalgo, allgemeine Zahnärztin, moderne Praxis.

Polizei

Die Polizei in Tamarindo hat keine feste Station. Ein mobiler Einsatzwagen steht meist am Hotel Diria, ℰ 911 und 2244-6173, Touristenpolizei: 2654-6136.

Post

Im Nachbardorf Villa Real, an der Straße von Tamarindo. ⏱ Mo–Fr 8–12, 13–17.30 Uhr.

Sprachschule

Instituto de Wayra, C. Real, beim Restaurant Kahiki die Straße links hoch, ℰ 2653-0359,

8843-4344, 🖥 www.spanish-wayra.co.cr.
Klassenzimmer unter Palmendächern, Programme mit 20–30 Wochenstunden in kleinen Gruppen unterschiedlicher Schwierigkeitsstufen. Unterkunft privat, bei Gastfamilie oder im Hotel, inkl. täglichem Transfer zur Schule, unter tico-schweizerischer Leitung.
Private Spanischstunden bekommt man bei Neida, einer Sprachlehrerin aus Tamarindo mit guten Empfehlungen, ✆ 2652-9402, 8886-4451, $20 pro Std. Einzelunterricht, $10 in einer kleinen Gruppe.

Supermärkte
Supermarkt 2001, an der Abzweigung nach Playa Langosta. ⏱ Mo–Sa 7–21.30, So 8–21 Uhr. Größere Auswahl haben der **Automercado**, am Ortsausgang, ⏱ Mo–Sa 8–21, So 8–20 Uhr, und der **Supercompro** im Zentrum, ⏱ tgl. 8–21 Uhr.

Tankstelle
Im Ort direkt gibt es keine Tankstelle.
Die **Gasolinera Tamarindo** befindet sich 4 km von Villa Real in Richtung Huacas.

Taxi
San Jorge, ✆ 2653-2728 und 2653-2729. Taxiunternehmen.

Wäscherei
Backwash, gegenüber vom Restaurant Wok'n Roll. Berechnet wird pro Kilo. ⏱ Mo–Sa 8–18 Uhr.

TRANSPORT
Busse
SAN JOSÉ, 3.30, 7, 14 Uhr, 6–7 Std. mit Alfaro, ✆ 2222-2666 und 2255-0775, um 7 Uhr mit „La Pampa" (s. u.). Während der Hauptsaison Fahrkarten mind. 2 Tage im Voraus kaufen. Man kann auch einen Bus Richtung Santa Cruz oder Liberia nehmen und dort nach San José umsteigen.
LIBERIA (teils mit Umsteigen am Flughafen Liberia), 16x tgl. Mit Transportes la Pampa, ✆ 2665-7530.
SANTA CRUZ, 9x tgl., von 6–22 Uhr, 1 Std.

Shuttle-Busse
Alle Hotels organisieren Shuttlebusse der großen Unternehmen **Interbus**, 🖥 www.interbusonline.com, und **Gray Line**, 🖥 www.graylinecostarica.com. Preise: LA FORTUNA (ab $42), JACÓ ($54), LIBERIA ($25), MANUEL ANTONIO ($54), MONTEVERDE (ab $37), SAN JOSÉ ($54).
Zusätzlich haben sich einige kleine Shuttle-Anbieter etabliert:
Tropical Tours, 🖥 www.tropicaltourshuttles.com, ✆ 2640-1900. Fährt für ca. $50 p. P. zu allen Zielen auf der Nicoya Halbinsel und bis zur Grenze nach Nicaragua. Befahren werden die Strandrouten, nicht die üblichen Stadt-zu-Stadt-Verbindungen. Auch Privat-Transfers.
Avellanas Express, ✆ 2653-1400. Ursprünglich für Surfer konzipiert, Shuttle von Strand zu Strand – von Tamarindo nach PLAYA GRANDE, AVELLANAS, PLAYA NEGRA, CONCHAL und FLAMINGO, mehrmals tgl., $6 pro Pers. und Fahrt, mit Zwischenstopp wird die 2. Etappe nur noch mit $3 p. P. berechnet. Feste Halteplätze, in allen Hotels buchbar.

Flüge
Der Flugplatz, Eigentum des Hotels Diria, liegt 3 km nördl. des Zentrums in Richtung Villa Real.
Sansa, 🖥 www.flysansa.com, fliegt nach GOLFITO, LIBERIA, PUERTO JIMÉNEZ, QUEPOS und SAN JOSÉ.

Parque Nacional Marino Las Baulas de Guanacaste

- **SINAC-Büro:** ✆ 2666-0630, 🖥 www.sinac.go.cr
- **Öffnungszeiten:** tgl. 6–18 Uhr
- **Eintritt:** Tagsüber kostenlos. Anfang Okt–Mitte März (Eiablagezeit) darf der Strand ab 17 Uhr nur noch mit Guide betreten werden. Besucher zahlen in dieser Zeit $12 Parkeintritt und $15 Tourgebühren. Für die Schildkrötentouren einige Tage im Voraus beim MINAE-Büro anmelden.
- **Gründungsjahr:** 1991
- **Größe:** 374 ha an Land und 21 600 ha im Meer

SÜD-GUANACASTE UND DIE NICOYA-HALBINSEL

- **Transport:** 2x tgl. Busverbindung von Santa Cruz mit der Buslinie 516 bis in den Nationalpark. Die Fahrt geht über Huacas nach Matapalo, ab dort geht es auf einer Schotterpiste zum Nationalpark.
- **Parkregeln während der Schildkröten-Tour:** Kameras und Taschenlampen sind verboten; möglichst absolute Stille und nur den feuchten Strandabschnitt betreten.

Weitaus weniger touristisch als an der Playa Tamarindo geht es an der benachbarten **Playa Grande** zu. Der kilometerlange weiße Sandstrand zählt zu den wichtigsten Nistplätzen der vom Aussterben bedrohten **Lederschildkröte** (s. Kasten S. 269) und wurde daher zusammen mit den umliegenden Stränden **Playa Carbon**, **Playa Ventanas** und **Playa Langosta** zum Meeresnationalpark deklariert. Das Schutzgebiet reicht rund 20 km von der Küste aufs Meer hinaus. In der Nistsaison von Oktober bis März ist die Playa Grande zwischen 18 und 5 Uhr nur im Rahmen einer Tour zugänglich, tagsüber ist der Strand für alle geöffnet, auch Schwimmen und Surfen sind dann erlaubt.

Aufgrund der Strandbebauung und kommerziellen Fischerei ist die Zahl der großen Reptilien auch an der Playa Grande in den letzten Jahren zurückgegangen. Bei Schildkrötentouren ist Geduld angesagt. Eine Garantie, eine Schildkröte zu sehen, gibt es nicht. Extreme Vorsicht sollte man gegenüber Krokodilen walten lassen, besonders an der Flussmündung zwischen Tamarindo und Playa Grande. Surfer, die hier zwar die besten Wellen der Region finden, passen hervorragend in das Beuteschema der Echsen. Surfen und Baden sollte man hier daher besser sein lassen.

Weiter nördlich schließt sich die kleine Bucht Playa Ventanas mit Tidepools an, bei Ebbe kann man sogar bis zum schwarzen Sandstrand Playa Carbon wandern, hier gibt es Höhlen. Am südlichen Rand der Playa Grande mündet der Río Matapalo ins Meer. In den Mangrovenwäldern am Fluss leben Zugvögel, im Fluss selbst Krokodile. In der Trockenzeit, wenn das Flussbett ausgetrocknet ist, tritt ausschließlich Salzwasser mit der Flut ein, das herauskristallisierte Salz setzt sich dann auf den Mangrovenblättern ab und bildet kunstvolle Salzfiguren.

ÜBERNACHTUNG

Die hier aufgeführten Hotels liegen im Südabschnitt von Playa Grande an der Flussmündung im Ortsteil „Palm Beach Estates".

Bula Bula, an der Flussmündung, wo die Mangroventouren starten, ☎ 2653-0975, 🖥 www.hotelbulabula.com. 10 DZ auf einem schön bepflanzten Grundstück, Pool, Bar, Restaurant, Frühstück inkl., auch Vermittlung von Ferienwohnungen. ❻

El Manglar Hotel & Mi Casa Hostel, ☎ 2653-0952 🖥 www.hotel-manglar.com. Gehört zur Kette der „Mi Hostels" in San José und Playa Cocles, Hotel mit Zimmern verschiedener Preis- und Qualitätsklassen und Hostel mit Dorms ab $15 p. P. inder Saison. Gute Lage, Pool, Bar, Surfboards, Fahrräder. Sehr freundlich. ❷–❺

La Marejada, am Eingang zum Nationalpark links, 150 m. südl., ☎ 2653-0594, 🖥 www.hotelswell.com. Von Lesern empfohlenes Hotel mit 8 klimatisierten Zimmern und guter Küche, Pool, in Strandnähe, Freundlich, nicht einfach zu reservieren. ❸

Playa Grande Surfcamp, ☎ 2653-1074, 🖥 www.playagrandesurfcamp.com. 3 hölzerne A-Frame-Häuser mit AC und 2 Stelzenhäuser aus Holz und Zuckerrohr ohne AC. Gäste sollten Hunde mögen. Es gibt eine Kochgelegenheit und einen Pool. $25 p. P. im Dorm mit AC. Zimmer und Cabinas. ❸–❹

Playa Avellanas, Playa Negra / Los Pargos

Wellen, Sand und Sonne, wohin das Auge blickt, erwarten den Besucher an den südlich von Tamarindo gelegenen, wenig touristischen und kaum bebauten Stränden Playa Avellanas und Playa Negra. Beide Strände sind aufgrund ihrer vielen und zuverlässigen Breaks exzellente Surfreviere für fortgeschrittene Wellenreiter. Playa Avellanas, unter Kennern auch Little Hawaii genannt, lockt dazu mit nahezu perfekten Tunnelwellen. Für Nicht-Surfer laden die kilometerlangen, fast menschenleeren Strände zu langen Strandspaziergängen ein.

Die Lederschildkröte, die Greisin des Ozeans

Die Lederschildkröte gehört zu den ältesten Tieren auf Erden und ist mit einer Länge von bis zu 2,5 m und einem Gewicht von rund 500 kg die längste und schwerste unter ihren Artgenossen. Ihr Körper jedoch ist so stromlinienförmig geschnitten, dass die enormen Körpermaße sie nicht in der Fortbewegung hindern. Im Gegenteil, mit ihren langen, zu Paddeln umgebildeten Vorderbeinen mit einer Spannweite von bis zu 3 m – die Hinterbeine lenken nur – dringt sie in Tiefen von rund 800 m vor und legt am Tag Strecken bis zu 70 km zurück. Mit Sendern markierte Tiere zeigten, dass die *Baula* zur Futtersuche bis in die subpolaren Regionen Chiles hinunterwandert. Dort findet sie ihre Hauptnahrungsquelle: Quallen. Die Fähigkeit, ihre Körpertemperatur auf 18 °C konstant zu halten, lässt sie auch in kalten Gewässern überleben.

Eine Baula ist mit zehn Jahren geschlechtsreif. Alle zwei bis drei Jahre verlassen die Weibchen das Wasser und legen im Zeitraum zwischen September und März bis zu sechs Mal ihre Eier ab. Dabei wählt sich das Reptil stets Strände mit einer leichten Kurvung und ohne Steine aus. Die Beschaffenheit des Sandes ist entscheidend, da die Grube sonst beim Ausgraben wieder zufällt.

Ist die passende Stelle gefunden, gräbt die Baula mit den Hinterbeinen eine fast 1 m tiefe Grube, in die sie sich hineinlegt. Während der Eiablage nimmt die Baula ihre Umgebung kaum wahr, ein Kettenreflex läuft ab. Ein Weibchen legt ca. 70 große und 30 kleinere, unfruchtbare Eier ab, deren Bedeutung bis heute noch unklar ist. Anschließend schüttet sie die Grube mit Sand zu. Rund zwei Stunden bleibt ein Weibchen zur Eiablage am Strand, dann ist für die Lederschildkröte die Arbeit getan, sie steigt zurück ins Meer, Eier und Schlüpflinge sind von nun an sich selbst überlassen.

Die Eier bleiben rund 50–70 Tage im Sand, die Temperatur der Umgebung entscheidet über das Geschlecht der Embryos. An der **Playa Grande** entstehen bei einer Temperatur von über 29,5 °C Weibchen, zeigt das Thermometer weniger an, entwickeln sich Männchen. Die ca. 5 cm großen Lederschildkrötenjungen verlassen ihre Eierschale unter der Sanddecke und schaufeln sich nachts ihren Weg zur Sandoberfläche hinauf. Der Weg ins Meer ist der gefährlichste Abschnitt, denn Waschbären, Vögel, Krebse und Hunde lauern auf die Jungtiere. Große Lebensabschnitte der Lederschildkröte sind nach wie vor unerforscht. Besonders von den Männchen und heranwachsenden Schildkröten weiß man wenig, da sie das Meer nicht verlassen.

Die Lederschildkröte ist **vom Aussterben bedroht**. Man schätzt ihren Bestand auf weltweit 30 000 Tiere, dabei ist die Lage der pazifischen Baula am kritischsten, ihre Zahl wird auf ungefähr 3000 Weibchen geschätzt. Hauptgründe für den drastischen Rückgang sind u. a. das illegale Eiersammeln, die zunehmende Strandbebauung – das Licht schreckt die Weibchen ab und desorientiert die frisch geschlüpften Tiere – sowie die Fischereinetze, in denen sich viele Baulas verfangen und verenden.

ÜBERNACHTUNG UND ESSEN

Playa Avellanas

Cabinas Las Olas, 300 m östl., 200 m nördl. vom Restaurant Lola's, ✆ 2652-9315, 2652-9331, 🖥 www.cabinaslasolas.com. 10 geräumige, rustikale, weit auseinanderstehende, praktische Holzbungalows mit Terrasse und Hängematte, teils AC. Eine lange Holzbrücke führt über Mangroven direkt zum Strand. Surfbrettverleih, Kajak-, Schnorchelausrüstung, Restaurant; kontinentales Frühstück inkl. ❺

Casa Surf Avellanas, an der Hauptstraße Richtung Tamarindo, gegenüber vom Hotel Las Olas, ✆ 2652-9075, 🖥 www.casa-surf.com. Einfache Backpacker-Unterkunft für $15 p. P., Hängematte für $10, Küche.
Las Avellanas Villas, ✆ 2652-9212, 🖥 www. lasavellanasvillas.com. 5 moderne, neue, kleine Ferienhäuser mit Platz für bis zu 4 Pers. (Doppelbett und Stockbett), kleiner Kochnische und kleiner Terrasse mit Hängematten. Asiatischer Touch. Hübsch angelegter Garten, Sonderpreise bei Langzeitaufenthalt. ❹–❺

SÜD-GUANACASTE UND DIE NICOYA-HALBINSEL

Nicht nur Surfer lieben die glühenden Sonnenuntergänge an der Playa Negra.

Es gibt direkt am Strand einen Campingplatz: Camping Teresíta, ☎ 8405-1633.

Bei **Lola's** direkt an der Playa Avellana genießen die Gäste sautierten Thunfisch, Ceviche, mediterrane Pita, hawaiianischen Fischsalat, Fruchtsäfte und kühles Bier. Dabei sitzt man auf Holzliegestühlen und blickt aufs Meer. Bekannt wurde die Bar durch das gesellige Hausschwein Lola, das am Strand badete und Touristen aus aller Welt anzog. Lola ist inzwischen verstorben, die Nachfolgerin Lolita bekommt man leider nur selten zu sehen. Keine Imbisspreise! ⏱ Di–So 11–17 Uhr.

Straße nach Playa Negra

Cabinas Uhaina, an der Straße, die vom Playa Avellanas nach Osten führt, 500 m östl. vom Strand, ☎ 2653-2567, 🖳 www.surfhotelcostarica.com. Nur 10 Min. vom Strand entfernt liegen die 3 schönen, rustikalen und sauberen Cabinas, eine davon mit AC, Kühlschrank, Privatbad und Stockbetten. Der freundliche Emmanuel aus Biarritz gibt auch Surfunterricht. ❸

Mono Congo Lodge, fast am Strand nach dem Abschnitt Playa Largatillo, ☎ 2652-9261, 🖳 www.monocongolodge.com. Mehrstöckiges, auf Steinpfosten gebautes Holzhaus. 5 rustikale Zimmer mit holzgeschnitzten Möbeln, AC und TV, teils mit Privatbad, großer Gemeinschaftsbereich, Dachterrasse mit toller Aussicht, ruhig, Kaffee und Früchte inkl. ❹–❺

El Punto, am Fußballplatz. Lokal mit Frühstück, Snacks und Essen. ⏱ tgl. 9–20 Uhr.

Playa Negra / Los Pargos

Hotel Playa Negra, direkt an der Playa Negra, ☎ 2652-9134, 🖳 www.playanegra.com. Wie ein Dorf der Schlümpfe liegen die 10 mit Palmstroh gedeckten, runden Zementbungalows (nur Ventilator) am Meer. 7 neuere Bungalows mit AC und Hängematten sowie Blick zum Strand, Pool. Restaurant im großen Rancho-Gebäude, Frühstück extra. ❻

Piko Negro, am Fußballplatz, ☎ 8481-0484. Sehr einfache Cabinas. Pizzeria, mit Ventilator ❸, mit AC ❹

Villa Deevena, von Los Pargos Richtung Paraiso, ☎ 2653-2328, 🖳 www.villadeevena.com. 8 schöne Ferienbungalows mit Freiluft-Duschen um einen Pool, sehr ruhig, französische Besitzer, mit Gourmet-Restaurant, ⏱ Di–So 12–14, 18–22 Uhr, Sep, Okt geschl. ❺–❻

Café Playa Negra, im Ortszentrum. Lokal mit peruanischer und internationaler Küche. Kein besonders schönes Ambiente, aber Ventilatoren. ⊕ Mi–Mo 7–21 Uhr.

Jalapeño, im Ortszentrum. Minimarkt, Sandwiches und frische Säfte, leckere und gesunde Kleinigkeiten, Cafeteria. ⊕ tgl. 7.30–18 Uhr.

SONSTIGES

Fahrräder
Bei Pargos Adventures, Touren, s. unten.

Surfen
Surfing School Playa Negra, ✆ 2653-2567.

Touren
Pargos Adventures, Los Pargos, ✆ 2652-9136, 8356-2038. Inhaber Javier Quiros bietet Stand-up-Paddeln und Surfklassen an. Außerdem Verleih von Fahrrädern ($18/Tag), Schnorchelausrüstung ($15/Tag) und Surfboards ($18/Tag). ⊕ tgl. 8–18 Uhr.

TRANSPORT

Die Surfschulen in Tamarindo bieten tgl. Touren zur Playa Avellanas und Playa Negra an. Busse von Playa Avellanas: SANTA CRUZ (über Playa Negra), Mo–Sa 2x tgl.

Playa Junquillal

Playa Junquillal gilt als Geheimtipp unter den Pazifikstränden. Der 2 km lange, geschützte Strand besticht durch seine raue, wilde Schönheit, seine Mangrovengebiete und Tidepools. Schwimmen ist aufgrund der starken Strömungen und hohen Wellen gefährlich, bei Surfern ist der Strand jedoch sehr beliebt. Playa Junquillal ist ein weiterer Nistplatz der **Lederschildkröte**. Das illegale Eiersammeln betraf ehemals fast 75 % der Nester, sodass der WWF ein Projekt ins Leben rufen musste, das die Gemeinde mit in die Schutzmaßnahmen einband und zu einem großen Erfolg wurde. Heute kommen wieder mehr Schildkröten zur Eiablage als in den Jahren zuvor. Die Stiftung **Verdiazul** (**AVIVE**),

Urlaub zum Überkochen

Zwei Ferienhäuser geschmackvoll eingerichtet, mit Terrasse, in paradiesischer Lage und mit Direktzugang zum Meer, bietet die **Casas Pelícano**, 30 m vom Strand entfernt, ausgeschilderte Zufahrt, ✆ 2658-9010, 2658-8228, 🖥 www.casas-pelicano.com. Die ruhige Anlage ist umgeben von einem großen Garten mit Pool, Kakteen und Affenhorden. Doch nicht nur das! Besitzerin Sibylle ist Profiköchin und bietet auch Kochkurse für ihre Gäste an. Gekocht wird, was der Gast lernen will; ein dreistündiger Kochkurs (auch für Tagesgäste!) inkl. Zutaten kostet $100 p. P., für jede weitere Pers. $25. Zubereitet wird dabei ein ganzes Menü. Für Gäste gibt es zum Frühstück selbst gemachtes Brot, hausgemachte Marmelade, mitunter sogar selbst geräucherte Salami! Im Restaurant werden auf Vorbestellung 3-Gänge-Menüs serviert; wer selbst grillen möchte, bekommt dafür alles Nötige bereitgestellt; deutsche Leitung. ❹–❺

🖥 www.verdiazulcr.org, koordiniert die Aktivitäten, und es ist gelungen, Anwohner und Geschäftsleute für das Projekt zu gewinnen. Freiwillige Helfer, die Verdiazul unterstützen wollen, sind willkommen und können sich online registrieren. Sobald die kleinen Schildkröten im Park schlüpfen, werden die Hotels in der Umgebung informiert und Verdiazul organisiert Touren ($20 p. P.), bei denen Touristen auch zu den nächtlichen Patrouillen eingeladen werden.

Die hinter dem Playa Junquillal liegende, ausgedehnte Ortschaft Junquillal zieht sich entlang einer staubigen Straße und ist bisher vom großen Bauboom verschont geblieben, nur einige Europäer haben sich hier an den Hügeln niedergelassen.

ÜBERNACHTUNG

Hotel El Castillo Divertido, ✆ 2658-8428. Selbst gebaute Zementburg auf einem Hügel. 6 Zimmer mit Privatbad. Auf dem Burgdeck finden freitags Grillabende mit Meerblick statt. Frühstück extra. ❷

Hotel Guacamaya, ☎ 2658-8431, 🖥 www.guacamayalodge.com. Schlicht eingerichtete Bungalows in großer, gepflegter Anlage auf einem Hügel mit herrlicher Sicht aufs Meer. Pool, Tennisplatz, Touren und gutes, beliebtes Restaurant. Auch neue Apartments mit Küche und Meerblick. Besitzer sind die Geschwister Alice und Bernie aus der Schweiz, Frühstück extra. ❹–❺

Hotel Tatanka, ☎ 2658-8426. Saubere Zimmer, Pool, italienisches Restaurant mit Holzofenpizza. Wenig Ambiente. Frühstück inkl. ❸

Mundo Milo, ☎ 2658-7010, 🖥 www.mundomilo.com. 5 schöne, unterschiedlich gestaltete Rundbungalows, großzügig im tropischen Wald verteilt, teils mit Zuckerrohrdächern, mexikanisch moderner Einrichtung, großen Fenstern und AC. Alle mit Dusche, Kühlschrank und Terrasse. Pool; die freundlichen, holländischen Besitzer Lieke und Michel sprechen auch Deutsch und Englisch, Frühstück inkl. ❸

ESSEN

Amigos Bar & Grill, im Plaza Tierra Pacifica, 800 m vor dem Ort an der Landstraße. Cocktails und viele abwechslungsreiche Fischgerichte vom Grill. ⏰ tgl. 16–22 Uhr.

La Flaca, in Paraíso, 4 km landeinwärts, dort 300 m südl. vom Fußballplatz, ☎ 8817-7832. Fisch und Ceviche, sehr originell, beliebter Treffpunkt der Einheimischen aus der Umgebung. ⏰ tgl. 16–1 Uhr.

Mundo Milo, in der Mundo Milo Lodge. Immer dienstags große Auswahl an Sushi; tgl. Fisch, *mariscos* und *Comida internacional* in einem riesigen Rancho. ⏰ tgl. 17–21 Uhr.

Pizzeria Tatanka, im Hotel Tatanka. Große Auswahl an original italienischer Holzofenpizza. ⏰ 18–21 Uhr.

Restaurant Guacamaya, im Hotel Guacamaya. Beliebtes Restaurant mit guter, internationaler und schweizerischer Küche in großem Open-Air-Rancho mit Meerblick. ⏰ 12–21 Uhr.

Restaurant Lochitos, an der Hauptstraße, ☎ 8806-5216. Sehr gute, costa-ricanische Hausmannskost, frischer Fisch und Meeresfrüchte, freundlicher Familienbetrieb zum Wohlfühlen. ⏰ Di–Sa 16–21 und So 12–21 Uhr.

Die Strandbar des **Junquillal Eco Resort** an der Südseite des Strands hat sich zum Treffpunkt für den Sonnenuntergang gemausert. Bei frischen Cocktails und kleinen Snacks kann man hier den Tag genussvoll ausklingen lassen. Kanadische Besitzer. Tgl. Frühstück, Küche bis 2 Std. nach Sonnenuntergang, z. T. Live-Musik. ⏰ tgl.

SONSTIGES

Kochkurse
Casas Pelícano, s. Kasten S. 271.

Polizei
Playa Junquillal und Playa Negra haben keine Polizeidienststelle, die nächstgelegene befindet sich in Paraíso.

Reiten
In Paraíso, einer Ortschaft kurz vor Junquillal, betreibt die engagierte **Molly**, ☎ 8339-6431, ein Reitzentrum. Sie bietet stundenweise Reitunterricht und spannende Touren an die nahen Strände, auch Mehrtagestouren. Weitere Infos unter 🖥 www.costaricaequestrianvacation.com. Molly vermietet auch ein Gästehaus.

Supermärkte
Super Junquillal, im Tierra Pacífica. Infos und Landkarten, gut sortiert. ⏰ tgl. 8–19 Uhr.

Telefon
Bei der Pulpería Rojelia.

Yoga
Yogakurse im kleinen Einkaufszentrum **Tierra Pacífica** am Ortseingang neben dem Fußballplatz ($10 pro Std.). Infos unter ☎ 8356-2038.

TRANSPORT

Es besteht keine direkte Busverbindung zwischen Playa Junquillal und den südlichen Stränden. Die **Busse** fahren über Santa Cruz nach OSTIONAL, die Tickets sind im Büro im Mercado Municipal erhältlich.
SANTA CRUZ, 6, 6.20, 9, 12.30, 16.30 Uhr, 1 1/2 Std. mit Mardel.

Von Playa Junquillal nach Ostional

Wer mit dem Auto oder Fahrrad unterwegs ist, kann direkt von der Playa Junquillal an der Küste entlang auf einer schlechten Piste mit einer kleinen Flussdurchquerung (eine Brücke soll bis Ende 2018 fertiggestellt sein) zu den südlich gelegenen, relativ wenig besuchten Schwimm- (Playa Manzanillo), Surf- (Playa Azul, Marbella, San Juanillo) und Schnorchelstränden (Playa San Juanillo) weiterfahren. Vor Abfahrt sollten sich Selbstfahrer vor Ort über die aktuelle Straßenlage informieren.

ÜBERNACHTUNG UND ESSEN

Restaurant und Lodge Tree Tops Inn, in San Juanillo, ✆ 2682-1335, 🖥 www.costarica treetopsinn.com. Rustikale Zimmer ohne AC in Strandnähe und ein Bungalow am Strand beim ehemaligen Rennfahrer Jack und seiner Frau Karen. Schon einige illustre Gäste zog es in diese ruhige Lodge mit Meerblick. Ideal für Flitterwöchler, die Wert auf Privatsphäre legen. Lange im Voraus reservieren! Karen bereitet ein Gourmet-Dinner auch für Nicht-Gäste zu. Nur mit Voranmeldung. ❻

Refugio Nacional de Fauna Silvestre Ostional

- **Informationen:** ✆ 2682-0400, 🖥 www.sinac.go.cr
- **Schildkrötentouren:** ✆ 2682-0428, $12 p. P., möglichst vorher anmelden
- **Gründungsjahr:** 1992
- **Größe:** 284 ha
- **Transport:** s. Ostional, S. 274
- **Hinweis:** Keine Fotos bei Nachtführungen, keine Taschenlampen. Rauchen verboten. Als Gruppe zusammenbleiben.

Das Tierschutzgebiet Ostional ist einer der wichtigsten Nistplätze der **Oliv-Bastardschildkröte** in Costa Rica. Die *Lara,* wie sie auf Spanisch genannt wird, ist mit einer Gesamtlänge von bis zu 80 cm und mit einem Gewicht zwischen 35 und 45 kg die kleinste unter den Meeresschildkröten. Sie kommt ganzjährig mindestens einmal pro Monat zur Eiablage an Land, die Hauptnistzeit liegt aber in der Regenzeit, während der abnehmenden Mondphase, zwischen Juli und Dezember. Dann füllt sich die Playa Ostional für drei bis acht Nächte in Folge mit Hunderttausenden von Schildkrötenweibchen, die wie kleine programmgesteuerte Roboter über- und untereinander krabbelnd ihr Nistprogramm abwickeln. Die bisher größte dieser Massenankünfte fand im November 1995 statt, als 500 000 Weibchen an der Playa Ostional zur Eiablage erschienen.

Aber auch die Lara ist vom Aussterben bedroht. Als Verzehrerin von Mollusken, Fisch und Krustazeen werden ihr vor allem die Netze der Krabbenfangflotten zum Verhängnis. Höchstens 30 Minuten kann sie unter der Wasseroberfläche überleben, dann verendet sie. Seit 1987 läuft in Ostional ein Projekt, das den Einwohnern erlaubt, eine begrenzte Anzahl an Eiern zum Verzehr und Verkauf zu sammeln (s. Kasten S. 274).

In wesentlich geringerem Umfang kommen auch die Echte Karettschildkröte *(Tortuga Carey)*, die Grüne Meeresschildkröte und die Lederschildkröte zur Eiablage an die Playa Ostional, jedoch einzeln, nicht in Gruppen.

Ostional

Direkt an das Schutzgebiet schließt sich die kleine Ortschaft Ostional an. Außerhalb der Nistzeit kommen vor allem Surfer an den schwarzen Strand und reiten die hohen Wellen. Zum Schwimmen sind die Strömungen zu stark.

ÜBERNACHTUNG UND ESSEN

In der Schildkrötenhauptsaison füllen sich die Zimmer im Ort schnell, eine Reservierung ist empfehlenswert. Im Ort gibt es einfache Sodas.

Cabinas Ostional, südl. vom Fußballplatz, ✆ 2682-0428, 8816-9815. 6 kleine Cabinas, 2 davon mit Kochgelegenheit, sehr einfach. Auch Schildkrötentouren. $10 p. P. ❸

SÜD-GUANACASTE UND DIE NICOYA-HALBINSEL

AM PAZIFIK NACH SÜDEN | Ostional

Legale Eier – das Projekt Ostional

Man hatte mir das kleine Fischrestaurant in Guanacaste wärmstens empfohlen. Doch als ich das große „Se vende Huevos de Tortugas"-Schild (Verkaufe Schildkröteneier) am Eingang sehe, mache ich auf der Stelle kehrt und frage die Besitzerin, wie sie denn Schildkröteneier anbieten könne, wo doch jeder wisse, dass die Tiere vom Aussterben bedroht sind und das Sammeln der Eier illegal ist. „Ich boykottiere Ihr Geschäft", sage ich und wende mich dem Ausgang zu. Ein kräftiger Arm zieht mich zurück und zeigt mir eine Quittung: „Lea!", lesen Sie, fordert mich die Wirtin auf. Asociación de Desarollo Integral de Ostional-ADIO steht da. „Haben Sie etwa noch nichts von dem Projekt gehört?"

Vor 20 Jahren gründeten die Einwohner des Dorfes Ostional diese Organisation, um dem illegalen Eierdiebstahl an der Playa Ostional ein Ende zu machen, gleichzeitig aber der Gemeinde nicht eine wichtige Einkommensquelle zu rauben. Man einigte sich auf einen Kompromiss. An den ersten zwei Tagen einer **Arribada** (Massenankunft von Schildkröten) sammeln die Mitglieder von ADIO auf rund 900 m des insgesamt 7 km langen Strandes Schildkröteneier. Es sind die erstgelegten Eier, die meist von den Hunderttausenden von Schildkröten, die in den Folgetagen ihre Nester bauen, beschädigt und zertrampelt werden. ADIOs Beute beträgt dabei ungefähr ein Prozent einer Arribada. Außerhalb der Sammelzeiten gehen die Mitglieder am Strand Patrouille, um zu verhindern, dass Eier gestohlen werden. Die 260 Mitglieder starke Organisation hat strikte Aufnahmebedingungen. Es dürfen nur Kinder der Mitglieder, die in Ostional geboren und über 15 Jahre alt sind, dem Verein beitreten. Das Projekt trägt sich selbst, ist aber gesetzlich von der costa-ricanischen Regierung abgesegnet. Die biologische Fakultät der Universität von Costa Rica überwacht zudem die Entwicklung der Schildkrötenpopulation.

Die kleinen runden, Pingpongbällen ähnelnden Eier werden in Plastiktüten verpackt – aufgrund ihrer elastischen Schale zerbrechen sie nicht – und für 30C$ pro Ei verkauft. Der Käufer erhält eine gestempelte Quittung, die die Eier als legal gesammelt ausweist. Auf dem Markt steigt der Preis bis zu 100C$ pro Ei. Nach wie vor besteht der Glaube, dass die Schildkröteneier eine aphrodisierende Wirkung haben. Sie sind außerdem begehrt wegen ihres hohen Protein- und niedrigen Cholesterinwertes und werden gekocht, das Eigelb mit Milch und Likör verrührt oder in Suppen und herzhaften Torten verzehrt.

Ostional Turtle Lodge, am Ortsausgang Richtung Nosara, ✆ 2682-0131, 🖥 www.surfing ostional.com. 5 sehr saubere Cabinas mit guten Matratzen und modernen Bädern, teils mit Ventilator ❷, mit AC. ❸
Am Strandeingang befindet sich ein namenloser **Campingplatz**, ✆ 2682-0947, mit Blick aufs Meer, aber sehr primitiven sanitären Anlagen. 2500C$ p. P.

TRANSPORT

Auto
Von der Hauptstraße nach Nosara biegt links vor dem Supermarkt Paloma die Straße nach Ostional ab. Vom Río Ostional sind es weitere 4 km zum Ort.

Busse
SANTA CRUZ, 1x tgl. um 5 Uhr oder mit dem Taxi nach NOSARA, dort in den Bus nach SAN JOSÉ oder NICOYA umsteigen.

Santa Cruz

Santa Cruz trägt stolz den Titel *Ciudad Nacional Folclórica* – Stadt der Folklore, doch außer einer Marimba-Werkstatt, einigen Tortillaständen und der hellblauen Folclórica-Buslinie spürt man im Alltag kaum etwas von Folklorestimmung. Die kommt erst auf bei den Fiestas Cívicas (S. 42) auf, wenn weite Röcke im Hüpfschritt fliegen, wagemutige Kerle ihre rippenbrecherische Rodeo-Akrobatik auf dem Rücken wilder Stiere vorführen und der *Yiepia*-Seufzer des Sabanero von den Häuserwänden widerhallt.

Santa Cruz ist ein wichtiger Verkehrsknotenpunkt, um an die Strände Playa Tamarindo, Playa Brasilito und Ostional zu gelangen. Außerdem bietet die Stadt eine gute Gelegenheit, den Proviant für die Weiterreise an die teure Pazifikküste aufzustocken.

Sehenswertes

Die rosafarbene Kirche, von der lediglich der Turm die Erdbeben des vergangenen Jahrhunderts überstanden hat, ist mit dem gegenüberliegenden **Ciosco** das Auffälligste, was Santa Cruz an Architektur zu bieten hat.

In der Kirche befindet sich eine dunkelhäutige Christusstatue, der **Cristo Negro**, in ganz Lateinamerika auch nach seiner guatemaltekischen Heimatstadt unter dem Namen „Jesus de Esquipulas" bekannt. Der Legende nach bereiste die Heiligenfigur, der heilende Kräfte nachgesagt werden, ganz Zentralamerika und traf 1804 mit einem Missionar in Santa Cruz ein. Als der Missionar angeklagt wurde, sich an Spendengeldern zu bereichern, verließ er schnellstens die Stadt und hinterließ dabei die Heiligenfigur.

Gegenüber der Kirche erhebt sich der auffällige, mit präkolumbischen Motiven dekorierte Zement-Ciosco des aus Santa Cruz stammenden Künstlers Mario Garitos, dessen Werke auch in anderen Orten Guanacastes zu bewundern sind. Wer mehr von seiner Zementkunst sehen will, kann den Künstler besuchen. Sein Holz(!)haus mit fantasievollem Zementinterieur liegt 600 m westlich und 75 m nördlich der Municipalidad.

Vom Frisbee zum Maisfladen

Fábrica de Tortillas / Coopetortillas, 200 m südl. von der Kirche. In dieser großen Scheune werden die besten Tortillas im Ort gemacht. Beim Essen kann man den Köchinnen zusehen, wie sie kneten und Teigfrisbees in die Luft werfen. Die leckeren Maisfladen gibt es mit verschiedenen Füllungen, auch vegetarisch. Gegessen wird auf kleinen Holzhockern oder langen Bänken. Beliebt bei Ticos. Günstig und empfehlenswert. ⏰ tgl. 5–16 Uhr.

Es ist Geschmackssache, aber auf jeden Fall ungewöhnlich anders!

Ein Besuch der **Fábrica de Tortillas** (s. Kasten unten) ist Kochunterricht und Gaumenschmaus in einem. Vom Esstisch kann man die Metamorphose der zähen weißen Teigmasse bis zum essfertigen, knusprig-braunen Maisfladen verfolgen. Die 16 Köchinnen – und der eine Hahn im Korb – haben sich als Kooperative zusammengeschlossen und stopfen seit 1975 hungrige Mäuler.

ÜBERNACHTUNG

Die Unterkünfte sind in Santa Cruz allesamt nicht überwältigend, viele hätten ein Facelifting nötig.

Hotel La Estancia del Este, an der Plaza de Los Mangos, neben der Schule „Josefina Lopez", ✆ 2680-0476, ✉ angiechacha70@ yahoo.es. In Form eines Hufeisens angeordnete Cabinas mit AC. Restaurant, Frühstück inkl. Ähnliche Qualität wie das Hotel La Pampa. ❺

Hotel La Pampa, südöstl. der Plaza de los Mangos, ✆ 2680-0586. Saubere, große, karg eingerichtete Zementräume mit Privatbad, teils mit AC, Parkplatz. ❸

Iguanas & Congos Inn, 800 m östl. der Universität von Costa Rica, aus Santa Cruz Richtung Liberia, ✆ 2680-5353. Eher ein Businesshotel mit 11 Zimmern in 2 Kategorien, freundliche Gastgeber; mit großen Grünflächen und einem palmenbewachsenen Garten in einer ruhigen Gegend. Restaurant und Schwimmbad. ❹

La Calle de Alcala, 100 m östl. des Busbahnhofs Tralapa, ✆ 2680-0000, 2680-1515, 🖥 www. hotellacalledealcala.com. Eine grüne Oase mit Pool, Liegewiese und sogar Friseursalon. Die Zimmer sind jedoch eher enttäuschend. Mit AC, Billardtisch, Restaurant-Bar, Parkplatz. Frühstück inkl. ❹

ESSEN

Casafonda, an der Plaza de los Mangos. Meeresspezialitäten, Fleisch und Pasta, nettes Ambiente, sauber und beliebt bei Touristen. ⏰ tgl. 7–22 Uhr.

Santa Cruz Food Garden, an der Landstraße nach Liberia, Barrio Limón, ☎ 2680-3701. Typisch costa-ricanisches Restaurant mit großen Portionen. ⊙ tgl. 7–18 Uhr

SONSTIGES

Feste
Mitte Januar: **Semana Cultural** mit Marimba-Musik und Tanz aus der Region. Die **Fiestas Cívicas** mit Rodeos und Corridas schließen sich unmittelbar daran an.
25. Juli: **Día de Guanacaste**, Musik, typische guanatekische Spezialitäten.

Geld
Banco Popular, an der Kirche. ⊙ Mo–Fr 8.45–16.30 Uhr.
Banco de Costa Rica, 200 m nördlich der Plaza de los Mangos, Geldautomat. ⊙ Mo–Fr 9–16 Uhr.
Banco Nacional, an der Straße nach Liberia/Nicoya, schräg gegenüber von der Tankstelle, Geldautomat. ⊙ Mo–Fr 8.30–15.45 Uhr.

Polizei
Am Mercado Central.

Supermärkte
Kleinere Supermärkte im Zentrum. Große Supermärkte **Megasuper** und **Maxi-Pali** an der Banco Nacional, an der Straße nach Liberia/Nicoya.
Mercado Central, ⊙ Mo–Sa 7–18 Uhr.

Tankstelle
Gegenüber vom Maxi-Pali an der Straße nach Nicoya.

Taxis
An der Plaza de los Mangos. Tarife: Nicoya 15 000C$, Playa Tamarindo 25 000C$, Liberia 28 000C$.

Wochenmarkt
Feria de la Agricultura, an der Plaza de los Mangos, ggü. der Escuela Josephina. Obst-, Gemüse-, Fischstände. ⊙ Sa 5–14 Uhr.

TRANSPORT

Die Busse nach San José füllen sich schnell, Fahrkarten möglichst im Voraus kaufen! Besonders die Abfahrtzeiten an die Strände ändern sich häufig; unbedingt vor Ort über die aktuellen Fahrpläne informieren.

Busbahnhof am **Mercado Central**, von hier fahren die Busunternehmen Folklórika ☎ 2680-3161, und Alfaro ☎ 2222-2666.
PINILLA (Richtung Playa Avellana), 2x tgl. 11.30, 18 Uhr;
PLAYA GRANDE, 2x tgl. 5.30, 13 Uhr;
PLAYA JUNQUILLAL, 5x tgl. 5–17.30 Uhr;
PLAYA OSTIONAL, PLAYA MARBELLA, 2x tgl.;
PLAYA POTRERO (über PLAYA BRASILITO und PLAYA FLAMINGO), 17x tgl. von 3.40–19.30, 1 3/4 Std.;
PLAYA FLAMINGO (über PLAYA BRASILITO), 13x tgl.;
PLAYA TAMARINDO, 7x tgl. 5.30–20.30 Uhr, 1 Std.;
SAN JOSÉ, 6x tgl. 3.–16.30 Uhr.

Busbahnhof an der **Plaza de los Mangos**; von hier fahren die Busunternehmen La Pampa, ☎ 2665-7530, und Tralapa ab.
PLAYA JUNQUILLAL, 1x tgl.;
SAN JOSÉ, 7x tgl. 4.30–17 Uhr;
NICOYA, alle 30 Min. 5–23.10 Uhr;
LIBERIA (über FILADELFIA, CRUZ DE LA COMMUNIDAD), alle 30 Min. 4–23 Uhr, So stdl.;
PLAYA DEL COCO, Bus Richtung Liberia nehmen, am Cruz de la Communidad in den Bus nach Playa del Coco umsteigen;
TAMARINDO, 2x tgl.

Nicoya

Nicoya ist für Touristen weniger interessant als das 23 km nördlich gelegene Santa Cruz. Die Stadt war zwar bereits im 8. Jh. v. Chr. ein wichtiges Handelszentrum der Chorotega, eines aus Mexiko nach Zentralamerika einge-wanderten Indianerstammes, Spuren aus die-ser Zeit findet man heute jedoch kaum noch.

Töpferei als Familien-Business – Keramik aus Guaitil

12 km östlich von Santa Cruz, im kleinen Dorf **Guaitil**, wo sich igluförmige Lehmöfen aus Pferdemist, Erde und Ziegeln wie Bienenstöcke aus der Landschaft erheben, ist die jahrtausendealte **Chorotega-Kultur** lebendig. Die Mehrzahl der rund 100 Familien hier verdient sich ihren Lebensunterhalt mit der Herstellung von Tonvasen, -töpfen und -figuren und greift dabei auf das Material, die Formen, Muster und Farben ihrer Vorfahren zurück. Bis 1985 wurde das Töpferhandwerk von einer Frauenkooperative betrieben, die wenigen männlichen Töpfer waren Machismen ausgesetzt. Heute sind Mann und Frau gleichermaßen am Kunsthandwerk beteiligt, jedes Tongefäß durchläuft verschiedene Hände einer Familie; die eine Hand formt, die andere malt, poliert, graviert …

Ein Relikt ist die Fiesta de Maíz, eine Art Erntedankfest zu Ehren des Sonnengottes, das im Laufe der Kolonisation und Christianisierung in einen christlichen Kontext gestellt wurde. Der Sonnengott musste dabei einer dunkelhäutigen Jungfrau weichen, und der erdverbundene Name Fiesta de Maíz wurde durch den frommeren Namen Fiesta de la Virgen Guadalupe ersetzt. Die leckeren Maisspezialitäten aber, die am 12. Dezember aufgefahren werden, die Rosquillas, Cajetas, Pozole und der sämige Chicha-Trank, sind über die Jahrhunderte unverändert geblieben.

Nicoyas einzige Sehenswürdigkeit ist die kleine, im schlichten Franziskanerstil erbaute und innen frisch renovierte **Iglesia de San Blas** aus dem 16. Jh., eine der ältesten Kirchen Costa Ricas. Als die Spanier zu ihrer Einweihung den Erzbischof und Märtyrer San Blas statt der von den Indios innig verehrten Virgen de Guadalupe zum Stadtpatron ernannten, rebellierten die Indianer. Die Spanier handelten daraufhin rasch: Sie gaben der Stadt zwei Schutzpatrone, der Kirche zwei Glocken und den Nicoyanern schenkten sie auf diese Weise zwei freie Tage zum Feiern.

Der Marienkult um die Virgen de Guadalupe stammt ursprünglich aus Mexiko, wo im Jahr 1531 einem Indigenen die Jungfrau erschienen war und er darauf zum Christentum konvertierte. Seitdem wird sie in ganz Zentralamerika von den Indianern als Schutzpatronin verehrt. Beide Patrone stehen am Altar. Zu sehen gibt es außerdem eine Standuhr aus Deutschland mit mechanischem Uhrwerk vom Anfang des 20. Jhs. ⊕ Mo–Fr 8–16, Sa 8–11, So 8–17 Uhr.

Nicoya

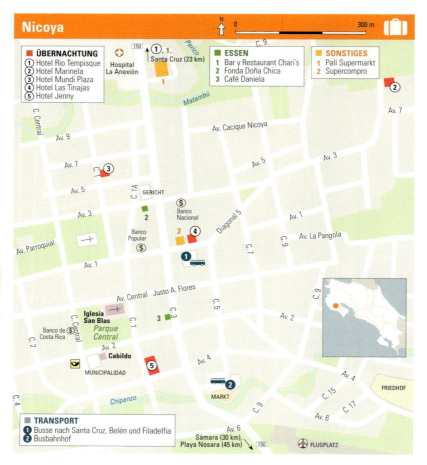

Im **Cabildo** (Gemeinderat), gegenüber der Kirche, wurde der Anschluss Nicoyas an Costa Rica besiegelt, eine Wandtafel erinnert an das historische Datum, den 25. Juli 1824.

Nicoya bietet sich als Ausgangspunkt für einen Abstecher zu den 15 km entfernten Kalksteinhöhlen des **Parque Nacional Barra Honda** (S. 280) an und ist ein wichtiger Verkehrsanknüpfungspunkt für Busse an die Strände Sámara und Nosara, in die nördlich gelegenen Städte Santa Cruz und Liberia sowie – über die Brücke Puente de la Amistad – nach Puntarenas und San José.

ÜBERNACHTUNG

Hotel Jenny, 100 m südl. vom Park, Eingang nicht beim Hotelschild, sondern an darauffolgender Ecke, ☎ 2685-5050. Typisch chinesisch geführtes Hotel: sehr saubere, kahle, unpersönliche Zimmer mit älterem Mobiliar, lange Gänge mit großen AC-Kästen, Privatbad, laut. ❷

Hotel Las Tinajas, gegenüber vom Busbahnhof (Busse Richtung Santa Cruz), ☎ 2685-5881. Relativ sauber, mit türkisblauen Wänden, teils

278   AM PAZIFIK NACH SÜDEN | Nicoya   www.stefan-loose.de/costa-rica

mit AC. Einige Zimmer mit knarrenden Holzdielen, einige gefliest. ❶
Hotel Mundi Plaza, 350 m nördl. vom Parque Central, C.1, Av. 5–7, ☎ 2685-3535. 25 saubere, große Zimmer mit Balkon, dicken Matratzen und AC. ❸
Hotel Rio Tempisque, 1 km nördlich von Nicoya, an der Straße nach Santa Cruz, ☎ 2686-6650. Weitläufige Anlage mit 106 Zimmern auf einem 7 ha großen Grundstück mit Schwimmbad, Whirlpool parkähnlichem Garten; beliebt bei Familien und Gästen, die zum Arbeiten nach Nicoya kommen. Restaurant, Bar. ❸

ESSEN

Bar y Restaurant Chari's, gegenüber der Tankstelle Barrantes an der Ortseinfahrt, ☎ 2685-6248. Günstige und landestypische Kost. Frühstück, Mittag- und Abendessen; kein schneller, aber freundlicher Service. ⏰ tgl. 6–23.30 Uhr.
Café Daniela, C. del Comercio, C. 3, Av. 0–2, ein Block östl. vom Parque Central, ☎ 2686-6148. Serviert neben Casados und Salaten auch hausgemachte Kuchen, Gebäck, Frescos und Kaffee, Frühstück. Auch Mittagessen. ⏰ Mo–Sa 7–21.30 Uhr.
Fonda Doña Chica (bei Einheimischen bekannt als „La Corte"), am Gerichtsgebäude *(la corte)* gegenüber der Banco Nacional. Landestypische, günstige Gerichte wie Tortillas, *caseras* oder *olla de carne*. ⏰ tgl. 7–18 Uhr.
Mercado Central, neben dem Busbahnhof der Busse Richtung San José. Hier gibt es immer frische, landestypische Küche zu kleinen Preisen ⏰ tgl. 6–12 Uhr.

SONSTIGES

Feste
Ende Jan/Anfang Feb: **Días Patronales de San Blas**. Musik und Folkloretänze auf der Plaza Central
25. Juli: **Día de Guanacaste**. Ganz Guanacaste feiert die Annexion Guanacastes durch Costa Rica.
12. Nov: **Pica de Leña**. Das farbenfroheste Fest der Stadt, an dem Hunderte von traditionellen Ochsenkarren, vollgeladen mit Brenn-

holz, durch die Stadt zur Jungfrau von Guadalupe gezogen werden, wo die Ochsenwagenfahrer Speis und Trank erhalten.
12. Dez: **Día Patronal de la Virgen de Guadalupe**. Die Jungfrauenstatue wird zeremoniell durch Nicoyas Straßen getragen und schließlich zur Messe zurück in die Kirche gebracht. Traditionelle Maisspezialitäten und Feuerwerk.

Geld
Banco Popular, schräg gegenüber vom Supercompro. ⏰ Mo–Fr 8.45–16.30, Sa 8.15–11.30 Uhr.
Banco de Costa Rica, am Park, mit Geldautomat. ⏰ Mo–Fr 9–16 Uhr.

Medizinische Hilfe
Hospital La Anexión, am nördl. Stadtrand, ☎ 2685-5066. Die wichtigste Klinik auf der Península de Nicoya.

Supermärkte
Pali, am nördl. Stadtrand Richtung Klinik.
Supercompro, Av. 1, C. 3.

Taxis
Taxis Unidos, die Blechunterstände am Park sind Taxistände, keine Bushaltestellen! Taxis stehen auch am Krankenhaus und beim Mercado Central.

Telefon
Telefonzellen am Park, Telefonkarten gibt es in der Soda **El Parque**.

TRANSPORT

Der Hauptbusbahnhof mit Bussen nach Nosara, Sámara, San José und Puntarenas liegt 200 m östl., 200 m südl. vom Parque Central.

Busse fahren nach:
PLAYA NOSARA, 6x tgl. 4.45–17.30 Uhr, 1 1/2 Std.;
PLAYA CARRILLO (über PLAYA SÁMARA), 12x tgl. 5–21 Uhr;
SAN JOSÉ 10x tgl. 3–17 Uhr, So weniger Verbindungen, mit Alfaro, ☎ 2685-5032;

PUNTARENAS (Richtung NATIONALPARK BARRA HONDAS), 2x tgl., 3 1/2 Std.;
PLAYA NARANJO (mit Anschluss an die Fähre nach PUNTARENAS), 1x tgl.;
PLAYA DEL COCO, 3X TGL., Bus in Richtung Liberia, am **Cruz de la Communidad** (Guardia) in einen Bus nach Playa del Coco umsteigen;
Busse nach Santa Cruz, Belén und Filadelfia fahren vom **Busbahnhof** schräg ggü. dem Hotel Las Tinajas ab.
LIBERIA (über SANTA CRUZ, BELÉN, FILADELFIA), Mo–Sa 3–22.30 Uhr, etwa halbstündig, So und feiertags stdl.

Parque Nacional Barra Honda

- **MINAE-Büro:** ☎ 2659-1551
- **Öffnungszeiten:** tgl. 8–16 Uhr, Besuch der Höhle 8–13 Uhr
- **Eintritt:** $12 p. P.
- **Höhlenbesuch:** inkl. Ausrüstung, Nationalparkeintritt und Führer $41 p. P.
- **Gründungsjahr:** 1974
- **Größe:** 2295,5 ha
- **Unterkunft / Verpflegung:** Camping, $2 p. P., Essmöglichkeiten liegen in der näheren Umgebung des Parks.
- **Transport:** Tourveranstalter in Sámara organisieren Touren in den Nationalpark. **Auto:** Rund 15 km nach der Tempisque-Brücke biegt rechts ein Weg zur Ortschaft Barra Honda ab (ausgeschildert), von hier sind es noch weitere 4 km zum Nationalparkeingang. **Busse:** Von Nicoya fährt tgl. morgens ein Bus nach Santa Ana, ca. 1 km vom Nationalpark entfernt (von dort zum Park zu Fuß gehen), und ein Bus am späten Nachmittag zurück. 3x tgl. fahren Busse von Santa Ana zurück nach Nicoya, der letzte um 17 Uhr.
- **Ausrüstung:** Bequeme Schuhe und lange Hosen für Höhlentour, Fernglas sowie Sonnenschutz.

Die Hauptattraktion des Nationalparks Barra Honda liegt unter der Erde: 42 Kalksteingrotten unterhöhlen den tropischen Trockenwald bis zu einer Tiefe von 220 m. Erst in den 60er-Jahren, als das Gebiet des heutigen Nationalparks noch im Besitz einer Finca war, entdeckte man die Höhlen, 19 von ihnen hat man bisher erforscht, und in der **Nicoya-Höhle** stieß man dabei auf menschliche Skelette sowie auf Tongefäße und Speersrusen aus präkolumbischer Zeit. Die einzige der Öffentlichkeit zugängliche Höhle ist die **Cueva Terciopelo** mit einer Tiefe von 41 m.

Oberirdisch erheben sich die Hügel, aus denen die Grotten einst entstanden, der höchste von ihnen ist der **Cerro Coralillo** mit einer Höhe von 550 m. Wie die Höhlen bestehen auch die Hügel aus Kalkgestein, genauer, aus den Skeletten abgestorbener Korallenriffe, die vor mehr als 60 Mio. Jahren durch tektonische Plattenbewegung aus dem Meer an die Oberfläche gedrückt wurden. Das Regenwasser, das durch die verschiedenen Erdschichten sickerte, vermischte sich mit dem von Pflanzenwurzeln und Bodenorganismen ausgestoßenen Kohlendioxid und bildete eine leichte Säure, die Kohlensäure, die den Kalk im Laufe der Jahrtausende zerfraß und Höhlen formte.

Wanderungen

Der Abstieg zur Terciopelo-Höhle ist ausschließlich in Begleitung von zwei Parkwächtern und mit Kletterausrüstung erlaubt, Kindern unter acht Jahren ist der Besuch dieser Höhle aus Sicherheitsgründen untersagt, sie können stattdessen die leichter zugängliche Cuevita-Grotte besuchen.

Die Höhlentour beginnt mit einem steilen, vertikalen Abstieg über eine Leiter in eine Tiefe von zunächst 17 m und führt dann durch vier der insgesamt fünf Säle mit bizarren Stalagmiten und Stalaktiten in eine Tiefe von 41 m hinab. Für die gesamte Tour inkl. Hin- und Rückwanderung zum Parkeingang muss man etwa vier Stunden einplanen. Mit etwas Glück lassen sich auf dem Weg auch Brüll- und Kapuzineraffen, Rote Aras, Gürteltiere und Zwerghörnchen erspähen.

Empfehlenswert ist ein Abstecher zum 500 m von der Höhle entfernten **Mirador**, von dem sich eine Panoramasicht über den tropischen Trockenwald bis zum Golf von Nicoya und von der anderen Seite bis auf den Pazifik bietet.

Playas de Nosara

Die drei paradiesischen Strände von Nosara, Playa Guiones, Playa Pelada und Playa Nosara, liegen rund 5 km von der Ortschaft Nosara entfernt und bieten Yogis, Surfern, Schnorchlern, Schwimmern und Vogelkundlern die jeweils passende Nische für ihr Hobby.

Die Zufahrtstraßen sowohl aus dem Norden als auch aus dem Süden sind noch immer ungeteerte Pisten, die aber das ganze Jahr über befahrbar sind. Mittlerweile wurden alle Flüsse mit Brücken versehen. Rund um Nosara gibt es ein unübersichtliches Gewirr von kleinen unbefestigten Straßen, Nebenpisten und Sandwegen, das sich ständig verändert und erweitert wird. Das Wegenetz verbindet den Ort Nosara – wo sich auch die Landepiste befindet – mit den Stränden, vereinzelten Siedlungen, Restaurants und Hotels.

Der 5 km lange, weiße Sandstrand **Playa Guiones** ist das Surfrevier unter dem Dreigespann und bildet mit den meisten Unterkünften und Restaurants auch das Zentrum. Die über 1000 ha Küstenland, die bereits Ende der 1960er-Jahre von einem Amerikaner aufgekauft wurden, stehen heute unter dem Schutz der Nosara Civic Association (NCA). Es ist der Verdienst dieser Organisation, dass die drei Strände nicht mit Hotelriesen bebaut wurden, sondern unter Naturschutz stehen, auch wenn dieser langsam zu bröckeln scheint. An der kilometerlangen weißen Playa Guiones machen Surfanfänger Trockenübungen und rudern bäuchlings wie nistende Lederschildkröten kräftig mit den Armen im Sand. Im Ort selbst lassen sich müde Wellenreiter ihre verspannten Rücken mit Meersalz massieren und das Surfwax aus den Ohren blasen.

Am kleineren **Playa Pelada** mit seinem vorgelagerten Riff, **das einige** Tidepools und Felshöhlen birgt, lässt es sich recht gut schwimmen und schnorcheln. Trotzdem: auch hier gilt Vorsicht vor Unterströmungen. Bei Ebbe kann man, an den Felsklippen vorbei, zur mangrovenumsäumten, dunklen **Playa Nosara** laufen, an deren Flussmündung die Einheimischen noch mit Hand und Schnur ihren Fisch fangen und vorübergehend in den Felsspalten frisch halten.

Playa Nosaras hohe Wellen machen den Strand zu einem beliebten Ziel für fortgeschrittene Surfer. Etwas oberhalb gelegen, erstreckt sich das 50 ha große **Privatreservat Nosara**, in dem u. a. Affen, Wasch-, Nasen- und Ameisenbären, Gürteltiere, Krokodile sowie mehr als 270 Vogelarten ein Zuhause haben.

Landeinwärts liegt die Ortschaft **Nosara**. Bis auf einige typische Tico-Bars, Supermärkte und die Landebahn ist der Ort eher uninteressant.

Orientierung

Im Gegensatz zum benachbarten Sámara gibt es weder in Playa Guiones noch in Playa Pelada einen klaren Ortskern. Unterkünfte und Restaurants liegen weit auseinander. Man folgt den Wegweisern, die zu Dutzenden übereinander an jeder wichtigen Kreuzung aufgestellt sind.

ÜBERNACHTUNG

Playa Guiones ist ein teures Pflaster, bei vielen Unterkünften stimmt das Preis-Leistungs-Verhältnis nicht, auch wenn in den letzten Jahren einige für den schmaleren Geldbeutel eröffnet haben. Cabinas gibt es auch in der Ortschaft Nosara, zum Strand ist es von dort für einen Fußmarsch aber zu weit und Busverbindungen gibt es nur wenige.

Playa Guiones

4 You Hostal, an der 2. Einfahrt zum Playa Guiones, nach 100 m auf der linken Seite, ☏ 2682-1316, 🖥 www.4youhostal.com. Liebevoll von Carole und Marco geführtes und sauberes Hostel mit 1 Dorm, 3 Zimmern mit Gemeinschaftsbad, 2 kleinen Apartments mit Bad und großer, moderner Gemeinschaftsküche, sehr beliebt. $18 p. P., Zimmer **②** Apartment **④**

Casa Romantica, ☏ 2682-0272, 🖥 www.casa-romantica.net. 10 ruhige Zimmer mit TV, teils mit AC, Terrasse mit Schaukelstuhl. Eindrucksvolles Rancho mit Pool und Restaurant. Die Zimmer sind für die stolzen Preise enttäuschend normal, viele Infos über die Umgebung gibt es aber umsonst dazu. Frühstück inkl. **⑤**–**⑥**

Hotel The Gardens, an der Einfahrt zur Playa Guiones, ☏ 2682-4000, 🖥 www.nosaragardens.com.

Schönes Strandhotel unter US-amerikanischer Leitung mit gutem Restaurant. 11 Zimmer und Apartments in verschiedenen Kategorien mit privater Terrasse und Hängematte, teilweise mit Küche auf der Terrasse, schöne Gärten, viel Platz, langer Pool, tgl. Yoga-Unterricht, Frühstück inkl. ❻

Hotel Harmony, am Café de Paris Richtung Strand, nach 400 m auf der rechten Seite, ✆ 2682-4114, 🖥 www.harmonynosara. com. 10 gefliese, schlichte Zimmer mit eingezäunter Terrasse; 14 schöne Bungalows, minimalistisch-karg eingerichtet, umgeben von Palmen. Direkter Zugang zum Strand. Pool mit eindrucksvoller Fächerpalme. Im Healing Center werden Yogakurse, Massagen und Ganzkörpermasken angeboten. Das Hotel bereitet das anfallende Abwasser auf und nutzt es anschließend für die Gartenanlagen. Solaranlage. ❻

Nosara Suites, an der 1. Zufahrtsstraße nach Nosara, am Café de Paris, ✆ 2682-0087, 🖥 www.nosarasuites.com, www.cafedeparis. net. Luxussuiten in kühl-modernem Ambiente, die Glasduschen befinden sich im Zimmer. Großer Pool und Gartenanlage. Französischschweizerische Leitung. ❻

The Gilded Iguana, von der 2. Einfahrt nach Guiones, 800 m in Richtung Strand, ✆ 2215-6950, 🖥 www.thegildediguana.com. Wunderschön renoviertes Hotel mit komfortablen Zimmern in harmonischem tropischen Ambiente mit großem Pool, empfehlenswertes Restaurant, Parkplatz, Frühstück inkl. ❻

Beach Dog, an der Strandzufahrt, ✆ 8576-3176, 🖥 www.beachdognosara.com. 3 private Zimmer für 2–3 Pers. mit geteilten Bädern, Kühlschrankbenutzung, Tee und Café umsonst, einfach und rustikal, bunt dekoriert. ❸

Nosara Beach Hostel, 550 m südl. des Beach Dog Café, direkt am Agua Tibia Surf Shop, der gut ausgeschildert ist, ✆ 2682-0238. Freundliches kleines Hostel mit 2 Schlafsälen, Fahrradverleih, Hängematten, gut ausgestattete Gemeinschaftsküche, viele Infos. $20 pro Bett, Frühstück nicht inkl., keine Kreditkarten.

Playa Pelada

Nosara Retreat (ehemals B&B Nosara), 2. Einfahrt hinter der Playa Pelada, ausge-

schildert, ✆ 2123-0209, 🖥 www.nosarabandb. com. Auf einem großen Naturgrundstück, abgeschieden und ruhig liegen diese einfachen, einladenden Zimmer, zum Teil mit Küche oder Gemeinschaftsküche. Die Nachtruhe wird hier nur durch Grillen und Meeresrauschen gestört. 5 Min. zum Strand. Die freundliche, weit gereiste Amerikanerin Deborah leitet mit Partner Michael die Unterkunft. Deborahs Familie lebt bereits seit 20 Jahren in Pelada und arbeitet eng mit der Gemeinde zusammen. Jedes Jahr finden Schreib-Workshops für Gäste statt. ❸ – ❹

Lagarta Lodge, über dem Playa Pelada, ✆ 2682-0035, 🖥 www.lagarta.com. Zum Privatreservat der Lodge gehören 35 ha Wald, und auf einer geführten Tour durch die Reserva können Interessierte die Überlebenstricks der Bäume in diesem extremen Klima kennenlernen. Die Lodge wurde 2017 komplett umgebaut und steht jetzt sehr zahlungskräftigen Kunden zur Verfügung. Alles vom Feinsten mit 26 Junior-Suiten. Diese liegen auf einem Hügel mit atemberaubender Aussicht auf das Meer, den Río Nosara, Río Montana und das angrenzende Privatreservat. Sunset-Bar, Jacuzzi und 2 Pools. ❻

Posada Refugio del Sol, gegenüber vom Minisuper, ✆ 2682-0287, 8825-9365 (José direkt), 🖥 www.refugiodelsol.com. 5 saubere Zimmer mit Privatbad und Gemeinschaftsterrasse; Hängematten und kleiner Innengarten beim freundlichen, weltgereisten Galicier José. Teilweise mit kleiner Kochgelegenheit. Gäste können auch Josés Küche mitbenutzen; wer nicht kochen mag, kann im Restaurant spanische Spezialitäten genießen. ❸

Villa Mango Bed and Breakfast, 2. Einfahrt zur Playa Pelada, ✆ 2682-1168, 🖥 www.villa mangocr.com. Heimeliges Hotel: insgesamt 7 helle, stilvoll-schlichte Zimmer, einige mit AC (kostet $10 extra) und großem Bad mit Sitzdusche, aber ohne Tür, Terrasse in originellem Design. Salzwasserpool, Garten, Gemeinschaftsterrasse mit bezauberndem Meerblick und Büchern. Französisch-portugiesische Leitung von Agnes und Jo. Tgl. außer So Yoga-Unterricht gegen Gebühr, Frühstück inkl. ❺

ESSEN

Playa Guiones

Il Basilico, an der Ortsausfahrt in Richtung Nicoya, hinter der Chapman Bar, ☎ 2682-1472. Einfaches italienisches Restaurant mit Blechdach. Pizza und Fisch. ⏲ tgl. 11.30–22 Uhr.

Panadería und Restaurant Café de Paris, an der 2. Einfahrt nach Guiones, 🖥 www.cafede paris.net. Beliebte Bäckerei mit frischen Croissants, Kuchen, Baguettes. Zum Frühstück im Rancho-Restaurant nebenan werden frisches Brot und Croissants direkt aus der Bäckerei serviert. Die Küche ist französisch inspiriert: Garnelen, gegrilltes Rind in Sauce béarnaise, Mousse au Chocolat und französische Weine. Auch vegetarische Gerichte. ⏲ Mo–Sa 7–21, So 7–16 Uhr.

Restaurant El Local, 400 m vor der Playa Guiones, im Hotel The Gardens. Hier wird das Bier selbst gebraut, und das Essen kommt frisch auf den Tisch: Fleisch, Fisch, Meeresfrüchte und ausgefallene Kreationen, wie z. B. der empfehlenswerte „Ahi tuna poke bowl", in schönem modernen Ambiente, holländischer Küchenchef, Do, Sa Livemusik. ⏲ Di–So 12–22 Uhr.

Robin Café and Icecream, 50 m westl. vom Café de Paris, ☎ 2682-0617, 🖥 www.robins cafeandicecream.com. Hausgemachtes Eis aus costa-ricanischen Früchten – Mango, Sternfrucht, Ananas. Wraps mit Tofu-Salat und Avocado oder herzhaft mit Schweinefleisch. Frühstück gibt's den ganzen Tag mit selbstgebackenem Brot. Zutaten vorwiegend aus ökologischer Landwirtschaft. ⏲ tgl. 8–17 Uhr.

Soda Tica, 1. Ortseinfahrt nach Guiones, an der Straße Richtung Pelada. Gute, saubere Soda mit leckeren, günstigen Casados, Fischsuppe; zum Frühstück werden Pfannkuchen, Omelett oder Gallo Pinto serviert. ⏲ Mo–Sa 8–15 Uhr.

Perla Negra, vom Hotel Harmony Richtung Strand auf der rechten Seite, ☎ 4701-0540. Unscheinbares Lokal an der belebten Straße mit 2 Tischen draußen. Gute Kaffeevariationen (heiß und kalt), Kleinigkeiten wie Tuna-Poke zum Mittag, Kuchen, Fruchtsäfte; kleine Boutique anbei. ⏲ 7.30–17 Uhr.

Beach Dog Café, an der Strandzufahrt, ☎ 2682-1293. Beliebt bei Expats, bunte Cocktails, Fassbier und gesundes Essen. ⏲ Mo–Sa 8.30–22, So 8.30–15.30 Uhr.

Playa Pelada

Cafetería y Heladería Italia, an der 2. Einfahrt zum Playa Pelada, ca. 500 m von der Hauptstraße. Aus ihrer Heimat Italien haben Federica und Stefano ihre Gelato-Maschine einschiffen lassen. Auch Cappuccino und Espresso; Internetcafé. ⏲ tgl. 9–19 Uhr.

Il Peperoni, an der 2. Einfahrt zur Playa Pelada, ca. 200 m zum Strand, ☎ 2682-0545. Holzofen-Pizza und Pasta; lange Speisekarte, auch mit *Parrilla mixta* und vielen, frischen Meeresfrüchten. Tico-Ambiente, mit TV. ⏲ tgl. 11–22.30 Uhr.

La Luna, am Strand, ☎ 2682-0122. Restaurant-Bar mit tollem Ambiente. Berauschende Sonnenuntergänge, sanfte Musik, Kerzenschein und der legendäre Cocktail Lunitica mit costa-ricanischem Rum und Tropenfrüchten. Sehr gute mediterrane Küche, auch große, hauchdünne Pizza zu fairen Preisen. Empfohlen seien die günstigen *tablas*, gut geeignet zum Teilen. Zum Sonnenuntergang besser reservieren. ⏲ tgl. 7–22.30 Uhr.

Seekret Spot, 2. Einfahrt nach der Playa Pelada, ☎ 2682-1325. Die italienische Familie stellt gutes Eis her. ⏲ Mo–Sa 12–18 Uhr.

Olga, am Strand. Fisch und Meeresfrüchte direkt von den Fischern. Oft Probleme mit Ämtern, vorher nachfragen, ob geöffnet. ⏲ tgl. 8–21 Uhr.

Richtung Nosara

Restaurante Enigma, hinter der Tankstelle, ☎ 6150-3961. Recht neu, mit einer ausgefallenen Karte, gute Vorspeisen, frischer Fisch, günstige Langusten. Keine Kreditkarten. ⏲ tgl. 7.30–21, So 11.30–21 Uhr.

UNTERHALTUNG

Playa Guiones

Bar Chapman, am Ortsausgang, an der Straße Richtung Nicoya. Do Reggae-Nacht, Sa Ladies' Night, Fr Noche Latina. Mitunter Livemusik. ⏲ Di–Sa 19–2 Uhr.

In der **Casa Tucán**, im **The Rising Sun** und in der Hotelbar des **Gilded Iguana** finden gelegentlich Livekonzerte statt.

In Nosara
Disco Tropicana, einzige Disco in der Region. Touristen und Ticos. ⊕ Fr und Sa ab 22 Uhr.

AKTIVITÄTEN UND TOUREN

Wander-, Reit- und Kajaktouren
Nature Tours Gabriela, ✆ 2682-0925, 8608-3347. Ein-Frau-Betrieb der netten, deutschsprachigen Gabriela, die individuelle Touren anbietet: mit dem Kajak, zu Pferde und naturkundliche Wanderungen.
Boca Nosara Tours, ✆ 2682-0280.

Schnorcheln
The Frog Pad, Playa Guiones, ✆ 2682-4039, 🖥 www.thefrogpad.com. Vermietet Schnorchelausrüstung, auch Surfbretter, Büchertausch und -verkauf. ⊕ tgl. 9–20 Uhr.
Ein gutes Schnorchelrevier ist die Playa San Juanillo, ca. 45 Min. von Guiones entfernt.

Surfen und Stand up Paddling
Die Playas von Nosara bieten eine der beständigsten Breaks im Land. An der Playa Guiones und den benachbarten Stränden finden von Sep–Nov nationale und internationale Surf-Wettbewerbe statt. Rund ein Dutzend Surfschulen und Surfshops gibt es im Ort. Zu den renommiertesten zählen:
Coconut Harry's, 2 Filialen, eine an der 1. Ortseinfahrt nach Playa Guiones, die andere weiter

---

Einmal durchkneten, bitte!

Ob verspannter Surfernacken, schmerzender Backpacker-Rücken oder überdehnter Yogafuß, fast jedes Wehwehchen wird bei **Tica Massage**, gegenüber dem Hotel Harmony, ✆ 2682-0096, 🖥 www.ticamassage.com, mit ätherischen Ölen wegmassiert. Umgeben von tropischem Garten; 1 Std. Ganzkörpermassage kostet $75. Auch spezielle Fuß-, Nacken- oder Gesichtsmassagen. ⊕ Mo–Sa 9–18, So 9–17 Uhr.

---

im Zentrum, in Strandnähe, ✆ 8602-1852, 🖥 www.coconutharrys.com. Surfunterricht und Surfbrett-Verleih $15–20 pro Tag, $90–120 pro Woche, Boogieboard $10 pro Tag, Surfunterricht 90 Min. $55, Gruppen bis 3 Pers. Kinder bis 15 J. $35. Auch SUP-Touren. ⊕ tgl. 7–11 Uhr.
Nosara Surfshop, Playa Guiones, ✆ 2682 0186, 🖥 www.nosarasurfshop.com. Alles rund ums Surfen inkl. Kleidung, Surfboard-Verleih ($15–20 pro Tag) und -reparatur. Unterricht $40 p. P. pro Std. ⊕ tgl. 7–17.30 Uhr.
Nosara Surf Academy, Playa Guiones, ✆ 2682-5082, 🖥 www.nosarasurfacademy.com. Einzel- und Gruppenunterricht, Schnupperkurs $60, Surfbrettverleih $15 am Tag. ⊕ nach Absprache.
Agua Tibia, Playa Guiones, 50 m westl. des Beach Dog Café, ✆ 2682-5508, 8751-1745, 🖥 www.aguatibia.com. Privatunterricht 90 Min. für $60, Gruppe mit max. 4 Pers. für $45. ⊕ nach Absprache.
Experience Nosara, Playa Guiones, neben Perla Negra, ✆ 8705-2010, 🖥 www.experience-nosara.com. Spezialisiert auf Stand up Paddle Boarding (SUP), über die Bucht und die Mangroven, 2 1/2 Std. $60, vermieten auch Kajaks, Trekking- und Schnorcheltouren.

SONSTIGES

Autovermietung
Alamo, 2x in Nosara, neben Café de Paris, und zusammen mit National, von Nicoya kommend, kurz hinter der ersten Einfahrt nach Playa Guiones, ✆ 2682-0052, 2682-1146. ⊕ tgl. 8–17 Uhr.
Toyota, 150 m westl. vom Café de Paris, ✆ 2682-0941. ⊕ tgl. 8–17 Uhr.

Fahrradverleih
Frog Pad, Playa Guiones. $10 pro Tag. ⊕ tgl. 9–21 Uhr.
Nosara Surfshop, $10 pro Tag.

Geld
Banco Popular, Playa Guiones, neben Café de Paris. ✆ 2682-0011, ⊕ Mo–Fr 8.45–16.30, Sa 8.15–11.30 Uhr.
Banco de Costa Rica, neben der Tankstelle Richtung Nosara, Geldautomat. ✆ 2211-1111, ⊕ Mo–Fr 9–16 Uhr.

Geführte Tour durch den Mangrovenwald an der Playa Nosara

Informationen

Die **Website** 🖥 www.nosara.com listet Infos zu Transport, Unterkunft, Restaurants und Aktivitäten an den Playas de Nosara auf. Die Lokalzeitung **Voz de Guanacaste**, 🖥 www.vozdeguanacaste.com, erscheint jeden Monatsanfang mit Berichten über die Region und enthält auch einen Veranstaltungskalender. Sie liegt in den Hotels aus.

Polizei

neben der Playa Guiones, an der Hauptstraße zum Strand, ✆ 2682-0075.

Sprachenschule

Spanish Institute, an der Straße Richtung Nicoya, hinter dem Yoga Institute, ✆ 2682-1460, 🖥 www.nosaraspanishinstitute.com. Modernes Gebäude, gute Tico-Lehrer.

Supermärkte

Orgánico Minimarket, an der 1. Einfahrt nach Guiones. Kleine Auswahl an Öko-Produkten. ⏱ 7.30–20 Uhr.
Teure Minisupers gibt es an den Stränden. Selbstversorger sollten sich in Nicoyas Supermärkten eindecken, dort ist die Auswahl größer und die Preise sind etwas niedriger.

Tankstelle

Servicentro Nosara, kurz hinter Playa Pelada, an der Straße Richtung Nosara. ⏱ 24 Std.

Taxi

Taxi Abel, ✆ 8812-8470.

Wäscherei

In Nosara, gegenüber der Kirche, in der Tienda und Zapatería **Cinderella**.

TRANSPORT

Busse

Busse fahren von der Soda Vanessa in Nosara ab, die unten angegebenen Abfahrtzeiten beziehen sich alle auf Nosara. Weitere Bushaltestellen befinden sich am Café de Paris an der Playa Guiones und am Five Points (der Ort, in dem fünf Straßen abgehen) an der Playa Pelada.
NICOYA, 6x tgl. 5–15 Uhr mit Traroc, ✆ 2685-5352, und Alfaro ✆ 2222-2666;

SAN JOSÉ, Direktbus 1x tgl. um 14.45 Uhr. Tickets sind im Alfaro-Büro in Nosara neben der Soda Vanessa oder online unter 🖥 www.empresaalfaro.com erhältlich. In der Hauptsaison mehrere Tage im Voraus kaufen!

Shuttle-Busse
Easy Ride, ✆ 4033-6847, 8812-4012, ✉ info@ easyridecr.com. Minibus-Shuttle mit AC zu festen Uhrzeiten (mittags) nach SAN JOSÉ, JACÓ, MANUEL ANTONIO, ARENAL, UVITA, MONTEVERDE.

Flüge
Die Flugpiste (NOB) liegt etwas südl. der Ortschaft Nosara.
Sansa, ✆ 2290-4100, 2290-4100, 🖥 www. flysansa.com, fliegt in der Saison 2x tgl. nach SAN JOSÉ.

9 **HIGHLIGHT**

Sámara

Der palmenumsäumte Korallenstrand **Playa Sámara** ist ein Klassiker unter Costa Ricas Urlaubsstränden und besitzt eine der ruhigsten Schwimmbuchten der Península. Vorgelagert liegt die **Isla Chora**, Habitat von Kolonien von Meeresvögeln und beliebtes Ausflugsziel für eine Tour im Seekajak. Die lebendige kleine Gemeinde Sámara, eine gesunde Mischung aus Ticos und überwiegend europäischen Expats, engagiert sich auch abseits des Strandlebens: Das Comité Ambiental Playa Sámara setzt sich für die Erhaltung der bedrohten Mangrovenwälder in der Umgebung ein und initiiert Unterschriftensammlungen gegen lärmende Jetskis. Für Kultur macht sich die Sprachenschule Intercultura stark. Neben Sprachkursen mit Meereskulisse bietet sie Tanz- und Kochkurse, Filmabende und Lesungen an. Sámara gehört zu den seltenen Zielen in Costa Rica, wo ein toller Strand an einem netten Ort mit guter Gastronomie zu finden ist. Hier kann man vor einem lecke-

ren Mittagessen kurz in die Fluten springen, und nach dem Essen in der Strandbar nebenan einen leckeren Cocktail genießen.

ÜBERNACHTUNG

Cabinas Entre Dos Aguas, am Ortseingang gleich rechts, ✆ 2656-0998, 🖥 www.hoteldos aguas.com. Ruhig gelegene, sehr beliebte, 3-stöckige rustikale Unterkunft mit 7 hübschen Zimmern verschiedener Größe und schönen Steinduschen. Kein AC. Die Zimmer im 2. Stock sind schöner als im Erdgeschoss. Auch ein Apartment für Familien. Großer gepflegter Garten mit Pool, Hänge- und Liegestühlen. Kaffee und Tee gratis; Gemeinschaftsküche. Boogieboards werden verliehen. Geleitet vom hilfsbereiten Paar Brandon und Lilah aus NYC. Kein Frühstück. Gut zu wissen: Steuern werden extra berechnet. ❷–❸

Camping Aloha, ganz im Westen des Strands, neben der Bar Pablitos, ✆ 2656-1313. Tolle Lage, aber man darf keinen großen Komfort erwarten, Camping $10 p. P., mittlerweile auch mit einfachen Zimmern und einem Haus zum Mieten, eine Gemeinschaftsküche wird gebaut. ❷

Casa Paraíso, am östl. Ortsende, vom Strand 100 m nach Norden, 🖥 www.isamara.co/ ahorasi.htm, ✆ 2656-0741. 8 farbenfrohe und saubere Cabinas mit guten Matratzen bei der netten Italienerin Silvia mit Gemeinschaftsküche, Restaurant mit vegetarischem Angebot. Frühstück inkl. ❷–❸

Casa Valeria, am Strand, ✆ 2656-0511, ✉ hotel casavaleriasamara@gmail.com. Einfache, aber nette Unterkunft direkt am Strand mit 11 Zimmern verschiedener Ausstattung und Größe mit AC, am schönsten sind die Ferienhäuschen, ohne AC. Ein Dorm ($18) für 8 Pers., Hängematten hängen zwischen den Palmen am Strand. Einfaches Frühstück inkl.. für 3000C$. extra wird es größer, Gemeinschaftsküche, Kaffee den ganzen Tag. ❸

El Cactus Hostal, ✆ 2656-3224, 🖥 www. samarabackpacker.com. Schöne Herberge in einem renovierten Wohnhaus nur 100 m vom besten Strandabschnitt entfernt. 3 Schlafsäle ($18), 2 Apartments ❸, große Gemeinschaftsküche, schöner Garten.

Hotel Belvedere, an der Ortseinfahrt gleich links und dann nochmals links den Berg hoch, gut ausgeschildert, ✆ 2656-0213, 🖳 www.belvederesamara.net. Schöne, ruhig gelegene, gepflegte Anlage, umgeben von Grün, etwas abseits vom Zentrum. 22 große gefliese Zimmer mit Kühlschrank und 2 praktische Apartments mit Küche. 2 Pools und Whirlpool, Sonnenterrasse. Beliebt bei Familien, geführt von Michaela und Manfred. Frühstück extra. ❹

Hotel Casa del Mar, 50 m östl. der Schule, ✆ 2656-0264, 🖳 www.casadelmarsamara.net. Beliebtes Hotel in Strandnähe. 6 saubere Zimmer mit Balkon und Gemeinschaftsbad zur Straße, 11 geräumige Zimmer mit Privatbad und Balkon im ruhigeren Hintergarten; Kühlschrank und AC optional, Jacuzzi, Liegestühle, französische Leitung von Susan und Owen. Frühstück inkl. Reservierung empfohlen. ❸–❺

Hotel Giada, an der Hauptstraße zum Strand, ✆ 2656-3232, 🖳 www.hotelgiada.net. Auf den ersten Blick sieht man nicht, wie weit das Hotel nach hinten reicht. 2-stöckige Unterkunft mit 24 freundlichen, kleinen Zimmern mit Rattanmöbeln, TV, AC, 2 Pools, die oberen Zimmer bieten mehr Privatsphäre. Italienische Leitung, Frühstück inkl. ❺

La Dolce Vita, am Strand, neben Luv Burger, ✆ 8309-6463, 8309-6110. Kleine Posada mit 7 Zimmern mit ganz verschiedenen Ausstattungen; italienische Besitzer, die portablen ACs kühlen nicht wirklich. Top-Lage, aber teuer. ❹

Las Mariposas, an der Straße Richtung Intercultura Sprachenschule, 🖳 www.hostel-lasmariposas-samara.com, ✆ 2656-0314. Winziges Hostel in Top-Lage mit 5 DZ mit einem Gemeinschaftsbad und 2 Dorms ($15), von Janna und Jennifer aus Deutschland geführt. Gute Atmosphäre, Gemeinschaftsküche; kein Frühstück. ❷

Posada Matilori, Calle Matilori, ✆ 2656 0291, 🖳 http://isamara.co/matilori/index.htm. 5 tiptop saubere Zimmer verschiedener Größe mit Gemeinschaftsbad, 2 Dorms ($16). Teils mit Ventilator, teils mit AC, spanische Besitzer. Es gibt 2 Küchen und einen tollen Innenhof mit Hängematten. Familiäre Atmosphäre. ❷

Sámara Treehouse Inn, ✆ 2656-0733, 🖳 www.samarabeach.com. 6 geschmackvoll einge-richtete, rustikale Stelzenhäuser, 4 davon mit großartigem Meerblick. Große Fensterfront, winzige Küche, aber mit Herd! Pfannen hängen von einer Baumwurzel herab. Jedes Haus mit eigenem Grill und Terrasse. Etwas eng aneinandergebaut. Zu teuer, aber die beste Lage im Ort, amerikanische Leitung. ❻

Villas Kalimba, 250 m östl. der Post, ✆ 2656-0929, 🖳 www.villaskalimba.com. 7 schöne, geschmackvoll eingerichtete Ferienhäuser von Roberto für 3–4 Pers. rund um einen Pool. Rustikale Möbel, Küche, Stereoanlage, TV, Palmengarten, Frühstück auf Vorbestellung für $12. ❺–❻

An der Straße nach Nosara

El Pequeño Gecko Verde, 1,7 km westl. der Banco Nacional, ✆ 2656-1176, 🖳 www.gecko-verde.com. 5 freistehende Bungalows mit kleiner Küche, AC, Terrasse mit Hängematte und Außendusche, sowie 2 Zimmer aus Holz inmitten von einem üppigen Garten mit Pool. Freundliche, französische Besitzer, Frühstück inkl. nur für die Zimmer ohne Küche, Preise ohne Steuern. ❺–❻

Sámara Inn, 600 m westl. der Banco Nacional, ✆ 2656-0482, 🖳 www.hotelsamarainn.com. Recht neues 2-stöckiges, modernes Hotel mit 14 geräumigen, hellen, freundlichen Zimmern in verschiedenen Größen mit großer Schiebefensterwand; Pool. Inkl. Frühstück. ❺

🧳 **Sámara Palm Lodge**, an der Straße in Richtung Nosara, nach dem Ortsausgang über den Fluss, dann gleich rechts, ✆ 2656-1169, 🖳 www.samarapalmlodge.com. Familiäre Lodge mit 8 hellen, schlicht-rustikalen, geräumigen Zimmern und 1 Familienzimmer mit AC; große Bambusbetten. Hübsche Lounge mit Korbstühlen, Pool, Frühstück auf Wunsch ($10). Brigitte und Lothar, ein schweizerisch-deutsches Paar, kümmern sich liebevoll um ihre Gäste und haben gute Wandertipps. ❹–❺

Supertramp Camp, gute 1,5 km außerhalb von Sámara an der Straße nach Nosara, ✆ 2656-0373, 🖳 www.campsupertramp.com. Freundliches Hostel mit Campingplatz ($8 p. P.) und viel Platz im tropischen Garten, sehr freundlich, Schlafsaal für 6 Pers., $15 p. P., privates Zimmer mit Gemeinschaftsbad ❷

SÜD-GUANACASTE UND DIE NICOYA-HALBINSEL

ESSEN

Ahora Sí, im Casa Paraíso, S. 286. Das erste vegetarische Restaurant in Sámara. Bruschetta, Gemüsegratins, hausgemachte Gnocchi-Sojaburger, gute Pasta, Salate, auch laktose- oder glutenfreie Speisen. Inhaberin ist die Italienerin Sabina. ⏲ tgl. 12–14, 17–21 Uhr.

Gusto Beach, direkt am Strand, gegenüber dem Hotel Casa del Mar. ✆ 2656-0252. Fusion-Gerichte aus italienischer und asiatisch-orientalischer Küche in Lounge-Atmosphäre. Gute Weine und einige vegetarische Optionen. Vom Thunfisch mit Sesam und von den leckeren Pizzen schwärmen viele Gäste, manchmal mit Livemusik. Empfehlenswert, aber nicht billig. ⏲ tgl. 9–23 Uhr.

 Locanda, direkt am östl. Strand. Gutes italienisches Strandrestaurant, leckere Pasta, super Pizza, große Portionen, frische Cocktails. Bestens geeignet, um den Tag dort zu verbringen. ⏲ tgl. 11–22 Uhr, durchgehend warme Küche.

El Vino, im Hotel Giada. Einfache Gerichte, Pizza und Pasta zu fairen Preisen, auch leichtere Kost und Salate. ⏲ tgl. 7–10, 12–22 Uhr.

Lo Que Hay Bar & Taqueria, direkt am Strand. Leckere Tacos und verschiedene Appetizer, Open-Air-Bar, Frühstück, mit Livemusik. ⏲ tgl. 7–24 Uhr.

LUV Burger, direkt am Strand, neben dem Dolce Vita, ✆ 2656-3348. Sehr gute vegetarische, vegane und glutenfreie Burger, Tacos. Besonders empfohlen sei „Coco Bacon" – großartig! Salate, Draft-Bier, Cocktails, frische Fruchtsäfte, auch gutes Frühstück. Nett, aber man muss etwas Geduld haben. ⏲ tgl. 8–22 Uhr.

 Mama Gui, an der Straße in Richtung Nosara, hinter dem Banco Nacional, ✆ 2656-2347. Sehr kreatives, italienisches Restaurant mit hausgemachter Pizza und Pasta. Extravagante Küche, frischer Fisch, auch geräuchert. Wechselnde Karte. ⏲ Di–So 17–23 Uhr.

Restaurante El Lagarto, Richtung Strand, 150 m nördl. von der Sprachschule. Gute Fisch- und Fleischgerichte vom ganz speziellen Holzgrill, auch vegetarische Teller. Schönes, rustikales Ambiente, höhere Preisklasse. ⏲ tgl. 15–23 Uhr.

Soda Sheriff, am Strand, neben der Polizei, ✆ 8376-6565. Sehr typisches Tico-Restaurant in spektakulärer Lage, kleine Preise, gute Portionen, frischer Fisch, super Ceviche! ⏲ tgl. 7–21 Uhr.

Ohlala, C. Plaza, am Sportplatz, ✆ 2656-0461, 🖥 www.isamara.co/ohlala. Seit 2018 mit neuen Besitzern, gute französische und internationale Küche, bekannt für guten Ziegenkäse, auch gute Pizza, glutenfreie Angebote, große Portionen. ⏲ Mi–Mo 17–24 Uhr.

La Dolce Vita, am Strand, neben Luv Burger. Schöner Ort für einen Sunset-Drink oder Cocktail, gute italienische Küche, Pizza, Pasta, Salate. ⏲ tgl. 7–22 Uhr.

€ Soda Anita, nach Sámara Palm Lodge Richtung Westen abbiegen, 100 m. Schmackhafte Küche nach italienischen Rezepten, gekocht von Costa Ricanern in einem qualitätsbewussten Familienbetrieb. Der Fisch ist immer frisch. ⏲ tgl. 9.15–20.30 Uhr.

Soda la Perla, nahe dem Strand in Cangrejal. Beliebter Treffpunkt und günstige regionaltypische Küche, beliebt für ein Bier und *bocas*. ⏲ tgl. 9–18.30 Uhr.

Soda Marisqueria Colochos, im Ort, von C. Media in die C. Colochos einbiegen, dann 30 m südl., ✆ 8796-6484. Gutes und preisgünstiges, regionales Essen, viele Fischgerichte, manchmal lange Wartezeiten. ⏲ Mo–Sa 11–16, 18–21 Uhr.

UNTERHALTUNG

Las Olas, westl. Strandabschnitt. Hier wird bis morgens durchgetanzt, unter den Gästen sind viele Schüler aus der Sprachenschule. Billard.

Locanda, am östl. Strandabschnitt. Die kleine Strandbar ist *der* Tipp, um den Abend ausklingen zu lassen – ideal für ein romantisches Rendezvous am Strand im Schaukelstuhl bei Sonnenuntergang. Große Auswahl an leckeren Cocktails. Während der Happy Hour lieber meiden. ⏲ tgl. 10–24 Uhr.

Sports Bar Arriba, an der Hauptstraße, kurz vor dem Fußballplatz. Üppiges Mittag- und Abendessen in sportlicher Atmosphäre, manchmal mit Livemusik. ⏲ Mo 10–2, Di 9–17, Mi–Fr 10–2, Sa, So 10–24 Uhr.

AKTIVITÄTEN UND TOUREN

Fitness und Yoga
Gym-Spa Natural Center, zw. Sprachschule und Casa del Mar, ☎ 2656-2360, 💻 www.natural centersamara.com. Fitnesscenter und Kosmetiksalon mit Café, Sauna, Massage, Spa, Yoga (2500C$, nur Mo–Fr). Großer zementierter Platz für Tanzklassen. ⊕ Mo–Sa 7–21, So 8–14 Uhr.

Rundflüge
Jörg von der **Flying Crocodile Lodge** (S. 292) bietet spannende Gyrocopter-Flüge an. Abholung im Hotel inkl.

Surfen
Sámara ist ein Surfrevier für Anfänger, Fortgeschrittene reiten die Wellen an der 12 km entfernten Playa Camaronal.
C&C Surf School, am Strand, neben Sámara Tree House, ☎ 8817-2203. Surfunterricht für $100 pro Paar und Lektion oder $45 p. P. (ab 3 Pers.) inkl. 5 Tage Surfboard.
Chocos Surf School, direkt am Strand vor der Soda El Sheriff, ☎ 8937-5246, 💻 www.chocos surfschool.com. Unterricht $45 pro Std. inkl. 5 Std. Brettverleih. Intercultura-Schüler (S. 291) erhalten Rabatt.
Patos Escuela de Surf, am Strand, neben dem Restaurante Locanda. Das costa-ricanische Team genießt einen sehr guten Ruf. Wer einen Surfkurs bei Patos bucht, hat anschließend eine Woche lang ein Brett zur Verfügung; Kajaks und Stehpaddel-Touren.

Tauchen
Siehe Playa Carrillo, S. 292.

Tourveranstalter
Canopy Wingnuts, Büro an der Straße nach Playa Carrillo, ☎ 2656-0153, 💻 www.wingnuts canopy.com. Canopy-Touren um 8, 9, 12 und 13 Uhr für $60, Kinder bis 12 Jahre $45, nur mit Reservierung, die man am besten im Hotel machen lässt. Die Touren finden im Hinterland von Sámara statt, man wird in jedem Hotel im Ort abgeholt.
Sámara Adventure Company, an der Hauptstraße, ☎ 2656-0920, 8833-5369, 💻 www.

samara-tours.com. Bitet Delphin-, Tauch-, Schnorchel, Kajak-, Vogel-, Canopy- und Reittouren.

SONSTIGES

Apotheke
Farmacia Sámara, am Ortseingang, nach der ersten Bremsschwelle auf der Straße, auf der rechten Seite, ☎ 2656-3400. Das Personal spricht Englisch. ⊕ Mo–Sa 8–19 Uhr.

Autovermietung
Alamo, an der Hauptstraße, gegenüber dem Samara Beach Hotel, 💻 www.alamocostarica. com, ☎ 2242-7733. ⊕ tgl. 8–17 Uhr.
National Car Rental, gegenüber der Banco Nacional, 💻 www.natcar.com, ☎ 2242 7878. ⊕ tgl. 8–17 Uhr.

Feste
Ende Sep: **Vuelta de la Soledad**, Mountainbike-Ausdauerrennen über 83 km, nationale und internationale Teilnehmer, Profis und Amateure, am Abend Siegerehrung und Konzerte.

Galerien
Dragonfly Gallery, neben Samara Adventure Company, ☎ 2656-0964. Schmuck und Mobiles aus Muscheln, außerdem Masken und Lampen aus Holzwurzeln. Abends beeindruckt die leuchtende Open-Air-Galerie aus skurrilen Stofflampen. ⊕ tgl. 10–20 Uhr.
Koss Gallery, am Strand, neben Laz Divaz. ☎ 2656-0284, 💻 www.kossartgallery.com. Vorwiegend Kalligrafien des weltgereisten Künstlers Jaime. Er vermietet auch 2 einfache Cabinas am Strand, keine 5 Min. vom Ort entfernt.

Geld
Banco Nacional, an der Straße Richtung Nosara, Geldautomat. ⊕ Mo–Sa 8.30–15.45 Uhr.
Banco de Costa Rica, am Sportplatz, Geldautomat. ⊕ Mo–Fr 9–16 Uhr, ein weiterer Automat steht im Pali-Supermarkt.

Informationen
Infos zu Restaurants, Veranstaltungen und Aktivitäten in Sámara und Umgebung findet

man auf der Website des **Samara-Carrillo Info Center**, 🖥 www.samarainfocenter.com, ✆ 2656-2424. Die Macher des Info-Zentrums, Brenda und Christopher, helfen auch bei der Buchung von Transport, Touren und Unterkunft. Das Büro befindet sich kurz vor dem Tree-House.

Weitere Infos über die Region mit aktuellem Tidekalender stehen im Magazin **Zoom**, 🖥 www.nicoyazoom.com, das alle 3 Monate erscheint und gratis in den Hotels erhältlich ist.

Medizinische Hilfe

Privatklinik Dr. Sotto, im Plaza Samara an der Hauptstraße, ✆ 2656-0992. Arzt spricht Englisch. ⏱ Mo–Fr 8–12 und 14–17, Sa 8–12 Uhr.

Post

Am Strand neben der Polizei, ⏱ Mo–Fr 8.30–12 und 13.15–17 Uhr.

Sprachschule

Intercultura, vom Restaurant Mama Guy 150 m südl. Richtung Strand, ✆ 2656-3000, 🖥 www.interculturacostarica.com. 10 Lehrer und Lehrerinnen unterrichten hier, die Unterrichtsräume haben Blick auf Meer und Garten. Auch Ausflüge, Kulturveranstaltungen und Tanzstunden werden organisiert. Unterbringung in Familien möglich. Max. 6 Pers. pro Kurs. Minimum 1 Woche. Sep–Nov und Mai–Juni werden auch Einzelklassen ab \$35 pro Std. angeboten.

Supermärkte

Im Zentrum von Sámara befinden sich etliche **Minisuper**, der Pali befindet sich gegenüber der Banco Nacional, ⏱ Mo–Do 8.30–19, Fr, Sa 8.30–19.30, So 8.30–18 Uhr.
Gesunde Lebensmittel und frisches Gemüse bekommt man im **Mercado Orgánico** im Ortszentrum, neben dem Hotel Casa del Mar. Hier gibt's auch leckeren Kaffee und frische Fruchtsäfte. ✆ 2656-3046. ⏱ tgl. 8–19 Uhr.

Wäscherei

Lavandería La Vida Verde, 75 m westl. der Banco Nacional, ✆ 2656-1051. \$2,50 pro kg

inkl. Abhol- und Bringservice. Expressdienst 2 Std. für \$4. Gewaschen wird mit ökologisch abbaubaren Waschmitteln. ⏱ Mo–Sa 8–17 Uhr.

TRANSPORT

Busse

Aktuelle **Busfahrpläne** unter 🖥 www.samara infocenter.com/local-bus-schedule.
CARRILLO (Bus kommt aus Nicoya und hält an der Hauptstraße), 10x tgl. alle 1–3 Std. 6–21 Uhr;
MONTEZUMA oder MAL PAÍS / SANTA TERESA, s. Shuttle-Busse;
NICOYA (Bus kommt aus Carrillo), 10x tgl. 5.30–18.45 Uhr, 1 Std.;
NOSARA, direkte Busse von Sámara Zentrum nach Nosara fahren nur 4x tgl.,10–17.15 Uhr, die Busse von NICOYA nach NOSARA halten an der Tankstelle *(la bomba)*, 5 km außerhalb Samaras. Eine Mitfahrgelegenheit zur Tankstelle bekommt man leicht;
SAN JOSÉ, direkt 2x tgl. um 4.40 und 9 Uhr mit Alfaro, So 9 und 13 Uhr, knapp 5 Std.; weitere Verbindungen mit Stopp in Nicoya, ab dort stdl. nach San José. Tickets sollte man im Voraus kaufen, auch online unter 🖥 www.empresa alfaro.com. Der Bus fährt am Flughafen vorbei, man kann dort aussteigen.

Shuttle-Busse

Aktuelle Abfahrtszeiten und Fahrkarten für die Shuttle-Busse sind bei **Tropical Tours Shuttles**, www.tropicaltourshuttles.com, oder **Samara Adventure Company** (s. Tourveranstalter, S. 290) erhältlich. Shuttles fahren tgl. nach LIBERIA (auch zum Flughafen, \$45,90), FORTUNA (\$45), MONTEZUMA 2x tgl. (\$51), SAN JOSÉ (\$55) und SANTA TERESA / MAL PAÌS (\$51).

Playa Buena Vista

Playa Buena Vista, rund 3 km von Sámara entfernt, ist ein wichtiger Nistplatz von Meeresschildkröten. Vier Schildkrötenarten legen hier ihre Eier ab, die Lederschildkröte, die Grüne Meeresschildkröte, die Echte Karettschildkröte und die Oliv-Bastardschildkröte.

ASVO, 🖳 www.asvocr.org, eine Nichtregierungsorganisation, führt am Strand Schutzmaßnahmen durch, u. a. werden die Eier gezählt, Nester geschützt, Nachtpatrouillen durchgeführt und der Strand gesäubert. Voluntarios sind immer willkommen, Unterbringung erfolgt in einem rustikalen, einfachen Holzhaus am Strand ohne Elektrizität und Warmwasser. Weitere Infos unter First Hand, 🖳 www.firsthand-costa rica.com, oder direkt bei ASVO.

ÜBERNACHTUNG

The Flying Crocodile, 6 km nördl. von Sámara, ✆ 2656-8048, 🖳 www.flying-crocodile.com. 10 fantasievoll gestaltete Zimmer und Häuser, alle in unterschiedlichem Design, teils mit Küche. Pool, Fahrrad- und Surfboard-Verleih. 10 Min. vom Strand. Frühstück inkl. Das Hotel bietet Flüge mit Gyrokoptern an – kleine Fluggeräte mit Rotor, die durch einen zusätzlichen Propeller angetrieben werden. ❸–❺

Playa Carrillo

8 km südlich von Sámara, gut mit dem Fahrrad oder per Kanu zu erreichen, liegt parallel zur Straße die wunderschöne palmenumsäumte und halbmondförmige Playa Carrillo. Die Bucht hat keine gefährlichen Strömungen und ist daher ideal zum Schwimmen und Schnorcheln. Am Strand selbst gibt es keine Hotels oder Restaurants; die Unterkünfte befinden sich auf den angrenzenden Hügeln.

Carrillo ist bekannt als Urlaubsort der berüchtigten Michigan Boys, einer Sportfischer-Clique aus den Vereinigten Staaten, die sich jedes Jahr im Guanamar Beach Resort einmietet und regelmäßig mit skandalträchtigen Orgien für Schlagzeilen sorgt.

Einige Hotels vorwiegend mittlerer Preisklasse befinden sich an den umliegenden Felshängen. Einkaufen kann man im Supermarkt Minisuper Carrillo, ⏰ tgl. 7–19 Uhr. **Carrillo Tours**, gleich daneben, ✆ 2656-0543, 🖳 www.carrillo tours.com, veranstaltet Hiking-, Kajak- und Reittouren. **Andy's Dive Center**, im La Tropicale Guesthouse, ✆ 8719-7856, 🖳 www.andysdiving

costarica.com, ist sehr persönlich geführte und PADI- zertifizierte Tauchschule.

ÜBERNACHTUNG UND ESSEN

Cabinas el Colibri, im Ort Carrillo, schräg ggü. der Kirche, ✆ 2656-0656, 🖳 www.cabinas elcolibri.com. Argentinisches Steakhaus (auch leckere Thunfischsteaks) mit Posada: kleine Zimmer und Apartments, empfehlenswert. ❸–❹

La Posada B & B, 150 m den Berg hoch von der „Puente Estuary" am Ortseingang von Puerto Carrillo, auf der linken Seite, ✆ 2656-3131, 🖳 www.laposada.co.cr. Schönes Bed & Breakfast vom freundlichen Argentinier Lautaro mit 6 gemütlichen klimatisierten Zimmern und fantastischem Blick auf die Playa Carrillo und die gesamte Bucht von Samara bis zur Playa Buenavista. Unbedingt die etwas teureren „Habitaciones con vista al mar" nehmen. Strandnähe, Frühstück inkl., ohne ❷, mit Blick ❸

La Tropicale Guesthouse, ✆ 2656-0159, 8731-9927, 🖳 www.latropicaleguesthouse.com. Freundliche Unterkunft mit 6 einfachen Bungalows unter französischer Leitung, kleiner Pool, gutes Restaurant, Frühstück $5. ❸

Hotel Esperanza, neben den Cabinas el Colibri, ✆ 2656-0564, 🖳 www.hotelesperanza.com. Besitzer Dennis kümmert sich nun wieder aktiv um sein kleines, beliebtes Hotel mit 7 nett dekorierten Zimmern für bis zu 4 Pers. Frühstück inkl. ❹–❺

Restaurante los Delfines, östl. der Kirche, ✆ 2656-0708. Leckere Meeresfrüchte und große Fische, empfehlenswert! ⏰ tgl. 11–22 Uhr.

TRANSPORT

Busse nach NICOYA (über SÁMARA) 10x tgl. 5.15–17 Uhr mit Traroc, ✆ 2685-5352.

Von Carrillo nach Playa Caletas

Die malerische Küstenstrecke von Carrillo nach **San Miguel** führt durch eine der abgelegensten, vom Tourismus wenig berührten Regionen der Península und bietet herrliche Panoramaaus-

Fisch im Tanga

Carlos lebte lange in Griechenland, seine Frau Marcella kocht daher am liebsten mit griechischem Olivenöl. Ihre frischen leckeren Fischteller kommen im **Restaurante Tanga**, am Strand von Punta Coyote, ✆ 2655-1107, 8446-6968, auf den Tisch. Auch Campingmöglichkeit. Vor allem Ticos kommen hierher.

sichten über den Pazifik. In Serpentinen führt die Schotterpiste vorbei am Naturschutz- und Schildkröten-Nistgebiet **Playa Camaronal** sowie an der paradiesischen Schwimm- und Schnorchelbucht **Playa Islita**.

Die Abgeschiedenheit, die Meeresnähe und eine Landebahn ohne Flugterminal machen diese Region zum idealen Schlupfloch für Drogenschmuggler.

Wer in **Playa San Miguel** und dem benachbarten **Playa Coyote** verweilt, ist entweder Surfer oder will sich für einige Tage an den einsamen Stränden vom Rest der Welt ausklinken. Immerhin versorgen zwei Bars die drei Hotels vor Ort. Landeinwärts gelangt man zum kleinen Ort **San Francisco de Coyote**. Von hier führt eine Piste (nur in der Trockenzeit befahrbar) zur **Playa Caletas** und zur eindrucksvollen, breiten Flussmündung des Río Jabillo. Die Organisation PRETOMA, 🖥 www.pretoma.org, leitet an der Playa Caletas ein erfolgreiches Projekt zum Schutz der hier nistenden Grünen Meeres-, Bastard- und Lederschildkröte.

ÜBERNACHTUNG

Islita

Hotel Punta Islita, Punta Islita, ✆ 2656-3500, 🖥 www.hotelpuntaislita.com. Luxushotel mit Spa in atemberaubend schöner Lage. Auch Nichtgäste können den Beachclub Punta Islita besuchen und hier einen erholsamen Tag am Strand verbringen. Konsumzwang. ❻

San Miguel

Eco Hotel Arca de Noe, 1 km vor der Playa San Miguel, ✆ 2655-8065. Einfache Zimmer im Haupthaus, Steinbungalows mit AC und TV im Hintergarten. Pool, Parkplatz, Frühstück inkl., Fahrradvermietung, Kajak- und Reittouren, sehr hilfsbereites Management von Angelo. ❹

San Francisco de Coyote

Cabinas San Francisco, ✆ 2655-1334, 2433-2471, 🖥 www.cabsanfrancisco.webpin.com. Geräumige, ruhige Cabinas mit modernem Bad und AC, umgeben von Garten. Für 2–6 Pers. ❹

Punta Coyote

Casa Caletas, ✆ 2655-1271, 2289-6060, 🖥 www.casacaletas.com. Älteres Hotel auf einem Hügel, fantastische Sicht auf Flussmündung und Meer. Kleine helle Zimmer mit kleiner Terrasse. Pferdestall. Beliebt bei älteren, wohlsituierten Gästen. Restaurant, Bar, Frühstück inkl. ❻

SONSTIGES

Supermarkt

Pulperia Rey, an der Durchgangsstraße.

Surfen

An der Punta Coyote beim **Restaurante Tanga**, s. Kasten oben. Surfboardverleih $10 für 2 Std., auch Surfunterricht.

TRANSPORT

Auto

S. Kasten „Mit dem Auto von Playa Manzanillo Richtung Sámara", S. 316.

Busse

SAN JOSÉ, von Playa San Miguel über SAN FRANCISCO DE COYOTE, JICARAL, PLAYA NARANJO (Fähranleger), mit Umsteigen in Jicaral, 2x tgl. In der Regenzeit ist diese Busverbindung unzuverlässig.

Der Golf von Nicoya

Der Golf von Nicoya trennt die Nicoya-Halbinsel vom Festland. Fähren setzen mehrmals täglich von Puntarenas (S. 330) nach Paqueras und Playa Naranjo über, schneller erfolgt die Überfahrt über die weiter nördlich gelegene Puente de la Amistad.

Noch ist die sehr ländliche Golfküstenregion wenig vom Tourismus berührt, die Menschen hier leben hauptsächlich von Landwirtschaft, Vieh- und Krabbenzucht. **Mangrovengebiete, Strände** und rund **ein Dutzend Inseln** erwarten den neugierigen Entdeckergeist. Die Eilande sind zum Teil Vogelschutzgebiete, teils Fischerdörfer, teils sind sie unbewohnt, wie auch die ehemalige Gefängnisinsel **San Lucas**, auf der sich einst das Land seiner Kriminellen entledigte (s. Kasten S. 295). Aufgrund des geringen Tourismus werden die Strände leider nicht täglich gesäubert und sind bisweilen durch angeschwemmten Müll und Strandgut verschmutzt.

Playa Naranjo

Playa Naranjo besteht hauptsächlich aus dem Fähranleger und ist kein Ort zum Bleiben. Die Busabfahrtszeiten richten sich nach dem Fährfahrplan. Busse verbinden mit Nicoya und Jicaral, von wo man Anschluss nach San Francisco de Coyote und die benachbarten herrlichen, wenig besuchten Strände hat (S. 292, „Von Carrillo nach Playa Caletas"). 4x tgl. zwischen 8 und 20.30 Uhr bestehen Fährverbindungen nach Puntarenas; aktuelle Fahrpläne und Tarife sind bei Coonatramar unter ⌨ www.coonatramar.com/servicio_ferry.php zu sehen oder können telefonisch unter ✆ 2661-1069 erfragt werden. Die Schiffe *San Lucas I* und *San Lucas II* sind eher Partyboote als Fähren: Während der Überfahrt wird fleißig getrunken, Tischfußball gespielt, laute Musik aufgelegt, Karaoke gesungen und getanzt. Wer das nicht mag, kann sich auf das klimatisierte Zwischendeck unten zurückziehen; für feierfreudige Reisende ist es ein authentisch costa-ricanisches Erlebnis. Der Anbieter Coonatramar organisiert manchmal (Spaß)-Touren zu den Inseln, auf der Website unter „Special Events" zu finden.

ÜBERNACHTUNG

Hotel el Ancla, vom Fähranleger 100 m die Straße hoch, an der Kreuzung; vormals

Playa Naranjo Inn, ✆ 8783-7434, ✉ mariela fernandez@hotmail.com. 9 sehr einfache, kleine, aber klimatisierte Zimmer auf einem schönen Gelände mit sauberem Pool und Restaurant mit typischer Kost. Neue, engagierte Geschäftsführung von Mariela. ❶

Hotel el Paso, 600 m vom Fähranleger Richtung Nicoya, ✆ 2641-8133. 15 saubere Zimmer für bis zu 4 Pers. mit AC, Restaurant und Schwimmbad, freundliche Leitung. ❸

Hotel Oasis Costa Rica, nach dem Fähranleger links abbiegen, 350 m vom Anleger entfernt, ✆ 2641-8467, ⌨ www.hoteloasiscostarica.com. Ältere, große, etwas monotone Anlage am Golf. 36 saubere Bungalows mit Hängematte vor der Tür. Schöner, riesiger Pool, große Rasenfläche. Ruhig gelegen, gut für Familien, Mitte 2018 war eine größere Renovierung fast abgeschlossen, Wechsel der Administration stand bevor. Kontaktdaten und Preise überprüfen! ❸

Reserva Karen Mogenson

Die 730 ha große Reserva Karen Mogenson befindet sich abseits des Touristenpfads in der bergigen Region der Península de Nicoya und wird von der Non-Profit-Organisation Asepaleco (Asociación Ecológica Paquera Lepanto Cóbano) geleitet. Das Schutzgebiet liegt auf einer Höhe zwischen 100 bis 700 m. **Wanderwege** führen durch den Primärwald. Im Reservat leben Wildkatzen, Otter und eine Vielzahl an Vögeln. Besucher können am 84 m hohen **Wasserfall** Velo de Novia und in den umliegenden Bächen baden. Asepelaco bietet außerdem Touren zu den Inseln des Golfes an, u. a. zur Isla Chira und Isla Venado. Voluntarios sind willkommen, der Mindestaufenthalt für Freiwillige beträgt 22 Tage, Unterkunft in costa-ricanischen Familien.

ÜBERNACHTUNG

In der rustikalen **Cerro Escondido Lodge** gibt es einfache Zimmer mit großer Veranda und Privatbad geleitet von Mary und Arnulfo, umgeben von Primärwald mit vielen Wanderwegen. Voranmeldung und Reservierung erforderlich, ✆ 2650-0607, ⌨ www.asepaleco.com; inkl. VP. ❹

Ein Wille stärker als Mauern

Die bröckelnden, dicken Gefängnismauern der **Isla San Lucas** waren vor wenigen Jahrzehnten Schauplatz einer Tragödie, die einen Waisenknaben aus San José 40 kostbare Lebensjahre kostete. Auf diesem Eiland im malerischen Golf von Nicoya, 20 km von Puntarenas entfernt, vollzog sich die erstaunliche Verwandlung eines Analphabeten in den bekanntesten und meistgelesenen **Schriftsteller** Costa Ricas: einen Mann, auf dessen Recht und Menschenwürde man trampelte und der im Schreiben ein Ventil fand, um sich das Unrecht von der Seele zu schreiben. 45 Jahre zum Bau verdonnert, im härtesten Gefängnis des Landes, von dem man sagte, wer dort länger als vier Jahre absitzen müsse, verlasse die Insel nicht mehr lebendig. Eingelocht für eine Tat, die er nicht begangen hatte: den Raub der Juwelen aus der Basilika in Cartago und die Ermordung des Wächters.

Die Unschuldsbeteuerungen des Angeklagten stießen auf taube Ohren, Anwälte weigerten sich, seine Verteidigung zu übernehmen, die katholische Kirche exkommunizierte ihn. Auf seine Brust wurde die Häftlingsnummer 1713 eintätowiert, die den damals 19-jährigen **José León Sánchez**, Kind einer Prostituierten und eines Salzverkäufers, am 13. Mai 1950 für den Rest der Welt zur Nummer degradierte. Es folgten Jahrzehnte der Isolation, seelischer und körperlicher Folter und vergeblicher Fluchtversuche. Vier Jahre davon vegetierte Sánchez in einem Kellerverlies, lediglich eine Viertelstunde Tageslicht gewährte man ihm täglich. Die Gefängnisleitung schlug aus seinem Schicksal Gewinn und ließ Touristen auf die Insel, um das „Monstruo de la Catedral", wie die Zeitungswelt ihn landesweit brandmarkte, mit eigenen Augen zu sehen. Sánchez brachte sich das Lesen und Schreiben bei, er schrieb die täglichen Demütigungen nieder, mit Bleistiftstummeln auf Zementsäcken, die die Gefangenen als Schlafunterlage benutzten. Immer wieder verlor er ein wichtige Kapitel, da ihm Mitinsassen die behelfsmäßigen Manuskripte wegnahmen, um sich damit ihr Schlaflager zu richten. In der Gefängniswerkstatt baute er eine Druckerpresse aus Holz. Mit gestiftetem Papier und Tinte druckte er 100 Exemplare seines Romans, die aufgrund vaterlandsbeleidigenden Inhalts von der Gefängnisverwaltung konfisziert und vor seinen Augen verbrannt wurden. Zehn Drucke rettete ein Gefängniswärter vor den Flammen und verscherbelte sie auf dem Festland. Wie durch ein Wunder gelangte ein Exemplar davon an den Bibliotheksdirektor der Universität von Costa Rica und so an die Öffentlichkeit. Der Roman *La Isla de Los Hombres Solos* ging um die Welt, wurde in mehr als fünf Sprachen übersetzt und verkaufte sich über zwei Millionen Mal.

Sánchez schrieb weitere 27 Bücher, für fünf seiner Werke wurde er – zum Teil noch zu Haftzeiten – mit dem nationalen Buchpreis geehrt. 1980, nach 30 Jahren Haft, durfte er die Gefängnisinsel verlassen. Das Gesetz sei falsch ausgeführt worden, hieß es. Weitere 18 Jahre später, im Juni 1998, fast ein halbes Jahrhundert nach seiner Einkerkerung, sprach der oberste Gerichtshof ihn von aller Schuld frei und gestand ein, im Fall José León Sánchez gegen die Menschenrechte verstoßen zu haben. Sánchez spendete einen Teil seines Entschädigungsgeldes der costa-ricanischen Polizei zur Errichtung eines DNA-Labors sowie der Universität von Costa Rica zur Gründung eines Lehrstuhls für Gefangenenrecht. Heute lebt er bei Heredia und lehrt an einer costa-ricanischen Universität.

TRANSPORT

Auto

Von Playa Naranjo Richtung Jicaral fahren (in Jicaral ist das Asepaleco-Büro), von hier sind es weitere 16 km zur Ortschaft **San Ramón de Río Blanco**, danach geht es nur zu Fuß weiter; ein einstündiger Trek führt durch Dschungel, Flüsse und auf einen steilen Berg zum Reservat. Wer den Fußmarsch vermeiden möchte, kann alternativ von Playa Naranjo via Lepanto nach **Montaña Grande** anreisen und von dort auf einem Pferd 1 1/2 Std. zum Reservat reiten. Voranmeldung in beiden Fällen erforderlich.

Paddeln im Golf von Nicoya

Der fischreiche Golf von Nicoya eignet sich hervorragend für erlebnisreiche Touren mit dem Kajak. Mit ein wenig Abenteuergeist wartet hier ein Naturerlebnis der besonderen Art – inklusive Camping auf einer der vielen einsamen Inseln im Golf und unverfälschten Begegnungen mit der heimischen Bevölkerung.

Die ruhigen Gewässer sind auch für Paddelanfänger gut zu befahren. Zahlreiche seichte Uferzonen laden dazu ein, an Land zu gehen und die Inseln zu erforschen. Im klaren Wasser der vorgelagerten Riffe wartet eine beeindruckende Unterwasserwelt, die sich mit Schnorchel und Taucherbrille erkunden lässt. Vielerorts reicht der artenreiche immergrüne Wald bis ans Meer. Die Mangroven in Ufernähe, ein undurchdringliches Ökosystem voller Leben, lassen sich aus der Kajak-Perspektive besonders gut erforschen.

Busse
Direktbusse fahren von SAN JOSÉ nach JICARAL. Von dort per Taxi nach San Ramón de Río Blanco und anschließend zu Fuß (1 Std.) ins Reservat.

Die Inseln des Golfes

Die Mehrzahl der Golfinseln ist nicht oder kaum vom Tourismus erschlossen; es gibt daher, wenn überhaupt, nur einige wenige einfache Unterkünfte.

Die **Isla Tortuga** ist die bei Weitem am meisten besuchte Insel und vor allem bei Tauchern und Schnorchlern beliebt. Tagestouren zur Isla Tortuga beginnen in Montezuma, Boote fahren auch von Jacó (S. 332) und Puntarenas ab. Tauchtouren kann man in Paquera oder dem Naturreservat Curú buchen. An Wochenenden und Feiertagen füllt sich die Insel, und es herrscht reger Bootsverkehr.

Die **Isla Chira** ist nach der Isla del Coco die zweitgrößte Insel des Landes. Hier leben rund 3500 Menschen vom Fischfang, von der Landwirtschaft und vom Salzabbau. Früher mussten Schulkinder zum Festland pendeln, seit Mitte der 1990er-Jahre gibt es auf der Insel eine Schule. Eine Frauenkooperative, **Cabinas de la Amistad**, ✆ 2661-3261, bietet Touren und rusti-

Auch nächtliche Paddeltouren auf dem Golf sind spektakulär, nicht zuletzt, weil hier das seltene Schauspiel der **Biolumineszenz** im Meer zu beobachten ist. Dabei entsteht Licht durch eine chemische Reaktion im lebenden Organismus, ein Phänomen, dass nur in wenigen Gewässern weltweit regelmäßig auftritt. Hier im Golf von Nicoya sind es vor allem Algen, die diesen magischen Effekt erzeugen. Wenn sie Strömungen oder Bewegungen im Wasser wahrnehmen, strahlen Millionen Algen gespeichertes Licht aus, sodass die Meeresoberfläche zu glitzern scheint – in Abhängigkeit von der Menge der Algen wird es manchmal nur als bläuliches oder grünliches Funkeln wahrgenommen. Paddelt man mit dem Kajak über die Meeresoberfläche, haften die leuchtenden Algen oft für einige Sekunden am Paddel oder an der Hand. Werden Fische aufgescheucht, explodiert ein wahres Feuerwerk unter Wasser. Am Golf von Nicoya lässt sich das Leuchten der Algen das ganze Jahr über beobachten. Umgebungslicht, z. B. in hellen Vollmondnächten, beeinträchtigen jedoch den Effekt.

Um das Paddelgebiet rund um die Inseln im Golf richtig auszukosten, sollte man mehrere Tage einplanen. Möglich wäre z. B. eine Drei-Tage-Tour mit zwei Übernachtungen in Zelten oder Hängematten. Wildes Campen ist auf allen Inseln erlaubt. Bei der Planung müssen das Wetter und der Tidenhub unbedingt mit einbezogen werden, außerdem benötigt man ausreichend gute Ausrüstung für die Übernachtungen und Verpflegung.

Logistische Hilfe bekommt man z. B. in der **Bahía Rica Fishing & Kayak Lodge**, ✆ 2641-0811, 8850-5314, 🖥 www.bahiarica.com, in Punta Cuchillo bei Paquera. Besitzer Vigdis und Thomas vermieten Ausrüstung, geben viele Tipps und bieten auch komplette Tourpakete mit zwei oder drei Übernachtungen an. Das norwegische Paar, sie Sportmanagerin, er Meeresbiologe, haben mehrstündige bis mehrtägige Kajaktouren aller Schwierigkeitsstufen im Golf von Nicoya im Programm. Ihre rustikale Lodge mit drei Zimmern mit Gemeinschaftsbad und einem Bungalow mit Privatbad befindet sich 1,5 km östlich vom Fähranleger in Paquera. Die Abfahrt ist auf der linken Seite, direkt nachdem man von der Fähre hinunterfährt (manchmal durch wartende Autos versperrt). Eine Schotterpiste führt von hier am Ufer der Punta Cuchilla entlang zur Lodge. Das rustikale Ferienhaus mit Küche steht in Hanglage, umgeben von Dschungel mit atemberaubendem Blick. Frühstück inkl., Stand up Paddling, Kajaktouren und -verleih. Unbedingt vorher reservieren! ❸

Auch in der **Reserva de Vida Silvestre Curú** (S. 299) werden Kajaktouren in Verbindung mit Badeausflügen angeboten, ebenfalls nur mit Reservierung.

kale Unterkunft an. Ein Boot zur Insel legt täglich vom Fischmarkt in Puntarenas ab. Außerdem fahren täglich Colectivos von der Costa de Pájaros (bei Chomes) zum Eiland. Der Ökotourismusveranstalter Actuar, ✆ 2234-7002, organisiert mehrtägige vogelkundliche Touren auf die Insel.

Die **Isla San Lucas**, auch bekannt als **Isla de Los Hombres Solos** – die Insel der einsamen Männer –, galt von 1873 bis 1991 als das Alcatraz Costa Ricas, s. Kasten S. 295. Von der Fähre nach Playa Naranjo aus erahnt man den Anlegesteg und die bröckelnden Gefängnismauern. 1991 verteilte man die Insassen auf Gefängnisse auf dem Festland. 2016 hat die Regierung damit begonnen, einige der alten Gebäude zu renovieren, um sie Besuchern zugänglich zu machen. Die Fährgesellschaft Coonatramar, ✆ 2661-1069, 🖥 www.coonatramar.com, bietet 4x im Jahr von Puntarenas aus Party-Touren inkl. Mittagessen und reichlich Getränken zur Insel an. Abenteuerlicher und viel authentischer ist ein Besuch im Kajak.

Die **Isla Venado** mit rund 1000 Einwohnern erreicht man per Boot von La Penca, 3 km östlich von Jicaral. Auf der Insel gibt es Trekking-Pfade, die zu Aussichtspunkten führen, an der Nordküste sind Mangrovenwälder zu bewundern. An der Playa Alvina hat Don Ronald einen Campingplatz eröffnet: **Camping el Mapacho Isla Venado**, ✆ 8995-3798, 3000C$ p. P.

Die Organisation ASEPALECO, ✆ 2650-0607, 🖥 www.asepaleco.com, bietet Touren zur Isla Venado an.

Auf der Isla Caballo gibt es keine Unterkünfte. Hier leben rund 200 Fischer, umgeben von tropischem Trockenwald und Strand. Die Nachbarinsel **Bejuca** ist bis auf einen Aufpasser unbewohnt.

Auf der recht großen **Isla Cedros** leben viele Fischerfamilien, und es gibt sogar eine Grundschule. An der Ostküste erstreckt sich ein traumhafter, weißer Sandstrand, die Playa Langosta. Hier kann man gut campen und sich von den Fischern eine Kochgelegenheit mieten.

Die kleine **Isla Jesusita**, westlich der Isla Cedros, ist die Insel, die dem Fähranlieger von Paquera am nächsten liegt. Berühmt ist der alte Friedhof, der von der Fähre aus hinter dem weißen Strand gut zu sehen ist. Bis 2015 wurden hier die verstorbenen Inselbewohner beerdigt.

Die südliche Halbinsel

Von Playa Naranjo nach Paquera

Eine 25 km lange, sehr holprige und beschwerliche Schotterpiste führt von Playa Naranjo nach Paquera und bietet einige schöne Ausblicke auf den Golf. Am Weg liegt **Playa Blanca**, ein bei Einheimischen und Fischern beliebter Korallenstrand, von dem man eine gute Sicht auf die ehemalige Gefängnisinsel Isla San Lucas hat und Kajaks mieten kann. Der Bus von Transportes Arsa, ✆ 2650-0179, 🖥 www.transportes-arsa.com, kommt Mo–Sa (5.15, 9, 14.20 Uhr) aus Jicaral, hält in Playa Naranjo und fährt bis nach PAQUERA. Von Paquera nach JICARAL fährt er um 5, 10.30, 17 Uhr.

Direkt am Strand Playa Naranjo innerhalb der Siedlung „Roma del Mar" befindet sich das empfehlenswerte Restaurant **Aromas del Mar**, ✆ 8323-6841, 🖥 www.aromadelmar.com. Frisch zubereitete Leckereien, italienisch angehaucht, mit Zutaten der Saison werden in schönem Ambiente serviert. ⊙ Do–Mo 8–21 Uhr.

Paquera

In Paquera befindet sich (neben Playa Naranjo) der zweite Fähranleger auf der Península de Nicoya mit Fährverbindungen nach Puntarenas. Von der Fähre führt eine rund 5 km lange asphaltierte Straße, vorbei an der malerischen **Bahía Gigante**, nach Paquera. Der kleine Ort ist umgeben von großen Mangoplantagen, Laster laden hier die Obstvorräte für die Großstädter in San José ein. Es gibt einige günstige Unterkünfte, Supermärkte und eine Tankstelle. Für die meisten Reisenden ist Paquera jedoch nur eine Durchgangsstation auf dem Weg nach Montezuma oder Mal País/Santa Teresa.

ÜBERNACHTUNG UND ESSEN

Bahia Rica Fishing & Kayak Lodge, in Punta Cuchillo, s. Kasten S. 297.

Cabinas Ginana II, am Ortsrand Richtung Montezuma, gegenüber der Polizeiwache, ✆ 2641-0333. 15 saubere, große und ruhige Zimmer mit AC und Privatbad. ❸

Cabinas Mapis, am Ortsausgang in Richtung Fähre, ✆ 2641-1113, 🖥 www.costarica4vacation.com. Recht große Anlage mit 16 klimatisierten, sauberen Zimmern mit Kühlschrank. Viele Infos, Camping für $5 p. P. ❶–❷

Cabinas Naomy, an der Straße Richtung Playa Naranjo, 50 m nach der Schule, ✆ 2641-0256. 11 saubere Zimmer mit Bad und TV, einige sind klimatisiert. Kleiner, hübscher tropischer Garten mit Pool, Frühstück extra, Abendessen auf Bestellung. ❸

Casa de Manito, 1,6 km östl. vom Fähranleger in Punta Cuchillo, ✆ 2641-0275, ✉ casamanito @yahoo.com. Familiäre Unterkunft vom Maler Diego, 5 Zimmer, teils mit, teils ohne Bad. Pool, gutes Restaurant/Bar mit Tagesmenü (frischer Fisch, auch Vegetarisches). ❸

Hotel & Restaurant Ginana I, im Zentrum, Straße Richtung Playa Naranjo, ✆ 2641-0119. Saubere Zimmer mit AC im Motelstil. Großer Pool mit Palmen, Restaurant. ❸

Marisqueria Liz, an der Straße Richtung Tambor, nach Cabinas Ginana II und der Schule auf der linken Seite, ✆ 2641-0262. Günstige frische Meeresfrüchte und Fisch. ⊙ tgl. 8–23 Uhr.

SONSTIGES

Apotheke
Farmacia Don Gerardo, im Ortszentrum, gegenüber dem Taxiplatz.

Geld
Banco Popular, an der Straße Richtung Naranjo, ggü. den Cabinas Ginana I. ⏰ Mo–Fr 9–16, Sa 8.30–11.30 Uhr. Ein Geldautomat der **BCR** befindet sich neben dem Megasuper.

Medizinische Hilfe
Clínica Paquera, im Zentrum, Straße Richtung Playa Naranjo, ✆ 2641-0107.
Cruz Roja, im Zentrum, am Fußballplatz.

Supermarkt
Megasuper, im Zentrum, an der Straße Richtung Montezuma. ⏰ Mo–Sa 7–21, So 7–20 Uhr.
Pali, im Zentrum, an der Straße Richtung Fähre. ⏰ Mo–Sa 9–19, So 9–18 Uhr.

Taxis
An der Hauptstraße und am Fähranleger. Tarife: zur Fähre $6, Curú $10, Playa Naranjo $40, Montezuma $50.
Tarife von der Fähre: Montezuma $50, Santa Teresa $70, Tambor $40.

Telefon
Schräg ggü. vom Supermarkt Megasuper.

Touren
Turismo Curú, gegenüber der Tankstelle, ✆ 2641-0014, 8834-7343, www.curutourism.com. Schnorchel- und Tauchtouren zur Isla Tortuga. $25 p. P. kostet eine Bootstour auf die Insel inkl. Eintritt ins Reservat, dazu kommen noch $5 für die Schnorchelausrüstung und $10 für das Mittagessen. Walbeobachtung, Kajaktouren, Sportfischen.

TRANSPORT

Auto
Die Straße von Paquera nach Tambor ist gut asphaltiert, hinter Tambor wird die Strecke kurvig und ist mit Schlaglöchern übersät.

Busse
MONTEZUMA (über Tambor und Cóbano); die Busabfahrtszeiten richten sich nach den Ankunfts- und Abfahrtszeiten der Fähre. SANTA TERESA / MAL PAÍS, den Bus Richtung Montezuma nehmen, in Cóbano in den Bus Richtung Mal País umsteigen (s. Transport Cóbano, S. 302).

Fähren
PUNTARENAS, 6x tgl. 5.30–20 Uhr für 810C$ p. P. Infos zu Tarifen und Abfahrtzeiten unter ✆ 2661-2084, 🖥 www.navieratambor.com. Die Fähren halten ihre Fahrtzeiten streng ein; nur in der Hochsaison wie an Ostern, Weihnachten und an speziellen, langen Wochenenden fahren sie so schnell sie können hin und zurück, so lange, bis keine Leute mehr warten.

Reserva de Vida Silvestre Curú

- **Parkbüro:** ✆ 2641-0100, 2641-0590, 🖥 www.curuwildliferefuge.com
- **Öffnungszeiten:** 7–15 Uhr
- **Eintritt:** $10
- **Gründungsjahr:** 1983
- **Größe:** 84 ha
- **Unterkunft / Verpflegung:** $30 p. P. inkl. Parkeintritt. Die 3 einfachen Holzcabinas mit Meeresblick sind oft von Wissenschaftlern und Studenten belegt. Früh reservieren. Solarstrom über Akku, Licht ist vorhanden, Steckdosen nicht. Auch keine Ventilatoren, es kann sehr heiß werden! Frühstück, Mittag-, Abendessen, je $10.
- **Transport**
  Auto: Curú liegt 6 km von Paquera Richtung Montezuma. Von der Eingangspforte zweigt ein Sandweg links ab, es sind von hier weitere 2 km bis Strand und Parkbüro.
  Busse: Der Bus nach Montezuma lässt Besucher am Haupteingang des Naturparks aus-steigen, von hier muss man die 2 km Fuß-marsch durch Weideland zum Reservat in Kauf nehmen. Bei vorheriger Anmeldung können Gäste von der Pforte abgeholt werden.
- **Ausrüstung:** Mückenspray, Schwimmsachen

Ein Besuch im Tierschutzgebiet Curú ist kein Ausflug in unberührte Natur. Die Reserva ist Teil einer privaten Finca und reicht lediglich 200 m von der Küste ins Landesinnere. Ringsherum erstrecken sich die Viehkoppeln, Mango- und Edelholzplantagen der Finca, die nachhaltige Landwirtschaft betreibt. Entgegen der üblichen Nationalparkpraxis, auch bei großen Schäden nicht in den Naturkreislauf einzugreifen, schaltet sich der Mensch in Curú handfest ein. So wurden der bereits in den 60er-Jahren auf der Halbinsel ausgestorbene Klammeraffe und der Rote Ara neu ausgesetzt. Beide Arten konnten sich vermehren. Für Forschungszwecke konstruierte man in der Bucht ein künstliches Riff aus 7500 alten Autoreifen. Außerdem legen täglich von der **Playa Curú**, dem Herzen des Schutzgebietes, Tauchboote zur **Isla Tortuga** ab.

Die Artenvielfalt in dem kleinen Curú ist erstaunlich: Über 230 Vogelarten, Pumas, Langschwanzkatzen, Kojoten, Aras und Kolonien von Strandkrabben bevölkern die unterschiedlichen Ökosysteme vom Feucht- und Trocken- bis zum Mangrovenwald, die man auf elf Wanderwegen erkunden kann. **Playa Curú**, **Playa Quesara**, **Poza Colorada** und die außerhalb der Reserva gelegene **Punta Blanca** sind zudem paradiesische, sichere Badestrände.

Im Reservat kann man Reitpferde mieten: $10 für die erste Stunde, drei Stunden kosten $20. Tauch- und Schnorcheltouren sowie eine schöne Kajaktour im Golf bietet Turismo Curú in Paquera, ▣ www.curutourism.com.

Tambor

Friedlich liegt Tambors Bucht, eingekesselt von den kahlen, von der Sonne versengten Hügeln der Península de Nicoya. Nördlich grenzt die Reserva Curú an, vom südlichen Rand der Bucht kann man bei Ebbe bis nach Montezuma wandern, immer am Meer entlang. Tambors ruhige, flache Bucht bietet **ideale Badevoraussetzungen** für Familien mit Kindern. Fast jeden Nachmittag spielen Jungs aus dem Ort am Strand

Die Bandera Azul

Stolz weht die blaue Fahne an 67 Stränden Costa Ricas. Für Touristen bedeutet sie die **Garantie für einen sauberen Strand**, für die Strandgemeinden die Gewissheit, dass die Touristen kommen. Doch nicht jeder Strand darf sich mit der begehrten Fahne schmücken.

Seit 1996 besteht in Costa Rica das Programm Bandera Azul Ecológica, dessen Ziel es ist, das Umweltbewusstsein in der Bevölkerung zu fördern. Drei Mal pro Jahr inspiziert eine Arbeitsgruppe vom **Ministerium für Tourismus** gemeinsam mit Experten für Ab- und Trinkwasser die am Wettbewerb teilnehmenden Strände bezüglich Wasserqualität (35 %), Trinkwasserqualität (15 %), Sicherheit (10 %), Müll und Abwasser (10 %) sowie Umweltaufklärung und -management (10 %). Dabei werden nur die Strände mit der blauen Flagge ausgezeichnet, die 90 % der Anforderungen erfüllen. Deluxe-Strände wie Punta del Madero (Guanacaste) und Punta Leona (Puntarenas) erhalten eine Flagge mit vier weißen Sternen; sie haben die 100-%-Marke erreicht und stechen hervor durch Installationen wie Behindertenrampen, Duschen, Erste-Hilfe- und Informationsstände. Verschlechtert sich eine Strandgemeinde in ihren Umweltbemühungen, riskiert sie, die Flagge wieder zu verlieren. So wurde Tamarindo 2007 aufgrund unzureichender Abwasserentsorgung die Flagge entzogen, seitdem kämpft die Strandgemeinde dafür, seine Abwasserprobleme zu lösen und die begehrte Auszeichnung zurückzugewinnen.

Das Konzept, das Costa Rica zum umweltbewussten Vorreiter in Mittelamerika machte, übernahm man aus Spanien, wo die EU ein ähnliches Programm fördert. Im Gegensatz zum europäischen Vorbild gibt es für die Gewinner in Costa Rica kein Geld. Der erfolgreiche Wettbewerb wurde auf Gemeinden im Landesinneren sowie Schulen und Universitäten ausgeweitet.

Volleyball, Touristen sind ausdrücklich willkommen, mitzuspielen. Manchmal kommt es zu richtigen Meisterschaften. Das 2016 von Ron Mills gegründete Projekt **Tortuga Bahia Tambor**, 📞 8709-5701, 🖥 www.gofundme.com/tambor turtlerescue, schützt die Meeresschildkröten, die an diesem Strand schlüpfen. Volontäre, aber auch interessierte Besucher sind willkommen.

Die meisten Besucher fahren jedoch auf ihrem Weg nach Montezuma an Tambor vorbei oder kommen weiter nördlich im Hotelriesen Barceló unter, dem ersten All-inclusive-Hotel Costa Ricas. Für seine rund 400 Zimmer, 69 Villen, Supermärkte, Straßen und Geschäfte, den hoteleigenen Flugplatz, Tennis- und Golfplatz wurden wichtige Ökosysteme der Umgebung zerstört, die umliegenden Mangroven entwässert und entgegen costa-ricanischem Gesetz zu nahe am Meer gebaut. Die Regierung beschied deshalb die Schließung des Hotels – auf Papier –, geschlossen wurde das Barceló nie. Statt Fünf-Sterne-Touristen aus aller Welt lockt der Hotelriese heute einheimische Urlauber mit Billigangeboten an. Verflüchtigt haben sich hier allein die Wale. An sie erinnert nur noch der wohlklingende Name, Bahía Ballena, Bucht der Wale. Sie tummeln sich jetzt weiter nördlich im Golf. Ab Mitte Juli bis Ende September sind die Wale im Golf von Nicoya zu Besuch. 2017 wurden über 400 Walsichtungen gezählt, meist Mütter mit ihren Kälbern.

ÜBERNACHTUNG

Cabinas Cristina, Richtung Strand, 📞 2683-0028, 8743-6768. Einfache, saubere Zimmer bei der freundlichen Doña Cristina, teils mit Bad, teils mit AC in Strandnähe. Hübsche Gemeinschaftsterrasse, umgeben von Garten, untere Zimmer sehr düster. Verschiedene Zimmer ansehen. ❷

Cabinas El Bosque, an der Hauptstraße, 📞 2683-0039, 2683-0168. 10 einfache, saubere, Cabinas mit Privatbad; die weiter von der Straße entfernten Cabinas sind besser. Gasthaus für 6 Pers.: $120, kleiner, betonierter Pool, Grillplatz für Gäste, großer Hintergarten, keine Frühstücksmöglichkeit, Straßenlärm. ❷

Hotel Alkamar, 800 m Richtung Paquera, 📞 2683-1117, 🖥 www.hotelalkamar.com. Praktische, saubere, schöne Zimmer mit AC, zum Teil mit Küche. Hübsche kleine Anlage, familiär geführt mit Pool. Gutes Restaurant. ❸

Hotel Costa Coral, von Paquera kommend am Ortseingang links, in einer etwas vernachlässigten Umgebung, 📞 2683-0106, 8889-1153. Unterkunft mit 9 komfortablen Zimmern, die um einen schönen Pool angeordnet sind, Terrassenrestaurant mit Ausblick. ❻

Hotel Tambor Tropical, 📞 2683-0011, 🖥 www.tambortropical.com. 10 luxuriös-geschmackvolle, geräumige 8-eckige Holzhäuser mit handgeschnitzten Türen, Veranda, Meerblick und Küche. Großer Pool, gutes Restaurant, Bar, Touren, Stand up Paddling, bei Ornithologen beliebt. Kinder unter 16 Jahren werden nicht akzeptiert. ❻

Mar y Sol Ecotel, noch bevor man den Strand von Tambor erreicht am Restaurant Costa Coral, links abbiegen und 100 m der Straße folgen, kostenl. Abholung am Flughafen Tambor, 📞 8335-5300, 🖥 www.marysolecotel.com. 6 sehr schön mit lokaler Kunst und großen Gemälden dekorierte Zimmer. AC, Tourangebote, gutes italienisches Restaurant, Frühstück extra. ❸–❹

Camping, am Playa Pochote, der nächsten Bucht in Richtung Süden, gibt es keine Hotels, nur ein verschlafenes Fischerdorf mit Campingplatz (3000C$ p. P.)

ESSEN UND UNTERHALTUNG

Restaurant Alkamar, im Hotel Alkamar in Richtung Paquera. Frischer Fisch und leckere Meeresfrüchte. 🕐 tgl. 11.30–21 Uhr.

Restaurant Mariana, am Strand. Sehr günstig und überaus freundlicher Service, auch Pizza. 🕐 Di–So 12–20 Uhr.

Los Gitanos, am Strand. Hallenartige Tico-Bar mit Karaoke und Tanz. 🕐 tgl. ab 18 Uhr.

SONSTIGES

Kajakverleih
Im Hotel Tambor Tropical.

Supermarkt
Lapa Minisuper, ⏱ Mo–Sa 8–19, So 9–12 Uhr.

Taxi
✆ 2683-0017.

TRANSPORT

Busse
Tambor wird vom PAQUERA–MONTEZUMA-Bus bedient.

Flüge
Sansa, Büro in der Hauptstraße, ✆ 2683-0137, 🖥 www.flysansa.com. ⏱ Mo–Sa 8–16 Uhr. In der Hochsaison 5x tgl. nach SAN JOSÉ.

Cóbano

Cóbano ist das Versorgungszentrum der umliegenden Strände. Hier gibt es eine Bank, zwei Tankstellen, Supermärkte und Kliniken. Ansonsten ist der Ort für Touristen wenig attraktiv. In Cóbano gabelt sich der Weg: Nach Montezuma (7 km) geht es nach links, nach Mal País/Santa Teresa (11 km) geht es geradeaus. Wer mit dem Bus von Paquera nach Mal País/Santa Teresa unterwegs ist, muss hier umsteigen.

ÜBERNACHTUNG UND ESSEN

Cabinas Villa Grace, 250 m östl. der Banco Nacional, an der Straße Richtung Montezuma, ✆ 2642-0225. 12 Zimmer mit Ventilator oder AC, nicht sehr freundliches Personal. Fragen, ob eine Karaoke-Nacht bevorsteht! ❷
El Artesano del Gusto, 100 m nördl. der Abzweigung nach Montezuma. Französisch angehauchte Bäckerei. Gute Tagesgerichte, leckere Nachspeisen. ⏱ Mo–Fr 8–17, Sa 8–12 Uhr.

SONSTIGES

Apotheke
Farmacia Amiga, neben Lifeguard, ✆ 2642-0685. ⏱ Mo–Fr 8–19, Sa 8–18 Uhr.

Geld
Banco Nacional, mit Kreditkartenautomat. ⏱ Mo–Fr 8.30–15.45 Uhr. Am Megasuper ist ein Automat der Scotiabank (höhere Beträge pro Abhebung).

Medizinische Hilfe
Dr. Barrantes, an der Hauptstraße, ✆ 2642-0154, 8654-9191.
Lifeguard, 150 m vom Zentrum Richtung Montezuma, ✆ 2220-0911. Privatklinik mit 24-Std.-Service.

Post
20 m südl. und 20 m östl. der Banco Nacional, ✆ 2642-0323. ⏱ Mo–Fr 8–12 und 13–17.30 Uhr.

Supermarkt
Megasuper, 150 m südl. der Banco Nacional. ⏱ tgl. 9–21 Uhr.
Mercado Orgánico, 50 m östlich der Post, ✆ 8388-8096. Frisches Gemüse und selbst gebackenes Brot.
Super Maya, gegenüber der Banco Popular. Ein kleiner, aber gut sortierter Supermarkt.

Tankstelle
An der Ortseinfahrt von Paquera kommend.

Taxis
Gegenüber der Banco Nacional. Tarife: Montezuma $15, Santa Teresa (El Cruz) $25, Paquera/Fähre $50, Reserva Curú $40.

Telefon
An der Bank.

TRANSPORT

Busse nach PAQUERA 6x tgl. von 4 (passend zur 1. Fähre) bis 16.30 Uhr.
MONTEZUMA, 8x tgl. 5.30–19.45 Uhr, 400C$;
SANTA TERESA / MAL PAÌS, 6x tgl. 6.50–19.30 Uhr, 1200C$;
SAN JOSÉ, 7, 15 Uhr, fährt auf die Fähre, ca. 7500C$;
Die beiden Direktbusse aus SAN JOSÉ (Terminal 7-10) um 06 und 12 Uhr fahren über Cóbano (ca. 11.15 und 19.15 Uhr) nach SANTA TERESA.

9 HIGHLIGHT

Montezuma

Montezuma, knapp zwei Busstunden vom Fähranleger in Paquera entfernt (davon die letzten 7 km Schotterpiste) ist das Sammelbecken der Kreativ-Alternativen oder solcher, die es gern sein wollen. Kleine Boutiquen bieten selbst entworfene, originelle Strandbekleidung an, auf großen Decken präsentieren Althippies und Weltenbummler Silber- und Muschelschmuck, und wer der eigenen Gestaltungskraft Ausdruck verleihen will, kann im Zeitungsladen Zeichen- und Malutensilien kaufen.

Der ungezwungene Geist „Montefumas" (*fumar* bedeutet „rauchen"), wie die dem Haschisch nicht abgeneigte Multikultigemeinde auch genannt wird, lässt am Strand so manche Hüllen fallen, zum Ärgernis der Einheimischen. In der Hauptsaison platzt das einstige Fischerdorf, das früher nur per Boot vom Festland zu erreichen war, aus allen Nähten. Das Ortszentrum ist nur 1 1/2 Straßenzüge lang, und die erste Reihe der Häuser am Strand verfällt leider immer mehr. Laut Gesetz darf näher als 100 m von der Wasserlinie entfernt nicht mehr gebaut (oder renoviert) werden. Die „Plaza" des Ortes ist der Fußballplatz, wo sich auch die Bushaltestelle befindet.

Abseits vom Trubel lockt eine paradiesische Umgebung mit Wasserfällen, Tidepools aus Lavagestein, Sandstränden und dem Naturreservat Cabo Blanco. Zu den meistbesuchten Attraktionen in der Umgebung gehört die **Catarata de Montezuma**, nur wenige Minuten außerhalb des Orts in Richtung Cabuya. Vom dazugehörigen Parkplatz (1000C$, Parken kostenlos auf der Straße) sind es 10 bis 15 Minuten Fußmarsch entlang der rechten Uferseite des kleinen Flusses bis zum hübschen Wasserfall. Der Ausflug lohnt sich, schon allein wegen der üppigen tropischen Pflanzen, die den Fluss säumen. Der Pool am Fuße des Wasserfalls lädt zum Baden ein. Wer besonders fit ist, kann noch höher klettern zu zwei höher gelegenen Becken, aus denen sich der große Wasserfall speist. Besonders Waghalsige springen vom Felsen zurück in den ersten Pool.

Ein weiterer spannender Wasserfall in Montezuma ist der **Salto Chorro**, gute 3 km am Strand nordöstlich von Montezuma. Eine kleine Tagestour führt zu Fuß – am besten bei Ebbe – am Strand entlang dorthin. Man passiert das Hotel Ylang-Ylang und kommt anschließend an verschiedenen, meist menschenleeren Stränden vorbei. Die Klippen lassen sich durch gut sichtbare und schattige Dschungelpfade umlaufen. Der knapp 15 m hohe Wasserfall ist schon lange vor Ankunft zu sehen und liegt in der kleinen romantischen Bucht der Playa Cocalito, die von senkrechten Felswänden flankiert wird. Man gelangt vom Strand in einer leichten Kletterpartie zum Wasserfall oder durch den Wald auf gut sichtbaren Pfaden. Von oben bietet sich ein grandioser Blick auf den Pazifik. Mit dem Auto kommt man über die Einfahrt zum Hotel Tango Mar bei Playa Tambor hierher, dort stehen Hinweisschilder zum Wasserfall. Vom kleinen Parkplatz läuft man knapp 10 Minuten bis „El Chorro".

ÜBERNACHTUNG

Nördlich des Zentrums

Finca de los Caballos, 4 km südl. von Cóbano, Richtung Montezuma, ☏ 2642-0124. Paradiesische Lage, 12 Zimmer in verschiedenen Preiskategorien, schlichte, kleine Standardzimmer mit Natursteinboden, Ventilator, Bambusbetten in der Natur. Beliebt bei älteren Urlaubern oder Pferdenarren. Pool, einfaches Frühstück inkl. **5**

Luz en el Cielo, vor der Ortseinfahrt nach Montezuma am Hügel an der Hauptstraße, ☏ 2642-0030, 🖥 www.luzenelcielo.com. Der Backpacker unter amerikanischer Leitung will sich abheben von den übrigen Hostels am Strand durch warmes Wasser, komplettes Frühstück und größere Sicherheit. Kleine Dorms mit Stockbetten für 4–8 Pers. Gute Matratzen, Moskito-netze, kleine Kochnische. $15–25 p. P., Bungalows **4**, Ferienhaus **6**

Am Strand

Ylang-Ylang Beach Resort, direkt am Strand, 15 Min. zu Fuß nördl. vom Ort; wer mit dem eigenen Auto anreist, lässt es im

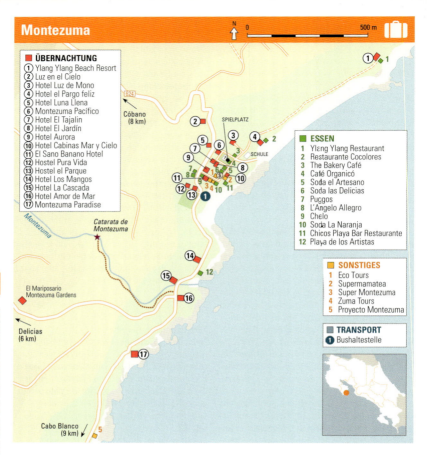

Hotel Sano Banano und wird zum Hotel gefahren, ✆ 2642-0636, 2642-0523, 🖳 www.ylangylangbeachresort.com. Die luxuriösen, originellen Ferienhäuser mit Dreieckstüren und großer Open-Air-Dusche ähneln Tribal-Häusern, einige haben Meerblick. Es gibt auch Suiten. Abgeschiedene, ruhige Lage, sehr zuvorkommender Service, Pool mit kleinen Wasserfällen, viele Tiere. Meeresrauschen, fantastische Massage in Spa-Zelten. Restaurant. Große Yogaplattform am Strand. Freundliche holländisch-amerikanische Leitung, beliebt bei Flitterwöchnern. In der Saison mit Mindestaufenthalt. ❻

Die Gäste des Ylang-Ylang parken im Hof vom Partnerhotel **El Sano Banano** (gleiche Kontaktdaten), einer weiteren guten und sauberen Option im Zentrum von Montezuma. Die recht kleinen, klimatisierten Zimmer haben teilweise keine Fenster; mit gutem Restaurant in einem tropischen Garten, gute Matratzen, Frühstück à la carte inkl., jeden Abend Kino-Nacht in der Hotelbar. ❸

Am Strand in Richtung Ylang-Ylang befinden sich mehrere gut ausgestattete Ferienhäuser in guter Lage. Informationen unter ✆ 8823-4116 oder z. B. bei **Firefly Beach Houses**,

📞 8767-7553, 🖥 www.montezumafirefly beachhouses.com.

Im Zentrum

Hotel Aurora, zentral, am Ortseingang, 📞 2642-0051, 🖥 www.hotelaurora-montezuma.com. 15 hellhörige Zimmer und 2 nette Suiten für kleines Geld, gute Lage, teils mit AC, teils mit Ventilator. Eine kleine Küche steht den Gästen zur Verfügung. ❷

Hotel el Pargo Feliz, direkt am Meer, Richtung Strand, 📞 2642-0065. Mit direktem Blick auf den Strand, 8 einfache und feuchte Zimmer mit Ventilator und davor Hängematten, die 4 Einheiten im oberen Stockwerk kosten $10 mehr. Das Hotel gehört zu den Leidtragenden der aktuellen Gesetzgebung (S. 303) und darf nicht renoviert werden. ❷

Hotel Cabinas Mar y Cielo, 50 m südl. vom Pargo Feliz, 📞 8836 0442. Kleine, sehr freundliche Pension in erster Reihe am Meer; sauber, Balkon mit Meerblick, Garten mit Hängematten, schöne Zimmer mit Kühlschrank, gutes Preis-Leistungs-Verhältnis. ❸

Hotel El Jardín, an der Ortseinfahrt rechts, 📞 2642-0074, 🖥 www.hoteleljardin.com. Große Anlage am Hang mit insgesamt 15 Zimmern mit Terrasse, AC, einige mit Meerblick, umgeben von tropischem Garten; kleiner Pool, Jacuzzi. ❺

Hotel El Tajalin, hinter der Kirche, 📞 2642-0061, 🖥 www.tajalin.com. Mehrstöckiges Hotel, große helle, saubere Zimmer mit Holzdielen, schöne Gemeinschafts-Sitzecke mit Hängematten, große Duschen, Kühlschrank, AC. Ruhig und doch zentral, teils Blick auf die Straße. Untere Zimmer düster! Kein Frühstück. ❺

💶 **Hotel Luna Llena**, am Ortseingang, 📞 2642-0390, 🖥 www.lunallenahotel.com. Günstiges Hotel mit 2 Dorms ($15 p. P.) und 14 unterschiedlichen Zimmern, die meisten mit Balkon und Seeblick, bis auf 2 mit Gemeinschaftsbad, gut eingerichtete Gemeinschaftsküche, freundlich. ❷, mit Bad ❸

Montezuma Pacífico, hinter der Kirche, rechts neben El Tajalin, 📞 2642-0204. Zentral gelegen und trotzdem ruhig. Sehr einfache Zimmer unterschiedlicher Größe mit AC und Kühlschrank. Der freundliche Besitzer Carlos leitet das Hotel seit fast 30 Jahren und lässt bei den Preisen mit sich handeln. Ab ❷

An der Straße Richtung Wasserfall / Playa Las Manchas

Hostel El Parque, an der Nordseite des Fußballplatzes, 📞 2642-0164. Sehr einfache Zimmer am Strand, Dorms mit 3-stöckigen (!) Betten, alle Zimmer haben Gemeinschaftsbad, Schließfächer (Schloss mitbringen!). ❷

💶 **Hostel Pura Vida**, an der Nordseite vom Fußballplatz die Straße 50 m hoch, 📞 2642-1051. Bunt bemaltes und freundliches Hostel von Alba und Juan mit 17 Zimmern, Küchenbenutzung, $10 pro Bett, egal ob Schlafsaal oder Einzelzimmer.

Hotel Amor de Mar, gegenüber dem Eingang zum Wasserfall, 📞 2642-0262, 🖥 www.amordemar.com. Geschmackvoll-rustikale Zimmer am Meer. Meerblick, wunderschöner Garten, mit Liegewiese und Hängematten. Tidepools vor der Tür, Frühstück inkl., kein Abendessen. ❻

Hotel La Cascada, am Eingang zum Wasserfall, 📞 2642-0057. Freundlicher Familienbetrieb, Zimmer mit viel Holz und guter AC, großer Balkon mit Hängematte, etwas hellhörig, Bar, Restaurant (nur in der Saison) mit vielen Pflanzen und Blick auf den Bach, Wäscheservice, Frühstück inkl. ❹

Hotel Los Mangos, an der Straße Richtung Wasserfall, 📞 2642 0076, 🖥 www.hotellosmangos.com. Gepflegte Anlage unter alten Mangobäumen. 9 hübsche, rustikale Bungalows im Tribal-Design, zum Teil mit Privatbad, mit Terrasse und Meerblick. Pool, Jacuzzi, Yoga im Pavillon mit Aussicht aufs Meer, italienische Leitung. Frühstück inkl. ❹

ESSEN UND UNTERHALTUNG

Öffnungszeiten werden in Montezuma nicht so ernst genommen und richten sich nach Saison und Wetter. Die hier angegebenen Zeiten dienen nur der Orientierung.

Café Orgánico, im Zentrum. Vegane und vegetarische Angebote, Pizza und Pasta, Kuchen und Eis, Brunch. Nicht billig, aber lecker. Kaffee aus ökologischem Anbau. Jeden Tag werden

www.stefan-loose.de/costa-rica

in dem kleinen Vorhof des Cafés Aktivitäten geboten, von Aerobic- bis zu Kochkursen, oft Livemusik. ◷ Mo–Sa 9–22 Uhr.

Chelo, am Ortseingang, ℡ 2641-1222. Gute Pizzeria mit günstigen Angeboten für Pizza, Salate, Lasagne, freundlich und schön eingerichtet. Keine Kreditkarten. ◷ tgl. 12–21.30 Uhr.

El Sano Banano, im gleichnamigen Hotel, zentral, ℡ 2642-0636. Gutes Restaurant mit freundlichem Service, besonders die Fisch-Enchilladas sind zu empfehlen. ◷ tgl. 7–22 Uhr, auch in der Nebensaison.

📖 **Playa de los Artistas**, idyllisch am Strand Richtung Wasserfall gelegen, ℡ 2642-0920. Mediterrane Küche in alternativem Ambiente. Jeden Abend ein anderes, handgeschriebenes Menü, Schwerpunkt Fisch und Meeresfrüchte, sehr gut und kreativ, abends romantisch mit Kerzen. Keine Kreditkarten. ◷ Di–Fr 16–21, Sa 12–16.30 Uhr.

Puggos, an der Ortseinfahrt. Israelische Köchin tischt Fusion-Küche aus mediterranen und asiatischen Rezepten auf, beliebt sind vor allem Hummusgerichte und Falafel. Einige kommen nur wegen der Focaccia her. Natsu Sushi Bar, oft mit Livemusik. ◷ tgl. 12–12.30 Uhr.

📖 **Restaurante Cocolores**, im Zentrum am Strand, unterhalb vom Pargo Feliz, ℡ 2642-0348. So sollte ein Restaurant sein: im Grünen, mit Blick auf die Brandung, leichter Brise, saftig gegrilltem Fleisch und guter Fusion-Küche, leckeren knackigen Salaten, gekühltem Bier und einer flinken, freundlichen Bedienung. Nicht protzig, akzeptable Preise, auch vegetarische Gerichte; für den Abend sollte man reservieren. Italienische Leitung, aber keine Pizza. ◷ Di–So 17–22 Uhr.

Soda el Artesano, im Zentrum. Costa-ricanische Küche von Luis. Im Gegensatz zu vielen anderen Sodas kann man hier in die saubere (!) Küche schauen und zusehen, was gebrutzelt wird. Einfache Plastikstühle, freundlicher und schneller Service. Teurer als normale Sodas, dafür auch eine etwas ausgefallene Karte mit z. B. Thunfisch in Curry oder Langusten in Knoblauch. ◷ tgl. 8–20.30 Uhr.

Soda las Delicias, im Zentrum. Große Auswahl an Tapas, Salaten und typischen Gerichten zu fairen Preisen, große Dessert-Karte, gutes Frühstück, auch Croissants! ◷ Mo–Sa 11.30–20.30 Uhr.

The Bakery Café, im Ort. Richtung Strand. Selbst gebackenes Brot. Kuchen, Pfannkuchen, Sandwiches und rundherum toben die Affen! Beliebt zum Frühstücken, Mittagstisch, costa-ricanische Besitzer. ◷ tgl. 7–18 Uhr.

Ylang-Ylang Restaurant, am Strand, beim Hotel Ylang-Ylang. Fisch und Meeresfrüchte, vegan, Rohkost und Sushi. ◷ tgl. 11.30–21 Uhr.

Chicos Playa Bar, neben dem Super Mamatea. Der einzige Ausgeh-Ort in Montezuma mit Billardtischen und Bar. Do Reggae Night, Fr Karaoke, Sa Salsa und Merengue. ◷ tgl. 12–2 Uhr.

Ansonsten: Lagerfeuer am Strand oder Party und Musik auf der Straße.

AKTIVITÄTEN UND TOUREN

Touren

📍 **Proyecto Montezuma**, an der Straße nach Cabuya, ℡ 2642-0271, 🖥 www.proyectomontezuma.org. Eine amerikanische Sprachenlehrerin und ein costa-ricanischer Tourguide haben sich bei diesem gemeinnützigen Projekt zusammengetan und bieten nachhaltige Touren in die Umgebung mit lokalen Guides an. Die Tourguides haben in der projekteigenen Sprachschule Englisch gelernt. Im Angebot sind Kajak-, Schnorchel-, Tauch-, Reit- und Mountainbiketouren sowie Surfsafaris nach Playa Zedros und Playa Reyes. Außerdem Verleih von Angel-, Schnorchelausrüstung, Surfbrettern und Fahrrädern. Auch Shuttles. Proyecto Montezuma betreibt auch die Unterkunft Proyecto Lodge (gleicher Kontakt). ◷ tgl. 8–16 Uhr.

Eco Tours, zentral am Ortseingang links, ℡ 8421-1166, 2642-0467. Touren zu den Wasserfällen zu Fuß oder zu Pferde, ATV-, Canopy-, Schnorchel-, Tauch- und Feittouren sowie Sportfischen, Tour zur Isla Tortuga.

Zuma Tours, im Zentrum, unterhalb vom Hotel/Restaurant Sano Banano, ℡ 2642-0024, 8873-4692 (24 Std.), 🖥 www.zumatours.net. Shuttle-Boot nach Jacó, Touren zum Wasserfall, außerdem Kajak-, Schnorchel-, Tauch-, Reit-

Frisch zubereitete *tortilla de maís* – sie darf bei keiner Mahlzeit fehlen

und Mountainbikeausflüge, günstige Touren zur Isla Tortuga, Transfers.

Yoga
Montezuma Yoga, im Hotel Los Mangos, 2642-1311, 8704-1632, www.montezumayoga.com. $14 pro Klasse, $60 für 5 Std.
Ylang-Ylang Beach Resort, S. 303. $14 pro Klasse.
Beide Hotels verfügen über herrliche, große Yogaplattformen.

SONSTIGES

Festivals
Chunches de Mar und **International Film Festival**, s. Kasten S. 99.

Geld
In Montezuma gibt es zwar keine Bankfiliale, dafür einen Geldautomaten der BCR im Zentrum.

Informationen
Das Magazin **Zoom**, www.nicoyazoom.com, mit Artikeln, Veranstaltungskalender und Informationen zu Hotels und Transport auf der Península liegt gratis in Hotels und bei Tourveranstaltern aus.

Markt
Farmer's Market, jeden Sa am Spielplatz neben der Kirche, mit selbst Gebackenem, Handwerk und Produkten aus ökologischem Anbau.

Medizinische Hilfe
S. Cóbano, S. 302.

Sansa-Büro
Im Hotel/Restaurant Sano Banano.

Sprachschule
Proyecto Montezuma, an der Straße nach Cabuya, www.proyectomontezuma.org. Survival-Spanischkurse von 1 Woche bis mehrere Monate, auch Unterkunft möglich.

Supermärkte
Super Montezuma, im Zentrum. ⊕ tgl. 7–22 Uhr.
Supermamatea, im Zentrum. Freundlich, der Besitzer spricht etwas Deutsch. ⊕ tgl. 7–22 Uhr, am So manchmal auch etwas früher.

Taxi

Sr. Israel, ✆ 8402-8761.
Tarife: Flugplatz Tambor $40, Paquera $60,
San José $200, Mal País $40, Cóbano $12,
Cabuya $12.

Wäscherei

Pensión Jenny und Laundry Flory am
Fußballplatz.

TRANSPORT

Busse

Busse fahren gegenüber vom Fußballplatz ab.
PAQUERA (über CÓBANO), 6x tgl. 5.20–16 Uhr;
CABUYA / RESERVA CABO BLANCO, 4x tgl.
8.15–16.15 Uhr;
CÓBANO, 8x tgl. 6.15–20 Uhr, 400C$;
SAN JOSÉ (über CÓBANO), 2x tgl. 6.15,
14.15 Uhr, ✆ 2642-1112.

Shuttle-Busse

Alle Tourveranstalter im Zentrum bieten
Shuttles an.

Taxiboote

Der Transfer im Wassertaxi nach JACÓ kostet
$40 p. P. und kann im Hotel oder bei einer der
Agenturen gebucht werden.

Cabuya

An Cabuya ziehen die meisten vorüber: die Wale und Delphine zu Wasser, die Touristen zu Lan-
de auf dem Weg zum Naturreservat Cabo Blanco. Dabei ist der friedliche, idyllisch von Weiden
und Meer umgebene 300-Seelen-Ort eine ruhigere, weitaus weniger touristische Alternative zum oft überlaufenen Montezuma und zudem
nur 2 km vom **Naturpark Cabo Blanco** entfernt.

Auf der kleinen vorgelagerten **Isla Cabuya**,
die nur bei Ebbe zu Fuß zu erreichen ist, bestattet das Dorf seine Toten. Vom Inselrand strahlt
dem Besucher der weiße Friedhofsbogen entgegen. Wind und Salz haben den Gräbern zuge-
setzt, verwittert und schief ragen die Holz- und
Eisenkreuze zwischen Kokosnüssen und Palmwedeln hervor. Statt Blumengestecken schmü-

cken schwere Meeresmuscheln die Grabhügel.
Wer den kleinen Ausflug macht, sollte sich vorher genau über die Gezeiten informieren oder
seine Sachen im Dorf deponieren, denn bei Flut
bleibt nichts anderes übrig, als zum Festland
zurückzuschwimmen oder – Robinson Crusoe
nacheifernd – sieben Stunden bis zur nächsten
Ebbe auf der Insel auszuharren.

Cabuya machte vor einigen Jahren heroisch
Schlagzeilen, als die Einwohner 40 missgelei-
tete, gestrandete Delphine auf Anhänger lu-
den und zurück ins Wasser brachten. Immerhin
überlebten 32 Tiere diese Rettungsaktion.

Das **Wild Sun Rescue Center**, 100 m südl.,
dann 700 m westl. vom Supermarkt Chicho,
✆ 8884-8444, 🖥 www.wildsunrescue.org, päp-
pelt verletzte Tiere auf und wildert sie anschließend wieder aus; Freiwillige sind willkommen.

ÜBERNACHTUNG UND ESSEN

Café Coyote, an der Straße nach Mal
País, ✆ 2642-0354 Von Jenny geleitetes
Restaurant mit gutem typischen Essen, auch
vegetarisches und veganes Angebot, Pizza,
kräftige Cocktails, sehr hilfsbereit, vermietet
auch einfache Zimmer. ⏲ tgl. 11–21 Uhr.
Hotel Celaje, am Strand, 1 km vor Cabuya,
✆ 2642-0374, 🖥 www.celaje.com. Schlicht-
edle, 2-stöckige palmstrohgedeckte A-Frame-
Holzbungalows am Meer. Schöner Pool,
Jacuzzi. Tourangebote. Frühstück inkl. Auch
HP möglich. Holländische Leitung. ❸–❹
Howler Monkey, am Strand, rund 150 m vor
dem Weg zum Friedhof, ✆ 2642-0303, 🖥 www.
howlermonkeyhotel.com. 5 einfache, große
Cabinas, unten Zement und Bad, oben Holz und
Schlafraum für 2–6 Pers. Ruhig. Fahrrad- und
Kajakverleih. Freundliche amerikanische
Leitung von Jim. Pool. ❹
La Panadería Cabuya, an der Kreuzung zum
Friedhof. Frühstück, Mittag- und Abendessen.
Comida Típica, hausgemachte Kuchen und
Gebäck, gut als Proviant für eine Wanderung
im Reservat. Nette Sitzgelegenheit draußen.
⏲ tgl. Mi–Mo 6.30–20 Uhr.
Selbstversorger werden im **Minisuper**, 800 m
vor dem Eingang zum Naturreservat, fündig.
⏲ tgl. 6.30–20 Uhr.

AKTIVITÄTEN UND TOUREN

Schnorcheln
Auf der **Isla Cabuya**.
Schnorchelausrüstung vermietet das Hotel
Howler Monkey für $10 pro Tag. Zur Insel kann
man bei Ebbe vom kleinen Fischerhafen aus
zu Fuß gehen.

Surfen
An der **Playa Ceclos** und **Playa Rejes**.
Surfboards vermietet das Hotel Howler
Monkey für $10 pro Tag.

TRANSPORT

MONTEZUMA, 4x tgl. 7.15–15.30 Uhr.
Der Bus fährt vom Eingang der Reserva ab und
hält im Zentrum von Cabuya. Taxis nehmen für
die Fahrt ca. $12.

Reserva Natural Absoluta Cabo Blanco

- **MINAE-Büro:** ✆ 2642-0093/96
- **Öffnungszeiten:** Mi–So 8–16 Uhr, Wanderer
  sollten möglichst vor 11 Uhr für den großen
  Wanderweg aufbrechen, für den kürzeren
  Pfad nicht später als 13 Uhr.
- **Eintritt:** $12
- **Gründungsjahr:** 1963
- **Größe:** 1256 ha zu Land, 4420 ha im Meer
- **Transport:** 4x tgl. nach Montezuma über
  Cabuya, letzter Bus um 15.30 Uhr. Der Bus
  von Cabuya fährt direkt zur Parkeinfahrt,
  dort ist auch ein Parkplatz. 20 Min. Fußweg
  vom Dorf.
- **Ausrüstung:** Sonnenschutz, Trinkwasser,
  Badesachen. Am Eingang ist eine kostenlose
  Broschüre und Wasser erhältlich. Unbedingt
  die Flaschen hier auffüllen. Es ist heiß und
  trocken im Reservat.

Die Eröffnung des Naturreservats Cabo Blanco
am südlichsten Zipfel der Península de Nicoya
war der bahnbrechende Schritt auf dem Weg zu
Costa Ricas weitverzweigtem Netzwerk von Nationalparks und Naturreservaten. Zu einer Zeit,
als Costa Ricas Regierung noch Prämien an seine Bevölkerung zahlte, um abgelegene Waldgebiete in Ackerland umzuwandeln, drehte ein
skandinavisches Ehepaar, das nach Costa Rica
ausgewandert war, den Spieß um. Statt weitere Flächen abzuholzen, kauften Olof Wessberg
und Karen Morgenson entwaldete Fincagrund-
stücke auf, ließen den Wald sich regenerieren
und überzeugten die Regierung, diese Fläche
als Naturschutzgebiet auszuweisen. Wie groß
die Interessenkonflikte hinter diesen Bemühungen waren, zeigt auch der 1975 von Holzfällern
begangene Mord an Wessberg nach dessen
Bemühungen bei der Errichtung des Nationalparks Corcovado.

Das Naturreservat Cabo Blanco besteht nur
zu 15 % aus Primärwald, der Rest ist Sekundärwald, der in den mehr als 40 Jahren seit Bestehen der Reserva heranwachsen konnte und mit
einer Artenvielfalt von 150 Bäumen bestückt, darunter Zedern, Weißgummi- und Pochotebäu-
me. Ursprünglich war der Zutritt zum Reservat
nur Wissenschaftlern und Parkwächtern gestattet, heute ist Cabo Blanco der Öffentlichkeit zugänglich. Der Zustrom an Touristen nimmt
zum Leidwesen der Tiere zu. Ein gut 2-stündiger
Rundwanderweg führt durch das Reservat, in
dem eine Vielzahl von Tierarten, darunter Brüll-,
Kapuziner- und Klammeraffen, Rehe, Ozelote,
Pakas, Faul- und Gürteltiere leben. Vom Ameisenbär oder Jaguar sind höchstens die Spuren anzutreffen. Ein weiterer Weg erreicht nach
4 bis 4 1/2 Stunden die **Playa Cabo Blanco**.

Gegenüber liegt die **Isla Cabo Blanco**, ein
wichtiges Nistgebiet für Meeresvögel, vor allem
von Braunen Pelikanen, Fregattvögeln, Lachmö-
wen und Costa Ricas größter Kolonie an Braun-
tölpeln. Im Laufe der Jahre überdeckten sie
die Inselfelsen mit ihrem Kot und gaben so der
Insel und dem Naturpark ihren Namen, Cabo
Blanco – weißes Kap.

Mal País und Santa Teresa

Santa Teresa und Mal País zählen zu den besten
Surfrevieren Costa Ricas. Ständig finden hier
nationale Surf-Meisterschaften statt, täglich

SÜD-GUANACASTE UND DIE NICOYA-HALBINSEL

können Urlauber die kühnen Kunststücke der Wellenakrobaten von Land aus bewundern oder sich selbst aufs Brett stellen. Surfboardverleihe und Surfkurse gibt es im Ort wie Sand am Meer. Außerdem sind die Strände umwerfend schön: Playa Santa Teresa gilt als einer der schönsten Strände Mittelamerikas.

Von der Hauptkreuzung **El Cruz**, dem schlagenden Herz der beiden Ortschaften, zweigen zwei Straßen wie große Adern in entgegengesetzte Richtungen ab: links nach Mal País im Süden, drei ruhige, wenig bebaute, felsige Strandkilometer, die an einem kleinen pittoresken Fischerhafen enden, direkt neben dem Naturschutzgebiet Cabo Blanco (einen Zugang zum Naturreservat gibt es von hier leider noch nicht); rechts nach Santa Teresa im Norden, 5 km paradiesischer Sandstrand für die feiernde Surfgemeinde aus aller Welt.

Parallel zum Strand von Santa Teresa reihen sich zu beiden Seiten der staubigen Piste Hotels, Surfshops, Restaurants und Supermärkte schier endlos aneinander. Vor knapp 20 Jahren gab es im Ort noch keine Elektrizität, heute hat sich Santa Teresa einen Ruf als Surfmekka erworben. Mit den Touristenströmen ist leider auch der Diebstahl angestiegen, deshalb grundsätzlich keine Sachen unbeaufsichtigt am Strand liegen lassen und Wertsachen im Hotel in den Safe einschließen!

ÜBERNACHTUNG

Mal País

Mal Pais Surf Camp & Resort, 200 m südl. von El Cruz, ☎ 2640-0031, 🖥 www.malpaissurf camp.com. Riesige Anlage mit großer, golfplatzähnlicher Rasenfläche. Unterkünfte verschiedener Preisklassen. Camping $17 p. P., Schlafsaal mit Betten auf Kieselsteinen unter einem Blechdach und von Holzgitter eingezäunt, getrennt nach Frauen und Männern $23 p. P. Kleine DZ mit Gemeinschaftsbad und -küche. Teure Ferienhäuser mit eigener Küche. Billardtisch, Tischtennis, großer Pool, Safe, Surfbrett-Verleih. Überwiegend Surfer. ❸–❻

Moana Lodge, 1,5 km südl. von El Cruz, ca. 200 m vom Meer. ☎ 2640-0230, 🖥 www. moanacostarica.com. Kleine, extravagante

Hotelanlage auf verschiedenen Ebenen am Hang gelegen, unterschiedlich ausgestattete Zimmer mit Holzdielen und -wänden, exotische Masken, Möbel mit Zebramuster, überdachte Sitzecken, kleiner Patio, Gemeinschaftsküche, Restaurant mit Meerblick, Frühstück inkl. ❸–❻

Oasis Mal País, 200 m von El Cruz, ☎ 2640-0259, www.oasis.cr. Schlichte, helle, schöne Zimmer und Bungalows mit Privatbad, Veranda, zum Teil mit AC und Open-Air-Küche. Sehr ruhig. Pool, belgisch-israelische Leitung. ❹–❻

Pachamama, 1,2 km von El Cruz, ☎ 2640-0195, 🖥 www.pacha-malpais.com. Rechtzeitig das schöne Blockhaus mit dem großen BBQ reservieren! Die 3 Cabinas sind nicht ganz so attraktiv. Den frischen Fisch zum Grillen verkaufen die Fischer am Ende der Straße. Vom Aussichtspunkt Blick übers Meer auf die grandiosen Sonnenuntergänge. Zum Strand muss man nur die Straße überqueren. Der hilfsbereite Besitzer Franz weiß, wo und wann die Brandung zum Surfen am besten ist. Entspannt-alternative Atmosphäre mit Waschbären und Affen. Backpacker kommen im Matratzenlager im Tipizelt für $20 p. P. unter.

Tico-Rock

Malpaís nennt sich auch eine der beliebtesten und erfolgreichsten Bands Costa Ricas. Das Sextett gründete sich im Jahr 2003 und füllt seitdem mit seiner Musik, einer Mischung aus Folk, Latin, Jazz und Rock, die Stadien des Landes. Gemeinsam mit der costa-ricanischen Plattenfirma Papaya Music schrieb es im Land Musikgeschichte: Die erste CD *UNO* verkaufte sich über 10 000 Mal und brachte der Band im Jahr 2006 die **goldene Schallplatte**. Seitdem wurden noch weitere CDs der Band mit einer *disco de oro* ausgezeichnet. Malpaís tritt inzwischen weltweit auf, Stammplatz der Band ist das Jazz Café in Escazú (S. 117). Seit 2015 tritt die Band immer häufiger gemeinsam mit dem nationalen Philharmonie-Orchester auf. Infos und Konzerttermine unter 🖥 www.grupo malpais.com.

Abseits vom Trubel, aber nah genug dran, um auch mal auszugehen. **❸ – ❻**

Ritmo Tropical, 100 m südl. von El Cruz, ✆ 2640-0174, 🖳 www.hotelritmotropical.com. 7 hübsche, am Hang gelegene helle Bungalows mit Safety Box, Terrasse und Pool; empfehlenswertes italienisches Restaurant. Tico-italienische Leitung. **❸ – ❺**

Star Mountain Eco Resort, 2 km von Mal País an der Straße Richtung Cabuya, an einem steilen Hügel gelegen, ✆ 2640-0101, 🖳 www.starmountaineco.com. Schlichte, geräumige Zimmer mit Minikühlschrank, begehbarer Garderobe, riesiger Dusche und Terrasse mit Schaukelstühlen und Hängematten. Pool, ruhig im Grünen gelegen; Yoga-Rancho. Frühstück inkl. **❹**, Ferienhaus **❻**

The Place, 200 m. östl. der Kreuzung, ✆ 2640-0001, 🖳 www.theplacemalpais.com. Ein von Schweizern geführtes Boutiquehotel mit 3 Zimmern, 4 Bungalows und einem Ferienhaus für 5 Pers.; großer Garten, Bar, Pool mit Wasserfall, Spa, So Brunch auch für die Öffentlichkeit von 10–14 Uhr, Frühstück inkl. **❺**, Bungalow **❻**

Santa Teresa

Beachbreak Hotel, 2,1 km nördl. von El Cruz, ✆ 2640-0612, 🖳 www.beachbreaksurf hotel.com. Freundliche, gelbe Unterkunft mit 12 Zimmern mit AC, verteilt auf 2 Stockwerke. Mit Gemeinschaftsküche. **❹**

Buenos Aires, Calle Buenos Aires, 200 m abseits der Hauptstraße, 🖳 www.buenosaires malpais.com, ✆ 2640-0254, 8412-6647. Steil über Santa Teresa gelegen mit spektakulärer Aussicht aufs Meer. Schlichte, freundliche Cabinas, teils mit AC und kleiner Terrasse bzw. Balkon, umgeben von Grün; Pool. Auf Wunsch holt Javier Gäste vom Bus ab. Freundliche argentinische Leitung, beliebt bei Pärchen, keine Kinder erlaubt. Man zahlt für die Sicht, gutes Restaurant. **❸ – ❹**

Casa del Mar, in Santa Teresa, 200 m nördlich vom Hotel Tropico Latino, ✆ 2640-1086, 🖳 www.casadelmarsurfdestiny.com. 4 private, klimatisierte Räume und 4 Dorms ($12- 16 p. P.) mit Ventilator, Gemeinschaftsküche, Frühstück inkl. Gute Lage. Restaurant ⏰ tgl. 8–21 Uhr), Snack-Bar. **❸**

🏨 **Casa Marbella**, 200 m nördl. von El Cruz, steile 150 m den Berg hinauf, ✆ 2640-0749, 🖳 www.casamarbellacr.com. Hoch gelegen mit Blick auf die Playa Carmen, 8 große Zimmer mit AC, Balkon, Hängematten und schönem Blick, teilweise mit Küche, schöner Pool und Whirlpool, Honesty-Bar, Jessica und André kümmern sich liebevoll um ihre Gäste. **❺**

🏨 **Casas de Soleil**, 300 m nördl. von El Cruz, 150 m den Berg hinauf, ✆ 2640-0740, 8869-5323, 🖳 www.casasdesoleil.com. Nur 5 Min. vom Strand entfernt liegen diese 4 gut ausgestatteten, spektakulären Ferienhäuser; komplett eingerichtet mit Küche, schön geschreinerten Möbeln, großer Terrasse und Pool. Die freundliche Soraya kennt sich gut aus, vermittelt günstige Guides und hat viele Tipps rund um Santa Teresa und Mal Pais. Das Ferienhaus für 8 Pers. hat einen eigenen Pool. **❻**

Casa Zen, 1,5 km nördl. von El Cruz, auf der Strandseite, ✆ 2640-0523, 8358-7888, 🖳 www.zencostarica.com. Günstiges, empfehlenswertes Guest House und Yogazentrum, kein AC, Dorms für $15 p. P. und 8 Privatzimmer mit Gemeinschaftsbad, Yoga 3x tgl., Surfboards und Fahrräder für $8 am Tag zu vermieten. **❷**

🏨 **Cuesta Arriba B&B Hostel**, am Ortsende, 100 m nördl. der Lola Bar, ✆ 2640-0607, 🖳 www.cuestaarriba.com. Großes weißes, bumerangförmiges Gebäude mit 4 sehr sauberen Loftzimmern und Privatzimmern mit oder ohne Privatbad. Familiäre Atmosphäre. Gut ausgestattete Gemeinschaftsküche und schöner Garten mit Pool. Dorms für 4–6 Pers. ($14–20 p. P.) und DZ, inkl. Kaffee, keine Kreditkarten. **❸**

Funky Monkey Lodge, 200 nördl. vom Fußballplatz, abseits der Hauptstraße, ✆ 2640-0272, 🖳 www.funky-monkey-lodge.com. Rustikale, sehr schöne Bambusbungalows mit Gemeinschaftsküche oder weiter oben am Hang moderne Apartments mit AC und rustikalen Holzmöbeln für 2–4 Pers., Surf- und Yogapakete, Restaurant mit gesunder Kost. **❻**

Griss Lodge, 400 m nördl. vom Fußballplatz, ✆ 2640-0804, 🖳 www.grisscostarica.com. Netter italienischer Besitzer, kleiner Pool in

DIE SÜDLICHE HALBINSEL **|** Mal País und Santa Teresa **311** großem Garten, komplette Villas und 1 Zimmer zu vermieten, kostenlose Surfboards, in Hochsaison der Minimumaufenthalt. ❹–❻.

Hotel Canaima Chill House, 400 m östl. des Hotel Nautilus, an einer schlechten Piste, ✆ 2640-0410, 8371-5680, 🖥 www.canaimachillhouse.info. 8 schön eingerichtete Suiten für 2–4 Pers. mit privaten Terrassen, im Dschungel versteckt, komplette Küche, sehr freundlich und ruhig, nur die Affen machen Lärm. ❹–❺

Hotel Casa Azul, von El Cruz Richtung Meer hinab, ✆ 2640-0379, 🖥 www.hotelcasaazul.com. Blaues Haus, fast direkt am Strand, mit 3 Zimmern, 1 Suite, 2 Bungalows, außerdem ein großes Ferienhaus. Großer Pool, Gemeinschaftsküche, kein Frühstück. ❹–❻

Hotel Rustico, an der Hauptstraße in Santa Teresa, ✆ 2640-0895, 2640-0353. 🖥 www.hotelrusticosantateresa.com. Saubere, riesige Zimmer mit rustikalen, massiven Holzmöbeln und Ventilator. ATV-Vermietung, costa-ricanische Leitung. ❸

Hotel Tropico Latino, in Santa Teresa, ✆ 2640-0062, 8453-3422, 🖥 www.hoteltropicolatino.com. Große, beliebte Anlage mit vielen alten Bäumen und direktem Strandzugang. Kleine Parzellen mit rustikalen, klimatisierten Ferienhäusern für 3–5 Pers. Restaurant, auch für die Allgemeinheit, und Yogadeck (2x tgl. Unterricht) am Strand, Spa. ❻

Horizon Yoga Hotel, 300 m nördl. von El Cruz, 50 m den Berg hinauf, ✆ 2640-0524 🖥 www.horizon-yogahotel.com. Mehrere Holzbungalows in 4 verschiedenen Größen am Hang verteilt mit grandiosem Ausblick, vegetarisches Restaurant (auch für die Öffentlichkeit, ⏱ Mo–Sa 7.30–14 Uhr) und Yoga-Zentrum, Sep, Okt geschl. ❻

Nautilus Boutique Hotel, 250 m nördl. vom Fußballplatz, 100 m den Berg hoch, ✆ 8954-0491, 🖥 www.hotelnautiluscostarica.com. Wunderschöne, komplett ausgestattete und klimatisierte Bungalows mit 1 oder 2 Schlafzimmern und eigener Küche, Terrasse mit Hängematte, schöner Pool, mit allen Serviceleistungen eines Hotels, das gesunde Restaurant **Olam** (⏱ So geschl.) ist preisgekrönt. ❻

Otro Lado Lodge, 300 m. nördl. vom Fußballplatz, ✆ 2640-1941, 🖥 www.otroladolodge.com. Nah am Strand mit kleinem Garten und schönem Pool, 6 liebevoll gestaltete Zimmer, 4 Bungalows sowie ein Ferienhaus, italienische Besitzer, Frühstück mit selbst gebackenem Brot inkl. ❹, Ferienhaus ❻

Playa Hermosa

El Rey Patricio, 5 km nördl. von El Cruz, ✆ 2640-0248, 🖥 www.elreypatricio.com. Ein wenig abseits des Trubels liegen die einfachen, gut ausgestatteten Zimmer mit AC, Balkon und Meerblick. Auch Bungalows mit 1 oder 2 Zimmern. Katalanische Besitzer. Frühstück inkl. Sehr gutes Tapas-Restaurant. ❹–❻

Hotel Casa Cecilia, 3,8 km nördl. von El Cruz, direkt am Strand, ✆ 2640-0115, 🖥 www.casacecilia.com Unterkunft mit leckerem Frühstück inkl., mit Küchenbenutzung. Helle, große und romantische Zimmer in Traumlage mit AC, Kühlschrank und Safe im Obergeschoss mit grandiosem Meerblick, sehr ruhig und professionell. ❺–❻

Makanas, am Playa Hermosa, 500 m. nördl. von Casa Cecilia ✆ 2640-0723 🖥 www.makanascr.com. Boutiquehotel mit 3 traumhaft schönen, klimatisierten Bungalows mit Terrasse und Hängematten. Cooles Restaurant (⏱ 18–22 Uhr), auch für Nicht-Gäste, Bar. ❻

Tiamat Lodge, 200 m westl. der Hermosa Valley School in Richtung Strand, ✆ 2640-0579, 🖥 www.tiamatlodge.com. 4 schöne, voll ausgestattete und klimatisierte Apartments mit Küche, sehr freundlich. ❹

ESSEN

Selbstversorger können tgl. frischen Fisch, u. a. Pargo, Thunfisch und Corvina, am kleinen **Fischereihafen** in Mal País kaufen. Der erste Fang läuft um 8 Uhr ein, der zweite um 16 Uhr. Hier kaufen auch die Lokale der Umgebung ein. Viele Restaurants und Sodas werden von Jahr zu Jahr neu vermietet, und auch die Köche wechseln. Hier eine Auswahl an Speiselokalen, die beständig gute Qualität über einen längeren Zeitraum geboten haben.

Mal País

Mary's Restaurant & Farm, 3 km südl. von El Cruz, im Ort Mal País, kurz vor dem Fußballplatz, 🖥 www.maryscostarica.com. Fangfrischer Fisch und Gemüse aus dem eigenen Anbau. Auch Verkauf von Eiern von glücklichen Hühnern, eigenem Obst und Gemüse. ⏲ tgl. 11.30–15, 17–22 Uhr.

Ritmo Tropical, 100 m südl. von El Cruz. Große Auswahl an guter Pizza und Pasta, auch Fischgerichte. ⏲ tgl. ab 18 Uhr.

Playa Carmen, Santa Teresa und Playa Hermosa

Brisas, steil auf einem Hügel gelegen. Wer hier hingeht, bekommt einen fantastischen Ausblick aufs Meer und unvergessliche Sonnenuntergänge! Empfehlenswert ist der Seafood-Mix. Üppige Portionen und gute frische Zutaten. Die Desserts sind legendär, z. B. Cheese Cake oder Eis. Auch Cocktails. ⏲ tgl. 7–11, 16–22 Uhr.

 Burger Rancho, gegenüber dem Fußballplatz, ✆ 2640-0583, 🖥 www.burgerrancho.cr. Preiswerte Küche von hervorragender Qualität, hier findet man Casados, Ceviche, Salate, leckere Burger (Empfehlung: Thunfisch-Burger) und Tagesgerichte mit ausgefallenen Soßen. ⏲ tgl. 11–22 Uhr.

Chicken Joe's, an der Hauptstraße, gegenüber dem Fußballplatz, ✆ 5640-1110. Gutes Hühnchen und leckerer Fisch auf Peruanisch, Fisch-Tacos und super Ceviche, Draft-Bier. ⏲ tgl. 11.30–21 Uhr.

Couleur Café, an der Playa Hermosa, ✆ 2640-0677. Gutes Frühstück, frisch gepresste Säfte, Salate, Crêpes und feine Sandwiches. Mo und Di Dinner-Menü. ⏲ Di, Mi 10–15, 17.30–21, Do, Fr 10–15, Sa, So 9–15 Uhr.

 El Rey Patricio, 5 km nördl. von El Cruz, ✆ 2640-0248, 🖥 www.elreypatricio.com. Wer Tapas in Barcelona mag, der ist hier richtig. Frisch aus dem Meer mit einem atemberaubenden Blick, freundlich und schnell. ⏲ Mi–So 17.30–22 Uhr.

Katana, 500 m nördl. El Cruz, ✆ 8358-4059. Frische japanische und asiatische Küche, sehr empfehlenswert, guter Service, gut besucht, unbedingt reservieren! ⏲ tgl. 18–22.30 Uhr.

Kika, nördlich vom Fußballplatz. 3 argentinische Brüder, die gemeinsam Musik machen und ein Restaurant leiten. Bekannt für Schweinefleischgerichte. Do Livemusik. ⏲ 18–22 Uhr.

Kojis Hyodo's Sushi, unterhalb vom Hotel Horizon, Santa Teresa, ✆ 2640-0815, 🖥 www.kojisrestaurant.com. Die Gäste sitzen schön bei Kerzenschein im Freien und genießen kreative japanische Küche. Verarbeitet werden nur super-frischer Fisch und Meeresfrüchte, riesige Auswahl, Reservierung empfohlen. ⏲ Mo–Sa 17.30–21.30 Uhr.

La Birreria de Buenos Aires, 100 m nördl. und 100 m westl. vom Super Ronny 1, Santa Teresa, ✆ 2640-0941. Weil es gerade im Trend liegt: Draft-Bier in allen Farben, regionales und internationales Essen sowie Tapas, Fr All-you-can-eat-Pizza, freundliche argentinische Besitzer; spektakulär ist der Blick, besonders zum Sonnenuntergang mit Livemusik. ⏲ Mo–Sa 17–22 Uhr.

Las Piedras, 200 m nördl. von El Cruz. Argentinisches BBQ: Schwein, Rind, Huhn und Fisch vom Feuer, unbedingt das Grillhähnchen probieren! Die Parilla für 4 Pers. bietet von allem etwas. ⏲ Di–So 18–21.30 Uhr, in der Hauptsaison auch mittags.

Product C, im kleinen Einkaufszentrum bei El Cruz, ✆ 2640-1026. Frischer Fisch und Meeresfrüchte in netter Atmosphäre, empfehlenswert! ⏲ Mo–Do 11–17, Fr 11–17, 18–21 Uhr.

Relaxen nach dem Gaumenschmaus

Mayras und Sylvias **Restaurante Las Caracolas**, 1,4 km südl. von El Cruz, Mal País, bietet für jeden etwas: hervorragende internationale und landestypische Küche, freundlichen und unkomplizierten Service – und nach dem ausgiebigen Mittagessen können Gäste in Hängematten entspannen. Auch die dazugehörigen **Casitas** laden zum Verweilen ein: 4 hübsche Ferienhäuser unterschiedlicher Größe und Ausstattung, malerisch am Wasser gelegen; alle mit Küche, 3 mit AC ❹–❻. Unbedingt vorher reservieren: ✆ 6157-7552, ✉ lascaracolitasmalpais@gmail.com, ⏲ tgl. 11.30–20.30 Uhr.

Am Strand der Schweden

Die **Playa los Suecos**, 250 m südl. von Mal País, mit Felsen und viel Sand ist ein ideales Revier zum Schnorcheln und (bei Flut) zum gefahrlosen Baden in der geschützten Bucht. Doch auch dieser Strandabschnitt, der bereits zum Nationalpark Cabo Blanco gehört, ist schon lange kein Geheimtipp mehr. Man erreicht ihn über die enge, holprige Piste am Südende vom Fischerhafen von Mal País. Touren hierher von Santa Teresa oder Mal Pais kosten ab $15 p. P. inkl. Schnorchel und Maske. Schwimmen ist nur bei Ebbe ratsam!

€ **Soda Tiquicia**, an der Hauptstraße, etwas nördl. der „Otro Lado Lodge". Landestypisches Essen, große Portionen zu kleinen Preisen, angenehme Atmosphäre, sehr freundlich. ⏲ tgl. 7–18.30 Uhr.
The Bakery, 50 m nördl. von El Cruz, ✆ 2640-0560. Brot, Sandwiches, Empanadas, Shawarma, Pizza und Pasta verlassen hier jeden Tag frisch den Ofen. Besonders beliebt sind der Cheese Cake und das Pain de Chocolat, leckere Fruchtsäfte und Cocktails. Nicht billig, aber gut. ⏲ tgl. 7–22 Uhr.
The Roastery, neben der BCR, nahe El Cruz, ✆ 8649-1001. Ein Geheimtipp für Kaffeeliebhaber: frisch geröstet in allen Variationen; auch guter Tee, leckere *pastelitos*, freundlich. ⏲ Mi–Mo 6–16.30 Uhr.
Umi Sushi, 200 m nördl. von El Cruz, ✆ 2640-0968. Sushi unter Sonnenschirmen auf Kieselsteinen im Innenhof. ⏲ tgl. 12–22 Uhr.

UNTERHALTUNG

Santa Teresa wächst unaufhörlich, Bars und Restaurants schließen und öffnen über Nacht, am besten erkundigt man sich vor Ort, was gerade angesagt ist. Hier einige Vorschläge:
La Lora Amarilla, Disco-Bar. Getanzt wird zu Reggae, Salsa, Merengue, auch Livemusik.
Nativo Sports Bar, 50 m nördl. von El Cruz, ✆ 2640-0356. Sport-Bar, gute Cocktails, manchmal mit Livemusik. ⏲ tgl. 12.30–23.30 Uhr.

Rancho Itaúna, 100 m nördl. vom Super Costa, Santa Teresa, ✆ 2640-0095. Strandbar mit oft wilder Party bis in die frühen Morgenstunden, DJs, brasilianisches Essen und Musik; vermieten auch Cabinas. ⏲ Mo–Sa 12– spät, Di und Sa Party.

AKTIVITÄTEN UND TOUREN

Surfen

Playa Carmen ist ideal für Surfanfänger, die Strömungen hier sind nicht sehr stark. Weiter nördl. Richtung Santa Teresa werden die Wellen größer und schneller und bieten ideale Voraussetzungen für diejenigen, die die Kunst des Wellenreitens bereits beherrschen. Viele Unterkünfte verleihen Surfbretter und bieten Surfunterricht an.
Lost in Santa, Surf Shop, im kleinen Einkaufszentrum, der Plaza Royal, gegenüber dem Super Costa, ✆ 2640-0706. Surfunterricht, Board-Vermietung, Surfshop, sehr freundlich. ⏲ Mo–Sa 9–17 Uhr.
Denga Surf, Santa Teresa, 200 m nördl. der „Otro Lado Lodge", ✆ 2640-0076, 🖥 www.dengasurf.com. Surfkurse, Beratung und Vermietung, auch Verkauf. ⏲ tgl. 8.30–18 Uhr.

Touren

Tropical Tours, 200 m nördl. von El Cruz, ggü. der Banco Nacional, ✆ 2640-1900, 8890-9197, 🖥 www.tropicaltourshuttles.com. Transfers, Canopy- und Reittouren. ⏲ tgl. 8–21 Uhr.
Freedom Riding SUP, kurz vor dem Hafen in Mal País, ✆ 2640-0939, 8737-8781. Stand-Up-Paddle-Unterricht und Touren in die Mangroven sowie zum Cabo Blanco Reservat, Surf Shop. ⏲ tgl. 8–18 Uhr.

Yoga

Horizon Yoga Center, 🖥 www.horizon-yoga hotel.com. Tgl. Yoga- und Pilateskurse. Auch Massagen. Kurse ab $10. Sept und Okt geschl.
Sundah Surfers, in Mal País, am Dorfplatz (Fußballplatz), ✆ 8703-7884, 🖥 www.sundah surfers.com. Yoga auf dem SUP, Yogakurse, Touren.
Yoga Spa Natural, im Casa Zen (S. 311). Massage und Spa.

SÜD-GUANACASTE UND DIE NICOYA-HALBINSEL

314 DIE SÜDLICHE HALBINSEL I Mal País und Santa Teresa

SONSTIGES

Apotheke
Farmacia Amiga, gleich neben der Banco Nacional, ✆ 2640-0539. ⏰ Mo–Sa 8–20 Uhr.

Autovermietung
Alamo, El Cruz, ✆ 2640-0526, 🖥 www.alamo costarica.com. ⏰ tgl. 8–17 Uhr.
Budget, El Cruz in Santa Teresa, neben der Banco Nacional, ✆ 2436-2084. ⏰ Mo–Sa 8–18, So 8–16 Uhr.

Büchertausch
Bei Tropical Tours, s. u.

Fahrradverleih
Am Eingang zum Hotel Rustico, $10 pro Tag, oder im **Casa Zen** (S. 311).

Geld
Banco Nacional und **Banco de Costa Rica**, am Ortseingang von Santa Teresa. Nur Geldautomaten. Beide Automaten sind in der Hochsaison oder an langen Wochenenden schnell leer – besser etwas Geld von außerhalb mitbringen.

Informationen
Das Magazin **Zoom**, 🖥 www.nicoyazoom. com, mit Artikeln, Veranstaltungskalender, Informationen zu Hotels und Transport auf der Península de Nicoya liegt gratis in Hotels und bei Tourveranstaltern aus. Unter 🖥 www. nicoyapeninsula.com findet man viel aktuelle Infos, Karten, Wegbeschreibungen und Hoteltipps.

Medizinische Hilfe
Lifeguard, El Cruz, ✆ 2220-0911, auch Hotelbesuche.

Supermärkte
Alle 2 km ein Supermarkt.

TRANSPORT

Busse
CÓBANO, 6x tgl. 5.50–16 Uhr;

SAN JOSÉ (über CÓBANO), Direktbus, 2x tgl. um 6 und 14 Uhr, So 1x. Der Bus fährt mit auf die Fähre, Passagiere müssen weder umsteigen noch ihr Gepäck umfrachten. Etwa 7500C$ p. P. inkl. Fährticket. Weitere Infos ✆ 2221-7479.

Shuttle-Busse
Tropical Tours, ✆ 2640-1900, 🖥 www.tropical tourshuttles.com, und **Interbus**, ✆ 2640-1036, 🖥 www.interbusonline.com. Mindestens 1 Tag im Voraus reservieren.

Playa Manzanillo

Jedes Jahr an einem Sonntag im März – das genaue Datum bestimmen die Gezeiten – erwacht Playa Manzanillo aus seinem Dornröschenschlaf. Dann strömen Hunderte von Besuchern mit Schaufel und Eimer bewaffnet an den Strand, um am **Strandburgenwettbewerb** teilzunehmen oder die kurzlebigen, fantasievollen Nixen, Drachen und Sandburgen, Kunstwerke, die von der nächsten Flut schmatzend verschlungen werden, zu bewundern und auf Fotos zu verewigen.

Das Gewinnergeld bleibt in der Gemeinde und kommt Schul-, Sport- und Umweltprogrammen zugute.

Zu Fuß kann man bei Ebbe (!) von Manzanillo bis zur **Playa Coyote** wandern, vorbei an einsamen, wilden Stränden und Flussmündungen. Der Río Bongo zählt zu den größten Flüssen der gesamten Península und bildet die Grenze zwischen den Provinzen Guanacaste und Puntarenas. (Achtung: Im Fluss leben Krokodile). Hotels und Restaurants gibt es erst wieder in Playa Caletas.

Für die Strecke sind mindestens vier Stunden einzuplanen. Abenteuerlustige, die im Auto von Playa Manzanillo Richtung Playa Caletas und Sámara weiterreisen wollen, s. Kasten S. 316.

ÜBERNACHTUNG UND ESSEN

Cabinas und Restaurante Atardecer Dorado, am Strand, ✆ 8827-1113, 8394-1185. Saubere Zimmer unterschiedlicher Größe, teils mit Küche und AC. Im Restaurant (⏰ Di–So 12–21 Uhr) gibt's Fisch und Meeresfrüchte. ❸–❹

www.stefan-loose.de/costa-rica   DIE SÜDLICHE HALBINSEL | Playa Manzanillo   **315**

Risikoreiche Pistensafari

Die Weiterfahrt von der kleinen Ortschaft Manzanillo Richtung Sámara über Playa Coyote und Playa Carrillo ist tückisch. Autofahrer müssen auf der Strecke mehrere Flüsse durchqueren; für Einheimische ist dies Routine, für Touristen aber birgt die Fahrt einige Gefahren. Denn viele Urlauber haben nie zuvor einen Fluss im Auto durchquert, die Strecke ist nicht ausgeschildert und für eventuelle Schäden am Mietwagen kommt der Fahrer selbst auf. Keine Versicherung übernimmt die Haftung für Wasserschäden. Wir raten daher von diesem Abenteuer ab!

Lodge Ylang-Ylang, ✆ 8359-2616, ⌨ www.lodgeylangylang.com. Ruhig und abseits auf einem Hügel gelegen. Fünf 2-stöckige, schlicht-edle, palmstrohgedeckte Häuser mit geschmackvollem Dekor im Tribal-Design. Minibar, TV, Eco-Pool ohne Chlor, Yoga, grandiose Sicht auf Bergketten und Meer. Französische Leitung. Frühstück inkl. ❻

SONSTIGES

Feste
März: **Strandburgenwettbewerb**. Der Wettbewerb findet an einem Sonntag statt, die Fiesta mit Musik, Künstlern, Rodeo beginnt bereits am Donnerstag zuvor.

Supermarkt
Pulpería und Restaurant, 50 m neben Cabinas Atardecer.

TRANSPORT

Es gibt keine Busverbindung zwischen Santa Teresa und Manzanillo.
Die Küstenstraße von Santa Teresa endet in Manzanillo. Um nördl. Richtung Sámara zu fahren, müssen **Autofahrer** die Ortschaft durchqueren und nach 5 km an der Kreuzung links Richtung Betel/Bajos de Ario abbiegen (s. auch Kasten oben).

Auf der Interamericana nach Süden

Ende 2016 wurde die von der costa-ricanischen Regierung über lange Jahre versprochene Autobahn zwischen Liberia und Cañas fertiggestellt. Finanziert wurde der 50 km lange Streckenabschnitt von der Interamerikanischen Entwicklungsbank (BID). Besonders Cañas, Bagaces und viele weitere kleinere Ortschaften profitieren von den Hochbrücken, die den Auto- und Schwerlastverkehr innerhalb der Ortschaften stark entlasten.

Reserva Biológica Lomas de Barbudal

- **MINAE-Büro:** ✆ 2671-1029
- **Öffnungszeiten:** Mo–Fr 8–16, am Wochenende 8–15 Uhr
- **Eintritt:** auf Spendenbasis
- **Gründungsjahr:** 1986
- **Größe:** 2645 ha
- **Transport**
  Auto: 13 km südl. von Liberia an der Ortschaft Pijije nach rechts abbiegen. Von dort sind es weitere 6 km bis zum Parkeingang.
  Busse: Bus nach Bagaces, von dort per Taxi zum Nationalparkeingang.

Die Reserva Loma Barbudal ist der **Insektenpark** unter den Naturschutzgebieten von Costa Rica. Hier leben mehr als 60 Schmetterlingsarten, Motten, Wespen und über 250 Bienenarten, darunter auch die afrikanisierte Biene, eine aggressive Bienenzüchtung, die einem brasilianischen Forschungslabor entflog und sich seitdem auf dem süd- und nordamerikanischen Kontinent verbreitet. In der Trockenzeit bestäuben sie die Blüten der bedrohten Mahagoni-, Rotholz- und Jabillobäume, die die letzten Flecken von Costa Ricas Trockenwald bilden (s. Kasten S. 317).
Von den Früchten der Bäume ernähren sich in der Dürrezeit Rote Aras, Brüll- und Klammer-

affen sowie Nasenbären. Kurze Wanderwege führen zu den Baumriesen und zu einem Wasserfall, an dem Baden erlaubt ist. Anfang der 90er-Jahre fielen 90 % der Reserva einem Brand zu Opfer, der Wald konnte sich seitdem jedoch weitgehend natürlich regenerieren. Im März, zur Blütezeit des Goldtrompetenbaums (span. *corteza amarilla*), ist ein Parkbesuch besonders lohnenswert, dann verwandelt sich der Wald von einem Tag zum anderen in ein goldgelbes Blütenmeer.

Parque Nacional Palo Verde

- **MINAE-Büro:** ✆ 2200-0125 **OTS** (Organization for Tropical Studies): ✆ 2661-4717, 🖥 www.ots.ac.cr. Die Forschungsstation liegt einige Kilometer vor der Rangerstation und dem Nationalparkeingang.
- **Öffnungszeiten:** tgl. 8–16 Uhr (MINAE-Büro), Eingangstor 6–18 Uhr geöffnet.
- **Eintritt:** $10
- **Gründungsjahr:** 1978
- **Größe:** 19 800 ha
- **Führungen:** Die OTS-Station bietet vogelkundliche Touren (halber Tag $30 p. P.) und Führungen durch den Park ($35 für 2 Pers.) an.

- **Transport:**
  Auto: An der Einfahrt nach Bagaces führt gegenüber der Tankstelle eine sehr steinige Piste an Rinderkoppeln vorbei zum Park (32 km); die letzten 10 km sind bereits Nationalparkgebiet, bitte Fuß vom Gaspedal. Geländewagen sehr empfehlenswert.
  Busse: Mit dem Bus bis zur Einfahrt nach Bagaces, von hier sind es 32 km zum Nationalparkeingang; am besten kreuzt man früh auf und hofft auf eine Mitfahrgelegenheit oder ein Taxi.
  Taxis: An der Tankstelle an der Einfahrt nach Bagaces; wenn kein Geländewagen zur Verfügung steht, organisieren die Fahrer Taxis mit Vierradantrieb; rund 25 000C$ zum Park.

Der Nationalpark Palo Verde zählt mit 14 Vegetationszonen zu den biologisch vielfältigsten Naturschutzgebieten Costa Ricas, und das obwohl der Park in einer der trockensten Regionen des Landes liegt. Der Besucher trifft hier auf die letzten Reste tropischen Trockenwaldes, der einst Mittelamerika von Südmexiko bis Panama bedeckte. Über die Hälfte des Parkes aber nehmen **Feuchtgebiete** ein, Salz- und Süßwassermarschen, die vom Río Tempisque sowie

Trockenwald

Ein halbes Jahr sengende Hitze, anschließend sechs Monate sturzbachartige Regenfälle – das sind **extreme Klimabedingungen**, auf die sich Guanacastes Vegetation eingestellt hat: Der hier ansässige Trockenwald besitzt im Gegensatz zum Regenwald lediglich zwei Stockwerke. Um Wasser zu sparen, werfen die bis zu zwölf Meter hohen Bäume des oberen Stockwerks in der Trockenzeit ihr Laub ab. Licht gelangt dann auf das untere Stockwerk; die kleineren Bäume, Sträucher und Hartgräser können heranwachsen.

Der mittelamerikanische Trockenwald erstreckte sich einst von Südmexiko bis nach Panama. In Costa Rica haben klägliche 5420 ha überlebt, überwiegend in Guanacaste (Nationalpark Santa Rosa, Nationalpark Palo Verde, Reserva Biológica Lomas Barbudal). Der Rest wurde bereits zu Kolonialzeiten für Weideland abgeholzt. Weitere Flächen fallen jedes Jahr Waldbränden zum Opfer, wenn die Brände, die Farmer zum Abbrennen alten Weidelandes legen, auf die angrenzenden Waldgebiete übergreifen.

Ein Besuch der Region zwischen Januar und April lohnt sehr, dann stehen der Poro-, Poui-, Malinche- und Corteza-Amarilla-Baum in Blüte und malen, oft jeweils nur für einen Tag, ein Meer orange- und pinkfarbener, roter und gelber Pastelltupfer in die trostlos versengte Savannenlandschaft.

der vom Golf de Nicoya eintretenden Flut gespeist werden und Palo Verde zu einem **Eldorado für Vogelkundler** machen. 300 Arten einheimischer Wasservögel bevölkern den Park. In der Trockenzeit gesellen sich zu den Fisch- und Silberreihern, Ibissen, Tukanen und dem weltweit größten Storch, dem Jabiru-Storch, Tausende von Zugvögeln aus Nordamerika. Sie versammeln sich zwischen Januar und März um die **Lagunen Palo Verde, Varillal** und **Piedra Blanca**, wo sie im tiefen Wasser leicht Futter finden.

Landschaftlich reizvoller aber ist ein Besuch zur Regenzeit (Mai–November), wenn die ausgetrockneten Marschgebiete sich in ein Mosaik von Grüntönen verwandeln. 55 Reptilien- und Amphibienarten, darunter die größte Krokodilpopulation in Costa Rica, leben an den Flussufern. Oft begegnet man schwarzen und grünen Leguanen, Brüll- und Kapuzineraffen und – Kühen. Letztere bilden Teil der Maßnahmen, die die Parkverwaltung gegen ein dichtes Gestrüpp aus Rohrkolben ergriffen hat. Das Unkraut wird über die Flussläufe verbreitet und verdrängt die Feuchtgebiete, sodass die Vögel zur Futtersuche auf die angrenzenden Reisanbaugebiete ausweichen und dort von Bauern erschossen werden. Die *Typha* wird daher mit Traktoren ausgerissen, und anschließend von den Kühen gefressen.

Palo Verde Boat Tours, in der Ortschaft Ortega, 75 m südlich der Kirche, ✆ 2651-8001, 8841-8943, 🖥 www.paloverdeboattours.com, bietet mehrmals tgl. 2-stündige Bootstouren auf dem Río Tempisque an; $50 p. P. inkl. Guide und Eintritt zum Nationalpark.

Wanderwege

Die Wanderwege gehen zu beiden Seiten der Hauptzufahrtstraße ab und führen wieder auf sie zurück. Der kurze **Sendero La Roca** (540 m) führt zu einem Mirador mit Blick über die Marschgebiete, den Río Tempisque und bis zum Golf von Nicoya.

Der **Sendero Cerros Calizos** oder **Guayacán** (1460 m) ist ein felsiger, steiler Weg, der streckenweise durch Dickicht mit beeindruckend dicken, spiralförmigen Lianen und Luftwurzeln führt. Von den **Aussichtspunkten Guayacán** und

El Cactus hat man eine atemberaubende Sicht auf die flachen, weiten Marschgebiete und auf den sich durch die Ebene schlängelnden, breiten Río Tempisque.

Der **Sendero El Mapache** (710 m) ist ein kurzer Wanderweg durch Laub- und immergrünen Wald, der **Sendero La Venada** (2100 m) dagegen führt durch die Palo Verde-Marsch. Für Vogelkundler gibt es einen Hochstand in der Marsch.

Krokodile sind am besten vom Boot aus zu beobachten. Bootstouren beginnen in Puerto Humo oder am Anlegesteg des Nationalparks. Die Boote fahren zur **Isla de los Pájaros**, sie müssen dort einen Abstand von 50 m zum Vogelschutzgebiet einhalten.

Catarata Llanos de Cortés

Rund 3 km nördlich von Bagaces biegt links hinter der Brücke über den Río Piedras eine Piste zu diesem bildschönen **Wasserfall** ab. (Autofahrer, die aus dem Süden anreisen, können nicht direkt links abbiegen. Erst 3 km weiter nördlich gibt es eine Gelegenheit zum Wenden.) Ein kurzer steiler Weg führt vom Parkplatz zur 12 m hohen und 15 m breiten Kaskade – unbedingt Schwimmsachen mitnehmen! Es wird ein freiwilliger Eintritt verlangt. Zusätzlich werden 2000C$ Parkgebühren fällig, dafür hat man Zugang zu recht sauberen Toiletten. Unten am Wasserfall werden Getränke und Kleinigkeiten zum Essen verkauft. ⏰ tgl. 8–16 Uhr.

Cañas

Eine große und blecherne Stierarena sowie eine hübsche Kirchenfassade aus Mosaiksteinen sind die einzigen nennenswerten Hingucker in dem brütend-heißen Guanacaste-Nest Cañas. Der freundliche Ort bietet sich aber als Ausgangsbasis für Abstecher zum Nationalpark Palo Verde (S. 317) oder Raftingtouren auf den nahe gelegenen Flüssen Río Corobicí und Río Tenorio an (S. 320). Selbstversorger können in den großen Supermarktketten im Ort ihren Proviant aufstocken.

Regelmäßige Busse verbinden Cañas mit dem Norden des Landes (Upala) und dem Lago Arenal (Tilarán).

Der Leguan – ein häufiger Besucher am Strand

ÜBERNACHTUNG

Cabinas Coribicí, C. 5, Ecke Av. 2, am Ortsrand, 200 m südlich der Banco Popular, nähe Busterminal, ☎ 2669-0241. Saubere Zimmer und Cabinas mit Privatbad und TV. Parkplatz. ❷
Hotel Cañas, C. 0–2, Av. 3, ☎ 2669-0039, 🖳 www.hotelcanascr.com. 46 saubere Zimmer, zum Teil mit AC. Beliebtes Restaurant, freundliche Leitung. ❸–❹
Caña Brava Inn, neben der Interamericana, ☎ 2669-1294, 🖳 www.hotelcanabrava.com. Wer hätte das gedacht? 31 moderne, saubere Zimmer mit guten Matratzen und AC in dieser eher unattraktiven Lage. Die Zimmer gehen nach hinten raus (und sind dadurch etwas entfernt vom Straßenlärm). Schöner Pool, Restaurant/Bar. ❹

ESSEN

Cañaveral, an der Interamericana, im Hotel Caña Brava Inn. Hauptsächlich regionaltypische Gerichte, leckerer Nachtisch! ⏱ tgl. 12–22 Uhr.

Soda Mimi, Av. 7, C. 1–3. Günstiges landestypisches Essen in rustikaler Soda, beliebt bei Einheimischen. Es gibt Ceviche. ⏱ tgl. 6–22 Uhr.

SONSTIGES

Apotheken
Farmacia Farmatodo, 50 m hinter der Kirche an der Av. 1, ⏱ Mo–Sa 8–20 Uhr.
Farmacia Siglo XXI, an der Nordseite des Parque Central. ⏱ Mo–Sa 8–21, So 8–13 und 15–20 Uhr.

Geld
Banco Nacional, am Kirchplatz, Av. 1, C. Central. Mit Kreditkartenautomat. ⏱ Mo–Fr 8.30–15.45 Uhr.

Post
Neben Supercompro. ⏱ Mo–Fr 8–12 und 13–17.30 Uhr.

Supermärkte
Pali, Av. 5, C. 2–4, hinter der Stierkampfarena. ⏱ Mo–Sa 8–19, So 8.30–18 Uhr.

Eine größere Auswahl gibt es bei **Supercompro** und **Maxibodega** an der Interamericana.

TRANSPORT

Der Busbahnhof liegt am Mercado Municipal nördl. des Zentrums, Av. 11–13, Ecke C. 0. Busse Richtung Liberia und Puntarenas halten auch an den Haltestellen an der Interamericana; wer dort einsteigt, findet jedoch meist keinen Sitzplatz mehr. Fahrkarten nach San José einen Tag vorher am Busbahnhof kaufen; ⏰ 3.30–18 Uhr.

Busse fahren nach:
PUNTARENAS, 11x tgl. 6.10–16.40 Uhr;
LIBERIA, 24x tgl. 4.30–23.30 Uhr, 1 Std.;
TILARÁN (ARENAL-SEE), 15x tgl. 6–19 Uhr, 40 Min.;
SAN JOSÉ, 20x tgl., 4–21 Uhr, 3 1/2–4 Std.;
UPALA (über BIJAGUA/VULKAN TENORIO), 10x tgl. 4.30–20.30 Uhr, 1 3/4 Std.
Für alle Busse gilt: sonntags weniger Verbindungen!

Die Umgebung von Cañas

5 km nördlich von Cañas bieten zwei Tourveranstalter Rafting- und Floating-Touren auf den Flüssen **Río Corobicí** und **Río Tenorio** an. Eine Floating-Tour ist ideal zum Fotografieren und für die Tierbeobachtung: Das Schlauchboot treibt langsam den Fluss hinab, der Führer rudert. Anstrengender und abenteuerlicher sind die Raftingtouren ab Schwierigkeitsstufe 3 in den oberen Flussläufen.

Safaris Corobicí, 4,5 km hinter Cañas an der Interamericana Richtung Liberia auf der rechten Seite gelegen (man muss mit dem Bus reist, den Fahrer bitten bei „Las Pumas" zu halten), ✆ 2669-6191, ✉ safaris@racsa.co.cr, bietet ausschließlich Floating-Touren auf dem rund 300 m entfernten Río Corobicí und 5 km entfernten Río Tenorio an. Schwimmsachen, Sonnenschutz, Hut und Fernglas nicht vergessen. Eine 2-stündige Floatingtour kostet $39 p. P., eine 3-stündige Vogelbeobachtungstour $45 p. P., Kinder unter 14 J.

zahlen die Hälfte, 1 Tag vorher anmelden. ⏰ tgl. 7–16 Uhr.

Rincón Corobicí Rafting, 5 km hinter Cañas an der Interamericana Richtung Liberia auf der rechten Seite im Restaurant Rincón Corobicí, ✆ 2669-6161, 8709-6262, 🖥 www.rincon corobici.com, bietet unter dem Label RCR, Rafting-Touren der Schwierigkeitsstufe 3 und 4 auf dem Río Tenorio an. Die Floating-Touren auf dem Río Tenorio und Río Corobicí eignen sich gut für Familien. Mindestens 1 Tag vorher reservieren. Mitnehmen: Schuhe, Badezeug und bequeme Kleidung, die nass werden darf, Sonnenschutz, Kleidung zum Wechseln, Fernglas. Rafting $105 p. P., Floating $65, beides inkl. Mittagessen. Das **Rincón Corobicí Restaurant**, am Río Corobicí, serviert landestypische Gerichte mit einer leicht europäischen Note. Erschöpfte Rafting-Teilnehmer stillen hier ihren Hunger. ⏰ Mo–So 8–17 Uhr.

Centro de Rescate Las Pumas, 4 km nördlich von Cañas, hinter Safaris Corobicí, ✆ 2669-6044, 🖥 www.centrorescatelaspumas.org. Das Tiergehege Las Pumas wurde Mitte der 1960er-Jahre von der schweizerischen Tierschützerin Lilly Bodmer gegründet. Hier leben rund 80 Tiere, die illegal als Haustiere gehalten und von der Polizei konfisziert wurden. Die meisten Arten sind vom Aussterben bedroht, beispielsweise Wildkatzen wie Pumas, Jaguare und Ozelotkatzen, außerdem Affen und Vögel. Je extravaganter und farbiger das Federkleid oder der Pelz, desto begehrter sind sie als Hausdekoration. Die konfiszierten Tiere kommen zunächst in Quarantäne, dann entscheidet der Tierarzt, ob sie noch in der Lage sind, in freier Wildbahn zu überleben. Viele Tiere sind bereits zu sehr an den Menschen gewöhnt oder haben Verletzungen und bleiben deshalb im Gehege. ⏰ tgl. 8–16 Uhr, Eintritt $12, Studenten $8, Kinder unter 3 Jahren gratis.

ÜBERNACHTUNG

🏕 **La Ensenada Lodge**, in Abangaritos, 40 km von Cañas am Golf von Nicoya, bei KM 155 links abbiegen, dann sind es noch weitere 14 km, ✆ 2289-6655, 🖥 www.laensenada.net. Familiengeführtes

Hotel mit 26 freundlichen Bungalows inkl. Golfblick, in einem „Wildlife Refuge". Reittouren, Bootstouren in die Mangroven, familienfreundlich, erinnert an Urlaub auf dem Bauernhof. ❹

Puente de la Amistad

780 m lang und 13,30 m breit ist die Puente de la Amistad, die den Río Tempisque überquert und die Nicoya-Halbinsel mit dem Festland verbindet. 27 Mio. Dollar kostete der moderne Stahlträgerbau, der von Taiwan finanziert und gebaut wurde. Im April 2003 wurde das „Symbol für Solidarität und Freundschaft" zwischen den beiden Ländern eingeweiht. Naturschutzorganisationen werfen Taiwan und der costa-ricanischen Regierung allerdings vor, dass Taiwan mit dieser „Schenkung" Bedingungen verbindet und costaricanische Fischfanggesetze umgehen will.

Denn mehrere Hundert Tonnen Haifischflossen wurden damals für teure Suppen nach Asien exportiert. Den Haien wurden – entgegen costaricanischem Recht – zuvor die Flossen abgehackt, die verstümmelten Körper wurden meist lebendig zurück ins Wasser geworfen.

Leckere, günstige landestypische Küche serviert die Soda **Mi Finca** an der Straßenkreuzung Puente de la Amistad, Liberia und Puntarenas; das Restaurant ist allerdings sehr touristisch, ⏲ 6–21 Uhr.

Ein weiteres Lokal an der Kreuzung ist das große Grill-Restaurant **Las 3 Hermanas**, ✆ 2662-8584. Hier werden saftige Fleisch- (Rippchen), aber auch frische Fischgerichte und Frühstück aufgetischt. Das Markenzeichen des Restaurants, ein großer Stier, ist weithin sichtbar. Beliebt bei Ticos, saubere Toiletten. ⏲ tgl. 7–21 Uhr.

An der Kreuzung gibt es jede Menge weiterer Restaurants, mittlerweile auch Fast-Food-Ketten sowie Tankstellen und Supermärkte.

BUCKELWAL IM NATIONALPARK MARINO BALLENA; © SHUTTERSTOCK.COM / CLAUDE HUOT

Zentrale Pazifikküste

Kilometerlange Sandstrände, traumhafte Surfreviere für Einsteiger und Profis sowie einer der meistbesuchten Nationalparks in Costa Rica – die Pazifikküste südlich von Puntarenas gehört zu den beliebtesten Urlaubsregionen des Landes. Ruhiger geht es an den einsamen Küstenabschnitten rund um Uvita und Ojochal zu, wo man beste Chancen hat, eine Walflosse zu erspähen.

Stefan Loose Traveltipps

Puntarenas Im brütend heißen Hafen der Provinzhauptstadt starten die Fähren über den Golfo de Nicoya, vorbei an Scherenschnittbergen und der Insel der einsamen Männer. S. 324

Playa Hermosa Entspannte Surfer und Monsterwellen – das relaxte Mekka für Wellenreiter mit Mumm. S. 337

Parque Nacional Manuel Antonio Wer frühmorgens kommt, umgeht die größten Touristenhorden und kann den Affen beim Spielen zusehen. S. 345

10 Parque Nacional Marino Ballena Traumhafte Strandspaziergänge, Schnorcheltouren und die einmalige Chance, einen Buckelwal zu erspähen. S. 355

Ojochal Die Pazifikküste wie vor 20 Jahren erleben: Baden, Relaxen und Schlemmen fernab der Touristenhochburgen im Norden. S. 356

KAPUZINERÄFFCHEN, © STEFFEN THIMSER

UVITA © OLIVER KIESOW

- Puntarenas
- Playa Hermosa
- Parque Nacional Manuel Antonio
- Parque Nacional Marino Ballena
- Ojochal

Wann fahren? Ganzjährig; von Januar bis April kann es sehr heiß und trocken werden. Walsaison ist von Juni bis Oktober und von Dezember bis März.

Wie lange? 6–10 Tage

Bekannt für Küstennahe Nationalparks mit vielen Tieren, Surfen, Schnorcheln, Walbeobachtung

Unbedingt ausprobieren Frisches Ceviche kosten, einen Surfkurs machen

Für Entdecker Ein Tagesausflug zum wenig besuchten Nationalpark La Cangreja im Landesinneren

Von Puntarenas nach Jacó

Puntarenas

Mit ihren feinen Sandstränden, hohen Wellen zum Surfen, versteckten Badebuchten und ihrer günstigen Lage in Hauptstadtnähe war Costa Ricas Pazifikküste seit jeher ein Touristenmagnet. Wie kein anderer Teil des Landes wurde die Region von einem gewaltigen Bauboom erfasst, Fischerdörfer wichen Expat-Kolonien und Preise schnellten explosionsartig in die Höhe. Die beliebten Nationalparks **Manuel Antonio** und **Carara** sind nach wie vor sehenswert, ähneln aber an Wochenenden mehr Freizeitparks als Schutzgebieten.

Am südlichen Küstenabschnitt, südlich von Dominical, ebbt der Touristenstrom ab und das alte Costa Rica kommt zum Vorschein. **Playa Matapalo, Uvita** und **Ojochal** sind immer noch Strandparadiese abseits des Haupttouristenstroms. Seit der Asphaltierung der Küstenstraße Costanera zieht es jedoch auch in diese entlegeneren Gebiete immer mehr Touristen.

Costa Ricas einst wichtigste Hafenstadt Puntarenas dämmert auf einer schmalen Landzunge im **Golfo de Nicoya** in brütender Hitze vor sich hin und ist heute eine der letzten „Tico"-Städte an der touristischen Paz fikküste. Im Großraum der Provinzhauptstadt, zu dem auch die Distrikte Barranca, Chacarita, El Roble und Esparza zählen, leben heute etwa 125 000 Menschen. Am **Paseo de los Turistas**, einer langen Strandpromenade im Westen der Stadt, stehen die Relikte aus der Zeit des Kaffeebooms: die ehemalige Capitanía, der alte Anlegesteg (Muelle Nacional), das einstige Zollgebäude sowie Lagerhallen und Silos.

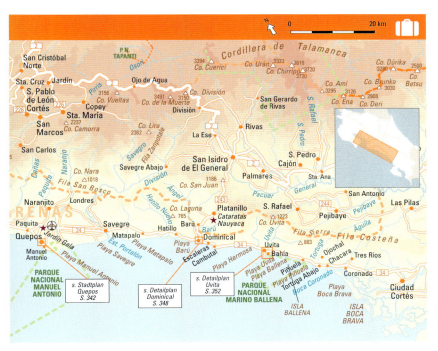

Am verwahrlosten **Estero** im Osten mischt sich der penetrante Fischgeruch mit dem Gestank von Müll. Fischer säubern hier abends ihre Netze und werfen die Reste vom Fang in die großen Schnäbel der Pelikane.

Die untergehende Sonne taucht die rostenden Boote in ein sattes Buddha-Orange, das selbst dem ältesten Kahn noch Würde verleiht. In Puntarenas machen regelmäßig amerikanische Kreuzfahrtschiffe Station. Große Gruppen von Touristen fallen dann über die überteuerten Souvenirstände an der Strandpromenade her. Ansonsten machen hier fast nur Einheimische Urlaub. Die übrigen Touristen setzen meist direkt mit der Fähre auf die Península de Nicoya über – dort sind die Strände schöner.

Geschichte

Die Geschichte von Puntarenas war stets eng mit dem Meer verbunden. Schon um 1500 v. Chr. gab es in der Golfregion rund 150 **Indianersiedlungen**. Ausgrabungen fanden in den Orten Los Sueños, Orucu, La Malla de Tirines und Chomes statt. Die verschiedenen Indianerstämme – Nicoyas, Corobicís, Abangares, Orotinas, Chomes und Zapandís – lebten vom Molluskenfang und Salzabbau. Aus den Mollusken gewannen sie Perlen und Tinte. Die Flüsse Río Tarcoles und Río Barranca dienten ihnen als wichtige Handelswege ins Landesinnere.

Puntarenas war eine der ersten Regionen Costa Ricas, die die Spanier kolonialisierten. Anfang des 16. Jhs. wurden die Ureinwohner zunächst als Minenarbeiter nach Peru und Panama verschifft, später unter dem Encomienda-System versklavt. Zu Beginn des 19. Jhs. avancierte Puntarenas zum wichtigsten Exporthafen des Landes. **Kaffee** wurde von hier nach Europa verschifft. Die Kaffeehändler aus San José bauten sich in der Hafenstadt Sommerhäuser, in denen sie die Exportsaison verbrachten. Unter ihnen auch Juan Rafael Mora Porras, Prä-

sident von 1849 bis 1859, der mit der historischen Schlacht gegen William Walker (s. Kasten S. 244) als Held in die Landesgeschichte einging und nach einem Regierungsputsch ins Exil nach Guatemala floh. Als Mora 1860 nach Costa Rica zurückkehrte und die Regierungstruppen herausforderte, wurde er ohne Urteilsspruch auf der heutigen Plaza Mora y Cañas in Puntarenas exekutiert.

Mit der Eröffnung neuer Exportrouten, dem Ausbau des Straßennetzes und zuletzt mit der Errichtung des Containerhafens im 18 km südöstlich gelegenen **Caldera** nahm Puntarenas' Bedeutung als Hafenstadt ab. Heute legen am Muelle Nacional nur noch Kreuzfahrtschiffe an.

Sehenswertes

Das kleine **Museo Histórico Marino** im ehemaligen Stadtgefängnis in der Av. Central macht einen etwas verwahrlosten Eindruck, aber es gibt hier durchaus ein paar interessante Exponate zur Geschichte, Kultur und Natur der Region zu entdecken. ⊙ Di–So 9.45–12, 13–17 Uhr. Im selben Gebäude befindet sich die **Casa de la Cultura**, ✆ 2661-1394, mit Theater-, Tanz-, Musikveranstaltungen und Ausstellungen costaricanischer Künstler. ⊙ Mo–Fr 10–16 Uhr. Daneben steht die kleine steinerne **Catedral** von 1902, die aus der sonst üblichen Turnhallenkirchenarchitektur der 1960er-Jahre heraussticht. ⊙ tgl. 6–12 und 15–19 Uhr.

Der breite **Paseo de los Turistas** führt am Hafen entlang, wo sich die meisten Hotels und Fischrestaurants der Stadt befinden, und endet am alten Bahnhofsgebäude, in dem sich heute der **Parque Marino del Pacífico**, 🖥 www.parquemarino.com, befindet. In diesem Meerespark sind u. a. Krokodile untergebracht, die man etwas weiter südlich am Río Tárcoles besser in freier Wildbahn erleben kann. Aber auch Aquarien, Haie und Wasserschildkröten sind zu sehen. Wasserspiele für Kinder sind vorhanden. ⊙ Di–So 9–16.30 Uhr, Eintritt $10, Kinder 4–11 J. $5.

Den Strand an der Promenade von Puntarenas besuchen hauptsächlich einheimische Urlauber. Südlich von Puntarenas, nach 2 km auf der Hauptstraße 23 Richtung San José

rechts ab, lädt die **Playa Doña Ana** zum Verweilen ein. Hier gibt es einen gut besuchten Strandabschnitt, der als Badeanstalt ausgewiesen ist, mit bewachtem Parkplatz, Schatten spendenden Bäumen, Picknicktischen und Toiletten. ⊙ tgl. 8–16 Uhr, Eintritt Erw./Kinder 1500/500C$. Parkplatz 1000C$.

Familien, die von San José aus mit dem Auto zur Pazifikküste fahren, können in **Orotina**, etwa 40 km östlich von Puntarenas, einen Zwischenstopp einlegen. Im **Parque Acuatico**, einem großen Freibad mit verschiedenen Schwimmbecken, Wasserrutschen, Spielplätzen, großem Piratenschiff, Restaurants und anderen Attraktionen, kommen Kinder auf ihre Kosten. Anfahrt: Von der Ruta 27 bei Orotina/Tigre abfahren, in Orotina an der Bar Tamarindo links abbiegen und der Beschilderung folgen. ⊙ Mo–Fr 7.30–16, Sa, So 7.30–17 Uhr, Eintritt Erw./Kinder 8000/7000C$, mit Frühstück und Mittagessen 15 000/14 000C$.

ÜBERNACHTUNG

Alamar, Paseo de los Turistas, Ecke C. 31, ✆ 2661-4343, 🖥 www.alamarcr.com. 26 helle, farbenfrohe Zimmer und Apartments mit Küche. Pool und Jaccuzzi, AC. Teilweise mit Balkon. Frühstück inkl. ❺

Cabinas Joyce, Av. Central-2, C. 4, ✆ 2661-4290, 5000-4290. Einfache Zimmer in der Nähe der Bushaltestellen bei einheimischer Familie, Parkplatz, AC, Privatbad. ❷

Cabinas Midey, Av. 2, C.13–15, ✆ 2661-1553, 🖥 www.cabinasmidey.com. Sehr saubere Zimmer mit AC, teilweise mit Küche. Geleitet von einem freundlichen Kanadier. Winziger Pool in einer ziemlich beengten Anlage, am Wochenende kann es lauter werden. Parkplatz. DZ ab ca. $60. Auch Apartments mit Küche für 4 Pers. ❸ – ❺

Hotel Cabezas, C. 2–4, Av. 1a, ✆ 2661-1045, 2661-3131. Sehr einfaches Stadthotel, reduziert auf das Wesentliche. 20 saubere, kleine Zimmer mit dünnen Holzwänden, teilweise Gemeinschaftsbad. Die DZ (z. T. mit AC) mit Privatbad gehen zur Hauptstraße hinaus. Beliebt bei Rucksackreisenden. ❶ – ❷

Hotel La Punta, am westl. Ortsende, Av. 1, Ecke C. 35, ✆ 2661-0696, 🖥 www.hotellapunta.net.

Hübsche, ältere, große Zimmer mit Balkon und Kühlschrank, AC; Pool. Nah zum Fähranleger. Gleicher Besitzer wie Cabinas Midey. ❹

Hotel Yadran, am westl. Ortsrand, Paseo de los Turistas, Ecke C. 37, ✆ 2661-2662, 🖥 www. hotelyadran.com. Ein 60er-Jahre-Flachbau mit 37 sauberen, geräumigen Zimmern unterschiedlichen Standards für bis zu 5 Pers. Die Superior-Zimmer haben AC, Balkon, Kühlschrank und Meerblick. Zum Hotel gehören Konferenzsäle, Pool, Diskothek. Etwas unpersönlich, dafür in praktischer Nähe zum Fähranleger. Frühstück inkl. ❸

Las Brisas, am westl. Ortsrand, Paseo de los Turistas, Ecke C. 33, ✆ 2661-4040, 🖥 www. lasbrisashotelcr.com. Ältere Hotelanlage mit 41 Zimmern und Pool. Die Zimmer sind komfortabel, mit AC, z. T. mit Balkon; für bis zu 6 Pers. Kanadischer Besitzer. Frühstück inkl. ❺–❻

ESSEN

Verschiedene Fischrestaurants befinden sich am Paseo de los Turistas. Besonders günstige Fischgerichte erhält man an den **Kioscos** am Muelle Nacional (ganzer frittierter Fisch ab 6000C\$). Die Sodas am Mercado Central sind nicht zu empfehlen.

Casa Almendro, Av. 4, C. 21, ✆ 2661-0901. Restaurant an der Uferpromenade mit einladender, schattiger Veranda. Gute Fischgerichte und mehr in gediegener Atmosphäre. ⏲ tgl. 12–22 Uhr.

El Shrimp Shack, Av. 3, C. 3, ✆ 2661-0585, 🖥 www.elshrimpshack.com. Gute Adresse für Fisch- und Meeresfrüchtespezialitäten, besonders Garnelen *(camarones)* in allen erdenklichen Variationen: als Ceviche, frittiert oder im Hamburger serviert. Gepflegte Atmosphäre mit Blick auf die Bucht. ⏲ tgl. 11–17.30, Küche bis 15.30 Uhr.

La Perla del Pacífico, Paseo de los Turistas, C. 7–9. Direkt am Paseo mit Blick auf den Pazifik werden günstige Fischgerichte (Ceviche ab 4000C\$, Fischsuppen und gebratene Fische) sowie Frühstück. ⏲ tgl. 8–23 Uhr.

La Terrazza de Emanuele, Av.1 am Parque Victoria, ✆ 2661-5556 (auch Lieferservice). Leckere Pizza in zwei Größen (ab 7000C\$) und

Pasta-Spezialitäten (um 5000C\$). Nur eine Terrasse konnten wir nirgends entdecken. ⏲ tgl. 12–22 Uhr.

🧳 **Mar Azul**, zw. der Puente Caldera und dem öffentlichen Strand von Puntarenas bei Caldera, ✆ 2634-4530. Frischer Fisch und Meeresfrüchte, aber auch viele andere leckere Gerichte. Empfehlung des Autors: Thunfisch-Tatar. ⏲ tgl. 8–22.30 Uhr

Restaurant Los Delfines im Hotel Yadran, ✆ 2661-2662. Gemischte Küche mit Fisch- und Fleischgerichten sowie Pasta um 7000–10 000C\$. ⏲ tgl. 7–21 Uhr.

SONSTIGES

Apotheke
Farmacia Puntarenas, Av. 1, Ecke C. 1, ✆ 2661-3075, ⏲ Mo–Sa 8–20, So 8–16.30 Uhr.

Fahrradreparatur
Ciclo Gabi, Av. 1, C. 3–5, ✆ 2661-0348, ⏲ Mo–Fr 8–18, Sa 8–17 Uhr.

Geld
Banco de Costa Rica, Av. 3, Ecke C. Central, ⏲ Mo–Fr 9–16 Uhr.
Banco Nacional, C. 1, Ecke Av. 3, ⏲ Mo–Fr 8.30–15.45, Sa 9–13 Uhr.

Internet
Neben dem Hotel Imperial, Paseo de los Turistas, C. Central–2, 2 Di–So 11–18 Uhr.

Fiesta de La Virgen del Mar

Jedes Jahr im Juli gedenkt Puntarenas seiner **Schutzpatronin** La Virgen de Carmen – auch La Virgen del Mar genannt –, die vor beinahe hundert Jahren schiffbrüchige Perlentaucher aus Puntarenas im Sturm vor dem Ertrinken gerettet haben soll. Feierlich wird die Heilige vom Barrio Carmen zur Kathedrale getragen. Fischer schmücken an diesem Tag die Masten und Vorderdecks ihrer Boote mit Schwänen, Seepferdchen und Engeln aus Pappmaché und fahren Regatten. Que viva la Virgen del Mar!

Das Zentrum von Puntarenas erstreckt sich auf einer schmalen Landzunge im Golf von Nicoya.

Information
Im ICT-Gebäude, am Paseo de los Turistas, C. 1–2, w 2661-0407, 2 tgl. 8–16 Uhr.

Medizinische Hilfe
Hospital Monseñor Sanabria, außerhalb von Puntarenas, 100 m von der Playa de Puntarenas im Barrio Chacarita, ✆ 2630-8000, 2663-0033.

Polizei
Am Paseo de los Turistas, Ecke C. 9.

Post
C. Central–1, Av. 3, ⊕ Mo–Fr 8–17, Sa 8–12 Uhr.

Supermarkt
Megasuper, C. 1–3, Av. 1, ⊕ Mo–Sa 6.30–21, So 6.30–20 Uhr.
Pali, C. 1, Av. 1–3, ⊕ Mo–Sa 7–20.30, So 7–19 Uhr.

Taxi
Ein Taxi vom Busbahnhof San José zum Fähranleger kostet rund 1500C$.

TRANSPORT

Busse
Die Busse nach San José fahren vom **Busbahnhof** am Paseo de los Turistas, Ecke C. Central, ab. Die Busse nach Quepos, Guanacaste und zur Isla de Pájaro starten ebenfalls am Paseo, gegenüber vom Busbahnhof.
COSTA DE PÁJAROS, 5.45, 10.30, 13, 16 Uhr, 1 Std.;
LIBERIA, 5, 5.30, 7, 7.15, 8.40, 9.45, 11, 12.30, 15.20, 17 Uhr, 3 Std.;
MONTEVERDE, 7.50, 13.50, 14.15, 15.15 Uhr, 3 Std.;
MIRAMAR, jede volle Stunde 7–13 Uhr, 2 Std.;
QUEPOS (über JACÓ), 4.30–17.30 Uhr, etwa stdl., am So weniger Verbindungen, 3 1/2 Std.;
SAN JOSÉ, 4–21 Uhr, ca. stdl., 2 1/2 Std.;
TILARÁN (über CAÑAS), 11.45, 16.30 Uhr, 2 Std.

Shuttlebusse
Interbus, ✆ 4100-0888, 🖳 www.interbusonline.com, fährt nach FORTUNA, MANUEL ANTONIO, MONTEVERDE, an die GUANACASTE-STRÄNDE und nach SAN JOSÉ.

Fähren

Der **Anleger und Fahrkartenschalter** für die Fähren zur Península de Nicoya befindet sich am nordwestl. Ende von Puntarenas an der Av. 3, zw. C. 31 und C. 33; Anfahrt per Taxi vom Busbahnhof ca. 1500C$. Der Fahrkartenverkauf beginnt rund 30 Min. vor Abfahrt. Autos sollten rechtzeitig eintreffen, denn die Fähren füllen sich schnell. Am Anleger gibt's Pulperías und Sodas. Wer in den Süden der Nicoya-Halbinsel möchte, sollte auf jeden Fall die Fähre nach Paquera nehmen. Die Fahrt nach Naranjo ist – besonders abends – eher eine Partyveranstaltung, und die Weiterfahrt von Naranjo ist holprig und äußerst mühsam. Am Mercado Central fahren tgl. kleine Boote zur Insel Chira ab.

ISLA CHIRA, Mo–Sa 12.30, So 7 Uhr. ca. $6 (ca. 3 Std.);

PAQUERA, 5, 9, 11, 14, 17, 20.30 Uhr, mit **Naviera Tambor**, 🖳 www.navieratambor.com. 810C$, Kinder 485C$, Auto 11 400C$;

PLAYA NARANJO, 6.30, 10, 14.30, 19 Uhr, 1 1/2 Std. mit **Coonatramar**, ✆ 2661-9011, 🖳 www.coonatramar.com. 1000C$, Kinder 600C$, Auto 9000C$.

Die Schatzinsel Isla del Coco

600 km südlich oder anderthalb Tage mit dem Boot vom costa-ricanischen Festland entfernt, liegt die Isla del Coco, umgeben nur von Himmel und Wasser. Der Legende nach versteckten Piraten und Walfänger hier ihre Schätze und inspirierten den schottischen Schriftsteller Robert Louis Stevenson zu seinem berühmten Roman *Treasure Island* (Die Schatzinsel). Auf der Insel leben heute lediglich Nationalparkwächter, die illegales Fischen um das Eiland herum verhindern sollen, sowie Wissenschaftler, die mit einem elektrisch betriebenen U-Boot die **Unterwasserwelt** erforschen. Freizeittaucher müssen an Bord ihres Schiffes schlafen, denn es gibt keine Unterkunft auf der Insel. Um Touristen möglichst vom Eiland fernzuhalten, sind die Preise für Tauchtouren hoch. Eine 10-tägige Tauchreise von Puntarenas aus kostet p. P. rund $5000–6000!

Parque Nacional Carara

- **MINAE-Büro**: ✆ 2637-1054
- **Öffnungszeiten**: Mai–Nov 8–16, Dez–April 7–16 Uhr
- **Eintritt**: $10, Kinder $5
- **Gründungsjahr**: 1998
- **Größe**: 5180 ha
- **Transport**: Die Parkstation Quebrada Bonita befindet sich (wenn man aus dem Norden kommt) auf der linken Seite der Costanera, 3 km hinter der Brücke über den Río Tárcoles. Busse auf der Strecke Puntarenas–Jacó halten auf Wunsch vor dem Park.

Im Nationalpark Carara (*Carara* bedeutet in der Sprache der Huetar-Indianer „Krokodil") trifft tropischer Trockenwald auf tropischen Regenwald. Besuchern bietet der Park eine gute Gelegenheit, den seltenen **Roten Ara** zu entdecken, denn im Schutzgebiet lebt Costa Ricas zweitgrößte Population des farbenprächtigen Papageien (s. Kasten S. 396). Mehrere Rundwanderwege sind von der Parkstation an der Costanera zu Fuß zu erreichen. Der erste **Rundweg**, der dem Parkplatz und der Station am nächsten liegt, ist betoniert und auch **für Rollstuhlfahrer** geeignet. Hier wird das Naturerlebnis jedoch vom Verkehrslärm der Costanera beeinträchtigt. Von diesem ersten Weg zweigt ein mehr oder weniger befestigter Trail ab, der tiefer in den Wald hineinführt.

Hinter einer Metallbrücke über das Flüsschen Quebreda Bonita beginnen zwei weitere Rundwege, der **Sendero Quebrada Bonita** (1,5 km) und der **Sendero Las Aráceas** (1,2 km). Hier weicht der Straßenlärm der ungestörten Geräuschkulisse des Waldes, und mit etwas Glück lassen sich Rote Aras und andere Waldbewohner beobachten. Insgesamt 400 Vogelarten teilen sich den Park u. a. mit Kapuzineraffen, Nasenbären, Agutis und Pfeilgiftfröschen.

Ein weiterer Wanderweg, der 4 km lange **Sendero Laguna Meándrica**, führt in den nördlichen Parkabschnitt. Diese Route verläuft durch Galeriewald entlang dem **Río Grande de Tárcoles**. Ein Pfad zweigt zur **Laguna Meándrica** ab, an deren Ufer man Krokodile und Wasservögel beobachten kann. Der Zugang zu diesem Teil des Parks befindet sich ebenfalls an der Costanera, etwa 2 km vom Besucherzentrum in Richtung Río Tárcoles. Besucher sollten hier keine Wertgegenstände im Auto zurücklassen. Die Parkwächter raten stets zur Benutzung des bewachten Parkplatzes am Haupteingang.

Im Park befinden sich außerdem einige **Gräber der Huetar-Indianer**. Der Zugang war zur Zeit der Recherche jedoch nicht möglich. Der Nationalpark Carara ist aufgrund seiner Nähe zu San José ein beliebtes Ausflugsziel von Tagestourveranstaltern und deshalb in der Hauptsaison oft überfüllt.

Weniger Betrieb herrscht in der Regenzeit von April bis November.

Von Tárcoles nach Jacó

Die Hauptattraktion von **Tárcoles** sind seine Krokodile. An der Playa Tárcoles bieten Tourveranstalter (Jungle Crocodile Safari, ℡ 2637-0338, 🖳 www.junglecrocodilesafari.com, und Crocodile Man, ℡ 2637-0771, 🖳 www.crocodilemantour.com, ca. $30 p. P.) 2-stündige Krokodiltouren im Motorboot an. Gratis können Besucher die Reptilien von der Costanera aus auf der Sandbank unterhalb der Brücke bestaunen: Parkplatz mit Souvenirständen und Restaurant vor der Brücke links, wenn man von San José kommt. Vorsicht beim Überqueren der dicht befahrenen Brücke – der „Gehweg" ist sehr schmal!

2 km südlich vom Ort zweigt eine Straße zum **Catarata Manatial** ab (dem Wegweiser zum Hotel Villa Lapas folgen, dann ca. 4 km). Die Wanderung zum Wasserfall, der mit 290 m angeblich der höchste Wasserfall des Landes ist, dauert 40 Minuten. Schwimmen ist möglich. ⏰ tgl. 7–17 Uhr, Eintritt $20.

Noch ein Stück weiter die Schotterpiste hinauf folgt der reichlich überteuerte botanische Garten **Pura Vida**, mit tollen Ausblicken auf den Wasserfall, ℡ 2645-1001, ⏰ ganzjährig Mo–Sa 7.30–16 Uhr, Eintritt $20.

Die feinen weißen Sandstrände **Playa Blanca** und **Playa Manta** an der benachbarten **Punta Leona** zählen zu den schönsten Stränden Costa Ricas und werden regelmäßig mit der Bandera Azul (s. Kasten S. 300) ausgezeichnet. Ein

Gericht hat verfügt, dass die Strände der Öffentlichkeit gehören und jedem Besucher kostenlos zugänglich sein müssen. Trotzdem gelangen Interessierte, die keine Gäste des Hotels Punta Leona sind, nicht leicht an den Strand. Wer es dennoch versuchen möchte, kann etwa 300 m südlich der Hoteleinfahrt (mit Schlagbaum) von der Küstenstraße abbiegen. Hier führt eine Schotterpiste zu einem bewachten Parkplatz, von dem aus der Strand zu Fuß erreichbar ist.

Playa Herradura ist das ruhigere Gegenstück zum benachbarten, umtriebigen Jacó. Zweieinhalb Monate lang drehte hier 1992 der englische Regisseur Ridley Scott den Kolumbus-Film *Die Eroberung des Paradieses*. Heute ist die Zufahrt zur halbmondförmigen Bucht von großen Hotelanlagen umsäumt, und Eigentumswohnungen, Luxusresorts und ein Jachthafen trüben den Blick auf die schöne Umgebung. Wen das nicht stört: Zum Schwimmen ist der Strand ideal. Busse verbinden stdl. Playa Herradura mit Jacó.

ÜBERNACHTUNG

Hotel Punta Leona, in Punta Leona, ℡ 2231-3131, 🖳 www.hotelpuntaleona.com. Apartments und kleine, einfache Ferienbungalows mit AC auf einem riesigen, abgeschirmten Gelände. Swimmingpool, Tennis- und Minigolfplatz. Elektrische Shuttlebusse bringen die Gäste zum Strand. Ziel deutscher Reiseveranstalter. Frühstück ist im Preis inbegriffen. ❻

Las Almendras, etwa 100 m vor der Playa Herradura, ℡ 8826-1260, 2637-8156. Sehr einfache Cabinas mit kaltem Wasser und Ventilator bei einheimischer Familie. ❶–❷

ESSEN

Juanita, an der Playa Herradura, ℡ 2637-8073. Fischspezialitäten zu fairen Preisen; traumhafter Meerblick. ⏰ tgl. 10–22 Uhr.

Restaurante Vista Mar, an der Costanera, 2 km hinter Tárcoles Richtung Jacó, ℡ 2637-0072. Comida Típica sowie gute Fisch- und Meeresfrüchtegerichte zu vernünftigen Preisen. Open-Air-Restaurant mit herrlichem Blick. Gut besucht! ⏰ tgl. 6–22 Uhr.

ZENTRALE PAZIFIKKÜSTE

SONSTIGES

Angelbedarf
Fishing Tackle, in Playa Herradura am Ocean Plaza, an der Straße zum Strand, ✆ 2637-6111. Ein riesiges Sortiment an Angelausrüstung. ⏱ tgl. 5–18 Uhr.

Autovermietung
Europcar, am Ortseingang von Playa Herradura vor dem großen Einkaufszentrum, ✆ 2637-8292.

Geld
Banco de Costa Rica, in Playa Herradura am Ocean Plaza, an der Straße zum Strand, ⏱ Mo–Fr 11–18 Uhr.

Tauchschule
Herradura Divers, an der Playa Herradura, ✆ 2637-7123, 🖳 www.herraduradivers.com. Tauchgänge u. a. zur Isla Tortuga ($190 p. P.) und in die Herradura Bay ($120 p. P.), Open-Water-Tauchschein ($500 inkl. Lehrbuch). Juni–Nov geschl., sonst ⏱ tgl. 8–16 Uhr.

Jacó

„Es una porquería, una porquería" („… eine Schweinerei, eine Schweinerei") – hört man Costa Ricaner oft über die rapide Verwandlung des einst kleinen Fischerdorfs in das Sündenbabel Costa Ricas klagen. Jacó gilt heute als das Zentrum für Prostitution, Drogen und Party im Land und ist fester Bestandteil *Gringolandias*. An der wenig attraktiven, kilometerlangen Avenida Pastor Díaz reihen sich Einkaufszentren, Restaurants, Souvenirgeschäfte, Tourenveranstalter und mehrstöckige Hotels aneinander. Am Wochenende füllt sich der traditionelle Hausstrand der Josefinos nach wie vor mit Einheimischen, und bei all dem Andrang ist Jacós Strand überraschend schön geblieben. Er gilt als einer der besten Plätze im Land, um Surfen zu lernen.

Jacó hatte schwer unter den Folgen der weltweiten Finanzkrise ab 2007 zu leiden: Die US-amerikanischen Touristen blieben lange Zeit fern. Einige Bauruinen zeugen noch von der Krisenstimmung vor wenigen Jahren. In der letz-

ten Zeit erholte sich die Tourismusbranche, und die Strände um Jacó erfreuen sich wieder großer Beliebtheit sowohl bei Einheimischen wie auch bei Europäern und Amerikanern. Neue große Hotelbauten wie das Crocs Casino Resort im Norden des Ortes sind der Beweis, dass die Branche wieder auf der Erfolgswelle schwimmt.

ÜBERNACHTUNG

Jacó hat eine Fülle an Hotels in verschiedenen Preisklassen zu bieten, die jedoch häufig nicht das bieten, was man anderswo im Land für das gleiche Geld bekommt. In der Nebensaison purzeln die Preise. Die ruhigen Unterkünfte befinden sich am südl. und nördl. Ortsende von Jacó. An den Wochenenden, vor allem wenn die Ticos Ferien haben, sollte man Unterkünfte unbedingt im Voraus reservieren.

Buddha House, im Zentrum, etwas abseits der Av. Pastor Díaz, ✆ 2643-3615, 🖳 www.hostel buddhahouse.com. Gepflegte kleine Hotelanlage mit 11 Zimmern unterschiedlicher Größe, teilweise private Bäder. Auch Dorm-Betten (ab $12). Kleiner Pool. Disco nebenan, am Wochenende kann es lauter werden. ❷–❸

Camping El Hicaco, C. Hicaco, ✆ 2643-3004. Einfacher Campingplatz (4000C$ p. P.) in Strand- und Zentrumsnähe, mit sanitären Einrichtungen und Schließfächern. ❶

El Paraíso Escondido, am südl. Ortsrand, 150 m östl. der Iglesia Católica, ✆ 2643-2883, 🖳 www.hoteljaco.com. Ruhige Anlage im Hazienda-Stil. Schlichte, etwas dunkle Zimmer, einige mit Küche, alle mit AC. Familienzimmer für 6–8 Pers. Pool, 500 m vom Strand. Gutes Preis-Leistungs-Verhältnis. Am Wochenende etwas teurer. ❸–❹

Hotel Catalina, südl. Ortsende, zu erreichen über die C. Hidalgo, ✆ 2643-1237, 🖳 www. hotelcatalinacr.com. Gepflegte Anlage direkt am Strand mit hellen, geschmackvollen Zimmern, teils AC. Küche, kleine Terrasse oder Balkon, kleiner Pool. ❺–❺

Hotel Los Ranchos, C. Las Olas, ✆ 2643-3070, 🖳 www.losranchosjaco.com. Sehr schöne Anlage mit 16 praktischen, schlichten Zimmern, im 2. Stock schöner, teils mit Kochgelegenheit, auch Ferienbungalows (bis zu 9 Pers.) in

Der Ausverkauf eines Landes

Century 21 – Land For Sale – Condominiums for sale – Se vende Finca – Real Estate – überall an Costa Ricas Pazifikküste wimmelt es von Immobilien- und Verkaufsschildern. Wie Pilze schießen Neubauten aus dem Boden. Dabei sind die Bauherren im seltensten Fall Costa Ricaner. Tausende Hektar Land werden jährlich von Europäern und von Nordamerikanern aufgekauft. Die Käuferschicht ist breit: Rentner, die sich einen Altersruhesitz suchen, Umweltschützer, die Regenwald aufkaufen, Grundstücks- und Immobilienspekulanten. Mit den Immobilien wird u. a. Schwarzgeld gewaschen oder Geld angelegt, oft ohne Rücksicht auf die ökologischen Folgen. Aus Geldgier entstehen selbst in den wasserarmen Zonen tropischen Trockenwaldes (s. Playa del Coco, S. 253) mehrstöckige Condominium-Komplexe mit Golfplätzen.

Für die Campesinos ist die Summe, die ihnen die „Fincahunters" zahlen, ein kleines Vermögen. Viele verprassen das Geld jedoch in kurzer Zeit. Da sie meist keine Ausbildung haben, enden sie schnell in den Slums von San José, als Tagelöhner oder bei den zahlreichen Filialen der Alcohólicos Anónimos im Land. Ihre Finca wird derweil oft um ein Vielfaches des Verkaufspreises wieder verschachert.

Die kleine Bananenrepublik mit der stabilen Demokratie war seit jeher ein beliebtes Einwandererland: Tausende von Chinesen, Europäern, Jamaikanern, Nicaraguanern, Kolumbianern und Nordamerikanern fanden in Costa Rica eine neue Heimat. Viele von ihnen trugen dabei entscheidend zu Costa Ricas relativ hohem Lebensstandard und Fortschritt bei. Das Nationalparksystem und zahlreiche Umweltprojekte wären ohne die Initiative nordamerikanischer und europäischer Expats undenkbar gewesen.

Auf der anderen Seite wachsen die Expat- und Touristengettos an, in denen costa-ricanische Kultur, Lebensstil und Sprache oft gänzlich ignoriert werden. Der deutsche Ballermann-Urlauber ist hier der amerikanische Sportfischer, der sich mit meterlangem Marlin-Fisch ablichten lässt und den Sextourismus im Land ankurbelt. Einheimische arbeiten als Gärtner, Zementmischer, an der Rezeption oder als Prostituierte; gegen die reichen Einwanderer können sie selten konkurrieren. Vielerorts fühlen Ticos sich bereits wie Fremde im eigenen Land. „Wir haben unsere Seele an den Teufel verkauft", sagt ein junger Guanateke. Äußerungen wie diese hört man selten im anpassungsfreudigen Costa Rica. Doch versteckt unter den Baseballkappen und USA-T-Shirts brodelt er, der alte Rebellionsgeist aus William Walkers Zeiten.

Strandnähe; auch Familien-Bungalows mit Küche. **❹** – **❺**

Hotel Mar de Luz, nördl. des Zentrums, ☎ 2643-3000, 🖥 www.mardeluz.com. Touristische Hotelanlage mit gemütlichen, aber nicht ganz billigen Zimmern, z. T. mit Küche, Frühstück inkl. Ideal für Wasfernixen: 2 Pools, 1 Kinderbecken, 1 Jacuzzi. Freundliche, holländische Leitung. Das Hotel spricht sich ausdrücklich gegen Prostitution und Drogenmissbrauch aus. **❺**

Hotel Pochote Grande, am nördl. Ortsende, C. Pochote, ☎ 2643-3236, 🖥 www.hotel pochotegrande.net. Hübsche, ruhige Anlage mit 24 großen, hellen und praktischen Zimmern mit Minikühlschrank, AC und großem Balkon. Gepflegter Pool, direkter Strandzugang. Beliebtes Ziel deutscher Reiseveranstalter;

deutsche Leitung (gutes Schnitzel!). Familiäre Atmosphäre. **❻**

Jaco Inn Hostel, neben dem Buddha House, ☎ 2643-1935, 🖥 www.jacoinn.com. Sehr einfacher, zentral gelegener Backpacker mit unterschiedlichen Zimmern, alle mit Ventilator, auch Dorm ($15 p. P.). Gemeinschaftsküche mit Außenbereich. **❷**

Selina Jaco, ☎ 8304-2994, 🖥 www.selina. com/jaco. Die weltweit operierende Hostelkette hat sich nun auch in Jacó niedergelassen. Mit Pool, am Strand gelegen, und großem Aufenthaltsbereich. Unterbringung teils in gemütlichen Betonzylindern mit AC, Gemeinschaftsküche. Dorm-Betten (ab $13). Ab **❷**

🧳 **Vista Pacífico**, an der nördl. Ortseinfahrt, ☎ 2643-3261, 🖥 www.vistapacifico.

com. Schöne Hotelanlage in den Bergen über Jacó mit herrlichem Blick auf den Pazifik. Geschmackvoll eingerichtete, luftige Apartments für bis zu 5 Pers. Unterschiedliche Ausstattung, meist mit eigenem Balkon. Pool. Freundliche kanadische Leitung. ❸–❻

ESSEN

Arigato, Av. Pastor Díaz, gegenüber von Solutions, ✆ 2463-1947. Sushi und warme japanische Fischgerichte. ⊕ Mi–Mo 16–22 Uhr.
Caliche's Wishbone, Av. Pastor Díaz, gegenüber der Banco Nacional, ✆ 2634-3406. Pizzen (ab 6000C$), Ofenkartoffeln, Sandwiches, Salate. ⊕ Do–Di 12–22 Uhr.
Graffiti Restro Cafe + Wine Bar, Av. Pastor Díaz, im Shopping-Zentrum Jaco Walk, ✆ 2643-1708. Sehr gute Steaks, kreative Fischgerichte in gepflegter, wenn auch etwas sterilter Atmosphäre. Die hohen Preise sind durchaus gerechtfertigt. Zuvorkommender Service. Livemusik. ⊕ tgl. 17–21 Uhr.
Panaderia Artesanal, Ac. Pastor Díaz, neben dem W.O.W. Surfshop. Beliebter Frühstücksladen mit leckeren Bagels, Sandwiches, Wraps, Salaten, gutem Kaffee. ⊕ Do–Di 6.30–18 Uhr.
Rioasis, an der Brücke an der Av. Pastor Díaz, ✆ 2643-3354 (auch Bringdienst). Pizza in allen Variationen in zwei Größen. ⊕ unterschiedlich.
€ **Soda Garabito,** Calle Lapa Verde. Schmackhafte Tico-Küche von der Theke zum Auswählen. Immer frisch zubereitet, weil gut besucht. Hauptgericht 3000C$. ⊕ Mo–Sa 6–20, So 6–17 Uhr.
Soda Marea Alta, Av. Pastor Díaz, gegenüber C. Barahona. Günstiger, leckerer Fisch, Meeresfrüchte, Sandwiches und Comida Tipica, großzügige Portionen. Auch zum Frühstück rappelvoll. ⊕ tgl. 6–22 Uhr.
Soda Rustico, C. Hicaco, neben dem Campingplatz. Lebhafter Treffpunkt für Ticos und Touristen zum Mittag- und Abendessen. Einheimische Kost, günstige und große Portionen. ⊕ Mo–Sa Frühstück 7–10.30, Hauptgerichte 11–19.30, So 7–16 Uhr.
Taco Bar, Av. Pastor Díaz, hinter dem Los Amigos, Ecke Calle Lapa Verde. Das Original in Jacó. Hier gibt's leckere Tacos satt, aber

auch Smoothies, Ceviche und eine All-you-can-eat-Salatbar. In der Saison sehr gut besucht. ⊕ Mo 11–22, Di–So 7–22 Uhr.

UNTERHALTUNG

Jacós Nachtleben ist landesweit berüchtigt und ein beliebter Tummelplatz für US-amerikanische Sportfischer und Surfer. Am Wochenende füllen sich die Bars und Discos außerdem mit Costa Ricanern aus San José.
Beatle Bar, am nördl. Ortsrand. Berüchtigte Party-Location für „Gringos" aus Nordamerika.
Las Claritas, am nördl. Strandabschnitt. Beliebte Strandbar. Perfekt für einen Sundowner.
The Beer House, Av. Pastor Díaz, ✆ 7199-2381. Versteckte kleine Bar mit den besten Fass- und Craft-Bieren Costa Ricas. Auch gute Burger. ⊕ tgl. bis 24, Fr und Sa bis 1 Uhr.

SONSTIGES

Autovermietung
Alamo, Av. Pastor Díaz, gegenüber C. Las Olas, ✆ 2242-7733, ⊕ tgl. 8–20 Uhr.
Budget, südl. Av. Pastor Díaz, ✆ 2643-2665, ⊕ Mo–Sa 7–18, So 8–16 Uhr.

Apotheke
Farmacia Sophia, Av. Pastor Díaz, ✆ 2643-1843, ⊕ Mo–Fr 8–21 Uhr.

Einkaufen
Feria de Jacó, am Fußballplatz neben der Clínica de Jacó. Kleiner Bauernmarkt mit frischen Früchten und anderen Produkten aus der Region. ⊕ Fr 7–15 Uhr.
Jaco Walk, Av. Pastor Díaz, ggü. C. Alice. Modernes Open-Air-Shoppingzentrum mit vielen Geschäften, Galerien und Gastronomie.

Fahrradverleih
AXR, Av. Pastor Díaz, neben dem Cruz Roja, ✆ 2643-3130. $10, ▭ www.axrjaco.com. Fahrradvermietung pro Tag 11–22 $; auch Scooterverleih: $28 pro 1/2 Tag. ⊕ tgl. 8–20 Uhr.
Biciclo, C. Lapa Verde, 800 m östl. von Pops, ✆ 2643-4124. Reparatur und Verleih. ⊕ Mo–Sa 7–17.30 Uhr.

ZENTRALE PAZIFIKKÜSTE

Lebensretter Kokosnuss

Durstlöscher, Energie- und Blutspender: Agua de Coco, der Saft der Kokosnuss, ist ein wahres Wundermittel. Rund einen Liter Wasser enthält eine grüne, unreife Frucht. Im Reifeprozess verwandelt sich die klare, leicht süßliche Flüssigkeit in festes, weißes Kokosmark. Sportler schwören auf das natürliche, kalorien- und fettarme Getränk, das mehr Mineralien enthält als Fitnessgetränke aus dem Supermarktregal. Als Medizin hilft Agua de Coco bei Nieren- und Leberleiden, äußerlich angewandt, lindert es Allergien und Hautausschläge. Während des Zweiten Weltkriegs wurde das sterile Kokoswasser sogar schwer verwundeten Soldaten als Ersatz für Blutplasma injiziert.

Geld
Banco de Costa Rica, Av. Pastor Díaz, beim Centro Comercial an der Plaza Jacó. ⏲ Mo–Fr 9–16 Uhr.
BAC, im Jaco Walk (S. 335). ⏲ Mo–Sa 8–17 Uhr.

Internet
3D Internet, Av. Pastor Díaz, ggü. vom Reisebüro Solutions, am Ende der Passage. Auch internationale Telefonate. ⏲ Mo–Sa 10–19 Uhr.

Medizinische Hilfe
Clínica De Jacó, am Südende der Av. Pastor Díaz, ✆ 2643 1767.
Cruz Roja, 500 m südl. von Pops, ✆ 2643-3090.
Lifeguard Costa Rica, ✆ 2220-0911. 24-Std.-Notdienst, auch mit Krankentransport im Hubschrauber.

Post
Am südl. Ortsrand. ⏲ Mo–Fr 8–17, Sa 8–12 Uhr.

Reisebüro
Solutions, Av. Pastor Díaz, gegenüber von Morpho Souvenir, am Ende der Passage, ✆ 2643-3485, 8814-0552. Interbus- und Tica-Busfahrkarten, Flugtickets. Buchung der Überfahrt nach Montezuma. ⏲ Mo–Fr 9–18 Uhr.

Sprachenschule
IPAI, hinter KFC, ✆ 2643-2244, 🖥 www.spanish-ipai.com. Sprachschule mit gutem Ruf und einer weiteren Filiale in Heredia. Spanischunterricht ab $20 pro Std. Gute Wochenangebote, auch mit Übernachtung bei einheimischen Familien.

Supermarkt
Más X Menos, neben der Banco Nacional. Große Auswahl. ⊕ So–Do 8–21, Fr und Sa 8–22 Uhr.
Megasuper, im kleinen Centro Comercial Plaza Coral hinter KFC. ⊕ Mo–Sa 7–22, So 7–20 Uhr.
Pali, C. Lapa Verde, ⊕ Mo–Sa 7–20.30, So 7–19 Uhr.

Surfen
W.O.W., Av. Pastor Díaz, ✆ 2643-3844, 🖥 www.wowsurf.com. Surfkurse ab $65 p. P. (inkl. 1/2 Std. Theorie und 2 Std. Praxis), außerdem Equipment und Verleih.

Taxi
Asotaxi Jacó, ✆ 2643-2020 und -3030. Preise: Playa Hermosa 6000C$, Playa Herradura 15 000C$, San José $100, Manuel Antonio $80.

Wäscherei
Coin Laundry, Av. Pastor Díaz, rechts neben der Banco Popular. 5 kg Wäsche 2500C$. ⊕ Mo–Sa 7.30–12.30 und 13–17 Uhr.

TRANSPORT

Busse
Die Busse nach San José fahren vom nördl. Ortsrand am Centro Comercial Plaza Jacó neben der Banco de Costa Rica ab.
Die Busse nach Puntarenas und Quepos fahren von der Av. Pastor Díaz vor dem Supermarkt Mas X Menos ab.
PUNTARENAS, mit **Transportes Quepos**, ✆ 2777-0743, um 6, 9, 12, 14, 16.30 und 19 Uhr, 1 1/2 Std. Bus kommt aus Quepos;
QUEPOS, mit dem gleichen Anbieter um 6.30, 8.15, 8.30, 9.30, 11.15, 12.30, 14, 16, 18 Uhr; 1 1/2 Std. Bus kommt aus Puntarenas;
SAN JOSÉ, 5, 6, 7, 9, 11, 13, 15, 17 Uhr, 2 1/2 Std. mit **Transportes Jacó**, ✆ 2290-2922.

Shuttlebusse
Interbus, 🖥 www.interbusonline.com, ✆ 2777-7866, fährt nach SAN JOSÉ, QUEPOS, LA FORTUNA, MONTEVERDE und zu den **Stränden** auf der Península de Nicoya und in Guanacaste.

Boote
Ein Boot fährt tgl. um 10 Uhr von Herradura nach MONTEZUMA (Halbinsel Nicoya), $40 p. P. (Start in Montezuma tgl. um 8.30 Uhr). Auch Abholung per Shuttlebus vom Hotel in Jacó möglich (im jeweiligen Hotel oder im Reisebüro Solutions nachfragen oder direkt bei **Zuma Tours**, ✆ 2642-0024, 🖥 www.zumatours. net, buchen). 22 kg Gepäck p. P. sind auf dem Boot erlaubt, Surf-Boards kosten $10 extra. Die Überfahrt kann rau werden.

Playa Hermosa

Playa Hermosa, nur 5 km südlich von Jacó, ist das Surfrevier fortgeschrittener Wellenreiter. Schwimmen ist jedoch aufgrund der starken Strömungen äußerst gefährlich. In Playa Hermosa leben überwiegend US-amerikanische Surfer. Als Brian, der Besitzer von Cabinas Rancho Grande, sich hier vor 30 Jahren im Wohnwagen niederließ, gab es nur ein Hotel im Ort und freie Sicht aufs Meer. Inzwischen ist die Auswahl an Unterkünften größer. Die entspannte Surferatmosphäre konnte sich der Ort aber bis heute bewahren.

Der **Surfshop** von Cabinas Las Arenas, auf der anderen Straßenseite der Costanera, verleiht Surfboards für $15 pro Tag. Selbstversorger können sich im **Mini Super Pochotal** (⊕ Mo–Sa 6–21, So bis 16 Uhr) mit dem Nötigsten eindecken. Hinter dem Supermarkt befindet sich eine kleine **Wäscherei** (klingeln!).

ÜBERNACHTUNG UND ESSEN

Das Preis-Leistungs-Verhältnis an der Playa Hermosa stimmt bei vielen der hochpreisigen Unterkünfte nicht. Günstige Alternativen bieten die Surferunterkünfte entlang der Hauptstraße: **Cabinas Brisa del Mar**, ✆ 2643-7023, 🖥 www. cabinasbrisadelmar.com. 13 frisch renovierte Zimmer mit AC, Warmwasser und Mini-Kühlschrank. Gemeinschaftsküche. Alteingesessene Surferinstitution. Jede weitere Pers. $15. ❸
Cabinas Rancho Grande, ✆ 2643-7023. Die Unterkunft des entspannten Surfers Brian aus Florida hat 14 große, einfache Zimmer mit Bad,

ZENTRALE PAZIFIKKÜSTE

Gemeinschaftsküche, AC und einen kleinen Pool. Ab ❷

Surf Inn Hermosa, ☎ 2643-7184, 🖥 www.surf innhermosa.com. Kleine, aber feine, verwinkelte Anlage mit Pool und 8 sauberen Zimmern inkl. AC, Mini-Küche und Kühlschrank. Dazu gehört auch eine Liegewiese am Strand. Freundliche Leitung! Studio für bis zu 3 Pers. $100. Ab ❹

Hotel Vista Hermosa, ☎ 2643-7022. 14 einfache Zimmer mit AC und Kühlschrank direkt am Strand, Pool. Das angeschlossene Restaurant mit Blick auf die Wellen ist ein beliebter Surfertreff mit Livemusik am Wochenende. ❹

Bowie's Point, neben Cabinas Las Arenas, ☎ 2643-7013. Gutes Frühstücksangebot 2000–3000C$. Außerdem Sandwiches, üppiges Tex-Mex-Food, Fischgerichte und Frühstück. ⏰ tgl. 6–22 Uhr.

Pizza Bocha, am Ortseingang, ☎ 2643-5431. Prima Pizza (ganze Pizza mit 10 Stücken 7000–10 000C$). Jeden Tag spezielle Angebote. Auch Lieferservice. ⏰ tgl. 12–21.30 Uhr.

Bar & Restaurant Vista Hermosa, ☎ 2643-6215. Surfer-Treffpunkt und Restaurant mit Blick auf den Strand. Gutes Frühstück, nicht ganz billig. Tolle Smoothies! ⏰ tgl. 7–22 Uhr.

TRANSPORT

Ein **Taxi** von Playa Hermosa nach JACÓ kostet um 6000C$.

Man kann Playa Hermosa aber auch mit den meisten **Bussen** ansteuern, die von Jacó Richtung Süden fahren. Einfach den Fahrer bitten, rechtzeitig anzuhalten!

Weiter nach Quepos

Playa Esterillos und Playa Bejuco

22 km südlich von Jacó liegt das Surfrevier Playa Esterillos mit einem feinen, grauen Sandstrand. Zwischen den Ortsteilen **Esterillos Este**, **Central** und **Oeste** liegen rund 2 km Abstand. Mit Supermarkt und Restaurants bildet der west-

liche Ortsteil (Oeste) den belebtesten Teil im Dreiergespann. Am Strand von Oeste blickt eine Wassernixe aus Bronze auf den pazifischen Ozean und wird bei Flut von der Brandung umspült. Eine Handvoll Hotels bieten spartanische Einrichtungen und werden hauptsächlich von Costa Ricanern in den Ferien und am Wochenende besucht. Während es in Esterillo Central noch äußerst beschaulich zugeht, bieten in Esterillo Este einige Hotels ruhige Rückzugsorte für auswärtige Gäste, die sich ab und zu aufs Surfbrett schwingen. Surfkurse und Surfbrettverleih ($20 pro Tag) hat **Aloha Surf**, Esterillos Oeste, ☎ 8377-2928.

Kurz hinter Esterillos in Richtung Parrita führt rechts eine Straße zur einsamen **Playa Bejuco**. Der Strand ist bei Ebbe besonders gut geeignet zum Boogie Boarding. Auch hier haben sich einige größere Hotels angesiedelt. Schwimmen ist am gesamten Küstenabschnitt gefährlich, denn es herrschen starke Unterströmungen.

ÜBERNACHTUNG UND ESSEN

Esterillos Oeste

Hotel Dolce Vita, hinter dem Supermarkt rechts abbiegen, ☎ 2778-7015, 🖥 www.hotel-ladolcevita.biz. 7 großzügige, aber schon etwas in die Jahre gekommene Apartments mit AC und gut ausgestatteter Küche. Kleiner Pool und direkter Zugang zum Strand. Spartanisches Frühstück inkl. ❹

Hotel Rancho Coral, nach der Ortseinfahrt links abbiegen, ☎ 2778-8647, 🖥 www.rancho coral.com. Großzügige Anlage mit schönem Garten direkt am Strand mit 7 geräumigen Apartments für 3 bis 6 Pers. (3 Pers. $90, 5 Pers. $145), mit AC und teils mit Küche und großen Terrassen. Reit-, Kajak-, Surf-, Raftingtouren. Beliebt bei Surfern (Kurs $65/2 Std.). Restaurant Di geschl. Ab ❹

Arrecife, neben dem Supermarkt, ☎ 4702-4810. Fischgerichte und leckere Casados zu angemessenen Preisen. ⏰ Do–So.

Los Alemandros, nach der Ortseinfahrt links abbiegen, ☎ 2778-7322. Karibische Küche. ⏰ Mo–Sa 4 Uhr bis spät.

Im Zentrum von Oeste befindet sich der kleine Supermarkt **SuperSol**.

Esterillos Central

Villa Claudia's Apartment, gleich am Ortseingang auf der rechten Seite, ☎ 2778-8123, 🖳 www.greengardenhomes.com. Die Frankokanadierin Claudette verkauft Grundstücke und vermietet einige wenige Apartments für Selbstversorger, z. B. eines für 2 und eines für 4–6 Pers. Beide Wohnungen sind komfortabel und geschmackvoll eingerichtet mit Küche und AC. Kleiner Pool. Sehr ruhig und abgeschieden. Gute Wochenpreise. ❹–❺

Esterillos Este

📖 **Encantada**, am Ende der Ortseinfahrt links, ☎ 2778-7048, 🖳 www.encantada costarica.com. Schön gestaltete und familiäre, gepflegte Anlage direkt am Strand mit einladendem Pool und Restaurant (auch für NichtGäste nach Reservierung); 7 Zimmer teils mit Küche. Amerikanische Leitung, Yoga-Angebote. Frühstück inkl. ❻

Hotel Pelicano, am Ende der Ortseinfahrt links, ☎ 2778-8105, 🖳 www.pelicanbeachcostarica. com. Ältere Anlage am Meer. 15 große Zimmer auf 2 Etagen. Die Zimmer sind schön gestaltet und ihren Preis wert, das Restaurant ist jedoch überteuert. Pool. Einfaches Frühstück inkl. Auch ein Haus für bis zu 8 Pers. ($350). Ab ❹

Playa Bejuco

Hotel Playa Bejuco, ☎ 2779-2000, 🖳 www. hotelplayabejuco.com. Professionell geführtes Familienhotel in Strandnähe mit gepflegtem Poolbereich (auch Kinderbecken), gutem Restaurant und Tourangeboten. Alle 20 stilvoll eingerichteten Zimmer sind gefliest und verfügen über großzügige, komfortable Bäder, AC und Mini-Kühlschrank. Holländische Leitung. ❻

Parrita / Playa Palo Seco

So weit das Auge reicht: Palmenplantagen, Meer und Strand. Zum Surfen aber fehlt den Wellen der Schwanz und zum Schwimmen ist die Strömung zu stark. Dafür lädt die menschenleere Playa Palo Seco zu kilometerlangen Spaziergängen ein. Die Landzunge Palo Seco

erreicht man, indem man (aus dem Norden kommend) am Ortsende von Parrita hinter der Brücke rechts abbiegt. Von dort sind es rund 4 km bis zum Strand.

Rainmaker Reserve

Rund 17 km südlich von Parrita zweigt eine Schotterpiste links nach San Rafael de Norte (7 km) und zum **Rainmaker Reserve**, ☎ 2777-3565 (Büro in Quepos), 🖳 www.rainmakercosta rica.org, ab (ausgeschildert). Am Ende der Strecke wird die „Straße" schlechter, Vierradantrieb empfohlen! Das rund 1500 ha große Privatreservat liegt in der Gebirgskette Fila Chonta und besteht zu 90 % aus Primärwald, durch den sechs Hängebrücken mit einer Gesamtlänge von 250 m führen. Der Eintritt p. P. beträgt $20. Es werden Nacht-, Canopy- und Vogeltouren angeboten. Sie dauern 2–3 1/2 Stunden und kosten $60–90 p. P. inkl. Abholung in Quepos. ⏲ Letzter Einlass ist um 14 Uhr.

ÜBERNACHTUNG

📖 **Beso del Viento**, Playa Palo Seco, rund 4 km von Parrita, ☎ 2779-9674, 🖳 www. besodelviento.com. 12 helle, geschmackvoll eingerichtete Zimmer mit jeweils persönlicher Note (8 mit AC). Schöne Gartenanlage mit Pool in unmittelbarer Strandnähe. Exzellentes Restaurant mit französischem Koch (Menü $28 p. P.). Gäste unter 18 J. sind leider nicht gestattet. Ansonsten stimmt eigentlich alles! Frühstück inkl. ❹

Clandestino Beach Resort, Playa Palo Seco, nach 5 km entlang der Strandstraße, ☎ 2779-8807, 🖳 www.clandestinobeachresort.com. Kleines Luxus-Resort in herrlicher Lage am Strand. Wer sich etwas gönnen möchte (DZ ca. $200), kann hier in einladenden Bungalows in völliger Abgeschiedenheit residieren und am wunderschön gestalteten Pool entspannen. ❻

Hotel Grosseto Palma Real, bei La Lorma 8 km nördl. von Parrita, etwas abseits der Costanera, ☎ 2779-7337, 🖳 www.aparthotelpalmareal. com. Wer eine relativ preiswerte Bleibe auf der Durchreise sucht, sollte sich die gepflegte Hotelanlage in ruhiger Lage mit sauberen, geräumigen Zimmern rund um einen großen runden Pool ansehen. Viele einheimische Gäste. Frühstück inkl. ❸

Hotel La Tranquilidad, Playa Palo Seco, am Ende der 8 km langen Strandstraße, ✆ 2779-3176, 8779-8550, 🖳 www.hotellatranquilidad.com. Schöne, ruhige Anlage mit Pool, Gemeinschaftsküche und 3 geräumigen Apartments (bis zu 6 Pers.). Mindestaufenthalt 2 Nächte; günstige Wochenpreise. Sehr ruhig und abgelegen, vorher mit Lebensmitteln eindecken und reservieren! ❺ – ❻

TRANSPORT

Die **Busse** halten am Busbahnhof in Parrita, kurz vor der Brücke am Ortsausgang Richtung Quepos an der Costanera. Reisende nach San Isidro de El General oder Uvita müssen zunächst Quepos ansteuern. Von hier fahren Busse in alle Richtungen (S. 345).
QUEPOS, 7.30–19 Uhr, fast stdl., mit Weiterfahrt nach Uvita oder Manuel Antonio, 1/2 Std.;
SAN JOSÉ, 5.30, 6, 8.30, 9, 14,15, 16.30, 17 Uhr, 3 1/2 Std. mit **Transportes Morales**, ✆ 2223-5567.

Parque Nacional La Cangreja

- **MINAE-Büro**: ✆ 2416-6359
- **Öffnungszeiten**: tgl. 8–16 Uhr
- **Eintritt**: $10, Kinder $5
- **Gründungsjahr**: 2002
- **Größe**: 2519 ha
- **Transport**: 2 km nördlich von Parrita führt eine relativ gute Schotterpiste ins etwa 75 km nördlich gelegene Santiago de Puriscal. An dieser Strecke befindet sich der Haupteingang des Nationalparks. Nach 25 km erreicht man nach einer Fahrt durch ein Gebiet mit nicht enden wollenden Palmenplantagen und kleinen Dörfern, die Einfahrt zum Parkbüro.

Der Nationalpark La Cangreja, im Jahr 2002 gegründet, gehört zu den jüngeren Schutzgebieten Costa Ricas. Der Park schützt die letzten artenreichen Waldgebiete in der Region Puriscal. Der relativ kleine Park (2519 ha) beherbergt

eine abwechslungsreiche Vegetation mit etwa 44 endemischen Pflanzenarten, unter anderem einer dem Kakaobaum ähnlichen Art, *Aplinia puriscalensis*, deren Früchte an Guaven erinnern. Wasserläufe mit Wasserfällen, unter anderem die Flüsse Río Negro und Quebrada Grande, durchziehen das Areal, das hauptsächlich mit prämontanem Regenwald und Trockenwald bedeckt ist. Zu den heimischen Tierarten zählen Baumozelote, Tayras, Kapuzineraffen, der seltene Großtinamu – ein seltener, am Boden lebender etwa 45 cm großer Hühnervogel –, Goldbaumsteigerfrösche, Rotaugenlaubfrösche und der Rote Ara *(lapa roja)*.

Namensgeber für den Park war der etwa 1300 m hohe **Cerro La Cangreja** (wörtlich übersetzt: „die Krebsin"), der aus der Vogelperspektive betrachtet an die Form eines Krebses erinnert. Die Täler an den Flanken des Berges stellen mit viel Fantasie die Beine des Krebses dar. Eine alte Indianerlegende besagt, dass hier einst eine riesenhafte Krabbe hauste, die den Einheimischen den Weg zum Meer versperrte. Einem tapferen Krieger soll es gelungen sein, der Krabbe ein Bein abzuschlagen, worauf sich das Tier in einen Stein verwandelte.

Der Park hat zwei Eingänge: Der Haupteingang mit Parkbüro befindet sich 25 km südlich von **Santiago de Puriscal**, zu erreichen über eine relativ gut befahrbare Schotterstraße. Der zweite Eingang, zu erkennen an einem wenig einladenden Toilettenhäuschen am Straßenrand, befindet sich im Dörfchen **Mastatal**, weitere 4 km südlich. Mehrere Wanderwege durchziehen den Park. Vom Haupteingang führt der **Sendero Río Negro** in den Park hinein. Von hier kann man bis zum zweiten Parkeingang wandern und überquert dabei mehrere Flussläufe. Wer den Gipfel des Cerro La Cangreja erwandern möchte, sollte auf jeden Fall einen Führer engagieren (das Parkbüro hilft bei der Vermittlung, auch die Unterkunft Villas Mastatal, S. 341).

ÜBERNACHTUNG

Die hier aufgeführten Unterkünfte befinden sich entweder im Dorf Mastatal, das direkt an den Nationalpark angrenzt, oder in der Umgebung

von Santiago de Puriscal, das etwa 25 km nördl. vom Haupteingang des Parks liegt.
Barking Horse Farm, in San Rafael Abajo, 10 km östl. von Santiago de Puriscal (GPS: N09.83105 W084.27381), ✆ 2416-3869, 🖥 www.barkinghorsefarm.com. Verschiedene einfache Zimmer und ein komplett eingerichtetes spektakuläres Baumhaus auf einer abgelegenen Farm mit vielen Tieren. Für Reitausflüge stehen insgesamt 6 Pferde zur Verfügung. Unterschiedliche Reittouren im Angebot. Übernachtung p. P. inkl. VP $75. ❻

 La Iguana Chocolate, etwa 1 km von Mastatal (im Dorf ausgeschildert), ✆ 2200-0924, 8725-8644 🖥 www.laiguanachocolate.com. Große (12 ha) Bio-Kakaofarm in den Bergen mit einfachen Unterkünften im Dorm oder in privaten Cabinas in Dschungelumgebung, inkl. Frühstück. Weitere Mahlzeiten im Angebot. Kurse zur Schokoladenherstellung und Touren in den nahen Nationalpark. Die Farm bemüht sich um Nachhaltigkeit und arbeitet nach dem Prinzip der Permakultur. Voluntarios willkommen, mit familiärer Atmosphäre. ❸

Villas Mastatal, in Mastatal, ✆ 2200-0854, 🖥 www.villasmastatalcr.com. Einfache, hostelartige Unterkunft mit angeschlossener Bio-Farm in unmittelbarer Nationalparknähe, mit großem Garten für Gemüseanbau. Touren in den Nationalpark, Yoga-Plattform. Voluntarios zur Mitarbeit auf der Farm willkommen. Unterbringung in rustikalen Holz-Cabinas, Dorm $15. Mahlzeiten extra. ❷

Über die Berge an die Pazifikküste

Autofahrer, die von San José aus die südliche Pazifikküste ansteuern wollen, müssen nicht unbedingt die Küstenroute über Orotina, Tárcoles und Jacó nehmen, die besonders am Wochenende und in der Ferienzeit verstopft sein kann. Eine landschaftlich reizvolle Alternativstrecke (wenn auch mit längeren unbefestigten Abschnitten) führt über **Ciudad Colón**, **Santiago de Puriscal** und **Salitrales** vorbei am Nationalpark La Cangreja (S. 340) bis nach Parrita (S. 339).

Quepos und Manuel Antonio

Mit einer Vielzahl an günstigen Unterkünften und häufigen Busverbindungen ist Quepos – nur der Name erinnert noch an die Quepos-Indianer, die bis Ende des 19. Jhs. in der Region lebten – die ideale Ausgangsbasis für einen Besuch des beliebten **Parque Nacional Manuel Antonio**. Bis Mitte des 20. Jhs. baute die United Fruit Company rund um Quepos Bananen an. Wie vielerorts zerstörten auch hier Pilze die Plantagen, aber der Konzern stellte rechtzeitig auf Ölpalmen um, sodass der Ort einer Krise entging.

Heute zählt Manuel Antonio zu den Haupttouristenzielen des Landes. Im kleinen Zentrum von Quepos gibt es deshalb Tourveranstalter, Supermärkte, Souvenirgeschäfte und internationale Restaurants. Die Hotels höherer Preisklasse befinden sich an der 7 km langen Straße Richtung Nationalpark. Die malerische Aussicht und Nähe zu den exklusiven, weißen Sandstränden zog bereits Mitte der 1960er-Jahre Expats aus aller Welt hierher. Die schmale Serpentinenstrecke ist heute mit ihrer Fülle an Bars, Clubs und Casinos eine der Toplocations der vornehmen Partyszene Costa Ricas.

Für alle, die Touristenhorden meiden wollen: Eine Lancha setzt vom Fischerort Boca Vieja an der Flussmündung, nordwestlich von Quepos, zur Halbinsel **Cocal** über. Von dort erstreckt sich der kilometerweite Strand bis ins nördlich gelegene Parrita.

ÜBERNACHTUNG

Quepos

 Cabinas Doña Alicia, 25 m nördl. der Escuela República de Corea, ✆ 2777-3279. Einfache, aber blitzsaubere Zimmer mit Kühlschrank, alten Möbeln und AC. Sehr hilfsbereite Tica-Besitzerin. Günstiger Wäscheservice. Sicherer Parkplatz. ❷

Cabinas Sánchez, schräg gegenüber der Banco Costa Rica, ✆ 2777-0491, ✉ hotelsanchezcr@gmail.com. Kleine Zimmer, teils mit Bad, teils mit AC (die besseren Zimmer liegen im 2. Stock). Kleine Veranda. Eine Soda gehört zum Hotel. ❷–❸

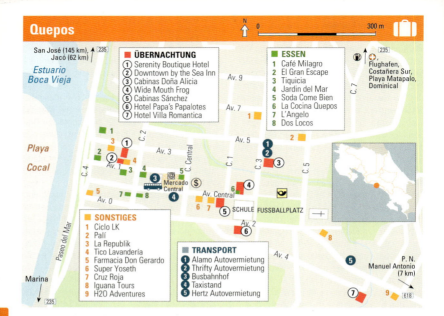

Downtown by the Sea Inn (ehem. „Mar y Luna"), Av. 1, zw. Küstenstraße und C. 2, ℡ 2774-0433. 8 sehr spartanisch ausgestattete Zimmer mit Privatbädern (teilw. AC) mitten im Ort. Etwas dunkel, aber sauber. Am Wochenende kann es lauter werden. Frühstück inkl. Ab ❶

Hotel Papa's Papalotes, 75 m westl. des Fußballplatzes, ℡ 2777-3774, 🖥 www.papaspapalotes.com. 8 einfache, etwas dunkle, aber saubere Zimmer; teils mit Bad. Schöne Gemeinschaftsbereiche. Teilweise mit AC. Freundlicher Service. Dorm-Bett 7000C$. ❷ – ❸

Hotel Villa Romantica, an der Ausfahrt Richtung Manuel Antonio, ℡ 2777-0037, 🖥 www.villaromantica.com. Ruhige Oase am Rande von Quepos. 14 geschmackvolle Zimmer mit AC und Blick auf den Pool. Oben mit Balkon, unten mit Terrasse. Viel Grün, Deutsche Leitung, Gruppenpreise. Reichhaltiges Frühstücksbuffet inkl. ❺

Serenity Boutique Hotel, hinter der Brücke am Ortseingang die erste Straße links abbiegen, ℡ 2777-0572, 🖥 www.serenityhotelcostarica.com. Helles Stadthotel mit 14 Zimmern und kleinem Pool. Saubere Zimmer mit Bad, AC und Safe. Beliebt bei amerikanischen Gästen. Auch Organisation von Touren. Frühstück inkl. ❹

Wide Mouth Frog, 125 m östl. der Bushaltestelle, ℡ 2777-2798, 🖥 www.widemouthfrog.org. Sauberer Backpacker. Unterschiedliche, etwas hellhörige Zimmer um einen Garten, großer Dorm mit Stockbetten für $14, auch DZ (ab $32), Gemeinschaftsküche, kleiner Pool, TV-Bereich, viel Infomaterial, freundlicher Service; auch Betten für Kleinkinder vorhanden. Einfaches Frühstück inkl. Kleines Restaurant direkt anbei. ❶ – ❸

An der Strecke zum Nationalpark

Die Hotelpreise in der Manuel-Antonio-Region sind in der Hauptsaison oft unverschämt hoch, das Preis-Leistungs-Verhältnis stimmt bei vielen Unterkünften nicht. Dennoch gibt es vereinzelt Backpacker-Unterkünfte und Hotels zu vernünftigen Preisen.

Costa Linda, 100 m vor dem Nationalpark, ℡ 2777-0304, ✉ costalindamicha@yahoo.de.

Einfacher und recht beengter Backpacker in unmittelbarer Nationalparknähe. Kleine Anlage, sauber. Dorms und Mehrbettzimmer. ❸

Hostel Vista Serena, 2 km von Quepos auf der rechten Straßenseite, ✆ 2777-5162, 🖥 www.vistaserena.com. Entspannter Backpacker mit herrlichem Blick aufs Meer und Restaurant. Schlafsaal für 16 Pers. ($11 p. P.) und einfache Privatzimmer für bis zu 4 Pers., Gemeinschaftsküche. Freundliche, hilfsbereite Leitung. Das Frühstück kostet 2000C$. Privatzimmer ❷

Selina Manuel Antonio, rund 4,5 km von Quepos auf der linken Straßenseite gelegen, ✆ 6312-4602, 🖥 www.selina.com. Weltweite Hostelkette. Weitläufige, weiß gekalkte Bungalowanlage im Stil eines mediterranen Dorfes, große Terrassen, 3 Pools, offen gestaltete Aufenthaltsbereiche, „Co Working Area". Dorm-Betten (ab $20) und Privatzimmer (mit/ ohne Bad). Weitläufige Grünanlage. Leider etwas zu teuer für das Gebotene. Frühstück inkl. ❺

Hotel La Mariposa, rund 4 km von Quepos auf der rechten Straßenseite an der Einfahrt zum Hotel Paradol, ✉ info@lamariposa.com, 🖥 www.hotelmariposa.com. Hotel für gehobene Ansprüche mit Meeresblick und schmiedeeisernen Balkonen. Französische Eleganz und französische Leitung. Die günstigeren Standard- und Deluxe-Zimmer befinden sich im weniger attraktiven neuen Anbau. Beliebt bei Flitterwöchnern. ❻

Villas de la Selva, 5,5 km von Quepos auf der rechten Straßenseite, ✆ 2777-1137, 8906-6060, 🖥 www.villasdelaselva.com. 9 angenehm kühle, helle Ferienwohnungen in verschiedenen Größen mit riesigen Wohnterrassen, teils mit Küche. Fantastischer Meerblick; beliebt bei Familien. In der Hauptsaison reservieren. 4 Min. Fußweg zum Strand. Pool. ❺–❻

Villas Lirio, 3,5 km von Quepos, ✆ 2777-1182, 🖥 www.villaslirio.com. Große, professionell geführte Ferienanlage mit 2 Pools (einer besonders lang und schmal, gut zum Bahnen ziehen) und geräumigen Zimmern mit AC, TV und Kühlschrank. Parkgarage. Das Areal ist schön gestaltet und üppig bepflanzt. ❻

ESSEN UND UNTERHALTUNG

Quepos

Dos Locos, im Zentrum. Durchschnittliche mexikanische Küche. Auch Livemusik. ⊕ Mo–Sa 7–23, So 11–22 Uhr.

El Gran Escape, im Zentrum an der Küstenstraße, ✆ 2777-7850. Fisch und Meeresfrüchte, zubereitet nach Gusto des Gastes, auch mexikanische Gerichte. Mittlere Preisklasse. ⊕ Mi–Mo 8–23 Uhr.

La Cocina Quepos, direkt neben dem Hostel Wide Mouth Frog, ✆ 2774-0036. Freundliche Soda mit günstigem Frühstück (auch Pancakes, Müsli und Toast) und üppigen Casado-Tellern mittags und abends. ⊕ Mo–Sa 6.30–21 Uhr.

Restaurante Jardín del Mar, westlich des Mercado Central, ✆ 2777-0104. Belebtes, offenes Ecklokal, wo auch günstige (ab 2600C$) Casados serviert werden (11–17 Uhr). Gute Drinks und Cocktails in Baratmosphäre. ⊕ tgl. 7–23 Uhr.

Soda Come Bien, in der Nordostecke des Mercado Central, ✆ 2777-2550. Comida Típica und üppiges Frühstück. Bestens geeignet für eine Stärkung vor dem Nationalparkbesuch. ⊕ Mo–Sa 7–17 Uhr.

Tentación, im Zentrum an der Küstenstraße, Av. 1. Eiskalte und frisch zubereitete Smoothies, Eis, Kaffee und Kuchenspezialitäten in zentraler Lage. ⊕ tgl. 8–17 Uhr.

Tiquicia, im Zentrum neben dem Hotel Malinche. Mexikanische Küche und Comida Típica. ⊕ tgl. 6–24 Uhr.

La Republik, an der Küstenmeile. Gut besuchte Disco, vorwiegend Techno, viele Touristen. ⊕ Di–Sa 23 Uhr bis spät.

An der Strecke zum Nationalpark

Café Agua Azul, in Richtung Nationalpark kurz nach dem Abzweig zum Hotel Parador, ✆ 2777-5280. Riesige Burger und Tex-Mex-Küche, gutes Preis-Leistungs-Verhältnis. ⊕ Do–Di 11–22 Uhr.

Café Milagro, gegenüber dem Abzweig zum Hotel Parador, ✆ 2777-2272, 🖥 www.cafe milagro.com. Hervorragende Kaffeesorten; auch Onlineverkauf und zum Mitnehmen. ⊕ tgl. 7–22 Uhr.

ZENTRALE PAZIFIKKÜSTE

Emilio's Café, beim Hotel Parador am Schild zur „Falafel Bar" abbiegen, ℘ 2777-6807. Üppige Sandwiches, Bagels, Kuchen, guter Kaffee. Sympathisches Café mit herrlicher Panorama-Terrasse. Auch Abendessen. ⊕ Mi–Mo 7–21 Uhr.

Ronny's Place, Richtung Nationalpark kurz hinter dem Hotel Mono Azul, nach 800 m Schotterpiste, ℘ 2777-5120. Hamburger und Fischgerichte, und Barbetrieb in romantischem Ambiente mit tollem Ausblick. ⊕ tgl. 12–22 Uhr.

AKTIVITÄTEN UND TOUREN

Surfen

Manuel Antonio Surf School, an der Straße zum Nationalpark, kurz hinter der Ortsausfahrt Quepos, ℘ 2777-4842, 2777-1955, 🖥 www.manuelantoniosurfschool.com. Surfkurse in kleinen Gruppen (3 Std. $70), Board-Verleih ($25 pro Tag).

Tauchen

Oceans Unlimited, in der Marina Pez Vela, 🖥 www.scubadivingcostarica.com, ℘ 2519-9544. Tauchgänge rund um den Nationalpark Manuel Antonio und zur Isla del Caño. Tauchschule mit eigenem Pool (Open-Water-Kurs ca. $500).

Touren

Iguana Tours, in Quepos am Ortsausgang Richtung Nationalpark, ℘ 2777-2052, 🖥 www.iguanatours.com. Kajak- und Schnorcheltouren sowie geführte Touren durch die Nationalparks Manuel Antonio und Carara.

H20 Adventures/Ríos Tropicales, am Ortsausgang Richtung Manuel Antonio, ℘ 2777-4092, 🖥 www.h2ocr.com. Rafting- (Schwierigkeitsstufe IV und V) und Kajaktouren auf dem Río Savegre, Seekajak- und Mangroventouren.

SONSTIGES

Apotheke

Farmacia Don Gerardo, an der Strandmeile neben dem Hotel El Parque, ℘ 2777-0038. ⊕ Mo–Sa 8–20, So 8–18 Uhr.

Autovermietung

Alamo, Av. 5, C. 3, ℘ 2777-3344. ⊕ tgl. 7.30–18 Uhr.

Hertz, am Ortsausgang, Richtung Manuel Antonio auf der linken Seite, ℘ 2777-3365. ⊕ tgl. 7.30–18 Uhr.

Thrifty, C. 3, ℘ 2777-3334. ⊕ Mo–Fr 7–18 Uhr.

Fahrradreparatur

Ciclo LK, C. 3, Av. 5–7, ℘ 2774-0440. ⊕ Mo–Fr 8–12 und 13–17, Sa 8–12 Uhr.

Geld

Banco de Costa Rica, moderner Betonklotz im Zentrum. ⊕ Mo–Fr 9–16 Uhr.

Banco Nacional, gegenüber den Bomberos (Feuerwehr). ⊕ Mo–Fr 8.30–15.45 Uhr.

Internet

Internet Coopesilencio, neben der Soda Come Bien im Mercado. ⊕ Mo–Sa 8–21, So 10–20 Uhr.

Medizinische Hilfe

Cruz Roja, gegenüber der Banco Costa Rica, ℘ 2777-0116, ⊕ 24 Std.

Hospital, 4 km von Quepos an der Straße Richtung Flughafen, ℘ 2777-6868.

Linea Vital de Costa Rica, an der Straße zum Nationalpark, ℘ 2777-6868 (24 Std.), private Ambulanz.

Post

Am Fußballplatz. ⊕ Mo–Fr 8–12 und 13–17, Sa 8–12 Uhr.

Supermarkt

Pali, kurz vor der Ortsausfahrt, Richtung Flughafen. ⊕ Mo–Do 9–19, Fr und Sa 8–20, So 9–13 Uhr.

Super Yoseth, an der Straße zum Nationalpark, auf der linken Seite, ⊕ tgl. 7.30–21.30 Uhr, und in Quepos 50 m östl. des Busbahnhofs, ⊕ tgl. 18–22 Uhr.

Wäscherei

Tico Lavandería, gegenüber dem Restaurant Tiquicia. ⊕ Mo–Sa 8.30–12, 13.30–17 Uhr.

Im Nationalpark Manuel Antonio warten paradiesische Badestrände auf müde Wanderer.

TRANSPORT

Busse

Der **Busbahnhof** befindet sich im Ortszentrum, gleich neben dem Mercado Central (Markthalle). Fahrkarten nach San José sollte man sich mindestens 2 Tage im Voraus besorgen. ⏱ Mo–Sa 7–11 und 13–17, So 7–13 Uhr.
MANUEL ANTONIO, alle 30 Min. tgl. 5.30–21.30 Uhr, 25 Min.;
PARRITA, 14x tgl. 4.30–17.30 Uhr, 30 Min.;
PUNTARENAS (über JACÓ), 12x tgl. 4.30–18 Uhr, 3 Std.;
SAN JOSÉ, 4, 5, 6, 7.30, 10, 12, 13, 14, 14.30, 16.45, 17 Uhr, 3–3 1/2 Std. (z. T. Direktbus), mit **Transporte Morales**;
SAN ISIDRO (über MATAPALO, DOMINICAL), 5, 8, 11.30, 15.30 Uhr, 1 1/2 Std. mit **Transportes Blanco**;
UVITA (über DOMINICAL), 6, 9.30, 17.30 Uhr, 3 Std.

Flüge

Ein Taxi zum Flughafen (ca. 5 km östl. von Quepos) kostet etwa $10.
SAN JOSÉ, in der Hochsaison 5x tgl. mit **Sansa** und 4x tgl. mit **Nature Air**, ab ca. $80. Außerdem Flüge u. a. nach PALMAR, ARENAL, TAMARINDO, PUERTO JIMÉNEZ und BOCAS DEL TORO (Panama).

Parque Nacional Manuel Antonio

- **MINAE-Büro**: ☎ 2777-0644
- **Öffnungszeiten**: Di–So 7–16 Uhr
- **Eintritt**: $16, Kinder unter 12 Jahren gratis. Führungen werden am Parkeingang angeboten. In der Hauptsaison muss man mit langen Schlangen an der Kasse und mitunter mit Wartezeiten von bis zu 2 Stunden rechnen. Besucher können ihr Auto auf dem bewachten Parkplatz am Eingang (ca. 3000C$, je nach Parkwächter) abstellen.
- **Gründungsjahr**: 1972
- **Größe**: 1983 ha Land- und 55 210 ha Meeresfläche
- **Transport**: Nach Quepos alle 30 Min.; Mo–Sa 5x tgl. Direktbusse von Manuel

Antonio über Quepos nach San José. Der Shuttlebus **Interbus**, ☎ 4100-0888, 🖥 www.interbusonline.com, pendelt außerdem zwischen vielen Hotels in Manuel Antonio und Fortuna, Jacó, Monteverde, Santa Teresa, Montezuma, Malpais und San José.

Der Parque Nacional Manuel Antonio steht nach dem Parque Nacional Volcán Poás an zweiter Stelle der meistbesuchten Nationalparks in Costa Rica. Ende der 1960er-Jahre kauften Expats das Gelände auf (eines der wenigen Gebiete, das nicht zum Imperium der United Fruit Company zählte), um es vor drohender Abholzung und Bebauung zu schützen; 1972 wurde der Nationalpark gegründet.

Hauptattraktion des Schutzgebietes sind zweifellos die paradiesisch weißen Sandstrände mit kristallklarem Wasser. Ideal zum Schwimmen und Schnorcheln ist die malerische, leider oft überfüllte, 400 m lange **Playa Manuel Antonio** (Playa 3), die auch für Rollstuhlfahrer zugänglich ist. Umkleidekabinen, Duschen und sanitäre Einrichtungen finden sich in unmittelbarer Nähe des Strands. Bei Ebbe kann man am westlichen Ufer, zur Isla Punta Catedral hin, eine steinerne, präkolumbische Unterwasserfalle entdecken, mit der die Indianer Schildkröten und Fische fingen. Stärkerer Wellengang herrscht an der 700 m langen **Playa Espadilla Sur**; die kleineren **Playa Puerto Escondido** und **Playa Gemelas** sind nur bei Ebbe zu erreichen.

Verschiedene Wanderwege führen durch den Park. Von einer Reihe von **Miradores** eröffnen sich Panoramablicke über die paradiesischen Buchten. Allein drei Aussichtspunkte befinden sich auf dem Wanderweg um die **Isla Punta Catedral**, die heute aufgrund von Sedimentablagerung mit dem Festland verbunden ist. Die zwölf vorgelagerten Inseln sind wichtige Nistplätze für Meeresvögel. Im Park leben außerdem Totenkopfäffchen *(Mono Tití)*, Kapuzineraffen, Faultiere, Wasch- und Nasenbären. Große Teile des Primärwaldes wurden Mitte der 1990er-Jahre bei Wirbelstürmen zerstört.

Die malerische Lage und die Traumstrände locken täglich Hunderte von Touristen nach Manuel Antonio. Ungestörtes Wandern und Tierebeobachten ist daher oft nur in den frühen Morgenstunden und auf keinen Fall am Wochenende möglich. Die Fütterung der Tiere ist strengstens verboten. Doch die Parkregeln hören schlagartig mit der Parkgrenze auf. An der **Playa Espadilla Norte**, kurz vor dem Eingang zum Schutzgebiet, herrscht bereits buntes Strandtreiben mit Wasserski, Strandmusik, Imbissbuden, Souvenirständen und Blechlawinen.

Trotz der vielen Besucher ist Manuel Antonio nach wie vor einen Abstecher wert, und vor allem für Familien mit Kindern zu empfehlen. Wer einen entspannten Tag an malerischen Pazifikstränden verbringen möchte, die zum Schnorcheln und Schwimmen gut geeignet sind, und dabei noch (so gut wie garantiert) Affen oder Waschbären zu Gesicht bekommen will, sollte den Park besuchen. Die Tiere zeigen kaum Scheu, da sie an Menschen gewöhnt sind (auf Taschen achten, die Affen greifen gerne zu), was mit natürlichen Lebensbedingungen aber wohl kaum noch etwas zu tun hat.

Von Quepos nach Süden

Playa Matapalo

Der kleine, ruhige Ort Playa Matapalo ist vom Trubel der Touristenhochburgen Quepos und Jacó weitgehend verschont geblieben. Vorwiegend europäische Urlauber besuchen den wenig besiedelten, kilometerlangen grauen Sandstrand und unternehmen von hier Ausflüge in die nähere Umgebung, zum Nationalpark Manuel Antonio oder machen Reittouren am

Ein fantastischer Ausritt

Ausritte durch Mangrovenwälder und am Strand bietet die Schweizerin Claudia von der Finca Arco Iris hinter der Pulpería in Matapalo an, ☎ 2187-5133. „Sie hat die besten Pferde, die wir je geritten sind. Sie wirken richtig glücklich. Der Ausritt war fantastisch!", schrieben uns begeisterte Leser.

Strand (s. Kasten S. 346). Zum Schwimmen ist der Strand bedingt geeignet; man sollte auf jeden Fall Vorsicht walten lassen. Die Strömungen können für Badende gefährlich werden. Als Surfrevier eignet sich Matapalo besonders für Anfänger. Von September bis November nisten Meeresschildkröten in Matapalo. Eine Forschungsstation, 🖳 www.asvocr.org, mit freiwilligen Helfern ist vor Ort tätig.

ÜBERNACHTUNG

Alle genannten Hotels liegen in Strandnähe.
Albergue Suiza, 📞 2787-5068. Etwas ältere, einfache Herberge mit 3 sauberen und geräumigen Zimmern, teilweise mit AC. Hilfsbereiter Besitzer aus der Schweiz. Sehr ruhig. ❷
Dreamy Contentment, 📞 2787-5223, 🖳 www.dreamycontentment.com. Geschmackvoll eingerichtete, edle weiße, Ferienhäuser mit Küche, Meeresblick und AC. Backpacker-Unterkunft ab $70 pro 2 Pers. ❺–❻
Jardin de los Monos, 📞 8826-1794, 🖳 www.bnbbythebeach.com. Gepflegte Unterkunft mit großzügigem Pool, nur 2 Min. vom Strand entfernt. Sehr ruhig, zwei kreativ gestaltetet Cabinas. Holländische Leitung. Ab ❸
Mi Vida Lodge, 📞 2787-5176, 8565-6301, 🖳 www.facebook.com/MiVidaLodge. 5 einfache, aber neue sehr solide gebaute Cabinas mit AC und gemauerten Bädern in Strandnähe (200 m). Schöner Aufenthaltsbereich. Frühstück (nicht inkl.) und liebevoll zubereitetes Abendessen gibt's im einladenden Rancho-Restaurant. Die hilfsbereite deutsche Besitzerin hat gute Tipps für Unternehmungen in der Umgebung. ❺
Rafiki Beach Camp, 📞 2787-5014, 🖳 www.rafikibeach.com. 4 luxuriöse Safarizelte mit eigenem Bad direkt am Strand. Liegewiese mit Pool und Jacuzzi, Grillstelle, Frühstück inkl. Die südafrikanischen Besitzer betreiben auch das Rafiki Safari (s. u.). ❻

Nördlich von Matapalo

🏨 **Rafiki Safari**, in Savegre von der Hauptstraße Richtung El Silencio abbiegen, dann weitere 10 km (etwa 1 Std. Fahrt, ausgeschildert), 4WD empfehlenswert, 📞 8368 9944, 🖳 www.rafikisafari.com. Komfortable Wohnzelte, weit abgeschieden, mitten in der Natur, mit großen Terrassen und warmen Duschen. Blick auf den Río Savegre, afrikanische Deko. Restaurant mit Spitzenküche, zubereitet vom Chefkoch aus Peru. Exzellent zum Vögelbeobachten. Raftingtouren und Reitausflüge. VP ❻

ESSEN

🏨 **La Langosta Feliz**, an der Costanera, 📞 2784-5214. Exzellente Fisch- und Seafoodgerichte, üppige Portionen. Gute Adresse, um Languste oder Ceviche zu probieren. Familienbetrieb, sehr beliebt. ⏰ tgl. 11–21.30 Uhr. In Strandnähe gibt es einen kleinen **Supermarkt**. Das **Restaurant** daneben hat landestypische Speisen und kühle Getränke.

TRANSPORT

Die **Busse** fahren vom Pueblo Matapalo ab, rund 1,5 km von der Playa Matapalo entfernt. SAN ISIDRO (über DOMINICAL), 7, 13, 15 Uhr, Bus kommt aus Quepos, 2 Std.;
SAN JOSÉ über SAN ISIDRO, 5 Std.;
UVITA (über DOMINICAL), 12, 21 Uhr, Bus kommt aus San José oder Quepos, 1 Std.

Dominical und Umgebung

Mit konstanten *breaks* und hohen Wellen steht Dominical bei Surfern hoch im Kurs. In den letzten Jahren hat sich der Ort zu einem beliebten Ziel für junge Individualreisende entwickelt, die hier die preiswerten Übernachtungsmöglichkeiten und eine lebendige Barszene genießen. Überall im Ort werden Surfboards und -kurse angeboten. Die kürzlich gepflasterte Strandpromenade ist von Souvenirständen gesäumt. Zum Schwimmen eignet sich jedoch die benachbarte, ruhige, 4 km südlich gelegene **Playa Dominicalito** besser (Zufahrt über die Costanera oder den Strand nach Süden entlangwandern). Noch ein Stück weiter südlich von Dominical führt eine Piste (geländegängiges Fahrzeug empfohlen!) steil hinauf in die Berge von **Escaleras**, wo ruhigere Unterkünfte mit tollen Ausblicken warten.

ZENTRALE PAZIFIKKÜSTE

VON QUEPOS NACH SÜDEN **I** Dominical und Umgebung **347**

10 km östlich von Dominical, an der Strecke nach San Isidro, befinden sich die **Cataratas Nauyaca**. Zu den beiden Wasserfällen von 20 und 50 m Höhe werden halbtägige Reittouren veranstaltet. Kaum jemand legt die Strecke zu Fuß zurück (der Fußmarsch hin und zurück dauert rund 4 Std., $8), denn durch die Pferdehufe ist der Weg meist aufgeweicht. Die Reittour kostet $70 p. P. inkl. Guide, Erfrischungen und Mittagessen. Schwimmen am Wasserfall ist erlaubt. Beginn Mo–Sa um 8 Uhr (bis etwa 13.30 Uhr). Reservierung erforderlich, ✆ 2787-0541, 🖥 www.cataratasnauyaca.com.

Auf derselben Route nach San Isidro, knapp 20 km von Dominical entfernt, präsentiert der **Parque Reptilandia**, 🖥 www.crreptiles.com, ✆ 2787-0343, Reptilien und Amphibien – Krokodile, Frösche, Schildkröten und natürlich jede Menge Schlangen. Eintritt $12, Kinder unter 14 J. $6. 🕐 tgl. 9–16.30 Uhr.

Wandermöglichkeiten bietet das **Privatreservat Hacienda Barú**, 3 km nördl. von Dominical, ✆ 2787-0003, 🖥 www.haciendabaru.com. Ein insgesamt 7 km langes Wegenetz führt durch 330 ha Regenwald, Mangroven, Feuchtgebiete und zum 3 km langen Strand. Eine 3- bis 4-stündige Tour mit einem Guide kostet $44 p. P., Minimum 2 Pers. (Start Mo–Sa um 7.30 Uhr). Auch Nacht- und Mangroventouren. Touristen stehen hübsche Holz-Ferienhäuser mit unterschiedlicher Ausstattung und ein Pool zur Verfügung ❺–❻ DZ $109. Barú ist ein beliebtes Ziel von Tourgruppen. 🕐 tgl. 7–19 Uhr, Eintritt $12.

Der Non-Profit-Zoo **Alturas Wildlife Sanctuary**, ✆ 8609-5363, 🖥 www.alturaswildlifesanctuary.org, widmet sich der Pflege und Wiederauswilderung verletzter oder aus Gefangenschaft befreiter Tiere. Besucher können die gepflegten Gehege, 7 km südlich von Dominical, im Rahmen einer Tour besichtigen und den Tieren dabei ganz nah kommen. Fachkundige Guides. 🕐 Geführte Touren Di–So um 9, 11, 13 und 15 Uhr, Eintritt inkl. Führung $25, Kinder unter 12 J. $15.

ÜBERNACHTUNG

Mit dem Bauboom haben einige neue Hotels eröffnet, oft stimmt das Preis-Leistungs-Verhältnis aber nicht.

Cool Vibes, am südl. Ortsende, ✆ 8353-6428, 🖥 www.hosteldominical.com. Entspannter Backpacker in einem ehemaligen Hotel mit großem Gemeinschaftsbereich. Die Gemeinschaftsküche ist in der alten Hotelküche untergebracht. Es gibt insgesamt 25 Zimmer (z. T. Dorms, Bett $14, mit AC $18, alle mit Privatbad). Sehr familiär, junges Publikum. Beliebt bei Surfern, abends kann es etwas lauter werden. Kaffee und Trinkwasser gratis. ❷

Hotel Mavi, am südl. Ortsende, ✆ 2787-0429,, 🖥 www.mavi-surf.com. 8 Zimmer mit AC und Kühlschrank in einer kleinen, sehr gepflegten Anlage mit Pool bei freundlichem Italiener. Abseits des Trubels, aber man hört die Hauptstraße. Europäisches Frühstück mit Bio-Marmelade inkl. Leider überteuert. ❻

Tropical Sands, am südl. Ortsende, ✆ 2787-0200, 🖥 www.tropicalsandsdominical.com. 14 einfache, aber saubere, helle Cabinas mit Fliesenboden in einer ansprechend gestalteten Gartenanlage, z. T. AC. 4-Pers.-Cabina mit Küche. Freundliche Leitung aus den USA. Kein Frühstück. Etwas zu teuer für das Gebotene. ❸

Posada del Sol, 30 m südl. der Schule, ✆ 2787-0085. 5 saubere, schlichte Cabinas im Ortszentrum mit Hängematten vor der Tür. Keine Reservierung möglich. Sichere Parkmöglichkeit. ❸

Tortilla Flats, am Strand, ✆ 2787-0033, ✉ tortillaflatsinfo@gmail.com. Einfache Cabinas für 3–4 Pers., teils mit AC, teils etwas muffig, vorwiegend amerikanische Gäste. Die Bar mit Restaurant ist ein beliebter Surfertreff. ❶–❸

Villas Río Mar, rund 800 m nördl. des Zentrums entlang der Schotterpiste am Fluss, ✆ 2787-0053 🖥 www.villasriomar.com. Ferienanlage mit 52 hübschen kleinen Häusern mit Palmstrohdach, teils mit AC und Kochnische. Gartenanlage mit Pool-Restaurant und Tennisplatz, holländische Leitung. Frühstück inkl. ❺–❻

Dominicalito / Escaleras

Tierra Divina Bed and Breakfast, etwa 3 km östl. der Playa Dominicalito, ✆ 8501-8644, 🖥 www.latierradivina.com. 3 stilsicher eingerichtete Cabinas mit schönen Möbeln, Kühl-

Dominical

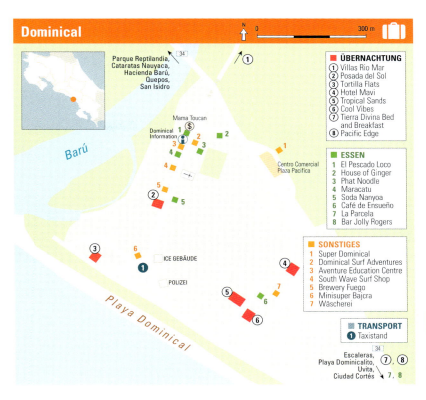

schrank, Mikrowelle und Privatterrasse auf naturbelassenem Grundstück. Die Gastgeber, ein junges amerikanisches Paar, sind sehr hilfsbereit und organisieren Touren. Kleiner schattiger Pool. Frühstück mit selbst gebackenem Brot inkl. ❹

Pacific Edge, 3 km südl. von Dominical, bei KM 148 links abbiegen, dann 2 km steil den Berg hinauf (nur mit 4WD), ✆ 2200-5428, 🖥 www.pacificedge.info. 4 einfache, aber freundliche und saubere Holz-Cabinas mit Balkonen und unschlagbarem Blick auf den Pazifik und die Brandung in der Ferne, 3 Cabinas mit eigener Küche, alle mit Kühlschrank. Einladender Poolbereich zum Entspannen. Nette britisch-amerikanische Gastgeber. Frühstück (à la carte) nicht inkl. Kein Mittags- und Abendessen. Ab ❸

ESSEN UND UNTERHALTUNG

Bar-Restaurant Maracatu, an der Hauptstraße. Vegetarische und vegane Gerichte, Sandwiches, Salate. Nicht gerade günstig, aber lohnenswert. ⏱ tgl. 12–22 Uhr.

Café de Ensueño, am südl. Ortsende neben dem Hotel Domilocos. Kleines, unauffälliges Café in einer Seitenstraße. Gutes, üppiges Frühstück, günstiges Mittag- und Abendessen. Gute selbst gemachte Säfte. ⏱ tgl. 7.30–19.30 Uhr.

La Parcela, Playa Dominicalito, 4 km südl. von Dominical, ✆ 2787-0016, 🖥 www.laparcelacr.com. Hoch auf einem Felsen, umspült von der Pazifikbrandung, tischt das Restaurant an der Punta Dominical Meeresspezialitäten auf – bei Sonnenuntergang *der* Ort für ein roman-

VON QUEPOS NACH SÜDEN | Dominical und Umgebung **349**

Perfekt für erholsame Strandspaziergänge: die einsame Playa Dominicalito

tisches Abendessen zu zweit. Die Lage ist unschlagbar, das Essen ist abhängig vom Koch des Tages gut. ⏲ tgl. 11–21 Uhr.
Phat Noodle, an der Hauptstraße, am Ortseingang, ✆ 2787-0017. Thailändische Küche in angenehmer Atmosphäre, Hauptgerichte 5000–9000C$. Currys, Pad Thai, Bowls und mehr, auch vegan. ⏲ tgl. 11.30–21.20 Uhr.
Tortilla Flat, am Strand. Surfer stärken sich hier mit einem deftigen Frühstück, auch hausgemachtes Bananenbrot oder Müsli. ⏲ tgl. 8–24 Uhr.
Bar Jolly Rogers, bei Escaleras, ca. 5 km südl. von Dominical den Berg hinauf. Rustikales, aber gemütlich gestaltetes Restaurant mit großer Terrasse und fantastischem Weitblick. Die Küche hat sich auf Chicken Wings in allen erdenklichen Geschmacksrichtungen, Pizza (ab 3500C$) und Burger spezialisiert. ⏲ tgl. 12–21 Uhr.
Brewery Fuego, an der Hauptstraße, ✆ 8992-9559. In Dominical wird jetzt auch Bier gebraut. Außerdem gibt es hier Ceviche und manchmal Livemusik. ⏲ tgl. 11.30–22.30 Uhr.
Einfache, günstige chinesische und amerikanische Kost gibt es im **House of Ginger**, gleich am Ortseingang, günstige Comida Típica serviert die **Soda Nanyoa** im Zentrum, gegenüber der Posada del Sol. Der gut besuchte Imbiss **El Pescado Loco**, an der Hauptstraße neben dem Büro von Dominical Information, bietet Fish and Chips und Fisch-Sandwiches (4000C$) aus fangfrischem Red Snapper. Gute Pommes!

AKTIVITÄTEN UND TOUREN

Surfen
Dominical Surf Adventures, im Zentrum an der Hauptstraße, ✆ 2787-0431, 🖥 www.dominicalsurfadventures.com. Surfschule, Surfboard-Verleih und Rafting-Touren. Etwas mürrischer Service. 2 Std. Unterricht mit anschließendem Board-Verleih ab $50 p. P. Privatunterricht (2 Std.) $60.
Southwave Surfshop, an der Hauptstraße im Zentrum, ✆ 2787-0048. Surfboard-Verleih für $10 am Tag ($60 pro Woche).
Sunset Surf, am südl. Ortsende beim Hotel Domilocos, ✆ 8917-3143, 🖥 www.sunsetsurfdominical.com. Verschiedene Übernachtungsangebote mit Surfunterricht.

Tauchen

Costa Rica Dive and Surf, an der Hauptstraße im Zentrum, ℡ 2787-0362, 🖥 www.costaricadiveandsurf.com. Tauchtouren zur Isla del Caño und in den Parque Nacional Marino Ballena. Auch Tauchkurse und Ausrüstungsverleih im Angebot.

SONSTIGES

Geld

Eine Bank gab es zur Zeit der Recherche in Domical nicht. Die Banco de Costa Rica hat ihre Filiale geschlossen. Ein unzuverlässiger Geldautomat steht beim „Natural Store" **Mamas Toucans** am Ortseingang. Die nächsten Banken befinden sich in Quepos und in Uvita.

Informationen

Dominical Information, im Zentrum, ℡ 2787-0454, 🖥 www.dominicalinformation.com. Bietet außer Infos auch Autovermietung, Touren und einen Shuttleservice. Außerdem **Postservice** (Briefmarken und Annahme von Sendungen) 🕐 tgl. 9–16 Uhr.

Polizei

Policia Turística, ℡ 2787-0011, 8342-0883.

Sprachschule

Aventure Education Centre, im Zentrum, ℡ 2787-0023, 🖥 www.adventurespanishschool.com. Schule mit Dependenzen in Turrialba und Arenal. Der Unterricht kann auf die 3 Schulen aufgeteilt werden. Wochenangebot (16 Std.) $260, Intensivkurs (20 Std. pro Woche) $325, Privatstunde $25.

Supermarkt

Super Dominical, an der Costanera im Centro Comercial Plaza Pacífico. 🕐 Mo–Sa 8–20, So 9–17 Uhr.
Minisuper Bajcra, im Ortszentrum, 🕐 tgl. 7–22 Uhr.

Wäscherei

An der Straße zum Hotel Mavi. 🕐 tgl. 8–19 Uhr.

TRANSPORT

Die **Busse** fahren an der Costanera ab, einige im Ortszentrum vor dem ICE-Gebäude (bei Dominical Information erfragen, s. oben). QUEPOS (über MATAPALO), 5.30, 8.30, 11.30, 13, 13, 17 Uhr, 1 Std. 15 Min., Bus kommt aus Uvita oder San Isidro;
SAN JOSÉ, ca. 5.45, 13.30 Uhr, 5 Std., Bus kommt aus Uvita;
San Isidro, 7.30, 13.20, 14.20, 16.50 Uhr, 1 1/2 Std., Bus kommt aus Uvita;
UVITA, 4.45, 7.30, 10.30, 12.30, 16, 17.30, 30 Min., Bus kommt aus San Isidro.

Taxis warten im Ortszentrum gegenüber dem ICE-Gebäude, ℡ 8317-4089.

Uvita

Uvita, 17 km südlich von Dominical, liegt am nördlichen Rand des **Parque Nacional Marino Ballena**. Der Ort bietet gute Schwimm- und Schnorchelmöglichkeiten. Im Sommer (Juni bis Oktober) und im Winter (Dezember bis März) ziehen Buckelwale an der Küste vorbei, und mehrere Anbieter im Ort bieten Beobachtungstouren an. Uvita ist in zwei Teile geteilt: das unscheinbare kommerzielle Zentrum an der Costanera und der attraktive Bahía-Abschnitt an der Küste und in Nationalparknähe. Bis heute ist der Ort von Bauboom und Touristenhorden weitgehend verschont geblieben und konnte seinen Tico-Charakter bewahren. Achtung: Urlauber und Hotelbesitzer berichten, dass es an der Playa Uvita in den letzten Jahren vermehrt zu Diebstählen gekommen ist. Keine Wertsachen mit an den Strand mitnehmen!

In und um Uvita muss bei fast jedem Strandbesuch der Parkeintritt von $6 entrichtet werden. Das Ticket gilt allerdings für den ganzen Tag und berechtigt auch zum Besuch der anderen Strandabschnitte im Parque Nacional Marino Ballena (S. 355). Der nächstgelegene kostenlose Strandabschnitt, **Playa Hermosa**, liegt nördlich von Uvita (schlecht ausgeschilderte Abfahrt von der Küstenstraße etwa 3 km nördl. des Zentrums). Dieser traumhafte Sandstrand

wird in der Hauptsaison von Rettungsschwim-
mern bewacht.

Für Abkühlung in der brütenden Hitze sorgt
die **Catarata Uvita**, ein kleiner Wasserfall mit
mehreren Badebecken oberhalb des Ortes. Ein
angeschlossenes Restaurant bietet Snacks. Der
kurze Weg vom Parkplatz zum Wasserfall kann
sehr rutschig sein, deshalb am besten Badeschuhe mitbringen! Mit dem Auto einfach der
Straße folgen, die an der Banco de Costa Rica
von der Costanera abzweigt. Nach dem Friedhof links halten und der Beschilderung folgen.
🕐 tgl. 11–16 Uhr, Eintritt inkl. Parkplatz 1000C$.

ÜBERNACHTUNG

Arboura Eco Cabinas, Bahia, neben dem
Flutterby House (ausgeschildert), 📞 8482-8014,
🖥 www.arboura.com. Einladende Anlage in
Strandnähe mit kleinem Pool und 5 zweistöcki-
gen, rustikalen, offen gestalteten Holz-Cabinas
(für max. 4 Pers.) mit kleinen Kochecken sowie
3 AC-Doppelzimmern. Gratis-Surfboard- und
Fahrradverleih. Strandnähe. ❸

Cabinas Esmo, Bahía, 📞 2743-8322, 🖥 www.
cabinasesmocr.com. 9 einfache, aber saubere
Zimmer mit Bad in Strand-/Nationalparknähe,
3 größere Cabinas, 2 mit Küche. Geräumig,
teilweise mit AC, Küche und Kühlschrank. Gut
geeignet für Familien. Pool liegt etwas abseits.
Restaurant. DZ mit AC/Ventilator. Frühstück
inkl. ❸–❹

Cabinas Los Laureles, Uvita Zentrum,
📞 2743-8008, 🖥 www.cabinasloslaureles.com.
14 Cabinas unterschiedlicher Qualität mit AC
bei Tico-Familie (Sohn Victor Hugo ist eine
reiche Informationsquelle und bietet Touren an).
Großes Grundstück mit altem Baumbestand.
Auch Sonderpreise inkl. Touren. Cabina für
4 Pers. $105. Ab ❷

🏨 **Cascada Verde**, nordöstl. vom Zentrum,
beim Wasserfall, 📞 2743-8191, 🖥 www.
cascadaverde.eu. Großes und gemütliches
Bambus-/Holzhaus in unmittelbarer Nähe der
Catarata Uvita mit Dorm ($10) und unterschied-
lichen, offen gestalteten und dadurch erstaunlich kühlen Privatzimmern (geteilte oder Privat-
bäder). Großes Holzterrassendeck mit Blick in
den eignen Dschungelgarten mit Froschteich

und Kaiman. Gut ausgestattete Gemein-
schaftsküche, Frühstück $4–8. Sehr familiäre
Atmosphäre, hilfsbereite deutsche Leitung.
Ruhig, abseits der Hauptstraße. ❷–❺

Forest Lodge, am Ortsausgang Richtung Süden,
📞 8456-4268, 🖥 www.forest-ecolodge.com.
Gepflegte neue Anlage mit Pool und einladend
gestalteten Holzhütten und gepflegter Gartenanlage, gut sortierte Gemeinschaftsküche.
Nette französische Leitung. ❹

Flutterbyhouse, Bahía, 📞 2743-8221, 🖥 www.
flutterbyhouse.com. Kreativ gestaltetes Backpacker-Hostel in Strand- und Nationalparknähe.
Dorm im Baumhaus im Mangobaum $22 p. P.,
tropisch-luftige Cabinas ($40) für bis zu 4 Pers.
und komfortablere Privat-Holzhäuser. Von
freundlichen Amerikanern geleitet. Surfbrett-
und Schnorchelverleih. Livemusik und andere
Veranstaltungen. Unsere Leser waren begeistert! Ab ❷

Tucan Hotel, Uvita Zentrum, 📞 2743-8140,
🖥 www.tucanhotel.com. Offen gestalteter
Backpacker rund um einen einladenden
Gemeinschaftsbereich mit Küche und Bar.
Das Frühstück kostet extra, Camping erlaubt,
Hängematten. Dorm $13, kleine DZ (ab $44),
Baumhaus ($29). Italienisches Restaurant.
❷–❸

Südlich von Uvita

🏨 **Finca Bavaria**, 5 km südl. von Uvita bei
KM 167, 1 km abseits der Straße,
📞 8355-4465, 🖥 www.finca-bavaria.de. Auf
einem steilen Hügel mit fantastischer Sicht auf
den Nationalpark liegen diese hübschen und
rustikalen Steinbungalows mit Terrasse. Großer
Pool, gutes Frühstücksbuffet für $10. Gastgeber
sind 2 fürsorgliche Bayern, die auch hervorragendes Abendessen zubereiten. Familiäre
Atmosphäre, schönes Grundstück mit Wanderwegen. Kinder unter 12 J. $13. ❺–❻

La Cusinga Lodge, 5 km südl. der Uvita-Brücke,
zw. KM 166 und 167, 📞 2770-2549, 🖥 www.
lacusingalodge.com. Einsam gelegenes Hotel
mit spektakulärem Meerblick. 10 schlichte
und luftige Holzhäuser, das Holz stammt aus
Wiederaufforstungsprojekten. Solarenergie,
teils rollstuhlgerecht eingerichtet. Wanderwege
führen zum Nationalpark. Frühstück inkl. ❻

Uvita

ESSEN

La Fogata, 200 m westl. der Puente Río Uvita. Beliebte Grillhähnchen und annehmbare Holzofen-Pizza. ⏲ Mo–Fr 17–21, Sa und So 12–21 Uhr.

Osa Thyme, nordöstl. vom Zentrum, kurz vor der Einfahrt zum Hotel Cascada Verde, ✆ 4700-7098. Stilvoll gestaltetes Restaurant mit kreativer internationaler Küche. Unter anderem gute Fischgerichte und Currys. Wechselnde Karte auf einer Tafel. ⏲ Mi–Mo 16–22 Uhr.

Sabor Español, an der Playa Uvita neben Cabinas Esmo, ✆ 2743-8312 und 8768-9160. Liebevoll zubereitete spanische Küche in stimmungsvollem Ambiente. Das Essen wird von waschechten Spaniern gekocht, z. B. Meeresfrüchte-Paella oder würzige Tapas. ⏲ Di–So ab 18 Uhr.

Sibu Coffee Shop, an der Costanera, gegenüber der Banco de Costa Rica, ✆ 2743-8674. Beliebter Treffpunkt für Burritos, Pizza und andere Snacks, auch gute Kaffee- und Kuchenauswahl (z. B. Bananenbrot und exzellenter Cheese Cake). ⏲ Mo–Sa 7–20, So 8–18 Uhr.

Das **Restaurant am Busbahnhof mit Auswahltheke** ist ideal für ein günstiges, reichhaltiges Mittagessen auf costa-ricanische Art. Guter Kartoffelbrei!

AKTIVITÄTEN UND TOUREN

Surfen
Uvita 360°, 100 m südl. vom Restaurante Los Delfines, ☎ 2743-8745, 🖥 www.uvita360.com. Surfunterricht (2 Std. ab $55 p. P.) bei einheimischen Surfern sowie Verleih von Surfbrettern ($15 pro Tag), Stand up Paddle Boards, Schnorchelausrüstung und Kajaks.

Tauchschule
Mad about Diving, Bahía, ☎ 2743-8019, 🖥 www.madaboutdivingcr.com. Tauchkurse, Lehrbücher inkl. Außerdem unterschiedliche Touren im Angebot. ⊙ tgl. 7–17 Uhr.

Touren
Bahia Ballena Tours, Bahía, ☎ 2743-8207. 4-stündige Kombinierte Wal- und Schnorcheltour mit Erfrischungen $60.
Ballena Aventura, Bahía, ☎ 2743-8473. 4-stündige Wal- und Delfinbeobachtungstour inkl. Snacks und Schnorchel für $65 p. P. Auch andere Touren im Angebot.
Dolphin Tours, ☎ 2743-8013, 🖥 www.dolphin tourcostarica.com. Ein weiterer Anbieter für Walbeobachtungstouren in der Nähe des Nationalparkeingangs, eine 4-stündige Waltour kostet $65.
Pelican Tour, Bahía, ☎ 2743-8047. Touren zum Nationalpark Corcovado und zur Isla del Caño, beide $140 p. P.
Uvita Adventure Tours, bei Cabinas Los Laureles, ☎ 2743-8008, 8918-5681, 🖥 www. uvitadventuretours.com. Der erfahrene und engagierte Naturführer Victor veranstaltet lohnende Mountainbike- und Kajaktouren in der Umgebung von Uvita. Auch Bootstouren im Nationalpark. Mangroven-Tour $60 p. P.

SONSTIGES

Fahrräder
Vermietung bei **Cabinas Los Laureles**, S. 352.

Festival
Jedes Jahr Ende Februar findet am Strand von Uvita das **Festival Envison**, 🖥 www.

envisionfestival.com, mit Konzerten und DJs (unterschiedlichste Stile), Tanz, Performance, Yoga und vielem mehr. In dieser Zeit sollte man sich unbedingt rechtzeitig um eine Unterkunft kümmern. Camping erlaubt.

Geld
Banco Costa Rica, mit Geldautomat.
⊙ Mo–Fr 9–16 Uhr.
Banco Nacional, gegenüber vom Supermercado BM. ⊙ Mo–Fr 8.30–15.45 Uhr.

Informationen
Uvita Information Center, an der Costanera, gegenüber der Banco Costa Rica, ☎ 2743-8072, 🖥 www.uvita.info. Umfangreiche Infos zu Touren, Guides und Unterkünften in der Umgebung, Postservice. ⊙ Mo–Sa 9–13 und 14–18 Uhr.

Medizinische Hilfe
Servicio Médico Bahía, im kleinen Centro Comercial El Domo an der Costanera, 50 m südl. der Brücke. Dr. Mauricio Esquivel, ☎ 2743-8595, Notfälle: 8839-4492.

Polizei
Policia Uvita, ☎ 2743-3538.

Supermarkt
BM del Pacífico, zwei an der Costanera.
⊙ Mo–Sa 7–21, So 7–20 Uhr.

Wäscherei
Neben der Banco Costa Rica von der Costanera abbiegen, nach etwa 300 m links abbiegen. Das erste Haus auf der linken Seite bietet einen Wäschedienst. ⊙ tgl.

TRANSPORT

Busse
Die Busse fahren im Zentrum vom neuen Busterminal an der Costanera ab. Nur einige Busse („colectivos", v. a. von Transportes Blanco) fahren bis ins Bahía-Viertel.
CIUDAD NEILY (PALMAR NORTE), 5, 8.30, 11, 13, 16.30 UHR, CA. 3 1/2 Std. mit Transportes Térraba;

SAN ISIDRO (über DOMINICAL), 6 und
14 Uhr, ca. 2 Std.;
SAN JOSÉ, 5.30 und 13.30 Uhr (Colectivos,
ca. 5 Std., Bus hält auch in der Nähe des Flug-
hafens), um 6, 7, 9, 11, 14 und 19 Uhr fahren
schnellere Busse mit weniger Zwischenhalten.
QUEPOS, 5.30, 11.40, 13, 16 Uhr, 3 Std.;
PASO CANOAS, 10.15, 13, 14, 18.40 Uhr.

Parque Nacional Marino Ballena

- **MINAE-Büro**: ✆ 2786-5392, 2775-1210
- **Öffnungszeiten**: tgl. 7–16 Uhr
- **Eintritt**: $6
- **Gründungsjahr**: 1989
- **Größe**: 5375 ha Meeres- und 171 ha
  Landesfläche

Wale (spanisch: *ballenas*) gaben diesem Nationalpark seinen Namen. Denn in den Sommermonaten ziehen vorwiegend Buckelwale an der
Bucht vorüber. Sie kommen aus den Polarmeeren, um sich in Costa Ricas warmen Gewässern
zu paaren oder zu kalben. Bei Ebbe ist der Küstenstreifen des Parks über eine Sandbank mit
der Isla Ballena verbunden und formt – aus der
Luft betrachtet – den Umriss einer Walflosse.

Der Nationalpark erstreckt sich über 15 Küs-
tenkilometer und umfasst die fünf Strände **Playa
Uvita**, **Playa La Colonia**, **Playa Arco**, **Playa Ballena** und **Playa Piñuela**. Lediglich Playa Uvita
und Playa La Colonia sind bei Ebbe miteinander
verbunden. Fünf verschiedene **Mangrovenarten**
wachsen im Park; das **Korallenriff** hat durch
den Ausbau der Costanera schwere Schäden
erlitten. Die vorgelagerten Inseln sind beliebte Nistplätze von Meeresvögeln. Auch der Rote
Ara kehrt allmählich wieder in den Nationalpark zurück.

Besucher haben die Möglichkeit, an der
schönen Playa Uvita zu schnorcheln. Die ruhige Playa La Colonia ist eine beliebte Anlauf-
stelle bei Sonnenuntergang; Camping ist erlaubt an den Playas La Colonia, Ballena und
Piñuela (Achtung: Diebe). Von der Playa Balle-

---

10 **HIGHLIGHT** **Wa(h)lheimat Costa Rica**

Jedes Jahr im Winter wandern die **Buckelwale** aus den Nordpolarmeeren in die tropischen und
subtropischen Gewässer Mittelamerikas, um sich zu paaren oder zu kalben. Auf dieser mehrere
Tausend Kilometer langen Reise nehmen die großen Meeressäuger keine Nahrung auf, sie leben
ausschließlich von den Fettreserven, die sie sich im Laufe des Sommers angefressen haben.
Buckelwale sind polygam, sie paaren sich mit verschiedenen Partnern. In der Balzzeit werben mehrere Bullen gleichzeitig um ein Weibchen. Dabei singen sie oft stundenlang das gleiche Lied, jeder
auf seine individuelle Art. Nur zum Luftholen unterbrechen sie den Minnesang, der mit über 600 Lauten und einer Lautstärke von 190 Dezibel zu einem der facettenreichsten und lautesten Klänge im
Tierreich zählt. Nach 12 Monaten gebären die Muttertiere bis zu 4 m große Waljunge, die durch die
fettreiche Muttermilch schnell auf eine Größe von 7–9 m heranwachsen.
Mit etwas Glück lassen sich im **Parque Nacional Marino Ballena** (s. oben) oder an der **Península
de Osa** (S. 380) die akrobatischen Sprünge der Buckelwale beobachten – ihren Namen erhielten
sie aufgrund des charakteristischen Buckels, den sie beim Abtauchen machen. Die Farbmusterung
und Form der Fluke (Hinterflosse) unterscheidet sich bei jedem Buckelwal. Wie beim Menschen der
Fingerabdruck, ist sie das unveränderliche Erkennungsmerkmal des Buckelwals, an dem Wissenschaftler ein Einzeltier identifizieren.
Da sich Buckelwale bevorzugt in Küstengewässern und Buchten aufhalten, waren sie lange eine
leichte Beute für Walfänger. Der Walfang ist heute in Costa Rica verboten, stattdessen bieten Tourenveranstalter Waltouren in der Bahía Ballena und auf der Península de Osa an. Eine Tour kostet
$60–70 p. P. (S. 354, Uvita, Touren).

na aus, in der Nähe von Ojochal, kann man gelegentlich Buckelwale erspähen; verborgen daneben – und nur bei Ebbe zugänglich – befindet sich die kleine Playa Arco, ein beliebtes Versteck für Verliebte. Playa La Colonia ist besonders bei Surfern beliebt, und die südlichste, fast 1,5 km lange, ruhige Playa Piñuela ist ein guter Bade- und Kajakstrand. Walbeobachtungs- und Schnorcheltouren im Park haben einige Anbieter in Uvita im Programm (S. 354).

Ojochal

Ojochal ist eine freundliche, ruhige und internationale Expat-Gemeinde, umgeben von paradiesischen Stränden. An der weiten Mündung des Río Térraba erstreckt sich der Hausstrand **Playa Tortuga**, der bei Flut allerdings weitgehend verschwindet. Von hier blickt man auf die Península de Osa und erlebt herrliche Sonnenuntergänge, bestens geeignet für Strandspaziergänge! Gut zum Schwimmen eignet sich die ein Stück weiter nördlich gelegene, wilde **Playa Ventana**, die über einen kostenpflichtigen bewachten Parkplatz (Pkw 2000C$) zu erreichen ist und am Wochenende von vielen Einheimischen bevölkert wird. Die „Ventanas" (Fenster) sind zwei Felsbögen bzw. Höhlen am Nordende des Strandes, in die man bei Ebbe hineinklettern kann.

Noch ein Stück weiter nördlich und von Ojochal ebenfalls problemlos zu erreichen ist die malerische **Playa Piñuela**, die zum Baden ebenfalls recht gut geeignet ist. Die Playa Piñuela gehört allerdings zum Parque Nacional Marino Ballena, deshalb wird hier der Parkeintritt fällig (wenn ein Parkwächter anwesend ist). An allen Stränden rund um Ojochal sollten Badende – wie überall an der Pazifikküste – Vorsicht walten lassen. Brandungsrückströmungen *(rip currents)* sind eine ständige Gefahr.

Etwa 4 km südlich von Ojochal, bei Punta Mala, führt eine Schotterstraße von der Costanera zum kühlen Wasserfall **Cascade El Pavon** (Eintritt frei) beim Dörfchen Vergel de Punta Mala. Das kleine natürliche Becken am Fuß des Wasserfalls, der von einem eingeklemmten Felsbrocken gekrönt wird, ist gut geeignet zum Baden, auch für Kinder.

ÜBERNACHTUNG

Diquis del Sur, nach dem Ortseingang die kleine Brücke überqueren und an der zweiten Straße links dem Wegweiser des Hotels folgen, ℡ 2786-5012, 🖳 www.diquiscostarica.com. 14 stilvoll eingerichtete Cabinas für max. 6 Pers. auf einem großen parkähnlichen Grundstück mit 2 Pools und Spielplatz. Alle Unterkünfte mit Bad, teilweise mit AC und Küche. Toll für Familien mit Kindern. Frühstück inkl. Ab ➍

El Mono Feliz, am Supermarkt vorbei, an der Schule links abbiegen und direkt nach der Brücke rechts abzweigen, ℡ 2786-5146, 🖳 www.elmonofeliz.com. Schöne kühle Ferienhäuser aus Holz mit kleiner Küche, außerdem 5 einfache Hotelzimmer. Großes gepflegtes Gartengrundstück am Fluss, hilfsbereiter Besitzer aus den USA, Pool, Frühstück inkl. 4 Pers.-Cabina mit Küche $100. Ab ➌

Hacienda de Los Sueños, kurz nach dem Diquis del Sur, ℡ 2786-5051, 🖳 www.haciendasuenos.com. Ein frankokanadisches Paar bietet weit abseits, in ruhiger Lage, 3 gemütliche und sehr gut ausgestattete Apartments mit kleiner Küche an. Wer Ruhe und Erholung sucht, ist hier genau richtig! Pool, kein Frühstück inkl. In der Hochsaison keine Kinder erlaubt. Weit im Voraus buchen! Max. 4 Pers. pro Apartment. ➌

Hotel El Perezoso, nach der Ortseinfahrt hinter der ersten Brücke in die erste Straße rechts abbiegen (ausgeschildert), ℡ 2786-5117, 🖳 www.elperezoso.com. 6 schlichte, geschmackvoll eingerichtete Zimmer mit herrlichem Blick. Die Turmzimmer mit frischer Brise sind die beste Wahl, teils mit Gemeinschaftsbad, geleitet von einer englischen Familie, Pool, Gemeinschaftsküche, Frühstück inkl. ➌ – ➍

🧳 **Rio Tico Safari Lodge**, nicht direkt in Ojochal, sondern 3 km südlich entlang der Costanera im Dörfchen Vergel de Punta Uva, ℡ 4001-4678, 🖳 www.riotico.com. 9 komfortabel eingerichtete Wohn-Safarizelte mit Veranda, die den unmittelbaren Kontakt mit der Natur ermöglichen. Gut ausgestattete Bäder und bequeme Betten. Ruhige Lage am

Fluss Río Tico (erfrischendes Bad möglich!), 6 km vom Strand. Engagierte niederländische Leitung. Gutes Preis-Leistungs-Verhältnis. Frühstück inkl. Ab ❸

ESSEN

In Ojochal haben sich einige ausgezeichnete Restaurants angesiedelt. Freunde des guten Essens werden hier ihre Freude haben.

Ceviche Piñuelas, an der Costanera an der Zufahrt zur Playa Piñuela, ✆ 2786-5400. Fangfrischer Fisch und Shrimps gebraten oder als Ceviche (unbedingt *ceviche mixto* probieren!). Einfaches, aber sauberes Restaurant. ⏲ mittags und abends.

Citrus, gleich nach dem Ortseingang links abbiegen, dann auf der rechten Seite, ✆ 2785-5157. Kreative Küche in stilvollem Ambiente. Fantasievoll präsentierte Fisch-, Fleisch- und Pastagerichte, relativ teuer. ⏲ Mo–Sa 17–21 Uhr.

Exotica, in Ojochal an der Hauptstraße, ✆ 2786-5050. Französische Fusion-Küche, nicht ganz billige, aber gute Steaks und kreativ interpretierte Meeresfrüchte-Variationen, der Schokoladenkuchen ist eine Offenbarung. Unbedingt reservieren! ⏲ Mo–Sa 17–21 Uhr.

Fusión, an der Costanera, nördl. von Ojochal, ✆ 2786 5152. Im Vergleich zu anderen Angeboten in Ojochal recht günstige Karte, große internationale Auswahl, u. a. Pasta und Tapas, z. T. kreativ und außergewöhnlich. ⏲ tgl. 11–22 Uhr.

Restaurant Mamma e Papà, in Ojochal über die Brücke, dann an der T-Kreuzung links abbiegen, erste Straße wieder rechts, gut ausgeschildert, ✆ 2786-5336, 🖥 www.mammaepapa.com. Italienische Küche, mittlere Preiskategorie. ⏲ Di–So 15.30–21 Uhr.

Restaurant Sud, kurz vor dem kleinen Supermarkt am Fußballplatz, ✆ 4701-0110. Nicht ganz billige mediterrane Küche mit Pasta sowie Fleisch- und Fischgerichten in einem großen offenen Pavillon abseits der Straße. ⏲ Do–Di 16–21 Uhr.

Restaurante Terraba, an der Costanera in Punta Mala, ✆ 4702-9868. Lokal eines ehemaligen Mitarbeiters des Citrus. Relativ preiswert, das Ambiente an der Straße ist nicht ganz so toll, aber dafür ist das Essen gut! ⏲ Mi–Mo 11–21.30 Uhr.

Tilapias La Cascada, 3 km südl. von Ojochal in Vergel de Punta Uva, ✆ 8986-8604. Frischer gebratener Tilapia aus eigener Zucht (5000C$). Ideal für eine Stärkung nach dem Besuch des Wasserfalls (S. 356). Auch ein paar einfache, aber saubere Holz-Cabinas inkl. tollem Blick, Bad und Frühstück werden vermietet (DZ $45). ⏲ tgl. 8–22 Uhr.

Villa Leonor, direkt an der Playa Ballena, 6 km nördl. von Ojochal bei KM 170, ✆ 2786-5380. Schön gelegenes Open-Air-Restaurant von US-amerikanischen Expats. Zwanglose Atmosphäre, manchmal Livemusik. Gute Fisch- und Fleischgerichte, sonntags hervorragendes BBQ! ⏲ tgl. 10–20 Uhr.

Frischen Kaffee, französische Backwaren und andere gute Snacks gibt es im **Panchito Café** im kleinen Centro Comercial am Ortseingang.

SONSTIGES

Informationen

Ojochal Tourist & Business Center, am Ortseingang im kleinen Centro Comercial, ✆ 2786-5823. Informationen rund um Ojochal, Postservice, Vermittlung von Autovermietungen und Touren in der Umgebung. ⏲ Mo–Fr 9–15 Uhr.

Medizinische Versorgung

Hospital, in Cortés, 15 km südl. von Ojochal, ✆ 2788-8030.

Supermarkt

Juancaloa, neben dem Fußballfeld. ⏲ Mo–Sa 7.30–20, So 8–17 Uhr.

TRANSPORT

Busse nach DOMINICAL (40 Min.) halten um 8.20, 13.20 und 16.50 Uhr an der Costanera. In die entgegengesetzte Richtung fahren Busse nach CIUDAD NEILY (2 Std. 20 Min.) um 5.25, 11.10 und 15.45 Uhr.

NATIONALPARK CORCOVADO © OLIVER KIESOW

Der Süden

Naturliebhaber pilgern in den feuchtheißen Süden, wo der artenreiche Corcovado-Nationalpark und der weitgehend unerschlossene Park La Amistad eine einzigartige Flora und Fauna schützen. Tauchbegeisterte zieht es an die traumhafte Bahía Drake, und wer den beschwerlichen Aufstieg zum Gipfel des Cerro Chirripó auf sich nimmt, wird mit Blicken über das ganze Land belohnt.

Stefan Loose Traveltipps

Dem Ruf des Quetzals folgen Wie ein grüner Blitz stürzt sich der Göttervogel am Cerro de la Muerte vom Himmel. S. 362

11 **Cerro Chirripó** Vom höchsten Gipfel Costa Ricas ist der Sonnenaufgang ein ganz besonderes Erlebnis. S. 370

Parque Internacional La Amistad Eine Wanderung zwischen jahrhundertealten Giganten im „Tal der Stille." S. 376

Boruca Bei der Fiesta de los Diablitos wird das Rad der Geschichte umgedreht: Indianer besiegen die Spanier. S. 376

Bahía Drake Ausflüge in die Wildnis der Osa-Halbinsel und Schnorcheltouren in türkisblauen Buchten. S. 381

12 **Parque Nacional Corcovado** Rote Aras, Affen und Tapire in freier Wildbahn erleben. S. 393

13 **Surfen** Wellenreiten in Pavones und Punta Banco auf einer der längsten Wellen der Welt. S. 400

Eine Oase der Ruhe Die abgelegene Yoga-Farm in Punta Banco bietet Entspannung bei Meeresrauschen. S. 402

Wann fahren? Vorzugsweise in der Trockenzeit von Oktober bis April. In den regenreichen Monaten sind einige Straßen im Süden unpassierbar.

Wie lange? 6–10 Tage

Bekannt für Anspruchsvolle Urwald-Treks, Wanderungen auf den höchsten Gipfel des Landes

Beste Feste Fiesta de los Diablitos in Boruca

Unbedingt machen Eine geführte Wanderung im Corcovado-Nationalpark

Wie keine andere Region in Costa Rica lädt der weite, paradiesische Süden zu tagelangen Treks durch nahezu unberührte Natur ein: Kraxelnd bei eisigen Temperaturen durch die Moränenlandschaft des landeshöchsten Berges **Chirripó**. Grenzüberschreitend durch das schroffe, unwegsame **Talamanca-Gebirge** nach Panama. Oder Tapiren und Roten Aras auf der Spur durch den **Nationalpark Corcovado**, eine der artenreichsten Regionen der Welt. Die Möglichkeiten, die eigenen körperlichen Grenzen auszutesten und die *last frontier* zu spüren, sind vielfältig. Durch die lange Isolation vom Rest des Landes konnten im Süden seltene Pflanzen- und Tierarten überleben, die in anderen Teilen des Landes und der Welt bereits ausgestorben sind. Engagierte Naturschützer kämpfen mit Initiativen von Waldfreikauf und Tierpatenschaften bis hin zu Rund-um-die-Uhr-Nestbewachungen um das von Holzfällern und Wilddieben bedrohte Paradies.

Geschichte

Eines der eindrucksvollsten Zeugnisse präkolumbischer Zivilisation sind die rätselhaften Granitkugeln in der Palmar-Sierpe-Region (s. Kasten S. 379). Der erste Kontakt zwischen Ureinwohnern des Südwestens von Costa Rica und den spanischen Konquistadoren fand im Jahr 1522 statt, als der spanische Eroberer Gil González an der heutigen Grenze zu Panama Schiffbruch erlitt und darauf die Gastfreundschaft der Térraba-Indianer genoss. Franziskanermönche ließen sich später in den Indianersiedlungen Boruca und Térraba nieder und führten – selbst nach heftigen Indianerrevolten Ende des 18. Jhs. – ihre Missionierungsversuche hartnäckig fort.

Im Süden Costa Ricas lebt heute die Mehrheit der indigenen Bevölkerung. Während des Ausbaus der **Panamericana** (s. Kasten S. 364) Mitte der 1960er-Jahre verloren viele Indianer ihr Land. Seit Ende der 1970er fristen die Boruca-, Térraba-Indianer in Reservaten in den Gebirgsregionen der Cordillera Talamanca, der Fila Costeña sowie in den Wäldern der Península de Osa ihr Dasein und kämpfen damit, jahrhundertealte Tradition mit modernem Leben zu vereinbaren.

Costa Ricas Südwesten ist heute weitgehend von Viehwirtschaft und großen Palmölplantagen geprägt. Über 50 Jahre lang baute die Uni-

Straße zu adoptieren

Ob in Guanacaste, auf der Península de Osa oder in Monteverde: Laut ächzende Brücken und tückische **Schlaglöcher** machen das Autofahren in Costa Rica zum Abenteuer. Heftige tropische Regenfälle und erbarmungslose Hitze haben die Asphaltdecke vielerorts aufgebrochen. Das Straßennetz wurde zwar in den letzten Jahren erweitert, die alten Straßenbeläge jedoch selten erneuert. Costa Ricas Straßenbelag ist heute vielerorts in einem schlechteren Zustand als im wesentlich ärmeren Nachbarland Nicaragua. Und das, obwohl sich der Straßenverkehr seit Stilllegung der Eisenbahn um ein Vielfaches verstärkt hat.

Was einigen ein Segen ist, bereitet anderen Sorgen. So greift die Strandgemeinde Tamarindo bereits zur Selbsthilfe und ruft in großen Zeitungsannoncen zu Spenden auf, um eine neue Asphaltdecke zu finanzieren. Man will schließlich die Touristen nicht verlieren. Andere Regionen wie die Península de Osa oder Monteverde halten an ihren Lehmpisten fest, in der Hoffnung, so den Touristenstrom einzudämmen und die Tier- und Pflanzenwelt zu schützen. Immerhin, ganz untätig war Costa Ricas Regierung nicht. Gemeinsam mit der Asociación de Seguridad y Embellecimiento de Carreteras Nacionales (ASECAN) rief das Transportministerium die Initiative **„Adopta Una Carretera"** („Straße zu adoptieren") ins Leben, in der Privatfirmen und Organisationen sich der vernachlässigten „Straßenkinder" annehmen können. Die Asphaltdecke wird dabei jedoch nicht angerührt. Stattdessen werden die Höllenpisten mit Grünflächen und Blumen umpflanzt, damit wenigstens das Auge was zu lachen hat, wenn der Hintern schon schmerzt.

ted Fruit Company um Golfito Bananen an und war der Hauptarbeitgeber der Region. Als der Konzern Mitte der 1980er-Jahre abzog, machten sich viele ehemalige Plantagenarbeiter auf die Suche nach Gold. Noch heute treffen Wanderer auf der **Península de Osa** auf Goldgräber, die mit Lupen und Spaten Corcovados Flussläufe absuchen.

Von San José zum Cerro Chirripó

Die landschaftlich reizvolle Route führt von San José über Cartago und dann auf der Interamericana steil hoch auf den **Cerro de la Muerte** (3419 m) – den Berg des Todes. Der Furcht einflößende Name stammt noch aus Zeiten, als es hier keine Straße gab. Fünfzehn Tage lang dauerte der Fußmarsch von San José auf den Berg. Viele Menschen kamen bei den heftigen Wetterumschwüngen ums Leben – damals wie heute. Denn scharfe Kurven, dichter Nebel, starker Lastwagenverkehr sowie riskante Überholmanöver machen die Interamericana auf diesem Abschnitt zu einer der gefährlichsten Straßen im Land. Der umliegende kühle Nebelwald bietet eine gute Gelegenheit, den **Quetzal** zu sehen. Am **Mirador de Quetzales** (KM 70) und im **Nationalpark Los Quetzales** (KM 76,5) werden Vogeltouren angeboten. Die beste Zeit für die Quetzal-Beobachtung ist Nov–Mai, doch die prächtigen Vögel sind das ganze Jahr über zu beobachten.

Östlich der Straße liegt der **Nationalpark Tapantí**, am besten vom Valle de Orosi zugänglich (S. 170), und westlich die **Ruta de Los Santos**, eine Ansammlung kleiner Ortschaften, von denen jede nach einem anderen Heiligen benannt ist. Ein lohnenswerter Abstecher führt nach **San Gerardo de Dota**, das von der Interamericana (KM 80) über eine unbefestigte Schotterpiste zu erreichen ist. Costa Rica macht hier seinem Namen a s Schweiz Mittelamerikas alle Ehre: grüne bewaldete Bergrücken, kleine Holzhäuschen mit Forellenteichen im Garten sowie der **Río Savegre** beherrschen die Landschaft.

Die Gegend um den Río Severge wurde 2005 zum **Parque Nacional de Los Quetzales** deklariert, dem jüngsten Nationalpark in Costa Rica. Der Parkeingang mit einer kleinen Rangerhütte befindet sich an der Interamericana, KM 76,5, gegenüber vom **Restaurant Los Chesperitos** in Ojo de Agua de Dota. Den Park durchziehen mehrere Wanderwege, die durch dichten Nebelwald führen. Für eine kurze Wanderung bietet sich der **Sendero Ojo de Agua** an, der auch ohne Guide gut begehbar ist. Der Park umfasst 4800 ha und erstreckt sich über unterschiedliche Höhenlagen (bis zu 3000 m) und Ökosysteme. In der Trockenzeit zwischen November und Mai hat man hier die besten Chancen, den Quetzal zu sehen. ⏱ tgl. 7–15 Uhr, Eintritt $10.

Die Route endet in der untouristischen Stadt San Isidro (KM 138), der größten Stadt südlich von San José und nur 20 km vom **Cerro Chirripó**, Costa Ricas höchstem Berg, entfernt.

ÜBERNACHTUNG

An der Interamericana

Albergue Mirador de Quetzales / Finca Eddie Serrano, KM 70, 10 km vor San Serrano, ☎ 2200-4185, 8381-8456, 🖥 www.elmirador dequetzales.com. 14 rustikale Holzhütten (max. 5 Pers.) auf 2650 m Höhe mit herrlicher Sicht auf Nebelwald. Warmwasser, gemütliches Restaurant. Quetzaltouren auf Englisch. Inkl. Frühstück, Abendessen und Tour. Auch Touren zum Cerro de la Muerte und in den Tapantí-Nationalpark. Kinder unter 10 J. zahlen die Hälfte. Frühstück und Abendessen inkl. ❻

Bosque del Tolomuco, ☎ 8847-7207, 🖥 www. bosquedeltolomuco.com. Rustikale Holzhäuser, steil an einem Hügel gelegen, bei einem freundlichen deutsch-kanadischen Paar. Ideal für Vogelfreunde. Der umgebende Wald mit Wanderwegen beherbergt vielen Tier- und Pflanzenarten. Keine Kreditkartenzahlung! ❸–❹

Toucanet Lodge, in Copey de Dota, ☎ 2541-3045, 🖥 www.toucanetlodge.com. Fast 2000 m hoch und sehr ruhig gelegen in einem wenig erschlossenen Tal umgeben von 2 Schutzgebieten und dem Nationalpark Los Quetzales, ideal für Vogelbeobachtung. 6 gemütliche Zimmer mit viel Holz und 2 „Suiten" mit jeweils 2 Zimmern, Kühlschrank und Kamin, alle mit eigener Veranda. Frühstück inkl., VP möglich. ❺

San Gerardo de Dota

In und um San Gerardo de Dota befinden sich Übernachtungsmöglichkeiten in allen Preisklassen.

Cabinas Miriam, 3 km von der Interamericana, ☎ 2740-1049, 8593-6032, 🖥 www.miriam quetzals.com. Einfache, saubere und sehr rustikal eingerichtete Cabinas, umgeben von Grün.

Beliebtes Fotomotiv am Cerro de la Muerte: der leuchtend bunte Quetzal

Warmwasser, Heizlüfter, warme Decken, teilweise mit Küche. Max. 6 Pers. ($100, 2 Pers. ab $55, gutes Frühstück inkl.). Restaurant, ⏲ tgl. 7–21 Uhr. Auch Quetzal-Touren. ❸

Dantica Lodge, 4 km von der Interamericana Richtung San Gerardo, ✆ 2740-1067, 🖳 www.dantica.com. Exquisite, kreativ-stilvoll eingerichtete Häuser mit großer Fensterfront, Badewanne und Jacuzzi, teils mit Küche. Terrasse mit Blick auf Nebelwald. Frühstück inkl., Kinder bis 12 J. gratis. Viele verschiedene Touren im Angebot, u. a. Quetzal-Touren $25. ❻

Hotel El Manantial, 9 km von der Interamericana ✆ 2740-1045, 🖳 www.elmanantiallodge.com. Einfache DZ in einem einladenden, mit viel Holz gestalteten Haus fernab der Hauptstraße am Río Savegre. Auch 2 größere Unterkünfte für Gruppen. Ein kurzer Wanderweg führt zu einem hauseigenen Teich. Frühstück inkl. ❺

Las Cataratas Lodge, 3 km von der Interamericana, ✆ 2740-1064, 8468-5223. Einfache, aber wunderschön von Natur umgebene Holz-Cabinas mit Balkon und Blick auf den Nationalpark. Inkl. Frühstück im gemütlichen Restaurant. Eigene Forellenzucht. Freundlicher Tico-Besitzer. ❹

Trogón Lodge, ✆ 2740-1051, 🖳 www.grupomawamba.com. Schöne Anlage am Río Savegre, umgeben von rund 87 ha Wald mit Wanderwegen. Die Zimmer sind relativ dunkel, da sie von dichtem Wald umgeben sind. Reit-, Mountainbike- und Vogeltouren. Frühstück inkl. ❻

ESSEN

Café Kahawa, 300 m westl. der Escuela La Lidia, ✆ 2740-1081. Frische Forelle und guter Kaffee in idyllischer Atmosphäre mit Blick auf den plätschernden Bach. Außerdem Ceviche, Sandwiches und Tacos. Abendessen nur nach Reservierung. ⏲ tgl. 7.30–18 Uhr.

Doña Miriam, bei Cabinas Miriam. Die freundliche Miriam serviert ein ordentliches Frühstück und große Portionen frischer Forelle zu einem günstigen Preis. Schöne Veranda mit tollem Blick. ⏲ tgl. 7–21 Uhr.

Restaurante Las Cataratas, 3 km von der Interamericana Richtung San Gerardo, ✆ 2740-1064. Auch hier gibt es frische Forellen (aus dem eigenen Teich), auch Cabinas werden vermietet (s. oben).

TRANSPORT

Die teilweise unbefestigte Straße nach San Gerardo de Dota zweigt bei KM 80 von der Interamericana ab. **Busse**, die zw. San José und San Isidro de El General verkehren, lassen Fahrgäste am Abzweig aussteigen (vorher dem Fahrer Bescheid geben). Die meisten Unterkünfte holen ihre Gäste von dort ab.

Mut zur Lücke: die Panamericana

„So vast, so incomplete, so incomprehensible, it is not so much a road as it is the idea of Pan-Americanism itself", beschreibt der nordamerikanische Reisejournalist Jake Silverman die längste mit dem Auto befahrbare Straße der Welt. Vom Polarkreis in Alaska bis nach Feuerland in Argentinien zieht sich die Panamericana durch dichten Urwald, Küstenstreifen und Schwindel erregende Gebirgspässe. Gut gepflasterte Abschnitte wechseln sich ab mit schlaglochzerfressenen Pisten, die in der Regenzeit unpassierbar sind. Die Idee einer Straße, die Nord- mit Südamerika verbinden sollte, entstand auf der panamerikanischen Konferenz von 1923. Mexiko machte den Anfang und beendete sein Stück Panamericana bereits 1950. Seitdem entstanden fast **48 000 Straßenkilometer**, die insgesamt 16 Ländergrenzen überqueren, darunter die berühmten Streckenabschnitte des Alaska Highway und der Interamericana. Damit ist die Traumstraße fast komplett – bis auf die sogenannte **Darién-Lücke** zwischen dem Panama-Kanal und der kolumbianischen Grenze. Dieses 87 km lange Stück Regenwald umfasst eines der artenreichsten Ökosysteme der Welt. Zwar würde die Fertigstellung der Interamericana Kolumbien und Panama touristisch weiter erschließen und beiden Ländern neue Handelsrouten eröffnen – für den Wald aber und die in ihm lebenden Indianer wäre es das Aus. Bleibt zu hoffen, dass die Regierungen auch in Zukunft Mut zur Lücke zeigen und Autofahrer einen Schlenker machen oder auf Drahtesel und Wanderschuh den Dschungel durchqueren müssen – gewiss nicht weniger abenteuerlich.

San Isidro de El General

San Isidro de El General (700 m), von den Einheimischen meist **Pérez Zeledón** nach dem gleichnamigen Cantón genannt, ist die politisch und wirtschaftlich bedeutendste Stadt im Süden Costa Ricas. Der Ort wuchs mit dem Bau der Interamericana in den 1930er-Jahren und lebt zum großen Teil von der Landwirtschaft (v. a. Zuckerrohr und Kaffee). Obgleich touristisch wenig attraktiv, ist San Isidro für Busreisende ein wichtiger Verkehrsknotenpunkt und eine gute Möglichkeit, in den Alltag der Ticos abseits der Hauptstadt einzutauchen. Regelmäßig fahren Busse in den Süden, an die Zentrale Pazifikküste, nach San José und Panama. Als Basis für den Aufstieg zum Cerro Chirripó ist jedoch der 17 km weiter nordöstlich gelegene kleine Ort **San Gerardo de Rivas** (S. 368) besser geeignet. Der Fußballverein Pérez Zeledón wurde 2017 zum ersten Mal costa-ricanischer Meister.

ÜBERNACHTUNG

Best Western Hotel Zima, etwas abseits der Hauptstraße, 100 östl. von McDonald's, ☎ 2770-1114, 🖥 www.hotelzima.net. Das Hotel mit schönem Pool und Restaurant wird hauptsächlich von Geschäftsreisenden besucht. Etwas in die Jahre gekommene Zimmer. ❻

Hotel Chirripó, an der Südseite des Parque Central, ☎ 2771-0529. Unterschiedliche, einfache, helle Zimmer, teils mit Gemeinschaftsbädern. Kürzlich renoviert. Die schönsten (aber abends lauten) Zimmer haben Balkon mit Blick auf den Park. Sehr zentral. Parkplatz, teilw. AC. ❷

Hotel Los Crestones, an der Südostseite des Stadions, ☎ 2770-1500, 🖥 www.hotelloscrestones.com. 3-stöckiges Hotel im Motelstil rund um einen Hof. Ältere, aber akzeptable Zimmer mit TV und guten Matratzen, die Zimmer in den oberen Etagen sind besser. Parkplatz, Pool, teilw. AC. Frühstück kostet extra. ❷–❸

Luckys Hotel & Casino, 100 m westl. der Musoc-Bushaltestelle, ☎ 2770-6230, 🖥 www.luckyshotelycasino.com. Recht komfortables Hotel mit angeschlossenem Kasino. Unter-

San Isidro de El General

■ ÜBERNACHTUNG
1. Best Western Hotel Zima
2. Luckys Hotel & Casino
3. Hotel Chirripó
4. Hotel Los Crestones

■ ESSEN
1. Kafé de la Casa
2. La Reina del Valle
3. El Balcon
4. Restaurant Hotel Chirripó
5. Café Delicias
6. Panadería Superpan
7. La Casa del Marisco

■ SONSTIGES
1. Galería Arte
2. Lavandería P. Z.
3. Farmacia Maré
4. Supermarkt Coopeagri
5. Megasuper
6. Palí

■ TRANSPORT
1. Taxistand
2. Terminal Musoc
3. Taxistand
4. Terminal Tracopa
5. Terminal Gafeso
6. Lokaler Busbahnhof
7. Terminal Transportes Blancos
8. Rioja Renta Car

DER SÜDEN

VON SAN JOSÉ ZUM CERRO CHIRRIPÓ | San Isidro de El General 365

Auf der *feria* von San Isidro verkaufen die Bauern der Region ihre Waren.

schiedliche Zimmer auf 3 Etagen, alle mit Bad, AC, TV und dunklen Holzmöbeln. Parkplatz. ❸–❹

ESSEN

Die Stände und Restaurants auf dem **Mercado Central** bieten einfache und preiswerte Gerichte. Einmal in der Woche finden Selbstversorger auf der **Feria del Agricultor**, einem großen überdachten Bauernmarkt, Av. 6, C. 6, Obst, Gemüse und andere landwirtschaftliche Produkte. ⏱ Do ganztägig, Fr vormittags.

Café Delicias, an der Südostecke des Parque Central. Die kleine Kette hat sich auch in San Isidro niedergelassen. Schöne Lage direkt an der Kirche mit Blick auf den belebten Platz. Frühstück, Kuchen und Standardgerichte sowie guter Kaffee und Fruchtdrinks. ⏱ tgl. 7–19 Uhr.

El Balcon, 100 m westl. vom Parque Central, ☎ 2771-6479. Landestypische Gerichte in Bar-Atmosphäre, beliebt bei jungen Ticos, laute Musik. ⏱ So–Do 11–1, Fr und Sa 11–2 Uhr.

Kafé de la Casa, Av. 3, C. 2–4. Gemütliches Café mit guter Auswahl an Tees und Kaffee. Kuchen, Sandwiches, Fruchtdrinks und Frühstück. ⏱ Mo–Sa 7–20, So 7–15 Uhr.

La Casa del Marisco, am Fußballstadion, Av. 14–18, C. Central, ☎ 2772-2862. Macht von außen nicht viel her und auch die Speisekarte ist nicht gerade üppig. Aber das Essen ist gut! Leckere Ceviches und Meeresfrüchte, beste Adresse für frischen Fisch in der Stadt. ⏱ tgl. 10.30–22 Uhr.

La Reina del Valle, an der Nordwestecke des Parque Central, 🖥 www.lareinadelvalle.com. Günstige landestypische Küche, beliebt bei Einheimischen. Toller Balkon mit Blick auf den Park. Neben zahlreichen Cocktails gibt es eine vielfältige Speisekarte. Schneller Service. Sonntags nur die 2. Etage geöffnet. ⏱ Mo–Sa 7–21 Uhr, Bar tgl. bis 24 Uhr.

Panadería Superpan, C. 1, Av. 4–6. Neben anderem eine kleine Auswahl an Vollkornbrot und -gebäck.

Restaurant Hotel Chirripó, an der Südseite des Parque Central neben der Geschäftsarkade. Gemischte Küche mit Standard-Fleischgerichten und Pasta. Gute Lage am Park. ⏱ 6–22 Uhr.

SONSTIGES

Apotheke
Farmacia Maré, C. Central, am Mercado Central, ⏲ tgl. 7–19.30 Uhr.

Autovermietung
Rioja Renta Car, C. 3, Av. 4–6, ✆ 2772-3929, 🖥 www.riojarentacar.com.

Bücher
Galeria Arte, C. 10, Av. 9, zur Zeit der Recherche war ein Umzug geplant (aktuelle Informationen auf der Website), 🖥 www.trinchera scr.wordpress.com. Kleiner Buchladen mit einer recht guten Auswahl an englischsprachigen Secondhand-Büchern. Hin und wieder finden auch Konzerte und andere Kulturveranstaltungen statt (Programm auf der Website). ⏲ Mo–Fr 9–12, 13–16, Sa 9–16 Uhr.

Geld
Banco Nacional, am Parque Central, ⏲ Mo–Fr 8.30–15.45 Uhr.
Banco de Costa Rica, Av. 4 Calle Central, ⏲ Mo–Fr 9–16 Uhr.

Internet
Café Internet Uranus, Av. 2 zw. C. 1 und 3, ⏲ 8–18 Uhr.

Medizinische Hilfe
Hospital Clínica Labrador, 75 m nördl. vom Stadion, ✆ 2771-7115. Privatklinik.

Supermärkte
Coopeagri, am Busbahnhof für lokale Busse, ⏲ Mo–Sa 7–21, So 8–16 Uhr.
Megasuper, C. 1, Av. 6–8, ⏲ Mo–Sa 7–22, So 8–21 Uhr.
Pali, Av. 9, Ecke C. Central, ⏲ Mo–Sa 7.30–20.30, So 8.30–18 Uhr.

Tankstelle
Servicentro, an der Interamericana.

Taxis
Am Parque Central; $25 nach San Gerardo de Rivas (Nationalpark).

Wäscherei
Lavandería P.Z., Av. 1, C. 4, ⏲ Mo–Sa 8–18 Uhr.

TRANSPORT

Busse
Die fünf verschiedenen Busbahnhöfe der kleinen Stadt liegen verwirrend verstreut. Die Mehrzahl der Busse kommt aus San José. Fahrkarten rechtzeitig kaufen. Aktuelle Infos und Abfahrtszeiten finden sich unter 🖥 www.perezzeledon.go.cr (unter „Turismo", „Información Básica", „Transporte Público").

Terminal Tracopa
Östl. der Kirche, ✆ 2221-4214, bedient die Golfito-Region, Panama, San Vito und San José. ⏲ 4.30–19, So 4.30–15 Uhr.
CHACARITA 4.45 Uhr (hier Umstieg nach PUERTO JIMÉNEZ möglich);
CIUDAD NEILY, 4.45, 6.30, 8, 12.30, 13, 14, 15, 16, 16.30, 19.30, 21.30 Uhr, 4 Std.;
GOLFITO, 10, 18.30 Uhr, 4 Std.;
PALMAR, 6.30, 8, 10, 13, 15, 16, 16.30, 17.30, 18.30, 19.30, 21.30 Uhr, 2–2 1/2 Std.;

Urlaub für einen guten Zweck

Finca Longo Mai, KM 164 der Interamericana, zwischen San Isidro und Buenos Aires, ✆ 2771-4239, 8657-3552, 🖥 www.sona dor.info. Die 900 ha große Finca wurde 1978 gegründet, um nicaraguanischen und salvadorianischen Flüchtlingen eine Alternative zum Leben im Flüchtlingslager zu bieten. Heute leben rund 400 Menschen in Longo Mai. Der Schwerpunkt der Finca liegt heute auf ökologischer Landwirtschaft und Ökotourismus. Besucher kommen bei Campesino-Familien unter und können sich mit eigenen Projekten in die Kooperative einbringen. Die Unterbringung ist sehr einfach, teils mit Badezimmer im Freien. Großes Gemeinschaftsrancho für kulturelle Veranstaltungen; Pferdeausflüge, Sprachunterricht. Busse halten an der Interamericana, 2 km vom Dorf entfernt. VP inkl., 9000C$ p. P. und Tag, ab 2 Wochen 5000C$ pro Tag.

VON SAN JOSÉ ZUM CERRO CHIRRIPÓ | San Isidro de El General **367**

PASO CANOAS (Grenzübergang Panama),
8, 14, 16.30, 19.30, 21.30 Uhr, 4 1/2 Std.;
SAN JOSÉ, 7.30, 8, 8.30, 9, 10, 11.30, 12, 12.30,
15.30, 17.30, 18, 21 Uhr, 3 Std.;
SAN VITO, 5.30, 9, 11.15, 14, 19 Uhr, 3 Std.

Terminal Musoc
An der Interamericana, ✆ 2771-0468.
SAN JOSÉ, stündlich 5.30–17.30 Uhr, 3 Std.

Terminal Transportes Blanco
Am östl. Ende der Av. 4, ✆ 2257-4121. Busse
nach Puerto Jiménez (NP Corcovado) und in
die Zentral-Pazifikregion.
BUENOS AIRES, 6.30, 11, 15 Uhr, 1 Std. 20 Min.;
DOMINICAL, 7, 11.30, 13.30, 15.30 Uhr,
1 1/2 Std.;
PUERTO JIMÉNEZ (via PALMAR), 6.30, 11,
15 Uhr, 5 Std.;
QUEPOS, 7, 11.30, 13.30 Uhr, 3 1/2 Std.;
SAN JOSÉ, 10, 14 Uhr, 3 Std.;
UVITA, 7, 11.30, 15.30 Uhr, ca. 2 Std.

Terminal Gafeso
Am östl. Ende der Av. 2, C. 5, ✆ 2771-1523.
BUENOS AIRES, 5.15–17 Uhr mind. stdl.,
1–1 1/2 Std.;

Lokaler Busbahnhof
Am Mercado Central, Av. 6, C. 0–2, Busse von
Hernández Solís, ✆ 2771-2314, zum National-
park Chirripó und in die nähere Umgebung
San Isidros.
SAN GERARDO DE RIVAS (NP Chirripó),
Mo–Sa 5.45, 8.30, 11.30, 14.30, 15.30, 20, So 9.30,
14, 16 Uhr, 1 Std.

San Gerardo de Rivas

Der kleine Ort San Gerardo de Rivas (1350 m),
rund 3 km vom **Nationalpark Chirripó** entfernt,
ist die Ausgangsbasis für einen Aufstieg zum
Cerro Chirripó. Obwohl jährlich mehrere Tausend Gipfelstürmer San Gerardo besuchen, hat
der Ort mit dem frischen Klima weitgehend seinen ländlichen Charakter bewahrt. Auf den umgebenden Hügeln werden Reis, Mais, Bohnen,
Zuckerrohr, Kaffee und Gemüse angebaut. In

Privathäusern wird selbst gemachter Käse und
Joghurt zum Verkauf angeboten. Es gibt keine
großen Hotels; die Unterkunft erfolgt überwiegend in einfachen, familiären Cabinas.

Sehenswertes
Viele Besucher berichten, dass die Wanderwege der 240 ha großen **Cloudbridge Reserve**,
🖥 www.cloudbridge.org, schöner sind als der
viel besuchte Nebelwaldabschnitt des benachbarten Nationalparks. Ein Wegenetz von insgesamt ca. 20 km führt durch das private Reservat mit Prämontan-Regenwald, das u. a. Affen,
Nasenbären und Gürteltiere sowie eine große
Vielfalt an Vögeln und Schmetterlingen beherbergt. Durch das Schutzgebiet verläuft der Río
Chirripó Pacífico mit einem kleinen **Wasserfall**.
Das Reservat befindet sich 3 km östlich (bergauf) von San Gerardo Richtung Nationalpark
(statt rechts in die Abzweigung zum Nationalpark einzubiegen, geradeaus der Schotterstraße folgen). Infos und Karte zum Naturreservat
sind am Eingang erhältlich. Eintritt frei, Spenden können am Eingang in einen Kasten geworfen werden. Es stehen Forschungseinrichtungen
für Studenten aus aller Welt bereit, *voluntarios*
sind willkommen.

Sich aufwärmen und die Muskeln entspannen können müde Wandersleut in den **Balnearios** (Thermalquellen), ✆ 2742-5210. Handtücher
und Badehosen werden vor Ort verliehen. An
Wochenenden öffnet ein kleines Restaurant.
Anfahrt: vor der ersten Brücke 2 km nördlich von
San Gerardo de Rivas links Richtung Herradura
abbiegen, ⊕ tgl. 7–17.30 Uhr, Eintritt $8 p. P.

Wer schon immer mal eine Forelle eigenhän-
dig aus dem Wasser ziehen und anschließend
verspeisen wollte, sollte die Forellenfarm **Coco-
lisos Truchero**, ✆ 2742-5023, 2742-5054, besuchen. Familie Garita hilft gern beim Angeln und
serviert den Fang *a la plancha* (gegrillt) mit leckeren Beilagen für ca. $6. Vom Hauptplatz in
San Gerardo 200 m bergauf der Hauptstraße
folgen, dann vor der Brücke den Abzweig links
nehmen. ⊕ Sa und So 9–17.30 Uhr, unter der
Woche vorher anrufen!

An der Kreuzung nach Herradura de Rivas
warten die **Jardines Secretos**, 🖥 www.sange
rardocostarica.com/activities/gardens, ✆ 2742-

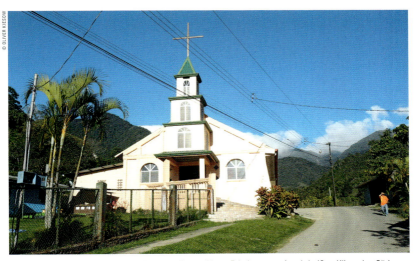

San Gerardo de Rivas, hoch in den Bergen gelegen, bietet Erholung vom feuchtheißen Klima des Südens.

5086, ein wunderschön gestalteter Landschaftsgarten mit Teichen und einem Aussichtspunkt. Eintritt $5. ⏲ tgl. 8–16 Uhr.

ÜBERNACHTUNG

Siehe Karte S. 373

Casa Mariposa, 50 m vor dem Nationalparkeingang, ✆ 2742-5037, 🖳 www.casamariposachirripo.net. Gemütlich-rustikales Holzhaus bei freundlichem amerikanischen Paar. Saubere und individuell gestaltete Zimmer, zum Teil mit Gemeinschaftsbad, Kaffee und Tee gratis, Internet-PC, Gemeinschaftsküche. Dorm-Schlafplatz $20 p. P. 7 unterschiedliche Zimmer mit Gemeinschafts- und Privatbad. Wegen der Nähe zum Park der beste Startpunkt für Wanderer. 500 m bis zum Cloudbridge Reserve. ❷ – ❸

Hotel de Montaña Pelicano, am Ortseingang, 500 m nördl. vom Liceo, ✆ 2742 5050, 🖳 www.hotelpelicano.net. Schönes 2-stöckiges, rustikales Hotel-Restaurant, auf einem Hügel gelegen. 8 günstigere Zimmer mit Privatbad im Haupthaus. Separate Holzbungalows mit Bad für max. 4 Pers. Garten mit Pool. Frühstück und Transport zum Nationalparkeingang inkl. Ab ❸

Hotel El Descanso, in San Gerardo, ✆ 2742-5061, 🖳 www.hoteleldescansocr.com. Einfache und saubere Cabinas, teilweise mit Bad, beim Langstreckenläufer Francisco (mehrmaliger Gewinner des Wettrennens auf den Chirripó). Die oberen Zimmer sind größer und heller. Hervorragendes Restaurant. Transport zum Park, WLAN (nur im Restaurant) inkl. ❸

Hotel Urán, 75 m vor dem Nationalparkeingang, ✆ 2472-5003, 🖳 www.hoteluran.com. 21 einfache Zimmer. Bei den Zimmern mit Gemeinschaftsbad reichen die Wände nicht bis zur Decke, größere Zimmer mit Privatbad im Haupthaus für max. 4 Pers. Frühstück inkl. und ab 5 Uhr möglich. Guter Ausgangspunkt für Wanderer. Restaurant mit schönem Ausblick. Parkplatz. EZ (mit Gemeinschaftsbad) $24. ❸

Talamanca Reserve, 1 km vor dem Nationalparkeingang, ✆ 2742-5080, 🖳 www.talamancareserve.com. Komfortable Cabinas mit Holzeinrichtung. Am schönsten sind die etwas abseits gelegenen „River Cabinas". Zur Anlage gehört ein 16 km² großes Areal mit tropischem

Regenwald und Wanderwegen. Restaurant, Frühstück inkl. **5**–**6**

Río Chirripó Retreat, ☏ 2742-5109, 💻 www. riochirripo.com. Schön gestaltete weitläufige Anlage mit direktem Zugang zum Fluss, mit 12 modern eingerichteten Zimmern und Apartments. Einladender Gemeinschaftsbereich, Pool mit Kinderplanschbecken. Massage- und Yoga-Angebote. Frühstück inkl. **6**

ESSEN

Bar-Restaurant Roca Dura, am Fußballplatz. Wer befürchtet, den letzten Bus nach San Isidro zu verpassen, kann hier seinen Hunger mit Comida Típica stillen. Die Haltestelle liegt gegenüber. ⏲ tgl. 7–19.30 Uhr.

Café Robinos, gegenüber der Kirche. Gemütliches, von einem freundlichen Kanadier geführtes Café. Leckerer Kaffee, Frühstück Pizza und Pasta. ⏲ tgl. 8–20 Uhr.

Restaurant El Descanso, Hotelrestaurant, s. S. 369. Sehr gutes und frisch zubereitetes Essen. Spezialität des Hauses sind vegetarische Gerichte. ⏲ tgl. 6–20 Uhr.

Restaurant Talamanca Reserve, Hotelrestaurant, s. S. 369. Schön und warm. Die Speisekarte reicht von Steak, Pasta, Casado und Gallo Pinto bis zu Waffeln und einer großen Auswahl an üppigen Omeletts zum Frühstück. ⏲ tgl. 8–22 Uhr.

Soda Urán, im Hotel Urán. Serviert landestypische Küche und ist das erste Gasthaus, auf das der hungrige Wanderer nach einem langen Abstieg trifft. ⏲ tgl. 4.30–8 Uhr.

SONSTIGES

Einkaufen

Abastecedor Las Nubes, am Sportplatz, hat fast alles, was man für den Berg braucht. ⏲ tgl. 6.30–20 Uhr.

Am Sonntagmorgen ab 9 Uhr findet vor dem Café Bambú ein kleiner **Markt** statt, u. a. mit frischem Käse und Joghurt von einheimischen Produzenten.

Internet

WLAN z. B. im Café Robinos oder im Roca Dura.

TRANSPORT

Bus nach SAN ISIDRO, Mo–Sa 5.15, 7.30, 10, 13, 16, 18.45, So 7, 11.30, 16 Uhr, ca. 1 Std.

11 HIGHLIGHT

Parque Nacional Chirripó

- **MINAE-Büro**: ☏ 244-7747
- **Öffnungszeiten**: MINAE-Büro ⏲ tgl. 8–12 und 13–16.30 Uhr; Servicios Chirripo ⏲ Mo–Sa 8–17, So 9–17 Uhr
- **Eintritt**: $18 pro Tag
- **Gründungsjahr**: 1975
- **Größe**: 52 200 ha
- **Unterkunft**: „Aufstieg zum Chirripó" auf S. 371
- **Transport:** Autofahrer nehmen, von San Isidro kommend, die Interamericana Richtung Süden und überqueren die Flüsse San Isidro und Jilguero. Rund 500 m nach dem Río Jilguero zweigt links die Straße nach Rivas (11 km) ab. Von Rivas führt eine nur teilweise asphaltierte Piste rechts über Canaan nach San Gerardo de Rivas. Vierradantrieb ist nicht unbedingt nötig, aber empfehlenswert für den letzten Abschnitt, der zum Nationalparkeingang führt. Die Strecke ist ausgeschildert.

Eisiger Wind peitscht die grün-gelb-braun gefleckte morastige **Páramo-Landschaft**. Schroffes Felsgestein und karge Seen reflektieren die Sonnenstrahlen. In den frühen Morgenstunden, bibbernd auf dem höchsten Gipfel des Landes, glaubt man sich in Urzeiten zurückversetzt, als sei die Zeit stehengeblieben. Costa Ricas zweitgrößter Nationalpark umgibt den mittleren Teil der **Cordillera Talamanca** mit dem höchsten Berg des Landes, **Cerro Chirripó** (3819 m). Die Gebirgskette entstand vor etwa 40 Mio. Jahren. Sie bildet die Grenzlinie zwischen dem feuchten atlantischen und dem trockenen pazifischen Klima. Zwei Vegetationszonen dominieren im Park: Im unteren Abschnitt wächst **Nebelwald**

Aufstieg zum Chirripó

- **Route:** San Gerardo de Rivas – Basiscamp Crestones – Gipfel des Chirripó – San Gerardo de Rivas
- **Länge:** von der Ranger-Station bis zum Gipfel 20,5 km
- **Dauer:** mind. 2 Tage/1 Übernachtung
- **Ausgangspunkt:** San Gerardo de Rivas
- **Ausrüstung:** Sonnenhut, Sonnencreme, warme Kleidung (Halstuch, Mütze), Wäsche zum Wechseln, Schuhe mit gutem Profil, Toilettenpapier, Proviant, Taschenlampe, Regenschutz

Praktische Tipps

Anmeldung: Die Anmeldeformalitäten für den Besuch des Chirripó-Nationalparks sind kompliziert und haben schon so manchen Besucher zur Verzweiflung gebracht. Kürzlich wurde jedoch ein „vereinfachtes" Online-Buchungssystem eingeführt. Besucher können sich nun auf 🖥 www.sinac.go.cr registrieren und anmelden:
Über den Reiter „Trámites y Consultas" registrieren und persönliche Daten eingeben; unter „Comprar" den Eintrag „Reservación en Línea" sowie unter „Area Silvestre" „Parque Nacional Chirripó" und den Nationalparksektor „Sector San Gerardo" auswählen. Nun den Kalender „Disponibilidad" klicken; unter „disponibilidad" wird anschließend die Anzahl der freien Betten im Basiscamp aufgeführt. Unter „Visita Diaria" erscheint die Anzahl der freien Tagestickets ohne Übernachtung. Hat man ein passendes Datum mit freier Übernachtung gefunden, schließt man den Kalender und trägt bei „Fecha Entrada" den Tag seines Parkeintritts ein und bei „Fecha salida" den Tag, an dem man den Park wieder verlassen will. Nun unter „Tipos de Admisión" den Eintrag „Adulto(a) No Residente" auswählen, bei „País de Residencia" das Heimatland, bei „Cantidad" die Zahl der Personen und bei „Cant. Días" die Anzahl der Tage des geplanten Aufenthalts (bei einer Übernachtung also 2 Tage).

Nachdem alles ausgefüllt ist, klickt man unten auf der Seite auf den blauen Pfeil. Dann trägt man die persönlichen und die Kreditkartendaten ein und schließt den Bestellvorgang ab. Die Parkverwaltung empfiehlt, mindestens einen Monat im Voraus zu reservieren; für eine Wanderung in der Hochsaison sollte man sich schon weitaus früher um die Anmeldung kümmern.
Kurz vor dem Aufstieg müssen sich Wanderer im Nationalpark-Büro, ca. 1 km vor dem Ortseingang von San Gerardo de Rivas, ein weiteres Mal registrieren. Es ist zu empfehlen, die Wanderung zur Herberge früh am Morgen zu beginnen. Da das Büro jedoch erst um 8 Uhr öffnet, sollte man bereits am Tag zuvor bis spätestens 16 Uhr die Anmeldeformalitäten erledigen (Pass und Reservierungsnummer mitbringen).

Unterkunft und Verpflegung: Nachdem man sich die Tickets für den Eintritt in den Park online gesichert hat, muss noch die Übernachtung im Basiscamp gebucht werden (sofern eine mehrtägige Wanderung geplant ist). Dafür **Servicios Chirripó**, 🖥 www.chirripo.org, ✉ info@chirripo.org, ✆ 2742-5097, unter Angabe der Reservierungsnummer kontaktieren.
Eine Nacht im Basiscamp Crestones kostet ca. 17 000C$. Das Camp befindet sich auf 3400 m Höhe und bietet Platz für insgesamt 52 Pers. Ein Park-Ranger ist immer vor Ort. Die Unterbringung erfolgt in Schlafsälen (mit Gemeinschaftsbädern) zu je 4 Pers. Kissen, Laken und Decken oder Schlafsack werden gestellt. Im Restaurant können Frühstück (5000C$), Mittag und Abendessen (auch vegetarisch, jeweils 7000C$) sowie Snacks gekauft werden. Auch die Verpflegung sollte man in der Hochsaison unbedingt im Voraus bei Servicios Chirripó bestellen. Es gibt keine Kochgelegenheit. Die Herberge ist sehr zugig, es gibt weder Heizung noch Feuerstelle, die Duschen sind kalt. Besucher werden gebeten, ihren Müll möglichst

zu reduzieren und wieder mitzunehmen. Der Check-in im Camp startet um 12 Uhr. Leider gibt es auf der Website von Servicios Chirripó nicht die Möglichkeit, online zu bezahlen. Daher bitte bei der Reservierung angeben, dass man die Bezahlung vornehmen wird, sobald man im Land ist (per Überweisung von einer costa-ricanischen Bank oder vor Ort im Büro). In jedem Fall muss man sich am Tag vor der Wanderung auch im Büro von **Servicios Chirripó** noch einmal melden. Es liegt direkt am Fußballplatz in San Gerardo de Rivas und ist tgl bis 17 Uhr geöffnet. Dort lässt man sich die Übernachtung im Camp bestätigen.

Guides: Ein Führer kostet ca. $70 pro Tag, ist für die Wanderung jedoch nicht erforderlich. **Führer** können im **Oficina de Informacion y Servicios Turisticos**, ☏ 2742-5225, 2742-5073, gebucht werden. Das Büro liegt an der Straße zum Nationalparkeingang, 500 m nordöstlich der Schule.

Waldbrandgefahr: Feuer und Rauchen sind im gesamten Park ausdrücklich verboten! Die letzten großen Waldbrände wurden durch Menschen verursacht

Wetter/Saison: Die Temperaturschwankungen im Park sind enorm. In den Sommermonaten fällt das Thermometer von über 20 °C am Tag auf bis zu minus 9 °C in der Nacht. Durch die wechselnden Frost- und Schmelzperioden entstehen im oberen Parkabschnitt bezaubernde Eiskristalle. Die **Trockenzeit** (Dez–April) ist die beste Zeit zum Wandern. Die Wanderwege sind nicht aufgeweicht und die Chance Tiere zu sehen, ist höher. Nachteile sind die Hitze und die vielen Besucher – man wandert nicht allein. Zur Semana Santa (Osterwoche) herrscht Hochbetrieb. Ab Mai beginnt die **Regenzeit**. Wanderer sollten den Regenrhythmus mitmachen, d. h. früh aufbrechen, denn gegen 13 Uhr setzt vor der Regen ein. Die Wege können vor allem im unteren Parkabschnitt zur Rutschpartie werden. Großer Vorteil der Regenzeit sind die relativ wenigen Besucher und die von September bis November blühende Páramo-Vegetation.

Die Route

Der 7- bis 8-stündige Aufstieg zum Chirripó bedarf keines besonderen technischen Könnens, doch gute Kondition und Ausdauer sind unbedingt erforderlich, denn die knapp 21 km lange Strecke steigt fast kontinuierlich von 1219 m auf eine Höhe von 3819 m an. Ein Führer ist nicht nötig, der Weg ist gut ausgeschildert, Höhen- und Kilometerangaben sind regelmäßig angegeben. Die übliche Tour umfasst 2 Tage und 1 Übernachtung.

1. Tag: Möglichst früh (5 oder 6 Uhr) in San Gerardo de Rivas aufbrechen. Der Weg führt zunächst an Weidelandschaft und abgeholzten Hängen vorbei, anschließend durch Nebelwald. Nach 7 km erreicht man die **Station Llano Bonito**, wo Trinkwasser vorhanden ist. Auch sanitäre Anlagen gibt es hier; Snacks, Getränke und Utensilien zur medizinischen Notfallversorgung werden verkauft. Im Notfall ist hier eine Übernachtung möglich. Von hier sind es weitere 7 km zum Basiscamp und 13 km zum Gipfel. Es folgt der steilste Streckenabschnitt, KM 8–11. Der **Monte Sin Fé** (Berg ohne Hoffnung) auf 3200 m Höhe ist umgeben von verkohlten Baumstümpfen – Eichenwald, der 1992 einem Brand zum Opfer fiel. Die nachwachsende Páramo-Vegetation blüht von September bis November. Nach einem kurzen, ebenen Abschnitt zieht der Berg die letzten

1,5 km noch einmal steil an, bevor die **Albergue Los Crestones** (auch: Albergue Centro Ambientalista El Paramo) erreicht ist. Wenn Wanderer nicht vor Dunkelheit in der Herberge eintreffen, werden Suchtrupps losgeschickt.

2. Tag: Wer den Gipfel ausspart, verpasst den besten Teil der Wanderung. Bisher war der Aufstieg ein gutes Konditionstraining, landschaftlich aber eher enttäuschend. Noch einmal heißt es früh aufstehen (3.30–4 Uhr), denn gegen 9 Uhr verdecken bereits Wolken die Sicht. Handschuhe und Mütze mitnehmen, es herrschen ein eisiger Wind und Minustemperaturen am Gipfel. Die 4,8 km lange Schlussetappe führt durch das **Valle de Conejos** (Tal der Hasen), der letzte Abschnitt erfordert Kraxeln. Vom Gipfel hat man bei gutem Wetter eine spektakuläre Sicht über die Gletscherseen der Cordillera Talamanca bis zum Pazifik, ein unvergessliches Erlebnis in der Morgendämmerung.

Weitere mehrstündige Wanderungen führen von Basiscamp zur **Sabana de los Leones** (4 km östl. des Camps), zum Gletschersee **Lago Ditkevi** (3 km nördl. des Camps) und ins **Valle de las Morenas** (7 km nördl. des Camps). Ganz in der Nähe des Camps (1,7 km) befindet sich die Felsformation **Los Crestones**. Die meisten Besucher machen sich jedoch nach der Gipfelwanderung auf den Rückweg (4–5 Std.), um rechtzeitig den 16-Uhr-Bus nach San Isidro zu erwischen.

Statt der Hauptroute von San Gerardo werden auch 4-Tages-Touren vom **Pueblo Herradura** angeboten. Diese Tour ist nur mit Führer möglich; die Wanderer verbringen zwei Nächte im Zelt und eine in der Herberge.

AUFSTIEG ZUM CHIRRIPÓ

(s. Kasten S. 198), ab 3000 m Höhe beginnt Costa Ricas größte Páramo-Landschaft mit Gräsern, Flechten, Moosen und Zwergsträuchern, nicht höher als 2 m.

Ein Großteil des Eichenwalds, der einst den Übergang zwischen Páramo-Vegetation und Nebelwald bildete, brannte beim verheerenden Feuer von 1992 ab. Tausende von Baumskeletten ragen nach wie vor dramatisch in den Himmel. Auf dem verkohlten Boden gedeiht heute eine blühende Páramo-Landschaft, Wald jedoch wird hier wahrscheinlich nicht mehr entstehen. Aufgrund von starken Winden und längeren Trockenperioden zwischen Januar und Mai kommt es im Nationalpark immer wieder zu schweren Waldbränden.

Im Park leben unter anderem Jaguare, Pumas, Wildschweine, Schlangen, Tapire und Affen, die der Wanderer jedoch nur sehr selten zu Gesicht bekommt.

Vom Cerro Chirripó nach Palmar

Weiter geht es auf der Interamericana, vorbei an dem südlichen Abschnitt der **Cordillera Talamanca**, wo ein halbes Dutzend **Indianerreservate** liegen. Der schwer zugängliche **Parque de la Amistad** und das **Waldgebiet der Fundación Dúrika** geben dem Besucher Gelegenheit, abseits des Touristenstroms weitere Gipfel der insgesamt 160 km langen Gebirgskette zu erklimmen.

Südlich von **Buenos Aires** führt die Straße malerisch am breiten, schlammigen **Río Grande de Térraba** entlang ins Herz des Südens, nach Palmar, wo jahrtausendealte Granitsphären Archäologen Rätsel aufgeben (s. Kasten S. 379).

Buenos Aires

Bereits in Buenos Aires, 64 km südöstlich von San Isidro, herrscht nicht mehr die kühle Frische der Chirripó-Gegend. Der Süden ist bedeutend näher gerückt. Der kleine, authentische Ort, in den sich nur wenige Touristen verirren, ist um-

geben von der **Cordillera Talamanca** und sechs verschiedenen **Indianerreservaten**. Buenos Aires ist die Ausgangsbasis für Ausflüge zur **Fundación Dúrika** und die **Reserva Indígena Boruca**. Zwei Busse fahren täglich von Buenos Aires ins Boruca-Indianerreservat.

ÜBERNACHTUNG

Nur wenige Touristen übernachten im Ort selbst. Die sehr einfachen Unterkünfte werden hauptsächlich von Fernfahrern genutzt.
Cabinas Fabi, 50 m nördl. vom Terminal de Bus Gafeso, ✆ 2730-1110. Große, relativ saubere Cabinas mit TV und teilweise AC. EZ mit Ventilator ab 10 000C$. Der Parkplatz ist nicht eingezäunt. ❶
Cabinas Violeta, bei den Bomberos (Feuerwache), ✆ 2730-5252, ✉ violetasol42@yahoo. es. Saubere, einfache Cabinas mit durchgelegenen Betten und TV, sehr zentral gelegen. Teilw. AC. ❷

SONSTIGES

Dúrika-Büro
Auf der Hauptstraße vom Highway in den Ort am „Colone" rechts abbiegen, nach 100 m noch einmal rechts; 50 m südl. vom ICE-Gebäude, 🖵 www.durika.org, ✆ 2730-0657, 🕐 tgl. 6–20 Uhr.

Fahrradreparatur
Ciclo Najovi, 100 m südl. des Parque Central, gegenüber dem „Monge", ✆ 8851-1885. Großer Fahrradladen mit Werkstadt. 🕐 Mo–Sa 8–18 Uhr.

Geld
Banco Nacional, am Parque Central, 🕐 Mo–Fr 8.30–15.45 Uhr.

Supermarkt
Megasuper, im Zentrum. 🕐 Mo–Sa 7–10, So 8–18 Uhr.

Taxis
Am Mercado Central. Preise: Boruca 25 000C$, Parque Amistad 30 000C$, Dúrika 25 000C$.

TRANSPORT

Die lokalen und Tracopa-Busse fahren im kleinen Busbahnhof am Mercado Central ab nach:
BORUCA 11.30, 13.30 Uhr;
PUERTO JIMÉNEZ, 7.30, 16.20 Uhr.

Häufigere Busverbindungen von der Raststätte an der Panamericana nach:
SAN ISIDRO, 5.30–19.40 Uhr, fast stdl., 1 Std.;
CIUDAD NEILY, 6, 7.50, 9.20, 13.50, 14.20, 15.20, 16.20, 17.20, 17.50, 20.50, 22.50 Uhr, 2 1/2 Std.;
SAN JOSÉ, 6–19.40 Uhr, fast stdl. 4 1/2 Std.

Fundación Dúrika

Das 8500 ha große Waldgebiet der Fundación Dúrika, 18 km nordwestlich von Buenos Aires in der Cordillera Talamanca, erstreckt sich bis auf 1600 m Höhe. Das Reservat wurde 1989 von einer Gruppe von 50 costa-ricanischen Naturschützern gegründet, um den Wald vor Abholzung zu schützen. Heute hat sich die Zahl der Mitglieder verdoppelt und umfasst Naturfreunde aus aller Welt. Einige sind immer vor Ort und engagieren sich dort gemeinsam mit Voluntarios in ökologischem Landbau, Wiederaufforstungsprojekten und der Umwelterziehung in den Nachbargemeinden durch. In der Krankenstation des Projekts wird die Bevölkerung aus den umliegenden Reservaten regelmäßig medizinisch versorgt. Es wird großer Wert darauf gelegt, die Natur in der Umgebung so wenig wie möglich zu belasten. So wird der Strom für das Gelände durch ein eigenes kleines Wasserkraftwerk gewonnen, und der Dünger für den Obst- und Gemüseanbau stammt aus der hauseigenen Ziegenzucht. Es werden keinerlei Pestizide oder zusätzliche Düngemittel eingesetzt. Für Besucher und Voluntarios stehen acht **rustikale Hütten** mit einer atemberaubenden Sicht auf die Talamanca-Berge zur Verfügung. Jede der einfachen Hütten verfügt über ein Bad mit Dusche.

Dúrika bietet sich für Wanderungen durch die Umgebung (mit einem schönen Wasserfall),

die Cordillera Talamanca und Besuche der umliegenden Indianerreservate an. Außerdem sind Yoga-, vegetarische Koch- und Heilpflanzenkurse im Angebot. In einem Naturheilkundezentrum werden Akupunktur und Massagen angeboten. Voluntarios sind willkommen und helfen vor allem bei der Ziegenzucht, beim ökologischen Landbau und bei der Instandhaltung der Wanderwege auf dem Gelände. Die beschwerliche Anfahrt (ca. 1 1/2 Std.) erfordert einen sehr guten (!) Geländewagen mit Vierradantrieb. Genaue Wegbeschreibungen erteilt das **Dúrika-Büro** in Buenos Aires, ✆ 2730-0657. Für Busreisende und unerfahrene Offroad-Autofahrer wird Transport von Buenos Aires (17 km) organisiert (etwa $25). Übernachtung $65 p. P., inkl. 3 liebevoll zubereiteter Mahlzeiten (ausschließlich mit vegetarischen Zutaten, die Ziegen sterben hier an Altersschwäche) und geführter Touren. Voluntarios bezahlen $35 pro Tag, bei einem Aufenthalt von mehr als 3 Wochen $25.

Indianerreservat Boruca

Weit oben, versteckt in den Gebirgszügen der Fila Costeña mit malerischem Blick auf den breiten, schlammigen **Río Grande de Térraba**, liegt Boruca, die Heimat von rund 2000 Boruca-Indianern. Selbst hier thront auf dem Dorfhügel das große weiße Kreuz der katholischen Kirche. Bunte, kunstvoll geschnitzte Teufelsmasken (s. Kasten S. 376) hängen zum Verkauf in Kunsthandwerksgeschäften. Der Fortschritt hat auch vor Boruca nicht Halt gemacht: Die traditionellen, palmstrohgedeckten Lehmbauten sind heute durch Zementhäuser ersetzt, es gibt eine Rundfunkstation und Telefon.

Gleichzeitig aber lebt die alte Boruca-Kultur fort: Heute wird in der Schule wieder die Stammessprache gelehrt, die die Elterngeneration nie erlernte. Das Kunsthandwerk, ein fundamentaler Bestandteil der Boruca-Kultur, hat durch den Tourismus neuen Aufschwung erfahren. Dabei zählen die Masken von Ismael González zu den Meisterwerken im Ort. Weitere Schnitz- und Webkunst sowie Instrumente sind im kleinen Museum von Boruca ausgestellt und erklärt. **La Flor de Boruca**, ℡ 2730-1089, organisiert Touren und betreibt das kleine Museum.

Auch Übernachtungen bei einheimischen Familien werden vermittelt ($60 p. P., inkl. Tour zu einem Wasserfall in der Umgebung und 3 Mahlzeiten). Infos unter ℡ 8819-1281 (nach Adriana fragen).

TRANSPORT

Zwei holprige Pisten führen ins Reservat. Die erste Strecke zweigt direkt hinter Buenos Aires nach Überqueren der Brücke, rechts von der Interamericana ab. Dies ist die Busroute, sie ist auch in der Regenzeit befahrbar. Der zweite, landschaftlich reizvollere Weg, ist nur in der Trockenzeit zu empfehlen. Er zweigt einige Kilometer weiter südlich ebenfalls rechts von der Interamericana ab (ausgeschildert).

Busse
BUENOS AIRES, 6, 13 Uhr, 2 Std.

Parque Internacional La Amistad

- **MINAE-Büro (Sector Altamira)**: ℡ 2200-5355, 8616-1647
- **Öffnungszeiten**: Das MINAE-Büro in Altamira ist rund um die Uhr besetzt, die Parkwächter leben hier. Für die meisten Wanderungen ist eine Anmeldung und ein Führer erforderlich (s. Wanderungen).
- **Eintritt**: $10
- **Gründungsjahr**: 1982
- **Größe**: 194 129 ha, weitere 200 000 ha liegen in Panama
- **Unterkunft**: Camping am Parkeingang Altamira. Einfache, rustikale Herberge ohne Elektrizität im Valle de Silencio (s. Wanderungen). Rustikale Cabinas am Parkeingang Santa María Pittier.
- **Transport:** Die Haupt-Parkstation befindet sich in Altamira, weitere Parkeingänge befinden sich in Tres Colinas und Santa María de Pittier.

La Fiesta de los Diablitos

Am 30. Dezember um Mitternacht erwachen Borucas grimmige **Teufelsmasken** zum Leben. Sobald der Laut der Concha (Muschel) vom Cerro Boruca ertönt, stürzen Dutzende von maskierten Männern den Berg hinab: Die Fiesta de los Diablitos hat begonnen. Der zweite Hauptdarsteller, der Stier, erscheint erst am Morgen darauf: ein Drahtgerüst, mit Zweigen und Jutesäcken ausstaffiert – das Symbol für Spanien. Die fünf stärksten jungen Männer (Borucas) steigen abwechselnd in das Stiergestell, keinesfalls eine Ehrenaufgabe, um die sie sich reißen, denn in den folgenden drei Tagen wird der Stier von den Teufeln gerammt, mit Stöcken geschlagen, durch wilde Schreie provoziert und muss sich mit aller Kraft unter dem stickigen Jutematerial wehren – Schwerstarbeit. Im Dorf werden Tamales zur Stärkung gereicht und Chicha in Kokosnussschalen ausgeschenkt. Je mehr Chicha fließt, desto aggressiver wird der Kampf. Mitunter attackiert der Stier auch weibliche Zuschauer oder wirft Fernsehkameras zu Boden. Der dritte Tag ist der Höhepunkt der Fiesta, der Stier wird von den Teufeln (Indios) besiegt, symbolisch verbrannt, und während die Jute noch in Flammen steht, ertönen bereits die Schlagzeugbässe zur anschließenden Disco.

Die Fiesta de los Diablitos – **der symbolische Kampf und Sieg über die Spanier** – ist unter Indianern in ganz Lateinamerika verbreitet. Weniger touristisch und weniger geordnet als in Boruca findet das gleiche Spektakel in kleinerem Umfang einen Monat später (5.–8. Februar) im rund 14 km entfernten Curré statt. Besucher sind willkommen.

In Boruca wird eine Foto- und Videogebühr verlangt. Die Holzmasken werden nach der Fiesta verkauft. Für das Reservat stellt der Verkauf eine wichtige Einnahmequelle dar, für die Besucher sind die Masken ein wertvolles Souvenir, denn die hölzernen Teufelsgesichter tragen den Staub, die Kratzer, den Schweiß- und Chicha-Geruch des dreitägigen Kampfes in sich.

Auto: Von Buenos Aires kommend Richtung San Vito fahren. In Las Tablas (auch Guácimo genannt) hinter der Soda La Griega links abbiegen. Von hier sind es weitere 20 km zum Park (und 17 km bis zum Dörfchen Altamira). Vierradantrieb ist erforderlich, vorher ausreichend tanken!

Busse: Es gibt zwei Möglichkeiten, den Altamira-Sektor mit dem Bus zu erreichen. Entweder direkt mit dem Bus um 11.30 Uhr von Buenos Aires nach Altamira (1 km vom Parkeingang entfernt) oder mit dem Bus von Buenos Aires in Richtung San Vito (oder umgekehrt) mit Umsteigen in Las Tablas. Von Las Tablas fahren Busse um 13.30 und 17 Uhr nach Altamira, zurück um 17.30 Uhr (Bus fährt weiter bis Buenos Aires).

Der Parque Internacional La Amistad (PILA) bildet den Kern der 700 000 ha großen **Reserva de la Biosfera**, Costa Ricas größtem zusammenhängendem Naturschutzgebiet, das sich aus drei Nationalparks sowie diversen Indianer- und Privatreservaten zusammensetzt. Der PILA umgibt den südlichen Abschnitt der insgesamt 160 km langen **Cordillera Talamanca** und zieht sich über die Landesgrenze hinweg bis nach Panama, wo weitere rund 200 0000 ha Parkfläche liegen. Der Park umfasst sowohl die größte Fläche an Primärwald als auch die größte Artenvielfalt Costa Ricas.

Die Höhenunterschiede im Schutzgebiet reichen von rund 135 m in den karibischen Tiefebenen bis zu über 3000 m auf den Berggipfeln des Talamanca-Gebirges. Im Nebel-, Regenwald und den Páramo-Gebieten leben u. a. Tapire, Falken, Pumas, Jaguare, Nasenbären und Adler, darunter auch endemische Arten und Tiere, die in anderen Landesteilen bereits ausgestorben sind.

Zu Kolonisationszeiten bildete die schwer zugängliche Talamanca-Region das Rückzugsgebiet vieler Indianerstämme. Bribrí- und Cabécar-Indianer leben bis heute im Park und konnten weitgehend ihre Kultur und Sprache bewahren, (s. Kasten S. 169). Der PILA wurde 1985 von der Unesco zum Welterbe ernannt.

Wanderungen

Der PILA widmet sich in erster Linie wissenschaftlicher Forschungsarbeit und wird von Touristen nur wenig besucht. Dennoch gibt es für ehrgeizige Wanderer einige anstrengende, aber landschaftlich sehr reizvolle Wanderwege durch weitgehend unberührte Natur. Die meisten Wanderungen sind mehrtägige Touren, die eine Voranmeldung im o. g. MINAE-Büro und einen Führer erfordern. Außerdem vermittelt die Fundación Dúrika (S. 375) Wandertouren durch den Nationalpark. Die beste Wanderzeit ist während der Trockenzeit von Dezember bis April. September und Oktober sind die regenreichsten Monate.

Der beeindruckende **Sendero Los Gigantes de Bosques** ist der einzige Wanderweg, den Besucher ohne Begleitung eines Führers bewandern können. Der 3 km lange Pfad (in 1 Std. gut zu bewältigen) beginnt an der Parkstation Altamira und steigt von 1300 m auf 1500 m an. Der Weg führt an bis zu 50 m hohen Baumriesen vorbei, darunter auch am Barbasco-Baum, in dessen giftigen Saft die Indios ihre Fischharpunen tauchen.

Bedeutend länger ist die Wanderung von Altamira zum **Valle de Silencio** (15 km), eine anstrengende, steil ansteigende zweitägige Tour mit Übernachtung in einer Herberge mit vier Zimmern. Die Route steigt von 1370 m auf 2500 m Höhe an und überquert die kontinentale Wasserscheide. Nebelwald, Riesenfarne und Panoramaausblicke säumen den Weg. Wanderer müssen Verpflegung und Gaskocher mitbringen, Trinkwasser ist in der Herberge vorhanden.

Im Parkabschnitt **Tres Colinas** beginnt der beschwerliche Aufstieg zum **Cerro Kamuk** (insgesamt 5 Tage), dem zweithöchsten Berg des Landes. Grenzüberschreitend ist die zweitägige Wanderung (hin und zurück) vom **Parkabschnitt Pittier** zum **Cerro Fabriga** in Panama, auf dem die Reste eines Mitte der 1980er-Jahre mysteriös verunglückten nicaraguanischen Flugzeuges liegen.

ÜBERNACHTUNG

AsoProLA, in Altamira, ☎ 2743-1184, 8432-3176, 🖵 www.asoprola.com. Eine Bauernorganisation für nachhaltigen Kaffeeanbau bietet in unmittelbarer Nationalparknähe 12 freundlich gestaltete Doppelzimmer mit Privatbad. Schönes Areal mit fantasievoll

DER SÜDEN

VOM CERRO CHIRRIPÓ NACH PALMAR **|** Parque Internacional La Amistad **377** gestalteten Skulpturen und Restaurant „Arco Iris": Pancho, ein lokaler Künstler, hat alles mit farbenfrohen Mosaiken versehen und alte Flaschen und sogar Autoreifen in den Bau integriert. Frühstück mit Joghurt, Marmelade und Honig aus eigener Herstellung inklusive Umfangreiches Tourangebot in die Umgebung: Eine 3-tägige Tour mit Guide, Verpflegung und Übernachtung ins Valle de Silencio im Nationalpark La Amistad kostet ca. $160. ⑥

🏠 **Posada Cerro Biolley (Asomobi)**, in Cerro Biolley, etwa 5 km nördl. von Altamira, 📞 2200-4250, 🖥 www.asomobi-costarica. com, www.actuarcostarica.com. Im Örtchen Cerro Biolley hat sich die Frauenkooperative Asomobi zusammengeschlossen, um die Arbeitsbedingungen der örtlichen Kaffeebauernfamilien zu verbessern und den lokalen Tourismus zu fördern. Hier befindet sich auch die einzige Kaffeerösterei in der Umgebung, die es den Bauern erlaubt, ihren Kaffee selbst zu vermarkten. Nachdem die alte Posada bei einem Brand vollständig zerstört wurde, bietet Asomobi heute wieder 3 sehr rustikale Zimmer mit Stockbetten und Privatbad in einem neuen Holzgebäude mit großer Aussichtsveranda. Die Mahlzeiten werden bei einer einheimischen Familie eingenommen. Wenig Komfort, man wohnt mitten im landwirtschaftlichen Betrieb. Touren, u. a. ins Valle de Silencio, werden angeboten. Voluntarios willkommen. ❸

Palmar

Feuchtheiße Luft schlägt Besuchern in dem verschlafenen Städtchen Palmar entgegen: Keine Brise, lautes Grillengezirpe – das Herz des Südens. Der Ort liegt im **Valle de Diquís**, zu beiden Seiten des **Río Grande de Térraba**. Früher fuhren von hier große, mit Kakao und Fleisch beladene Frachter nach Puntarenas. Heute ist der Schiffsverkehr eingestellt, der Térraba ist zu stark versandet.

In **Palmar Norte** befinden sich einige Unterkünfte und die Bushaltestellen, in **Palmar Sur** der Flugplatz und die Bananenplantagen. Beide Ortsteile sind durch eine Stahlbrücke miteinander verbunden.

Die meisten Touristen steigen hier direkt in den Bus nach Sierpe oder fahren am Ort vorbei auf dem Weg nach Puerto Jiménez und in die Golfito-Region. Doch Augen auf bei der Durchfahrt, denn das Valle de Diquís ist Fundort jahrtausendealter, großer **Granitkugeln** (s. Kasten).

ÜBERNACHTUNG UND ESSEN

Brunka Lodge, 100 m östl. des Roten Kreuzes, neben dem ICE-Büro. 📞 2786-7489. Originelle, wenn auch etwas beengte Anlage mitten in Palmar Norte mit kleinem Pool und winzigen separaten, aber komfortabel eingerichteten Cabinas (teilw. mit Whirlpool!). ❹
Cabinas El Teca, direkt an der Interamericana, 📞 2786-8010, 8810-8481, 🖥 www.hotelelteca. com. 9 einfache saubere, z. T. neue Cabinas mit Bad, Kühlschrank, teils mit AC. Freundlicher Besitzer. ❶–❷
Casa Amarilla, am Sportplatz, 📞 2786-6251. Sehr einfache Unterkunft im Hotel (eher nicht zu empfehlen!) oder in privaten Cabinas hinter dem Haupthaus an einem kleinen Innenhof, teils mit AC. Die freundliche Wirtin Dallia sorgt für Atmosphäre. Restaurant. ❷
Restaurante DiQuis, der Brunka Lodge angeschlossen, bietet eine umfangreiche Speisekarte, vom Burger über Pizza bis zur Comida Típica, und eine tolle Saftauswahl. Ein idealer Zwischenstopp für Durchreisende. Saubere Toiletten.

SONSTIGES

Apotheke
Farmacia Ibarra, Av. 9, C. 143. ⏰ Mo–Sa 8–20, So 9–13 Uhr.

Geld
Banco Nacional, an der Interamericana, gegenüber dem Restaurante DiQuis. ⏰ Mo–Fr 8.30–15.45 Uhr.
BCR, an der Interamericana, neben dem China-Restaurant. ⏰ Mo–Fr 9–16 Uhr.

Supermarkt
Megasuper, in Richtung Palmar Sur, vor der Brücke links. ⏰ Mo–Sa 7–20, So 8–18 Uhr.

Die Granitkugeln vom Valle de Diquís

Am Fußballplatz in Palmar Norte, im Parque de las Esferas in Palmar Sur, zerbrochen am Straßenrand Richtung Sierpe und im Dickicht versteckt vor der Finca 12, stehen die imposanten **Granitsphären** des Valle de Diquís. Sie haben eine nahezu perfekte kugelrunde Form, reichen von wenigen Zentimetern bis zu zwei Metern im Durchmesser, ihre Oberfläche ist glatt geschliffen. Jahrhundertelang waren sie von dichtem Regenwald bedeckt. Erst Ende der 1930er-Jahre kamen die Kugeln bei Waldrodungen für die Bananenplantagen der United Fruit Company zum Vorschein.

Wer sie wann herstellte, was sie bedeuten, woher der Granit stammt – und wie die runden Kolosse, deren größte Exemplare bis zu 16 Tonnen wiegen, transportiert wurden – sind Fragen, auf die es bis heute nur vage Antworten gibt. Archäologen schätzen das Entstehungsdatum der mysteriösen Kugeln auf den Zeitraum zwischen 200 v. Chr. bis kurz vor Ankunft der Spanier. Die Sphären müssen große symbolische Bedeutung gehabt haben, auf Friedhöfen oder, in geometrischen Formen angeordnet, als astronomische Kalender. Die Spanier glaubten, in ihnen sei Gold versteckt, brachen sie auf und stießen auf puren Granit.

Die ursprüngliche Bedeutung der Sphären ist heute nicht mehr zu ergründen, zu viele wurden von ihrem Platz entfernt und zieren heute die Eingänge von Regierungsgebäuden oder Villen im Valle Central. Das Museo Nacional, das sich am Eingang selbst mit den runden Schönheiten schmückt, bemüht sich, mit dem Projekt **Parque Temático de Las Esferas** die Sphären an ihren ursprünglichen Ort zurückzubringen.

TRANSPORT

Busse

Die Busse des Unternehmens Transportes-Blanco mit den Zielen Ciudad Neily, Dominical, Uvita und Paso Canoa verkehren von der Calle El Comercio vor der Panedería Palenquito.

Die Bushaltestelle für Sierpe befindet sich neben dem Gollo-Laden, C.143, Av. 11. Tracopa-Busse fahren ebenfalls nach Ciudad Neily sowie nach San Isidro und San José. Sie halten am Ortseingang an der Interamericana neben der Ferretería Valerio. Das Tracopa-Ticketbüro, ☎ 2786-6511, befindet sich gegenüber der Ferretería.

Der Bus nach Puerto Jiménez kommt aus San Isidro und hält an der Interamericana.
CIUDAD NEILY, fast stdl. von 5.50–22 Uhr, 1 1/2 Std.;
DOMINICAL, 7.30, 12.30, 16 Uhr, 1 1/2 Std.;
PASO CANOAS (Grenzübergang Panama), 10.30, 19 und 24 Uhr, 2 Std.;
SAN ISIDRO, 4.40–18.30 Uhr, fast stdl. (Tracopa), 2 1/2 Std.;
SAN JOSÉ, 4.40–18.30 Uhr, 12x tgl. (Tracopa), 5 1/2 Std.;
SIERPE, 4.30, 7, 9.30, 11, 13.30, 14.30, 17 Uhr, 40 Min.;
UVITA, 7.30, 12.30, 16 Uhr, ca. 1 Std.;
PUERTO JIMÉNEZ, 8.30, 13.20, 17.20 Uhr (Transportes Blanco), 2 1/2–3 Std.

Flüge

Taxi von Palma Norte zum **Flughafen** in Palma Sur: ca. $5.
SAN JOSÉ, tgl. 10.17 Uhr von Palmar Sur mit **Sansa**, 🖳 www.flysansa.com.

Sierpe und der Westen der Península de Osa

Südlich von Palmar Norte erstreckt sich jenseits des **Valle de Diquís** eine der abgelegensten Regionen des Landes, die **Península de Osa**, Costa Ricas *last frontier*. Lange Zeit bildete eine knochenbrecherische Piste die einzige Zufahrt in dieses grüne Paradies mit einzigartigen Regenwaldbeständen. Heute bietet die asphaltierte Carretera 245, die die ehemalige Goldgräbersiedlung **Puerto Jiménez** mit **Chacarita** an der Panamericana verbindet, einen vergleichsweise komfortablen Zugang zur Halbinsel. Zusätzlich werden Touristen mehrmals täglich auf die Halbinsel eingeflogen.

Auf der Strecke von der Panamericana nach Puerto Jiménez erreicht man nach 40 km Rincón, die erste größere Ortschaft, wo rechts eine Holperpiste zur paradiesischen **Bahía Drake** (ca. 90 Min.) abzweigt. Geradeaus geht es weiter – mit malerischen Ausblicken auf den **Golfo Dulce** – am Indianerreservat **Alto Laguna** vorbei

bis nach Puerto Jiménez, der wichtigsten Ausgangsbasis für Touren in den **Parque Nacional Corcovado**.

Die Península de Osa gehört zweifellos zu den Höhepunkten eines Costa-Rica-Urlaubs. Mit rund 700 Baum-, 140 Säugetier-, 370 Vogel- und 8000 Insektenarten zählt die Halbinsel zu den artenreichsten Regionen der Welt. 50 % der Tier- und Pflanzenwelt trifft man in ganz Mittelamerika nur hier an, 3 % der Flora wächst sogar nur auf Osa. Dank ihrer Abgeschiedenheit blieb die Halbinsel, und damit ihre Tiere und Wälder, lange Zeit vor dem Eindringen der „Zivilisation" verschont.

Heute bedrohen illegales Fischen, Jagen, Wilddieberei und der wachsende Zivilisationsdruck das Naturparadies.

Sierpe

Der kleine, verschlafene Ort Sierpe an der Flussmündung des **Río Sierpe** bildet das Eingangstor zur **Bahía Drake**, dem westlichen Abschnitt der Península de Osa. Von hier legen die Wassertaxis zu der malerischen Bucht ab. Sierpe wird umgeben vom größten Mangrovenwald an der Pazifikküste Mittelamerikas, dem **Humedal Nacional Térraba Sierpe**. Mangrovenwälder spielen eine bedeutende Rolle im Erosionsschutz von Fluss- und Küstenlandschaften. Die Rinde der Roten Mangrove enthält wichtige Gerbstoffe für die Lederherstellung, sie wurde aus diesem Grund stark abgeholzt. Heute steht das 33 000 ha große Feuchtgebiet, das unzähligen Tieren eine Heimat bietet, unter Schutz. **Kajaktouren** durch das Mangrovengebiet veranstalten das Restaurant Kokopelli Kokomana, die Marisquería Las Vegas und verschiedene Unterkünfte im Ort.

Seit Kurzem lässt sich die Bahía Drake von Sierpe aus auch ohne den Umweg über Palmar Norte und Chacarita mit dem Auto erreichen. In der Regenzeit und ohne Allradantrieb sollte man die Strecke jedoch nicht in Angriff nehmen! Eine abenteuerliche **Mini-Autofähre** (nordwestlich vom zentralen Park in Sierpe, $12 pro Fahrzeug) sorgt für die Überquerung des Río Sierpe. Danach folgt eine etwa 20 km lange Schotterpiste, die in Rincón auf die Carretera 245 trifft.

Von dort sind es weitere 30 km Holperpiste bis zur Bahía Drake.

Während des letzten Streckenabschnitts müssen einige Flussläufe durchfahren werden, die in der Regenzeit zum unüberwindbaren Hindernis werden können.

ÜBERNACHTUNG UND ESSEN

Hotel Margarita, am Fußballplatz, ℰ 2788-1474, 🖵 www.hotelmargaritasierpe.com. Makellose kleine Cabinas mit Holzwänden, teils mit Privatbad und AC. Freundliche Besitzerin Daisy. Ruhig. ❶–❷

Villa Kokopelli, am Ortseingang an der Hauptstraße, beim Supermarkt „Marilyn", 🖵 www.sierpemangrovetour.com/kokopelli-villa, ℰ 2788-1259, 8897-1678. Helles Apartment, von schönem Garten umgeben, mit einem Schlafzimmer und geräumigem Wohnbereich für max. 4 Pers. AC, voll ausgestattete Küche, Waschmaschine. ❷

Marisquería Las Vegas, am Bootsanleger, schön am Fluss gelegen, ℰ 2788-1117. Gute Auswahl an Salaten, frischem Fisch und Meeresfrüchten beim freundlichen Kolumbianer Jorge. Langsame Bedienung, aber leckeres Essen. ⏲ tgl. 6–22 Uhr.

Veragua River House, am Ortseingang links von der Hauptstraße abbiegen und nach der Brücke über den Río Estero Azul weitere 900 m fahren, ℰ 2788-1460, ✉ hotelveragua@racsa.co.cr. 4 Bungalows einzeln verstreut auf einem Finca-Gelände, schön gelegen direkt am Fluss. Die Bungalows haben ihre besten Jahre definitiv hinter sich, versprühen aber immer noch einen gewissen Charme. Nette Leitung, sehr leckeres Frühstück im Haupthaus inkl. ❹

SONSTIGES

Supermarkt
Super Combo, ⏲ tgl. 6–18 Uhr.

Touren
Kokopelli Tours, am Flussufer, neben der Marisquería Las Vegas, ℰ 2788-1259, 8897-1678, 🖵 www.sierpemangrovetour.com. Lohnende Mangroventouren und Bootsfahrten auf dem Río Sierpe ($60), wo man zahlreiche Tiere zu sehen bekommt, ab 2 Pers., auch Nachttouren. Tourleitung auch auf Deutsch; bei der Reservierung nach Claudia fragen! Das Tourbüro ist ein bunter Souvenirshop.

Tours Las Vegas, im Restaurant Las Vegas, ℰ 2788-1117, 🖵 www.restaurantelasvegas sierpe.com/tour. Mangroven- und Flusstouren, aber auch Angeltrips auf dem Río Sierpe und Ausflüge zum Corcovado-Nationalpark.

TRANSPORT

Busse
PALMAR, 5.30, 8. 30, 10.30, 12.30, 15.30, 18 Uhr, 40 Min.

Boote
BAHÍA DRAKE, vom Anlegesteg der Marisquería Las Vegas oder vor dem Restaurant des Hotel Oleaje Sereno. Die Colectivos fahren um 11.30 ($15 p. P.) und 15.30 Uhr ($20 p. P.), 1 1/2 Std.

Bahía Drake

Versteckte Badebuchten, türkisblaues Wasser, Papageiengekreisch und nächtliche Froschkonzerte lockten bereits vor fast 500 Jahren den englischen Vizeadmiral, Sklavenhändler und Weltumsegler Francis Drake in die malerische Bucht, die heute seinen Namen trägt. Lange war die Bahía Drake das Ziel reicher Pauschaltouristen, die Tauchexkursionen zur vorgelagerten **Isla del Caño** unternahmen. Mit der Straßenöffnung von Rincón nach **Agujitas** (Achtung: In der Regenzeit ist die Strecke oft nicht befahrbar) öffnet sich das Paradies heute zunehmend auch Reisenden mit schmalerem Geldbeutel. Selbstversorger finden hier einfache Cabinas, eine Pulpería, Sodas, Tour- und Tauchveranstalter sowie einen fast menschenleeren Sandstrand. Der Ort ist eine ideale Ausgangsbasis für Treks in den **Nationalpark Corcovado**.

Aktivitäten

Ein malerischer **Küstenwanderweg** führt von Agujitas an der Bucht Las Caletas und der brei-

DER SÜDEN

SIERPE UND DER WESTEN DER PENÍNSULA DE OSA | Bahía Drake · **381**

ten Flussmündung des Río Claro vorbei zum beliebten Schnorchelstrand **San Josecito** (während des ersten Teils der Strecke muss man einige Hotelanlagen durchqueren). Festes Schuhwerk ist empfehlenswert, der Pfad ist selbst in der Trockenzeit oft aufgeweicht. Die Route führt weiter bis nach **San Pedrillo**, der südwestlichen Eingangspforte zum **Nationalpark Corcovado** (18 km). Abenteuerlustige Wanderer müssen aber beachten, dass der Corcovado-Nationalpark seit 2014 nur noch mit einem zertifizierten Führer betreten werden darf! Wer den Küstenwanderweg oder auch nur ein Teilstück in Angriff nehmen möchte, sollte unbedingt an ausreichend Trinkwasser und Sonnenschutz denken. Die Hitze und Luftfeuchtigkeit darf man auf keinen Fall unterschätzen! Alle Etappen auf der Route des Wanderwegs lassen sich von Agujitas aus auch bequem per Boot erreichen. Die Hotels und Unterkünfte entlang der Strecke vermitteln Wassertaxis.

Die Wanderung lässt sich auch mit einer Fluss-**Kajaktour** durch dichten Regenwald verbinden. An der Playa San Josecito, an der Fluss-

382   SIERPE UND DER WESTEN DER PENÍNSULA DE OSA | Bahía Drake

mündung des Río Claro werden Kajaks vermietet (nach Ricardo „Clavito" fragen). Von hier kann man zu einem versteckten Wasserfall paddeln.

Ein weiterer Nationalparkeingang, der erst kürzlich für Besucher geöffnet wurde, befindet sich bei **Los Planes**, 4 km östlich von Agujitas im Landesinneren; entweder zu Fuß (rund 1 Std.) oder besser mit dem Geländewagen von Agujitas aus zu erreichen. Der Sektor Los Planes ist der touristisch am wenigsten erschlossene Parkabschnitt. Einige Einheimische im Ort bieten Führungen an, auch hier gilt Guide-Pflicht! Insgesamt stehen 12 km Wanderwege zur Verfügung. Camping an der Ranger-Station ist nicht erlaubt.

Hinter Los Planes führt die Schotterpiste weiter bis zur einsamen **Playa Rincón**, wo das malerisch gelegene Restaurant Bella Vista auf einer Anhöhe über dem Meer thront und auf vereinzelte Gäste wartet. Mit dem Auto kommt man nun nicht mehr weiter. Von der Playa Rincón gelangt man nach 1 km Strandspaziergang (ohne Schatten!) Richtung Agujitas ebenfalls zur Playa San Josecito und zur Mündung des Río Claro. Bis nach San Pedrillo sind es von hier noch ca. 5 beschwerliche Kilometer in die entgegengesetzte Richtung.

Tauchen und Schnorcheln s. Isla del Caño auf S. 386.

ÜBERNACHTUNG

Einfache und relativ günstige Cabinas befinden sich in Agujitas. Die Hotels höherer Preisklasse ziehen sich an der Küste entlang und bieten vorwiegend mehrtägige Pakete inkl. VP und Transport nach Agujitas, Sierpe oder Palmar an. Weitere Unterkunftsmöglichkeiten abseits des Touristenstroms befinden sich in Bijagua (5 km südl. von Agujitas) und Los Planes (4 km östl. von Agujitas) im Landesinneren. In der Hochsaison ist eine Reservierung anzuraten.

In und um Agujitas

Bromelias Corcovado, vom Jade Mar Richtung Los Planes nach 200 m links der sehr steilen Abzweigung bergab folgen, ☎ 6138-5043, 7295-4307, ⌨ www.bromeliascorcovado.com. Ruhig und abseits des Zentrums gelegene, gut

ausgestattete Cabinas unterschiedlicher Qualität für bis zu 4 Pers. an einem kleinen Bach. Für Selbstversorger. Mit Küche, Kühlschrank, Balkon, Gemeinschaftswaschmaschine und mehr. ❷

Cabinas Jade Mar, in Agujitas neben dem Restaurant Mar y Sol, ☎ 8384-6681. 16 einfache, aber saubere Cabinas unterschiedlicher Ausstattung mitten im Ort mit Gemeinschaftsterrasse und -küche, z. T. mit AC und herrlichem Blick über die Bahía Drake. Familienbungalow mit Kühlschrank, Dorm $15, Frühstück inkl. ❸

Cabinas Murillo, in Agujitas an der Straße zum Strand, ☎ 2256-2748, 8720 0925. Günstige Cabinas mit einfacher Ausstattung und Privatbädern. Die Zimmer in der oberen Etage sind freundlicher (und teurer). Gemeinschaftsküche. Die Tourguides der Unterkunft haben einen sehr guten Ruf. ❷

Martina's Place, in Agujitas an der Straße zum Strand, ⌨ www.martinasplace.com, ☎ 8720-0801. Zum Teil sehr kleine, aber saubere und freundliche Holz-Cabinas mit Fliesenböden im Zentrum des Dorfs, teilweise Gemeinschaftsbad. Deutsche Leitung, Tourangebot. Schöner Gemeinschaftsbereich. Familienzimmer mit Privatbad für bis zu 5 Pers., Dorm (jedes Bett mit Ventilator und abschließbarem Schränkchen) $13. ❷–❸

€ **Mirador Lodge**, kurz vor der Ortseinfahrt von Agujitas auf der linken Seite, ☎ 2775-2727, 8836-9415, ⌨ www.miradordrakebay.com. Auf einem steilen Hügel mit herrlicher Sicht liegen diese 8 einfachen, aber sehr sauberen Holz-Cabinas mit Bad für max. 6 Pers. Übernachtung inkl. VP (mit liebevoll zubereiteter Tico-Küche) $50 p. P., nur mit Frühstück $26 p. P.! Aussichtsplattform. Der stets bestens gelaunte Gastgeber Michael hat viele Tipps und organisiert gute Touren in den Nationalpark. Unschlagbares Preis-Leistungs-Verhältnis. ❷–❹

Pirate Cove, etwa 20 Min. Fußmarsch nordöstl. von Agujitas, am Strand, ☎ 2234-6154, ⌨ www.piratecovecostarica.com. Professionell geführtes Hotel mit vielen Annehmlichkeiten. Stelzenhäuser mit Wänden aus robustem Zeltmaterial lassen die Froschkonzerte

DER SÜDEN

SIERPE UND DER WESTEN DER PENÍNSULA DE OSA ❘ Bahía Drake **383** auch drinnen nicht verstummen. Eine schöne Anlage; Leitung aus der Schweiz. Meeresblick, Tauchschule. VP inkl. ❻

An der Küste westlich von Agujitas

Drake Bay Wilderness Resort, Punta Agujitas am Río Agujitas, 1 km westl. des Zentrums von Agujitas, ☎ 2775-1715, 8843-5531, 🖥 www.drakebay.com. Weitläufige, ruhige Anlage mit Pool und 20 einfachen Holz-Cabinas, teils mit Bad und direkt am Wasser. Angebote mit VP, Kajaks und Touren inkl. ❻

Jinetes de Osa Inn, zw. Punta Agujitas und Agujitas, ☎ 2231-5806, 🖥 www.costaricadiving.com. Direkt am Meer, erste Unterkunft auf dem Küstenwanderweg, umgeben von Mandelbäumen und Palmen. 11 hübsche und sehr gepflegte Zimmer, teils mit Gemeinschaftsbad, teils mit Meeresblick. Tauchschule und Tauchtouren, s. S. 385. Frühstück im schönen Restaurant inkl. ❺–❻

Hotel Guaría de Osa, südl. der Playa San Josecito, ☎ 510-235-4313 (Kalifornien), 🖥 www.guariadeosa.com. Schöne, schlichte Holzbungalows, weit abgelegen direkt am Strand, in Nationalparknähe. Imposante, 3-stöckige Yoga-Pagode; Yogastunden und Massagen. Ein Ort, zum Auftanken. 3 % der Einnahmen kommen Umweltschutzprojekten zugute. Ungezwungene Atmosphäre. 4-Tage/3-Nächte-Angebote inkl. Touren. ❻

🏨 **Las Caletas Lodge**, an der Playa Las Caletas, ca. 3,5 km von Agujitas, ☎ 2560-6602, 8826-1460, 🖥 www.caletaslodgedrake.com. 5 stilvoll eingerichtete Cabinas mit Privatbad und 3 komfortable Wohnzelte mit Gemeinschaftsbad auf einem Hügel in gepflegter Gartenlandschaft. Sehr gute Verpflegung im familiären Restaurant mit fantastischem Blick über die Bucht. Für Wohlfühl-Atmosphäre sorgen die schweizerisch-costa-ricanischen Besitzer. Cabina ab \$90 p. P. Zelt ab\$80 p. P. Inkl. Frühstück und 3-Gänge-Dinner (Mittagessen oder Picknickpaket auf Vorbestellung). ❻

Los Planes und Bijagua

In Agujitas arbeiten die Einheimischen, in Bijagua und Los Planes leben sie. Los Planes besitzt einen weiteren Zugang zum National-

park Corcovado. Das Meer bekommt man hier jedoch nicht zu sehen.

Casa Drake, Los Planes, 1 km südl. der Schule, ☎ 4030-1891 (Büro in San José), 2775-0703, 🖥 www.casadrake.com. Schönes Holzhaus in sehr ruhiger Dorflage in der Nähe des Nationalparkeingangs von Los Planes. 5 saubere, helle Zimmer mit Ventilator, Balkon. Mehrere hochwertige Bäder stehen für die Gäste zur Verfügung. Es gibt auch einen offen gestalteten Holzbungalow für 4 Pers. mit Veranda und Privatbad. Einheimische Gastgeberfamilie. \$75 p. P. inkl. 3 Mahlzeiten. Umfangreiches Tourenangebot. ❻

🏨 **Estación Biológica Tamandua**, bei Bijagua, etwa 5 km südl. von Agujitas, ☎ 2775-1456, 🖥 www.tamanduacostarica.com. Abgelegene Regenwald-Lodge an einem kristallklaren Bach mit nur 3 sehr einfachen, aber sauberen Holz-Cabinas (ohne Strom!) mit Gemeinschaftsbad. Es gibt weder Internet noch Telefonnetz – dafür eine Holzplattform mit Hängematten, wo die Gäste Kolibris beobachten und den Geräuschen des Waldes lauschen können. Ideal für Naturliebhaber: Die costaricanische Biologin Rebeca führt Gäste gern über ihren riesigen Besitz (\$40) mit Wasserfall, Wegenetz und dichtem Urwald, der direkt an den Nationalpark grenzt. Auch geführte Nachtspaziergänge (\$25) mit guten Chancen, Schlangen zu beobachten. Das liebevoll zubereitete Essen (zum Teil mit Früchten und Gemüse aus dem eigenen Wald) wird im Restaurant im offen gestalteten Haupthaus eingenommen. Anreise: Man kann von Bijagua aus 2 km bis zur Lodge wandern (inkl. 3 Flussüberquerungen und Gepäcktransport) oder sich mit dem Quad-Taxi (\$10) bringen lassen. Auch Abholung in Agujitas. \$80 p. P. inkl VP. ❻

Finca Maresia, auf halber Strecke zw. Agujitas und Los Planes, ☎ 2775-0279, 8888-1625, 🖥 www.fincamaresia.com. 8 gepflegte, modern gestaltete Cabinas auf weitläufigem Areal, hilfsbereite spanische Besitzer. Familiäre Atmosphäre. Frühstück (inkl.) und Dinner (buchbar \$18) im Restaurant auf Holzdeck. Cabina mit Gemeinschaftsbad ab \$55 für 2 Pers. Kinder unter 6 J. frei. Gutes Preis-Leistungs-Verhältnis. ❸–❺

ESSEN UND UNTERHALTUNG

Die Hotels höherer Preisklasse bieten meist Pakete mit VP an; für Individualtouristen gibt es einige günstige Sodas und Pulperías im Ortszentrum von Agujitas.

Bella Vista, hoch über der Playa Rincón auf einem Hügel, ☎ 8536-7875, 8314 9365. Gemütliches Freiluft-Restaurant mit herrlichem Blick über die Bucht. Costa-ricanische Kost und Fischgerichte um $10. Im Angebot sind auch 4 recht neue, einfache Holz-Cabinas mit Gemeinschafts- oder Privatbad (DZ ab $40 inkl. Frühstück). ◷ tgl. 11–21 Uhr.

Carey Restaurante, am Ortseingang, rechts, ☎ 8514-8467. Kleines, unscheinbares Lokal mit wenigen Tischen (früh kommen!) und äußerst talentiertem Koch. Geschmackvoll angerichtete Teller mit tollen Fischgerichten und unterschiedlichen Tages-Specials, gutes Ceviche (Tipp: Thunfisch mit Wasabi und Teriyaki-Soße). ◷ tgl. bis 21 Uhr, Frühstück ab 7 Uhr nach Vorbestellung.

Gringo Curt's, neben der Pulpería, serviert Fisch direkt vom Holzkohlengrill. Besitzer ist der ehemalige Voluntario Curt aus den USA. ◷ tgl. 13–21 Uhr.

Restaurante Mar y Bosque, gegenüber der Pulpería. Günstiges und gutes landestypisches Essen. Veranda zum Vögelbeobachten. Frühstück ab 6 Uhr. ◷ tgl. 6–21 Uhr.

Roberto's Marisqueria, in Agujitas an der Straße zum Strand gelegen, ☎ 2775-1914. Fischgerichte und Salate sowie gute Cocktails im Ranch-Restaurant mit beliebter Bar am Abend. Nach dem Essen kann man die guten Cocktails auf dem Aussichtsdeck genießen. ◷ tgl. bis 21 Uhr.

Die **Bar La Jungla** und die **Restaurant-Bar Jade Mar**, in Agujitas an der Straße Richtung Los Planes sind beliebte Treffpunkte für Tourführer und Touristen.

TOUREN

Touren in den Nationalpark Corvocado mit Start in La Sirena und/oder San Pedrillo werden von fast allen Hotels arrangiert. Sie kooperieren mit verschiedenen Veranstaltern im Ort:

Corcovado Info Center, im Zentrum an der Hauptkreuzung, ☎ 2775-1760, 8846-4734, 🖳 www.corcovadoinfocenter.com. Neben den Wandertouren von den Ranger-Stationen San Pedrillo ($80) und Sirena ($90) hat Jacamar Schnorcheltouren zur Isla del Caño ($80), Walbeobachtungstouren ($110) und Nachtwanderungen ($35) und weitere Touren im Programm. Auch mehrtägige Touren im Nationalpark mit Übernachtung in Sirena.

Costa Rica Adventure Diving, s. Übernachtung, Jinetes de Osa Inn, 🖳 www.costaricadiving. com. Tauchtouren zur Isla del Caño (ab $115 p. P., 2 Tauchgänge), auch Pakete mit Unterkunft im Jinetes de Osa Inn.

Nativos Corcovado, an der Straße zum Strand, ☎ 8846-4734, 🖳 www.corcovadoexpeditions. net. Ähnliches Angebot wie Corcovado Info Center, zusätzlich gibt es außerdem eine Tubing-Tour ($65 p. P.).

Pacheco Tours, an der Straße zum Strand, ☎ 8906-2002, 🖳 www.pachecotours.com. Neben den Standard-Touren im Ort werden eine Plankton-Tour (Schnorcheln in Vollmondnächten inmitten von biolumineszierenden Kleinkrebsen, $15) und eine Plattform-Übernachtung (Schlafen im Primärwald in 15 m Höhe, $110) angeboten.

Trillo de la Danta, ☎ 2775-2727, 8836-9415, 🖳 www.tesoroverde.com. Eine Alternative zu den üblichen und häufig überlaufenen Touren nach Sirena und San Pedrillo ist diese geführte Wanderung durch Primärwald in einem Naturschutzgebiet am Río Claro nahe Los Planes. Die 4 1/2-Std.-Tour mit gut ausgebildeten Guides führt durch dichten Wald bis zum Fluss, wo ein erfrischendes Bad wartet. Am Ende gibt's eine einfache, stärkende warme Mahlzeit auf einer Finca in Los Planes. Auch bei dieser Tour hat man gute Chancen die Bewohner des Nationalparks anzutreffen. Tgl. 6.30 und 14.30 Uhr (Abholung an der Unterkunft), $65 p. P.

SONSTIGES

Apotheke

Macrobiotica Hidalgo, gegenüber vom Supermarkt, ☎ 2775-0909. ◷ Mo–Sa 8–19 Uhr.

DER SÜDEN

SIERPE UND DER WESTEN DER PENÍNSULA DE OSA I Bahía Drake **385**

Geld

Es gibt keine Bank in der Bahía Drake – ausreichend Bargeld mitnehmen! In Notfällen bekommt man Bargeld gegen Kreditkarte in der kleinen Ferretería im Zentrum.

Informationen

Corcovado Info Center, s. Touren, erteilt allgemeine Auskünfte.

Internet

Bei **Nativos Corcovado**, ⊕ tgl. 10–20 Uhr.

Schnorchelausrüstung

Drake Divers, am Strand, dort, wo die Boote anlegen, ✆ 8529-1738. Verleih von Schnorchel-ausrüstung ($10 am Tag), SUP-Boards ($10 pro Std.). Auch Wassertaxis kann man hier buchen.

Taxi

✆ 8714-1710.

Wäscherei

Unter dem Restaurante Mar y Bosque, s. Essen und Unterhaltung.

TRANSPORT

Immer mehr Reisende kommen mit dem eigenen **Auto** zur Bahía Drake. Zurzeit müssen dabei mehrere Flüsse ohne Brücke überquert werden, besonders der Río Drake, kurz vor Agujitas, ist unberechenbar und kann in der Regenzeit zum unüberwindbaren Hindernis werden. Selbstfahrer sollten Vorsicht walten lassen, am besten warten und einem Einheimi-schen bei der Durchfahrt zusehen. So findet man am schnellsten die beste Furt im Fluss. Auf keinen Fall sollte man Bahía Drake ohne Vierradantrieb ansteuern!

Busse

Zur Zeit der Recherche gab es eine regelmäßige Busverbindung von Agujitas nach La Palma und weiter nach Puerto Jiménez. Das kann sich in der Regenzeit jedoch schnell wieder ändern. Der Bus startet Mo–Sa um 4 und um 13.30 Uhr vor der Pulpería.

Boote

Der Bootstransfer nach SIERPE wird von den Unterkünften in und um Agujitas organisiert. Zusätzlich bietet der Tourveranstalter **La Picolina**, ✆ 8720-0925, ▭ www.transportes maritimoslapicolina.com, einen regelmäßi-gen Shuttleservice nach Sierpe um 7.30 und 14.30 Uhr (zurück 11.30 und 15.30 Uhr) für $15 p. P.

Zuverlässige Kapitäne, bei denen man die Überfahrt persönlich reservieren kann, sind Enar, ✆ 8529-6750 und Eligio, ✆ 8703-7890.

Flüge

SAN JOSÉ, 3x tgl. mit **Sansa**, ▭ www.flysansa.com.

Reserva Biológica Isla del Caño

- **MINAE-Büro**: kein Telefon
- **Öffnungszeiten**: tgl. 7–15 Uhr; die Parkwächter leben auf der Insel
- **Eintritt**: $15 (ohne Transport)
- **Gründungsjahr**: 1978
- **Größe**: 326 ha Landes-, 5800 ha Meeresfläche
- **Transport**: Ausschließlich über Touranbieter, z. B. in Agujitas (S. 385). Außerdem bieten Hotels in der Bahía Drake sowie Veranstalter in Quepos (S. 344) Insel- und Schnorchel-touren an.

Wie ein großer Wal liegt die Isla del Caño rund 20 km westlich von der Bahía Drake entfernt. Archäologen vermuten, dass Indianer die Insel zu präkolumbischen Zeiten als Friedhof nutzten. Die Grabbeilagen wurden längst geplündert, ein Wanderweg führt zu einigen Granitkugeln (s. Kasten S. 379) und zu einem Aussichtspunkt.

Die Insel entstand durch tektonische Plat-tenbewegung. Die Unterwasser-Felsformatio-nen **Bajo de Diablo**, **Cueva de los Tiburones** und **El Arco** zählen heute zu den beliebtesten Tauch- und Schnorchelrevieren Costa Ricas. Beste Zeit für Froschmänner sind die Monate November bis April. Zur Osterzeit wird die gesetzlich zu-gelassene Grenze von 60 Tauchern pro Tag zum

Leidwesen der Tiere oft überschritten. Zu sehen gibt es unter anderem Papageienfische, Manta-Rochen, Schildkröten, Riffhaie, Kraken und Seegurken. Wale ziehen auf ihrem Weg von Kanada nach Südamerika an der Insel vorbei. Das Korallenriff, das aus sechs Korallenarten aufgebaut ist, erlitt schwere Schäden durch die warmen El-Niño-Strömungen.

Der Osten der Península de Osa

La Palma und Playa Blanca

Hinter Rincón führt die Carretera 245 am Indianerreservat **Alto Laguna** vorbei und ins 11 km entfernte **La Palma**. La Palma ist die zweitgrößte Ortschaft der Península de Osa und Ausgangspunkt für mehrtägige Wanderungen durch den Nationalpark Corcovado (S. 395). Die Parkstation **Los Patos** liegt 13 km südwestlich vom Ort und ist zu Fuß, per Pferd oder Jeep-Taxi zu erreichen.

Die Unterkünfte des Ortes liegen am 2 km südlich gelegenen Kieselstrand **Playa Blanca**, der von einer klobigen Meerjungfrau aus Zement bewacht wird. Dieser Strand eignet sich gut zum Schwimmen, auch wenn das Wasser hier nicht so sauber ist wie im offenen Pazifik. Ausländische Touristen trifft man hier eher selten, vor allem am Wochenende lassen es sich hier die Einheimischen gutgehen. Die Umweltorganisation Widecast (S. 430, Karibikküste) betreibt hier eine Station zum Schutz von Meeresschildkröten, die zur Eiablage (März–Okt) an den Strand kommen.

7 km südlich von La Palma, an der Strecke Richtung Puerto Jiménez bietet die **Finca Köbö**, ✆ 8398-7604, 🖥 www.fincakobo.com, Einblicke in die traditionelle Schokoladenherstellung. Naschkatzen können an einer zweistündigen Tour auf einer Kakaoplantage teilnehmen, inkl. Schoko-Fondue ($32 p. P., tgl. 9 und 14 Uhr, mit Voranmeldung). Das große Areal der Finca lädt zu Streifzügen durch Sekundärwald ein. Die österreichisch-costa-ricanischen Besitzer widmen sich dem biologischen Anbau von Kakao und bieten auch Unterkünfte an: individuell gestaltete Cabinas, teils mit Privatbad. ❺

ÜBERNACHTUNG

Nördlich von La Palma

Suital Lodge, 28 km von Chacarita, zw. Los Mogos und Rincón, ✆ 2200-4662, 8826-0342, 🖥 www.suital.com. 5 rustikale, saubere Cabinas aus Holz für max. 5 Pers. mit Veranda, umgeben von Wald. Für familiäre Atmosphäre sorgt Besitzer und Spinnenfreund Carlos, der einige Jahre in der Schweiz gelebt hat und daher gut Deutsch spricht, Kinder bis 12 J. gratis. Frühstück $9. Ab ❸

La Palma / Playa Blanca

Lapamar Lodge, an der Playa Blanca, am Ende der Zufahrtsstraße zum Strand rechts abbiegen, ✆ 2735-1347, 8339-1458. 4 einfache, saubere Holz-Cabinas für max. 4 Pers., 150 m vom Strand entfernt. Weitläufiger, gepflegter Garten, Rancho-Restaurant. Frühstück inkl. Auch VP möglich. Kajakverleih und Touren. ❹

Manglares del Golfo, neben der Schildkrötenstation, ✆ 8989-7246. Offene, einfache und liebevoll gestaltete Holz-Cabinas mit Bad, Kühlschrank, teilw. AC und kleiner Küche bei einheimischer Familie. Beliebt bei Volontären der Station. ❷

Südlich und östlich von La Palma

Danta Corcovado Lodge, auf halber Strecke zw. La Palma (5 km) und Los Patos (8 km), ✆ 2735-1111, 🖥 www.dantalodge.com. Hübsche Zimmer mit guten Matratzen und selbst geschnitzten Betten im Haupthaus und rustikale, originell gestaltete Bungalows abgeschieden im Wald für max. 5 Pers. Gute Ausgangsbasis für Wanderungen durch den NP, Transport von/nach Los Patos möglich. Wandertour mit Guide nach Los Patos und weitere Touren im Angebot. Restaurant, Frühstück inkl. ❻

Ecoturístico La Tarde, ca. 9 km von La Palma, nur mit 4WD-Geländewagen, ✆ 2200–9617, 🖥 www.ecoturisticolatarde.com. Ein kleiner Familienbetrieb, vollkommen abgeschieden am Rand des Nationalparks gelegen. Einfache

Holz- und Zelt-Cabinas ($80 p. P. inkl. VP mit liebevoll zubereiteten lokalen Speisen) und Dorms ($75 p. P.). Besitzer Eduardo bietet geführte Wanderungen, u. a. nach Los Patos (10 km, $85 p. P. inkl. Parkeintritt).

Tamandu-Lodge, ✆ 8821-4525, 💻 www.tamandu-lodge.com. Sehr einfache Unterkunft bei der Familie Carreras im Indianerreservat Alto Laguna. Separates Gästehaus mit Dusch- und Toilettenhaus nebenan. Auf Touren werden Gäste u. a. in die Heilpflanzen und Teekräuter der Guaymí-Indianer und traditionelle Fischfang-methoden eingeweiht. Besucher werden von La Palma per Pferd abgeholt ($25). Alternativ kann man die Tamandu-Lodge auch auf einem 90-minütigen Fußmarsch erreichen. VP und Tour inkl., $65 p. P. Genügend Bargeld mitbringen! ❻

ESSEN

Restaurant Brisas del Mar, an der Playa Blanca, am Ende der Zufahrtsstraße zum Strand links abbiegen, ✆ 2735-1132. Pizza und andere Sattmacher in luftigem Ranch-Restaurant. Hinter dem Lokal vermietet der Besitzer aus der Schweiz einfache Wohnzelte auf Plattformen (7500 p. P. inkl. Frühstück).

NAHVERKEHR

Taxipreise: $40 von La Palma zur Parkstation Los Patos, $80 zur Bahía Drake.

TRANSPORT

Busse fahren an der Kreuzung vor der Panadería in La Palma:
BAHÍA DRAKE, 11.30 UND 16.30 Uhr, ca. 1 1/2 Std.;
PUERTO JIMÉNEZ, stdl., 40 Min.;
SAN JOSÉ über SAN ISIDRO, 2x tgl. direkt (5.40 und 9.40 Uhr), ca. 7 Std.

Puerto Jiménez

Puerto Jiménez, 29 km südlich von La Palma, ist das Zentrum der Osa-Halbinsel. In dem brütend heißen Nest befinden sich das National-

parkbüro, günstige Unterkünfte sowie gut bestückte Supermärkte. Vor wenigen Jahrzehnten noch lebte der Ort von der Goldsuche. Arbeitslose Plantagenarbeiter aus Golfito kamen auf die Halbinsel, holzten ab, gruben Flussbetten um und trugen so erheblich zur Umweltzerstörung der Region bei. Seit der Gründung des Nationalparks ist das Goldschürfen im Schutzgebiet verboten.

Mehr als Gold sind heute die Touristen wert. Per Colectivo werden sie täglich ins 44 km entfernte Carate transportiert, den Ausgangspunkt für Wanderungen durch den **Nationalpark Corcovado**. Wenige der Reisenden besuchen die unmittelbare Umgebung von Puerto Jiménez, die zu Kajakausflügen in den **Golfo Dulce**, Radtouren zu den Badestränden **Playa Preciosa** und **Playa Platanares** oder Wanderungen am **Río Tigre** (S. 391) einlädt.

ÜBERNACHTUNG

Unterkünfte der höheren Preisklasse liegen an der Playa Preciosa, 6 km östl. von Puerto Jiménez, oder im 17 km südöstl. gelegenen Cabo Matapalo (S. 392).

Agua Dulce, an der Playa Presciosa, ✆ 8399-0112, 💻 http://aguadulcehotel.com. Große, gepflegte Hotelanlage in unmittelbarer Strandnähe mit 35 komfortablen Apartments, alle mit AC und Kühlschrank, z. T. mit Jacuzzi. Pool, Frühstück inkl., italienisches Restaurant (🕐 bis 24 Uhr, auch für Tagesgäste). ❻

Cabinas Back Packers, 50 m nordwestl. vom Super 96, ✆ 2735-5181. Günstige und sehr saubere Unterkunft in Zentrumsnähe. Zum Teil mit AC, Küchen-Mitbenutzung. Gutes Preis-Leistungs-Verhältnis. Doch Vorsicht: bei Überbuchung werden Gäste an umliegende Unterkünfte verwiesen, die dem Standard des Back Packer nicht gerecht werden! ❷

€ **Cabinas Marcelina**, nördl. der Iglesia Católica, ✆ 2535-5286, 2735-5007, ✉ cabmarce@hotmail.com. 8 kleine, saubere Zimmer mit guten Matratzen, Bad, teilw. AC. Gepflegter Garten mit Sitzmöglichkeit, freundliche Tica-Besitzerin. Sicherer Parkplatz. ❸

Cabinas The Corner, 100 m westl. vom Super 96, ✆ 2735-5328 (The Corner I), 2735-5075 (The Corner II). Dorm 5000C$ p. P. und sehr einfache,

Tiefblau leuchtet der Golfo Dulce in der Sonne, der zu ausgedehnten Paddeltouren einlädt.

saubere Zimmer ab 6000C$ p. P., auch mit Privatbad. In der Nähe der Bushaltestelle für den Nationalpark. ❶–❷
Corcovado Beach Lodge, neben der Bar Los Delfínes. Hübsche Stein/Holz-Häuschen auf einer gepflegten Anlage direkt am Strand und trotzdem in Zentrumsnähe. Rancho-Restaurant. Kein Frühstück! ❹
Oro Verde Hostel, im Zentrum, ✆ 2735-5241, 8577-3447. Preisgünstige Unterkunft im 1. Stock. Gefliese, schlichte Zimmer mit Ventilator und Bad. Die Zimmer am großen Balkon zur Straße sind großzügig, aber lauter. Dorm $10. Ab ❶
Der sehr einfache Campingplatz ($5 p. P.) in der Nähe des Bootsanlegers ist eher etwas für Hartgesottene.

ESSEN UND UNTERHALTUNG

Günstige Restaurants mit frischem Fisch befinden sich am Hafen.
Bar Iguana, im Hotel Iguana, ist mehr auf Touristen ausgerichtet als die Spelunken an der staubigen Hauptstraße. ⏱ tgl. 16–24 Uhr.
Bar und Restaurant Carolina, an der Hauptstraße. Fischgerichte, große Auswahl an Frühstück: Müsli mit Obst und Joghurt, Pfannkuchen, Omeletts. Beliebt bei Touristen. ⏱ tgl. 7–22 Uhr.
Marisquería Corcovado, am Bootsanleger, ✆ 2735-5659. Beliebtes Fischrestaurant mit Blick auf den Golf. Gute Ceviches und leckere Fischgerichte. ⏱ tgl. 7–23 Uhr.
Monka, an der Hauptstraße, gegenüber der Polizei. Kaffee, Frühstück und Snacks. Im Stil eines Schnellrestaurants. ⏱ tgl. 6–19 Uhr.
Opi Opi, 50 m östl. der Kirche. Hier gibt's leckere frittierte Hähnchenteile – und sonst nichts! Ganz frisch und auch zum Mitnehmen. ⏱ tgl. 17–22 Uhr.
Panadería Monar, an der Hauptstraße neben der Polizeistation. Verkauft bereits ab 5 Uhr frisches Brot, gut geeignet als Wanderproviant. ⏱ Mo–Fr 5–18, Sa 5–17, So 5–9 Uhr.
PizzaMail.it, neben der Post, ✆ 2735-5483. Pizza (ab 4000C$) und Spaghetti satt, auch zum Mitnehmen. ⏱ tgl. 16–22.30 Uhr.
Restaurante Bar Los Delfínes, 250 m östl. des Fähranlegers, am Wasser. Entspannte Strandbar mit lokalen Speisen. Perfekt für einen frischen Fruchtsaft oder ein Bier am Abend; manchmal DJs. ⏱ tgl. 10–23 Uhr.

Soda Valeria, an der Hauptstraße neben Farmacia Hidalgo. Deftige landestypische Küche, Frühstück. Günstig. ⏲ tgl. 6–20 Uhr.

TOUREN

Bosque del Río Tigre Tours, ✆ 8705-3729, 🖥 www.osaadventures.com. Bereits in der Morgendämmerung pirschen Vogelfreunde mit einem Guide dieses Anbieters durch die Wälder von Dos Brazos (S. 391).

Corcovado Dreams, an der Hauptstraße, neben dem Restaurant Carolina, ✆ 8637-3701. Große Auswahl an unterschiedlichen Touren durch den Nationalpark, auch Kajaktouren im Golfo Dulce.

Osa Wild, hinter der Tankstelle, ☎ 2735-5848, 🖥 www.osawildtravel. com. Großes Angebot an Touren ausschließlich mit einheimischen Guides, u. a. ist der dreitägige Trek von Los Patos durch den Nationalpark über die Ranger-Station Sirena bis nach Carate im Programm. Inkl. Guide und Übernachtung beim Ökotourismus-Projekt La Tarde (S. 387) und in Sirena. Der Trip für 3–6 Pers. kostet $320 p. P.

Toucan Travel, an der Hauptstraße, ☎ 2735-5826, 🖥 www.toucan-travel.com. Touren zum Nationalpark, Flugbuchungen, Autovermietung und Hotelbuchungen.

SONSTIGES

Apotheke
Farmacia Hidalgo, an der Hauptstraße. ⏰ Mo–Fr 8–20, So 8–12 Uhr.

Autovermietung
Alamo, am Flugplatz, ☎ 2735- 5175. ⏰ tgl. 8–17 Uhr.
Solid, am Flugplatz, ☎ 2735-5777. ⏰ tgl. 7–16 Uhr.

Fahrradreparatur
Ciclo 3B, an der Hauptstraße, ☎ 2735-6263. ⏰ Mo–Fr 8–12 und 13–18, Sa bis 17 Uhr.

Kajakvermietung
Am **Campingplatz** in der Nähe des Anlegers bei Adonis fragen; Kajak $70 am Tag, einfache Kanus $5 pro Std.

Geld
Banco Nacional, gegenüber der Kirche. ⏰ Mo–Fr 8.30–15.45 Uhr.

Post
Am Fußballplatz. ⏰ Mo–Fr 8–12 und 13–17.30 Uhr.

Supermärkte
BM Corcovado, am westl. Ortsausgang, gegenüber der Tankstelle. ⏰ Mo–Sa 7–21, So 8–20 Uhr.
Pali, am Ortseingang links. ⏰ 7.30–21 Uhr.

Taxis
Ein zuverlässiger Fahrer mit 4WD-Taxi ist der Deutsche **Andreas Stark**, ☎ 8710-0607. Preise: Carate $80, La Palma $35, Bahía Drake $120, Dos Brazos $30.

Wäscherei
Lavandería Washery, Seitenstraße Richtung Flugfeld, 200 m östl. der Kirche. ⏰ Mo–Sa 8–18 Uhr.

TRANSPORT

Busse
CIUDAD NEILY, 5.30, 14 Uhr, 3 Std.;
SAN ISIDRO, 5, 9, 13 Uhr, 5 Std.;
SAN JOSÉ, 5, 9 Uhr, 8 Std.

Colectivos
PARQUE NACIONAL CORCOVADO, Abfahrt um 6 und 13.30 Uhr neben dem alten Super 96, rechtzeitig vorher da sein! 2 Std., $8, mit **Luis Arias**, ☎ 2832-8680.
RIO TIGRE (DOS BRAZOS), 5.15, 11 und 16 Uhr.

Fähren
GOLFITO, Mo–Sa 6, 8.45, 11.30, 14, 16.20 Uhr, So nur um 6, 11.30 und 14 Uhr, 1 Std., 3000C$. Expressboote fahren nach individueller Vereinbarung.

Flüge
SAN JOSÉ, 7x tgl. mit Sansa. Charterflugzeuge fliegen von Puerto Jiménez die PARKSTATION LA SIRENA an (ca. $150).

Dos Brazos

Das einstige Goldgräberzentrum Dos Brazos am Ufer des **Río Tigre** ist eine gute Alternative für Besucher, die aus Zeit- oder Konditionsgründen eine Tour von Carate durch den Nationalpark Corcovado scheuen; hinsichtlich der Fauna und Flora unterscheiden sich die beiden Gebiete kaum. Es gibt zwar keinen Nationalparkeingang, aber lokale Führer bieten günstig **Touren** durch die Umgebung an (s. Bolita Backbacker).

DER SÜDEN

www.stefan-loose.de/costa-rica   DER OSTEN DER PENÍNSULA DE OSA I Dos Brazos   **391**

Bekannt für fachkundige Vogeltouren (Beginn bei Sonnenaufgang, $100, mind. 2 Pers.) ist die Bosque del Río Lodge.

ÜBERNACHTUNG UND ESSEN

Im Ortszentrum befinden sich eine **Pulpería** für Selbstversorger und eine **Soda**.

€ **Bolita Backpacker**, Infobüro in Dos Brazos (an der Hauptkreuzung rechts abbiegen), 🖥 www.bolita.org. Ein 40-minütiger Wanderweg führt von Dos Brazos durch den Río Tigre bergaufwärts (ausgeschildert). Einfache, saubere Unterkunft im Zelt mit Matratze oder im Dorm ($12 p. P.), aber auch einfache Cabinas für 2 Pers. mit kleiner Veranda ($30). Küche, Solarduschen, Hängematten, Trinkwasser. Das ideale Versteck für Naturfreunde mit wenig Anspruch. Der Besitzer kann ortskundige Führer vermitteln. 15 km Wanderwege auf den 61 ha großen Grundstück. ❷

Bosque del Río Tigre Lodge, in Dos Brazos, ✆ 8705-3729, 🖥 www.bosquedelriotigre.com. Kleine Lodge am Ufer des Río Tigre, den man bei der Anfahrt durchfahren muss. Er kann nach Regen plötzlich anschwellen und unüberwindbar werden! 4 Zimmer im Haupthaus mit Gemeinschaftsbad und eine frei stehende Cabina mit Privatbad. 12 ha großes Privatreservat. Familiäres Ambiente, Touren, sehr beliebt bei Vogelkundlern. Exzellentes Essen, VP inkl. $170 p. P. ❻

TRANSPORT

Bus nach Puerto Jiménez, 6, 12, 17 Uhr, 40 Min.; Ein **Taxi** kostet ca. $30.

Cabo Matapalo

Der malerische Südostzipfel von Osa (17 km südlich von Puerto Jiménez) ist umgeben von Mangroven, Tidepools und Wasserfällen und zählt mit den Stränden **Playa Pan Dulce** und **Playa Matapalo** zu den besten Surfrevieren der Halbinsel. Viele nordamerikanische Expats haben sich in Cabo Matapalo niedergelassen und teure Hotels eröffnet. Vor Martina's Bar findet freitags um 17 Uhr ein Markt statt.

ÜBERNACHTUNG UND ESSEN

Casa Bambú, an der Playa Pan Dulce, 🖥 www.casabambu.com, ✆ 8702-5906. Stilvoll eingerichtete 2-stöckige, offen gestaltete Ferienhäuser (6–8 Pers.) aus Bambus mit Küche, Bad, Garten, Veranda und Meerblick; sehr ruhig. Strand zu Fuß erreichbar. Kajaks vorhanden. Restaurantservice möglich. Haus für 6 Pers. $265. Wochenangebote. ❻

Ojo del Mar, rund 15 km südl. von Puerto Jiménez, ✆ 2735-5531, 8378-5246, 🖥 www.ojodelmar.com. Ein deutsches Künstler-/Heilpraktiker-Paar hat sich dieses kleine Paradies am Meer geschaffen. Rustikale Bambushäuser mit Kerzenlicht und Außenbad, Yogadeck am Meer, Natur-Pool. 15 Min. bis zum Strand. Frühstück inkl. Ab $95 (in einem der neuen „Beach Nests") für 2 Pers. Frühstück inkl. ❺–❻

Buena Esperanza – Martina's Bar, in Cabo Matapalo, neben Ojo del Mar. Fischgerichte, Casados und kühle Getränke. Ideal für eine Rast während der holprigen Fahrt nach Carate. 🕐 Frühstück ab 9 Uhr, Abendessen ab 18 Uhr.

Carate

Die 45 km lange Schlaglochpiste von Puerto Jiménez nimmt in Carate endlich ein Ende. Wanderer springen hier erleichtert von den Holzpritschen der Colectivos und beginnen ihre Wanderung durch den benachbarten Nationalpark. Selbstfahrer können ihren Leihwagen gegen eine Gebühr auf dem Parkplatz an der Pulpería stehen lassen – wirklich kaum zu verfehlen, denn viel mehr Gebäude hat Carate eigentlich nicht.

Am Ortseingang gibt es einen kleinen Supermarkt, 🕐 tgl. 7–20 Uhr, wo auch sehr einfache Cabinas (ab $60, 2 Pers.) und Betten ($25 p. P.) in großen Schlafzelten auf Plattformen vermietet werden. Informationen unter ✆ 8405-7178.

ÜBERNACHTUNG

Ecolodge La Leona, rund 3,5 km westl. von Carate (von dort nur zu Fuß zu erreichen), ✆ 2735-5705, 🖥 www.laleonaecolodge.com. 16 Wohnzelte mit Betten, einfache Möblierung,

Veranda und Meerblick. Beliebt bei Gruppen. Gepäcktransport zu Pferde ab Carate. Inkl. VP. Ab $110 für 2 Pers. **5** – **6**

🧳 **Luna Lodge**, 2 km nördl. von Carate an einem steilen Hügel, 📞 4070-0010, 🖥 www.lunalodge.com. Das Hotel zählt zu den exklusivsten und abgelegensten in ganz Costa Rica. Die Gäste können wählen zwischen geschmackvoll-luxuriösen, palmstrohgedeckten Bungalows, Zimmern im Kolonialstil oder Wohnzelten mit Privatbädern und Elektrizität auf Holzplattformen. Spektakuläres Yogadeck, Spa. VP inkl. Ab $300 für 2 Pers. **6**

🏕 **Finca Exótica**, Eingang am Beginn der Landebahn in Carate, 📞 4070-0054, 8828-0817, 🖥 www.fincaexotica.com. Ein Naturerlebnis der besonderen Art bietet diese weitläufige Lodge auf einem großen privaten Schutzgebiet mit Primärwald und tropischer Gartenanlage. Unterkunft in schlichten, aber komfortablen Holz-Cabinas oder robusten Wohnzelten. Der deutsche Besitzer will mit seinem Projekt zum Erhalt der Flora und Fauna in der Pufferzone rund um den Nationalpark Corcovado beitragen und betreibt Wiederaufforstung. Eigene Bio-Farm. Direkter Zugang zum Strand. Ab $50 p. P. (im Tiki-Zelt, mit Frühstück; inkl. VP $90). Sehr gutes gemeinschaftliches Dinner. Tourenangebot. **6**

TRANSPORT

Colectivos fahren tgl. um 8.30 und 16 Uhr von der Pulpería nach PUERTO JIMÉNEZ.

---

12 HIGHLIGHT

Parque Nacional Corcovado

- **MINAE-Büro**: In Puerto Jiménez, an der Landebahn, 📞 2735-5036, ✉ pncorcovado @gmail.com
- **Öffnungszeiten**: ⏰ tgl. 8–12 und 13–16 Uhr (MINAE-Büro). Es ist nur eine begrenzte Anzahl an Besuchern pro Tag im Park zugelassen, eine telefonische Anmeldung

ist daher bereits einen Monat im Voraus möglich und – besonders während der Hauptbesuchszeit von Dez–März sowie während der Semana Santa – ratsam. Bei der Parkverwaltung sind Wanderkarten erhältlich. Auch die Unterkunft in Sirena und die Campingplätze im Park können hier reserviert werden. Der Park ist im Oktober geschlossen.

- **Eintritt**: $15
- **Gründungsjahr**: 1975
- **Größe**: 45 914 ha
- **Unterkunft**: An der Parkstationen Sirena befindet sich eine Forschungsstation mit einer Herberge. Insgesamt 70 Betten ($30 p. P. inkl. Bettwäsche und Moskitonetz) stehen in Gemeinschaftsschlafsälen zur Verfügung. Es können auch Mahlzeiten gebucht werden: Frühstück ($20), Mittag- und Abendessen (jeweils $25). In Los Patos, San Pedrillo und La Leona stehen lediglich Duschen und Trinkwasser zur Verfügung, Camping ist an keinem Parkeingang erlaubt.
- **Transport**: Der Park verfügt über insgesamt **vier Parkeingänge**: An der Pazifikküste befinden sich die Stationen **La Leona** und **San Pedrillo**. Im Binnenland liegen die Stationen **Los Patos** sowie der touristisch weniger erschlossene Parkeingang **Los Planes**. Colectivos oder Busse verbinden Puerto Jiménez mit Carate (rund 3 km von der Station Leona entfernt). Die Forschungsstation und Herberge **La Sirena** im Park wird zudem von Charterflugzeugen aus Puerto Jiménez angeflogen. Touranbieter in Agujitas (S. 385) fahren die Station per Boot an. Zur Station Los Patos gelangt man zu Fuß, per Jeep-Taxi oder Pferd von der Ortschaft La Palma (13 km, ca. 5 Std. Fußmarsch, S. 387). Los Planes ist zu Fuß oder per Auto von Agujitas (Bahía Drake, S. 381) zu erreichen (4 km). Zur Station San Pedrillo gelangt der Besucher nur zu Fuß oder per Boot von der Bahía Drake.
- **Ausrüstung**: Sonnen- und Moskitoschutz, viel Trinkwasser, Proviant (kalorienreiche Snacks), festes Schuhwerk, Taschenlampe, ggf. Zeltausrüstung, Kompass

DER SÜDEN

DER OSTEN DER PENÍNSULA DE OSA **|** Parque Nacional Corcovado **393**

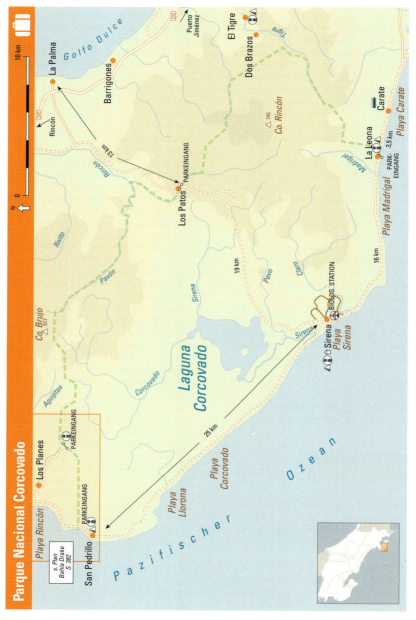

Die Sonne brennt, die Moskitos stechen, der Sand unter den Füßen gibt ständig nach. Dennoch es ist eine **Tour** durch den Nationalpark Corcovado, die für viele Urlauber den Höhepunkt ihres Costa-Rica-Urlaubs darstellt. Zu Recht: Der Anblick eines Tapir-Jungen, kreischender Roter Aras oder eines farbenprächtigen Sonnenuntergangs über dem schwarzblauen Pazifik lässt alle Anstrengungen und Wehwehchen mit einem Mal vergessen.

Corcovado ist das **grüne Juwel** in der Krone von Costa Ricas Nationalparks. Der Park umfasst, was Biologen als eine der artenreichsten Zonen der Welt bezeichnen: Acht verschiedene Ökosysteme, darunter Nebel-, Regen-, Mangrovenwälder und endlos lange Sandstrände. Auch heute noch werden bisher unbekannte Tier- und Pflanzenarten entdeckt. Bis 1978 führte keine Straße auf die Península de Osa; durch die Abgeschiedenheit konnten seltene Tiere, die in anderen Landes- und Weltteilen ausgestorben sind, wie Jaguar, Totenkopfäffchen und Harpyie – einer der größten Greifvögel der Welt – überleben.

Um eine bessere Kontrolle über das Schutzgebiet zu haben, das die größte Fläche an tropischem Regenwald an der mittelamerikanischen Pazifikküste umfasst, wurden sechs Parkstationen errichtet. Doch die Zahl der Parkwächter ist begrenzt, und es ist unmöglich, das gesamte Areal rund um die Uhr zu schützen. Illegales Goldschürfen und Wilddieberei stellen für den Parque Nacional Corcovado nach wie vor akute Bedrohungen dar. So hat die Zahl der Nabelschweine (die Hauptnahrungsquelle für Corcovados Jaguare) in den letzten Jahren alarmierend abgenommen. Zur Nahrungssuche weichen die Jaguare deshalb immer wieder auf Farmland aus, wo sie häufig von Viehzüchtern erschossen werden.

Seit 2014 dürfen Besucher den Nationalpark nur noch in **Begleitung eines zertifizierten Führers** betreten – eine Entscheidung, die sicher nicht bei allen Wanderern für Begeisterung sorgt, aber für den Park und seine Bewohner wohl eine gute Nachricht bedeutet.

Wanderungen

Für Tageswanderungen am Rand des Corcovado-Nationalparks bieten sich Bahía Drake, Dos Brazos (S. 391) und die Umgebung von Los Patos an. Hier bekommt man ebenfalls viele Tiere und eine ähnliche Vegetation wie im Park zu sehen. Wanderungen durch den Park beginnen an den Stationen San Pedrillo, La Leona, Sirena und Los Patos. Seit Anfang 2014 besteht im gesamten Nationalpark **Guide-Pflicht**, da es zuvor immer wieder zu Unglücksfällen mit Wanderern gekommen ist, die im Park allein unterwegs waren. Daher sind die Möglichkeiten für eine individuelle Planung sehr begrenzt. Ein ortskundiger Führer ist jedoch nicht nur aus Sicherheitsgründen sinnvoll. Mit einem guten Guide bekommt der Laie viel mehr von der Flora und Fauna zu sehen. Alle Führer müssen im Besitz einer offiziellen Lizenz sein. Fast jede Unterkunft auf der Halbinsel Osa kooperiert mit einem Touranbieter und zertifizierten Guides. Wer sich lieber auf eigene Faust um einen Führer kümmern möchte, kann die Anbieter in Puerto Jiménez und Agujitas kontaktieren (s. Touren S. 385 und 390).

Beste Wanderzeit ist die Trockenzeit, d. h. von Mitte Dezember bis Mitte April. Der 25 km lange Streckenabschnitt **zwischen San Pedrillo und Sirena** (8–10 Std.) war zur Zeit unserer Recherchen gesperrt und soll auf längere Sicht für die Öffentlichkeit geschlossen bleiben. Der einzige Teil dieses längsten und anstrengendsten Trails in Corcovado, der weiterhin begehbar ist,

Trekking im Corcovado

Der Corcovado Nationalpark ist nicht zu vergleichen mit dem „zahmen" Manuel Antonio-Park (S. 345). Corcovado ist Regenwald. Wanderer sind mitunter extremer Hitze und Feuchtigkeit ausgesetzt. Es gibt Moskitos und Schlangen, und es müssen Flüsse durchquert werden, in denen sich Krokodile oder Haie aufhalten können. Besucher sollten leicht packen, stets ausreichend Trinkwasser bei sich tragen (der Wasserverlust ist nicht zu unterschätzen; an allen Parkstationen ist jedoch Trinkwasser vorhanden) und sich vor Aufbruch bei den Parkwächtern über die Gezeiten informieren. Das Baden an der gesamten Küste ist gefährlich, es sind schon einige Besucher ertrunken.

Der Nussknacker von Osa

Er gehört zu den Tropen wie die Ananas, die Kokosnuss, die Palmenstrände und die Sonne – der **Lapa Roja** (Rote Ara) mit seinem leuchtend roten, bunt durchsetzten Federkleid, der schönste und größte unter den Papageien. Seine Heimat sind die tropischen Regenwälder von Südmexiko bis nach Brasilien. In Costa Rica leben heute zwei nennenswerte Populationen: im Nationalpark Carara und auf der Osa-Península. Dort können Besucher die geselligen Vögel auf dem Küstenwanderweg von Carate zum Nationalpark Corcovado erleben. Laut krächzend sitzen sie in den Kronen der Mandelbäume und knacken mit ihren harten Schnäbeln Nüsse und Früchte. Lapas legen jedes Jahr 2–4 Eier in Baumhöhlen ab. Nach rund einem Monat schlüpfen die Jungen, nackt und mit geschlossenen Augen. Bis zum ersten Lebensjahr bleiben sie unter elterlicher Obhut.

Die Zahl der Roten Aras hat weltweit dramatisch abgenommen. In El Savador ist der Lapa Roja bereits ausgestorben. Auch in Costa Rica steht der Papagei auf der Liste der vom Aussterben bedrohten Tiere, doch aufgrund der zahlreichen Schutzbemühungen in den letzten Jahren ist ihre Zahl glücklicherweise wieder angestiegen.

ist der etwa 7 km lange Teilabschnitt zwischen San Pedrillo und der **Playa Llorona**, wo es einen schönen Wasserfall zu sehen gibt. Der Strand ist einer der wichtigsten Nistplätze für Meeresschildkröten in Costa Rica. Während der Eiablage lassen sich hier hin und wieder Jaguare am Strand blicken, die es auf die Schildkröten abgesehen haben.

Von Carate nach Sirena
- 19,5 km, 6–8 Std.

Der Wanderweg von Carate zur Station La Sirena ist ausgeschildert und bei frühem Aufbruch gut in einem Tag zu schaffen (Achtung: Gezeiten einplanen!).

Rund 3 km westlich von Carate befindet sich die Station **La Leona**. Rote Aras halten sich ger-

ne in den Baumkronen am Ufer auf. Der Pfad überquert dann den **Río Madrigal** und kurz vor der Sirena-Station den breiten **Río Claro**. Wanderer haben die Wahl, am Strand in der Sonne oder durch den angrenzenden Wald im Schatten zu wandern. Viele Touranbieter bleiben zwei Nächte in La Sirena, um die 1–2-stündigen Wanderungen in die Umgebung wahrzunehmen. Die Chancen, hier einem Tapir zu begegnen, sind gut. Die Wege rund um Sirena sind die touristischsten im Park. Man begegnet vielen Gruppen, die mit Feldstechern an Waldführungen teilnehmen.

Von Sirena nach Los Patos
- 20 km, rund 8 Std.

Der Wanderweg von Sirena nach Los Patos führt weg von der Küste (und der frischen Meeresbrise) durch Primär- und Sekundärwald ins heiße Parkinnere. Die letzten 6 km sind steil, einige Wanderer bevorzugen daher den Trek in umgekehrter Richtung. Von Los Patos sind es weitere 13 km durch Goldgräbergebiet zur Ortschaft La Palma; der Pfad kreuzt dabei mehrmals Wasserläufe. In Los Patos gibt es weder Telefon noch Busverbindung. Taxis vorher bestellen!

Von Palmar Richtung Panama

Von **Palmar** führt die Interamericana an großen Ölpalmenplantagen vorbei in den Süden, nach **Paso Canoas**, der Grenze nach Panama. Lohnenswert auf dieser Strecke sind die weiter unten beschriebenen kurzen Abstecher ans westliche Ufer des Golfo Dulce, z. B. zum **Regenwald der Österreicher** oder an die Strände von **Zancudo**, **Pavones** und **Punta Banco**.

Golfito

Trotz ihrer idyllischen Lage am **Golfo Dulce** ist die weit auseinandergezogene Hafenstadt Golfito kein Touristenort. Abends hallen die Karaokeschluchzer aus den filzigen Hafenkneipen von

Golfito

SONSTIGES
1. SINAC-Büro
2. Supermercado Pearson
3. Megasuper
4. Lavandería La Chinita

ESSEN
1. Buenos Días

ÜBERNACHTUNG
1. Esquinas Rainforest Lodge
2. Hotel Samoa del Sur
3. Hotel Golfito
4. Cabinas Princesa del Golfo
5. Hotel Mary Luna

TRANSPORT
1. Anlegesteg Hotel Samoa (Boote nach Zancudo)
2. Muellecito (Boote nach Puerto Viejo und Privatlanchas)
3. Bushaltestelle
4. Bushaltestelle
5. Privatboote zur Playa Cacao

---

der Fassade der alten Sardinenfabrik wider. Am Muelle Bananero, dem einstigen Bananendock, schwimmen Manta-Rochen im schmutzigen Hafenbecken. Die rostenden Eisenbahnwaggons, Kräne und Lagerhallen sind Relikte aus der Zeit des *Oro Verde* (grünes Gold), als die United Fruit Company hier Bananen anbaute. Im nördlichen Stadtteil, der **Zona Americana**, stehen noch die schmucken Häuser der ehemaligen *gerentes* (Betriebsleiter). Im südlichen **Pueblo Civil**, wo heute die Fähre nach Puerto Jiménez ablegt, lebten die Arbeiter.

Als sich United 1985 nach beinahe 50 Jahren aufgrund von Arbeiterstreiks, Preissturz und Pilzbefall der Bananen aus der Region zurückzog, fiel Golfito ins Chaos. Um die Wirtschaft anzukurbeln, eröffnete die costa-ricanische Regierung Anfang der 1990er-Jahre den **Depósito Libre**, ein hässlich ummauertes Einkaufszentrum am nördlichen Stadtrand, wo vorwiegend Elektrogeräte aus Panama zollfrei verkauft werden. Einkäufer müssen ihr Eintrittsticket 24 Stunden im Voraus kaufen und somit die Nacht in Golfito verbringen. Die meisten Touristen jedoch setzen direkt mit der Fähre nach Puerto Jiménez über oder ziehen weiter Richtung Süden, an die **Playas Zancudo, Pavones** und **Punta Banco**.

Sehenswertes

Das 2800 ha große **Refugio Nacional de Fauna Silvestre Golfito** beim nördlichen Ortsteil hinter der Landebahn ist touristisch nur wenig erschlossen. Doch die Artenvielfalt der Flora und Fauna hier ist beträchtlich. In dem relativ kleinen Schutzgebiet, das 1988 zur Sicherung der Wasserversorgung Golfitos gegründet wurde, hat man bisher knapp 150 Vogelarten identifi-

Der Regenwald der Österreicher

Im „Regenwald der Österreicher" wird Regenwald freigekauft. Denn der **Parque Nacional Piedras Blancas**, wie das Schutzgebiet offiziell heißt, existierte zuvor lediglich auf dem Papier. Seitdem 1992 der Wiener Geiger Michael Schnitzler, Enkel des berühmten Schriftstellers Arthur Schnitzler, den Verein „Regenwald der Österreicher" gründete, konnten 72 % der Parkfläche aufgekauft und der costa-ricanischen Regierung geschenkt werden. Privatpersonen und Organisationen spendeten insgesamt rund 4,2 Mio. Euro. Mit den Spenden werden derzeit u. a. 16 Wildhüter finanziert, die illegalen Holzfällern und Wilddieben das Handwerk legen sollen.
Hunderte Rote Aras wurden aus Aufzuchtprogrammen im Park freigelassen und haben bereits selbst für Nachwuchs gesorgt. Die jüngsten Projekte des Vereins widmen sich dem Erhalt des Raubkatzenbestandes in enger Zusammenarbeit mit der Schutzorganisation Yaguará. Ein insgesamt 4–5-stündiger Wanderweg führt durch den Park zum Badestrand Playa Josecito. Außerdem werden von Michael Schnitzlers **Esquinas Rainforest Lodge** (s. u.) Touren durch den Nationalpark angeboten (inkl. Gummistiefel in allen erdenklichen Größen!). Der Nationalparkeingang befindet sich in **El Bonito**, 8 km von der Ortschaft Las Gambas entfernt.

---

ziert. Das **SINAC-Büro**, ☏ 2775-2110, am Parkzugang informiert über Wanderwege, ⏲ tgl. 8–16 Uhr, Eintritt $10.

Von hier führt eine Straße an der Polizeistation vorbei zur **Playa Cacao** (6 km), dem besten Badestrand in der Nähe von Golfito. Die paradiesischen, weiter nördlich gelegenen, wenig touristischen Strände **Playa Josecito** (s. Kasten oben), **Playa Nicuesa** und **Playa Cativo** sind von Golfito nur per Boot zu erreichen. Einige Hotels höherer Preisklasse bieten an den Stränden Unterkunft an.

ÜBERNACHTUNG UND ESSEN

Cabinas Princesa del Golfo, schräg gegenüber der Banco Nacional, ☏ 2775-0442. 6 sehr einfache, aber saubere und sichere Cabinas mit AC und TV bei netter Tica-Wirtin Roxana. ❶–❷
Esquinas Rainforest Lodge, 10 km nördl. von Golfito, Richtung La Gambas (ausgeschildert), ☏ 2775-0901, 🖥 www.esquinaslodge.com. Rustikale Bungalows, eingebettet in den Dschungel, am Rand des Nationalparks Piedras Blancas (s. Kasten oben). Im großen palm-

strohgedeckten Gemeinschaftsbereich werden die Mahlzeiten eingenommen, Pool. Viele deutschsprachige Gäste. VP inkl. ❻

Hotel Golfito, am Muellecito, ☎ 2775-0047. 14 saubere, schlichte Zimmer mit AC. In der Nähe der Bushaltestelle und des Fähranlegers. Für eine Übernachtung okay. ❷

Hotel Mar y Luna, kurz hinter dem Ortseingang, am Golfo Dulce, ☎ 2775-0192, 🖥 www.marylunagolfito.com. 15 helle, ordentliche Zimmer mit AC, Bad und TV, 5 davon geräumige „Suites" mit Kitchenette. Beliebt bei Sportfischern. Frühstück inkl. ❸ Gutes **Restaurant** mit Blick auf die Bucht und leckeren Fischgerichten. ⏲ tgl. 7–22.30 Uhr.

Hotel Samoa del Sur, ☎ 2775-0233, 🖥 www.samoadelsur.com. Große Zimmer mit Doppelbetten. Etwas überteuert, aber mit großem Pool. Französische Leitung, Frühstück inkl. ❸

Buenos Días, gegenüber der Tankstelle bei der Bushaltestelle. Das Frühstück in diesem Schnellrestaurant ist hervorragend. Es gibt außerdem Sandwiches, Casado und leckere Frescos. Die Klimaanlage ist Gold wert. Ein idealer Ort, um auf den Bus zu warten. ⏲ tgl. 6–22 Uhr.

SONSTIGES

Informationen
Touristenbüro, am Muellecito, ☎ 2775-1820, ⏲ Mo–Fr 8–13 Uhr.

Post
Im Zentrum des Pueblo Civil. ⏲ Mo–Fr 8–16 Uhr.

Supermarkt
Megasuper, bei der Tracopa-Haltestelle. ⏲ Mo–Sa 7–21, So 7–19 Uhr.
Supermercado Pearson, ggü. vom Anlegesteg. Frische Backwaren. ⏲ tgl. 7–18 Uhr.

Taxi
Von Golfito nach PAVONES etwa $80.

Wäscherei
Lavandería La Chinita, an der Hauptstraße ggü. dem Bootsanleger. ⏲ Mo–Sa 8–18 Uhr.

TRANSPORT

Busse
Busse starten in der Nähe des Muelle Bananero (hier bekommt man sicher einen Sitzplatz) und halten auch an der überdachten Haltestelle am Muellecito.
CIUDAD NEILY (RÍO CLARO), stdl. 4.45–17.30 Uhr, 1 Std.;
PASO CANOAS (über CIUDAD NEILY), fast stdl. 5.30–17.30 Uhr, 1 1/2 Std.;
PAVONES, 10 UND 15 UHR (ÜBER CONTE), 1 3/4 STD.;
PUNTA BANCO (über PAVONES), 10, 15 Uhr, ca. 2 1/2 Std.;
SAN JOSÉ (über PALMAR), 5, 13.30, 14 Uhr, 7 Std. mit **Tracopa**, ☎ 2221-4214.

Boote
PUERTO JIMÉNEZ, am Muellecito, Mo–Fr 7, 10, 11.30, 13, 15, 17, Sa 7.30, 10, 13, 15, 17 Uhr, So 10, 13 und 15 Uhr.
Außerdem Privatboote Richtung PLAYA CACAO (2000C$ p. P.) am Taxiboot-Anleger ggü. der Soda El Mercadito (einen der Kapitäne fragen). ZANCUDO (3000C$), tgl. ca. 13 Uhr (Abfahrtszeit variiert) vom Anlegesteg des Hotels Samoa del Sur.

Zancudo

Im Westen der Pazifik, im Osten die Mangroven, dazwischen eine endlos lange Staubpiste, an der sich Hotels und Restaurants aneinanderreihen: Das ist Zancudo, ein langer Strandstreifen, an dem sich vorwiegend ältere Expats niedergelassen haben. Früher waren in Zancudo auch Schweinefarmen angesiedelt, deren Tiere mit den angeschwemmten Überschussbananen der United Fruit Company aus Golfito gemästet wurden.

Schweine mitsamt Bananen sind längst verzehrt, heute haben Touristen den relativ wenig besuchten, schönen Badestrand für sich; gutes Surfen ist am südlichen Strandabschnitt möglich. Zur Semana Santa reisen Costa Ricaner mit Kind und Kegel an und verwandeln den sonst ruhigen Ort in ein Volksfest.

ÜBERNACHTUNG

Au Coeur du Soleil, ☎ 2776-0112, 🖳 www.aucoeurdusoleil.com. 3 offen gestaltete Cabinas mit Küche für max. 4 Pers. ab $65 pro Tag/2 Pers. Rabatte bei längerem Aufenthalt. Fahrrad- und Boogieboard-Verleih. ❷–❸

Cabinas Los Cocos, 200 m nördl. von Cabinas Sol y Mar, ☎ 2776-0012, 🖳 www.loscocos.com. Originelle Ferienhäuser mit gut ausgestatteter Küche und großer Wohnveranda in Strandlage, gut für Familien. Günstigere Cabinas. Fahrrad-, Kajak-, und Boogieboard-Verleih. Rabatte bei Wochen- und Monatsmiete. Hilfsbereite Gastgeberin. ❹–❻

Cabinas Sol y Mar, 1,5 km nördl. vom Supermercado Tres Amigos, ☎ 2776-0014, 🖳 www.zancudo.com. Sehr große Cabinas mit Meerblick und ein Haus für Selbstversorger, auch Economy-Cabinas an der Straße. Das dazugehörige beliebte **Restaurant** (🕐 tgl. 7–21 Uhr) hat gute Burger und andere Snacks. ❷

🧳 **Coloso del Mar**, 4 km südl. vom Bootsanleger (Taxi $6), ☎ 2776-0050, 🖳 www.colosodelmar.com. 4 rustikale Cabinas im Blockhaus-Stil bei amerikanischem Aussteiger. Sehr gepflegte Anlage direkt am Strand; Restaurant. Surfbrettverleih ($15 pro 24 Std.) und Unterricht. Gutes Preis-Leistungs-Verhältnis. Cabina für 2 Pers. ab $60. ❷–❸

ESSEN UND UNTERHALTUNG

El Coquito, hier treffen sich vor allem Einheimische, samstags wird getanzt.

La Puerta Negra. Kleines Restaurant mit hausgemachten italienischen Gerichten, darunter die „zornige Pasta" mit schwarzen Oliven und scharfen Chilis. 🕐 Di–So 18–21 Uhr.

Restaurant-Bar Sol y Mar. Eher ein Touristentreffpunkt.

Restaurante Tranquilo. Günstige Fisch- und landestypische Gerichte.

Soda Katherine, in der Nähe vom Fußballplatz.

SONSTIGES

Fahrradverleih
Cabinas Sol y Mar, $10 pro Tag.

Kajakverleih
Cabinas Los Cocos, verlangt $5 pro Std.; auch Stand up Paddle Boards.

Reittouren
Restaurant Sol y Mar, vermittelt Reitausflüge.

TRANSPORT

Busse
Die Busse fahren von der Pulpería Bella Vista ab.
CIUDAD NEILY, 5, 12 Uhr, 3 Std.; Passagiere nach PAVONES müssen in Conte umsteigen.
GOLFITO, 6 UHR, 1 3/4 STD.

Boote
Der Bootsanleger befindet sich am nördlichen Ende des Ortes, auf der Mangrovenseite.
GOLFITO, ca. 6 Uhr, 3000C$.
Private Wassertaxis arrangieren Unterkünfte.

13 HIGHLIGHT

Pavones und Punta Banco

Pavones ist ein kleiner, abgelegener Surferort mit schlechten Straßen, in dem sich die internationale Surfgemeinde trifft und sich Wellenreiter einen Platz auf einer der **längsten Linkswellen** der Welt erkämpfen (nicht für Anfänger geeignet), die unregelmäßig und nah am Ufer auftaucht. Moderne Wellen-Vorhersagemethoden und das Internet sorgen dafür, dass sich Pavones bei Erscheinen der Welle für ein paar Tage urplötzlich füllt, kurze Zeit später aber wieder wie ausgestorben wirkt. Die besten Bedingungen finden Surfer von April bis November vor. Im 6 km weiter südlich gelegenen **Punta Banco** endet die Straße. Der südlichste Zipfel Costa Ricas ist erreicht.

In Sonnenanbeterstellung liegen Frühaufsteher auf dem Yogadeck der friedlichen Yogafarm (s. Kasten S. 402) und begrüßen die ersten Morgenstrahlen über dem Pazifik. Außerdem bieten sich hier tolle Wanderungen und Ausritte an

400 VON PALMAR RICHTUNG PANAMA | Golfito

der wenig touristischen **Playa Punta Banco** oder ein Besuch des benachbarten Indianerreservats **Guaymí de Conte Burica** an.

ÜBERNACHTUNG

Pavones

Zwischen Dezember und März bieten viele Unterkünfte verbilligte Preise an.

Cabinas de la Suerte, im Ortszentrum, 50 m vom Strand, ✆ 2776-2388, 🖥 www.cafedela suerte.com. 2 saubere und stilvoll eingerichtete Zimmer mit leichter Brise und Balkon mit Meerblick, AC. Über dem vegetarischen Café de la Suerte. Der freundliche israelische Besitzer vermietet in der Nähe auch ein kleines Strandhaus für $100. ❹

Caza Olas, ✆ 2776-2271, 🖥 www.cazaolas. com. 1 Dorm und 5 schlichte, aber saubere Holz-Cabinas. Italienische Leitung. Teils mit Bad und AC (Dorm mit Gemeinschaftsbad, $14 plus Steuern). ❷

Clear River Hostel, ✆ 8629-2508, 2776-2017, 🖥 www.pavonesclearriver.com. Unscheinbares Häuschen mit 3 Zimmern und Gemeinschaftsküche am Uferweg. Sehr familiär, deutschsprachige Leitung. Zimmer privat oder gemeinschaftlich ($15 p. P.) nutzbar. Surfboard-Verleih. ❶–❷

Eberneezer Cabinas, ✆ 2776-2052, 8577-1080. Einfache kleine, aber sehr saubere Zimmer bei Tico-Familie. Restaurant mit Snacks und Frühstück. ❷

🧳 **La Ponderosa**, ca. 2,5 km südl. von Pavones an der Straße Richtung Punta Banco, ✆ 2776-2076, 🖥 www.laponderosa pavones.com. 7 komfortabele Cabinas (AC, TV, Kühlschrank) und 2 geräumige Häuser (für max. 7 Pers.) mit Küche und mehreren Schlafzimmern auf einem gepflegten Areal in Strandnähe. Auf dem großen Grundstück gibt es einen Pool und mehrere Wanderwege. Surf-, Boogieboard- und Fahrradverleih. Amerikanische Besitzer. 3-Mahlzeiten-Paket $35. ❺–❻

La Perla, im Zentrum hinter der Bar La Plaza, ✆ 2776-2000, 2776-8150, 🖥 www.pavonesbest rentals.com. 6 schlichte Cabinas mit Kühlschrank, Ventilator und AC. Kleine Veranda mit Schaukelstuhl. ❸

Mira Olas, 200 m südl. vom Supermarkt dem Wegweiser folgen, ✆ 2776-2006, 🖥 www. miraolas.com. Großes Finca-Gelände am Río Claro mit blitzsauberen gefliesten Cabinas mit Privatbad und Kühlschrank. Außerdem eine „Jungle Deluxe Cabin" für 4 Pers. mit gut ausgestatteter Küche. Ab $40 für 2 Pers. ❷–❸

Punta Banco

🧳 **Rancho Burica**, am Ortsende von Punta Banco, ✆ 2776-2223, 🖥 www.rancho burica.com. Charmante Surfunterkunft mit einfachen Zimmern direkt am Strand (20 Betten), Frühstücksrancho, Hochsitz (zum Betrachten der Sonnenuntergänge), Palmen. Geleitet von freundlichen holländischen Wellenreitern. Ab $15 p. P. ($35 inkl. Frühstück und Abendessen) im Schlafsaal. ❸–❹

🌳 **Tiskita Lodge**, 400 m vor dem Ortseingang von Punta Banco, ✆ 2296-8125 (nur wochentags), 🖥 www.tiskita.com. Schöne, rustikale Zimmer in individuell gestalteten, auf einem großen Areal verteilten Wohneinheiten, Garten mit tropischen Früchten. Tiskita führt Umwelt- und Tierschutzprojekte (z. B. Ara-Auswilderungen) in der Region durch und arbeitet mit Freiwilligen. Auch Angebote inkl. Touren. Einblicke in das Ara-Schutzprojekt möglich. ❻

Yoga-Farm (s. Kasten S. 402).

ESSEN UND UNTERHALTUNG

Pavones

Bar Restaurante La Plaza, im Zentrum am Fußballplatz. Beliebte Open-Air-Bar mit Drinks, Musik, Snacks (auch gute Tagesgerichte).

Café de la Suerte, im Zentrum. Vegetarisches Restaurant mit leichten Gerichten: Pita, Sandwiches, Salate. Lecker, aber etwas teurer. Gutes Frühstück! ⏱ Mo–Sa 7–17 Uhr.

La Piña, an der Straße Richtung Punta Banco. Gutes italienisches Restaurant mit Fisch- und vegetarischen Gerichten sowie hausgemachter Pasta. ⏱ tgl. 13–21 Uhr.

Soda La Plaza, im Zentrum. Günstiger, frischer Fisch und Meeresfrüchte.

Tico Mex, an der Hauptstraße am Ufer, ✆ 8650-2315. Fisch-Tacos, Burritos und anderes Tex-Mex-Food. ⏱ tgl. 8–20 Uhr.

Die Yoga-Farm

Ein Höhepunkt für Yoga- und Naturfreunde ist die **Yoga-Farm** in Punta Banco. Auch Gäste, die nicht Yoga praktizieren und die Farm der Abgeschiedenheit und Ruhe wegen aufsuchen, sind willkommen. Die Unterbringung erfolgt in einfachen, sauberen Dorms mit Gemeinschaftsbad und modernen Komposttoiletten, in Privatzimmern oder in einfachen Holz-Cabinas. Die vegetarischen Gerichte werden zum Teil aus dem ökologisch angebauten Gemüse und Obst der Farm zubereitet. Außerdem steht eine Küche zur Verfügung. Zentrum und Blickfang der Yoga-Farm ist das große, hölzerne Yogadeck mit Blick über den Regenwald auf den Pazifik, das zum Haupthaus gehört. Täglich finden Yogastunden statt, außerdem Wanderungen und Reitausflüge in den umliegenden Regenwald und Touren in das benachbarte Indianerreservat, mit dem die Farm eng zusammenarbeitet. Bewerbungen von Freiwilligen, besonders aus den Bereichen Yoga, Massage und Permakultur, sind willkommen. $43 p. P. pro Tag und Übernachtung im Dorm, inkl. VP und Yogastunde ($260 pro Woche). Privat-Cabinas ab $65 p. P. Näheres auf 🖳 www.yogafarmcostarica.org.
Wegbeschreibung: In Punta Banco führt am Ende der Straße ein (sehr) steiler Weg (10–15 Min.) links den Hügel hoch. Die Farm ist das erste Gebäude auf der linken Seite. Der Bus kommt kurz vor Dunkelheit in Punta Banco an. Taschenlampe mitnehmen! ❸

Punta Banco
Brisas del Mar, Ceviche und Pizza.
Soda Titiguana, günstige Comida Típica.

SONSTIGES

Fahrradreparatur
Ciclo C&M, neben **Ebenezer Cabinas**, ✆ 2776-2052. Auch ATM- und Fahrradvermietung, Taxiboote.

Supermarkt
Super Río Claro, an der Bushaltestelle. Größter Supermarkt im Ort. ⏰ tgl. 7–20 Uhr. Außerdem gibt es eine kleine **Pulpería** am Fußballplatz (kein Verkauf von Alkohol).

Surfen
Seaking's Surfshop, im Zentrum, ✆ 2776-2015, 🖳 www.seakingssurfshop.com. Surfunterricht und Surfbrettverleih ($20 pro Tag). Auch Surfkurse können vermittelt werden.

TRANSPORT

Busse
Der frühe Bus zur Weiterfahrt kommt aus Punta Banco und hält vor dem Supermarkt Río Claro; der Bus am Mittag hält vor den Fischerbooten.

GOLFITO (über CONTE), 5.30, 12.30 Uhr, 1 3/4 Std.
Von Pavones nach PUNTA BANCO fährt der gleiche Bus gegen 17 Uhr.
Wer zur Grenze nach PANAMA will, muss in CONTE umsteigen.
Eine direkte Verbindung von Pavones nach ZANCUDO bestand zur Zeit der Recherche nicht. Von Conte fährt tgl. um 17 Uhr ein Bus nach Zancudo.

Ciudad Neily

Ein längerer Aufenthalt in „Neily" lohnt nicht. Busreisenden bietet der Ort jedoch gute Transportverbindungen.

ÜBERNACHTUNG UND ESSEN

Hotel Andrea, schräg gegenüber vom Busbahnhof, ✆ 2783-3784. Saubere, kleine Zimmer, teils mit AC, hintere Zimmer schöner und leiser, mit kleiner Terrasse. Komfortabelste Unterkunft in Neily. Internet, Restaurant. ❸

€ **Hotel El Diamante**, am Busbahnhof, ✆ 2783-1003. Einfache Zimmer mit Holzwänden und Bad. Sehr sauber, unter freundlicher costa-ricanischer Leitung. Sicherer Parkplatz. ❷

La Moderna, 100 m östl. vom Park. Pizza, Pasta, Fischgerichte. Üppige Portionen. ⊙ tgl. 7–23 Uhr.
Rund um den Busterminal, insbesondere im kleinen Mercado Municipal, servieren viele Sodas günstige und reichhaltige landestypische Gerichte.

SONSTIGES

Apotheke
Farmacia Villa Neily, gegenüber der Banco Nacional, ✆ 2783-5678.

Geld
Banco de Costa Rica, 200 m westl. und 400 m südl. vom Busterminal. ⊙ Mo–Fr 9–16 Uhr.
Banco Nacional, 100 m westl. und 100 m südl. vom Busterminal. ⊙ Mo–Fr 8.30–15.45 Uhr.

Post
Correos de Costa Rica, 100 m nördl. vom Busterminal, ✆ 2783-3500. ⊙ Mo–Fr 8–12 und 13–17 Uhr.

Supermarkt
Pali, gegenüber vom Busbahnhof. ⊙ Mo–Do 8–19, Fr–Sa 8–19.30, So 8–18 Uhr.
Megasuper, 100 m westl. und 200 m südl. vom Busbahnhof. ⊙ tgl. 7–21 Uhr.

Taxis
Am Busbahnhof. Preise: Paso Canoas $15, San Vito $50, Flughafen $10, Golfito $40.

TRANSPORT

Busse
DOMINICAL, 6, 11, 14.30 Uhr, 3 Std.;
FLUGHAFEN (Finca 40s), 7, 9.15, 11.30, 13.15, 15.15, 17.30, 18 Uhr, 30 Min.;
GOLFITO, 14x tgl. 5.30–19.30 Uhr, 1 Std.;
PALMAR, ca. stdl. 4.30–17.45 Uhr, 1 1/2 Std.;
PASO CANOAS, alle 30–60 Min. 6–1.30 Uhr, 30 Min.;
PAVONES (MIT UMSTEIGEN IN CONTE), 9.30, 14.15, 16.15 UHR, 4–5 STD.;
PUERTO JIMÉNEZ, 7, 14 Uhr, 3 Std. (oder via GOLFITO);
SAN ISIDRO, 12x tgl. 4.20–17 Uhr, 4 Std.;
SAN VITO, 6, 7.30, 9, 11, 12, 13, 15, 16, 17.30 Uhr, 1 Std. 40 Min.;
SAN JOSÉ, 4, 4.30, 4.50, 8, 8.30, 11.30, 17 Uhr, ca. 7 Std. mit **Tracopa**, ✆ 2221-4214;
ZANCUDO, 9.30, 14.15 Uhr, 2 Std.

Abstecher nach San Vito

Steil schlängelt sich der Bus die malerische Serpentinenstrecke hinauf in das erfrischend kühle San Vito (950 m). San Vito wurde Anfang der 1950er-Jahre von italienischen Kaffeebauern gegründet. Cafés und kleine Geschäfte säumen die lebendigen Straßen im Ort. Außerdem hinterließen die europäischen Einwanderer ein Denkmal zur italienisch-costa-ricanischen Freundschaft und knusprig-dünne Pizzaböden. Italienisch parliert man dagegen nur noch selten. Busse fahren von San Vito zum 6 km südlich gelegenen Jardín Botánico Wilson.

Jardín Botánico Wilson
Aus dem ehemaligen Zierpflanzen- und Teegarten des nordamerikanischen Ehepaars Robert und Catherine Wilson entstand nach deren Tod 1973 der Jardín Botánico Wilson, heute im Besitz der nicht staatlichen Organization of Tropical Studies (OTS), 🖥 www.ots.ac.cr. Das Gelände besteht aus 250 ha prämontanem Wald und über 1000 Pflanzengattungen aus 212 Pflanzenfamilien. Im Schutzgebiet leben u. a. mehr als 400 Vogel-, 43 Fledermaus- und 800 Schmetterlingsarten.

Vier **Wege** mit unterschiedlichen Themenschwerpunkten führen durch Garten und Wald. Eine Broschüre für die Erkundung ist am Eingang erhältlich. Beste Besuchszeit des Gartens sind die frühen Morgenstunden, nachmittags setzt bereits Nebel ein. Touristen stehen zwölf attraktive, helle **Ferienhäuser** mit guten Matratzen und Balkons (VP ❺) zur Verfügung; ideal zum Vogelbeobachten. Anmeldung erforderlich, ✆ 2524-0607, ✉ visit.ots@tropicalstudies.org.

Der Garten liegt 6 km südlich von San Vito auf der **Busstrecke** San Vito–Ciudad Neily. Nur Busse, die über Agua Buena fahren, halten am Garten. Ein Taxi von San Vito kostet rund 5000C$. ⊙ tgl. 8–16, Eintritt $8, Kinder bis 12 J. frei.

ÜBERNACHTUNG

Cabinas Rino, ☎ 2773-3071. Sehr einfache Zimmer mit oder ohne AC in zentraler Lage. Einfaches Frühstück inkl. ❶–❷
Casa Botania, 300 m vom Jardín Botánico Wilson in Richtung San Vito, ☎ 2773-4217, 🖳 www.casabotania.com. Hübsche zweistöckige Cabinas mit herrlichem Panoramablick. Frühstück inkl. Costa-ricanisch-belgische Leitung. Tolles vegetarisches Restaurant. ❹
Cascata del Bosco, 200 m vom Jardín Botánico Wilson in Richtung San Vito, ☎ 2773-3208, 🖳 www.cascatasanvito.com. 4 komfortabel eingerichtete, geräumige Rancho-Cabinas mit Mikrowelle, Kühlschrank und Balkon. Großes bewaldetes Areal mit Wanderwegen. Frühstück inkl. Außerdem Grillrestaurant (Mo geschl.). US-amerikanische Leitung. ❹
Hotel El Ceibo, 100 m östl. vom Park, ☎ 2773-3025, 🖳 www.hotelelceibo.com. Saubere und, relativ kleine Zimmer, zum Teil mit Balkon. Restaurant. ❸

ESSEN

Panificadora del Sur, neben dem Automercado. Cappuccino, Espresso, Tiramisu, auch „Tico"-Schlemmereien. ⏰ tgl. 6.30–20 Uhr.
Panadería Flor, an der Hauptstraße neben dem American Store. Leckerer Kuchen und Brot. ⏰ tgl. 6–20 Uhr.
Pizzería Restaurant Lilliana, westl. vom Park. Große Auswahl an Pizzas nach traditionellen italienischen Rezepten. ⏰ tgl. 10.30–22 Uhr.
El Tipiko, an der Hauptstraße gegenüber von Artelec. Einfache Casados und günstige Tagesgerichte. Keine Speisekarte. ⏰ Mo–Sa 7–17 Uhr.

SONSTIGES

Apotheke
Farmacia Coto Brus, im Zentrum, ☎ 2773-3076. ⏰ Mo–Sa 7.30–18.30 Uhr.

Geld
Banco Nacional, am südl. Ortseingang. ⏰ Mo–Fr 8.30–15.45 Uhr.

Internet
Internet El Kiosko, neben der Banco Nacional. ⏰ Mo–Sa 8.30–18 Uhr.

Medizinische Hilfe
Cruz Roja, neben dem Busbahnhof Cepul, ☎ 2773-3191.

Post
Neben der Polizeiwache am nördlichen Ortsausgang. ⏰ Mo–Fr 8–16.30 Uhr.

Supermarkt
Automercado, im Zentrum. ⏰ Mo–Sa 7–20, So 7–19 Uhr.
Super Barato, im Zentrum. ⏰ Mo–Sa 8–20, So 8–17 Uhr.

Taxis
Zum Jardín Botánico Wilson 5000C$.

TRANSPORT

Vom **Tracopa-Busterminal** an der Straße Richtung Sabalito, am westl. Ortsausgang: SAN ISIDRO (VIA BUENOS AIRES), 6.45, 9.30, 12, 16 Uhr, 3 Std.; SAN JOSÉ, 6, 8.30, 15 Uhr, 6 Std.

Vom **Cepul-Busterminal** im Nordwesten der Stadt (vom Hauptplatz Richtung Westen): CIUDAD NEILY, 10x tgl., 4.45–17.30 Uhr, 1 1/2 Std.

Paso Canoas (Grenzübergang Panama)

Ein buntes Chaos aus Autos, Lastwagen, Bussen, fliegenden Händlern, Dreck, Obst- und Gemüseständen herrscht an Costa Ricas wichtigstem Grenzübergang nach Panama. Supermärkte, Internet, Bank, Post und das **Instituto Panameño de Turismo** (☎ 2727-6524, ⏰ Mo–Fr 8.30–16.30 Uhr) mit spärlicher Information über Panama befinden sich direkt am Grenzübergang.

Abenteuer Grenze in Paso Canoas

Beim Grenzübertritt in Paso Canoas müssen Reisende bei den **Migración-Büros** beider Länder, ⏰ tgl. 6–23 Uhr, ihren Pass vorzeigen, um den Stempel für die Ausreise und für die Einreise zu erhalten. Die Ein- und Ausreiseformalitäten beim costa-ricanischen Grenzposten, ☎ 2732-2150, verlaufen relativ unkompliziert und zügig ($7 Ausreisesteuer bereithalten!). Bei der panamaischen Migración, ☎ +507-727-6502, muss man jedoch mit **langen Wartezeiten** rechnen, da von jedem Reisenden ein Foto angefertigt wird. Schlange stehen bei der Ein- und Ausreise von/nach Panama vermeidet man am besten unter der Woche und in den Nachmittagsstunden von 12–16 Uhr. Reisende in beide Richtungen müssen ein Weiterflug- oder Busrückreiseticket vorweisen und manchmal auch einen Nachweis über $500, häufig reicht dafür aber auch das Vorzeigen einer gültigen Kreditkarte (und ein Ausdruck des aktuellen Kreditkarten-Verfügungsrahmens). Achtung: Auch die Passagiere der internationalen Busse (von Ticabus oder Tracopa) müssen an der Grenze aussteigen und sich selbstständig um ihre Ein- und Ausreisestempel kümmern. Der Bus wartet dann auf der anderen Seite der Grenze und sammelt nach den Grenzformalitäten die Passagiere wieder ein.

ÜBERNACHTUNG UND ESSEN

Paso Canoas hat eine breite Auswahl billiger, schmuddeliger Cabinas.

€ **Hotel Residencial Las Canarias**, auf der panamaischen Seite, ☎ +507-727-6672 (Panama), +506-2732-1057 (Costa Rica), ✉ canariashotel@gmail.com. 400 m südl. der Migración. Saubere Zimmer, okay für eine Nacht. ❷
Cabinas Romy, 175 m südl. der Bushaltestelle nach Neily, ☎ 2732-1930. 26 helle, sehr saubere Zimmer mit AC und TV, freundlicher Besitzer, Parkplatz. ❷
Die einfache **Soda El Parqueo** neben dem Busbahnhof hat große, günstige Casado-Teller (ab 2500C$). ⏰ tgl. 24 Std.

SONSTIGES

Geld
Banco de Costa Rica, neben der Grenzpolizei (Policia de Fronteras). ⏰ Mo–Sa 9–16, So 9–13 Uhr.

Post
Correos, gegenüber der Grenzpolizei (Policia de Fronteras). ⏰ Mo–Fr 8–17 Uhr.

Taxis
Taxis nach Ciudad Neily $15.

TRANSPORT

Der Busbahnhof befindet sich auf der costa-ricanischen Seite an der Hauptstraße, 150 m vom Grenzposten entfernt. Von Paso Canoas fahren **Busse** nach:
CIUDAD NEILY, ca. alle 30 Min. 5.30–18 Uhr, 30 Min.;
SAN JOSÉ (über PALMAR), 3.30, 8, 11, 16.30 Uhr, 7 1/2 Std.;
DAVID (PANAMA), ca. alle 2 Std., 1 1/2 Std.;
GOLFITO, CA. STDL. 4.30–18.30 UHR;
PANAMA CITY (über DAVID und CONCEPCIÓN), 9x tgl. 5.45–19 Uhr, ca. 7 1/2 Std.

DER SÜDEN

CAHUITA © ISTOCK.COM / NICOLASBOLVIN

Karibikküste

Rastafari-Kultur, würzige Kokossoße, Reggae und entspannte Party-Atmosphäre prägen den Canton Talamanca, den Süden der costa-ricanischen Karibikküste – die Region bietet damit einen deutlichen Kontrast zum restlichen Costa Rica. Im Norden lädt der Nationalpark Tortuguero mit Küstenregenwald und zahlreichen Wasserläufen zu Entdeckungstouren per Boot ein.

Stefan Loose Traveltipps

14 **Tortuguero** Mit dem Boot durch das Dschungel-Labyrinth aus Kanälen, Flüssen und Lagunen im Schildkrötenland Tortuguero. S. 417

Die Karibik auf der Zunge Wer die Karibik nicht geschmeckt hat, hat sie nicht erlebt. In Cahuita gibt es karibische Kochkunst vom Feinsten. S. 434

Playa Cocles Surfen für Fortgeschrittene auf türkisblauen Wellen und relaxtes Strandleben, umgeben von einer einzigartigen Tier- und Pflanzenwelt. S. 437

15 **Schutzgebiet Gandoca-Manzanillo** Einsame Strandparadiese zum Schwimmen und Schnorcheln. Wanderungen durch üppige Vegetation bis zum Río Gandoca an der Grenze zu Panama. S. 441

RASTA-MANN © JULIA REICHARDT

TORTUGUERO © OLIVER KIESOW

Parque Nacional Tortuguero
Puerto Limón
Cahuita
Playa Cocles
Reserva Gandoca-Manzanillo

Wann fahren? Die Gegend ist für ihren regelmäßigen Niederschlag bekannt. Von Dezember bis April fällt am wenigsten Regen.

Wie lange? mind. 2 Nächte im Tortuguero-Nationalpark, 2–4 Tage für die Badestrände im Süden

Bekannt für Strände, Karibikflair, Reggae-Bars, Regenwälder, Tierbeobachtung

Unbedingt machen Tierbeobachtung im Tortuguero-Nationalpark, würziges Jerk Chicken probieren, Fahrradtour zu den Stränden der Südkaribik

Karibikküste

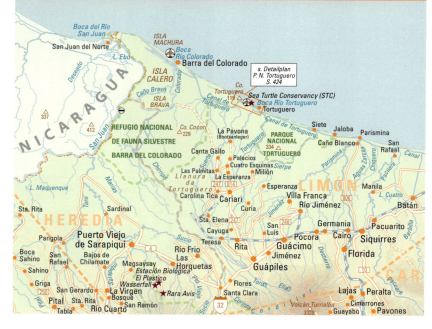

Costa Ricas Karibikküste erstreckt sich von den unzähligen Lagunen, Flüssen und Kanälen des Nordostens über die raue Hafenstadt Puerto Limón bis zu den traumhaft weißen Palmenstränden und der schroffen Cordillera Talamanca im Südosten des Landes. Die Latinokultur weicht hier einer afro-karibischen Kultur: Liebesschnulzen wechseln zu Reggae und Hip-Hop, katholische Kirchen werden durch hölzerne Methodisten- und Baptistenkirchen ersetzt und statt Spanisch *you speak Patois*, eine Mischung aus Pidgin-Englisch und Spanisch. Es riecht und schmeckt überall nach frischer Kokosnuss, sie wird dem Brot *(pan de coco)*, dem Fischeintopf *(Rondón)* und Gallo Pinto, der hier *Rice and Beans* genannt wird, beigemengt.

Regen- und Trockenzeit gibt es am Atlantik nicht, jederzeit können sich die Schleusen des pastellfarbenen Karibik-Himmels öffnen, und wenn sie es tun, dann sogar mal länger. Die Karibik ist eine Welt für sich. Immerhin war dieser Landesteil bis zum Ende des 19. Jhs. vom übrigen Land isoliert und ist bis heute das vernachlässigte Stiefkind und die ärmste Region Costa Ricas. Nach wie vor ist die Nordkaribik nur per Boot oder Flugzeug zu erreichen. Der Süden wurde dagegen mit der Eröffnung der Eisenbahnstrecke bereits 1890 aus seiner Isolierung entlassen.

Geschichte

Jedes Jahr im Oktober steht die karibische Hafenstadt Puerto Limón Kopf und feiert die Ankunft von Christoph Kolumbus, der 1592 an der Isla Uvita, rund 1 km von Puerto Limón entfernt, vor Anker ging. Kolumbus vermutete große Goldvorkommen an der Küste und nannte das Land deshalb „Costa Rica" – reiche Küste. Heftige Indianerwiderstände verhinderten jedoch mehrfach spanische Versuche, die Region

zu kolonisieren. Mitte des 18. Jhs. ließen sich Schildkrötenjäger afro-jamaikanischer Herkunft aus Nicaragua und Panama an der Nord- und Südkaribikküste nieder. Sie wurden von den Ureinwohnern toleriert und vermischten sich untereinander. Der afrikanische Bevölkerungsanteil verstärkte sich, als Anfang des 20. Jhs. eine Eisenbahntrasse von San José quer durch die Cordillera Central nach Puerto Limón gebaut wurde.

Damals boomte die Kaffeeindustrie. Die alte Exportroute, von Puntarenas um den südamerikanischen Kontinent herum nach Europa, war zu lang. Der New Yorker Minor Keith übernahm 1871 die Leitung des Mammutprojekts. Die Einheimischen gaben schnell unter den harten Arbeitsbedingungen auf. Chinesen, Italiener und Gefangene aus den USA wurden engagiert. Doch die Arbeiter starben in der erbarmungslosen Hitze an Malaria und Gelbfieber; mehr als 4000 Arbeitern kostete der Bau der Eisenbahnstrecke das Leben. Keith begann verstärkt auf jamaikanische Arbeiter zurückzugreifen, in der Hoffnung, dass sie immun gegen die tropischen Krankheiten wären.

19 Jahre dauerte das Projekt. Costa Ricas Regierung ging das Geld aus. Sie zahlte Keith mit Land aus und gewährte ihm die steuerfreie Nutzung des Hafens in Puerto Limón und der Eisenbahn. Keith begann an den Gleisen Bananen anzubauen und mit Erfolg zu exportieren. Damit waren die Voraussetzungen für die United Fruit Company, die Keith nur wenige Jahre später zu einem der einflussreichsten Männer in Zentralamerika machten sollte, geschaffen.

1890 dampfte die erste Eisenbahn von San José nach Puerto Limón. Viele der Arbeiter blieben im Land und ließen sich an der spärlich besiedelten Talamanca-Küste nieder. Ihr Geld verdienten sie unter dem gleichen Vorgesetzten –

auf den Bananenplantagen der United Fruit Company. Die südliche Karibikküste war aus ihrer Isolierung befreit, die rassistische Diskriminierung aber setzte sich noch über Jahrzehnte fort: Bis 1949 war es Afro-Costa Ricanern gesetzlich verboten, aus der Karibik ins Valle Central zu reisen! Die Eisenbahnära fand mit dem Erdbeben von 1991 ein abruptes Ende. Die Erdstöße hoben die Gleise um 1,5 m an und zerstörten damit eine der landschaftlich reizvollsten Zugstrecken in ganz Mittelamerika.

Von San José nach Puerto Limón

Vorbei sind die Zeiten, in der die Atlantische Eisenbahn sich schnaubend ihren Weg durch die grüne Hügellandschaft bahnte und – mit Halt in Siquirres und Turrialba – Bananen, Schulkinder, Pendler und Touristen von der tropisch heißen Karibikküste ins kühle San José und zurück beförderte. Zwei Straßen ersetzen heute das Schienennetz: Die landschaftlich reizvolle **Carretera 10** folgt der ehemaligen Eisenbahnroute. Schneller ist die **Carretera 32** (und Route der Expressbusse von San José nach Limón), die mitten durch den **Parque Nacional Braulio Carillo** verläuft. Häufige Wetterumschwünge, Nebel, viele Kurven und starker Lastwagenverkehr machen diese Strecke jedoch zu einer der unfallträchtigsten im Land.

Der Nationalpark beeindruckt mit Höhenunterschieden, die von 30 m in den Tiefebenen bis zu 2906 m im **Sektor Volcán Barva** (S. 157) reichen, und einer Artenvielfalt von 70 Schlangen-, 500 Vogel-, 135 Säugetier- und rund 6000 Pflanzenarten. Mehrere kurze Wanderwege führen durch den **Sektor Quebrada González** (Eintritt $12, ⏲ tgl. 8–15.30 Uhr). Bei 3 m Niederschlag pro Jahr sind die Pfade meist sehr aufgeweicht, das Naturerlebnis wird zudem vom Lärm der röhrenden Lastwagen beeinträchtigt. Für wandernde Tiere ist die Schnellstraße verhängnisvoll. Bedenkt man aber, dass dem Regenwald vor einigen Jahren noch Abholzung und Zersiedlung bevorstand, war die Schaffung des

45 899 ha großen Schutzgebietes ein Erfolg. Die Parkzufahrt befindet sich, von Guápiles kommend, 750 m nach der ausgeschilderten Grenze des Nationalparks. Busse halten hier auf Wunsch. 3 km weiter in Richtung Guápiles kann der Naturfreund den Regenwald aus der Vogelperspektive erleben. Für stattliche $65 p. P. (Kinder und Studenten $33, bei Onlinebuchung gibt es Rabatt) werden Besucher per Seilbahn in leisen Gondeln in die oberen Stockwerke des Waldes gefahren: **Areal Tram**, 🖳 www.rainforestadventure.com. Auch kombinierte Canopy-, Regenwald und Seilbahntouren sind im Angebot ($99 p. P).

Hat man den Nationalpark hinter sich gelassen, beherrschen Bananen- und Ananasplantagen die Landschaft. Der erste größere Ort an der Carretera 32 hinter dem Nationalpark ist **Guápiles**, ein lebendiges Tico-Städtchen, das für Touristen v. a. als Durchgangsstation auf dem Weg nach **Cariari** und zum **Parque Nacional Tortuguero** von Interesse ist. In Guácimo werden an der **Escuela de Agricultura de la Región Tropical Húmeda** (EARTH), 🖳 www.earth.ac.cr, Methoden nachhaltiger Landwirtschaft gelehrt und Touren durch das Forschungsgelände angeboten. Wer Zeit hat, sollte hier anhalten. **Siquirres** ist die letzte größere Ortschaft vor Puerto Limón und ein weiterer wichtiger Verkehrsknotenpunkt für Touren in den Nationalpark Tortuguero und den weitgehend unbekannten Parque Nacional Barbilla.

Parallel zu den alten Eisenbahnschienen führt die Carretera 32 schließlich über die großen Flüsse **Río Pacuare** und **Río Reventazón** (s. Raftingtouren Turrialba und Puerto Viejo) zur karibischen Hafenstadt **Puerto Limón**.

Guápiles und Cariari

Das an der Carretera 32 gelegene Guápiles, ein wichtiges Versorgungszentrum für die Bananenplantagen am Río Frío, und die Arbeiterstadt Cariari sind für die meisten Reisenden nur als Umsteigestation auf dem Weg in den Parque Nacional Tortuguero (S. 423) von Bedeutung. Die Strecke zum Dorf Tortuguero über Cariari und den kleinen Hafen **La Pavona** ist heute

Unterwegs auf dem Río Pavona

die wichtigste Hauptanfahrtsroute in den Nationalpark. Die Bootsfahrt von knapp 20 km von La Pavona nach Tortuguero ist landschaftlich sehr reizvoll, im Gegensatz zur Kanaltour von Moín (S. 417) handelt es sich jedoch um einen öffentlichen Verkehrsweg und keine speziell auf Touristen ausgerichtete Bootstour. Entsprechend günstiger ist der Preis von etwa $4 pro Person plus Gepäckkosten. Von La Pavona besteht außerdem eine Bus-/Bootsverbindung nach **Barra del Colorado**, einem Sportfischerparadies an der Grenze zu Nicaragua.

ÜBERNACHTUNG

Cariari oder Guápiles lohnen keinen längeren Aufenthalt. Wer jedoch den letzten Bus verpasst hat, findet in beiden Städten eine akzeptable Bleibe.

Hotel Vista al Tortuguero, in Cariari, ✆ 2767-4141, 🖳 www.hotelvistatortuguero.com. Einfache, saubere Motel-Zimmer mit AC und sicherem Parkplatz. ❷

Casa Rio Blanco Ecolodge, von San José kommend, geht es kurz vor Guápiles vor der Brücke über den Rio Blanco rechts in die Calle Rio Blanco ab, dann 1 km in Richtung Süden, ✆ 2710-4124, 8570-8294, 🖳 www.casarioblanco.com. Vier rustikale, geräumige Cabinas mit großen Terrassen und Panoramafenstern, verteilt in einem 2 ha großen tropischen Wald. Frühstück inkl. ❹

Hotel Wilson, in Zentrum von Guápiles, ✆ 2710-2217, 8364-6690. Großes Stadthotel. Die klimatisierten Zimmer sind etwas dunkel, aber sauber. ❷

SONSTIGES

Geld

Im Dorf Tortuguero gibt es keine Bank und nur einen Geldautomaten. Besser zuvor mit Bargeld versorgen.

Banco Nacional, in Cariari am Busbahnhof Coopetraca. ⏰ Mo–Fr 8.30–15.45 Uhr.

Banco de Costa Rica, in Guápiles, gegenüber vom Terminal San José. ⏰ Di–Fr 11–18, Sa 8.30–15.30 Uhr.

BAC San José, 75 m südl. der katholischen Kirche in Guápiles. Am Automaten bekommt man mit allen Karten Geld in beiden Währungen. ⏰ Mo–Fr 9–18, Sa 9–13 Uhr.

TRANSPORT

Busse

Zwischen Guápiles und Cariari verkehren alle 20 Min. von 6–22 Uhr (Fahrtzeit etwa 40 Min.).

Busse starten in **Guápiles** vom Terminal de Caribe am südl. Ortsausgang:
LIMON, stdl. 5.20–19.10 Uhr;
PUERTO VIEJO DE SARAPIQUÍ, ca. alle 2 Std. 5.30–18.30 Uhr, 1 1/2 Std.;
SAN JOSÉ, ca. halbstdl., 5–20.30 Uhr, Abfahrt immer wenn der Bus voll ist, geht meist recht schnell, 1 1/2 Std.;
SIQUIRRES, ca. alle 2 Std. 6.10–22.20 Uhr, 40 Min.

In **Cariari** gibt es zwei Busbahnhöfe: Schräg gegenüber vom Baumarkt „Colono" fahren die Busse nach San José ab. Am Busbahnhof Coopetraca neben der Banco Nacional starten Busse nach Guápiles und in die Tortuguero-Region. Hier sind Kombitickets (2700C$) für den gesamten Boots-/Bustransfer nach Tortuguero erhältlich.
LA PAVONA (Bootsanleger), 6, 8.45, 11.30, 15 Uhr, die Uhrzeiten ändern sich häufig, 1100C$.
PUERTO LINDO (Bootsanleger), 4, 14 Uhr.

Der Weg ist das Ziel

Auf der Bootsfahrt nach Tortuguero, die über die schlammigen Seitenarme des Rio Pacuare und Rio Reventazon zur Laguna de Tortuguero und seine Flussarme führt, sieht der Besucher oft andere Tiere als auf einer Tour durch die viel befahrenen Kanäle im Nationalpark Tortuguero. Krokodile sonnen sich reglos auf mordernden Baumstümpfen, Vögel surfen auf Treibholz stromabwärts. Häufig schwenkt das Wetter um. Dann verhüllt sich die Sonne und der Nebel und feine Nieselregen verwandeln die Flussgegend in eine reizvolle, mystische Landschaft, in der rote Blüten dem Kahnführer wie Glühlämpchen den Weg weisen und die Nester des Oropendolas, gehängten Kreaturen gleich, von Bäumen hängen.

SAN JOSÉ, 5.30, 6 (nur So), 6.30, 7.30, 9, 11.30, 13, 15, 17, 17.30 Uhr, 2 1/2 Std. mit Caribeños, 2222-0610.

Boote

Am **Bootsanleger in La Pavona** bietet das Unternehmen Coopetraca, 2767-7590, Transport mit dem Boot (*lancha* oder *bote*) nach TORTUGUERO. Abfahrt 7.30, 11, 13, 16.30 Uhr (1600C$ p. P. plus 1000C$ pro Gepäckstück, 1 1/2 Std.).

Meistens werden die Tickets für das Boot schon im Bus verkauft, ansonsten kann man es im Restaurant von La Pavona kaufen. Es wird versucht, gleich das Rückfahrtticket mit zu verkaufen. Davon ist aber abzuraten, da es für die Rückfahrt vom Dorf auch Colectivo-Bootstaxis gibt, die nicht teurer sind. Sie fahren eine halbe Stunde vor den öffentlichen Booten ab und sind oft schneller, besonders bei niedrigem Wasserstand.

Mit dem eigenen Auto gelangt man von Guápiles nach Cariari über das Dorf Campo Dos, vorbei an zahlreichen Bananenplantagen. Dort biegt man nach dem Fußballplatz links ab und erreicht nach 22 km, nachdem man die Siedlungen La Esperanza, Cuatro Esquinas, Mora und Palacios hinter sich gelassen hat, den Bootsanleger von Pavona. Kurz vor Mora geht die Straße in eine Schotterpiste über, die letzten 15 km der Strecke sollen bis Ende 2018 ebenfalls asphaltiert sein.

Achtung! Es gibt in Pavona einen ersten Parkplatz, der noch sehr weit zu Fuß vom Steg entfernt ist; der zweite, bewachte Parkplatz befindet sich direkt am Restaurant (5000C$ Parkgebühr pro Tag).

Lanchas nach BARRA DEL COLORADO verkehren tgl. vom **Anlegesteg in Puerto Lindo** um 6.30 und 16.30 Uhr (rund 1 1/2 Std.). Zurück um 5 und 14 Uhr.

Siquirres

Siquirres ist die letzte größere Ortschaft vor Puerto Limón. Hier bog einst die Atlantische Eisenbahn nach Turrialba ab. Schwarze Costa Ricaner mussten in Siquirres aussteigen, denn ihnen war bis 1949 die Fahrt ins Valle Central ohne Genehmigung verboten. Siquirres ist heute ein wichtiger Verkehrsknotenpunkt. Von hier bestehen Busverbindungen nach Puerto Limón, Guápiles und San José. Außerdem enden hier die meisten Raftingtouren auf dem Río Pacuare (S. 172) sowie viele organisierte Touren von und nach Tortuguero.

3 km östlich von Siquirres zweigt eine 17 km lange Holperpiste (ca. 45 Min., nur mit Vierradantrieb) zum touristisch wenig erschlossenen **Parque Nacional Barbilla** ab, der den karibischen Abschnitt der **Cordillera Talamanca** schützt. Nach wie vor leben Cabécar-Indianer in den Gebirgszügen des 1998 gegründeten Parks, der zudem eine vielfältige Flora und Fauna beherbergt. Eine biologische Station, ☎ 2200-5224, am Parkeingang vermittelt Führer ($20–30 plus $5 Eintritt, mind. 2 Tage vorher anmelden), z. B. für eine 3- bis 4-stündige Tour zu einem Wasserfall. Die Parkleitung empfiehlt, nur mit Führer im Park zu wandern.

Reisende, die **Parismina**, ein 400-Seelen-Dorf am Parque Nacional Tortuguero (S. 423), ansteuern wollen, machen meist ebenfalls in Siquirres Station. Von hier geht es dann mit dem Bus oder Taxi ($40) 36 km weiter durch endlose Palmenplantagen bis zum Hafen von **Caño Blanco**. Dort starten die Wassertaxis nach Parismina und auch einige der Tourgruppen nach Tortuguero. Am Hafen befindet sich das einfache Restaurant Bar el Puerto mit kostenpflichtigen Toiletten. Von Caño Blanco sind es per Boot 4 km bis nach Parismina, 40 km bis zum Dorf Tortuguero und 55 km bis zur Barra del Colorado an der Grenze zu Nicaragua. Bei Niedrigwasser wird der Hafen von La Pavona geschlossen und alle Fahrten nach Tortuguero gehen über Caño Blanco.

ÜBERNACHTUNG

Hotel Pacuare, 600 m östl. des Ortseingangs, ☎ 2768-8111, 🖥 www.centroturisticopacuare.com. Große Hotelanlage mit Pool an der Hauptstraße mit 60 einfachen, aber klimatisierten und geräumigen Zimmern. Großes Restaurant und Bar mit vielfältiger Speisekarte. EZ ab $45. ❸

SONSTIGES

Geld
Banco Nacional, 50 m südl. des zentralen Platzes. ⏰ Mo–Fr 8.30–15.45 Uhr.

Supermarkt
Megasuper, 100 m östl. und 100 m westl. vom zentralen Fußballplatz. ⏰ tgl. 7–21 Uhr.

TRANSPORT

Busse
Der **Busbahnhof** befindet sich südöstlich vom zentralen Platz.
PUERTO LIMÓN, ca. stdl. 4.50–20.10 Uhr;
GUÁPILES, ca. stdl. 5–19.50 Uhr;
CAÑO BLANCO, 4.30, 6, 12, 15.15 Uhr, Bus fährt am alten Busbahnhof am Park ab.

Schiffe
Boote von **Caño Blanco** nach PARISMINA fahren um 5.30, 13.30 und 16.30 Uhr. Nach TORTUGUERO fahren nur die Boote der Hotels und Tourveranstalter ab. Abfahrt ist tgl. zwischen 9 und 11 Uhr. Wer von hier unbedingt nach Tortuguero möchte, kann mit einem Kapitän oder Guide verhandeln und bekommt, bei entsprechend freundlicher Hartnäckigkeit, einen Platz im Boot.

Nördliche Karibikküste

Puerto Limón

Hart schlägt der Atlantik gegen die Hafenmauer, die Feuchtigkeit frisst an den bunten **Murales** und den alten hölzernen Häuserfassaden. Puerto Limón versteckt seine Probleme nicht. Die Armut, Arbeitslosigkeit, Drogen, jahrhundertelange Vernachlässigung und Isolation vom Rest des Landes sind der Stadt nicht nur anzusehen, sondern machen sie auch zum gefährlichsten Pflaster in Costa Rica.

Im verwitterten **Parque Vargas** bedecken grüne Moosperücken weiße Politikerbüsten. Jungen spielen Fußball zwischen Pavillons, En-

ÜBERNACHTUNG
1. Hotel Maribu Caribe
2. Hotel Costa del Sol
3. Park Hotel
4. Hotel Acón
5. Hotel Miami

ESSEN
1. Red Snapper
2. El Faro
3. Taylors Restaurant
4. Soda La Palmera
5. Soda El Patty

SONSTIGES
1. Farmacia Cariari
2. Supermercado Cascada
3. Palí Supermarkt

TRANSPORT
1. Busterminal Caribeño
2. Busterminal Mepe

geln und Zementschildkröten. Puerto Limón war einst der wichtigste Hafen an der costa-ricanischen Karibikküste. Bereits zu Kolonialzeiten wurden von hier Kakao und Edelhölzer verschifft, später Bananen exportiert. Seit dem schweren Erdbeben von 1991 docken die Containerschiffe im benachbarten Hafen Moín an, in Puerto Limón machen hauptsächlich Kreuzfahrtschiffe Halt. Für sie versucht sich die Stadt herauszuputzen, denn palmenumsäumte Traumschiffstrände gibt es hier nicht. Die erdbebensichere **Catedral** aus Beton, die schmucke Municipalidad, einige Restaurants und Einkaufspassagen sollen von Hafenspelunken und lichtscheuen Hafengestalten ablenken.

Puerto Limón besucht man in der Regel nur zum Umsteigen, wenn man etwa über Moín über die Kanäle nach Tortuguero reisen möchte – oder gen Süden, an die traumhaften Strände Talamancas.

Sehenswertes

Von Puerto Limóns **Hafenmauer** am Parque Vargas blickt man auf die **Isla Uvita**, an der Christoph Kolumbus 1502 vor Anker ging. Vor der Municipalidad steht, die Faust zum Kampf erhoben, Presbere, der Anführer des letzten Indianeraufstandes in Talamanca (s. Kasten S. 169), eines der wenigen Denkmäler, das den Ureinwohnern Costa Ricas gewidmet ist.

Der quirlige **Mercado Central** ist der beste Ort, um Puerto Limóns Atmosphäre einzusaugen. Hier werden karibische Spezialitäten wie Bananenessig, geraspelte Kokosnuss, Kokosöl,

If Marcus Garvey dies ...

Puerto Limón, 1919. Der Wind zerrt an den rot-grün-schwarzen Flaggen des alten Frachters *Yarmouth*. Am Ufer drängen sich die Schaulustigen. Vor ihnen liegt das erste Schiff der **Flota Negra**, mit afrikanischem Kapitän und afrikanischer Besatzung. Waren und Rohstoffe soll der Frachter zwischen Afrika und der afrikanischen Diaspora in Nordamerika und der Karibik hin- und hertransportieren und Afrikaner aus aller Welt zurück in ihre ursprüngliche Heimat bringen. Aufbruchsstimmung liegt in der Luft – Alarmstimmung herrscht in Limóns Bananenkonzern. Der Vorstand befürchtet Streiks und Arbeiteraufstände und schaltet die costa-ricanische Regierung ein – der *Yarmouth* wird es verboten, vor Anker zu gehen.

Die Black Star Line-Flotte ist das Aushängeschild der **United Universal Negro Improvement Association (UNIA)**, die der Jamaikaner Marcus Garvey 1914 mit dem Ziel gründet, Afrikaner weltweit zu vereinen, um sie aus der Unterdrückung zu befreien. Wie Tausende Jamaikaner hat Garvey selbst auf den Bananenplantagen Limóns geschuftet. Er ruft die Arbeiter zum Streik auf, berichtet über die Missstände in der Zeitung *La Nación* und wird des Landes verwiesen.

1921 besucht Garvey noch einmal Costa Rica, die Black Star Line wirft diesmal Anker. Enthusiastisch wird er in Puerto Limón gefeiert, eine UNIA-Filiale wird eröffnet: das Black Star Office. Weitere folgen in Cahuita und Puerto Viejo. Insgesamt 110 Filialen, sogenannte Liberty Halls, entstehen in über 40 Ländern, mit der Zentrale in Harlem. Die größte afrikanische Massenbewegung aller Zeiten ist geboren, Verlage, Fabriken, Theater von Afrikanern für Afrikaner entstehen. In Limón blüht das kulturelle Leben auf, Rede-, Literaturwettbewerbe und Theateraufführungen finden im „Blacks" statt, es wird geswingt in einem dem *Negro* feindlich gesinnten Costa Rica.

Drei Jahre durchquert die *Yarmouth* die Ozeane. Die Flota Negra wirft jedoch keinen Gewinn ab. Misswirtschaft und Korruption im eigenen Unternehmen und Sabotage und Spionage von Seiten der amerikanischen Regierung richten die Black Star Line zu Grunde. Garvey wird des Betrugs mit Black Star-Aktien angeklagt und zu fünf Jahren Gefängnisstrafe in den USA verurteilt. 1927 wird er nach Jamaika ausgewiesen. Bis zu seinem Lebensende bleibt er politisch aktiv und setzt sich für die Rechte der afrikanischen Bevölkerung ein. An Costa Ricas Karibikküste lebt Garveys Geist fort. Bis vor einigen Jahren konnte man noch das grüne Black Star-Gebäude in Limón besuchen, doch im April 2016 wurde das Haus bei einem Brand nach einem Kurzschluss vollständig zerstört.

Kakao und *Pan Bon* verkauft. Draußen verkaufen Händler Kunsthandwerk.

ÜBERNACHTUNG

Hotel Costa del Sol, C. 5, Av. 5, einen halben Block vom ehemaligen Black Star Line, ✆ 2634-4289, 🖥 www.hotelcostadelsolcr.com. 14 saubere Zimmer, teils mit AC, oben leiser, Parkplatz, Restaurant. ❸
Hotel Miami, Av. 2, C. 4–5, in der Nähe der Busbahnhöfe, ✆ 2758-1978. 35 sehr saubere Zimmer verschiedener Größe mit Warmwasser. Parkplatz, kein Frühstück. ❷ mit Ventilator, ❸ mit AC
Park Hotel, Av. 3, C.1–2, ✆ 2798-0555, ✉ support@parkhotellimon.com. 32 große,

helle Zimmer mit AC, Badewanne, z. T. Balkon mit Meeresblick. Restaurant, Parkplatz. Frühstück inkl. ❹
Hotel Maribu Caribe, an der Playa Bonita, an der Ruta 240, ✆ 2795-2543, 🖥 www.maribucaribe.com. 17 Bungalows und 56 Zimmer mit schönem Pool im Garten und Restaurant, direkt am Meer. Frühstück inkl. ❹–❺

ESSEN

El Faro, Barrio Santa Eduviges, den Hügel hinauf, ✆ 2758-2159. Meeresfrüchte, Steak und Pasta nach karibischer Art mit Kokos- und Paprikasoße, herrlicher Blick über Limón, gepflegtes Ambiente. Vom Zentrum besser ein Taxi nehmen! ⊕ tgl. 11.30–22 Uhr.

Die dunkle Seite von Puerto Limón

Puerto Limón kämpft mit den Problemen vieler Hafenstädte: Drogen, Prostitution, Diebstahl. Sehenswürdigkeiten, die bei Tageslicht lohnenswert sind, wie die Hafenmauer, der Parque Vargas und der Mercado, sollten nach Anbruch der Dunkelheit möglichst gemieden werden.

Red Snapper, neben El Faro, Barrio Santa Eduviges, auf dem Hügel mit genialem Blick. Internationale Küche mit karibischem Einfluss. ⏰ tgl. 10–22.30 Uhr.
Soda El Patty, C. 7, Av. 4–5. Einfache kleine Soda mit klassischen Limón-Spezialitäten, wie *patties* (Teigtaschen) und Ananas-Pastel. ⏰ Mo–Sa 7–18 Uhr.
Taylors Restaurant, Av. 5 Ecke C. 5, 📞 2798-1948, 🖥 www.taylorrestaurant.com. Guter Service und herzhaftes Essen, empfehlenswert ist das Curry-Hühnchen. ⏰ Mo–Fr 6–21.30, Sa, So 11–18 Uhr.

SONSTIGES

Apotheke
Farmacia Cariarí, C. 4, Av. 4–3.
⏰ tgl. 8–18.30 Uhr.

Geld
BAC San José, neben dem Hotel Acón. Am Automaten bekommt man mit allen Karten Geld in beiden Währungen. ⏰ Mo–Fr 9–18, Sa 9–13 Uhr.
Banco Nacional, Av. 2, C. 3, am Mercado. ⏰ Mo–Fr 8.30–15.45 Uhr.
Scotiabank, Av. 3, C. 2. ⏰ Mo–Fr 9–18, Sa 9–13 Uhr.

Krankenhaus
Hospital Dr. Tony Facio Castro, gegenüber dem ICE-Gebäude, im Nord-Ostteil von Limón, 📞 2758-2222.

Post
Correos, an der Av. 2, C. 4. ⏰ Mo–Fr 8–17, Sa 8–12 Uhr.

Supermarkt
Pali, Av. 1, C. 7. ⏰ Mo–Do 8–19, Fr–Sa 8–19.30, So 8.30–18 Uhr.
Supermercado Cascada, Av. 2, C. 5–6. ⏰ tgl. 8–21 Uhr.

Taxi
Limón Taxi, am Mercado und den Busbahnhöfen.

TRANSPORT

Busse
Busse nach San José und Guápiles fahren vom **Terminal Caribeño**, Av. 2, C. 7–8, ab, Busse nach Manzanillo und Sixaola (via Cahuita und Puerto Viejo) vom **Terminal Mepe** neben dem Baseballstadion, C. 6, Av. 1.
GUÁPILES (via MOÍN und SIQUIRRES), stdl. 5–20 Uhr, 2 Std.;
MANZANILLO (via CAHUITA, PUERTO VIEJO), 5.30 (außer So), 6.30, 8.30, 10.30, 12.30, 15.30, 16.30 (nur So), 17.30 (außer So), 18.30 Uhr, 2 1/2 Std.;
PUERTO VIEJO, 5.30–18.30 stdl. und um 19 Uhr mit Mepe.
SIXAOLA/Grenze nach Panama (via BRIBRÍ, CAHUITA, PUERTO VIEJO), stdl. 5–19 Uhr, rund 3 Std.;
SAN JOSÉ, stdl. 6.15–19 Uhr, 3 1/2 Std.

Flüge
Die Flugpiste befindet sich 2 km südl. von Limón an der Straße Richtung Sixaola.
SAN JOSÉ, 5x wöchentl. mit Sansa.

Moín

Moín, der Hafen von Puerto Limón ist ein wichtiges Eingangstor zur Nordkaribik, die nur per Boot oder Flugzeug zu erreichen ist. Der 80 km lange **Canal de Tortuguero** verläuft von hier parallel zur Karibikküste. Eigentlich ist er gar kein richtiger Kanal. 60 % der Strecke verlaufen über natürliche Flüsse, die durch kürzere künstlich angelegte Abschnitte miteinander verbunden sind. Aus diesem Grund haben es die Kapitäne hier mit wechselnden Strömungsrichtungen zu tun. Einige Flüsse, wie der Río Pacuare, fließen vor ihrer Mündung in die Karibik parallel zur Küste nach Süden. Andere, wie der Río Reventazón, fließen nach Norden.

Eine malerische, dreistündige Bootstour führt von Moín aus am Sportfischerparadies **Parismina** vorbei zum **Parque Nacional Tortuguero**. Günstiger und beliebter ist die Anfahrt nach Tortuguero per Bus und Boot von **Cariari** (ca. 21 km nördlich von **Guápiles**, S. 410) über La Pavona.

Playa Bonita und **Playa Portete**, zwischen Moín und Puerto Limón, werden hauptsächlich von Einheimischen und Surfern besucht; mit den Stränden der Südkaribik können sie es nicht aufnehmen.

ÜBERNACHTUNG

Cabinas Walta, 100 m östl. der katholischen Kirche von Moín, ✆ 2795-1748. Sehr schlichte Zimmer mit Parkplatz. ❷

TRANSPORT

Busse

Moín liegt auf der Busstrecke GUÁPILES–PUERTO LIMÓN; Busse fahren in beide Richtungen von 5–23 Uhr etwa alle 30 Min.

Boote

Unterschiedliche Anbieter befahren die Strecke zwischen Moín und TORTUGUERO. Wer früh am Morgen den Hafen erreicht, kann versuchen eines der tgl. verkehrenden Touristenboote zu erwischen. Besser ist es jedoch, im Voraus zu reservieren. Die einfache Fahrt sollte nicht viel mehr als $40 kosten und dauert etwa 3 1/2 Std. Bei Tiersichtungen lassen sich die Kapitäne gern etwas Zeit. Nachstehend zwei Anbieter.

Tropical Wind, ✆ 8829-0913 und 8875-1880 (Alexis). Verkehrt unregelmäßig. Die Reservierung übernimmt auch gerne die deutsche Biologin Barbara Hartung aus Tortuguero, ✉ info@barbara-hartung.de, Kapitän Alexis schickt für ihre Gäste auch ein Boot für nur 2 Personen.

Doña Maria Tours, ✆ 2795-4274, 8312-1477 (Handy). Verkehrt unregelmäßig.

---

14 HIGHLIGHT

Tortuguero

„Mis huevos no son la solución, el problema son los tuyos. Los huevos de tortugas no son afrodisíacos" (Meine Eier sind nicht die Lösung, das Problem sind deine. Schildkröteneier sind keine Aphrodisiaka), heißt es auf einem der Poster am Eingang der **Sea Turtle Conservancy** (STC), einer Non-Profit-Organisation aus Florida, die weltweit führend in der Erforschung von Meeresschildkröten ist und in den letzten Jahrzehnten mehr oder weniger erfolgreich Tortuguero von einem Jagdrevier für Schildkröten in ein Schildkrötenschutzgebiet verwandelte.

Tortuguero bedeutet auf Deutsch „Schildkrötenjäger", denn Jahrhunderte hindurch lebte der Ort vom Handel mit Panzern, Eiern und Fleisch der Reptilien. Folge war, dass Mitte der 1950er-Jahre die Grüne Meeresschildkröte kurz vor dem Aussterben stand. Durch Einsatz der STC wurde der **Parque Nacional Tortuguero** gegründet, der die rund 35 km lange Küste, das wichtigste Nistgebiet der Grünen Meeresschildkröte in der gesamten Karibik, umfasst. Ihre Zahl hat seitdem wieder zugenommen. Die schlimmsten Bedrohungen gehen nach wie vor vom Menschen aus: zunehmende Strandbebauung (zum Glück nicht im Ort), Fischerei, Umweltverschmutzung, illegale Jagd und Eierdiebstahl.

Das kleine Dorf Tortuguero bietet nicht viele Möglichkeiten, sich zu verlaufen. Auch wenn es in den letzten Jahren stark gewachsen ist (ca. 1200 Menschen leben derzeit hier, vor zehn Jahren waren es noch weniger als die Hälfte), findet es seine natürlichen Grenzen mit dem Strand im Osten, dem Laguna de Tortuguero im Westen und dem Nationalpark im Süden. Cabinas und Restaurants sind vorwiegend in der Hand der einheimischen Bevölkerung. Der Eingang zum Nationalpark befindet sich ganz im Süden des Ortes am Ufer der Lagune. Ein betonierter Weg verläuft von Norden nach Süden parallel zur Lagune, alle weiteren Wege sind ausgetretene Pfade und Sandwege. Der Verkehr im Dorf beschränkt sich hauptsächlich auf Fahrräder, mittlerweile verkehren aber auch im-

KARIBIKKÜSTE

Verantwortungsbewusste Schildkrötentouren

Zu den Hauptattraktionen in Tortuguero zählen zweifellos eine Kanutour durch die Kanäle des Nationalparks und Schildkrötentouren. Die Nistsaison der Grünen Meeresschildkröte reicht von Juli bis Oktober, die Lederschildkröte landet von März bis Juni in Tortuguero. Ein Strandbesuch ist in der Nistzeit ab 18 Uhr ohne Führer nicht erlaubt.

Die Touren werden in zwei Folgen durchgeführt, von 20–22 und von 22–24 Uhr. Die Führer informieren einander über Funkgerät, wenn irgendwo in der Gegend eine Schildkröte landet. Je mehr Schildkröten zur Eiablage eintreffen, desto besser verteilt sich die Menschenmenge. Von der eigentlichen Eiablage erleben die Besucher meist nur wenige Minuten. Die beste Besuchszeit für Tortuguero, in der man die Reptilien zu Gesicht bekommt, aber Touristenhorden meidet, sind die Monate September und Oktober.

Die Qualität einer Tour hängt stets vom Führer ab, dies gilt besonders für Tortuguero, wo mehr als hundert Führer von MINAE zertifiziert sind, von denen einige jedoch durch unlautere Methoden und unsensibles Verhalten mehr Schaden als Gutes anrichten. Einheimische Führer sind in der **Asociación de Guías**, ✆ 2767-836, organisiert. Ihr Büro befindet sich am Bootsanleger Almendro. Führer mit langjähriger Erfahrung und Fachwissen sind:

Barbara Hartung, ✆ 2709-8004, 8842-6561, 🖥 www.tinamontours.de. Schildkröten- und Regenwaldtouren in kleinen Gruppen. Barbara ist eine Biologin, die seit 1995 in Tortuguero lebt und arbeitet. Sehr empfehlenswert. Buchung und Reservierung möglichst per Internet und im Voraus. Kanutour oder Wanderung im Nationalpark jeweils $25 p. P.

Ernesto Tours, ✆ 2709-8070. Der in Tortuguero geborene Ernesto hat über 25 Jahre Erfahrung als Führer.

Rafa's Enchu Tours, ✆ 2709-8280, 8837-5226, ✉ enchutortuguero@gmail.com. Rafael kommt aus Tortuguero. Beliebt bei europäischen Gästen. Büro an der Hauptstraße im Dorf.

In der Hauptsaison sollte man unbedingt vorher reservieren. Teilnehmer werden gebeten, bei den Schildkrötentouren vorwiegend dunkle Kleidung zu tragen. Taschenlampen und Kameras sind strengstens verboten!

mer mehr Quads und die Polizei hat sogar Motorräder. Am Hauptplatz, Almendro genannt, befindet sich der Anlegesteg für die Wassertaxis und die meisten Transferboote. Hier kauft man die Tickets für das Linienboot nach La Pavona, das auch hier abfährt. Die unregelmäßigen Boote aus Moin und Caño Blanco kommen ebenfalls hier an.

Pro Jahr fallen rund 6000 mm Regen auf den Ort herab. Hitze und Feuchtigkeit machen ihn zum idealen Biotop für unzählige Insekten. Es sind aber die Schildkröten, die Leder-, echte Karett- und vor allem die Grüne Meeresschildkröte (auch Suppenschildkröte genannt; grün ist nur ihr Fett, das für die Zubereitung von Suppen verwendet wurde), die zur Nistzeit Tausende Besucher nach Tortuguero locken.

Sehenswertes

Im Besucherzentrum der **Sea Turtle Conservancy** (STC, ehemals Caribbean Conservation Corporation), 🖳 www.conserveturtles.org, wird anhand von Schautafeln die Fauna und Flora der Umgebung erklärt. Ein Video stellt die Geschichte und Arbeit der Organisation vor. Dazu zählt unter anderem auch die Ausstattung der Tiere mit Sendern, von der sich die Wissenschaftler mehr Aufschluss über die Wanderrouten, Futterstellen und das Leben der Reptilien im Meer erhoffen. Besucher können für $35 pro Jahr eine Schildkröte adoptieren und ihre Wanderroute im Internet verfolgen. Kostspielige Projekte wie dieses ergeben jedoch erst dann einen Sinn, wenn zunächst das nackte Überleben der Reptilien gesichert ist, z. B. durch konstante Strandpatrouillen, die in Tortuguero aus Geldmangel nicht stattfinden. ⏰ 10–12 und 14–17 Uhr, Eintritt $2.

Der **Cerro Tortuguero** ist mit 119 m Höhe die höchste Erhebung in der Karibik und damit einzigartig. Der Berg ist ein ca. 1,8 Mio. Jahre alter Vulkankegel, der im relativ jungen geologischen Zeitabschnitt des Quartär entstand. Rund um den Berg erstreckt sich das Schutzgebiet des **Refugio National de Vida Silvestre de Barra Colorado**. Entlang eines erhöht gebauten Weges mit betonierten Stufen gibt es acht beschilderte Informationspunkte sowie eine Aussichtsplattform auf dem Gipfel. Von hier hat man einen fantastischen Blick auf das gesamte Flusslabyrinth und das karibische Meer. Der Zugang zum Berg ist stark reguliert. Man besteigt ihn von der Laguna de Penetencia (auf dem Weg nach La Pavona) neben dem Dorf San Francisco, und steigt über einen Pfad an der Laguna de Tortuguero wieder hinab. Der Aufstieg ist nur mit speziell lizenzierten Guides und in Gruppen mit maximal zehn Teilnehmern gestattet; Interessierte müssen im Voraus in Tortuguero reservieren, einfach im Hotel nachfragen. Dauer der Wanderung ca. 2 1/2 Std., der Eintrittspreis beträgt $7 p. P. ⏰ tgl. 8–16 Uhr. Im April 2018 wurde der Weg vorübergehend gesperrt, alle Hotels und Lodges im Ort können informieren, ob der Cerro wieder geöffnet ist.

ÜBERNACHTUNG

Das Dorf Tortuguero hat eine erstaunlich gute Auswahl an günstigen und sauberen Cabinas; die Sehenswürdigkeiten, Supermärkte und Restaurants sind alle vom Ort zu Fuß zu erreichen. Komfortablere Lodges mittlerer und höherer Preisklasse liegen entlang der Laguna de Tortuguero und bieten meist Pakete an, teilweise inkl. Transport von San José oder im Rahmen von mehrtägigen Touren. Die hier angegebenen Preiskategorien beziehen sich auf die Zeit von Dez–April. Hochsaison in Tortuguero ist zur Eiablage der Grünen Meeresschildkröte von Juli–Okt. Dann steigen die Zimmerpreise der Hotels im Ort um bis zu 20 %, die Lodges haben das ganze Jahr über konstante Preise. Günstige Pakete, auf Wunsch inkl. An- und Abreise sowie Touren, bekommt man beim Touranbieter **Alautentico**, 🖳 www.alautentico.com/de/reise/tortuguero, ✉ info@alautentico.com.

Hotels und Hostels

Aracari Garden Hostel, ☎ 2767-2246 🖳 www.aracarigarden.com. 7 Zimmer im karibischen Stil und ein Dorm bei Marina und Alejandro. Gemeinschaftsküche, kein Frühstück, deutschsprachig, ab $10 im Dorm. ❷

Cabinas Balcón del Mar, am Strand, südl. vom Fußballplatz, ☎ 8870-6247. Sehr einfaches

---

KARIBIKKÜSTE

www.stefan-loose.de/costa-rica   NÖRDLICHE KARIBIKKÜSTE I Tortuguero   **419**

Hostel mit 13 Zimmern, davon 4 neue, die mit viel Geschmack eingerichtet sind. ❶

Cabinas Meriscar, ☏ 2709-8202. Günstigste Unterkunft im Ort. 21 Einfache Zimmer, größtenteils mit Gemeinschaftsbad; kostenpflichtige Küchenmitbenutzung. Das Haus ist sehr in die Jahre gekommen, aber die Zimmer sind sauber. EZ ab $10. ❶–❷

Cabinas Tortuguero, 100 m vom Nationalparkeingang, ☏ 2709-8114, 🖥 www.cabinastortuguero.com. 11 einfache, saubere Zimmer für max. 3 Pers. bei der freundlichen deutschen Besitzerin Nehle, ruhig gelegen, schöner Garten mit Hängematten, Tourangebot. Frühstück $6. EZ ab $20. ❷

🧳 **Casa Marbella**, gegenüber der Kirche, ☏ 2709-8011, 🖥 http://casamarbella. tripod.com. Schön gelegenes, freundliches gelbes Holzhaus mit 11 schlichten, sauberen und teilweise hellen Zimmern für 2–5 Pers.; vom Kanadier Daryl geleitet. Terrasse am Kanal, Frühstück inkl. Ab ❸–❹

Hotel El Icaco, am südöstl. Ortsende am Strand, ☏ 2709-8044, 🖥 www.hotelelicaco.com. Ruhig gelegene Unterkunft mit 18 einfachen, aber sauberen Cabinas für 1–4 Pers. Gutes Frühstück für $7. Der sehr freundliche Besitzer Calixto hat viele Infos parat. Auch Paketpreise inkl. Touren. ❷

Hotel Miss Junie's, in privilegierter Lage an der Lagune und am Strand, am nördl. Ortsende hinter dem Anlegesteg, ☏ 2709-8029, 🖥 www.iguanaverdetours.com. 22 saubere, geschmackvoll eingerichtete Zimmer mit Deckenventilator. Die im obersten Stock teilen sich eine schöne Holzveranda. Frühstück inkl. Junie Martinez gehört zu den Gründungsfamilien von Tortuguero, ihre Tochter führt die Tradition fort. ❹

Hotel Tortuguero Beach, direkt am Strand in der Ortsmitte, ☏ 2709-8131, 🖥 www.hotel esentortuguero.com. Fantastische Lage mit riesigem Garten, Mini-Pool und Restaurant, leider sind die 19 Zimmer sehr einfach und etwas heruntergekommen, alle mit Bad, $15 p. P. ❷

Hotel Tortuguero Natural, neben der Adventistenkirche, ☏ 2767-0466, 🖥 www.hotel tortugueronatural.com. 7 einfache und schöne

Zimmer auf 2 Etagen verteilt, sehr freundlich von José geführt, Frühstück für $5. ❷

La Casona, am Fußballplatz, ☏ 2709-8092, 🖥 www.lacasonatortuguero.com. 11 komfortable Cabinas in einer schönen Gartenanlage, alle mit Privatbad, Küchennutzung erlaubt; außerdem gibt es im Haupthaus ein Apartment für bis zu 8 Pers. EZ ab $22. Restaurant. Frühstück inkl. ❷

Lodges

Die Lodges in Tortuguero liegen außerhalb des Ortes, sind daher teilweise nur mit Boot bzw. Wassertaxi zu erreichen. Alle bieten Pakete mit oder ohne Anreise ab San José und Umgebung an, inkl. Touren und Vollverpflegung. Oft sind diese Angebote günstiger als die individuelle Buchung, außerdem liegen die Lodges mitten in der Natur, vom Urwald umgeben, wo man die Geräuschkulisse des Dschungels genießen kann.

Laguna Lodge, ca. 2,5 km nördl. von Tortuguero, ☏ 2272-4943 🖥 www.lagunatortuguero.com. Große, sehr originelle Lodge mit 106 schlichten Zimmern auf 7 ha Regenwald. Zwei Pools, botanischer Garten, 2 Buffet-Restaurants und Bars, Hängematten und direkter Strandzugang, Die Lodge liegt auf der Landzunge zwischen der Lagune und dem Strand und ist in ca. 40 Min. zu Fuß vom Ort zu erreichen. ❻

Manatus Lodge, gegenüber von der Laguna Lodge an der Lagune, nur mit dem Boot zu erreichen, ☏ 2239-7364, 🖥 www.manatus costarica.com. Eines der kleineren Camps mit nur 12 klimatisierten Bungalows, die schlicht und praktisch eingerichtet sind und einen kleinen Innenhof mit Dusche bieten, Pool und Restaurant à la carte, sehr übersichtlich, mit einer tollen Plattform über der Lagune. ❻

Mawamba Lodge, 600 m nördl. vom Ortsende von Tortuguero, ☏ 2293-8181, 🖥 www. mawamba.com. Weitläufige Anlage mit einem schönen Pool und 58 einfachen, sauberen Unterkünften mit Bad und privater Veranda mit Hängematten. Gutes Buffet-Restaurant, Bar, botanischer Garten, Froschpool und Schmetterlingshaus; ein kleiner Dschungelpfad durch den eigenen Regenwald lädt zu Erkundungstouren ein. Mawamba liegt auf der Landzunge

Schildkröten, Aras und Jaguare in Tortuguero

Tortuguero ist bekannt für die zahlreichen Meeresschildkröten, die jedes Jahr die umliegenden Strände zur Eiablage aufsuchen. Doch auch Grüne Aras *(Ara ambiguus)* und Jaguare *(Panthera onca)* fühlen sich im Nationalpark wohl.

Während bis vor Kurzem die **Grünen Aras**, auch Bechsteinaras oder Großer Soldatenara genannt, auf den Kanutouren nur selten zu beobachten waren, fliegen heute wieder regelmäßig große Scharen über das Dorf Tortuguero. Die Populationen des Bechsteinaras in Costa Rica wurde 2011 noch auf unter 330 Vögel geschätzt, darunter waren knapp 30 Brutpaare. In den letzten Jahren haben sich die wilden Populationen erfreulicherweise wieder kräftig erholt. In Tortuguero kann man die Aras besonders gut im Waldmandelbaum (*Coumarouna* oder *Dipteryx panamensis*) oder in der Seemandel *(Terminalia catappa)* beobachten. Die Vögel sitzen häufig in den Bäumen entlang des Strands, vor allem in dem Abschnitt außerhalb des Nationalparks. Im Park bevölkern dagegen Brüllaffen *(Alouatta palliata)*, Klammeraffen *(Ateles geoffroyi)*, manchmal auch Kapuzineraffen *(Cebus capucinus)* und Eichhörnchen *(Sciurus variegatoides)* die Seemandel.

Seit 2012 untersucht die Biologin Stephanny Aroyo-Arce mit Unterstützung verschiedener Umweltorganisationen die **Jaguar-Population** an der Küste Tortugueros. 1997 wurde von vier Schildkröten berichtet, die vom Jaguar erlegt wurden. Im Jahre 2005 waren es schon 74 und 2008 sogar 166 Schildkröten. Mittlerweile bleibt die Zahl konstant und pro Saison werden etwa 250 bis 300 Schildkröten vom Jaguar getötet. Heute weiß man, dass sich in der Schildkrötensaison ca. 15 Jaguare entlang der Küste aufhalten, im ganzen Nationalpark sind mittlerweile 36 Tiere anhand ihrer Fellzeichnung identifiziert. 2017 wurden 12 Jungtiere geboren.

Dass die Meeresschildkröten immer häufiger in das Beuteschema der Jaguare fallen, ist für die **Schildkröten-Population** keine Bedrohung. Pro Saison befinden sich auf dem etwa 35 km langen Strandabschnitt zwischen 40 000 und 120 000 Nester. Da die Weibchen nicht jedes Jahr Eier legen und mehrere Nester bauen, ist die Zahl der eierlegenden Weibchen deutlich geringer als die Zahl der vorhandenen Nester. In der Regel kommen die Weibchen der **Grünen Meeresschildkröte** *(Chelonia mydas)* alle zwei bis drei Jahre an die Küste und legen fünf- bis sechsmal in der Saison, von Juli bis Oktober ihre Eier, gewöhnlich im Abstand von 10 bis 14 Tagen.

Neben der Grünen Meeresschildkröten kommen zwischen März und Juni vereinzelt **Lederschildkröten** *(Dermochelys coriacea)*, zwischen Mai und Oktober **Echte Karettschildkröten** *(Eretmochelys imbricata)* nach Tortuguero. Die **Unechte Karettschildkröte** *(Caretta caretta)* kommt sehr selten hierher, wichtigere Brutplätze befinden sich in den USA.

Barbara Hartung, Biologin, Touren in Tortuguero (S. 418)

---

zwischen der Lagune und dem Strand und ist in 10 Min. zu Fuß vom Ort zu erreichen. ❻

Tortuga Lodge & Gardens, an der Lagune, gegenüber dem Flughafen, ☎ 2257-0766, 🖥 www.tortugalodge.com. Die VIP-Lodge in Tortuguero: Inmitten eines traumhaft schönen tropischen Gartens von 20 ha befindet sich dieses Kleinod. 27 große Zimmer (auf 4 Gebäude im Garten verteilt) in 3 Preiskategorien werden mit oder ohne Paket angeboten. Eine große Terrasse lädt zur Erholung zwischen der Tierbeobachtung ein – oft

kommen die Tiere auch auf die Terrasse. Gutes Restaurant (à la carte), regelmäßige kostenlose Transfers in den Ort. ❻

ESSEN

Buddacafé, an der Hauptstraße neben dem ICE-Gebäude. Bietet internationale Gerichte: sehr gute Pizza, Pasta, Crêpes und knackig-frische Salate mit selbst gebackenem Brot; mitunter lange Wartezeiten. Drinnen und draußen Sitzmöglichkeit, idyllisch am Fluss gelegen, sehr schön eingerichtet. ⏲ tgl. 12–21 Uhr, unregelmäßig an einem Tag in der Woche geschl.

Dorling's Bakery, ggü. der Kirche. Banana bread, Lemon cake, Guayaba pie, auch Obstsalate und Frühstück. Gut für den schnellen Kaffee vor dem 5.30-Uhr-Boot. ⏲ 5–18 Uhr.

Miss Miriam, neben den Cabinas Miss Miriam 2, ✆ 2709-8002. Gute karibische Küche. Tolle Langusten-Platte und sehr gutes karibisches Hähnchen. ⏲ tgl. 7.30–21 Uhr.

Restaurant Miss Junie, am nördl. Ortsende, ✆ 2709-8029. Typisch karibische Küche mit viel Kokos. Besonders empfehlenswert ist das Jerk Chicken (jamaikanisch zubereitetes, mariniertes, leicht scharfes Hähnchen). Tische im Garten mit Blick auf die Lagune. ⏲ tgl. 7–9, 12–21 Uhr.

Taylor's Place, von den Cabinas Tortuguero 200 m auf dem Sandweg in Richtung Strand. Toll gelegenes Gartenrestaurant, wo die zum Teil überdachten Tische schön im Grünen verteilt sind, ideal für das romantische Candle-light-Dinner. Sehr gut ist das Rinderfilet in Tamarindo-Soße. ⏲ unregelmäßig, nur abends.

Marisqueria Chiri, an der Hauptstraße. Leckerer Fisch, besonders der ganze Rotbarsch ist super, Ceviche, Langusten. ⏲ tgl. 9–22 Uhr.

UNTERHALTUNG

Es gibt eine kleine Disco-Bar im Ort, die Bar **La Taverna**. Sie liegt an der Hauptstraße etwa 100 m vor dem Nationalparkeingang. ⏲ tgl. bis spät am Abend, am Wochenende länger.

SONSTIGES

Einkaufen

In Tinas Kunsthandwerks- und Souvenirgeschäft **Kolibri**, im Zentrum, ✆ 2767-0010, gibt es handgemachten Schmuck und ausgefallene Andenken aus der Umgebung. ⏲ tgl. 11–13 und 15–18 Uhr.

Geld

Es gibt keine Bank, aber einen Geldautomaten von der **Banco de Costa Rica (BCR)**, am Steg

bei den 2 großen Papageien. Allerdings bekommt man bei der BCR meist nur Colones und diese nur in begrenzter Menge ausgezahlt. Wer plant, länger in Tortuguero zu bleiben, sollte Bargeld mitbringen.

Medizinische Hilfe

Krankenstation, neben La Casona am Fußballplatz, ⏲ tgl. 7–16 Uhr.

Supermärkte

Die Preise sind höher als anderswo, weil die Lebensmittel per Boot herangeschafft werden müssen.

Super las Tortugas, im Zentrum, ist der günstigere Supermarkt im Ort und recht gut sortiert. ⏲ tgl. 7–20.30 Uhr.

Super Nicarao, ⏲ tgl. 6–23 Uhr.

TRANSPORT

Boote

In Tortuguero verkehren Wassertaxis. Kurze Strecken kosten meistens $3 p. P., zur Laguna Lodge und anderen weiter entfernten Camps sind es mindestens $5 p. P., bis zum Ort San Francisco zahlt man etwa $10. Es wird immer pro Person kassiert. Zum Flughafen, obwohl dieser gar nicht so weit entfernt liegt, sind es $10 p. P.

BARRA DEL COLORADO, es gibt keinen regelmäßigen Bootsverkehr. **Taxi Guzman**, ✆ 8344-3885, bietet Wassertaxis an, eine Fahrt kostet $140 (ca. 1 1/2 Std.).

CARIARI/LA PAVONA, 5.30, 9, 11, 15 Uhr, 1600C$ p. P. plus 1000C$ für das Gepäck, mit Coopetraca, ✆ 2767-7590,

MOÍN (über den Canal Tortuguero), 3 1/2 Std., $35-40 p. P.,

CAÑO BLANCO wird als Hafen nur von den Hotels und Lodges genutzt, daher gibt es keine regelmäßige Verbindung dorthin.

Flüge

Das Wassertaxi zur Flugpiste sollte man rechtzeitig reservieren.

SAN JOSÉ, 2x tgl. mit Sansa, Ticket am besten online kaufen, man muss es nicht ausdrucken.

Bei einer morgendlichen Kanutour zeigt sich der Regenwald um Tortuguero von seiner schönsten Seite.

Parque Nacional Tortuguero

- **MINAE-Büro**: 2709-8086
- **Öffnungszeiten**: tgl. 6–16 Uhr
- **Eintritt**: $15, Kinder bis 11 J. $5
- **Gründungsjahr**: 1975
- **Größe**: 26 604 ha und 45 455 ha Meeresschutzgebiet
- **Parkeingang**: Dieser befindet sich am südlichen Ortsende von Tortuguero

Der Nationalpark Tortuguero ist einer der meistbesuchten Nationalparks in Costa Rica, und das hat gute Gründe. Er umfasst die letzten Überreste immerfeuchten Regenwaldes, der einst die gesamte Karibikküste bedeckte. Große Flächen wurden durch nordamerikanische Holzfirmen in den 1940er-Jahren abgeholzt. Der Park besteht aus insgesamt elf verschiedenen Habitaten, darunter vereinzelt Mangrovenbäume, Lagunen und der 35 km lange Strandstreifen, das Hauptnistgebiet der Grünen Meeresschildkröte. Besucher können den Nationalpark zu Fuß oder per Boot auf den Kanälen, am besten mit einem erfahrenen lokalen Führer (s. Kasten S. 418), erkunden.

Der eigentliche Hauptwanderweg, der Rundweg **Sendero Gavilán** von 1,2 km, war zur Zeit der Recherche aufgrund von Ausbesserungsarbeiten gesperrt. Der 2 km lange **Sendero Jaguar** führt parallel zum Strand durch dunklen Wald. Etwa alle 100 bis 200 m findet man einen nummerierten Zugang zum Strand. Während der Zeit der Eiablage wird den verschiedenen Guides per Losverfahren ein Sektor zugeteilt, insgesamt gibt es fünf Sektoren. Anhand der Nummern können die Guides besser untereinander kommunizieren. Schildkröten-„Spotter" teilen ihnen mit, wo gerade eine Schildkröte den Strand besucht.

Die Wege im Park sollten in der Regenzeit nur mit Gummistiefeln und in der Trockenzeit nur mit festen Wanderstiefeln betreten werden. Gummistiefel können in diversen Ständen vor dem Parkeingang für $2 ausgeliehen werden.

Auf dem Wasserweg lassen sich verschiedene Kanäle erkunden. Der **Río Tortuguero** ist auf einer Länge von fast 4,5 km zu befahren, der Seitenarm, der **Caño Harold**, bietet weitere 3,5 km

Für die Touren auf dem Wasser (Anbieter auf S. 418) werden von der Nationalparkverwaltung feste Uhrzeiten vorgeschrieben.

Im Schutzgebiet leben seltene, oft vom Aussterben bedrohte Tiere wie der Grüne Ara, die Seekuh (Manati), der Pfeilgiftfrosch, der Tapir, Kapuziner-, Brüll- und Klammeraffen, sechs Wildkatzenarten, mehr als 100 Reptilien- sowie rund 450 Vogelarten (weitere Infos s. auch Kasten S. 421).

Barra del Colorado

Barra del Colorado befindet sich im äußersten Nordosten Costa Ricas, an der Flussmündung des **Río Colorado**, einem Seitenfluss des großen Grenzflusses **Río San Juan**. Wie Tortuguero ist der Ort nur per Boot oder Flugzeug zu erreichen. Barra war einst ein Zentrum der Holzfällerindustrie, die mit Beginn des nicaraguanischen Bürgerkrieges die Region verließ.

Heute wird der Ort in erster Linie von Sportfischern besucht, die nach Tarpón und Róbalo fischen. Die Hotelpreise sind entsprechend hoch, Budget-Unterkünfte gibt es so gut wie gar nicht. Die Mehrzahl der Lodges sind Hotels der oberen Preisklasse, die Pakete für US-amerikanische Sportfischer anbieten. Eine positive Ausnahme bildet die **Tarpon Land Lodge**, ☎ 8468-1817, 8818-9921, mit ihren einfachen, sauberen Zimmern, Hängematten vor der Tür und Kajakverleih. ❸

Es bestehen gute Chancen im benachbarten **Refugio de Fauna Silvestre Barra de Colorado** Tiere wie den Flussotter, Krokodile, den Jabiru-Storch (den größten Storch der Welt), den seltenen Grünen Ara oder die noch seltenere Seekuh zu sehen.

Strecke. Auf diesem Abschnitt finden die meisten Touren der großen Veranstalter statt. Nur mit dem Kanu, Kajak oder mit Elektromotor sind der 2,5 km lange **Caño Chiquero** und sein Seitenkanal, der etwa 800 m lange **Caño Mora** zu befahren. Hier erlebt man natürlich eine viel intensivere Stille und kann die Natur dabei in Ruhe genießen.

TRANSPORT

Es gibt keinen offiziellen Grenzübergang nach Nicaragua.
Boote fahren tgl. zwischen Barra und PUERTO LINDO (S. 412, Cariari), in Barra starten sie um 5 und 14 Uhr.
Außerdem verkehren private Lanchas zwischen Barra und TORTUGUERO (ca. $140).

Südliche Karibikküste / Talamanca

Der Kanton Talamanca beginnt südlich von Puerto Limón und erstreckt sich bis an die Grenze zu Panama. Touristisch betrachtet ist Talamanca die attraktivste Region an der Karibikküste – und ethnisch gesehen die vielfältigste und faszinierendste in ganz Costa Rica. Rund 70 % Talamancas bestehen aus Schutzgebieten – Naturparks oder Indianerreservate. Die Küstenregion, **Baja Talamanca** („niedriges Talamanca") umfasst den **Parque Nacional Cahuita** mit einem der wichtigsten Korallenriffe des Landes sowie das **Refugio Gandoca-Manzanillo** mit traumhaften Sandstränden, Delfinen, Walen und, äußerst selten, Seekühen in den Flussmündungen. Die touristischen Zentren **Cahuita** und **Puerto Viejo** sind trotz steigender Touristenzahlen noch kleine Orte mit Cabinas und einer lebendigen Rastafari-Kultur. Große Hotelprojekte oder Condominium-Bauten wie an der Pazifikküste gibt es in Talamanca kaum.

Durch die jahrhundertelange Isolation vom übrigen Land konnten sich in Talamanca eine eigene Kultur und ein eigener Menschenschlag herausbilden. Im gebirgigen **Alta Talamanca** („hohes Talamanca") leben nach wie vor die **Bribrí**- und **Cabécar-Indianer**. Die unzugänglichen Bergketten stellten für die Indios über Jahrhunderte einen wichtigen Zufluchtsort und Hort des Widerstandes gegen die Spanier dar (s. Kasten S. 169). Alta Talamanca wurde nie kolonialisiert, sodass die Bribrís und Cabécares bis heute ihre Sprache, Kultur und Lebensweise bewahren konnten.

Geschichte

Piraten verhinderten lange die Besiedlung der Küstenregion (Baja Talamanca). Sie nutzten die vielen Buchten als Versteck, um Schiffen auf dem Weg von Panama nach Nicaragua aufzulauern. Schenkt man den Einheimischen Glauben, ist die Küste nach wie vor mit Piratenschätzen übersät, die manch einen Schatzsucher beim Versuch, sie zu heben, ins Verderben rissen. Mitte des 18. Jhs. ließen sich Schildkröten-

---

Nepper, Schlepper, Langfinger

Häufig berichten Touristen von Diebstählen an der Karibikküste. Oft sind dies Fälle von Beschaffungskriminalität. Aufgepasst in Puerto Viejo, wo Passagiere von Einheimischen an den Bussen abgefangen und zu Hotels oder Cabinas geführt werden. Für jeden neuen Gast bezahlen die Unterkünfte Provision. Mehrfach kamen die „Helfer" zu einem späteren Zeitpunkt wieder, brachen ein und stahlen. Daher der dringende Rat, in Eigenregie auf Zimmersuche zu gehen und etwas mehr Geld in eine sichere Unterkunft zu investieren. Wie in ganz Costa Rica gilt auch hier: Nichts unbeobachtet am Strand liegen lassen!

---

jäger afro-jamaikanischer Herkunft aus Nicaragua und Panama an der Küste nieder. Der indianische Name Talamanca (blutiges Schwert) stammt aus jener Zeit, als Schildkröten noch mit Harpunen gejagt wurden.

Die Schildkrötenjäger brachten Englisch, Cricket und die protestantische Religion ihrer Vorfahren aus den ehemals britischen Kolonien mit. Später bauten sie Kakao und Kokosnüsse an, trieben Handel mit den Indios und vermischten sich mit ihnen. Der afrikanische Bevölkerungsanteil verstärkte sich Anfang des 20. Jhs., als Tausende Jamaikaner nach Costa Rica kamen, um auf den großen Bananenplantagen zu arbeiten. Erst Ende der 1970er-Jahre wurde die Region durch eine Straße mit der Hafenstadt Puerto Limón verbunden. Seitdem haben sich verstärkt Expats aus Europa und Nordamerika in der Küstenregion angesiedelt und Talamancas Völkergemisch um mehr als 40 Nationalitäten erweitert.

Reserva Biológica Hitoy Cerere

- **MINAE-Büro**: ☎ 2206-5516
- **Öffnungszeiten**: tgl. 8–16 Uhr
- **Eintritt**: $10
- **Gründungsjahr**: 1978
- **Größe**: 9150 ha

SÜDLICHE KARIBIKKÜSTE / TALAMANCA | Reserva Biológica Hitoy Cerere

■ **Transport**
Auto: Von Puerto Limón kommend rechts, Richtung Penhurst, abbiegen und der Ausschilderung zum Reservat folgen. Vierradantrieb erforderlich.
Busse: Bus von Puerto Limón in Richtung Valle de Estrella nehmen, an der Endstation Finca 6 aussteigen. Von hier sind es weitere 15 km zum Park. Taxis nehmen für die Strecke rund $40 pro Fahrt.

Umgeben von Indianerreservaten und der Talamanca-Gebirgskette liegt dieses wenig besuchte Schutzgebiet, dem die Indios den Namen Hitoy-Cerere gaben: *Hitoy* bedeutet Wolle – wegen der vielen Algen und Moose –, *Cerere* heißt klares Wasser – wegen der zahlreichen Flüsse und Wasserfälle im Park. Mit bis zu 4 m Niederschlag pro Jahr ist dies einer der niederschlagsreichsten Naturparks im Land, das ideale Biotop für wasserliebende Orchideen, Bromelien und Epiphyten. Ein anspruchsvoller, rund 9 km langer Wanderweg führt durch Primärwald, in dem Tapire, Otter, Faultiere, Brüll- und Kapuzineraffen sowie mehr als 100 Vogelarten leben.

ÜBERNACHTUNG

Reserva Selva Bananito, von der Straße Richtung Cahuita 1 km nach der Brücke über den Río Viscaya nach rechts, Richtung Bananito, abbiegen; von hier sind es rund 13 km zur Lodge, ✆ 2253-8118, 🖥 www.selvabananito.com. Ideal für Naturliebhaber: 850 ha großes Privatreservat, weit abgelegen am Rande der Reserva de la Biosfera Amistad. 11 geräumige Stelzenhäuser mit Veranda, Solar-Lampen, Gemeinschaftsrancho. Ein Teil der Einkünfte kommt Umweltschutzprojekten in Talamanca zugute. Reit-, Wander-, Vogeltouren. Vierradantrieb empfehlenswert. VP inkl. ❻

Cahuita

Cahuitas wilde Zeiten sind vorbei. Die Partygäste sind weitergezogen, ins 16 km entfernte Puerto Viejo. Zurückgeblieben sind gealterte Expats,

Cabinas, und relativ ruhige Rastabars mit einem Gras rauchenden Bob Marley an der Wand – gang und gäbe im reggae-swingenden Cahuita. Eine überraschend gute Restaurantszene lädt zu den Genüssen einer kreativen karibischen Küche ein. Hauptattraktion des Ortes und Ziel vieler Tagesausflügler aber ist der angrenzende **Parque Nacional Cahuita** – mit einem der faszinierendsten Korallenriffe in Costa Rica.

ÜBERNACHTUNG

Alby Lodge, 200 m südl. vom Eingang zum Nationalpark, ✆ 2755-0031, 🖥 www.albylodge.com. 4 Stelzenhäuser mit Veranda und Hängematten für max. 4 Pers. umgeben von einem 2 Hektar großen tropischen Garten. Ein Rancho mit gut ausgestatteter Gemeinschaftsküche und Grill steht den Gästen zur Verfügung; Yvonne aus Österreich kümmert sich liebevoll um ihre Gäste. $5 pro zusätzlicher Pers., kein Frühstück und keine Kreditkarte. ❸
Bungalows Aché, am Nationalpark, ✆ 2755-0119, 🖥 www.bungalowsache.com. 3 sehr geschmackvolle, runde Holz-Bungalows mit Kühlschrank, Geschirr und Warmwasser in ruhiger Lage direkt am Nationalpark; ein Haus ist behindertengerecht eingerichtet. Kein Frühstück und keine Kreditkarte, deutsche Leitung. EZ $45, 4-Pers.-Bungalow $65. ❸
Cabinas Arrecife, ✆ 2755-0081, 8835-2940, 🖥 www.cabinasarrecife.com. Freundliches Hotel von Don Guillermo mit 15 einfachen, sehr sauberen Zimmern und Restaurant mit Meerblick, kleiner Pool. Frühstück $5. Angeschlossene Sprachschule. ❷
Cabinas Palmer, ✆ 2755-0435. 15 sehr einfache Zimmer um einen hübschen Innenhof, geleitet von Don Jaime. Sehr zentral. Kaffee gibt's gratis. ❶
Cabinas Smith 1, 100 m südl. der Polizeistation, ✆ 2755-0068. 6 saubere, sehr einfache Cabinas mit kleiner Küche, AC, Kühlschrank. EZ $25. ❷
Cahuita National Park Hotel, direkt neben dem Eingang zum Nationalpark, ✆ 2755-0244. Dreistöckiges Gebäude mit 20 schlichten Zimmern mit Kühlschrank und AC. Einfaches Restaurant. ❷

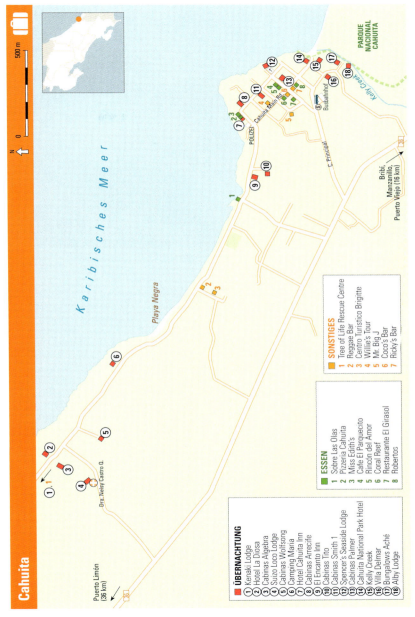

In den Töpfen der karibischen Küchen werden viele schmackhafte Zutaten zusammengemixt.

Hotel Cahuita Inn, 50 m östl. von der Polizei, ✆ 2755-0179, 8503-6883, ✉ benevelli75@hotmail.com. Direkt am Meer gelegen mit 5 geräumigen, modern stilvoll eingerichteten Zimmern mit je 2 Doppelbetten, guten Matratzen, Pool und Hängematten, ein Frühstück inkl., gutes Restaurant. Freundlicher italienischer Besitzer Guiseppe. ❺

Kelly Creek, direkt am Nationalparkeingang, ✆ 2755-0007, 🖥 www.kellycreekhotel.com. Schönes, komfortables Holzhaus mit 4 sauberen, geräumigen Zimmern und Veranda und eine schöne, neue Maisonette. Französische Leitung ❹

Spencer's Seaside Lodge, ✆ 2755-0027. Großes Holzhaus direkt am Meer. 16 rustikale, geräumige Zimmer mit großer Veranda mit Hängematten und Meeresblick. Im 2. Stock etwas teurer. ❷

Villa Delmar, ✆ 2755-0392, 🖥 www.villadelmarcr.com. 10 Zimmer mit Bad in schöner, aber beengter Anlage in Nationalparknähe. ❷

Playa Negra

An der Schotterstraße an der Playa Negra reihen sich viele Unterkünfte und Restaurants.

Cabinas Algebra, 2,5 km nördl. von Cahuita, ✆ 2755-0057, 🖥 www.cabinasalgebra.com. Ruhig gelegene, familienfreundliche Unterkunft mit 3 Cabinas, geleitet von der sehr netten Andrea aus Deutschland und ihrem Sohn Samuel, in einem tropischen Garten mit vielen Tieren, 100 m zum Strand. Im dazugehörigen Restaurant Bananas gibt es köstlichen Fisch mit Kokos-Currysoße; üppiges Frühstück. Gutes Preis-Leistungs-Verhältnis. ❷

Cabinas Tito, aus dem Ort heraus in Richtung Playa Negra, den 1. Weg links abbiegen, ✆ 2755-0286, 🖥 www.cahuita-cabinas-tito.com. Saubere Cabinas mit Gemeinschaftsküche im verwilderten Hintergarten mit Hühnern und Surfbrettern. Freundliche Tico-Leitung. Auch Familien-Haus mit Küche. ❷–❸

Cabinas Wolfsong, ✆ 2755-0210, 8349-6502, 🖥 www.wolfsong.travel. 3 geräumige, rustikale Cabinas für max. 5 Pers., 2 mit Küche, geführt von Markus und Carina aus der Schweiz. Schöner Garten. ❷–❸

Camping Maria, ✆ 2755-0091. Campingplatz direkt am Meer mit Gemeinschaftsküche auf Gartengrundstück, $10 p. P. Auch 1 einfache große Cabina mit Küche für $30. ❶–❷

El Encanto Inn, ☎ 2755 0113, 🖥 www.elen
cantocahuita.com. Komfortable Hotelanlage mit
Pool, Restaurant, Spa und gepflegtem Garten,
50 m zum Strand. Die Zimmer haben große
Doppelbetten und große Badezimmer. Freundliche spanische Leitung. Auch Haus mit Küche
für bis zu 8 Pers. ❻

Hotel La Diosa, ☎ 2755-0055, 🖥 www.hotel
ladiosa.net. 10 Zimmer in Bungalows unterschiedlicher Qualität, einige etwas muffig, teilweise mit AC und Küche. Auch kleine Häuser
mit 2 oder 3 Schlafzimmern. Marcello kümmert
sich nett um seine Gäste; Pool, Frühstück
inkl. ❺–❻

Kenaki Lodge, 500 m nördlich vom Tree of life
(s. S. 430), ☎ 2755-0485, 8919-2967, 🖥 www.
kenakilodge.com. Rustikale Bungalows mit
Terrasse ❻ und geräumige Zimmer ❺ auf
einem schönen Strandgrundstück; freundlich,
französische Leitung.

🏨 **Suizo Loco Lodge**, ☎ 2755-0349, 🖥 www.
suizolocolodge.com. Komfortable
Bungalows mit privaten Terrassen und schönen
Bädern für max. 4 Pers. auf einem gepflegten
Areal mit Pool, Restaurant und tropischem
Garten. Die Ausstattung ist gehoben. Der nette
Schweizer Dani kümmert sich persönlich um
seine Gäste. ❹

ESSEN

Cahuita überrascht den Besucher mit einem
großen Angebot an kreativer karibischer Küche,
beeinflusst aus aller Welt.

Café El Parquecito, 50 m von der Hauptstraße
Richtung Norden zum Meer. Köstliche Fruchtsäfte und Crêpes, auch Omeletts, Bananacake
und Obstsalate; beliebt zum Frühstücken.
⏰ tgl. 6–15 Uhr.

Coral Reef, an der Hauptstraße, ⏰ tgl. 11.30–
22 Uhr, und **Roberto's** servieren frischen Fisch
und Meeresfrüchte. Bei Roberto's wird die
Kokosnuss noch mit der Hand geraspelt und
der Fisch selbst gefangen. ⏰ tgl. 7–22 Uhr.

Miss Edith's, 125 m nördl. der Polizeistation.
Das Warten lohnt: Miss Edith und ihre Töchter
zaubern schmackhafte karibische Gerichte,
beispielsweise *Rondón* (Fisch in Kokossoße)
und als Nachtisch Maniokpudding oder

Bananenkuchen. ⏰ Mo–Do 7–21, Fr–So
12–21 Uhr.

Pizzeria Cahuita, im Ort, 50 m östl. der Polizei,
gleiche Straße wie Miss Edith, ☎ 2755-0179,
7215-4655. Leckere und fantasievoll karibische,
hauchdünne Holzofenpizzen, Salate und Pasta,
echt italienisch. ⏰ Mo, Di, Fr 16–21.30, Sa,
So 12–21.30 Uhr.

Rincón del Amor, 50 m nordöstl. von der Coco
Bar, ☎ 8366-8871. Freundliches, halboffenes
karibisches Restaurant mit kleiner Terrasse. Es
wird mit Liebe gekocht. ⏰ Fr–Mi 7.30–22 Uhr.

Restaurante El Girasol, gegenüber vom Hotel
Vaz, ☎ 2755-1164. Leckere italienische Küche
mit Fischgerichten und guter Pizza in Busbahnhofnähe. ⏰ tgl. 18–22 Uhr.

🏨 **Sobre las Olas**, Richtung Playa Negra.
Vegetarisches und selbst gemachte
Pasta, in toller Atmosphäre direkt am Strand.
⏰ tgl. 12–22 Uhr.

UNTERHALTUNG

Reggae, Calypso und Roots-Musik – mitunter
auch live – sind bis in die frühen Morgen-
stunden in **Rickie's Bar** und in der Disco-Bar
Coco's im Ortszentrum zu hören. In der **Reggae
Bar** an der Playa Negra gibt es neben guter
Musik auch leckere Snacks.

AKTIVITÄTEN UND TOUREN

Surfen

Centro Turístico Brigitte, an der Playa Negra,
Boogie- und Surfboards.

Ein Heim für Tiere

🐾 Eine Notfallstation für Tiere ist das
Jaguar Centro de Rescate, ☎ 2750-0710,
🖥 www.jaguarrescue.com, 3 km von Puerto
Viejo entfernt an der Straße Richtung Manzanillo. Außer Faultieren werden hier u. a. auch
verletzte und verwaiste Wildkatzen, Affen,
Ameisenbären und Schlangen behandelt. 50 ha
Primärwald schließen sich der Rettungsstation
an. Führungen finden Mo–Sa um 9.30 Uhr und
11.30 Uhr statt. Eintritt ab 10 J. $20 p. P.

Engagiert in Talamanca

Das weltweit tätige **Wider Caribbean Sea Turtle Conservation Network** (Widecast), www.widecast.org, setzt sich auch an Costa Ricas Karibikküste für den Schutz von Meeresschildkröten ein. Freiwillige können bei der Arbeit helfen. Zu den Tätigkeiten zählen nächtliche Strandpatrouillen, Arbeit in der Brutstation und Strandsäuberung. Unterbringung in biologischen Feldstationen in Cahuita (Saison 1.3.–31.10. Mehrbettzimmer mit Strom, kein Internet und kein Mobilfunkempfang) und Moín (Saison 1.3.–31.10. Mehrbettzimmer mit Strom, WLAN und Mobilfunkempfang sind vorhanden). In Gandoca (Saison 15.2.–15.8.) werden die Voluntarios bei Familien untergebracht. Freiwillige zahlen $40 pro Tag inkl. VP.

Touren

Justo López, ☎ 2755-0344, 8778-8438. Empfohlener Guide für Touren In den Nationalpark, hat sehr viele Interessante Dinge zu erzählen, Schnorcheltouren und Ausflüge zum Bribrí-Indianerreservat.

Mr. Big J., im Ortszentrum, ☎ 2755-0060. Bietet Schnorcheltouren für $25 p. P. Auch Touren zum Bribrí-Reservat und einem traditionellen Schokoladenhersteller.

Centro Turístico Brigitte, an der Playa Negra, ☎ 2755-0053, 🖥 www.brigittecahuita.ticos web.com. Reittouren am Strand (1–3 Std., $35–60 p. P.) und in die Berge zu einem Wasserfall (5–6 Std., $85 p. P. inkl. Mahlzeit). Brigitte ist eine fantastische Informationsquelle und vermietet auch einfache Cabinas (ca. $30–50), Dorm ($15), Frühstück nicht inkl.

Tree of Life, 200 m nördl. vom Hotel La Diosa, ☎ 8317-0325, 🖥 www.treeoflifecostarica. com. Hier werden Wildtiere, die aufgrund von Unfällen oder Haustierhaltungen in der freien Natur nicht überleben können, wieder aufgepeppelt, bis sie freigelassen werden. Einige müssen ein Leben lang hier bleiben. Es findet jeden Tag außer Mo um 11 Uhr eine geführte Tour statt, die etwa 1 1/2 Std. dauert Auch die tropischen (Heil-)Pflanzen im Garten werden dabei erläutert, $16.

SONSTIGES

Fahrradverleih

Mr. Big J. und **Centro Turístico Brigitte** an der Playa Negra verlangen $10 pro Tag.

Geld

Banco de Costa Rica, im Centro Comercial am Busbahnhof. ⏱ 9–16 Uhr.

Internet

Internet Palmer, gegenüber von Cabinas Palmer. ⏱ 9–20 Uhr.

Willie's Tour, an der Straße Richtung Playa Negra. Auch Touren. ⏱ Mo–Sa 8–12 und 15–20, So 16–20 Uhr.

Medizinische Hilfe

Clínica Cahuita, ☎ 2755-0383, ⏱ Mo–Do 7–16, Fr 7–15 Uhr.
Einen 24-Std.-Service hat die **Klinik** in Hone Creek.

Dr. Nelsy Castro Q., neben dem Hotel Suizo Loco Lodge, ☎ 8518-6239. Allgemeinmedizin für Erwachsene und Kinder. ⏱ Mo–Sa 14–18 Uhr.

Supermarkt

Safari Food Store, an der Straße Richtung Playa Negra. ⏱ 6–20 Uhr.

Polizei

☎ 2755-0217, die Touristenpolizei ist unter ☎ 2750-0452 erreichbar.

Post

Im Centro Comercial am Busbahnhof, ⏱ Mo–Fr 8–17.30 Uhr.

Wäscherei

Mr. Big J., s. oben.

TRANSPORT

Busse

PUERTO LIMÓN, stdl. 6–21 Uhr, 60 Min., Bus kommt aus Sixaola;
MANZANILLO (via PUERTO VIEJO), 6.15, 7.15, 9.15, 11.15, 13.15, 16.15, 18.15, 19.15 Uhr, 45 Min., Bus kommt aus Puerto Limón;

KARIBIKKÜSTE

430 SÜDLICHE KARIBIKKÜSTE / TALAMANCA I Cahuita   www.stefan-loose.de/costa-rica

SAN JOSÉ, um 5.30, 7, 8, 9.30, 11.30, 13.30 und 16.30 Uhr, 3 1/2 Std., Bus kommt aus Puerto Viejo oder Sixaola;
SIXAOLA (via PUERTO VIEJO und BRIBRÍ), stdl. 6–20 Uhr. Bus kommt aus Puerto Limón.

Parque Nacional Cahuita

- **MINAE-Büro**: in Puerto Vargas, ✆ 2755-0461, in Playa Blanca (Cahuita),
- **Öffnungszeiten**: tgl. 6–17 Uhr (ab 14 Uhr ist nur noch eine Teilbegehung möglich)
- **Eintritt**: Am Parkeingang Kelly Creek, um Spenden wird gebeten; Parkeingang Puerto Vargas $5. Parkführung $20
- **Gründungsjahr**: 1978
- **Größe**: 600 ha Korallenriff, 22 400 ha Meeresfläche, 1067 ha Landfläche
- **Parkregeln**: Schnorcheln nur mit Führer
- **Transport**: Der Parkeingang Kelly Creek befindet sich im südlichen Ortsteil Cahuitas. Der zweite Parkzugang Puerto Vargas liegt rund 6,5 km südlich der Einfahrt nach Cahuita an der Straße nach Manzanillo.

Der Nationalpark Cahuita umgibt eines der schönsten **Korallenriffe** in Costa Rica. Das Riff ist aus 35 verschiedenen Korallenarten aufgebaut, wobei die *Coral cuerno de alce* (Elchhornkoralle) und *Coral el cerebro* (Hirnkoralle) dominieren. Im und um das Riff herum leben 140 Mollusken-, 44 Krustazeen-, 128 Algen- und

Gefährliche Strömungen

An der gesamten Karibikküste herrschen starke Strömungen! Geht an den Stränden stets mit viel Bedacht ins Wasser und bleibt in Ufernähe! Auch sehr gute Schwimmer haben gegen die gefährlichen **Brandungsrückströmungen** keine Chance. Falls man in eine Drift gerät, niemals in Panik geraten und dagegen anschwimmen, sondern immer versuchen, den Hauptstrom quer zur Strömung zu verlassen. Oft sind die Strömungen nur wenige Meter breit und man kann auf diese Weise das rettende Ufer erreichen.

123 Fischarten. Mit der Schaffung des Nationalparks wurde dieses sensible Ökosystem unter Schutz gestellt. Dutzende von Fincas mussten umgesiedelt werden, darunter auch Familien, deren Eltern und Großeltern zu den Gründungsvätern Cahuitas zählten und seit dem 18. Jh. auf dem heutigen Parkgelände vom Fischfang, Kokosnuss- und Kakaoanbau lebten. Die Kontroversen sind beigelegt, Gemeindevertreter und Parkverwaltung bilden heute ein gemeinsames Parkkomitee.

Ein 3,5 km langer Wanderweg führt vom Parkeingang **Playa Blanca** an feinen Korallenstränden entlang zur **Punta Cahuita**, einer kleinen Landzunge, um die sich das Korallenriff lagert. Von hier sind es weitere 4,8 km zum zweiten Parkeingang, **Punta Vargas**. In den Feucht- und Mangrovengebieten des Parks leben u. a. Kapuzineraffen, Faultiere, Tukane, Schlangen, Ameisenbären und Gürteltiere. Der Nationalpark erfreut sich deshalb so großer Beliebtheit, weil die Tiere sich hier relativ häufig sehen lassen. Die Strände südlich von Punta Vargas sind für Touristen gesperrt. Hier nisten die Echte Karettschildkröte, die Grüne Meeresschildkröte und die Lederschildkröte. Am Parkeingang Punta Vargas gibt es Telefone und Restaurants. Busse in Richtung Puerto Limón oder Puerto Viejo halten an der Parkeinfahrt.

Trotz Parkgründung steht Cahuitas Korallenriff nach wie vor unter akuter Bedrohung. Ursache dafür sind die umliegenden Bananenkonzerne, die für ihre Monokulturen großflächig Wälder abholzen und Chemikalien sprühen (s. Kasten S. 438/439). Diese gelangen durch Erosion über die Flussläufe ins Meer. Die Sedimente lagern sich am Riff an, nur die robusten Korallen können überleben. Schwere Schäden erlitt Cahuitas Riff außerdem beim Erdbeben von 1991, das den Meeresgrund um ganze 1,5 m anhob. Große Teile des vorgelagerten Riffs starben daraufhin ab.

Puerto Viejo

Puerto Viejo ist ein Sammelbecken für partyhungrige Backpacker, Rastafaris, skurrile Gestalten und Surfer, die kommen, um die legendä-

KARIBIKKÜSTE

Puerto Viejo und Umgebung

Karibisches Meer

ÜBERNACHTUNG
1. Chimuri Beach Cottages
2. Las Casitas de Playa Negra
3. Hotel Escape Caribeño
4. Cabinas Coconut Grove
5. Bungalows Kiré
6. Cabinas Monte Sol
7. Maritza
8. Casa Verde Lodge
9. Cabinas Tropical

Playa Negra

Puerto Viejo

s. Detailplan unten

Cahuita,
Puerto Limón

Finca La Isla
Botanical Garden

Playa Cocles

Playa

ESSEN

1	Amimodo	11	Bread & Chocolate
2	De Gustibus Bakery	12	Lidia's Place
3	Soda Elena Brown	13	Soda Shekina
4	Stashus con Fusion	14	Tasty Waves Cantina
5	Pan Pay	15	Que Quilombo
6	Koki Beach Restaurant	16	Noa
7	Restaurante Tamara	17	La Botanica Organica
8	Bikini	18	Blanca & Selvin's
9	Café Rico	19	El Refugio
10	Café Viejo	20	Maxis Restaurant
		21	Soda Wucho

Centro Comercial

Clínica San Gabriel

TRANSPORT
1. Bushaltestelle

0 _____ 300 m

---

re **Salsa Brava** zu reiten. Der kleine Ort boomt.
Doch Zeit spielt in der einstigen Fischersiedlung,
die heute hauptsächlich vom Tourismus lebt,
nach wie vor keine Rolle. Denn in der drückend
feuchten Tropenhitze kocht der Körper auf Spar-
flamme. Faultieren gleich liegen Urlauber auf
den tief gebogenen Palmenstämmen am Mee-
resufer und lassen sich vom gleichbleibenden
Reggae-Beat in den Schlummer wiegen. Auch
Naturliebhaber kommen in Puerto Viejo voll auf
ihre Kosten. Der tierreiche Regenwald reicht bis
an die Traumstrände heran, und in den Hotels
und Ökolodges kann man viele der heimischen
Tiere im Garten beobachten.

ÜBERNACHTUNG

Puerto Viejo ist so etwas wie das Partyzentrum
an der Karibikküste. Ruhigere Unterkünfte
liegen weiter vom Strand entfernt sowie an den
südlichen Stränden Playa Cocles (S. 437), Playa

Chiquita (S. 438), Punta Uva (S. 439) und in
Manzanillo (S. 440).

Bungalows Kiré, an der Straße Richtung
Manzanillo, ✆ 2750-0448, 🖥 www.cabinaskire.
weebly.com. 2 Bungalows für max. 4 Pers.
mit voll ausgestatteter Küche, Warmwasser,
Kühlschrank und Veranda mit Hängematte.
Deutsche Leitung, gutes Preis-Leistungs-
Verhältnis. 2 Nächte Minimum. ❷

Cabinas Lika, Av. 69, C. 211–213, ✆ 2750-0209.
13 ältere, aber saubere und große Cabinas
für max. 4 Pers. mit Kochgelegenheit beim
freundlichen Roberto. Parkplatz. Ab $10 p. P.
❶–❷

Cabinas Tropical, Av. 67, zwischen C 217 und
219, ✆ 2750-2064, 🖥 www.cabinastropical.
com. Sehr gepflegte, ruhige Anlage mit 10 sehr
sauberen Zimmern, teilweise mit Kühlschrank,
bei deutsch-costa-ricanischem Paar. Rolf
ist Biologe und Autor zahlreicher Bücher, z. B.
über tropische Früchte. Er bzw. seine Frau

⑩ Jacaranda	⑳ Caribe Town	**SONSTIGES**	
⑪ Pagalú Hostel	㉑ Cabinas Yemanya	1 Exploradores Outdoors	12 ATEC
⑫ Hotel Pura Vida	㉒ Shawandha Lodge	2 Costa Rica Way Travel,	13 Farmacia Caribe
⑬ Umami	㉓ Cabinas Punta Uva	3 The Lazy Mon	14 Mango Sunset Bar
⑭ Cabinas Lika	㉔ Cabinas Blanca & Selvin's	4 Gallo Bikes & Moto	15 Supermercado Puerto Viejo
⑮ Coco Loco Lodge	㉕ Pachamama	5 Supermercado El Diamante	16 Terraventuras Jungle Expeditions
⑯ Cashew Hill Jungle Lodge	㉖ Congo Bongo Lodge	6 Johnny's P ace	
⑰ Mi Casa Hostel	㉗ Cabinas Manzanillo	7 Reefrunner	17 Super Old Harbour
⑱ Cariblue	㉘ Cabinas Yamann	8 Caribbean Surfschool and Shop	18 Megasuper
⑲ El Tucan	㉙ Casa Del Mar		19 El Duende Gourmet
		9 Wochenmarkt	20 Supermercado Carnes Luca
		10 Hot Rocks	21 Bad Barts Tours
		11 Bar Maritza	22 Bucus Tours

bieten sehr informative Touren in die Umgebung an (s. Touren S. 436). EZ $38, 3 Pers. $58. ❸

Casa Verde Lodge, Av. 69, C. 217–219, ✆ 2750-0015, 🖥 www.casaverdelodge.com. Neue Besitzer, 17 schlichte, helle Zimmer mit Karibikcharme und Mosaikfußboden, bis auf 2, alle mit Privatbad. Großer, gepflegter, tropischer Garten mit Pool und Whirlpool, Hängematten, Restaurant, Frühstück, Kaffee und Obst frei. ❸–❺

Cashew Hill Jungle Lodge, hinter dem Sportplatz, die Brücke überqueren, dann den Hügel hinauf, ✆ 2750-0001, 2750-0256, 🖥 www.cashewhilllodge.co.cr. 7 Holz-Cabinas mit Veranda und Meeresblick, zum Teil mit Küche. Ruhig, bis auf die vielen Vögel. Yoga-Deck, Pool, Ferienhäuser für 1–6 Pers. ❺–❻

Chimurí Beach Cottages, an der Playa Negra, von Puerto Limón kommend, vor dem Ortsschild in Puerto Viejo links abbiegen, ✆ 2750-0119, 🖥 www.retreat.chimuribeach.com. 3 farbenfrohe, hübsche Strandhäuser für max. 2 Pers. im Karibikstil am Meer mit Küche, auch längerfristig zu mieten. Besitzer Mauricio ist in der Reserva Keköldi aufgewachsen und bietet Touren ins Indianerreservat. Nur Cash, wochenweise wird es günstiger. ❸

Coco Loco Lodge, am Ortseingang, 1. Straße rechts in die C. 211, ganz am Ende rechts, ✆ 2750-0281, 🖥 www.cocolocolodge.com. 14 Zimmer und Bungalows in einem großzügigen, tropischen Garten verteilt, auch 2 Ferienhäuser mit Küche, gute zentrale Lage, trotzdem ruhig. Top-Frühstück (extra), zubereitet von der netten österreichischen Besitzerin Sabine. ❸

Hotel Escape Caribeño, an der Straße in Richtung Manzanillo, die Rezeption ist auf der linken Seite der Straße, etwas schwer zu sehen, ✆ 2750-0103, 🖥 www.escapecaribeno.com. 16 schön gestaltete, klimatisierte Doppelbungalows auf beiden Seiten der Straße. Die zum Strand sind etwas teurer und größer, traumhaft schön gestalteter Garten, geleitet von einem netten italienischen Paar. Wäscheservice, Massagen und Frühstück $5 extra. ❹–❺

Hotel Pura Vida, am Sportplatz, ✆ 2750-0002, 🖥 www.hotel-puravida.com. 10 helle Zimmer, teils mit Privatbad. Großer, schön gestalteter Aufenthaltsbereich mit Hängematten, Bei weltgereistem, deutsch-chilenischem Paar. EZ ab $28. Auch Spanischkurse für $10 pro Std. ($15 pro Std. Privatunterricht). ❸

Las Casitas de Playa Negra, 200 m vor Puerto Viejo, am Kaya's Place 200 m nach rechts, ✆ 2756-8385, 8408-8144, 🖥 www.casitasde playanegra.com. 8 relativ günstige Apartments mit jeweils 2 Schlafzimmern, für bis zu 6 Pers., Wohnzimmer und ausgerüsteter Küche. ❸

Jacaranda, C. 215, 1 1/2 Blocks von der Hauptstraße, ✆ 2750-0069, 🖥 www.cabinas jacaranda.net. 20 einfache Zimmer mit Urwaldathmosphäre, Hängematten, Küchenbenutzung, Parkplatz, Yoga, kein Frühstück. ❸

Maritza, am Strand, ggü. dem Busterminal, ✆ 2750-0003, 8393-2636, ✉ hotelmaritza@ yahoo.com. Top-Lage, da verzeiht man schon

Karibische Küche

Wer die Karibik erleben will, muss sie schmecken: frischer Fisch und Meeresfrüchte; dazu Kochbananen oder Süßkartoffeln, exotische Früchte und Gemüse. Gewürzt mit Muskat, Kokosnuss, Ingwer und feurigem Chili. Typische Gerichte sind Patty (Teigtaschen mit einer leicht pikanten Fleischfüllung), Rondón (Fischeintopf mit Kokosmilch, verdirbt leicht und wird deshalb oft nur auf Vorbestellung zubereitet), Rice and Beans, Jerk Chicken (mariniertes Huhn über Holz gegrillt), Ackee (Ackee-Frucht mit gesalzenem Fisch) und Maniokpudding. Frisch gebackenes Pan de Coco, Pan Bon (Früchtebrot) und Bananenbrot werden von Händlern und Privathäusern entlang der Küste verkauft. Dazu ein erfrischendes Ginger Ale oder Guaro Sour – so schmeckt die Karibik, so schmeckt das Leben.

mal den etwas heruntergekommenen, karibischen Charakter, 19 klimatisierte Zimmer, zum Teil mit Hängematten vor der Tür, Gemeinschaftsküche, beliebtes Straßenrestaurant mit Livemusik (So), Parkplatz. ❸

Pagalú Hostel, gegenüber vom Megasuper, ✆ 2750-1930, 🖥 www.pagalu.com. Backpacker mit 3 Schlafsälen ($12 p. P.). Kaffee und Tee gratis, Gemeinschaftsküche. Wirkt etwas steril, aber sehr sauber. Auch DZ ab $30. ❷

Umami, am Ende der C. 219, ✆ 2750-3200, 🖥 www.umamihotel.com. Traumhaftes Designerhotel, 2018 eröffnet. Hier stimmt einfach alles: 12 top dekorierte Zimmer zum Wohlfühlen in einem sehr gepflegten tropischen Garten mit kleinem Pool, spanisches Gourmetrestaurant, komplettes Frühstück inkl. ❻

ESSEN

Amimodo, an der Straße Richtung Manzanillo, neben der Salsa Brava, ✆ 2750-0257. Karibisch-italienische Küche seit bald 20 Jahren in Puerto Viejo. Ein Klassiker sind die hausgemachten Ravioli Tropical, gefüllt mit Langusten, Ananas, Curry und Avocado oder das Hühnchen in Paprika-Papayasoße; mit Meerblick. Gehobene Preisklasse. 🕐 Mo–Do 11–22, Fr–So 12–22.30 Uhr.

Bikini, im Zentrum, direkt neben dem Multicentro, ✆ 2750-2031. Keine Currywurst, sondern würzige, indische und indonesische Currys zaubert die Potsdamerin Sabine hier auf den Tisch. Auch karibische Gerichte und leckere Hamburger. Bei Ticos und Touristen gleichermaßen beliebt. 🕐 tgl. 12–22.30 Uhr.

Bread and Chocolate, C. 215, 50 m von der Hauptstraße, ✆ 2750-0723. Auf einer großen Holzveranda werden hausgemachte Waffeln, Zimt-Pfannkuchen, Bagels, selbst gebackenes Brot, Obstsalate, Müsli und Joghurt serviert; beliebt zum Frühstücken. 🕐 Di–Sa 6.30–18.30, So 6.30–14.30 Uhr.

Café Rico, schräg gegenüber von Cabinas Casa Verde, ✆ 2750-0510. Atmosphäre ist alles in diesem wunderschön gestalteten Frühstückscafé mit Bücherverkauf. Leckere Sandwiches; auch Wäscherei. 🕐 tgl. 8–18 Uhr.

434 SÜDLICHE KARIBIKKÜSTE / TALAMANCA ❙ Puerto Viejo

Gemütliche Restaurants servieren in Puerto Viejo typisch würzige Karibikkost.

Café Viejo, an der Hauptstraße, Ecke C. 215, ✆ 2750-0817. Feines italienisches Restaurant der 3 Brüder Marco (Küche), Mimmo und Mauricio. Die Ravioli mit Langusten sind besonders empfehlenswert. ⊕ Mi–Mo 18–23 Uhr.

De Gustibus Bakery, 50 m hinter dem Amimodo, ✆ 2756-8397. Leckere Süßwaren, herzhaftes Frühstück, Salate und frischer Café. ⊕ tgl. 7–18 Uhr.

Koki Beach Restaurant, an der Straße in Richtung Playa Cocles, ✆ 2750-0902. Schicke Strandbar mit Faultier, die Einrichtung wurde von einheimischen und indianischen Künstlern gestaltet, direkter Meeresblick und sehr leckeres Essen, kräftige Cocktails. ⊕ Di–So 17–23 Uhr.

€ **Lidia's Place**, C. 219a. Eine der günstigsten Sodas im Ort; neben Rice and Beans wird auch leckere Languste in Knoblauchbutter serviert. Auch Frühstück; beliebt bei Einheimischen. ⊕ 9–21 Uhr.

Restaurante Tamara, an der Hauptstraße, kurz vor C. 217, ✆ 2750-0148. Laut unserer Leser das beste „Caribbean Chicken im ganzen Ort", lockere Atmosphäre, Familienbetrieb, seit über 30 Jahren, zentral. ⊕ tgl. 11—22 Uhr

Pan Pay, in Strandnähe, in der Av. 73. Zeitunglesen bei Kaffee und Croissant mit Meeresblick. Viele spanische Spezialitäten, inkl. Serrano-Schinken. Beliebter Frühstückstreff. ⊕ 7–18 Uhr.

Soda Elena Brown, neben Coconut Grove an der Straße in Richtung Cocles, ✆ 2750-0165. Miss Elena nahm den guten Ruf von der Playa Chiquita nach Puerto Viejo mit; guter Red Snapper mit Kokossoße. ⊕ tgl. 11.30–22 Uhr.

Soda Shekina, schräg gegenüber vom Megasuper, C. 213. Typisch karibisch und lecker, nicht ganz billig, aber gut. ⊕ tgl. 7.30–18.30 Uhr.

Stashus con Fusion, neben dem Restaurant Elena Brown, ✆ 2750-0530. Kreative Fusions-Küche, z. B. Tacos, Salate, Tandoori- und Jerk Chicken. ⊕ Do–Di 17–22 Uhr.

UNTERHALTUNG

Nachts verwandeln sich viele zahme Restaurants in Tanzschuppen. Was „in" und „out" ist, ändert sich in Puerto Viejo schnell. Einige Vorschläge:

Live-Reggea und leckere Cocktails gibt es mitunter im **The Lazy Mon**, ℡ 2750-2116, direkt am Strand, ⊕ tgl. ab 12 Uhr, und in der **Mango-Sunset Bar**.
Getanzt wird in der Disco-Bar **Johnny's Place**, im **Hot Rocks** und in der **Bar Maritza**. Aufgelegt werden u. a. Reggae, Salsa, Calypso und Dancehall.

AKTIVITÄTEN UND TOUREN

Botanischer Garten
Finca La Isla Botanical Garden, 500 m nördlich vom Ortseingang von Puerto Viejo und 500 m die Staubstraße hinauf. 4 ha große experimentelle Farm. Besucher können tropische Früchte essen, selbst hergestellte Schokolade probieren, etwas über Heilpflanzen lernen und – Frösche küssen. ⊕ Fr–Mo von 10–16 Uhr, Eintritt $5 p. P., Kinder unter 11 J. zahlen die Hälfte. 2-stündige Tour $10.

Surfen
Caribbean Surfschool and Shop, in der C. 217. Richtung Strand, ℡ 8357-7703, 1 Std. Privat-Surfunterricht für $50 p. P.

Tauchen
Reefrunner, C. 215, fast am Strand, 30 m westl. der Polizei, ℡ 2750-0480, 8796-8898, ⌨ www.reefrunnerdivers.com. Tauchkurse und -touren, ⊕ tgl. 8–18 Uhr.

Touren
ATEC, s. Kasten.
Costa Rica Way Travel, Av. 71, ℡ 2750-3031, 2750-0694, ⌨ www.costaricaway.net. Zentral gelegenes Büro (vom freundlichen von Juan Carlos), in dem man alle Touren der Umgebung zu fairen Preisen erstehen kann, außerdem Flugtickets von Sansa, Ausflugspakete nach Bocas del Toro, Transfers (San José, Flughafen, La Fortuna, Tortuguero, Limón, Bocas, Panama Stadt, San Juan del Sur in Nicaragua etc.)
Gyulatours, ⌨ www.gyulatours.weebly.com, ℡ 8865- 0982 (am besten ab 18 Uhr telefonisch Kontakt aufnehmen). Gyula, ein Deutsch-Ungar führt seit 20 Jahren private Touren mit Herz

Mit ATEC durch Talamanca

Wanderungen in die Indianerreservate (Tagestour ab $70 p. P.), schnorchelnd und zu Fuß Talamancas Naturparks erkunden ($40 p. P.), lernen, wie Schokolade hergestellt wird ($47 p. P.) oder – für die Hartgesottenen – in 6 bis 16 Tagen die Cordillera Talamanca durchqueren (ab $290 p. P. bei 4 Pers., $700 für 1 Pers., Ausrüstung und Verpflegung muss man selbst mitbringen). Bei dem Talamanca Trek erreicht man Höhen von bis zu 2900 m, die 70 km lange Tour ist sehr anstrengend und endet in Uraja de Buenos Aires (S. 374). Möglich macht das die Asociación Talamanqueña de Ecoturismo y Conservación (ATEC). Die Tourgruppen sind klein und die Führer aus der Region. ATEC ist eine Grassroots-Organisation, die 1990 von Einheimischen und Expats gegründet wurde und **Ökotourismusprojekte** in Talamanca leitet. Ausführlichere Infos im ATEC-Büro in Puerto Viejo, ℡ 2750-C398, ⌨ www.ateccr.org.

und Seele, Refugio Gandoca-Manzanillo $50 p. P, ab 1 Pers.
Exploradores Outdoors, neben dem Restaurant Amimodo, ℡ 2750-2020, ⌨ www.exploradcres outdoors.com. Raftingtouren auf dem Río Pacuare, Touren nach Tortuguero und mehr.
Naturkundliche Exkursionen, Informationen in den Cabinas Tropical, ℡ 2750-0283, ⌨ www.cabinastropical.com. Touren geleitet vom deutschen Biologen Rolf Blancke. Eine 6- bis 7-stündige Trekkingtour zum Refugio Gandoca-Manzanillo kostet inkl. Frühstück $69 p. P., eine 3- bis 4-stündige Exkursion in das Privatreservat kostet $25.

SONSTIGES

Apotheke
Farmacia Caribe, im Centro Comercial, ℡ 2750-0698. ⊕ Mo–Sa 8–20 Uhr.

Autovermietung
Adobe, im Büro von Terraventuras, im Ortszentrum, ℡ 2750-0290.

Einkaufen

Supermercado El Diamante, an der Hauptstraße. ⏰ Mo–Sa 9–23, So 10–22 Uhr. Jeden Samstag gibt es bei der „Casa de la Cultura" einen **Wochenmarkt** mit frischen Waren aus der Umgebung, Essständen und Kunsthandwerk. ⏰ Sa 6–12 Uhr.

Fahrrad- und Mopedverleih

Gallo Bikes & Moto und andere Anbieter an der Straße Richtung Manzanillo vermieten Fahrräder ab $5 pro Tag. Gallo hat auch Mopeds ($50 pro 24 Std.). Scooter zum gleichen Preis vermietet **Red Eyes**, ☎ 8860-8588. Bei **Terraventuras** vermietet 0z, ☎ 6067-9668, E-Bikes für $1 pro Std.

Galerie

Lulu Berlu, gegenüber von Cabinas Guanarana. Originelle Lampen, Mosaike, Masken und Taschen aus Gummireifen, hergestellt von der Französin Lulu und anderen. ⏰ tgl. 9–21 Uhr.

Geld

Banco de Costa Rica, ⏰ Mo–Fr 9–16 Uhr. **Banco Nacional**, ⏰ Mo–Fr 8.45–15.45 Uhr. Beide Banken liegen am Ortseingang auf der rechten Seite.

Medizinische Hilfe

Clínica San Gabriel, am Ortseingang, 2. Straße rechts, C. 213, neben dem Megasuper, ☎ 2750-0079 und 8870-8029. Mit **24-Std.-Arzt**, Dr. Francisco Arguedas. **Klinik**, in Hone Creek, 5 km nördl. von Puerto Viejo, ☎ 2756-8024.

Polizei

In Puerto Viejo, ☎ 2750-0344, 2750-0230

Post

Neben der Banco Nacional. ☎ 2750-0404, ⏰ Mo–Fr 8–12 und 13–17.30 Uhr.

Taxi

Private Taxiunternehmer sind unter den Telefonnummern ☎ 2750-2073 und ☎ 2750-0439 erreichbar.

Wäscherei

Lavanderia neben dem Café Doña Eli; Wäscheservice auch im Café Rico (S. 434).

TRANSPORT

Busse

MANZANILLO (via PLAYA CHIQUITA, PUNTA UVA), 8x tgl. 6.45–19.45 Uhr, 30 Min., Bus kommt aus Puerto Limón; PUERTO LIMÓN (via CAHUITA), 5.30–18.30 stdl., 90 Min. mit Mepe ☎ 2750-0023, 2257-8129 und 2758-1572, Bus kommt aus Sixaola; SAN JOSÉ, 5, 7.30, 9, 11, 13 und 16 Uhr, 4 Std., Bus kommt aus Sixaola; Fahrkarten vorher am Mepe-Schalter kaufen; SIXAOLA (via BRIBRÍ), stdl. 6.30–20.15 Uhr, ca. 90 Min. mit Mepe.

Playa Cocles, Playa Chiquita und Punta Uva

Südlich von Puerto Viejo befinden sich die palmengesäumten Traumstrände, die man an der Nordkaribik vergeblich suchte. Eine Küstenstraße führt von Puerto Viejo vorbei am wunderschönen Surfstrand **Playa Cocles** (2 km) und der **Playa Chiquita** (5 km) zur **Punta Uva** (7 km), einem der besten Schwimmstrände auf der Route. An der Strecke liegen zahlreiche ruhige Unterkünfte mittlerer und oberer Preisklasse. Bei Playa Cocles ist auch die Touristenpolizei ansässig. Bei Problemen findet man hier Hilfe.

ÜBERNACHTUNG

Playa Cocles

Caribe Town, ☎ 2750-2034, 🖥 www.caribe town.com. Weitläufige Hotelanlage mit individuellen Bungalows für maximal 7 Pers.; Meerwasser-Pool, sehr beliebt bei feier-freudigen Ticos, Hilfsbereites Spanisch-kanadisches Paar als Gastgeber. Frühstück inkl. Auch 6 komplett eingerichtete Ferienhäuser. ❻ **Cariblue**, ☎ 2750-0035, 🖥 www.cariblue.com. Große, gepflegte Anlage mit 23 palmstroh-

David gegen Goliath – Ökobananen in Talamanca

Der Bus zum Grenzübergang nach Sixaola fährt an den großen Bananenplantagen Talamancas vorbei. Statt Bananen sieht man nur große, blaue Plastiksäcke, die die Stauden wie Kokons umhüllen. Am Straßenrand warnen Schilder vor Agroquímicos (Pestiziden). Abends fliegen kleine gelbe Sportflugzeuge wie Hummeln tief über die Bananenplantagen und sprühen Chemikalien: 44 kg pro Hektar pro Jahr, nur wenige Meter von den Arbeitersiedlungen entfernt.

Bananen sind Talamancas grünes Gold und zugleich sein Verderben. Bereits Ende des 19. Jhs. begann der Eisenbahnmagnat und spätere Gründer der United Fruit Company, Minor Keith (S. 92), an den Eisenbahnschienen Bananen für seine Arbeiter anzubauen und die Früchte in die USA zu exportieren. Seitdem sind die großen transnationalen Bananenkonzerne der größte Arbeitgeber in Talamanca, das zu den ärmsten Regionen Costa Ricas zählt. Beherrscht wird der Markt von den drei Großunternehmen Dole Food Company, Bandeco und der Chiquita-Tochter Cobal. Viele der kleinen costa-ricanischen Farmen, die noch in den 1980er-Jahren Mischanbau betrieben, wurden von den Monokulturen der Multis verdrängt.

Mit den Monokulturen beginnt der Teufelskreis: Kurzfristig gesehen sind sie zwar die wirtschaftlich rentabelste Form der Bodenbewirtschaftung, langfristig entziehen Monokulturen dem Boden jedoch seine Nährstoffe und sind stark anfällig für Pilze und Schädlinge. So musste Mitte der 1980er-Jahre die United Fruit Company aufgrund von Bodenpilzen und Bananenkrankheiten in Golfito (Pazifikküste Costa Ricas) ihre Plantagen aufgeben; der Konzern hinterließ dort eine wirtschaftlich und ökologisch desolate Region.

Um die Gefahr von Seuchen und Bananenkrankheiten einzudämmen und höhere Ernteerträge zu erzielen, werden verstärkt Kunstdünger, Herbizide und Insektizide eingesetzt. Das Gift wird in die blauen Plastiksäcke, die die Stauden umgeben, gespritzt. Für den Export bestimmte Bananen werden zusätzlich nach der Ernte in eine Chemikalienlauge getaucht, um ihren Reifeprozess zu verlangsamen. Rund 283 verschiedene Chemikalien werden laut Foro Emaús, einer Koalition aus Nichtregierungsorganisationen und Gewerkschaften, die sich gegen den Einsatz der Pestizide einsetzt, auf costa-ricanische Bananen gesprüht, darunter auch solche, die zu den Dirty Dozen zählen, also zu jenen zwölf Pestiziden, die aufgrund ihrer hohen Toxizität von der UN auf dem Markt verboten wurden. Der Boden einer Bananenplantage ist nach rund einem Jahrzehnt vergiftet und unbrauchbar. Wieder wird neues Land gerodet, der Teufelskreis beginnt von vorn.

Die Folgen liegen auf der Hand: Erosion, Vergiftung des Bodens, der Flüsse, der Meere und der gesamten Nahrungskette. Am deutlichsten sichtbar sind die Auswirkungen an den absterbenden Korallenriffen vor Cahuita oder an den Pigmentstörungen der Arbeiter. Tausende Arbeitskräfte der

---

gedeckten Holzbungalows mit Veranda und Hängematten und 4 Ocean-Front-Bungalows. Tropischer Garten mit 2 Pools, Frühstück inkl. Vorher reservieren, das Restaurant ist nicht sonderlich zu empfehlen. **❻**

Mi Casa Hostel, el Tesoro, am Strandanfang, von Puerto Viejo kommend, neben dem Restaurant Tasty Waves, ✆ 2750-0128, 🖥 www.micasahostel.com. Freundliches Hostel auf großzügigem Gelände mit 13 Zimmern und 2 Schlafsälen ($10), Kochmöglichkeit. Privatzimmer **❷**

Playa Chiquita

Cabinas Yemanya, das letzte Haus vor dem Hotel Punta Cocles, ✆ 2750-0110, 8320-5594, 🖥 www.cabinasyemanya.com. 4 einfache und rustikale Cabinas mit Veranda, ruhig gelegen und von Dschungel umgeben. Je näher am Meer, desto schöner die Cabina. Bei längerem Aufenthalt Rabatte, Fahrradverleih. **❹**

El Tucán, ca. 3 km südl. von Puerto Viejo, kurz hinter der Brücke über den Río Cocles rechts abbiegen, ✆ 2750-0026, 🖥 www.eltucan

älteren Generation, die in den 1970er-Jahren auf den Feldern hochgiftigen Chemikalien ausgesetzt waren, sind seither unfruchtbar und warten vergeblich auf eine Entschädigung. Zwar haben sich die Schutzmaßnahmen für die Arbeiter heute inzwischen verbessert, doch werden die Sicherheitsbestimmungen mitunter sehr lax gehandhabt. Viele Arbeiter werden nicht über die Gefahren aufgeklärt. Sie leben mietfrei auf den konzerneigenen Fincas am Rande der Plantagen, nehmen dafür täglich das Gift über Haut, Atmungswege und Trinkwasser auf. Laut Foro Emaús leiden über 70 % der costa-ricanischen Plantagenarbeiter an Krebs, Hautausschlägen, Seh- und Atembeschwerden. Auch Bananenkonsumenten in Costa Rica und den Exportländern bleiben von den Gesundheitsschäden nicht verschont. Costa Rica zählt zu den Ländern mit der höchsten Zahl an Magenkrebserkrankungen.

Der Zweck aber heiligt die Mittel. Die Bananenkonzerne, die für Diskriminierung, Minimallöhne, blutige Streikniederschlagungen und tödliche Krankheiten auf ihren Plantagen verantwortlich sind, wurden von Anfang an von der costa-ricanischen Regierung hofiert und mit Steuerbegünstigungen oder preiswertem Landerwerb unterstützt. Schließlich sind Bananen für Costa Rica – nach dem Tourismus – einer der größte Devisenbringer im Land.

Auf der anderen Seite machen sich Nichtregierungsorganisationen, engagierte Umweltschützer, kirchliche Vereine und Menschenrechtsgruppen wie die Corporación Educativa para el Desarrollo Costarricense (CEDECO), 🖳 www.cedeco.or.cr, das Movimiento de Agrocultura Orgánica Costarricense (MAOCO), ✆ 2236-1695, 🖳 www.maoco.cr, oder das Organisationsnetzwerk Foro Emaús für ökologische Landwirtschaft und bessere Arbeitsbedingungen auf den Plantagen stark und klären die einheimische Bevölkerung über die Gefahren auf. Dank ihrer Arbeit findet langsam ein Umdenken in der costa-ricanischen Agrarpolitik statt. So wurde im Juni 2007 das *Ley para el desarrollo, promoción y fomento de la actividad agropecuaria orgánica* (Gesetz zur Entwicklung und Förderung ökologischer Landwirtschaft) verabschiedet, das auch kleinen und mittelständischen Ökobetrieben staatliche Förderung und Schutz zusichert. Dazu zählen auch Ernteversicherungen und vergünstigte Kredite.

Für Talamancas Ökobauern ist dieses Gesetz ein Ansporn weiterzumachen und mit traditionellen Mischanbaumethoden und ohne Chemikalieneinsatz gegen den giftenden Goliath weiter zu bestehen. Ihre Öko-Banane „Gros Michel" ist kleiner als die konventionelle „Gran Cavendish" und zeigt den einen oder anderen braunen Fleck, dafür ist sie süßer im Geschmack und giftfrei!

Informationen zum Verkauf von fair gehandelten Bio-Bananen in Deutschland bietet 🖳 www. banafair.de.

junglelodge.com. Nach 800 m Schotterpiste von der Hauptstraße erreicht man diese 4 schlichten Holzbungalows mitten im Dschungel mit Veranda, Warmwasser und Flussblick. Nette deutsche Besitzer Irene und Wolfgang. Ideal für Naturliebhaber mit viel Wildlife; Fahrradvermietung $6. Frühstück $8. ❸

Shawandha Lodge, ✆ 2750-0018, 🖳 www.shawandha.com. Stilvoller Luxus, eingebettet in die Natur: 14 palmenbedeckte, schlichte Holzhäuser für max.

4 Pers. mit balinesischem Dekor und exquisiten Mosaikbädern. Gutes Restaurant, Pool, 3 Min. zum Strand. Frühstück inkl. ❻

Punta Uva

Cabinas Punta Uva, ✆ 2759-9180, 🖳 www. cabinaspuntauva.com. 3 idyllisch gelegene Holz-Cabinas mit Privatbad und großen Veranden von dem freundlichen Sr. Domingo vermietet. Unmittelbar am Strand, von Wald umgeben, etwas renovierungsbedürftig, aber tolle Lage. ❸

SÜDLICHE KARIBIKKÜSTE / TALAMANCA I Playa Cocles, Playa Chiquita und Punta Uva

Cabinas Blanca & Selvin's, an der Einfahrt zur Punta Uva, ☎ 2750-0664, 🖥 www.selvin puntauva.com. Einfache kleine Holz-Cabinas mit Moskitonetzen und Gemeinschaftsküchen (zum Teil Privatküche). Gutes Restaurant. ❷–❸

Pachamama, 750 m von der Einfahrt zur Punta Uva, ☎ 2759-9196, 🖥 www.pachamama puertoviejo.com. Private Cabinas, alle mit Kühlschrank, teilweise mit Küche, für max. 6 Pers. Französische Leitung. Zum Strand müssen Gäste die Straße überqueren. Schnorchelausrüstung, Bodyboards, Fahrräder und Frühstück inkl. ❻

ESSEN

Playa Cocles

Noa, direkt am Strand, gegenüber dem Eingang zum Hotel Le Caméléon, ☎ 2750-3096. Zum Hotel gehörendes Strandrestaurant, das auch für Nicht-Gäste geöffnet ist. Saubere sanitäre Anlagen mit Duschen, Hängematten und Strandstühlen sowie ein anständiges Restaurant mit Cocktailbar – sehr gut geeignet für einen entspannten Strandtag. Es ist kein Minimumverzehr vorgeschrieben, aber fairerweise sollte man hier schon etwas bestellen. ⏱ tgl. 9–18 Uhr.

Que Quilombo, an der Hauptstraße. Gutes Grillrestaurant; Grillgerichte und mehr. ⏱ Mo–Sa 17.30–22.30 Uhr.

Tasty Waves Cantina, an der Hauptstraße am Strandanfang. Surfer-Tex-Mex-Restaurant, in dem man sehr große Portionen serviert bekommt. Gut besucht von den Leuten aus der Umgebung, oft Party, manchmal Livemusik ⏱ tgl. 11 Uhr–open End.

Punta Uva

Blanca & Selvin's, an der Einfahrt zum Strand, Fisch, Meeresfrüchte und karibische Küche. Mittlere Preisklasse. Guter Rondón. ⏱ tgl. 8–29 Uhr.

El Refugio, an der Hauptstraße. Argentinische Küche, natürlich mit jeder Menge Rindfleisch, aber auch frische Thunfisch-Gerichte. ⏱ tgl. 19–20.30 Uhr.

SONSTIGES

Tribal Market, Playa Chiquita. ⏱ Di–Sa 10–18 Uhr.
Der **Mini-Supermarkt** El Duende Gourmet, Playa Chiquita, an der Hauptstraße auf der rechten Seite, bietet importierte Produkte.

TRANSPORT

Die Busse von/nach MANZANILLO bzw. PUERTO LIMON halten auf Wunsch auch an den Stränden.

Manzanillo

Hier endet die Straße entlang der Karibikküste Richtung Süden! Manzanillo ist das Eingangstor zum **Refugio Nacional de Vida Silvestre Gandoca-Manzanillo** mit hervorragenden Schnorchel- und Tauchmöglichkeiten. Der Ort Manzanillo hat touristisch nicht viel zu bieten – der Strand ist traumhaft schön und sehr naturbelassen, dadurch wirkt er auf den ersten Blick ein wenig schmutzig. An den Wochenenden drängen sich hier die Einheimischen, unter der Woche hat man dagegen seine Ruhe und kann friedlich eine frische Kokosnuss im Schatten der Palmen genießen.

ÜBERNACHTUNG

Cabinas Manzanillo, am Ortseingang rechts, ☎ 2759-9033, 8327-3291, 🖂 sandracast58@ hotmail.com. 8 farbenfrohe, saubere Zimmer mit großen Duschen und Terrasse, gut ausgestattete Gemeinschaftsküche. Zimmer im Erdgeschoss kühler. Fahrradverleih ($10 p. P. und Tag), nette und kompetente Leitung, EZ $30. ❸

Cabinas Yamann, in der Miss Edith Street, ☎ 2759-9121 🖥 www.cabinas yamann.com. 3 blitzsaubere Holz-Cabinas für bis zu 4 Pers. mit kleinem Pool, Gemeinschaftsküche, Warmwasser, Ventilator und Kühlschrank. Fahrräder und Wäscheservice inkl., unter deutsch-schweizerische Leitung von Tanja und Daniel. Jede weitere Pers. über 10 J. zahlt $10. ❹

440 SÜDLICHE KARIBIKKÜSTE / TALAMANCA I Playa Cocles, Playa Chiquita und Punta Uva

Casa del Mar, direkt am Strand, hinter dem Maxi's, ☎ 5017-8099, 🖥 www.casadelmar manzanillo.com. Zwei komplett ausgestattete Ferienhäuser mit Küche und Grill, Balkon mit Hängematte zum Strand, Mindestaufenthalt 3 Tage, während der Hochsaison 5 Tage. ❹

Congo Bongo Lodge, kurz vor dem Ort, direkt am Strand gelegen, ☎ 2759-9016, 🖥 www.congo-bongo.com. 7 verschiedene, traumhaft schöne, in die Natur eingepasste, freistehende Holzhäuser mit kompletter Küche und Terrasse mit Hängematte für 2–6 Pers. liegen auf einem 6 ha großen Urwaldgrundstück verteilt. Direkter Zugang zum nur wenige hundert Meter entfernten, traumhaften Playa Manzanillo, der in diesem Bereich praktisch ein Privatstrand ist, Daan aus Holland lebt mit seiner Familie vor Ort und kümmert sich persönlich um seine Gäste. Wäscheservice inkl. ❻

ESSEN

Soda Wucho, an der Straße am Strand. Casados, Pasta und frischer Fisch – direkt vom Fischer! ⏰ tgl. 7–19 Uhr.
Maxis Restaurant & Soda, am Strand. Das Original! Seitdem Maxis Sohn Ricky in Santa Ana eine Filiale eröffnet hat (S. 130), wird hier nicht mehr ganz so gut gearbeitet. Frischer Fisch und Meeresfrüchte, Meerblick. ⏰ tgl. 12–21.30, Soda 7–20 Uhr.

AKTIVITÄTEN UND TOUREN

Touren
Bucus Tours, Manzanillo, ☎ 8932-0030, 🖥 www.costa-rica-manzanillo.com. Der in Manzanillo aufgewachsene Omar bietet Regenwaldtouren im Refugio Nacional de Vida Silvestre Gandoca-Manzanillo an (\$35 p. P., 4 Std.), außerdem Angel-, Kajak- und Delfintouren.
Weitere Touranbieter in Puerto Viejo (S. 436).

Wassersport
Bad Barts Tours, Miss Edith Street, ☎ 2750-3091 und 8650 2860, 🖥 www.badbartsmanza nillo.com. Verleih von Kajaks (\$6 pro Std./

Kajak, \$10 pro Std./Doppelkajak), Fahrrädern (\$10 pro Tag) und Schnorchelausrüstungen (\$4 p. P. und Std.). Auch Tauch- und Kajaktouren sowie Touren in den Nationalpark. ⏰ 7–18 Uhr.

SONSTIGES

Fahrradverleih
Bei **Bad Barts** (s. „Touren"), \$10 pro Tag.

Supermarkt
Supermercado Carnes Luca, am Ortseingang von Manzanillo. ⏰ tgl. 6–20.30 Uhr.

TRANSPORT

Busse fahren nach:
PUERTO LIMÓN (via PLAYA CHIQUITA, PUNTA UVA, PUERTO VIEJO, CAHUITA), 8x tgl., 5–18 Uhr, So 7x, 2 Std.;
SAN JOSÉ (via PUERTO VIEJO, CAHUITA), um 7 Uhr, 5 Std.

15 HIGHLIGHT

Refugio Nacional de Vida Silvestre Gandoca-Manzanillo

- **MINAE-Büro**: 500 m vor Manzanillo, ☎ 2759-9100
- **Öffnungszeiten**: 8–16 Uhr
- **Eintritt**: Gratis
- **Gründungsjahr**: 1985
- **Größe**: 5000 ha Landesfläche, 4380 ha Meeresfläche
- **Unterkunft**: Camping in Manzanillo oder Gandoca
- **Transport:** Der **Sektor Manzanillo** umgibt die Ortschaft Manzanillo und lässt sich daher zu Fuß erreichen. Der südlicher gelegene **Sektor Gandoca**, schon an der Grenze nach Panama, ist entweder zu Fuß vom Parkeingang in Manzanillo zu erreichen oder mit dem Auto (nur mit Vierradantrieb) über Punta Uva bzw. Sixaola.

KARIBIKKÜSTE

Auf nach Panama

Grenzübergang **Costa Rica**, ☎ 2754-2044; Grenzübergang **Panama**, ☎ 00507-759-7019, ⏲ tgl. 7–17 Uhr (Costa-Rica-Zeit), 8–18 Uhr (Panama-Zeit – Panama ist Costa Rica um eine Stunde voraus). Der Grenzübergang in **Sixaola** wird hauptsächlich von Urlaubern genutzt, die vorhaben, einige Tage auf dem Inselarchipel Bocas del Toro zu verbringen. Außerdem fährt tgl. ein Nachtbus von Changuinola (s. u.) nach Panama City. Die Ausreiseformalitäten sind in **Sixaola** schnell und unkompliziert erledigt, man zahlt in der Apotheke oder im 50 m weiter gelegenen Restaurant $8 Ausreisesteuer pro Pers. Ein Weiter- bzw. Rückreiseticket wird meist auch verlangt. Wer keines hat, kann sich für $15 ein Busticket kaufen. Vom Grenzort Guabito fahren alle 30 Min. Busse ins 16 km entfernte Changuinola (rund 30 Min.). Von Changuinola fahren Busse nach Panama City und nach Almirante (ungefähr 45 Min.), der Anlegestelle für die Wassertaxis nach Bocas del Toro ($4, etwa 30 Min.). Private Sammeltaxis bieten für $10 p. P. direkten Transport vom Grenzübergang in Guabito zum Bootsableger in Almirante an. Ein normales Taxi nimmt für die gleiche Strecke ca. $25 pro Fahrt (egal, wie viele Fahrgäste!). Wer noch am gleichen Tag die Insel erreichen will, sollte früh aufbrechen.

Einige Touranbieter in Puerto Viejo organisieren die komplette Reise nach Bocas del Toro, inkl. Grenzformalitäten und Bootstransfer. Das private Unternehmen **Caribe Shuttle**, ☎ 2750-0626, 🖥 www.caribeshuttle.com, verlangt für die Strecke $32 p. P. (einfache Fahrt), Abholung im Hotel zwischen 6.15 und 7.30 Uhr, manchmal auch am Nachmittag.

Das Refugio Gandoca-Manzanillo liegt am äußersten Südost-Zipfel Costa Ricas und wird im Norden vom Atlantik, im Osten vom Grenzfluss Río Sixaola und im Süden von den Talamanca-Bergen eingegrenzt. An der Küste wechseln sich schroffe, felsige Abschnitte mit paradiesischen Palmenstränden und kleinen Korallenriffen ab. Die Frischwasserlagune **Laguna Gandoca**, in die bei Flut auch Meereswasser dringt, ist ein Biotop für seltene Flora und Fauna. Hier lebt die einzige Population der Mangrovenauster in Costa Rica. Außerdem halten sich in ihr Tarpune, Delfine und – äußerst selten – die vom Aussterben bedrohte Seekuh auf. An der Flussmündung des Río Gandoca wächst der größte Bestand der Roten Mangrove im Land.

Die benachbarte **Playa Gandoca** ist der Nistplatz von vier verschiedenen Arten von Meeresschildkröten. ANAI führt hier – wie auch im Nationalpark Cahuita – Strandpatrouillen durch (s. Kasten S. 430).

Das Schutzgebiet ist von zwei Seiten zugänglich. Über Manzanillo führt ein oft aufgeweichter Weg vorbei am Rundfunkturm, durch eine Lagune und über weiße Traumstrände hinein ins Parkinnere bis zur **Punta Mona** und von hier weiter nach Gandoca. Von hier blickt man ins benachbarte Panama (5,5 km). Schwimmen ist möglich. Ein weiterer Pfad verbindet Manzanillo mit dem weniger besuchten Gandoca-Sektor.

Von Puerto Viejo nach Sixaola / Grenzübergang Panama

10 km südwestlich von Puerto Viejo liegt der kleine Ort **Bribrí**, ein Zentrum der umliegenden Indianerreservate. Touren in die Reservate werden von allen Reisebüros und Hotels in Puerto Viejo angeboten. Ein gerne besuchtes Reservat ist **Yorkin**, ✆ 2200-5211, 🖵 www.aventuras-yorkin.co.cr, in Corriente Grande. Anreise über BriBri und Bambú, ab dort mit dem Boot.

Vorbei an endlosen Bananenplantagen führt die Straße nach **Sixaola**, einem kleinen, trostlosen Grenzort, der nicht zum Bleiben einlädt.

Die Grenzüberschreitung erfolgt über eine recht neue Behelfsbrücke über den 146 km langen Río Sixaola, der am Cerro Chirripó (Costa Ricas höchstem Berg) entspringt und in den Atlantik mündet.

Während sich der panamaische Grenzort **Guabito** mit einem hohen Damm umgibt, ist Sixaola nach wie vor schutzlos den Launen des Flusses ausgesetzt und gerät immer wieder nach heftigen Regenfällen wegen schlimmer Überflutungen in die Schlagzeilen.

TRANSPORT

Busse fahren nach:
PUERTO LIMÓN (via BRIBRÍ, PUERTO VIEJO, CAHUITA), 5.30–19 Uhr stdl., 3 Std., nicht alle Busse fahren über Puerto Viejo, mit Mepe, ✆ 2758-1572;
SAN JOSÉ (via BRIBRÍ, PUERTO VIEJO, CAHUITA), 5x tgl. um 4, 6, 8, 10, 15 Uhr; mit Mepe.

Anhang

Sprachführer	444
Glossar	454
Reisemedizin zum Nachschlagen	455
Index	459
Bildnachweis	477
Mitarbeiter dieser Auflage	478
Danksagung	478
Impressum	479
Kartenverzeichnis	480

Sprachführer

Die **Amtssprache** in Costa Rica ist Spanisch. Vereinzelt werden in den sehr abgelegenen Indianerreservaten noch die jeweiligen Stammessprachen der Guaymí-, Bribrí- und Cabécar-Indianer gesprochen.

In den Haupttouristenzentren Costa Ricas kann man sich heute weitgehend mit Englisch durchschlagen. In ländlicheren Regionen erleichtern Grundkenntnisse der spanischen Sprache den Reisealltag und den zwischenmenschlichen Umgang.

Aussprache

Die Aussprache der Vokale entspricht dem Deutschen.

c	vor **e**, **i** mit stimmlosen „s" wie in Bus: *centro, cinco*. Vor **a, o, u** wie „K" in Kind: *cola, casa*.
ch	stimmlos wie in Qua**tsch**: *cheque*.
g	vor **a, o, u**, wie deutsches „G" in Gans: *ganso, golpe, gusano*. Vor **e, i** wie deutsches „ch" in Fach: *genio, gigante*.
gu	wie „g", vor **a** wird das **u** ausgesprochen: *guardia*.
h	ist immer stumm.
j	wie „ch" in Fach: *junta, Japón*.
ll	Einheitslaut von „l" und „j" wie in Familie: *llamada, pollo*.
n	am Wortende wie „ng" in Hang: *solución, revolución*.
ñ	wird „nj" gesprochen wie im französischen Champa**gn**er: *campaña, mañana*.
qu	vor den Vokalen **e** und **i** wird **qu** wie in **K**eil (ohne „u") ausgesprochen: *quema, quien*. Ansonsten wie im Deutschen.
r	gerolltes Zungenspitzen-r: *carril, tigre, tragar*.
s	besonders zwischen den Vokalen scharf wie in „besser": *grasa*. Weiche Aussprache vor den Konsonanten **b, d, g, l, m, n, r** und **v**: *asma, ósmosis*.
ü	wird nach **g** wie u ausgesprochen: *cigüeña*.
v	wie ein schwaches „b": *vaya, venado*.
x	vor Vokalen meist wie „gs": *exacto*. Vor Konsonanten meist wie scharfes „s": *experto*.
y	am Wortende wie „i": hay. Sonst wie „j": *coyote*.
z	stimmloses „s" wie „ß": *plaza*.

Betonung

- Im Spanischen wird die vorletzte Silbe betont, wenn das Wort auf einen **Vokal**, **n** oder **s** endet: *vaso, farmacia, joven*.
- Alle anderen mehrsilbigen Wörter werden auf der letzten Silbe betont: *cantar, hotel*.
- Ein Akzent kennzeichnet die Ausnahmen der beiden o. g. Regeln: *día, revolución*.
- Zur Unterscheidung von gleichen Wörtern werden einige Wörter mit Akzent geschrieben: *está* (er, sie ist) – *esta* (diese), *sí* (ja) – *si* (wenn), *tú* (Du) – *tu* (Dein).
- Fragewörter schreibt man mit Akzent: *quíen? cuándo? cómo?*

444 SPRACHFÜHRER

www.stefan-loose.de/costa-rica

Satzzeichen

Frage- und Ausrufesätze werden im Spanischen mit einem umgekehrten Frage- bzw. Ausrufezeichen begonnen: *¿Donde estás?*

Rechtschreibung

Im Spanischen werden grundsätzlich alle Wörter klein geschrieben. Ausnahmen: Der Satzanfang, Eigennamen und Titel, Namen von öffentlichen Gebäuden, Plätzen, Bezeichnungen für Gott und verwandte Begriffe sowie Haupt- und Eigenschaftswörter in Überschriften und Buchtiteln.

Besonderheiten

Das in Spanien gebräuchliche *tú* für die zweite Person Singular wird in Costa Rica gar nicht verwendet. Zwischen gleichaltrigen Freunden benutzt man stattdessen das archaische *vos*. Beispiel: *¿Como estas? Bien. ¿Y vos?*

Costa Ricaner legen sehr viel Wert auf Formalitäten und Höflichkeitsfloskeln. Sehr gebräuchlich, selbst unter Gleichaltrigen und Bekannten, ist die *Usted*-Form (3. Person Singular, Höflichkeitsform „Sie").
Beispiel: *¿Como está usted? Bien. ¿Y usted?*

Kulinarisches Wörterbuch

Allgemeines

almuerzo	Mittagessen
bodega	Weingut
carnicería	Fleischerei

cevichería	Fisch- und Meeresfrüchterestaurant
cena	Abendessen
chichería	einfache Kneipe
comedor	einfaches Esslokal, meist ohne Speisekarte
comida	Essen
desayuno	Frühstück
entrada	Vorspeise
menú	Speisekarte
mesero	Bedienung, Ober
panadería	Bäckerei
plato fuerte	Hauptgericht
postre	Nachtisch
queso	Käse
queque	Kuchen
quinta	familiäres Gasthaus, meist nur tagsüber geöffnet
soda	einfaches, günstiges Esslokal
trigo	Weizen
verduras	Gemüse

Eiergerichte

huevos	Eier
huevos con jamón	Eier mit Schinken
huevos con tocino	Eier mit Frühstücksspeck
huevos de codorniz	Wachteleier

Tiquismos (costa-ricanische Redewendungen und Slangwörter)

Adiós	Hallo/Tschüss
Como ameneció?	Haben Sie gut geschlafen?
tico	Costa Ricaner
Por dicha!	Zum Glück!
Con mucho gusto	Mit größtem Vergnügen
Que le vaya bien	Machen Sie's gut
pura vida	super/cool/alles klar
maje (ausgesprochen wie der Monat „Mai")	Mann!/Ey!
Para servirle (das spanische *de nada*)	Gern geschehen

www.stefan-loose.de/costa-rica

SPRACHFÜHRER **445**

ANHANG

huevos duros	*hart gekochte Eier*
huevos fritos / estrellados	*Spiegeleier*
huevos revueltos	*Rührei*
huevo tibio	*weiches Ei*
tortilla de huevo	*Omelett*

Fisch / Meeresfrüchte

almejas	*Muscheln*
anchoas	*Sardellen*
anguila	*Aal*
atún	*Thunfisch (in der Dose)*
bacalao	*Dorsch*
bonito	*Thunfisch*
calamares	*Tintenfisch*
camarones	*Garnelen*
camarones del río	*Flussgarnelen*
cangrejo	*Krebs*
concha	*Venusmuschel*
ceviche	*roher, marinierter Fisch*
corvina	*Seebarsch*
gambas	*Krabben*
langosta	*Languste*
mariscos	*Meeresfrüchte*
mejillones	*Miesmuscheln*
ostra	*Auster*
pariguela	*Fischsuppe*
pescado	*Fisch*
pulpo	*Tintenfisch*
róbalo	*Wolfsbarsch*
salmón	*Lachs*
tiburón	*Haifisch*
trucha	*Forelle*

Fleischgerichte

adobo	*geschmorter Schweinebraten*
albóndiga	*Fleischkloß*
anticuchos	*Fleischspieße vom Grill*
asado	*Braten, gebraten*

bistec	*Beefsteak*
cabra	*Ziege*
carne	*Fleisch*
carne de res	*Rindfleisch*
carne molida, picada	*Hackfleisch*
carne seca	*Dörrfleisch*
cerdo, chancho	*Schwein*
chicharrón	*gebratene Fleischstücke*
chuleta	*Kassler*
conejo	*Kaninchen*
cordero	*Lammfleisch*
costilla	*(Schweine)-Rippchen*
ganso	*Gans*
guisado	*Eintopf*
higado	*Leber*
jamón	*Schinken*
lechón	*Spanferkel*
lengua	*Zunge*
lomo, lomito	*Steak*
lomo milanesa	*Schnitzel*
lomo saltado	*Geschnetzeltes*
muslo	*Keule*
parrillada	*gemischter Grillteller*
pato	*Ente*
pavo	*Truthahn*
pechuga de pollo	*Hähnchenbrust*
pichón	*Taube*
pollo	*Hähnchen*
pollo a la brasa	*Grillhähnchen*
res	*Rindfleisch*
riñon	*Niere*
salchicha	*Würstchen*
ternera	*Kalb*

Gemüse

aceituna	*Olive*
aguacate	*Avocado*
apio	*Sellerie*
arveja	*Erbse*
betarraga	*Rote Bete*

camote	Süßkartoffel
cebada	Gerste
cebolla	Zwiebel
chile pimiento	süße Paprika
choclo	gekochter Maiskolben
coliflor	Blumenkohl
cebolla	Zwiebel
col / repollo	Kohl
col de Bruselas	Rosenkohl
ensalada	Salat
frijoles	schwarze Bohnen
garbanzo	Kichererbse
guisantes	Erbsen
hongos	Pilze
judías	Bohnen
lechuga	Kopfsalat
lentejas	Linsen
maíz	Mais
palmito	Palmenherz
papa	Kartoffel
papas fritas	Pommes frites
pepino	Gurke
plátano	Koch- oder Mehlbanane
quinoa	Getreidehirse
rábano	Radieschen
repollo	Weißkohl
tomate	Tomate
trigo	Getreide
yuca	Maniok
zanahoria	Möhre

Getränke

agua	Wasser
agua de pipa	Saft aus der jungen Kokosnuss
agua mineral (con gas)	Mineralwasser (mit Kohlensäure)
batida	Milchshake mit Frucht
café con leche	Milchkaffee
café negro	schwarzer Kaffee
cerveza (del barril)	Bier (vom Fass)
chicha	lokal gebrauter Alkohol aus vergärten Mais
chocolate caliente	heißer Kakao (meist mit Wasser zubereitet)
cuba Libre	Coca Cola mit Schuss
fresco	mit Wasser verdünnter Fruchtsaft
gaseosa	Softdrink (Coca Cola, Pepsi etc.)
guaro	costa-ricanischer Rum aus Zuckerrohr
hielo	Eis(würfel)
jugo	Fruchtsaft
leche	Milch
refresco	dünnes Erfrischungs-getränk aus kaltem Fruchttee oder -sirup
ron	Rum
té	Tee
vino (tinto, blanco)	Wein (rot, weiß)

Gewürze, Kräuter, Essig, Öl

aceite	Öl
ajo	Knoblauch
albahaca	Basilikum
canela	Zimt
chilero	großes Glasgefäß mit eingelegten Chilischo-ten, Gurken, Knoblauch und Zwiebeln
cilantro	Koriander
hierbabuena	Pefferminz
manzanilla	Kamille
perejil	Petersilie
pimienta	Pfeffer
pimienta española	Paprikagewürz
pimienta gorda	Nelkenpfeffer
sal	Salz
vinagre	Essig

ANHANG

SPRACHFÜHRER **447**

Nachtisch / Süßigkeiten

arroz con leche	Milchreis
azúcar	Zucker
chicle	Kaugummi
churros	frittierte Teigstangen
ensalada de frutas	Obstsalat
flan	Pudding
harina	Mehl
helado	Speiseeis
galletas	Kekse
mermelada	Marmelade
miel	Honig
natilla	Süßrahm
pan (integral)	(Vollkorn-)Brot
panqueque	Pfannkuchen
pastel	Kuchen
torta	Torte

Obst

anona	Annone / Zimtapfel
banano, plátano	Banane
cacao	Kakao
carambola	Sternfrucht
cereza	Kirsche
coco	Kokosnuss
durazno	Pfirsich
frambuesa	Himbeere
fresa	Erdbeere
granadilla	Passionsfrucht
guanabana	Riesen-Annone
guayaba	Guave
higo	Feige
limón	Limette
macadamia	Macadamia-Nuss
maracuya	Passionsfrucht
mango	Mango
manzana	Apfel
melón	Honigmelone
membrillo	Quitte

mora	Brombeere
naranja	Orange
níspero	Mispelfrucht
pan de arbol	Brotfrucht
papaya	Papaya
pera	Birne
piña	Ananas
plátano	Banane
sandia	Wassermelone
tamarindo	Tamarinde
toronja	Grapefruit
tuna	Kaktusfrucht
uva	Weintraube

Spezialitäten

arroz	Reis
... con pollo	... mit Huhn
... con carne	... mit Fleisch
... con pescado	... mit Fisch
... con mariscos	... mit Meeresfrüchten
... con camarones	... mit Garnelen
casado	Huhn, Fisch oder Fleisch mit Reis, Bohnen, gebratenen Kochbananen und Salat als Beilage
cebiche / ceviche	roher Fisch, Garnelen oder Muscheln in einer Limonen-Zwiebel-Marinade
empanadas	gefüllte Teigtaschen (süß oder pikant)
gallo pinto	Costa Ricas Nationalfrühstück: gebratener Reis, schwarze Bohnen und Spiegel- oder Rührei; als Beilage Maistortillas und Sauerrahm
miel de chevirre	Konfitüre aus der kürbisähnlichen Chivirre-Frucht
olla de carne	Fleischeintopf
pejiballe	nussige Palmenherzen, in Salzwasser gekocht

rosquillas	*Maisgebäck*
sopa negra	*Bohnensuppe*
tamales	*in Bananenblätter gehüllte Maistaschen, gefüllt mit Käse oder Fleisch*
tres leches	*Kuchen in Sahne, Milch und Kondensmilch*

Spezialitäten an der Karibikküste

pan bon	*Früchtebrot*
pan de coco	*Kokosbrot*
patacones	*knusprig gebratene Kochbananenchips*
rice and beans	*gallo pinto mit Kokosnuss*
rundown	*Gemüse- und Fleisch-eintopf in Kokosmilch*

Suppen

caldo	*(Rind-)Fleischbrühe*
caldo de carne	*klare Fleischbrühe*
caldo de gallina	*Hühnerbrühe mit Nudeln*
consomé	*Hühnerbrühe*
cremas	*Tütensuppen*
pariguela	*Fischsuppe*
sancocho	*Fleischeintopf*
sopa	*Suppe*
sopa de arroz	*Reissuppe*
sopa de fideos	*Nudelsuppe*
sopa de lentejas	*Linsensuppe*
sopa de tomate	*Tomatensuppe*
sopa de verduras	*Gemüsesuppe*

Zubereitung

al ajillo	*in Knoblauch gebraten*
al horno	*gebacken*
a la parrilla	*gegrillt (auf dem Grill)*
a la plancha	*gegrillt (auf der Grillplatte)*
asado, frito	*gebraten*
bien cocido	*Fleisch: gut durch*

cocido	*gekocht*
crudo	*roh*
empanizado	*paniert*
picante	*scharf*
rico, sabroso	*lecker, schmackhaft*
salado	*versalzen*
termino medio	*Fleisch: medium*

Sprachführer Spanisch

Das Allerwichtigste

sí, no	*ja, nein*
por favor, gracias	*bitte, danke*
Perdón.	*Verzeihung.*
Disculpe.	*Entschuldigen Sie bitte!*
Con permiso!	*Darf ich?*
Lo siento.	*Tut mir leid.*
Bienvenidos.	*Willkommen.*
Hola.	*Hallo.*
Buenos días.	*Guten Tag (bis mittags).*
Buenas tardes.	*Guten Tag (bis zur Dunkelheit).*
Buenas noches.	*Guten Abend.*
¿Que tal? / ¿Como está?	*Wie geht's?*
bien, muy bien	*gut, sehr gut*
regular, mal	*mäßig, schlecht*
Hasta luego.	*Bis später.*
Hasta mañana.	*Bis morgen.*
Adiós.	*Auf Wiedersehen.*
con, sin	*mit, ohne*
donde, cuando	*wo, wann*
hay	*es gibt*
Me llamo …	*Ich heiße …*
No hablo español.	*Ich spreche kein Spanisch.*
Soy alemán(a).	*Ich bin Deutscher, Deutsche.*
… austriaco/a	*… Österreicher/in*
… suizo/a	*… Schweizer/in*

www.stefan-loose.de/costa-rica

SPRACHFÜHRER **449**

Orientierung und Transport

¿Donde está la terminal de buses?	Wo ist der Busbahnhof?
¿A que distancia se encuentra el hotel?	In welcher Entfernung befindet sich das Hotel?
¿Cuánto tarda hasta el mercado?	Wie weit ist es bis zum Markt?
a la izquierda, a la derecha, recto	Links, rechts, geradeaus
El restaurante está a dos cuadras de aquí.	Das Restaurant befindet sich zwei (Straßen-) Blocks von hier.
Está lejos, cerca.	Es ist weit, nah.
a la vuelta, atrás	um die Ecke, zurück
aquí, allí	hier, dort
parada	Haltestelle
Quiero bajar.	Ich möchte aussteigen.
centro	Stadtzentrum
piso	Stockwerk
edificio	Gebäude
sótano	Keller
semáforo	Ampel
cruce	Kreuzung
abierto, cerrado	geöffnet, geschlossen
calle	Straße
avenida	(Pracht-)straße, Allee

Im Hotel

¿Hay cuartos, tiene habitaciónes?	Haben Sie ein Zimmer frei?
… con cama sencilla	… mit Einzelbett
… con dos camas	… mit zwei Betten
… con una cama matrimonial	… mit einem breiten Bett für zwei Personen
… con baño privado, común	… mit Privatbad, Gemeinschaftsbad
todo ocupado, todo lleno	alles belegt, alles voll
Sí, hay espacio.	Ja, es gibt noch Platz.
… para una noche	… für eine Nacht
¿Cuanto cuesta la noche?	Wie teuer ist die Übernachtung?
¿Puedo ver el cuarto?	Kann ich das Zimmer sehen?
¿Me podría enseñar otra habitación?	Könnten Sie mir ein anderes Zimmer zeigen?
No arreglaron el cuarto.	Das Zimmer ist nicht gereinigt worden.
El inodoro, la ducha no funciona.	Die Toilette, die Dusche funktioniert nicht.
No hay agua caliente.	Es gibt kein heißes Wasser.
Déme otro poncho (chamarra), por favor.	Geben Sie mir bitte noch eine Decke.

Im Restaurant

La carta, por favor.	Die Karte, bitte.
¿Hay un menu del día?	Gibt es ein Tagesgericht?
Una mesa para cuatro personas, por favor.	Einen Tisch für vier Personen, bitte.
Quiero tomar una cerveza.	Ich möchte ein Bier trinken.
No como carne.	Ich esse kein Fleisch.
Una orden de arroz solamente, por favor.	Nur eine Portion Reis, bitte.
Otro jugo de piña sin hielo, por favor.	Noch einen Ananassaft ohne Eis, bitte.
¿Donde está el baño, por favor?	Wo ist die Toilette, bitte?
Se acabó el papel higiénico.	Es gibt kein Toilettenpapier.
No hay jabón.	Es gibt keine Seife.
¿Solamente, es todo?	Ist das alles?
¿Hay postre?	Gibt es Nachtisch?
Salud!	Prost!
Buen provecho!	Guten Appetit!
La cuenta, por favor.	Die Rechnung bitte.
servicio incluido	Trinkgeld inbegriffen
cuchillo	Messer
tenedor	Gabel
cuchara	Löffel

Beim Einkaufen

comprar, vender	*kaufen, verkaufen*
barato, caro	*billig, teuer*
Cuanto vale … ?	*Wie viel kostet … ?*
Es demasiado caro.	*Das ist zu teuer.*
hecho a mano	*handgemacht*
rebaja	*Preisnachlass*
calidad	*Qualität*
cantidad	*Menge*
¿Puedo probar esta camisa?	*Kann ich dieses Hemd anprobieren?*
cambiar	*tauschen, wechseln*

Polizei, Bank, Post, Telefon und Behörden

Me asaltaron.	*Man hat mich überfallen.*
Me han robado mi dinero y mi equipaje.	*Man hat mir mein Geld und mein Gepäck gestohlen.*
Perdí mi pasaporte.	*Ich habe meinen Reisepass verloren.*
Necesito una constancia para mi seguro.	*Ich brauche eine Bescheinigung für meine Versicherung.*
ladrón	*Dieb*
policía	*Polizei*
violación	*Vergewaltigung*
banco	*Bank*
dinero	*Geld*
dinero en efectivo	*Bargeld*
cheque de viaje	*Reisescheck*
tasa de cambio	*Wechselkurs*
cuenta	*Konto*
transferencia	*Überweisung*
ventanilla	*Schalter*
moneda	*Münze*
billete	*Schein*
correos	*Post*
carta, tarjeta postal	*Brief, Postkarte*

Beim Arzt

paquete	*Paket*
peso	*Gewicht*
sello	*Briefmarke, Stempel*
llamada telefónica	*Telefonanruf*
llamada por cobrar	*R-Gespräch*
documento	*Dokument*
visa	*Visum*
pasaporte	*Reisepass*
nombre, apellido, fecha de nacimiento	*Name, Nachname, Geburtsdatum*
firma	*Unterschrift*
embajada	*Botschaft*

Me siento mal.	*Ich fühle mich schlecht.*
Tuve un accidente.	*Ich hatte einen Unfall.*
Aquí me duele mucho.	*Hier tut es mir sehr weh.*
Necesito un medicamento.	*Ich brauche ein Medikament.*
Necesito un médico (doctor).	*Ich brauche einen Arzt.*
¿Donde está el hospital (la clinica)?	*Wo ist das Krankenhaus?*
¿Hay una clínica privada por aquí?	*Gibt es hier eine Privatklinik?*
¿Donde hay una farmacia?	*Wo gibt es eine Apotheke?*
Necesito un informe médico para mi seguro.	*Ich benötige eine ärztliche Bescheinigung für meine Ver-sicherung.*
fiebre, temperatura	*Fieber*
diarrea	*Durchfall*
dolor de cabeza	*Kopfschmerzen*
dolor de estómago	*Bauchschmerzen*
infección	*Infektion*
embarazo	*Schwangerschaft*
resfrío	*Erkältung, Schnupfen*
tos	*Husten*
vomitar	*sich übergeben*

www.stefan-loose.de/costa-rica

Beim Wandern in den Bergen

aguas calientes	heiße Quellen
alquiler	mieten
arriero	Maultiertreiber
burro	Esel
bolsa de dormir/ sleeping	Schlafsack
bosque	Wald
botas	feste Schuhe, auch: Gummistiefel
caballo	Pferd
camino	Weg
carpa	Zelt
cartucho de gas	Gaspatrone
cascada, catarata	Wasserfall
cerro	Berg, Hügel
cocha	See
colchoneta	Isomatte
cueva	Höhle
estufita de gas	Gaskocher
guía	Führer
laguna, lago	See
montaña	Berg, Bergkette
mula	Maultier
nevado	Berg mit Dauerschnee
oasis	Oase
portador	Träger
propina	Trinkgeld
río	Fluss
sierra	Gebirge
valle	Tal
volcán	Vulkan

Ordnungszahlen

1.	primero
2.	segundo
3.	tercero
4.	cuarto
5.	quinto
6	sexto
7.	séptimo
8.	octavo
9.	noveno
10.	décimo

Zahlen

1	uno, una	16	dieciséis	100	cien
2	dos	17	diecisiete	101	cientouno
3	tres	18	dieciocho	200	doscientos
4	cuatro	19	diecinueve	300	trescientos
5	cinco	20	veinte	400	cuatrocientos
6	seis	21	veintiuno	500	quinientos
7	siete	22	veintidos	600	seiscientos
8	ocho	30	treinta	700	setecientos
9	nueve	31	treintayuno	800	ochocientos
10	diez	40	cuarenta	900	novecientos
11	once	50	cincuenta	1000	mil
12	doce	60	sesenta	1001	miluno
13	trece	70	setenta	2000	dos mil
14	catorce	80	ochenta	10 000	diez mil
15	quince	90	noventa		

Wochentage

lunes	Montag
martes	Dienstag
miércoles	Mittwoch
jueves	Donnerstag
viernes	Freitag
sábado	Samstag
domingo	Sonntag

Monate

enero	Januar
febrero	Februar
marzo	März
abril	April
mayo	Mai
junio	Juni
julio	Juli
agosto	August
septiembre	September
octubre	Oktober
noviembre	November
diciembre	Dezember

Zeit, Datum

¿Qué hora es?	Wie spät ist es?
Es ist ein Uhr.	Es la una.
Es ist vier Uhr.	Son las cuatro.
Son las tres y cuarto.	Es ist viertel nach drei.
Son las cinco y media.	Es ist halb sechs.
Son las seis menos cuarto.	Es ist viertel vor sechs
hoy, mañana, pasado mañana	heute, morgen, übermorgen
ayer, anteayer	gestern, vorgestern
ahora, más tarde	jetzt, später
temprano, tarde	früh, spät
inmediato, ahorita	sofort, gleich
fecha	Datum
¿Qué fecha tenemos hoy?	Was für ein Datum haben wir heute?

www.stefan-loose.de/costa-rica

SPRACHFÜHRER **453**

Glossar

Adobe luftgetrocknete Lehmziegel, die zum Hausbau dienen, oft mit Stroh vermischt
Aguas übergeordneter Begriff für alle Softdrinks (Coca-Cola, Pepsi, Sprite etc.)
Alcalde Bürgermeister
Balneario Bad, Badeort am Meer
Barrio Stadtviertel, Häuserblock
Bomba Tankstelle
Brujo wörtlich: Hexer; Schamane
Cabildo Gemeinderat in der Kolonialzeit
Cacique Anführer, Stammeschef (auch Curaca genannt)
Campesino Kleinbauer
Campo Land; auch als „Platz" benutzt. „Hay campo?" Ist hier noch Platz?
Capilla Kapelle
Capitanía Hafenamt
Carro Auto (nicht „coche" wie in Spanien)
Chacra Stück Land, Kleinparzelle
Comedor einfaches Esslokal, meist ohne Karte
Comunidad indianische Gemeinde
Colectivo Sammeltaxi (manchmal auch Boote)
Contra Kontrarevolutionär
Conquista Eroberung Amerikas durch die Spanier
Cordillera Gebirgskette
Departamento Provinz
Don, Doña intimere, respektvolle Anrede für: Herr bzw. Frau
Encomienda durch die spanische Krone an verdiente Eroberer erteiltes Recht, in einem festgelegten Gebiet frei über die indianische Arbeitskraft zu verfügen und von den Indígenas Tribute einfordern zu können. Im Gegenzug war der Encomendero, der Besitzer dieses Rechts, verpflichtet, die ihm zugeteilten Indígenas zu zivilisieren und christianisieren.
Finca großes Landgut
Gasolina Benzin

Gringo Allgemeinbezeichnung für hellhäutige Ausländer, die nur selten als Beleidigung gebraucht wird
ICT Instituto Costarricence de Turismo Das costa-ricanische Fremdenverkehrsamt
Indígenas Bezeichnung für die Nachfahren der präkolumbischen Kulturen in Costa Rica
Indio, Indito abwertende Bezeichnung für Indígenas
I.V.A. Impuesto al Valor Agregado, Mehrwertsteuer
Kreole in Costa Rica geborener Nachkomme spanischer Einwanderer
Ladinos Mestizen, spanisch-indianische Mischlinge
Machete Buschmesser
Machismo, Macho übersteigertes Männlichkeitsgefühl, Mann mit diesem Gefühl
Mestize spanisch-indianischer Mischling
MINAE Ministerio de Ambiente y Energía Nationalparkverwaltung
Muelle Anlegesteg; Dock
Municipio Gemeindebezirk, Landkreis
Narcotraficante Drogendealer
Parque Central das Zentrum in fast jedem Ort
Patio (Innen)hof
Patrón Chef, Arbeitgeber, Aufseher eines Großgrundbesitzers
Petroglyphen prähistorische Felszeichnungen
Redondel de toros Stier-Arena für Rodeos
Reducción von den Spaniern eingeführtes System der Zwangszusammenlegung indianischer Dörfer zur besseren Kontrolle der Bevölkerung
Repartimiento von den Spaniern in der Kolonialzeit verwendetes Verteilungssystem von vorwiegend indianischen Arbeitskräften
Sabanero costa-ricanischer Cowboy
Sendero Wanderpfad
Señor, Señora, Señorita Herr, Frau, Fräulein
Tejido Webarbeit
Tienda Laden, kleines Geschäft
Traje traditionelle Bekleidung, Tracht

Reisemedizin zum Nachschlagen

Aids (Sida)

Zwar ist Costa Rica noch weit entfernt von der dramatischen Aids-Epidemie in Afrika; durch zunehmenden Sextourismus, Drogenkonsum und weit verbreitete Promiskuität in beiden Ländern nimmt die Zahl der HIV-Infizierten jedoch zu. Urlauber sollten sich grundsätzlich immer beim Geschlechtsverkehr durch Kondome schützen. *Preservativos* sind in jeder Apotheke erhältlich, in Costa Rica auch in Supermärkten.

Chagas

Chagas ist eine Infektionskrankheit, die durch Wanzenbisse übertragen wird. Sie kann unbehandelt auch Jahre später noch zum Tode führen. Gefahrenherde sind verwahrloste Häuser oder unhygienische Schlafplätze in ländlichen Regionen oder Slumgegenden.

Chikungunya-Fieber

Seit einigen Jahren ist in Zentralamerika das Chikungunya-Fieber auf dem Vormarsch, eine Infektionskrankheit, die durch Stechmücken übertragen wird. Patienten leiden nach einer Inkubationszeit von wenigen Tagen meist an starken Fieberschüben und schweren Gelenkschmerzen. Spätestens nach zwei Wochen klingen die Symptome fast immer ohne Folgeschäden ab. Wer sich einmal mit dem Chikungunya-Virus infiziert hat, ist ein Leben lang immun. Am häufigsten tritt das Virus an der Zentralpazifikküste auf.

Denguefieber

Das Denguefieber ist in Costa Rica ein Dauerthema. Das costa-ricanische Gesundheitsministerium hat eine groß angelegte Aufklärungskampagne gestartet, um die Bevölkerung über Schutzmaßnahmen zu informieren. Die Viruskrankheit wird von der tagesaktiven Aedes Aegypti-Mücke übertragen. Zu den Symptomen gehören plötzliche heftige Fieberanfälle sowie starke Kopf-, Muskel- und Rückenschmerzen. Nach ungefähr drei bis fünf Tagen breitet sich zudem oft ein Hautausschlag über den ganzen Körper aus. In Einzelfällen können ernsthafte Gesundheitsschäden mit Todesfolge auftreten. Es gibt keine Impfungen gegen Denguefieber. Der Schutz vor Mückenstichen durch Mückenspray, Moskitonetze und langärmlige Kleidung ist die beste Vorsorge.

Es gibt keine Impfung oder spezielle Behandlung. Schmerztabletten, fiebersenkende Mittel und kalte Wadenwickel lindern die Symptome. Keinesfalls sollten ASS, Aspirin oder ein anderes acetylsalicylsäurehaltiges Medikament genommen werden, da diese einen lebensgefährlichen Verlauf herausfordern können!

Besonders betroffen sind in Costa Rica die Regionen um Puntarenas, Nicoya, die nördliche Karibikküste und die Osa-Halbinsel.

Durchfälle

Unreines Wasser, verdorbene Lebensmittel, nicht kontinuierlich gekühlter Fisch, zu kurz gegartes Fleisch, ungeschältes, schon länger liegendes, aufgeschnittenes Obst (Wassermelonen), Salate, kalte Getränke oder schlecht gekühlte Eiscreme sind häufig die Verursacher von Durchfällen. Bei längeren Erkrankungen unbedingt einen Arzt aufsuchen – es könnte sich auch um eine Amöben-Infektion handeln.

Erkältungen

Schnupfen oder Husten kommen auch in den Tropen vor – und das häufiger als man denkt. Ursachen sind meist Klimaanlagen, Ventilatoren oder nasse Kleidung nach Regenschauern. Empfehlenswert ist daher, immer Kleidung zum Überziehen oder Wechseln mitzunehmen.

www.stefan-loose.de/costa-rica

Hauterkrankungen

Schwitzen kann unangenehm juckende Hautpilze verursachen. Gegen starkes Schwitzen hilft kühlendes Körperpuder, das in jeder Apotheke oder größerem Supermarkt erhältlich ist. Gegen Hitzepickel haben sich Prickly Heat Powder, Zinkoxyd oder Titaoxyd bewährt.

Hepatitis

Hepatitis A (Gelbsucht) ist eine Virusinfektion, die v. a. durch verunreinigtes Trinkwasser und Lebensmittel verursacht wird. Typische Symptome sind u. a. Übelkeit, Fieber, dunkler Urin, heller Stuhl und Gelbfärbung von Haut und Augäpfeln.

Weitaus gefährlicher ist die schwere Lebererkrankung **Hepatitis B**, die durch Kontakt mit Blut und Speichel übertragen wird. Schutzimpfungen gegen Hepatitis A und B sind in Europa erhältlich.

Leishmaniose

Leishmaniose (Beulenkrankheit) ist eine Infektionskrankheit, die durch winzige Schmetterlingsmücken übertragen wird. In Costa Rica ist vor allem die Talamanca-Region betroffen. Die Krankheitssymptome beschränken sich hier zumeist auf die Haut, es können kleine, trockene Herde bis zu großen Geschwüren entstehen. Teilweise sind auch der Nasenrachenraum und die Schleimhäute betroffen. Es gibt keine Impfung gegen Leishmaniose. Beste Vorbeugung ist Moskitoschutz.

Leptorispirosis

Die Erreger der Leptorispirosis (Schweinehirtenkrankheit) treten vor allem in durch Rattenurin verunreinigten Flüssen auf. Besondere Gefahr herrscht nach Wirbelstürmen und Überschwemmungen. Kajakfahrer und Rafter können sich durch Spritzwasser infizieren. Die Krankheitssymptome sind Grippeanzeichen: Fieber, Schüttelfrost, Kopf- und Gliederschmerzen. Normalerweise klingen die Symptome innerhalb weniger Tage ab, in schweren Fällen kann es zu Hirnhautentzündung und Gelbsucht kommen.

Malaria

Malaria zählt zu den gefährlichsten parasitären Erkrankungen, die den Menschen befallen können. Übertragen wird die Krankheit von der weiblichen Anopheles-Mücke, die vorwiegend in den Dämmerungs- und Nachtstunden unterwegs ist. Die Malariaerreger gelangen über die Blutbahn in die Leber, vermehren sich dort und vernichten die roten Blutkörperchen.

Eine geringe Malariagefahr besteht auch in Costa Rica, etwa in der Provinz Limón und ein minimales Risiko in den ländlichen Gebieten der übrigen Landesteile. Als malariafrei gelten die Höhenlagen und die Städte.

Eine eventuelle persönliche Malaria-Prophylaxe sollte vor der Reise mit einem Tropenbzw. Reisemediziner besprochen werden. Die beste **Vorbeugung gegen Malaria** besteht darin, möglichst gar nicht erst gestochen zu werden: Am Abend schützen helle Kleidung, lange Hosen, langärmlige Hemden, engmaschige Socken, Moskitonetz und ein Mückenspray auf der Basis von Deet. Einige Apotheken bieten sanftere Mittel an, die auf Zitronella- und Nelkenöl basieren.

Die ersten Symptome einer Malaria ähneln oft denen eines banalen grippalen Infektes und werden daher häufig verkannt. Wer aus Costa Rica zurückkehrt und an einer fieberhaften Erkrankung leidet, sollte einen Arzt aufsuchen und einen Bluttest machen.

Sonnenbrand und Hitzschlag

Die Sonneneinstrahlung in Costa Rica ist wesentlich intensiver als in unseren Breiten – auch bei bedecktem Himmel. Bester Schutz gegen Hautverbrennungen und Hitzschlag ist, sich nicht direkt der Sonne auszusetzen und möglichst immer einen Sonnenhut sowie eine Sonnenbrille zu tragen und Sonnenschutzmittel mit hohem Lichtschutzfaktor zu benutzen. Wichtig ist auch, viel zu trinken.

Stiche und Bisse

Insekten kommen fast überall in den Tropen vor. Die meisten von ihnen sind ungefährlich. Unbedingt schützen sollte man sich jedoch vor Mückenstichen, denn einige Moskitos können Krankheiten wie z. B. Denguefieber oder Malaria übertragen.

Bei **Floh- und Wanzenstichen** gilt: Nicht kratzen! Die kleinen Tiere halten sich bevorzugt in schmutzigem Bettzeug und alten Matratzen auf. Wanzenbisse bilden gewöhnlich eine säuberliche Linie. Ein Antihistaminikum (Salbe) gegen Entzündungen hilft.

Blutegel sind besonders zur Regenzeit im Dschungel eine Plage, dort halten sie sich bevorzugt in Sumpfgebieten auf. Bester Schutz sind lange Hemden und Hosen, Hosenbeine sollten stets in die Socken gesteckt werden. Blutegel kann man mit brennenden Zigaretten oder Salz loswerden. Wenn sie sich mit Blut vollgesogen haben, fallen sie ganz von alleine ab.

Bienen- und andere Insektenstiche sollte man sofort mit Eis kühlen und anschließend eine spezielle Salbe auftragen; ggf. müssen Antihistamin-Tabletten genommen werden.

Zecken sind Überträger von Infektionskrankheiten. Bei einem Zeckenstich sollte die Zecke möglichst schnell und vorsichtig mit Pinzette oder langen Fingernägeln aus dem Körper entfernt werden, so dass keiner ihrer Haken im Fleisch zurückbleibt.

In Costa Rica leben rund 138 **Schlangenarten**, davon sind 22 giftig (s. auch S. 80). Das Risiko von einer Schlange gebissen zu werden, ist jedoch relativ niedrig, denn Schlangen beißen meist nur aus Notwehr. Wanderer sollten auf Dschungeltouren stets feste, knöchelhohe Wanderschuhe und lange Hosen tragen. Wer bei einer Wanderung auf eine Schlange trifft, sollte unbedingt Abstand halten. Im Falle eines Schlangenbisses sollte die Bissstelle weder ausgesaugt noch abgebunden werden, sondern möglichst schnell von einem Arzt behandelt werden. Der Kranke sollte liegend transportiert werden, damit sich das Gift nicht im Körper ausbreitet. Als Therapie wird dem Patienten ein Antiserum verabreicht.

Ein **Skorpionstich** ist zwar sehr schmerzhaft, aber in den meisten Fällen nicht lebensbedrohlich. Wer von einem Skorpion gestochen wurde, sollte sich nicht bewegen, viel trinken und einen Arzt rufen. Allergische Reaktionen bis hin zu Schockzuständen sind möglich und sollten behandelt werden.

Thrombose

Thrombose kann bei Bewegungsmangel auftreten, ein Problem bei längeren Flugreisen. Der verringerte Blutfluss, vor allem in den Beinen, kann zur Bildung von Blutgerinnseln führen, die, wenn sie sich von der Gefäßwand lösen, eine akute Gefahr darstellen (z. B. Lungenembolie). Gefährdet sind vor allem Personen mit Venenerkrankungen oder Übergewicht, aber auch Schwangere, Raucher und Frauen, die die Pille nehmen. Das Risiko verhindern Bewegung, viel Flüssigkeit (kein Alkohol) und Kompressionsstrümpfe.

Typhus / Paratyphus

Typhus ist eine Salmonellenerkrankung, die man sich über Lebensmittel oder verunreinigtes Wasser zuziehen kann. Symptome sind: mehrere Tage hohes Fieber, Kopf- und Gelenkschmerzen. Eine Schutzimpfung ist in Deutschland erhältlich. Der Impfschutz hält drei Jahre lang.

Wundinfektionen

Unter unhygienischen Bedingungen können sich Wunden oder aufgekratzte Moskitostiche leicht infizieren. Sorgfältige Wundbehandlung und -hygiene (Desinfektion, Pflaster) sind in den Tropen deshalb das A und O. In jeder Apotheke gibt es zudem Antibiotika-Salben, die die Wundheilung beschleunigen.

ANHANG

Wundstarrkrampf (Tetanus)

Wundstarrkrampf-Erreger findet man überall auf der Welt, und Verletzungen kann man nie ausschließen. Wer noch keine Tetanusimpfung hatte, sollte sich unbedingt zwei Impfungen im Vier-Wochen-Abstand geben lassen, die nach einem Jahr aufgefrischt werden müssen. Danach genügt eine Impfung alle zehn Jahre. Am besten ist die Kombiimpfung mit dem Polio-Tetanus-Diphtherie-(Td) Impfstoff für Personen über fünf Jahre, um gleichzeitig einen Schutz vor Diphtherie und Polio zu erhalten.

Wurmerkrankungen

Winzige oder größere Exemplare von Würmern können überall lauern und sich manchmal an verschiedenen Körperstellen bzw. -organen festsetzen. Oft ist dies erst Wochen nach der Rückkehr festzustellen. Nach einer Reise in abgelegene Gebiete kann es empfehlenswert sein, den Stuhl auf Würmer untersuchen zu lassen, wenn man über längere Zeiträume auch nur leichte Durchfälle hat.

Die meisten Würmer sind harmlos und durch eine einmalige Wurmkur zu vernichten. Andere können schwere Erkrankungen hervorrufen, z. B. die Bilharziose – eine Wurmerkrankung, die man sich im Uferbereich von stehendem oder langsam fließendem Süßwasser zuziehen kann. Deutliche Symptome machen sich in der Regel erst nach sechs bis zehn Wochen bemerkbar. Dann kann es zu Fieber, Durchfall und einem allgemeinen Krankheitsgefühl kommen. Im schlimmsten Fall treten nach einigen Monaten Unterleibsschmerzen und Blut im Stuhl oder Urin auf. Vorbeugend sollte man nicht in stehenden Gewässern herumplanschen und auf feuchten Böden Sandalen tragen.

Zika-Virus

Große Aufmerksamkeit hat in den letzten Jahren das ursprünglich aus Afrika stammende Zika-Virus erlangt, das wie Dengue und Chikungunya durch den Stich der Tigermücke übertragen wird. Auch eine Mensch-zu-Mensch-Übertragung durch Geschlechtsverkehr scheint wahrscheinlich. Der Krankheitsverlauf ist relativ mild: Symptome können Hautausschlag, Fieber, Gelenkschmerzen und Übelkeit sein, die bereits nach wenigen Tagen wieder abklingen. Allerdings wird das Virus mit einer Häufung von Missbildungen bei Neugeborenen in Verbindung gebracht, wenn sich die Mütter im ersten Drittel ihrer Schwangerschaft infizieren. Daher sollten besonders Schwangere auf ausreichenden Mückenschutz achten (s. Denguefieber S. 455).

Index

A
Abseilen 55
Adler 79
Affen 75, 157
Afro-Costaricaner 85
Agujitas 381
Aguti 77
Aids 455
Aktivitäten 55
Alajuela 140
Altamira 377
Ameisenbären 76
Amphibien 77
Anreise 33
Apotheken 48
Aras 79, 421
Area de Conservación Guanacaste 235
Arenalsee 191
Arias Sánchez, Óscar 94
Armut 66
Atenas 149
Ausreisesteuer 33
Ausrüstung 46
Autofahren 64, 361
Avifauna 79

B
Baden 55
Bahía Culebra 257
Bahía Drake 381
Bahía Junquillal 246
Bahía Salinas 246
Bajos del Toro 151
Balsabaum 74
Bananen 92, 438
Barra del Colorado 411, 424
Basílica de la Inmaculada Concepción, Heredia 153
Basílica de la Virgen de los Ángeles, Cartago 159
Bechsteinaras 421
Behinderungen, Reisende mit 52
Betrügereien 35
Bettler 66
Bevölkerung 85
Bienen 316
Bijagua 223
Blattschneiderameise 79, 208
Boa constrictor 80
Boca San Carlos 212
Bocas del Toro (Panama) 442
Boca Tapada 212
Boote 65
Boruca 375
Bosque Eterno de los Niños 195, 207
Botschaften 35
Boza, Mario 84
Brandungsrückströmungen 55
Bribrí-Indianer 86, 377, 425

Gute Reise!

*Unser Angebot ist vielfach ausgezeichnet,
weil wir uns Gedanken über das Reisen machen.*

So zählt zur Dramaturgie einer unvergesslichen Reise auch unsere eigene Verantwortung als Veranstalter: Im Rahmen eigener Naturschutzprojekte vor Ort, mit der Auswahl und dem Aufbau von Eco-Lodges, mit einem aktiven Beitrag zum Artenschutz.
So können Sie beispielsweise in Costa Rica bei uns „Ihren" Baum pflanzen.

Damit Sie eine schöne **und** eine gute Reise haben.

🌐 *www.travel-to-nature.de*

 info@traveltonature.de   +49 7634 5055-0

Buckelwale 77, 355
Buenos Aires 374
Busfahrpläne 62
Busse 62

C

Cabécar-Indianer 86, 377, 425
Cabo Blanco 309
Cabo Matapalo 392
Cabuya 308
Cachí 168
Café Britt, Heredia 155
Cahuita 426
Calderón Guardia,
 Rafael Ángel 93
Canal de Tortuguero 416
Cañas 318
Caño Blanco 413
Caño Negro 218
Canopy-Touren 56
Carate 392
Cariari 410
Carr, Archie 84
Carrillo Colina, Braulio 90
Cartago 159
Casado 37
Cascade El Pavon 356
Castellón, Rolando 99
Catarata del Toro 151
Catarata Manatial 331
Catarata Río Fortuna 180
Catarata San Luis 208
Cataratas Nauyaca 348
Cavallón, Juan de 88
Ceiba 74

Cerro Amigos 208
Cerro Biolley 378
Cerro Chirripó 370
Cerro de la Muerte 362
Cerro Kamuk 377
Cerro La Cangreja 340
Cerros de Escazú 126, 131
Chagas 455
Chikungunya-Fieber 455
Chinchilla, Laura 86, 95, 96
Chinesen 85
Chorotega-Kultur 277
Circuito de Orosi 166
Ciudad Neily 402
Ciudad Quesada 209
Cloudbridge Reserve 368
Cóbano 302
Cocal 341
Colectivos 63
Cordillera Talamanca 370,
 375, 377
Coronado, Juan Vázquez de
 88
Costa-ricanische Küche 37
Cuajiniquil 245
Cuevas de Venado 222
Curré 376
Curú 299

D

Delphine 77
Denguefieber 455
Deutsche Welle 52
Diebstähle 54
Dominical 347

Dos Brazos 391
Drake Bay 381
Drogen 55
Dúrika 375

E

Echsen 78
Echte Karettschildkröte 431
Einkaufen 36
Einreisebestimmungen 70, 71
Einwanderer 85
Einwohner 85
Eisenbahn 65
El Bonito 398
Elektrizität 51
El Sol 222
Epiphyten 74
Erdbeben 213
Escaleras 347
Escazú 125
Essen 37
Estación Biológica
 La Selva 218
Europäer 86

F

Fábrica de Carretas
 Chaverri 150
Fähren 65
Fahrrad 63
Familie 67
Faultier 76
Feiertage 42
Fernández Oreamuno,
 Próspero 91

Fernbusse 62
Feste 42
Festivals 99
Feuchtgebiete 73
Feuchtwald 75
Fiesta de La Virgen del Mar 328
Figueres Ferrer, José 93
Fledermäuse 76
Flüge
 Inlandsflüge 65
 nach Costa Rica 33
Folklore 99
Fotografieren 43, 67
Frauen 44, 85
Freiwilligendienst 70
Frösche 77
Fußball 56

G
Gallo Pinto 37
Garitos, Mario 275
Garvey, Marcus 415
Geld 44
Geldautomaten 45
Geldkarten 45
Geldwechsel 44

Geografie 73
Gepäck 46
Geschichte 87
 Kakao 240
 Karibik 408, 425
 Puntarenas 325
 San José 102
Gesetzliche Feiertage 43
Gesundheit 46, 455
Gesundheitstipps 48
Getränke 39
Giftfrösche 77
Giftschlangen 80
Gleitschirmfliegen 56
Goldkröte 78
Golfito 396
Golf von Nicoya 293, 296
González Flores, Alfredo 155
Grecia 150
Grenzübergänge Nicaragua
 Peñas Blancas 248
Grenzübergänge Panama
 Paso Canoas 404
 Sixaola 442
Großer Soldatenara 211
Großtinamu 340
Grüne Aras 421

Grüne Meeresschildkröte 417, 418, 421, 423, 431
Grüner Leguan 78
Guabito 443
Guaitil 277
Guanacaste 230
Guanacaste (Baum) 231
Guápiles 410
Guardia Gutiérrez, Tomás 91
Guayabo 173
Guaymí de Conte Burica 401
Guaymí-Indianer 86
Gürteltier 76, 368

H
Hacienda Barú 348
Hacienda los Trapiches 150
Haifischflossen 321
Handys 61
Harpyie 79, 395
Helmbasilisk 78
Hepatitis 456
Heredia 153
Herkuleskäfer 79
Holdrige, Leslie 84
Homosexualität 68
Huetares-Indianer 169
Humedal Nacional Térraba Sierpe 380

I
Impfschutz 46
Indianer 86
Indianerreservat Boruca 375
Indianerreservat Maleku 222
Informationen 48
Innenpolitik 96
Insekten 79
Insektenstiche 457
Internationale Vorwahlen 62
Internet 50
Isla Bolaños 246
Isla Caballo 298
Isla Cabo Blanco 309
Isla Cabuya 308
Isla Chira 296
Isla del Caño 386
Isla del Coco 330
Isla Murciélago 245

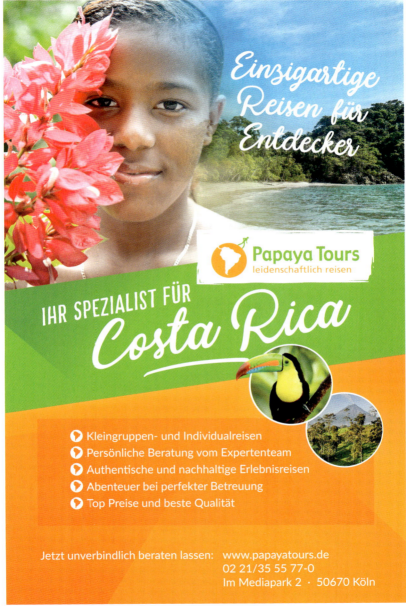

Isla Punta Catedral 346
Isla San Lucas 295, 297
Isla Tortuga 296
Isla Venado 297

J
Jabiru 82
Jacó 332
Jaguar 395, 396, 421
Jardín Botánico CATIE 170
Jardín Botánico Lankaster 160
Jardín Botánico Wilson 403
Junquillal 271

K
Kaffee 90
Kajakfahren 57, 171, 214, 296
Kakao 240
Kapokbaum 74
Kapuzineraffen 207, 330, 340, 346
Karibische Küche 434
Keith, Minor 92, 409, 438
Kinder 50
Kitesurfen 60, 193, 247
Klammeraffe 75
Kleidung 68
Klima 29
Klimawandel 34
Kliniken 48
Kokosnuss 336
Kolibris 79

Kolumbus, Christoph 88, 408
Konsulate 35
Korallen 431
Kosten 31
Krankenhäuser 48
Krankheiten 455
Kreditkarten 46
Kriminalität 54
Krokodile 78, 331
Küche 37
Kultur 98
Kunsthandwerk 36, 150

L
La Cruz 247
La Fortuna 180
La Garita 144
Lago Arenal 191
Laguna de Hule 213
Landkarten 49
Lanzenotter 80
La Palma 387
La Pavona 410
La Paz Waterfall Gardens 148
Las Horquetas 217
La Virgen 212
Lederschildkröte 268, 269, 271, 418, 421, 431
Leguan 78
Leishmaniose 456
Leptorispirosis 456
Lesben 53, 68

Lianen 74
Liberia 230
Literatur 99, 295
Lomas de Barbudal, Reserva Biológica 316
Los Angeles Cloud Forest Reserve 152
Los Chiles 220
Los Pargos 268
Los Planes 383

M
Magazine 51
Malaria 456
Maleku 222
Malerei 99
Mal País 309
Manati 77
Mangroven 73, 355, 380
Mantelbrüllaffe 75
Manzanillo 316, 440
Margarita 222
Maße 51
Mastatal 340
Matapalo 346
Medien 51
Medikamente 48
Medizinische Versorgung 48
Meeressäugetiere 77
Meeresschildkröten 78, 268, 269, 273, 274, 291, 347, 396, 417, 418, 421, 431, 443

Finca - Cabañas - Costa Rica
CAÑAS CASTILLA

Familienfreundliche Finca am Fluss Sapoa mit Naturlehrpfaden, Reittouren, Tier- und Vogelbeobachtung und ruhigem Ambiente. Bienvenido!
www.canas-castilla.com, Tel. (506) 83814030, La Cruz, Guanacaste

Mehrwertsteuer 61
Mentalität 69
Mietwagen 63
Mirador de Quetzales 362
Mirador Ujarrás 168
Miravalles 241
Mobiltelefone 61
Moín 416
Monarchfalter 79
Monge Álvarez, Luis Alberto 94
Monge, Priscilla 99
Monte Sin Fé 372
Monteverde 195
Montezuma 303
Monumento Nacional Arqueológico Guayabo 173
Mora Fernández, Juan 90
Mora Porras, Juan Rafael 91, 325
Morazán Quesada, Francisco 90
Morpho-Schmetterling 79
Motorräder 63
Mountainbiking 58
Musik 99

N
Nahverkehr 65
Nasenbär 77, 207, 330, 346, 368, 377
Nationalparks 82
Barbilla 413
Barra Honda 280
Braulio Carrillo 157, 410
Cahuita 431
Carara 330
Chirripó 370
Corcovado 393
Guanacaste 242
Juan Castro Blanco 152
La Cangreja 340
Las Baulas de Guancaste 267
Los Quetzales 362
Manuel Antonio 345
Marino Ballena 355
Palo Verde 317
Parque Internacional La Amistad 376
Piedras Blancas 398
Rincón de la Vieja 235
Santa Rosa 243
Tapantí 170, 362
Tortuguero 423
Volcán Arenal 189
Volcán Irazú 162
Volcán Poás 146
Volcán Tenorio 222
Volcán Turrialba 175
Naturschutz 82
Naturschutzgebiete
Area de Conservación Guanacaste 235
Bahía Junquillal 246
Caño Negro 218
Cerros de Escazú 131
Rainmaker Reserve 339
Refugio Nacional de Fauna Silvestre Golfito 397
Refugio Nacional de Fauna Silvestre Ostional 273
Refugio Nacional de Vida Silvestre Gandoca-Manzanillo 441
Reserva Biológica Hitoy Cerere 425
Reserva Biológica Isla del Caño 386

Reserva Biológica Lomas de Barbudal 316
Reserva de Vida Silvestre Curú 299
Reserva Ecológica Catarata Río Fortuna 180
Reserva Karen Mogenson 294
Reserva Natural Absoluta Cabo Blanco 309
Volcán Miravalles 241
Nebelwald 75, 157, 198
Nicaragua 221
Nicoya 276
Nordamerikaner 86
Nosara 281
Notfälle 54
Bank- und Kreditkarten sperren 46
Notrufnummern 54
Nuevo Arenal 192
Nuevo Cinchona 212

O

Öffnungszeiten 52
Ojochal 356
Oliv-Bastardschildkröte 273
Orchideen 74, 205
Orosi 163
Orotina 327
Osa-Halbinsel 380, 387
Ostional 273

P

Paddeln 57, 296
Paka 77
Palmar 378
Panama, Ausreise nach 442
Panamericana 364
Papageien 79, 421
Paquera 298
Paraíso 168
Páramo 75, 372, 374
Parismina 413
Parque Internacional La Amistad 376
Parque Nacional Barbilla 413
Parque Nacional Barra Honda 280
Parque Nacional Braulio Carrillo 157, 410
Parque Nacional Cahuita 431
Parque Nacional Carara 330
Parque Nacional Chirripó 370
Parque Nacional Corcovado 393
Parque Nacional de Los Quetzales 362
Parque Nacional Guanacaste 242
Parque Nacional Juan Castro Blanco 152
Parque Nacional La Cangreja 340
Parque Nacional Manuel Antonio 345
Parque Nacional Marino Ballena 355
Parque Nacional Marino Las Baulas de Guancaste 267
Parque Nacional Palo Verde 317
Parque Nacional Piedras Blancas 398
Parque Nacional Rincón de la Vieja 235
Parque Nacional Santa Rosa 243
Parque Nacional Tapantí 170, 362
Parque Nacional Tortuguero 423
Parque Nacional Volcán Arenal 189
Parque Nacional Volcán Irazú 162
Parque Nacional Volcán Poás 146
Parque Nacional Volcán Tenorio 222
Parque Nacional Volcán Turrialba 175
Parque Reptilandia 348
Parrita 339
Parteien 96
Partido Nacional de Liberación 93
Paso Canoas 404
Pavones 400
Peace Lodge 148
Pekari 77
Peñas Blancas 248
Península de Osa 380, 387

Pérez Zeledón (San Isidro de El General) 364
Pfeilgiftfrosch 77
Pflanzen 73
Pital 211
Pizote 77
Playa Arco 356
Playa Avellanas 268
Playa Ballena 355
Playa Bejuco 338
Playa Blanca (Nord-Guanacaste) 244
Playa Blanca (Zentrale Pazifikküste) 331
Playa Blanca (Península de Osa) 387
Playa Brasilito 258
Playa Buena Vista 291
Playa Cacao 398
Playa Caletas 293
Playa Camaronal 293
Playa Carbon 268
Playa Carrillo 292
Playa Cativo 398
Playa Chiquita 437
Playa Cocles 437
Playa Conchal 258
Playa Coyote 293, 315
Playa Curú 300
Playa del Coco 253
Playa Dominicalito 347
Playa Espadilla Sur 346
Playa Esterillos 338
Playa Flamingo 259
Playa Gandoca 443
Playa Guiones 281
Playa Hermosa (Süd-Guanacaste) 256
Playa Hermosa (Zentrale Pazifikküste) 337
Playa Herradura 331
Playa Islita 293
Playa Josecito 398
Playa Junquillal 271
Playa La Colonia 355
Playa Langosta 268
Playa Manta 331
Playa Manuel Antonio 346
Playa Manzanillo 315
Playa Matapalo 346, 392
Playa Nancite 245
Playa Naranjo 245, 294
Playa Negra 268
Playa Nicuesa 398
Playa Nosara 281
Playa Ostional 273
Playa Palo Seco 339
Playa Panamá 257
Playa Pan de Azucar 260
Playa Pan Dulce 392
Playa Penca 260
Playa Piñuela 356
Playa Platanares 388
Playa Potrero 260
Playa Preciosa 388
Playa Prieta 260
Playa Puerto Escondido 346
Playa Punta Banco 401
Playa Quesara 300

Costa Rica erleben!

Die freundliche, deutschprachige Auto- und Motorradvermietung

www.offroad-costarica.com
info@offroad-costarica.com

Playa San Josecito 382
Playa San Miguel 293
Playas de Nosara 281
Playa Tamarindo 261
Playa Tortuga 356
Playa Uvita 355
Playa Ventanas
 (Süd-Guanacaste) 268
Playa Ventanas (Zentrale
 Pazifikküste) 356
PLN 93
Poás 146
Politik 96
Polizei 55
Porto 52
Post 52
Poste restante 52
Preise 31
Presa Sangregado 191
Presbere, Pablo 89, 169
Privatreservate
 Boca Tapada 211
 Bosque Eterno de los
  Niños 195, 207
 Cloudbridge Reserve 368
 Dúrika 375
 Ecocentro Danaus 180
 Hacienda Barú 348
 La Selva 218
 Los Angeles Cloud Forest
  Reserve 152
 Rara Avis 217
 Reserva Montesky 167
 Reserva Monteverde 205
 Reserva Santa Elena 206
 Reserva Selva Bananito
  426
Puente de la Amistad 321
Puerto Jiménez 388
Puerto Limón 413
Puerto Viejo 431
Puerto Viejo de Sarapiquí
 214
Punta Cahuita 431
Punta Leona 331
Puntarenas 324
Punta Uva 437
Pura Vida Gardens 331

Q
Quäker 197
Quepos 341
Quetzal 82, 157, 362

R
Radio 52
Rafting 57, 171, 214
Rainmaker Reserve 339
Rara Avis 217
Raubkatzen 77
Refugio de Fauna Silvestre
 Barra de Colorado 424
Refugio Nacional de
 Fauna Silvestre Bahía
 Junquillal 246
Refugio Nacional de Fauna
 Silvestre Golfito 397
Refugio Nacional de
 Fauna Silvestre Ostional
 273
Refugio Nacional de
 Vida Silvestre Caño
 Negro 218

Refugio Nacional de Vida Silvestre Gandoca-Manzanillo 441
Regenwald 74
Reiseapotheke 47
Reisegepäckversicherung 70
Reisekrankenversicherung 69
Reiserücktrittsversicherung 70
Reiseveranstalter 53
Reiten 58
Religion 68, 98
　Ureinwohner 87
Reptilien 77
Reserva Biológica Dúrika 375
Reserva Biológica Hitoy Cerere 425
Reserva Biológica Isla del Caño 386
Reserva Biológica Lomas de Barbudal 316
Reserva de la Biosfera 377
Reserva de Vida Silvestre Curú 299
Reserva Ecológica Catarata Río Fortuna 180
Reserva Gandoca-Manzanillo 440

Reserva Karen Mogenson 294
Reserva Monteverde 195, 205
Reserva Natural Absoluta Cabo Blanco 309
Reserva Santa Elena 195, 206
Reserva Selva Bananito 426
Restaurant-Tipps 38
Rincón de la Vieja 236
Río Celeste 223
Río Corobicí 320
Río Frío 221
Río Grande de Térraba 375
Río San Carlos 210
Río Sarapiquí 212, 214
Río Savegre 362
Río Tempisque 243
Río Tenorio 320
Río Tigre 391
Río Tortuguero 412
Roca Bruja 245
Rodríguez Zeledón, José Joaquín 92
Rohstoffe 97
Roter Ara 330, 340, 396
Ruinas de Ujarrás 166, 168
Ruta de Los Santos 362

S
Salitral 126
Sámara 286
San Carlos 209
Sánchez, José León 295
San Francisco de Coyote 293
San Gerardo de Dota 362
San Gerardo de Rivas 368
San Isidro de El General 364
San José
　Art City Tour 119
　Avenida Central 108
　Bellavista-Schloss 107
　Briefmarkenmuseum 108
　Casa Amarilla 107
　Catedral Metropolitano 108, 110
　Cine Variedades 108
　Edificio Maroy 108
　Edificio Metálico 108
　Essen 113
　Flughafen 34
　Flughafentransfer 34
　Galería Nacional 109
　Geschichte 102
　Gran Hotel Costa Rica 108
　Iglesia La Merced 110
　Informationen 120
　Kirchen 110
　Mercado Central 108
　Museo de Arte Costarricense 109
　Museo de Arte y Diseño Contemporáneo 107, 109
　Museo del Jade 107, 109
　Museo de los Niños 109
　Museo de Oro y Numismática 108, 109
　Museo Nacional 107, 109
　Orientierung 103
　Parque Central 108
　Parque de España 107
　Parque La Sabana 110
　Parque Morazán 108
　Parque Nacional de Diversiones 110
　Plaza de la Cultura 108

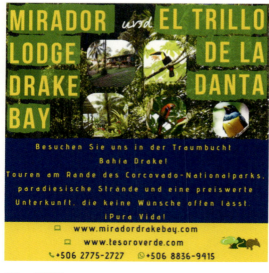

470　INDEX

www.stefan-loose.de/costa-rica

Maquenque Eco Lodge

Der perfekte Ort für ein unverfälschtes Regenwalderlebnis: Mitten im Naturschutzgebiet Maquenque, abseits der ausgetretenen Touristenpfade, warten Bungalows mit Lagune sowie Baumhäuser im Blätterdach des Regenwalds. Hier können Sie Natur und Ruhe in vollen Zügen genießen!

+506 2479-8200   info@maquenqueecolodge.com
www.maquenqueecolodge.com
Boca Tapada, San Carlos, Costa Rica

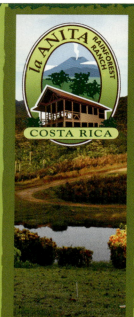
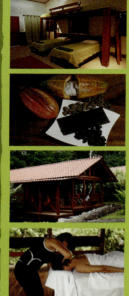

Die beste Unterkunft unserer Reise
"La Anita - eine atemberaubend schöne Kakao-Ranch, die da von Pablo und Anita bso liebevoll betrieben wird.
Eine klare Empfehlung für jene, die abseits vom Trubel im nördlichen Guanacaste unterwegs sind.
Die Bungalows sind sehr hübsch, sauber und geräumig.
Unbedingt die Cacao-Tour mit dem Besitzer Pablo buchen - da lernt man viel über echten Kakao und dunkle Schokolade.
Ich spüre immer noch diesen tollen Geschmack im Gaumen..."

Christoph R

reserva@laanitarainforestranch.com
www.laanitarainforestranch.com
+506 2466-0228 • +506 2466-0148 • +506 8388-1775

Sicherheit 106
Spaziergang durchs Zentrum 107
Teatro Melico Salazar 108
Teatro Nacional 106, 108
Templo de la Musica 108
Transport 121
Übernachtung 110
Unterhaltung 116, 134
San Miguel 212
San Rafael de Guatuso 222
San Ramón 152
Santa Ana 125
Santa Cruz 274
Santa Elena 195, 197
Santamaría, Juan 140, 244
Santa Teresa 309
Santiago de Puriscal 340
San Vito 403
Sarchí 150
Säugetiere 75
Schiffe 65
Schildkröten 78, 269, 417
Schlangen 80, 457
Schnorcheln 386
Schokolade 240
Schreitvögel 79
Schreivögel 79
Schwule 53, 68
Seekuh 77, 442
Selbstversorger 36
Servicesteuer 61
Shuttlebusse 63
Sicherheit 54
Sierpe 380
Siquirres 412
Sixaola 443
Skorpione 457
Soto y Alfaro, Bernardo 91
Souvenirs 36
Spanier 88, 325
Sport 55
Sportfischen 58
Sprache 68, 444
Sprachkurse 61
Stadtbusse 65
Stadtpläne 49
Steuern 61
Stiche und Bisse 457
Strände
Bahía Salinas 246
Jacó 332
Playa Arco 355
Playa Avellanas 268
Playa Ballena 355
Playa Bejuco 338
Playa Blanca (Nord-Guanacaste) 244
Playa Blanca (Zentrale Pazifikküste) 331
Playa Blanca (Península de Osa) 387
Playa Brasilito 258
Playa Buena Vista 291
Playa Cacao 398
Playa Caletas 293
Playa Chiquita 437
Playa Cocles 437
Playa Conchal 258
Playa Coyote 293
Playa del Coco 253
Playa Dominicalito 347
Playa Esterillos 338
Playa Flamingo 259
Playa Gandoca 443
Playa Hermosa (Süd-Guanacaste) 256
Playa Hermosa (Zentrale Pazifikküste) 337
Playa Herradura 331
Playa Josecito 398
Playa Junquillal 271
Playa La Colonia 355
Playa Manta 331
Playa Manuel Antonio 346
Playa Matapalo 347
Playa Negra 268
Playa Palo Seco 339
Playa Panamá 257
Playa Potrero 260
Playa Preciosa 388
Playa Punta Banco 401
Playas de Nosara 281
Playa Tamarindo 261
Playa Tortuga 356
Playa Uvita 355
Playa Ventanas (Süd-Guanacaste) 268
Playa Ventanas (Zentrale Pazifikküste) 356
Punta Uva 437
Straßenverkehr 64
Stromspannung 51
Supermärkte 36

TORTUGUERO ERLEBEN

Mit dem Kanu und zu Fuß in den Regenwald, Schildkrötentouren

Barbara Hartung, Biologin,
www.tinamontours.de, info@barbara-hartung.de,
Tel./WhatsApp +506 88426561

Surfen 58, 245, 261, 268, 281, 309, 337, 338, 347, 392, 400
  Jacó 332
  Mal País 309
  Pavones 400
  Playa Cocles 437
  Puerto Viejo 432
  Santa Teresa 309
  Tamarindo 266

T

Talamanca 425
Tamanduas 76
Tamarindo 261
Tambor 300
Tapir 76, 396
Tárcoles 331
Tauchen 58, 386
Taxis 65
Telefon 61
Térraba-Indianer 361
Thermalbäder
  La Fortuna 181
  Orosi 167
  Rincón de la Vieja 239
  Volcán Miravalles 242

Tiere 73
Tilarán 194
Tirimbina Rainforest Center 214
Tonjibe 222
Tortuguero 417
Totenkopfäffchen 76, 346, 395
Tourismus 97
Tourveranstalter 53
Trampen 65
Transport 62
Trekking 59
Trekking im Corcovado 395
Trinken 37
Trinkgeld 61
Trockenwald 73, 317
Trogone 82
Tropenmedizinische Institute 47
Tropischer Regenwald 74
Tukane 82
Turrialba 170

U

Überfälle 54
Überlandbusse 62
Übernachtung 66
  Preiskategorien 66

Ujarrás 168
Ulate Blanco, Otilio 93
Umweltbewusstes Reisen 40
United Fruit Company 92, 409, 438
United Universal Negro Improvement Association 415
Unterkunft 66
Upala 225
Ureinwohner 86, 88
Uvita 351

V

Valle Central 136
Valle de Diquís 378, 379
Valle de Orosi 163
Valle de Silencio 377
Vegetarier 39
Verhaltenstipps 66
Verkehrsmittel 62
Versicherungen 68
Visa 70
Vögel 79
Vogelbeobachtung 60, 209, 219
Volcán Santa María 239
Voluntario 70
Vorwahlen 62
Vulkane
  Arenal 189
  Barva 157
  Cacao 243
  Chato 189
  Irazú 162
  Miravalles 241
  Orosi 243
  Poás 146
  Rincón de la Vieja 235
  Santa María 239
  Tenorio 222
  Turrialba 175

W

Währung 44
Wale 77, 301, 351, 355
Walker, William 91, 244
Wandern 59
  Bahía Drake 381
  Bosque Eterno de los Niños 207

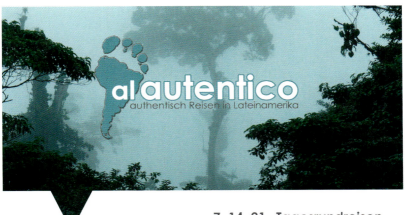

Alautentico –
der Spezialist für Costa Rica mit
über 20 Jahren Erfahrung

Mit persönlicher Beratung und vielen Geheimtipps stellen wir Ihre Traumreise zusammen

7, 14, 21– Tagesrundreisen

Hotels, Mietwagen & Flüge

Tages– & Mehrtagestouren

auch in Verbindung mit
Panamá & Nicaragua

Rundreisen selbst im
Baukastenformat erstellen

Infos & tel. Beratungstermin
direkt von Volker per E-mail:
info@alautentico.com

www.alautentico.com

Cerro Chirripó 371
Cloudbridge Reserve 368
Dúrika 375
Estación Biológica
 La Selva 218
Hacienda Barú 348
Parque Internacional
 La Amistad 377
Parque Nacional Carara 330
Parque Nacional
 Corcovado 395
Parque Nacional
 La Cangreja 340
Parque Nacional Manuel
 Antonio 346
Parque Nacional Volcán
 Arenal 191
Reserva Monteverde 206
Reserva Santa Elena 206
Tirimbina Rainforest
 Center 214
Waschbär 77
Wasservögel 82
Wechselkurse 45
Weißschulter-Kapuziner-
 affe 76
Weiterreise 71
Wellenreiten 337, 338, 347
Wessberg, Olof 82
Wetter 29
Wildwasserfahrten 171
Windsurfing 60, 193
Wirtschaft 97
Würgefeigen 74

Y

Yoga 60, 402

Z

Zancudo 399
Zarcero 152
Zeit 71
Zeitungen 51
Zika-Virus 458
Zoll 71
Zoo Ave 145
Zuñigo, Francisco 99

Ein Traum für Individualisten

Ferienhäuser am Strand
Casas Pelicano- Playa Junquillal
www.casas-pelicano.com

Bildnachweis

Umschlag
Titelfoto Getty Images/Lucas Gilman; Kajaker überqueren eine Hängebrücke
Umschlagklappe vorn HUBER IMAGES/Richard Taylor; Isla Tortuga im Golf von Nicoya
Umschlagklappe hinten Getty Images/Rebecca Stumpf/Wonderful Machine;
  frisch geerntete Kaffeebohnen

Highlights
S. 8 HUBER IMAGES/Schmid Reinhard
S. 9 laif/Martin Sasse (oben); laif/Ken Gillham/Robert Harding (unten)
S. 10 iStock.com/Frederic Lamarche (oben); mauritius images/Alamy/Steve Bly (unten)
S. 11 laif/Tobias Hauser
S. 12 Getty Images/David Noton (oben); iStock.com/tane-mahuta (unten)
S. 13 iStock.com/lightphoto
S. 14 mauritius images/Alamy/Stefano Paterna
S. 15 picture alliance/Rolf Haid (oben); Fotolia/hysazu (unten)
S. 16/17 Shutterstock.com/Kevin Wells Photography
S. 18 iStock.com/picturist (oben); Getty Images/Roy Toft (unten)
S. 19 laif/Aurora/Jen Edney (oben); iStock.com/jarnogz (unten)
S. 20 Shutterstock.com/SimonDannhauer

Regionalteil
Volker Alsen S. 213, 251
Pablo Cespedes Trejos S. 137
Fotolia hstiver S. 27; LM Spencer S. 270; F.C.G. S. 359
iStock.com Vaara S. 83; tomalu S. 101, 116; WTolenaars S. 226; Fertnig S. 261;
  Nicolas Bolvin S. 406; gabianta S. 428; Rainer Lesniewski S. 435
Oliver Kiesow S. 30, 32, 37, 42, 80, 89, 96, 127, 136, 137, 165, 174, 177, 194, 203, 208, 323, 345,
  350, 358, 366, 369, 389, 398, 407, 411
Lookphotos Minden Pictures S. 72
Julia Reichardt S. 67, 100, 101, 111, 151, 160, 187, 227, 227, 251, 277, 285, 307, 336, 372, 379,
  407, 418, 442
Johannes Römer S. 56, 176, 319
Shutterstock.com Louis-Michel Desert S. 75; Gianfranco Vivi S. 142; Jorge A. Russell S. 250;
  Claude Huot S. 322; Michael Bogner S. 329; Inspired By Maps S. 359; Ondrej Prosicky S. 363
Steffen Thumser S. 177, 220, 323, 423
Vigdis Vatshaug S. 296

www.stefan-loose.de/costa-rica

Mitarbeiter dieser Auflage

Volker Alsen lebt und arbeitet seit 1989 in Lateinamerika. In mehreren Ländern hat er sich einen Namen als Kenner der Region und als Pionier auf dem Gebiet des Individualtourismus gemacht. Vor zehn Jahren ist er mit seiner Familie von Venezuela nach Costa Rica umgesiedelt. In Santa Ana betreibt er heute ein kleines Hotel und eine Touragentur (Kasten S. 53). Volker hat bereits Reiseführer über Venezuela, Costa Rica und Panama verfasst. Er recherchierte für das vorliegende Buch die folgenden Kapitel: San José, Valle Central, Nord-Guanacaste, Süd-Guanacaste und die Nicoya-Halbinsel sowie die Karibikküste.

Oliver Kiesow, Redakteur und Lektor vieler Reisebücher, war jahrelang am Schreibtisch unterwegs in den Ländern dieser Welt, bis ihn die Reiselust packte. Für die Arbeit an diesem Buch kann er seine private Leidenschaft für Mittelamerika nutzen. Oliver recherchierte und aktualisierte für diese Auflage die folgenden Kapitel: Der Süden, Valle Central und Zentrale Pazifikküste.

Danksagung

Mil Gracias

an Maria Anna Hälker und die Bintang-Redaktion, das Instituto Costarricense de Turismo, Minerva Alsen von der Posada Nena in Santa Ana, Oscar Artavia von Canoas Aventuras in la Fortuna, Kurt Schmack von der Laguna de Lagarta Lodge in Boca Tapada, Alexander Cedeño vom Hotel Manoa in la Fortuna, den Curré-Indianern für ihre Gastfreundschaft und Barbara Hartung für ihre tollen Beiträge und Unterstützung in Tortuguero.

Außerdem: Nestor Gutiérrez, Gino Carranza Lara, Katja Mühlnickel vom Reisebüro Fahrenkrog, Sabine Reichardt, Tom von den Villas Macondo, Heike Rintchen, Lou Van Eycke, Anna-Lisa Müller, Pablo und Ana Cespedes von der Finca la Anita, Rebeca Lopez, Thomas Jones und Vigdis Vatshaug von Bahia Rica, Anna-Lisa, Gudrun und Karsten Müller.

Impressum

Costa Rica
Stefan Loose Travel Handbücher
5., vollständig überarbeitete Auflage **2019**
DuMont Reiseverlag, Ostfildern

Alle Rechte vorbehalten – insbesondere die der Vervielfältigung und Verbreitung in gedruckter Form sowie die zur elektronischen Speicherung in Datenbanken und zum Verfügbarmachen für die Öffentlichkeit zum individuellen Abruf, zur Wiedergabe auf dem Bildschirm und zum Ausdruck beim Nutzer (Online-Nutzung), auch vorab und auszugsweise.

Die in diesem Buch enthaltenen Angaben wurden von den Autoren nach bestem Wissen erstellt und vom Lektorat im Verlag mit großer Sorgfalt auf ihre Richtigkeit überprüft. Trotzdem sind, wie der Verlag nach dem Produkthaftungsrecht betonen muss, inhaltliche und sachliche Fehler nicht vollständig auszuschließen.
Deshalb erfolgen alle Angaben ohne Garantie des Verlags oder der Autoren. Der Verlag und die Autoren übernehmen keinerlei Verantwortung und Haftung für inhaltliche und sachliche Fehler. Alle Landkarten und Stadtpläne in diesem Buch sind von den Autoren erstellt worden und werden ständig überarbeitet.

Gesamtredaktion und -herstellung
Bintang Buchservice GmbH
Zossener Str. 55/2, 10961 Berlin
www.bintang-berlin.de
Redaktion: Oliver Kiesow
Lektorat: Oliver Kiesow, Silvia Mayer
Satz und Bildredaktion: Anja Linda Dicke
Karten: Alexander Augsten, Klaus Schindler

Printed in Poland

www.stefan-loose.de/costa-rica

Kartenverzeichnis

Allgemeiner Teil
Nationalparks und Privatreservate 23
Reiserouten 26
Surfspots 59

Touren
Aufstieg zum Chirripó 373
Wanderungen in den Cerros de
    Escazú 131

Regionalteil
Alajuela 141
Bahía Drake 382
Cahuita 427
Cartago 161
Dominical 349
Golfito 397
Heredia 154
Jacó 333
Karibikküste 408/409
La Fortuna 181
    Umgebung 190
La Garita 145
Liberia 232
Monteverde und Santa Elena 196
Montezuma 304
Nicoya 278

Norden 178/179
Nord-Guanacaste 228/229
Orosi-Tal 164
Parque Nacional Braulio Carrillo 158
Parque Nacional Corcovado 394
Parque Nacional Tortuguero 424
Playa del Coco 255
Playa Tamarindo und Playa Langosta 262
Puerto Jiménez 390
Puerto Limón 414
Puerto Viejo und Umgebung 432/433
Puntarenas 326
Quepos 342
Sámara 288
San Isidro de El General 365
San José 102/103
    Westliche Vororte 128/129
    Zentrum 104/105
Santa Elena 199
Sarapiquí-Region 215
Süden 360
Süd-Guanacaste und die Nicoya-Halbinsel
    252/253
Turrialba 171
Uvita 353
Valle Central 138/139
Zentrale Pazifikküste 324/325